新工科 × 新商科·大数据与商务智能系列

流程、系统与信息处理
——MIS 导论
（第四版）

Processes, Systems, and Information
An Introduction to MIS
Fourth Edition

[美] Earl H. McKinney Jr.　著
　　 David M. Kroenke

查　勇　郑夏冰　秦　进　译

电子工业出版社
Publishing House of Electronics Industry
北京·BEIJING

内 容 简 介

本书是一本管理信息系统(MIS)入门教程，以流程为导向，并在其前几版的基础上进行了大量的修订与更新，增加了当今信息技术发展的前沿领域和新的系统开发方法。作者详细阐述了信息技术、信息系统和管理信息系统所涉及的内容，如硬件与软件、数据库处理、通信与互联网技术、电子商务、系统管理与安全等，讨论了人工智能、大数据分析、云计算在 MIS 中的应用，并增加了 ERP、SAP 的相关案例。全书结构清晰、论述透彻、通俗易懂。大部分章节内容以提问形式展开，独具特色，书中大量引入了 MIS 案例。

本书可作为高等院校信息管理与信息系统、电子商务、工商管理、信息工程等专业本科生、研究生的教材和教学参考书，或作为商业培训机构的培训教材，也可作为各类组织的信息系统经理或者高层主管等了解信息系统在组织中的应用实践的参考书籍。

Authorized translation from the English language edition, entitled Processes, Systems, and Information: An Introduction to MIS, Fourth Edition by Earl H. McKinney, Jr. and David M. Kroenke, published by Pearson Education, Inc., Copyright © 2022 by Pearson Education, Inc.

All rights reserved. This edition is authorized for sale and distribution in the People's Republic of China (excluding Hong Kong SAR, Macao SAR and Taiwan). No part of this book may be reproduced or transmitted in any form or by any means, electronic or mechanical, including photocopying, recording or by any information storage retrieval system, without permission from Pearson Education, Inc.

CHINESE SIMPLIFIED language edition published by PUBLISHING HOUSE OF ELECTRONICS INDUSTRY CO., LTD., Copyright © 2024.

本书中文简体字版专有出版权由 Pearson Education（培生教育出版集团）授予电子工业出版社在中国大陆地区（不包括中国香港、澳门特别行政区和台湾地区）独家出版发行。未经出版者预先书面许可，不得以任何方式复制或抄袭本书的任何部分。

本书贴有 Pearson Education（培生教育出版集团）激光防伪标签，无标签者不得销售。

版权贸易合同登记号　图字：01-2023-0155

图书在版编目（CIP）数据

流程、系统与信息处理：MIS 导论：第四版 /（美）厄尔•H.麦金尼（Earl H. McKinney Jr.），（美）戴维•M.克伦克（David M. Kroenke）著；查勇等译.
北京：电子工业出版社，2024. 11. --（新工科×新商科）. -- ISBN 978-7-121-49142-9

Ⅰ. C931.6

中国国家版本馆 CIP 数据核字第 2024456LH5 号

责任编辑：冯小贝
印　　刷：三河市良远印务有限公司
装　　订：三河市良远印务有限公司
出版发行：电子工业出版社
　　　　　北京市海淀区万寿路 173 信箱　　邮编：100036
开　　本：787×1092　1/16　印张：29.75　字数：838 千字
版　　次：2024 年 11 月第 1 版（原著第 4 版）
印　　次：2024 年 11 月第 1 次印刷
定　　价：139.00 元

凡所购买电子工业出版社图书有缺损问题，请向购买书店调换。若书店售缺，请与本社发行部联系，联系及邮购电话：(010)88254888，88258888。

质量投诉请发邮件至 zlts@phei.com.cn，盗版侵权举报请发邮件至 dbqq@phei.com.cn。

本书咨询联系方式：fengxiaobei@phei.com.cn。

前　言

自 20 世纪 90 年代初 ERP 和 EAI 系统出现以来，管理信息系统(MIS)学科经历了缓慢但持续的变化。虽然早期管理信息系统的重心是管理和使用信息系统本身，但是新兴的跨职能管理信息系统开始将重心放在利用这些系统的流程上。我们认为，现有的管理信息系统教材，特别是入门级的教材，没有充分认识到这一重心的变化。因此，我们的这本教材为读者提供了一个强大的流程导向。

第四版的更新内容

首先，自本书第三版问世以来，技术领域发生了迅速的变化。与此同时，人工智能(AI)、5G 通信、SAP S/4 HANA、分析技术和居家办公的重要性逐步显现。这些变化导致了许多章节的更新。此外，安全领域还在以其所需的更新速度而继续发展。

书中一个关键的变化是增加了关于 AI 和机器人的一章。业务环境正在迅速揭示上述技术的有效应用，因此我们在前一版本章节扩展的基础上新增了这一章。这将极大地扩展对机器学习和深度学习的研究，并描述人工智能和机器人对就业市场的影响。

在撰写本书第四版期间，COVID-19 病毒肆虐全球。这个事件对商业产生了诸多影响，我们将相关的内容增至本书的不同章节。这些主题包括家庭协作、快速使用 Zoom 和其他电话会议应用程序、医疗产品的 3D 打印、延展的远程医疗，以及健康数据分析的挑战。

另一个重要的更新是 SAP 到 S/4 版本的转变。SAP 已经从 R/3 版本过渡了好几年，许多大学正在为毕业生使用 S/4 版本做准备。我们修改了所有的 SAP 教程，并在第 8 章更新了关于 SAP 平台的讨论。我们还制作了新的 SAP 入门教程，让初学者理解 SAP 界面，使采购、营销和生产的教程更加有效。虽然新的教程是本书的一部分，但旧的 R/3 版本教程仍然可以在 IRC 上找到。

本书的一个重大变化是覆盖了安全领域。对于所有商科学生来说，安全正变得越来越重要。通常情况下，商学院学生接触安全的唯一机会是在管理信息系统课程上。因此，我们大大扩展了对安全的讨论，特别是移动设备的安全，以及所有学生和专业人士都应该尝试实践的个人安全措施与习惯。

我们还重新组织了 SAP 采购和销售的章节。在前一版中，我们通过一家公司在实施 SAP 之初和实施 SAP 之后的对比，解释了 ERP 系统的好处和面临的挑战。目前，几乎所有的公司都在使用某种类型的 ERP 系统，我们将分析部分改为使用 ERP 和没有 ERP 的对比。此外，我们还增加了关于 ERP 升级的内容。

最后，我们重新命名并组织了有关分析的章节。在前一版本中，这个主题称为商业智能；这一版本则使用了更为广泛的术语——分析，这是大部分学生皆知的术语，也是他们已经意识到的一门必不可少的学科。基于这个变化，我们重新构建了这一章，采用了广泛使用的分析类别，如描述性分析、预测性分析和规范性分析。

许多同事告诉我们，他们正在"翻转"课堂，并在课堂上鼓励越来越多的学生参与活动。因此，我们更新了一半的 MIS 课堂练习，并改进了其他部分的指导。

有时，诸如 MIS 的引导性课程会体现在对术语表的掌握上。我们尝试持续地将课程中的术语应用于熟悉的领域（如医院、自行车公司和大学），以帮助学生认识到使用术语的价值和文中所介绍模型的适用性。我们也要求学生进行自我审视；不需要他们记住协作和实验的定义，但要求他们评估自己并找到改进的途径。同样重要的是，我们尝试界定所有章节的关键主题，在引言中突出它们，并在章节的各个环节体现它们。例如，安全一章的主题是：安全是一种折中，即自由与安全、成本与安全之间的权衡。所有这些变化都是为了让学生更自然、更频繁地参与各种主题的讨论。

最后，为了提高通用性和可读性，本书对所有章节都进行了更新，并添加或重新优化了新的插图。此外，这一版本重写了 8 章开篇的"小插曲"、10 章结尾的案例和 7 个应用练习。我们还试图通过调整页面布局及减少每章开头的插图、案例和道德指南等方面，使本书内容讲解更加高效。

管理信息系统的重要性

本书第 1 章指出：管理信息系统导论是商学院中最重要的一门课程。这是一个大胆的声明，每年我们都会确认这个声明是否仍然正确。还有什么学科比信息系统（IS）对当今的商业和政府的影响更大吗？每年都会涌现出新的技术，许多组织通过创建新的应用程序来应对变化的环境，这些应用程序可以提高生产力，或者帮助组织实现战略目标。在过去的一年里，AI、机器人、5G 通信、新的安全挑战等都给企业带来了新的机遇，也提出了新的要求。更成熟和要求更高的用户将组织推向一个快速变化的未来，这需要在业务计划中不断调整。为了参与其中，我们的毕业生需要知道如何应用新兴的技术，从而更好地实现他们所在组织的战略目标。管理信息系统的相关知识对这种应用至关重要。

技术变革和新用户需求的影响将落在各个层级的流程和信息系统上，例如工作组、组织内和组织间。这些影响对后者的作用更加明显，究其原因是基于云计算的主机和移动设备促使相互独立的组织能够以前所未有、无法想象的方式开展合作。

如上所述，我们可以满怀信心地走进教室，坚信我们在讲授商学院中最重要的一门课程——这一论点依赖于两个观察结论。首先，由于数据存储和数据通信几乎是免费的，因此企业和组织已经发现需要为信息系统找到创新的应用程序。将即时通信程序整合到营销系统是一个典型的例子，但这个例子只是"冰山一角"。其次，至少在未来 10 年里，每一位商业人士至少都要评估提出的 IS 应用的有效性。为了脱颖而出，商业人士不仅需要评估这些应用，而且需要定义创新的应用。这些应用将越来越多地利用大数据和分析软件的优势。

上述这些技能并不是可选的。如果企业未能创造出利用免费的数据存储和通信的系统，那么就会成为能够创造这类系统的竞争对手的牺牲品。对于商业人士，也是如此。

MIS 课程的重要性论点还来自 Robert Reich 的工作，他提出了 21 世纪知识型工作者的四种就业技能：

- 抽象推理
- 系统思维
- 协作
- 实验

我们相信，MIS 课程是学习这四种技能的课程中唯一且最好的课程。

虽然大多数有关 MIS 导论的教材致力于技术创新和非常规技能，但是本书前一版以独特的方式，让这门导论课程也能解决业务流程的问题。商业的流程观是当今商业的主导观点，学生需要一个持续的、长期的机会来掌握和应用各种技术。使用本教材的管理信息系统导论课程可以使信息系统和非信息系统专业的学生深入理解相关的概念，并适当地将信息系统置于其支持和改进的流程中的重要角色上。在此基础上，学生能够更好地理解 ERP 系统的好处和面临的挑战。

流程和信息系统的背景

业务流程和信息系统之间的关系是复杂的，一个给定的流程可能使用几个不同的信息系统，与此同时，一个给定的信息系统可能支持许多不同的流程。因此，我们不能说一个流程封装了与它相关的所有信息系统，也不能说一个信息系统封装了与它相关的所有流程。

由于这种复杂的关系，我们将管理信息系统定义为创建、监控和调整流程、信息系统与信息，以帮助组织实现其战略目标(见第 1 章)。本书的整体结构将围绕这些主题而建。

本书的潜在使用者是那些将业务流程作为整个课程的关键组成部分或主线的院系。这个群体包括所有加入 SAP 大学联盟(SAP University Alliance)的大学、加入 Microsoft Dynamics 学术联盟的大学，以及其他以业务流程为导向的重要机构。第 9 章和第 10 章提供了使用 SAP 的具体案例，每章的结尾部分则以 SAP 大学联盟的 Global Bikes Inc.(GBI) 的案例作为练习。这些案例与 SAP 大学联盟培训中使用的案例和客户端数据相同，因此对很多教师来说都不陌生。

我们认为不能局限于第 9 章和第 10 章的业务流程。当然，业务流程是非常重要的，书中的 5 个章节和 1 个附录专门讨论了这些流程。然而其他动态流程也很重要，如协作、项目管理、问题解决、商业智能和社交网络等。因此，本书包含了更多面向 SAP 的流程。

本书特色

基于流程讲授管理信息系统导论课程的一个挑战是，大多数学生缺乏商业知识和经验。许多大学在大二甚至大一就开设了管理信息系统导论课程。这些学生中的大多数几乎没有学习过商科课程。即使面向较高层次的学生讲授这门课程，他们也很少有业务或流程方面的丰富经验。例如，当我们试图讨论流程变化对部门权力的影响时，这类讨论往往超出了学生的理解范围。他们可能会记住术语，但往往会偏离了讨论的本质。本书的一些写作特点就是为了解决这个问题而设计的。

基于问题的讲授方法

得克萨斯大学心理学系 Marilla Svinicki 的研究表明，当今的学生需要帮助来管理他们的时间。她声称，我们永远不应该布置诸如"阅读 75～95 页"这样的课外作业，学生往往会在随手翻阅这些纸张上虚度 30 分钟的光阴，但不知道什么时候才能完成这项作业。相反，她建议给学生提供一个问题列表，并布置回答这些问题的作业。当他们能够回答问题时，他们就完成了学习。我们在课堂上使用了这种方法，我们相信它是最有效的，也受到了学生的欢迎。因此，我们将每一章组织成问题列表。

每章开篇的"小插曲"

每章开篇都有一个关于商业场景和问题的"小插曲",其中的相关知识则是本章必须掌握的。第四版中我们采用了一个自行车制造商 Chuck's Bike Inc.(CBI) 的案例。CBI 也是 SAP 教程中的一个组织。CBI 是一家自行车组装公司,从供应商那里购买零件,组装成最终产品,然后把它们运送到客户那里,客户再把产品卖给个人。CBI 最近增加了一个滑板车部门,并将其供应链扩展到了越南。每一个"小插曲"都展示了一个场景,生动阐述了该章内容在一个具体场景中的应用。大多数"小插曲"都包含一个问题,需要运用本章的知识来解决。

MIS 课堂练习

每章都提供了一个让学生分组完成的"课堂练习"。这些练习是为那些寻求采用主动学习方式(也称为翻转课堂)的教师设计的。练习的目的是让学生掌握从这一章学到的知识。这些练习有一部分是实验,有一部分是案例研究。根据我们的经验,其中一些会引发热烈的讨论,我们可以让它们持续进行两到三节课,这将是难得的教学体验。

SAP 教程练习

第 9 章和第 10 章的附录和附录 A 包含了涉及 SAP 大学联盟 GBI 案例的业务流程练习(各种 SAP 教程)。联盟成员院校的教师可以使用这些工具与学生交流。因为并不是每个使用这本书的组织都是该联盟的成员,所以我们将这些 SAP 教程作为可选附录。读者可以略过这些教程而不影响本书内容的连贯性。

SAP 教程的作者 Earl H. McKinney Jr. 已经在美国鲍灵格林州立大学(Bowling Green State University)教授 SAP 课程十多年了。书中包含的教程练习已经在 BGSU 实验室环境中,对学习 MIS 导论的学生进行了广泛的测试。除了 SAP 教程,McKinney 教授还撰写了详细的教学指南,介绍了如何更好地应用这些教程,包括使用技巧和提示、他的经验、学生最有可能在哪里遇到困难等。

讲解分析主题的第 12 章的结尾部分提供了第 4 个教程。本教程使用 Microsoft Power BI 来分析 CBI 的自行车数据。虽然在教程中指定了一组特定的数据,但是学生和教师也可以简单地阅读教程,学习如何进行切片和筛选等操作,并在任意数据集上使用这些技能。

这些年来,McKinney 教授了解到在进行 SAP 练习时,学生很容易陷入"照葫芦画瓢"的模式,而对他们在做什么或为什么做而没有任何清晰的理解。根据经验,我们认为在第 9 章和第 10 章设置采购和销售主题,并与这些练习相结合,能够帮助学生超越简单的复制模式(如学习 SAP 的键盘输入),转向学习面向流程的软件及了解它在组织中的作用。

与所有 GBI 案例的使用者一样,我们感谢 SAP 大学联盟和案例的作者。根据 SAP 大学联盟社区的政策和精神,我们将这些教程放在 SAP 大学联盟的网站上。我们希望读者能在本书中发现足够多的价值,能让你在课堂上使用它。即使不选用本书,也请随意使用这些教程。

第 9 章和第 10 章的正文部分使用了 CBI 而不是 GBI 的例子。这是在 SAP 大学联盟的要求下做出更改的。SAP 大学联盟希望作者不要在 GBI 中添加新内容、改变任何角色或制作视频等。我们创建了 CBI 以满足该要求,同时提供与 GBI 兼容的更详细的业务场景。

道德指南

我们相信,商业道德(伦理)是管理信息系统导论课程的一个至关重要的组成部分,而讲授道德的最佳方式是将其置于类似案例的场景中。我们也认为道德指南部分不应该被归为单独一章。如果将道德的讲解单独放在某个地方，就会引出教育的"预防接种"理论(inoculation theory)："我们不需要讨论伦理学，我们已经讨论过了。"因此，本书每一章都包含一份"道德指南"。

协作练习

如第 1 章所述，协作是当今商业人士的一项关键技能。因此，我们认为讲授协作、协作流程和协作信息系统是课程的重要组成部分。为此，每一章都包含一个由学生组队完成的协作练习。在我们看来，学生不可能在一个学期内完成所有的协作练习。相反，我们建议在整个学期中使用其中的 3~4 个。

在做这些练习时，我们建议学生尽量不要面对面进行，而是使用现代协作工具在线完成，我们更倾向于要求学生使用 Microsoft OneDrive。

每章结尾的案例

每章开篇的"小插曲"基于真实的经验，但其中描述的公司或组织是虚构的。我们采用虚构的组织是期望学生从组织的错误，有时甚至从组织的愚昧中有所收获。

然而，我们确实认为学生需要看到 MIS 在实际组织中起作用的例子，以帮助他们将章节内容与现实世界联系起来。因此，每章结尾都以一个案例来说明该章内容在真实组织中某些方面的体现。

主动复习

每一章的最后都有一个"主动复习"部分。这些复习内容帮助学生确保他们已经掌握了最重要的内容。相关的内容也可以作为考试题目，帮助学生准备考试。

应用练习

对于涉及 Microsoft Office 组件的课程，我们为每一章开发了一套 Excel 和 Access 练习。相关练习要求学生对这些产品具有初学者水平的专业知识，它们大致按照难度递增的顺序排列。

不足之处

我们选择将这本书保持在传统的 12 章的长度，是因为我们发现这种设置适合大多数课程。然而，由于书中增加了大量面向流程的素材，这意味着我们需要从常见的 MIS 导论教材中删除部分内容。

在这一版中，我们简化了硬件、软件和数据通信的相关讨论。此外，我们减少了有关信息系统开发的讨论。最后，你会发现书中没有提及信息系统部门的管理。这并非是指我们认为省略的内容不重要；相反，我们认为这些主题的"机会成本"是最低的。

这一版包含的一些素材已经用于 David M. Kroenke 的 *Using MIS* 一书中。两本教材的不同之处在于，*Using MIS* 以信息系统为主，而本书以业务流程为主，例如协作的概念将在动态业务流程的环境中重新定义。尽管如此，这一版中的大部分素材都是新提供的。

章节大纲

本书由绪论、技术、结构化流程和动态流程这四部分组成。

绪论

第 1 章阐述了课程的需求,特别是学生在课程中获得的行为和技能,这为本课程奠定了基础。本章定义了 MIS 的概念,归纳了组织实现目标的方法。本章还提出了 Porter 的五力模型、竞争战略模型和价值链模型。

第 2 章定义并分析了流程、信息系统和信息。本章用一个普通的快餐店来阐释流程和信息系统的关系,并采用 Gregory Bateson 的观点对信息进行定义。

技术

第 3、4、5、6 章介绍了技术。第 3 章讨论了网络和云。第 4 章讨论了数据库处理。第 5 章是介绍 AI 和机器人的全新一章。安全是第 6 章的主题。这些章成为本书其余章展开讨论的技术平台。

结构化流程

第 7~10 章讨论了结构化流程及其相关的信息系统和信息。第 7 章概述了业务流程的范围和目标,并讨论了流程的适应性与改进,以及在进行流程改进时流程目标和措施的应用。第 8 章是对 ERP 系统及其带来的益处和挑战的探讨。

第 9 章和第 10 章是应用型章节,展示了 SAP 如何在两个代表性流程(即采购和销售)中使用,以便学生能够了解所有流程的共通之处和流程之间的不同之处。采购和销售流程是基本的业务,并且被广泛使用。这两章都包括用于学生练习的附录,并使用 SAP 大学联盟课程中的 GBI 案例。

动态流程

第 11 章和第 12 章讨论了动态流程。这类流程既不像结构化的操作性流程那样结构化,也不像结构化的操作性流程那样严格。我们不喜欢非结构化流程这个术语,因为我们相信,即使是这样的流程也有它的结构,至少在元层次上是这样的。这两章都遵循一个类似的叙述过程:首先讨论支持每个流程的 IS,其次讨论流程中的活动,最后讨论动态流程支持的业务流程。

第 11 章讨论了两个动态流程——协作和社交媒体。我们讨论了 Lin 的社交资本理论,将该理论应用于组织层面的社交媒体信息系统,并调查了社交媒体信息系统支持的流程。第 12 章讨论了分析支持的业务流程,并讨论了分析信息系统、数据仓库、数据挖掘和大数据。

扩展

本书的四个扩展部分依次讨论了信息系统职业规划、硬件和软件、流程管理与信息系统开发,以及基于位置的数据信息系统。

附录 A

附录 A 是有关结构化流程的 SAP 生产教程。本教程将引导学生完成生产流程所需的 SAP 输入。

教师资源[1]

本书的教师资源包括以下部分：

- 解答手册
- 测试项目文件
- PowerPoint 文件
- 图像库
- TestGen

致谢

首先，我们要感谢众多的同行教授和专业人士，是他们的鼓励让这本书得以出版，并在我们不断前行的道路上给予众多帮助。特此感谢：

Yvonne Antonucci, *Widener University*

Cynthia Barnes, *Lamar University*

John Baxter, *SAP*

William Cantor, *Pennsylvania State University–York Campus*

Thomas Case, *Georgia Southern University*

Gail Corbitt, *SAP*

Darice Corey, *Albertus Magnus College*

Mike Curry, *Oregon State University*

Heather Czech, *SAP*

Peter Daboul, *Western New England University*

Janelle Daugherty, *Microsoft Dynamics*

Peter DeVries, *University of Houston, Downtown*

Denise Duncan, *Regis University*

Lauren Eder, *Rider University*

Kevin Elder, *Georgia Southern University*

John Erickson, *University of Nebraska at Omaha*

Donna Everett, *Morehead State University*

David Firth, *The University of Montana*

Jerry Flatto, *University of Indianapolis*

Kent Foster, *Microsoft*

Biswadip Ghosh, *Metropolitan State College of Denver*

Bin Gu, *University of Texas at Austin*

Bassam Hasan, *University of Toledo*

William Haseman, *University of Wisconsin–Milwaukee*

Jun He, *University of Michigan–Dearborn*

---

[1] 教师资源申请方式请参见目录后的教辅申请表。

Lingbo Hu, *University of Buffalo*
Mark Hwang, *Central Michigan University*
Gerald Isaacs, *Carroll University*
Stephen Klein, *Ramapo University*
Bih-Ru Lea, *University of Missouri*
Ben Martz, *University of Northern Kentucky*
William McMillan, *Madonna University*
Bethany Niese, *University of North Georgia*
Natalie Nazarenko, *SUNY College at Fredonia*
Timothy O'Keefe, *University of North Dakota*
Tony Pittarese, *East Tennessee State University*
Martin Ruddy, *Bowling Green State University*
James Sager, *California State University–Chico*
Narcissus Shambare, *College of Saint Mary*
Jeff Smith, *Bowling Green State University*
Robert Szymanski, *Georgia Southern University*
Lou Thompson, *University of Texas, Dallas*
Ming Wang, *California State University*
Harold Webb, *University of Tampa*
Jan Weissman, *California State University, Los Angeles*

感谢帮助我们出版这本书的制作团队。首先，我们要感谢编辑 Stephanie Kiel，感谢她的卓越见解——以流程为导向介绍 MIS，感谢她在整个过程中的支持和帮助。同时感谢 Pearson 全球内容战略经理 Jennifer Niles 的帮助。我们要感谢 Integra 的 Gowthaman Sadhanandham，他基于 Pearson 的图书生产流程帮助我们对本书内容进行了整理。最后，Pearson 的内容制作人 Jaimie Noy 耐心地帮助我们修改，使得本书更适合作为教材使用。

感谢我们的朋友和同事，Fort Lewis 学院的 Chuck Yoos，他在信息的内涵、信息在当今组织中的作用，以及商业道德的指导等方面与我们进行了长时间的交谈。Chuck 负责区分感知数据和构思信息，并为本书的内容提出了诸多真知灼见。遗憾的是，Chuck 已经去世了，书中的 Chuck's Bikes Inc. 就是为了纪念他而创建的。

最后，还要感谢我们的家人，他们在这一过程中给予了无私的爱与支持。谨以此书献给他们。

Earl H. McKinney Jr.
Bowling Green, Ohio
David M. Kroenke
Whidbey Island, Washington

关 于 作 者

Earl H. McKinney Jr.

20多年以来，讲授管理信息系统导论课程一直是Earl的热情所在。他在母校美国空军学院（U.S. Air Force Academy）步入此行，到鲍灵格林州立大学任教后继续热衷于此。在教授该课程及其他本科和研究生课程的同时，Earl还推出了6门关于安全、社交媒体、ERP和信息的新课程。他曾多次获得来自学生和同事评选的学院教学奖。Earl 的一些出版物所获得的美国国家教学创新奖是他对商业课程更广泛的兴趣的体现。

Earl在电子商务、危机中的小团队沟通及信息概念方面的理论研究发表在 *Behavior and Information Technology, Human Factors, Information and Management, European Journal of IS* 和 *MIS Quarterly* 上。他为美国国家运输安全委员会（NTSB）的前负责人James Hall提供了咨询服务，对英国石油公司、美国林务局和几个空军机构就人为因素和航空通信问题提供了解决方案。Earl 曾获得富布赖特奖学金（Fulbright Scholarship），以奖励他在奥地利萨尔茨堡应用科学大学有关"分析中的模糊性"的教学与研究工作。他拥有美国空军学院经济学学士学位、康奈尔大学工程硕士学位和得克萨斯大学管理信息系统博士学位。Earl 曾是一名空军战斗机飞行员，他和妻子居住在美国肯塔基州的鲍灵格林，并育有两个儿子。

David M. Kroenke

David在美国科罗拉多州立大学、西雅图大学和华盛顿大学任教多年。他曾主持过数十次由大学教授参与的信息系统与技术方面的教学研讨会。1991年，David被国际信息系统协会评为"计算机教育年度人物"。2009年，他被信息技术专业教育协会（AITP-EDSIG）评为"年度教育家"。

David 曾在美国空军和波音公司计算机服务部工作。他是三家初创公司的负责人，还曾担任Microrim公司的产品营销和开发副总裁，以及Wall Data公司数据库部门的技术主管。他是语义对象数据模型之父。David的咨询客户包括IBM、Microsoft和计算机科学公司（CSC），以及许多规模较小的公司。近期，David主要专注于教育和行业领域中的信息系统协作应用。

他的著作 *Database Processing* 于 1977 年首次出版，现在已是第 16 版。他是许多教材的作者，先后出版了 *Database Concepts*, 6th ed.(2013)，*Using MIS*, 7th ed.(2015)，*Experiencing MIS*, 4th ed.(2015)，*MIS Essentials*, 4th ed.(2015)，*SharePoint for Students*(2012)，*Office 365 in Business*(2012)。David 居住在美国华盛顿州的惠德比岛，他有两个孩子和三个孙子。

致 Susan，James 和 Daniel　　—Earl H. McKinney Jr.
致 C.J.，Carter 和 Charlotte　　—David M. Kroenke

目　　录

第一部分　为什么选择 MIS？

第 1 章　MIS 的重要性……………………………………………………………2
- Q1-1　为什么管理信息系统导论是商学院最重要的课程？……………………4
- Q1-2　管理信息系统是什么？……………………………………………………9
- Q1-3　管理信息系统与组织战略有何关系？……………………………………11
- Q1-4　决定行业结构的五种竞争力是什么？……………………………………13
- Q1-5　什么是竞争战略？…………………………………………………………14
- Q1-6　竞争战略如何决定价值链结构？…………………………………………15
- Q1-7　竞争战略如何决定业务流程和信息系统？………………………………17

第 2 章　业务流程、信息系统和信息……………………………………………26
- Q2-1　什么是业务流程？…………………………………………………………28
- Q2-2　什么是信息系统？…………………………………………………………31
- Q2-3　业务流程和信息系统是如何关联的？……………………………………33
- Q2-4　结构化流程和动态流程有何不同？………………………………………35
- Q2-5　什么是信息？………………………………………………………………37
- Q2-6　关键的数据特征是什么？…………………………………………………40
- Q2-7　如何在工作中使用就业技能？……………………………………………42

第二部分　信息技术

第 3 章　网络和云…………………………………………………………………52
- Q3-1　关于网络和互联网，商业人士需要知道什么？…………………………54
- Q3-2　数据如何在网络中移动？…………………………………………………58
- Q3-3　典型的 Web 服务器如何在网络中移动数据？……………………………63
- Q3-4　为什么云是大多数组织的未来？…………………………………………64
- Q3-5　典型的云选项有哪些？……………………………………………………67

第 4 章　数据库……………………………………………………………………74
- Q4-1　使用数据库的目的是什么？………………………………………………76
- Q4-2　数据库的内容是什么？……………………………………………………77
- Q4-3　什么是数据库管理系统（DBMS）？……………………………………81
- Q4-4　数据库应用程序有哪些组件？……………………………………………83
- Q4-5　数据模型如何促进数据库设计？…………………………………………87
- Q4-6　如何将数据模型转换为数据库设计？……………………………………91
- Q4-7　NoSQL DBMS 与关系 DBMS 有何不同？………………………………96

第5章 AI 和机器人 ··· 105
- Q5-1 什么是 AI？它为什么重要？ ··· 107
- Q5-2 AI 流程的目标是什么？ ·· 108
- Q5-3 AI 系统的关键组件是什么？ ·· 109
- Q5-4 AI 系统如何支持 AI 活动？ ··· 110
- Q5-5 AI 如何支持业务流程？ ·· 113
- Q5-6 AI 有哪些挑战？ ·· 114
- Q5-7 机器人的关键要素是什么？ ·· 116
- Q5-8 机器人如何应用于商业？ ·· 116
- Q5-9 2031 年，新的 AI 和机器人将会影响流程吗？ ································· 119

第6章 信息系统安全 ··· 126
- Q6-1 什么是信息系统安全？ ·· 128
- Q6-2 最大的威胁和潜在损失是什么？ ·· 129
- Q6-3 移动设备特有的额外威胁和损失是什么？ ······································· 133
- Q6-4 个人应该如何应对安全威胁？ ··· 135
- Q6-5 组织应该如何应对安全威胁？ ··· 136
- Q6-6 技术和数据安全保障如何防范安全威胁？ ······································· 138
- Q6-7 人力安全保障如何应对安全威胁？ ··· 142
- Q6-8 组织应该如何应对安全事件？ ··· 145
- Q6-9 2031 年将面临哪些安全挑战？ ·· 145

第三部分 结构化流程与信息系统

第7章 使用信息系统改进流程 ··· 155
- Q7-1 组织中流程的重要特征是什么？ ·· 157
- Q7-2 常见业务流程的例子有哪些？ ··· 160
- Q7-3 管理如何改进流程？ ·· 163
- Q7-4 如何使用信息系统改进流程？ ··· 165
- Q7-5 流程管理原则如何改进流程？ ··· 168
- Q7-6 流程团队如何绘制流程改进图？ ·· 170
- Q7-7 信息系统如何阻碍流程？ ·· 171

第8章 使用 ERP 系统支持流程 ·· 181
- Q8-1 ERP 系统能解决什么问题？ ··· 182
- Q8-2 ERP 系统的要素是什么？ ·· 187
- Q8-3 ERP 实施是如何完成的？ ·· 191
- Q8-4 ERP 系统的好处是什么？ ·· 194
- Q8-5 实施 ERP 系统的挑战是什么？ ·· 195
- Q8-6 什么类型的组织使用 ERP 系统？ ··· 199
- Q8-7 谁是主要的 ERP 供应商？ ··· 201
- Q8-8 SAP 与其他 ERP 产品有什么不同？ ·· 203

第 9 章　使用 SAP 支持采购流程 ··········212
- Q9-1　采购流程的基本原理是什么？··········214
- Q9-2　没有 SAP 的 CBI 采购流程将如何工作？··········216
- Q9-3　使用 SAP 的 CBI 采购流程将如何工作？··········218
- Q9-4　SAP 如何改进 CBI 的供应链流程？··········223
- Q9-5　SAP 的使用如何改变员工技能？··········228
- Q9-6　2031 年有哪些新的信息系统会影响采购流程？··········229
- 附录 9　SAP 采购教程··········234

第 10 章　使用 SAP 支持销售流程 ··········245
- Q10-1　销售流程的基本原理是什么？··········246
- Q10-2　没有 SAP 的 CBI 销售流程将如何工作？··········248
- Q10-3　使用 SAP 的 CBI 销售流程将如何工作？··········250
- Q10-4　SAP 如何改进 CBI 的 CRM 流程？··········255
- Q10-5　电子商务如何改进一个行业的流程？··········259
- Q10-6　2031 年有哪些新的信息系统会影响销售流程？··········261
- 附录 10　SAP 销售教程··········268

第四部分　动态流程与信息系统

第 11 章　协作、社交媒体和信息系统 ··········285
- Q11-1　什么是协作，协作流程的目标是什么？··········287
- Q11-2　协作信息系统的关键组件是什么？··········289
- Q11-3　协作信息系统如何支持沟通和迭代活动？··········291
- Q11-4　协作信息系统如何支持业务流程？··········295
- Q11-5　什么是社交媒体，社交媒体的目标是什么？··········297
- Q11-6　社交媒体信息系统的关键组件是什么？··········300
- Q11-7　社交媒体信息系统如何支持创造和分享活动？··········302
- Q11-8　社交媒体信息系统如何支持业务流程？··········303
- Q11-9　企业如何管理社交媒体的风险？··········307
- Q11-10　信息系统如何将协作和社交媒体结合起来支持业务流程？··········310

第 12 章　分析和信息系统 ··········319
- Q12-1　什么是分析？为什么它对商业如此重要？··········321
- Q12-2　分析流程的目标是什么？··········323
- Q12-3　分析信息系统的关键组件是什么？··········324
- Q12-4　分析信息系统如何支持分析活动？··········326
- Q12-5　分析信息系统如何支持业务流程？··········335
- Q12-6　什么是大数据分析信息系统，它是如何使用的？··········338
- Q12-7　企业如何管理分析信息系统的风险？··········342
- Q12-8　SAP 是如何进行分析的？··········346
- Q12-9　2031 年有哪些新的信息系统将影响分析流程？··········347
- 附录 12　Power BI 分析教程··········353

扩展 1　信息系统职业规划 ········· 358
　QE1-1　IS 专业毕业生的就业环境如何？ ········· 358
　QE1-2　IT 工作的职责和头衔是什么？ ········· 359
　QE1-3　与信息系统相关的职位有哪些？ ········· 361
　QE1-4　IT 专业人士喜欢他们工作的哪些方面？ ········· 362

扩展 2　硬件和软件 ········· 365
　QE2-1　计算机硬件的主要组成部分是如何工作的？ ········· 365
　QE2-2　计算机硬件的类型和它们的性能是什么？ ········· 367
　CE2-3　什么是操作系统软件？ ········· 369
　QE2-4　软件应用程序有哪些类型，组织如何获得它们？ ········· 371
　QE2-5　什么是虚拟化？ ········· 374
　QE2-6　什么是本地应用和网络应用，它们有何不同？ ········· 374

扩展 3　流程管理与信息系统开发 ········· 379
　QE3-1　业务流程管理的活动有哪些？ ········· 379
　QE3-2　系统开发生命周期（SDLC）流程的活动有哪些？ ········· 382
　QE3-3　敏捷开发和 scrum 流程（迭代式增量软件开发流程）如何克服 SDLC 的问题？ 388

扩展 4　基于位置的数据信息系统——移动设备和地理信息系统 ········· 394
　QE4-1　基于位置的数据增长有多快？ ········· 395
　QE4-2　移动设备与地理信息系统（GIS）有何不同？ ········· 395
　QE4-3　什么是基于位置的流程？ ········· 396
　QE4-4　移动设备如何支持基于位置的流程？ ········· 397
　QE4-5　GIS 如何支持基于位置的流程？ ········· 399
　QE4-6　LBD 支持哪些业务流程？ ········· 400
　QE4-7　LBD 的局限性和挑战是什么？ ········· 402

附录 A　SAP 生产教程 ········· 405

应用练习 ········· 421

术语表 ········· 442

尊敬的老师:

您好!

为了确保您及时有效地申请培生整体教学资源,请您务必完整填写如下表格,加盖学院的公章后传真给我们,我们将会在 2~3 个工作日内为您处理。

请填写所需教辅的开课信息:

采用教材				□中文版 □英文版 □双语版
作 者			出版社	
版 次			ISBN	
课程时间	始于 年 月 日		学生人数	
	止于 年 月 日		学生年级	□专 科　　□本科 1/2 年级 □研究生　□本科 3/4 年级

请填写您的个人信息:

学 校	
院系/专业	
姓 名		职 称	□助教 □讲师 □副教授 □教授
通信地址/邮编	
手 机		电 话	
传 真	
official email(必填) (eg:XXX@ruc.edu.cn)		email (eg:XXX@163.com)	
是否愿意接收我们定期的新书讯息通知:	□是 　　□否

系 / 院主任:＿＿＿＿＿＿＿＿＿(签字)

(系 / 院办公室章)

＿＿年＿＿月＿＿日

资源介绍:

--教材、常规教辅(PPT、教师手册、题库等)资源。

(免费)

--MyLabs/Mastering 系列在线平台:适合老师和学生共同使用;访问需要 Access Code。

(付费)

100013　北京市东城区北三环东路 36 号环球贸易中心 D 座 1208 室

电话:(8610) 57355003　　传真:(8610) 58257961

Please send this form to:

第一部分

为什么选择 MIS?

了解信息系统对业务的成功至关重要。如果你主修会计、市场营销、管理或其他专业,你可能还不知道这些知识对你有多重要。本书第一部分的目的是解释为什么这个主题对当今的每一位商业人士都很重要,并介绍在商业中取得成功所需的重要术语和概念。

第1章是基础。首先,我们讨论为什么这门课程对今天的每个商科学生都至关重要。事实上,我们认为这是你将要学习的最重要的课程。基于此,我们定义了 MIS,并解释了组织策略如何决定 MIS 组件的结构和功能。

第2章中,我们将定义和说明业务流程、信息系统和信息。正如你将看到的,这三个概念紧密交织在一起。理解它们之间的关系为本书其他部分的学习奠定了基础。

每一章我们都以一个简短的商业"小插曲"作为开头,以帮助你将本章的概念与商业世界联系起来。第1章从 Chuck's Bikes, Inc.(CBI) 的故事开始,这是一家自行车批发商,同时也组装并销售自己的自行车系列。纵观全书,我们将会看到 CBI 的各类员工;在第1章中,我们看到 Kelly 解雇了一名员工,原因你很快就会知道。

第2章中,我们将研究 CBI 的流程。我们将与 Jake 在 CBI 会面,看看他是如何将本书中的方法付诸实施的。

本书扩展1描述了信息系统职业规划。它让学生有机会了解 MIS 毕业生的工作类型、这些工作的特点及信息系统专业人士对这些工作的喜好。

第 1 章

MIS 的重要性

"解雇？你要解雇我？"

"好吧，解雇是一个苛刻的词，但是……好吧，CBI 不再需要你的服务。"

"但是，Kelly，我不明白。我真的不明白。我很努力地工作，而且我做了你让我做的一切。"

"Jennifer，仅此而已。你做了我让你做的一切。"

"我投入了这么多时间，你怎么能解雇我？"

"你的工作是找到我们可以从现有零售商那里获得额外收入的方法。"

"是的！并且我做到了。"

"不，你没有。你跟进了我给你的想法。但我们并不需要仅仅跟进我的计划的人。我们需要一个能弄清楚我们需要做什么的人，制定他自己的计划，然后把这些计划反馈给我和其他人。"

"你怎么能指望我这么做？我来这里才 4 个月！"

"这是团队合作。当然，你只是在学习我们的业务，但我确信，我们所有最好的销售人员都在为你服务。"

"我并不想打扰他们。"

"嗯，你做到了。我问 Jason，他对你正在制定的计划有什么看法。他问："Jennifer 是谁？""

"他不是在我们的另一间办公室工作吗？"

"对。我们的销售额有 37% 来自那个办公室。和他谈谈是很有必要的。"

"我会去的！"

"Jennifer，你意识到刚刚发生了什么吗？我给了你一个想法，你说你会去做。那不是我需要的。我需要你自己找到解决方案。"

"我工作很努力。我花了很多时间。这些销售报告我都写好了。"

"有人看到这些销售报告了吗?"

"我和你谈过其中一些,但我一直在等待,直到我对它们感到满意。"

"好吧。这不是我们这儿做事的方式。我们提出想法,然后互相讨论。没有人知道所有的答案。我们通过不断的讨论和修改,让计划不断完善……我记得我告诉过你。"

"也许你确实告诉过我,但我对此并不满意。"

"好吧,这是我们这儿的必备技能。"

"我确信我能胜任这项工作。"

"Jennifer,你来这里4个月了,你还有商科学位。几周前,我问你关于如何向客户追加销售的第一个想法。你还记得你说的话吗?"

"是的,我不知道该怎么做。我不想扔掉一些可能不管用的东西。"

"但是你怎么知道它是否有效呢?"

"我不想浪费钱……"

"是的,你没有。所以,当你在这项任务上没有取得很大进展时,我将资料备份并请你给我发一份新客户的生命周期图……我们怎样与他们初次建立联系?我们怎么卖出第一单?我们如何扩大对他们的销售……"

"是的,我给你发了那个图。"

"Jennifer,那个图行不通。你在图中要求客户甚至在他成为客户之前就应收账款与Neil进行交流。"

"我知道这个过程,就是没办法把它写下来。但我会再试一次!"

"好吧。我很欣赏你的态度,但时间紧迫。我们没有地方容纳实习生。经济形势好的时候,我可以给你提供机会,看看能不能带着你一起。但我们现在负担不起。"

"我的推荐信呢?"

"我很乐意告诉任何人你是可靠的,你每周工作40~45个小时,并且是诚实和正直的。"

"这些很重要!"

"是的,是很重要。但是在当今社会,只有这些已经不够了。"

 本章概述

Q1-1　为什么管理信息系统导论是商学院最重要的课程?
Q1-2　管理信息系统是什么?
Q1-3　管理信息系统与组织战略有何关系?
Q1-4　决定行业结构的五种竞争力是什么?
Q1-5　什么是竞争战略?
Q1-6　竞争战略如何决定价值链结构?
Q1-7　竞争战略如何决定业务流程和信息系统?

 **本章预览**

"但是在当今社会,只有这些已经不够了。"

是不是觉得这句话很发人深省?如果努力工作还不够,那么缺乏什么呢?这本书将讨论Jennifer和读者所需要的关键技能,以及解释为什么这门课是商学院教你关键技能的最重要的课程。

读者可能会觉得最后一句话很令人感到意外。如果你像大多数普通学生一样，那么你将不清楚管理信息系统课程是关于什么的。如果有人问你："你在管理信息系统课程中学了什么？"你可能会回答这门课是有关计算机和计算机编程的。除此之外，你很难说出更多相关的知识。你可能还会说："它是关于计算机在商业中的应用的。"或者"我们将学习在计算机上使用电子表格和其他程序来解决商业问题。"如果只是这样，那么这门课是如何成为商学院中最重要的课程的呢？

本书始于上述问题。当你理解了这门课对职业生涯的重要性后，我们将开始讨论基本的概念。

Q1-1　为什么管理信息系统导论是商学院最重要的课程？

管理信息系统导论是商学院最重要的课程。这个说法在2010年并不是正确的，在2031年也可能不是。但是，在2021年确实如此。

为什么？

最根本的原因在于被称为摩尔定律（Moore's Law）的基本原理。1965年，作为Intel公司创始人之一的Gordon Moore认为，由于电子芯片设计和制造技术的发展，"集成芯片上每平方英寸可容纳的晶体管数目，约每隔18个月便会增加一倍"。他的论断被广泛误解为"计算机的运行速度每18个月翻一番"，虽然这种表述不准确，但基本上符合该论断的思想精髓。

由于摩尔定律，计算机的价格已经从早期标准计算设备的近4000美元下降到近期相同计算设备的零头，如图1-1所示。

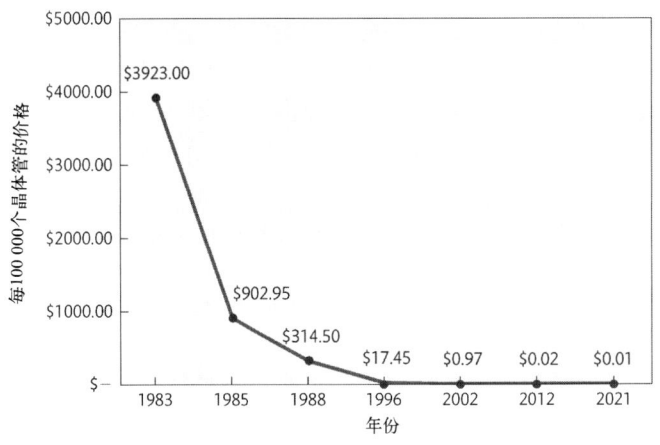

图 1-1　处理器的价格/性能变化

然而，作为未来的商业人士，你不用在意公司用100美元购买的计算机的运行速度到底有多快。这不是重点，下面的论述才是重点：

由于摩尔定律，数据处理、通信和数据存储成本基本上为零。

摩尔定律极大地降低了计算成本。带来的结果就是计算机在商业中无处不在——每一份工作都需要大量使用计算机，你身边所能看到的每一件产品都需要使用信息技术（IT）来制造、交付、营销和售卖。

这场科技革命并不会停止。摩尔定律将继续降低成本，这导致摩尔定律和摩尔技术将"淹没"商业，新的机会将不断涌现，因为曾经太过昂贵的东西真正成为可以实际使用的。

当技术成本基本上为零时会发生什么？以下是近来摩尔技术带来的一些成果：

音云(SoundCloud)　　区块链(Blockchain)　　Airbnb　　Apple Pay
3D 打印机　　Siri(Apple 产品中的智能语音助手)　　FitBit(智能穿戴乐活产品)
TikTok　　WhatsApp(一款面向智能手机的即时通信应用程序)
无人驾驶汽车　　Instagram　　Venmo(PayPal 旗下的一款移动支付服务)
Spotify(一款流媒体音乐平台)　　大数据(Big Data)　　Echo(一个计算机命令)
FaceTime(一款视频通话软件)　　Uber　　物联网(Internet of Things)　　云
虚拟现实(VR)

这些技术及之前的技术开创了信息时代(information age)，信息的生产、分配和控制是经济的主要驱动力。当今时代的指标——数据量的爆炸式增长和互联网用户的增长——如图1-2所示。

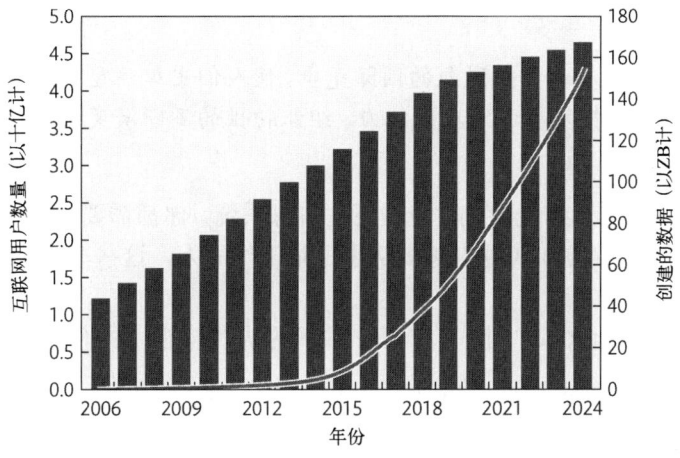

图 1-2　全球互联网用户创建的数据

当今时代有两个独特的方面。第一，世界是扁平化的。就算是在经济不发达地区，一个新的 IT 机会也可以迅速找到所需的资本和关联，以便在全球范围内迅速传播。第二，在这样一个扁平的、相互联系的世界里，企业必须迅速适应，否则就会被那些已经适应的企业超越。

不仅商业世界是由技术驱动的，处于商业世界中的人也是如此。想想看你今天参与了多少 IT 活动——所有你使用过的应用程序、玩过的游戏、听过的音乐、看过的视频及所有发送的文本、帖子。事实上，成年人平均每天在智能手机、社交媒体和笔记本电脑上进行工作与娱乐的时间超过了 5 个小时。

不管我们在哪里工作、做什么，IT 都是必要的。企业需要你帮助其有效地使用 IT，而无论你是管理信息系统、会计、市场营销或任何其他专业的毕业生。你需要明智地使用 IT，使其在工作、教育甚至休闲活动中更有效率。这就是为什么管理信息系统是当今商学院最重要的课程。

Amazon 首席执行官 Jeff Bezos 将这个前所未有的 IT 时代视为最令人振奋的商业时代，他曾说过："一想到这个时代，我就很容易倍感兴奋地从睡梦中醒来。"我们和 Bezos 有着同样的热情。这是一个激动人心的时刻。我们希望这对你来说是有用的；我们撰写这本书就是为了这个原因。

未来的商业专业人士需要能够评价、评估新兴的信息技术，并将其应用到业务中。

你需要通过这门课的知识来获得这些技能，拥有这些技能将会为你带来更大的工作保障。

如何获得工作保障？

一位睿智且有经验的业务主管曾经说过，唯一的工作保障是"拥有市场所需的技能和使用它的勇气"，他继续说："我们公司没有安全保障，任何政府项目没有安全保障，你的投资没有安全保障，社会保障也没有安全保障。"令人唏嘘的是，结果证明他是对的。

那么，什么是市场所需的技能呢？求职者过去常给特定技能命名，如计算机编程、税务、会计或市场营销。但是现在，由于摩尔定律，数据通信和数据存储成本基本上为零，任何常规技术都可以外包给出价最低的投标人。大量的组织和专家正在研究什么样的技能是人们的职业生涯中最关键的。我们来分析如下的两个研究成果。

首先，位于美国加州 Santa Monica 的智库 RAND 公司 70 多年来一直在发表创新性和突破性的想法，包括互联网的最初设计。最近，RAND 公司发布了一份关于 21 世纪工作者所需技能的描述：

> 科技的迅速发展和日益激烈的国际竞争，使人们更加注重技能和劳动力的储备，特别是适应科技发展和需求的能力。组织特性的不断演变导致他们更看重非常规的认知技能。

无论你的专业是会计、市场营销、金融还是信息系统，你都需要掌握非常规的认知技能。随着机器人和人工智能(AI)取代越来越多从事日常工作的人，这些非常规技能在不久的将来将变得越来越重要。

第二项研究是 Robert Reich 列举了一些非常规的认知技能，我们称之为四种就业技能：

- 抽象推理
- 系统思维
- 协作
- 实验

如图 1-3 所示。重新阅读一下本章开头的 CBI 的故事，你会发现 Jennifer 之所以丢了工作，正是因为她缺乏这些就业技能。

技　　能	示　　例	Jennifer 的问题
抽象推理	构建模型或描述	对新客户生命周期的困惑
系统思维	看到整体，展示输入和输出如何相互关联	与客户何时/如何讨论应收账款的困惑
协作	与他人一起构思想法和计划，提供并接受关键反馈	不愿意在工作时与他人协作
实验	根据现有资源，创建并测试有前景的新替代方案	对失败的恐惧阻碍了对新想法的讨论

图 1-3　就业技能

管理信息系统如何帮助你学习就业技能？

管理信息系统导论是商学院最重要的课程的第二个原因，即该课程可以帮助你在商学院里学习这四种就业技能，因为每个问题的解决都需要应用和实践这些技能。下面主要讲解如何运用这些技能。

抽象推理

抽象推理（abstract reasoning）是指构建和操作模型的能力。抽象是对象的简化，它是一个想法、模型或概念，然后可以通过逻辑或合理的思考过程加以操纵。你将在每个课程主题和章节中使用一个或多个模型。例如，在第 2 章中，你将学习业务流程建模的方法，还将学习信息系统的五组件框架。

在这门课的学习中，不仅要运用指导老师提供的或者书中已经设计出来的模型，也需要自己去构建模型。比如在第 4 章，你将会学习如何构建数据模型；在第 7 章，你将会学习如何构建流程模型。

系统思维

如果你在杂货店里看到了一瓶绿豆，你能联想到美国移民政策吗？当你看到机器在砍伐用来造纸的木头时，你能将木头屑和摩尔定律联系到一起吗？你知道为什么 YouTube 最大的受益者之一是 Cisco 系统吗？要回答这些问题就需要用到系统思维。

系统思维（systems thinking）是看到整体而不仅仅是局部的能力；它是对系统组件进行建模的能力，并将这些组件之间的输入和输出连接成一个合理的整体，即一个可以解释所观察到的现象的整体。例如，为什么 Uber 整体上是有利可图的？诸如乘客和司机的投入如何建立联系，从而达到双赢的结果？

正如你将要学到的，这门课是关于流程和信息系统的。流程是系统的一部分——一个流程的输出是另一个流程的输入。例如，获取制造自行车原材料的过程是生产流程的输入；生产流程的输出是销售流程的输入。系统思维对信息系统来说也很重要。在本书中，我们将讨论和解释系统。你将被要求对系统进行评价，比较不同的系统，并将不同的系统应用于不同的场景。以上的这些要求是为我们能够像一个专业人士运用系统思维做准备的。

协作

让很多学生吃惊的是：有效的协作（collaboration）并不在于保持友好的关系。事实上，研究表明对于有效的协作，最重要的是要做到给予和接受反馈。当我们提出一个商业计划时，可能与销售副总裁所看重的项目是冲突的，这时你就会认识到有效的协作技能与在邻居家的烧烤聚会上的社交礼仪是不同的。那么，在副总裁反对的情况下如何提出自己的想法，同时又不会丢掉工作？

在这门课上，我们将会学到协作所需的技能和信息系统。更重要的是，我们将有很多机会来实践它。第 10 章将教你协作技巧，并举例说明几个协作信息系统。此外，这本书的每一章都包括协作练习，教师可以在课堂上进行任务分配或将其作为课后作业。

实验

"我之前从来没有做过这项工作。"
"我不知道该怎么去做。"
"但是这样起作用吗？"
"它对于营销来说是不是太怪异了？"

对失败的恐惧阻碍了太多优秀的人才和好的想法。当公司业务稳定时，新的想法就像是同一首曲子的不同歌词，专业人士可以让自己适度控制对失败的恐惧。

但是请重新思考一下社交网络在换油(oil change)业务中的应用。是否存在合法的社交网络应用？如果有，有人这样做过吗？在这个世界上有没有人告诉你去做什么？如何做？答案是"没有"。正如 Reich 所说的那样，21 世纪的专业人才需要有实验能力(ability to experiment)。

成功的实验不是让每一个想法浪费大量的金钱，它需要对每一个机会做出认真合理的分析，设想潜在的产品、解决办法或者新技术的应用，然后再开发那些最有前景且与你目前所拥有的资源相符的方案。成功的实验也意味着从经验中学习：如果它有效，为什么？如果无效，为什么？

在扁平化且相互联系的全球经济中，开展实验至关重要，因为在全球市场上获得成功的回报比以往任何时候都要高。如果一家公司不进行实验，那么它取得突破性成功的机会将减少。实验就像在纸牌游戏中抽牌。你不知道什么时候会有一张好牌出现，但如果你停止抽牌，而你的对手继续抽牌，那么你就失败了……

在这门课上，可能要用到一些你根本不了解的产品。这些产品可能是 Microsoft Access、Visio，或者是 SAP，也有可能遇到 Blackboard 的一些从来没有用过的特性和功能。你可能会被要求使用 Microsoft Office 365 进行协作。指导老师会讲解这些产品的每一个特性吗？希望最好不会。相反，应该希望指导老师留给你们自己去实践，去设想新的可能性，然后在时间允许的基础上再去实践这些可能性。

工作

如图 1-4 所示，在过去的 25 年里，信息系统工作岗位数量迅速增长，从不足 50 万个到现在超过 200 万个。该数据还显示，过去 5 年信息系统工作岗位数量的增长超过了所有非信息系统工作岗位数量的增长。许多接受过信息系统培训的毕业生所从事的工作名称中并没有"信息系统"一词(这些工作及其描述见本书扩展 1)。现在特别热门的是安全、分析和人工智能(AI)领域的工作，其中很多工作机会都将由信息系统专业毕业生获得。

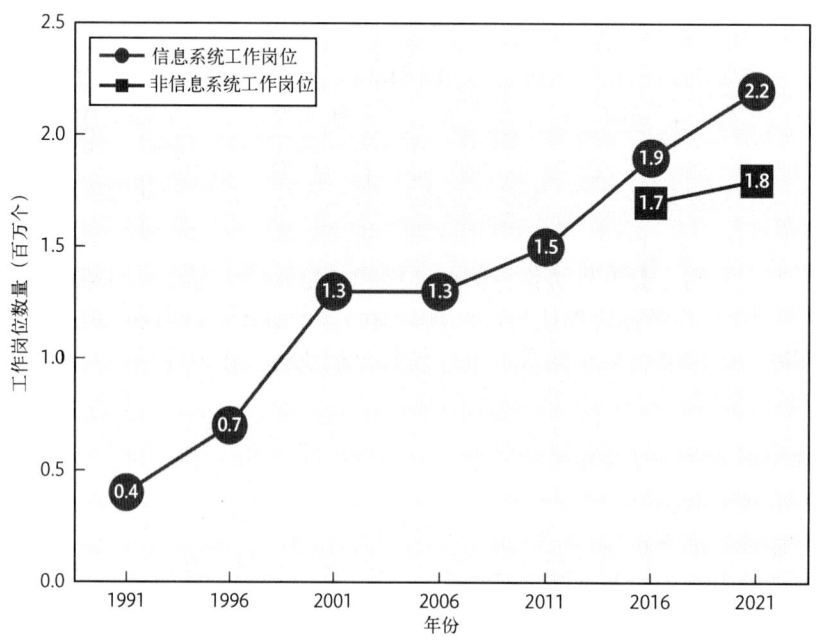

图 1-4　信息系统工作岗位数量迅速增长

然而，信息系统和计算机技术提供的工作和工资福利不仅仅限于信息系统专业人员所拥有。Acemoglu 和 Autor 发表了一项关于 20 世纪 60 年代至 2010 年期间美国与欧洲部分地区就业和工资的实证研究。他们发现，在这一时期的早期，教育水平和专业是就业和工资的主要决定性因素。然而，自 1990 年以来，就业和工资的主要决定因素是所从事工作的性质。简而言之，随着计算机技术"走下神坛"，从中受益的工作岗位的价值急剧增加。例如，大量高薪职位可以提供给那些知道如何使用信息系统来提高业务流程质量、解释数据挖掘结果以改进营销、增强信息安全或使用 3D 打印技术来创造新产品和应对新市场的商业人士。

结语

最后要说的是，管理信息系统导论是商学院最重要的课程，因为它具有以下特性。

1. 提供评估、评价新兴信息系统技术并将其应用于业务所需的背景知识。
2. 帮助学生掌握抽象推理、系统思维、协作和实验能力，即关键就业技能，从而具有最基本的工作保障。
3. 提供工作机会。

请在这门课上尽你最大的努力；我们相信，这一努力将获得可观的回报。我们知道每个人都有自己的看法，所以问问非信息系统专业的朋友、老师、父母的朋友和其他人，能够在商业领域使用和理解技术，对我们来说有多重要。不妨这样想：如果你打算将来在德国生活，难道你不想精通德语吗？在这里也是一样的——你要进入一个高科技的商业环境，就需要善于使用科技语言。介绍完之后，让我们开始接下来的学习之旅吧！

Q1-2 管理信息系统是什么？

我们已经多次使用了 MIS 这个术语，你可能想知道它是什么。MIS 是 Management Information Systems（管理信息系统）的缩写，我们将其定义为创建、监控和调整业务流程、信息系统和信息，以帮助组织实现其战略。该定义包含三个关键要素：

- 流程、信息系统和信息
- 创建、监控和调整
- 实现战略

从流程、信息系统和信息开始，我们探究每一个要素。

流程、信息系统和信息

第 2 章将会详细讨论这三个术语及其相互关系。但是现在，我们先考虑以下直观的定义。流程，有时也称为业务流程，是做事的一种方式。CBI 有一个获取新客户的流程。这个流程包括寻找潜在客户、联系他们、分配一个销售人员等。因为组织是通过流程来完成工作的，关注这些流程是提高组织有效性和效率的关键，你将在本书中了解到这一点。

信息系统(IS)是存储、检索数据和产生信息的部件的集合，包括但不限于计算机。业务流程和信息系统不是一回事。一个流程可能使用多个信息系统，而一个信息系统可能涉及许多不同的流程。区分这两个概念可以在很大程度上避免一些疑惑。最后，信息是帮助员工完成工作的有意义的启示，我们在前面已经提到过。在第 2 章中，我们将正式定义这些术语，详细探讨它们，并研究它们之间的关系。

创建、监控和调整

MIS 定义的下一个要素是创建、监控和调整业务流程、信息系统和信息，如图 1-5 所示。

图 1-5　管理信息系统的范围

考虑一下 CBI 获取新客户的过程。这个过程不是像雨后的春笋一样突然冒出来的，它是为了满足 CBI 的需要而创建的。随着时间的推移，该过程的需求将发生变化——也许 CBI 会给首次购买的客户打折。CBI 需要监控其流程，以检测新客户何时下订单。当出现新的订单时，需要对流程进行调整以满足新的需求。

类似的说法也适用于信息系统。需要创建信息系统；计算机、程序、数据库和其他部件的构造方式需要满足它们所服务的业务流程的要求。与流程一样，需要对信息系统进行监控，以确保它们继续满足相关的需求；当它们不满足需求时，需要对其进行调整。

同样的论述也适用于信息。例如，CBI 的管理者有一组自行车销售报告。随着时间的推移，对管理者销售决策的监控可能表明需要新的信息来帮助他们改进这些决策。如果是这样的话，则需要对信息系统进行调整，以帮助管理者找到更有意义的启示。

此时，你可能会说，"等一下。我的专业是金融(或会计，或管理)，而不是信息系统。我不需要知道如何创建及调整流程或信息系统。"如果你这么说，那么你就像一只需要被剪一剪羊毛的羔羊了。像 Jennifer 一样，在你的整个职业生涯中，无论你选择什么领域，你都会与流程、信息系统和信息打交道。为了确保这些元素满足你的需求，你需要在其管理中发挥积极的作用。即使你不是业务分析师、程序员、数据库设计师或其他一些信息系统专业人员，你也必须在指定流程、信息系统和信息需求，以及帮助管理相关的开发项目方面发挥积极作用。没有你的积极参与，只有运气足够好才能使流程、信息系统或信息满足你的需求。

除了开发任务，你还将在管理信息系统的使用中发挥重要作用。当然，你需要学习如何遵循流程和使用信息系统来实现你的目标。但是你也要具备一些重要的辅助功能。例如，在使用信息系统时，你将有责任保护系统及其数据的安全性。你也可能有备份数据的任务。当系统出现故障时(大多数情况都是这样)，你需要在系统关闭时执行一些任务，以及需要实现一些操作来帮助正确、快速地恢复系统。

实现战略

MIS 定义的最后一部分指出，MIS 的存在是为了帮助组织实现其战略。首先，要意识到这句话隐藏了一个重要的事实：组织本身并没有"做"任何事情。一个组织是没有生命的，其本身不能行动。实现各项活动的是组织中负责销售、采购、设计、生产、财务、市场和管理的人员。因此，MIS 的存在是为了帮助在组织中工作的人员实现该组织的战略。

有时，组织很难专注于商业战略，因为信息技术非常吸引人："我们的竞争对手正在利用 Twitter 发布产品；我们最好也这样做。"由于技术的快速发展，人们很容易仅仅为了"现代化"而创建信息系统，这样公司就可以声称自己是"世界一流的"，或者出于其他一些原因。基于这样的原因创建信息系统是不明智的，而且会浪费时间和金钱。为了实现组织的战略，需要创建流程、信息系统和信息。它们的出现，并不是因为信息系统部门认为需要创建它们，也不是因为公司"落后于别人的技术"。

以上论述是显而易见的，以至于你想知道我们为什么要提到它。因为实际上，每天都有一些地方的组织出于错误的原因来开发信息系统。现在，在世界的某个地方，有一家公司正决定创建一个社交网站，唯一的原因是"其他所有公司都有一个"。因为这家公司不会提出以下问题：

- "我们建立公司网站的目的是什么？"
- "这对我们有什么好处？"
- "关于员工对网站的贡献，我们的鼓励政策是什么？"
- "对于批评性的客户评论，我们应该怎么做？"
- "维护网站的收益是否足以抵消成本？"

更严重的是，某个地方的信息系统管理者已经被某个供应商的销售团队或商业杂志上的一篇文章说服，他的公司必须升级到最新、最先进的高科技设备。这位信息系统管理者正试图说服他的上司，花很大的代价去升级是有好处的。我们希望公司的某些人能够提出这样的问题："这项小发明的投资将服务于什么样的战略目标或目的？"

作为一名未来的商业人士，你需要学会仅从商业需求的角度来看待信息系统和技术。要学会问："所有这些技术本身可能很棒，但它能为我们做什么呢？""这对我们的业务和我们的特定战略有什么影响？"

因为对信息系统来说战略是如此重要，所以我们将在下一个问题中讨论信息系统和战略之间的关系。接下来，本章的其余部分将探讨信息系统与价值链的关系和相关的概念。

Q1-3 管理信息系统与组织战略有何关系？

根据管理信息系统的定义，信息系统的存在是为了帮助组织实现其战略。正如你将在业务战略课程中学到的，一个组织的目标和宗旨是由它的竞争战略决定的。因此，竞争战略最终决定了每个信息系统的结构、特征和功能。业务流程还可以影响信息系统的设计。然而，正如你将在第 2 章学到的，业务流程和信息系统之间的关系是复杂的；在某些情况下，信息系统的能力将受到限制。如果是这样，信息系统的特性和功能也可能决定业务流程的结构。最后，如图 1-6 所示，信息系统产生信息。

Michael Porter 是竞争分析领域的重要研究人员和思想家之一，他开发了三种不同的模型，可以帮助你理解图 1-6 中的元素。为了理解这张图，我们从 Porter 的五力模型开始。

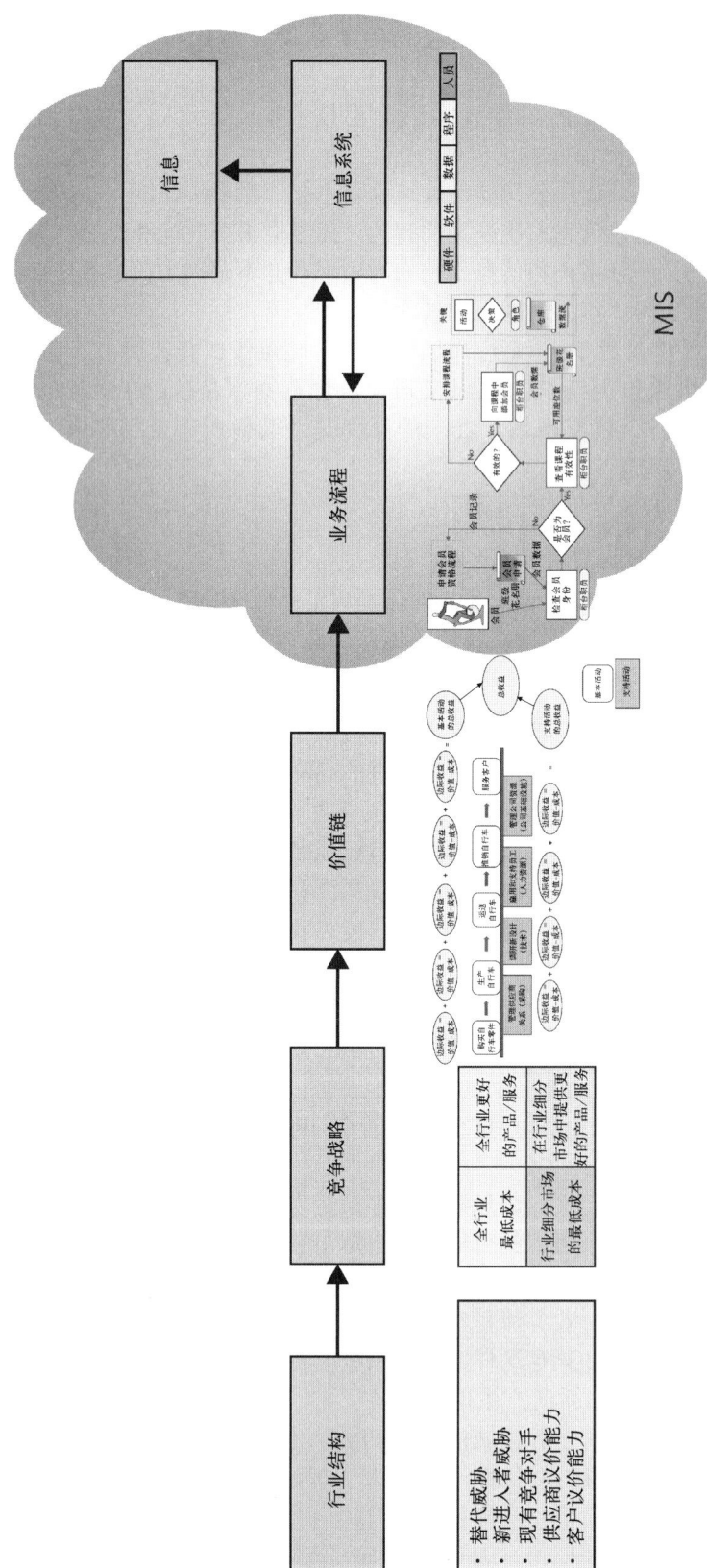

图 1-6 组织战略决定管理信息系统

Q1-4 决定行业结构的五种竞争力是什么？

组织战略始于对行业的基本特征和结构的评估。用来评估行业结构的一个模型是 Porter 的五力模型（Porter's five forces model），如图 1-7 所示。根据该模型，决定行业盈利能力的有五种竞争力：替代威胁、新进入者威胁、现有竞争对手、供应商议价能力和客户议价能力。这五种竞争力中每一种的强度决定了行业的特征、盈利能力及盈利能力的可持续性。行业的盈利能力各不相同，组织领导者必须了解提升盈利能力的因素。

竞 争 力	强竞争力的例子	弱竞争力的例子
替代威胁	丰田公司购买汽车涂层	你对学校程序和政策的控制权
新进入者威胁	旅行者的汽车租赁选择	患者使用唯一对其癌症有效的药物
现有竞争对手	购买汽油的学生	粮食过剩年份的农民
供应商议价能力	转角架	职业足球队
客户议价能力	二手车经销商	国税局

图 1-7 五种竞争力的例子

要理解此模型，请考虑图 1-7 中每种竞争力的强弱示例。你可以通过为每种竞争力列举出和教材不同的例子来判断是否很好地理解了每种竞争力。另外，以某个特定行业（例如汽车维修）为例，考虑这五种竞争力如何决定该行业的竞争格局。

图 1-8 说明了五力模型如何应用于零售业，例如 Walmart。替代品以另一种方式发挥与工业产品相同或相似的功能。例如，电子邮件代替了邮局信件，电子书代替了传统书籍，Uber 代替了出租车业务，Airbnb 代替了酒店订房业务。替代品也可以是二手的，或者自己生产。如果替代品的价格更低，替代品的收益相似，并且买家很容易更换产品，那么替代品的威胁就更大。例如，Walmart 将电子商务和二手产品视为替代威胁。Walmart 认为来自电子商务的威胁很大，因为转换成本很低，价格也可能很低。

竞 争 力	例 子	竞争力强度
替代威胁	电子商务	强
新进入者威胁	正在成长的区块链	强
现有竞争对手	Target，Kmart，Sears	中等
供应商议价能力	Procter & Gamble，Microsoft	弱
客户议价能力	你和我	弱

图 1-8 Walmart 的五种竞争力

新进入者威胁基于行业进入壁垒（barriers to entry），以及新进入者可以预料到的该行业老牌公司的回应。进入壁垒是指导致新业务难以在行业中开始运营的因素。进入壁垒的例子包括高昂的客户转换成本、大量的资金投入、新进入者无法进入的销售和分销渠道及政府政策。Walmart 将现有的、正逐步成长为全国性零售商的区域性零售商视为很强大的新进入者威胁，因为它们几乎没有进入壁垒。

当行业内的竞争对手（也称之为模仿者）通过价格折扣、新产品和服务改进来展开竞争时，来自他们的竞争将会很激烈。当竞争者众多、行业增长缓慢且退出壁垒较高时，来自竞争对手的竞争尤其激烈。Walmart 认为 Target、Kmart 和 Sears 是竞争对手，竞争的激烈程度处于中等水平。

后两种竞争力涉及来自供应商或客户的讨价还价能力。这些竞争力的强度取决于可用的供应商和买方的数量、转换成本、产品的差异，以及与供应商或客户规模相比的公司(此处为 Walmart)相对规模。Walmart 的供应商包括 Procter & Gamble、Microsoft 和数千家小型企业。由于 Walmart 有很多供应商可供选择，Walmart 从一个供应商转换到另一个供应商的转换成本低，供应商的产品差异性有限，并且 Walmart 具有巨大的相对规模优势，因此供应商的议价能力很弱。像你我这样的人都是 Walmart 的买家，由于你拥有众多供应商且转换成本较低，而 Walmart 的产品与其他供应商的产品几乎无差异，这让你具有了一定的购买力。但是，Walmart 的规模优势完全克服了这种竞争力。因此，在 Walmart 看来，买家的议价能力很低。

总而言之，Walmart 得出结论，其竞争战略及支持该战略的信息系统应该应对电子商务、区域性的威胁和行业竞争对手。 因此，一个致力于解决弱势竞争力并试图锁定客户或阻止买家转换的信息系统，虽然有用，但不会保持战略上的一致性。

Q1-5　什么是竞争战略？

一个组织通过选择竞争战略(competitive strategy)来应对其在行业中的结构。根据五力模型，Porter 建立了如图 1-9 所示的四种竞争战略模型。按照 Porter 的说法，组织可以采用四种竞争战略中的一种。一个组织可以是成本领先者，以行业中最低的价格提供产品；它也可以专注于增加其产品的价值，以区别于竞争对手的产品。此外，组织可以在整个行业中采用低成本或差异化战略，也可以将其战略集中于特定的行业细分领域。

	成本	差异化
全行业	全行业最低成本	全行业更好的产品/服务
焦点	行业细分市场的最低成本	在行业细分市场中提供更好的产品/服务

图 1-9　Porter 的四种竞争战略模型

对于公司而言，关键是要致力于四种竞争战略中的一种。试图同时采取一种以上的竞争战略总是错误的。一个公司通常会提出一个低成本领先和差异化客户服务的战略，其结果通常是两者都实现不了，因为这些目标往往是不一致的。在公司内部，追求这两个目标会传递出混乱的信息，即哪一个是最重要的。选择战略的第二个原则是，竞争战略必须具有独特性和可持续性。如果竞争对手也在采用类似的策略，而且做得更好，那么这种战略对你的公司的影响可能是致命的。

以汽车租赁业为例。根据图 1-9 的第一列，汽车租赁公司可以努力在整个行业中提供成本最低的汽车租赁服务，或者它可以寻求为特定行业提供成本最低的汽车租赁服务。

如第二列所示，汽车租赁公司可以转而寻求将其产品与竞争对手的产品区分开来。它可以通过多种方式做到这一点——例如，提供高质量的汽车，提供最好的预订系统，拥有最干净的汽车或最快捷的登记手续，以及其他一些方式。该公司可以努力提供跨行业或特定行业的产品差异化。

根据 Porter 的观点，要想使战略有效，组织的目标、文化和活动必须与组织的战略保持一致。将其应用于管理信息系统领域，这意味着所有的流程、信息系统和信息都必须为了促进组织竞争战略的实施而构建。

考虑一下 Walmart 的竞争战略。Walmart 选择了全行业的低成本战略。Walmart 试图通过拥有行业内最低的成本结构来抵御来自电子商务、区块链和行业竞争对手的威胁。记住，成本不是价格。成本是生产一种产品或服务所需要的投入，而价格是人们愿意为它支付的金额。你可能也会想，成本领先听起来并没有特别之处——难道几家公司就不能采取同样的战略吗？Porter 告诉我们，在一个行业中，只有一家公司可以成为真正的领导者。如果你尝试这种策略，而你的成本实际上比其他公司高，那么这可能会导致公司破产。

Q1-6　竞争战略如何决定价值链结构？

组织分析其所在行业的结构，并基于这种分析，制定其竞争战略。接下来，需要规划和构建组织来实施战略。例如，如果竞争战略是要成为成本领先者，那么商业活动就应该以尽可能低的成本提供基本功能。

选择差异化战略的公司不一定要围绕最低成本的活动来构建。相反，这样的公司可能会选择开发成本更高的流程，但只有在这些流程提供的收益超过其风险的情况下才会这样做。

Porter 将价值（value）定义为顾客愿意为一种资源、产品或服务支付的金额。一项活动所产生的价值与该项活动的成本之间的差额称为边际收益（margin）。采用差异化战略的企业只有在活动具有正的边际收益时才会增加成本。

价值链（value chain）是一个价值创造活动的网络。根据 Porter 的说法，一般的价值链包括 5 个基本活动和 4 个支持活动。

价值链的基本活动

图 1-10 总结了价值链的基本活动（primary activity）。基本活动将会驱动竞争优势。原材料是通过入库物流活动获得的，产品和货物是在操作/制造活动中生产的，而这些产品和货物是通过出库物流活动配送给客户的。此外，组织具有销售和营销及客户服务等活动。

基本活动	说　明
入库物流	接收、存储和分发产品投入
操作/制造	将投入转化为最终产品
出库物流	收集、存储产品并配送给买家
销售和营销	引导买家购买产品，并为其提供购买途径
客户服务	协助客户使用产品，从而维护和提升产品价值

图 1-10　价值链的基本活动

要了解这些活动的本质，请考虑自行车批发商 CBI 的例子（见图 1-11）。首先，CBI 购买自行车零件（入库物流）。该活动涉及原材料和其他投入的接收和处理。从某种意义上说，即使是一堆未组装的零件，对于某些客户来说也是有价值的，这些材料的积累增加了价值。制造自行车所需的零件集合比销售货架上的空白空间更有价值。价值不仅在于零件本身，还包括与供应商联系以获取这些零件、与这些供应商维持业务关系、订购零件、接收货物等所需的时间。

在"生产自行车"的操作/制造活动中，自行车制造商将原材料转化为成品自行车，这一过程增加了更多的价值。接下来，公司将自行车配送（出库物流）给客户。当然，如果没有销售和营销活动，就无法将自行车送到客户手中。最后，客户服务活动为自行车使用者提供售后服务。

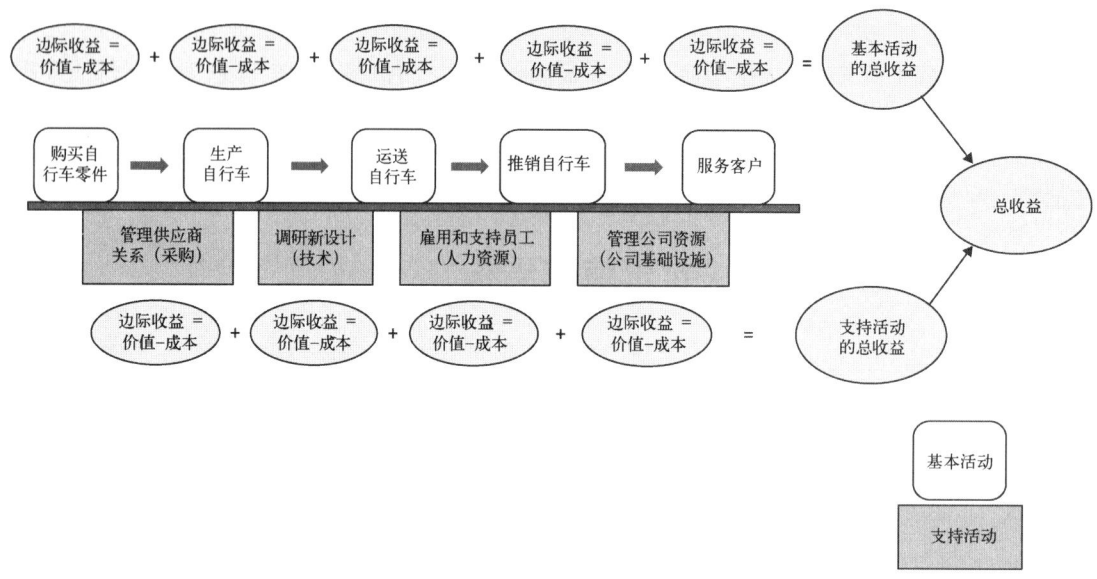

图 1-11 CBI 的价值链

这个通用价值链的每个阶段都积累了成本,并增加了产品的价值。净增加的是整条链的总收益,也就是增加的总价值和产生的总成本之间的差额。

 **课堂练习**

工作技能练习

在这一章中,我们要求你思考当今商业中需要的工作技能。例如,其中之一可能是良好的协作能力,另一个可能是高效使用软件的能力。如果你能拥有这些技能,你就有更好的机会找到并保有一份出色的工作。

第 1 步:在与队友的协作中,写下你认为当今商业中最需要的六项技能。每个团队成员都要写出。

第 2 步:在与队友的讨论中,确定并圈出团队认为的学生最缺乏的四项技能。

第 3 步:评估自己。在这四项技能中,你有哪些能力?在这四项技能中,你最弱的一项是什么?

第 4 步:在与队友的讨论中,确定学校对于这四项技能中的哪一项教得比较好,而哪些则不好。

来源:monticello/Shutterstock; Eric Isselée/Shutterstock; Denis Pepin/Shutterstock; gresei/Shutterstock

第 5 步:根据你对这门课的了解,你可以在这门课上练习这四项技能中的哪一项?你如何知道你更擅长这些技能?

价值链的支持活动

价值链的支持活动(support activity)促成或有助于价值链的基本活动,它们包括采购、技术、人力资源和公司基础设施活动。

Porter 将采购活动定义为寻找供应商、签订合同条款和议价等流程。Porter 对技术活动的定义很宽泛，其中包括研究和开发，但也包括公司内部开发新技术、方法和程序的其他活动。他将人力资源活动定义为招聘、薪酬管理、评估和培训全职与兼职员工。最后，企业基础设施活动包括综合管理、财务、法律和政府事务。

支持活动虽然间接增加了价值，但它们也有成本。因此，如图 1-11 所示，支持活动有助于增加收益。对于支持活动，很难计算收益。但这类活动也是有附加值的，有成本的，有收益的，即使只是存在于概念中。

价值链的联动

Porter 的商业活动模型包括联动(linkage)，即价值活动之间的相互作用。例如，制造系统使用联动来减少库存成本。这样的系统使用销售预测来计划生产；接着，它使用生产计划来确定原材料需求，然后使用原材料需求来计划采购，从而实现即时(just-in-time)库存，这样便减少了存货规模和成本。

通过描述价值链及其联动，Porter 开始了创建整合的跨部门业务系统的研究工作。随着时间的推移，他的工作导致一个称为业务流程设计的新学科的诞生。其中心思想是组织不应自动化或改进现有的功能系统；相反，他们应该创建新的、更高效的业务流程，以整合价值链中所有部门的活动。当我们检查流程的改进情况时，我们将重新讨论活动整合的概念。

Q1-7 竞争战略如何决定业务流程和信息系统？

自行车租赁公司的运营价值链和业务流程如图 1-12 所示。图的中间给出了产生价值的活动，图的上下展示了具有不同竞争战略的两家公司执行这些活动的情况。

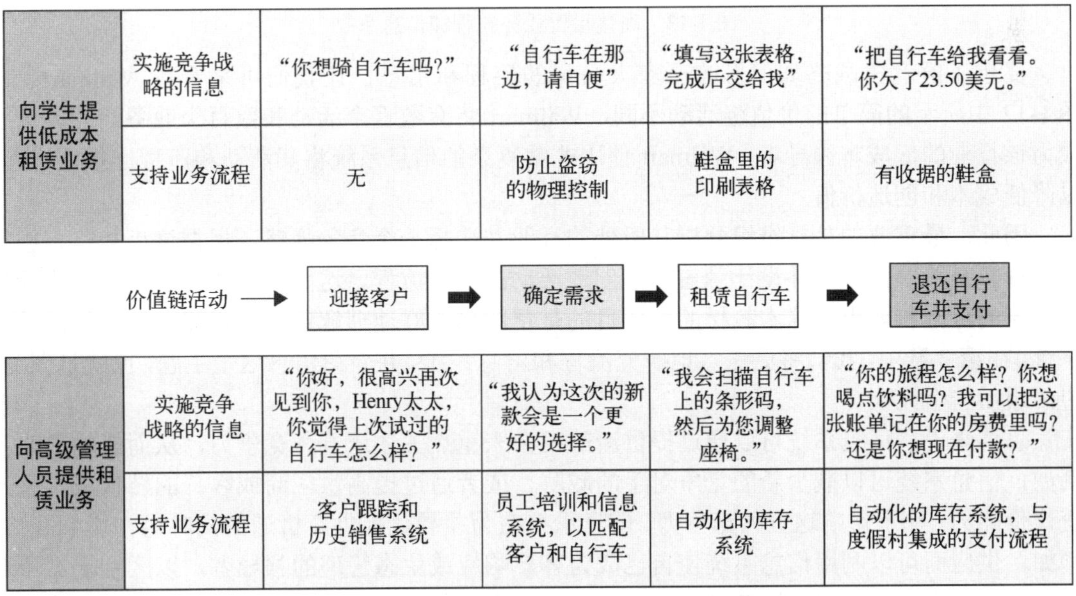

向学生提供低成本租赁业务	实施竞争战略的信息	"你想骑自行车吗？"	"自行车在那边，请自便"	"填写这张表格，完成后交给我"	"把自行车给我看看。你欠了23.50美元。"
	支持业务流程	无	防止盗窃的物理控制	鞋盒里的印刷表格	有收据的鞋盒
价值链活动 →		迎接客户	确定需求	租赁自行车	退还自行车并支付
向高级管理人员提供租赁业务	实施竞争战略的信息	"你好，很高兴再次见到你，Henry太太，你觉得上次试过的自行车怎么样？"	"我认为这次的新款会是一个更好的选择。"	"我会扫描自行车上的条形码，然后为您调整座椅。"	"你的旅程怎么样？你想喝点饮料吗？我可以把这张账单记在你的房费里吗？还是你想现在付款？"
	支持业务流程	客户跟踪和历史销售系统	员工培训和信息系统，以匹配客户和自行车	自动化的库存系统	自动化的库存系统，与度假村集成的支付流程

图 1-12 自行车租赁公司的运营价值链和业务流程

第一家公司选择了向学生提供低成本租赁业务的竞争战略。因此，该公司实施相关的业务流程以最小化成本。第二家公司选择了差异化战略。它为高端会议度假村的高管们提供"同类最佳"的租赁业务。注意，该公司设计了相关的业务流程，以确保提供一流的服务。为了获取正收益，它必须确保增加的价值将超过提供服务所需的成本。

现在，考虑这些业务流程所需的信息系统。学生租赁业务使用的流程需要最少的信息系统支持。其业务中唯一的计算机/软件/数据组件是其银行提供的用于处理信用卡交易的机器。

高端租赁业务使用的流程需要更复杂的信息系统，如图1-13所示。它有一个销售跟踪(客户)数据库，可以跟踪客户过去的租赁活动，还有一个库存数据库，用于选择和追加自行车租赁，以及控制自行车库存，最大限度地减少高端客户的烦恼。

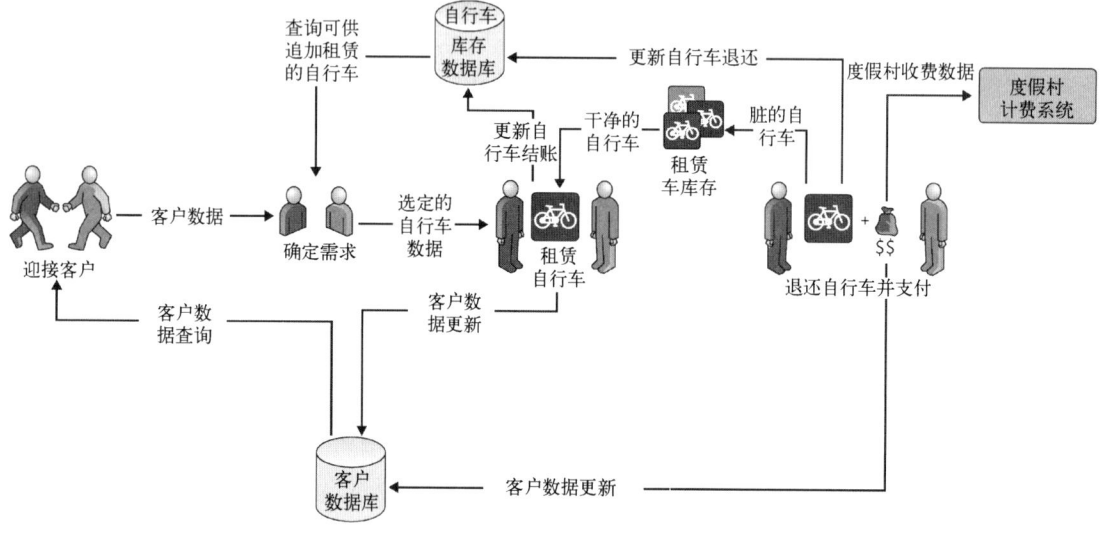

图1-13　高端租赁业务流程和信息系统

要想了解竞争战略如何影响一家大公司的流程和信息，让我们再来看看Walmart。与图1-12中所示的简单的价值链活动不同，Walmart将有数百个活动和数百个业务流程。为了成为该行业的低成本领导者，Walmart使用非常复杂的信息系统将其活动和流程连接在一起，以降低成本和创造价值。

因此，最重要的是：组织分析其所处的行业并选择一个竞争战略。根据这个战略，组织会检查自身的价值链，并设计涵盖价值创造活动的业务流程。这些过程决定了每个组织的信息系统的范围和要求。这本教材的主要目的是帮助你更好地理解业务流程和支持它们的信息系统。在第2章中，我们将更深入地研究流程和信息系统，并介绍信息这个主题，也就是图1-6中的最后一个元素。

总体来说，信息系统可以通过提供新的机会来重点关注这五种竞争力，从而影响战略。例如，信息系统可以减少新的竞争对手的威胁，或者通过提高供应商或客户的转换成本来改变议价能力。除了影响这五种竞争力，信息系统在为差异化提供新机遇的同时也在影响战略。例如，供应商可以利用信息系统使自己成为客户响应或生态管理的领导者，以区别于竞争对手。最后，当一个组织使用信息系统来追求低成本竞争战略时，信息系统可以影响战略。

在本章及本教材的大部分内容中，我们主张信息系统应该支持战略。然而，在某些情形下，信息系统也可以塑造或影响战略。例如，一个公司可能想提供一个高度依赖于信息系统的新产品或服务。汽车制造商可能会提供无人驾驶汽车，大学可能会提供新的在线课程，金融机构可能会提供通过新技术申请贷款的新方式。在这些情形下，信息技术的新进展正在影响战略。如果没有信息系统，想要实现这些战略是不可能的。

在结束这部分讨论之前，我们还必须指出，战略是不断演变的。每个组织都必须定期评估其战略，并决定是否需要调整。制定战略规划时应该思考下一步会发生什么，我们应该退出哪些市场和放弃哪些产品，以及我们的行业将如何变化。

道德指南

职业道德和职业责任

假设你是一位年轻的营销专家，刚刚将新的促销活动推向市场。执行委员会要求你提供广告活动的销售效果概要，然后生成图1-14所示的图。如图所示，你的促销活动正处于紧急关头；当促销活动效果开始显现时，销售额暂时下降。此后，销售额激增。

但是请注意，纵轴没有数量标签。如果增加数量，如图1-15所示，效果就无法令人印象深刻了。看上去大幅度的增长还不到20个单位。尽管如此，图中的曲线仍然令人印象深刻，如果没有人进行计算，你的活动就会显得很成功。

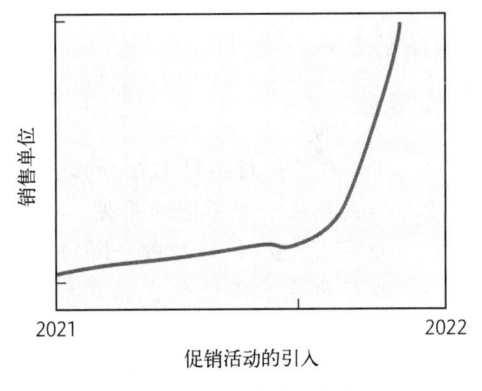

图1-14 促销效果（Ⅰ）

然而，图1-15正因为没有按比例绘制，才会令人印象深刻。如果你像图1-16所示按比例绘制，那么你的活动就没有获得成功，至少对你来说是有问题的。

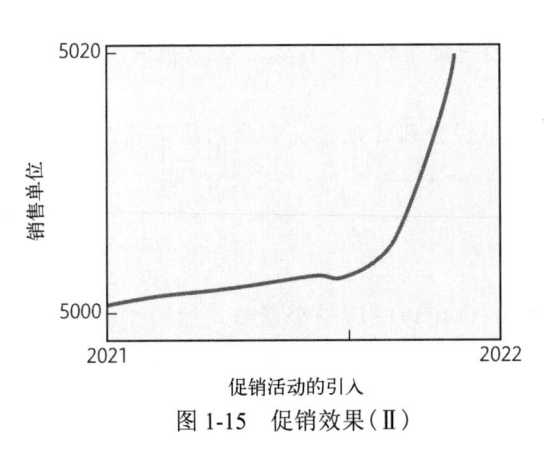

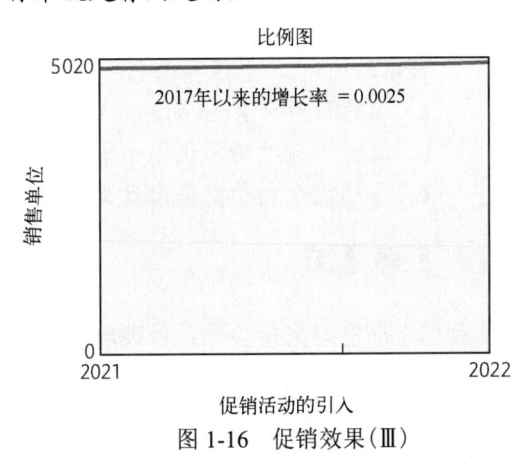

图1-15 促销效果（Ⅱ）

图1-16 促销效果（Ⅲ）

你将向委员会展示哪一张图表？

本书的每一章都包括一个"道德指南"，其目的是在各种管理信息系统上下文中探索道德和负责任的行为。在本章中，我们将考虑数据和信息的道德。

几个世纪以来的哲学思想都在回答："什么是正确的行为？"我们无法在这里开始讨论所有的事情。然而，在你的商业道德课上，你会学到很多。为了我们的目的，我们将使用伦理学中的两个"主要支柱"。我们在这里先介绍第一个，并在第2章介绍第二个。

德国哲学家 Immanuel Kant 将绝对命令（categorical imperative）定义为一种原则："除非你愿意自己的准则变为普遍规律，否则你不应该行动"，即一个人应该只以他希望的行为成为普遍规律的方式行事。偷窃就不是这样的一种行为，因为如果每个人都去偷，那么所有人就没有可以拥有的东西。

来源：Dotshock/123RF

当你问一个行为是否符合这个原则时，一个很好的"试金石"就是"你愿意向全世界公布你的行为吗？"如果不愿意，那么你的行为就是不道德的，至少不是 Kant 的绝对命令意义上的行为。

我们将在下面的章节中应用这些原则。现在，通过回答以下问题来评估你对图 1-14 至图 1-16 的看法。

讨论题

1. 用你自己的话解释 Kant 的绝对命令概念。解释为什么考试作弊与绝对命令不一致。
2. 尽管存在一些不同的意见，但大多数学者认为黄金法则（"己所不欲，勿施于人"）并不像 Kant 的绝对命令那样仅限于行为。请证明这一信念。
3. 改变角色。假设现在你是执行委员会的一员。一个初级营销人员向委员会提交了图 1-14，你质疑缺少标签及其标度。这位初级营销人员回答说："对不起，我并不知道这一点。我只是把数据放到 Excel 中，然后复制生成的图表。"作为一名高管，你对这个初级营销人员的回答是什么？
4. 作为初级营销人员，你会向委员会展示哪一幅图？
5. 根据 Kant 的观点，说谎与绝对命令是不一致的。假设你被邀请参加在系主任家里举行的烧烤派对。给你端来的牛排很硬，煎得太熟了，几乎不能吃，你偷偷地把它喂给系主任家的狗（它似乎很喜欢吃）。主任问你，"你的牛排怎么样？"你回答："很好，谢谢。"
    a. 你的行为与 Kant 的绝对命令一致吗？
    b. 这份牛排对狗来说似乎太好吃了。这个事实会让你改变 a 部分的答案吗？
    c. 你从这个例子中得出什么结论？

主动复习

利用主动复习来检验你是否理解了本章的内容。你可以阅读整个章节，然后完成复习中的任务。你也可以只阅读一个问题，然后完成复习中的任务，再继续下一个问题。

Q1-1　为什么管理信息系统导论是商学院最重要的课程？

定义摩尔定律，并解释为什么它的结果对今天的商业人士很重要。请解释由摩尔定律推动的 IT 发展趋势。描述信息时代的关键方面。给出书中对工作保障的定义，并使用 Reich 列举的四种关键技能来解释本课程将如何帮助你获得这种保障。总结与信息系统相关的工作机会。

Q1-2 管理信息系统是什么？

定义管理信息系统。用本章中使用的直观方式描述流程、信息系统和信息的含义。解释创建、监控和调整的含义，并归纳为什么这篇文章声称它对所有商业人士是重要的，而不仅仅是管理信息系统专业人员。解释"组织实现其战略"这句话中的难以理解之处。总结为什么组织很难将其管理信息系统集中在组织战略上。

Q1-3 管理信息系统与组织战略有何关系？

总结 Porter 模型与管理信息系统相关的原因。解释行业结构、竞争战略、价值链、业务流程、信息系统和信息之间的关系。

Q1-4 决定行业结构的五种竞争力是什么？

总结五种竞争力的名称和简要描述。给出你自己的关于强弱竞争力的例子，如图 1-7 所示。定义替代品、进入壁垒和转换成本。解释它们是如何被五种竞争力使用的。

Q1-5 什么是竞争战略？

描述 Porter 定义的四种不同的竞争战略。举例说明四家已实施各种战略的公司。

Q1-6 竞争战略如何决定价值链结构？

定义价值、边际收益和价值链。解释为什么选择差异化战略的组织可以用价值来确定为差异化支付的额外成本的限额。列出价值链的基本活动和支持活动，并解释每个活动的目的。解释联系的概念。

Q1-7 竞争战略如何决定业务流程和信息系统？

描述价值链和业务流程之间的关系。解释业务流程如何与竞争战略相关。解释信息系统如何与竞争战略相关。对图 1-12 中标记为"支持业务流程"的两行注释进行论证。

关键术语和概念

抽象推理	信息时代	主要活动
进入壁垒	联动	替代品
绝对命令	管理信息系统（MIS）	支持活动
竞争战略	边际收益	系统思维
实验	摩尔定律	价值
五力模型	价值链	

课后习题

1-1 人生最大的礼物之一就是做自己喜欢的工作。想想你曾有过的一份让你如此兴奋，以至于周日晚上你甚至迫不及待地想睡觉，以便周一早上一觉醒来就能去上班的工作。

a. 描述那份工作。说出你想要工作的行业、公司或组织类型，公司生产的产品和服务，以及你的具体工作职责。
b. 解释一下是什么让你觉得这份工作如此吸引人。
c. 抽象推理、系统思维、协作和实验能力在哪些方面会帮助你在这份工作中取得成功？
d. 根据你对 a~c 部分的回答，为这门课定义 3~5 个个人目标。这些目标都不应该涉及你的 GPA。假设你要在学期末对自己的这些目标进行评估。这些目标越具体，执行评估就越容易，如图 1-3 所示。

1-2 假设你决定创业，为暑期工作招募学生。你将把学生和工作匹配起来。你需要了解现在有哪些职位空缺，有哪些学生可以填补这些职位空缺。在创业的过程中，你知道你将与当地的报纸、Craigslist 和你的大学竞争。你可能还会有其他的本地竞争对手。
a. 根据 Porter 的五力模型分析行业结构。
b. 根据你在 a 部分的分析，提出一个竞争战略。
c. 描述应用于此业务的价值链的主要活动。
d. 描述一个招聘学生的业务流程。
e. 在 d 部分中描述可用于支持业务流程的信息系统。
f. 解释你在 d 部分描述的流程和 e 部分描述的信息系统是如何反映你的竞争战略的。

1-3 考虑图 1-12 中两家不同的自行车租赁公司。想象一下他们出租的自行车。显然，学生的自行车几乎是可以骑出商店的就行。然而，高管的自行车必须是崭新的、闪亮的、干净的，并且处于最佳状态。
a. 比较这两家公司的经营价值链，他们都涉及自行车的管理。
b. 描述一个为两家公司维护自行车的业务流程。
c. 描述一个为两家公司采购自行车的业务流程。
d. 描述一个为两家公司处理自行车的业务流程。
e. 在回答前面的问题时，你认为信息系统扮演什么角色？信息系统可以是你在公司内部开发的，也可以是其他人开发的，比如 Craigslist。

1-4 使用 LinkedIn 或其他招聘网站浏览你毕业后感兴趣的工作。详细说明：
a. 你的工作名称和描述是什么？
b. 需要哪些技能？
c. 需要什么样的教育水平？
d. 入门级的工资范围是多少？
e. 在 LinkedIn 或其他招聘网站上搜索，找到从事你所指定工作的专业人士。记录他们的职业道路，也就是他们在从事目前这份工作之前做过的工作，以及他们获得的认证(如果有的话)。

协作练习

与一组同学合作回答以下问题。对于这个练习，不需要面对面进行。如果使用 SharePoint、Office、Google Docs 或类似的协作工具，我们的任务将会变得更简单。(关于协作工具和流程的讨论，请参见第 11 章。)我们的答案应该反映整个团队的想法，而不仅仅是一两个人的想法。

1. 抽象推理
   a. 定义抽象推理，并解释为什么它是商业人士的一项重要技能。
   b. 解释存货清单及其库存数量是实物存货的抽象形式。
   c. 请给出其他三个在商业中常用的抽象例子。
   d. 解释一下 Jennifer 为何未能展示有效的抽象推理技能。
   e. 人们能提高他们的抽象推理技能吗？如果能，该如何提高？如果不能，为什么？
2. 系统思维
   a. 定义系统思维，并解释为什么它是商业人士的一项重要技能。
   b. 描述一下你将如何用系统思维来解释摩尔定律会让一个农民发现一片树林。命名系统中的每个元素，并解释它们之间的关系。
   c. 就摩尔定律的结果给出另外三个使用系统思维的例子。
   d. 解释一下 Jennifer 为何未能展示有效的系统思维技能。
   e. 人们能提高他们的系统思维技能吗？如果能，该如何提高？如果不能，为什么？
3. 协作
   a. 定义协作，并解释为什么它是商业人士的一项重要技能。
   b. 解释你如何使用协作来回答这些问题。描述你所在团队的协作流程中什么是有效的，什么是无效的。
   c. 你的团队协作生产的产品是否比你们任何一个人单独生产的产品更好？如果不是这样，协作是无效的；如果是这样，请解释原因。
   d. 让每个团队成员回答两个问题：你是一个优秀的协作者吗？你怎么知道你是？
   e. 解释一下 Jennifer 为何未能展示有效的协作技能。
   f. 人们能提高他们的协作技能吗？如果能，该如何提高？如果不能，为什么？
4. 实验
   a. 定义实验，并解释为什么它是商业人士的一项重要技能。
   b. 解释几个创造性的方法，你可以用实验来回答这个问题。
   c. 对失败的恐惧是如何影响你在 b 部分中确定的任何想法的？
   d. 解释 Jennifer 为何未能展示有效的实验技能。
   e. 人们能提升冒险的意愿吗？如果能，该如何提升？如果不能，为什么？
   f. 你认为信息系统使实验更容易获得还是更难以获得？
5. 工作保障
   a. 阐述本章对工作保障的定义。
   b. 评估本章对工作保障的定义。它是有效的吗？如果你不这么认为，那就给工作保障下一个更好的定义。
   c. 作为一个团队，你认同提高四种就业技能会增加你的工作保障吗？
   d. 你认为专业技能或人际交往的软技能可以提供更多的工作保障吗？为什么？如果在 2000 年，你会用不同的方式回答这个问题吗？为什么？
6. 将图 1-6 中的模型应用到你选择的公司。具体说明这五种竞争力中的每一种，选择一个竞争战略，确定增值活动，用图表描述一个流程，并描述相关的信息系统。
7. 了解如何在 Twitter 上关注专家。讨论团队中的一些人毕业后感兴趣的工作领域。让团队中的一人登录 Twitter，在 Twitter 上找到一个该领域的专家。在这个账户中记录 Twitter 的处理和一个有趣的推文。

案例研究

你觉得 Apple 的产品如何？

快速浏览一下图 1-17 中 Apple 的股价，你会发现 Apple 是一家非常成功的公司，但它的前景仍然可能迷雾重重。正如你所看到的，它的股价在 2008 年开始上涨，并在 2020 年达到顶峰，这段时间增长了 2000%。然而，它将如何发展仍是一个问题。要评估未来可能会发生什么，不妨看看 Apple 的历史。

图 1-17 Apple 的股价历史

20 世纪 80 年代初，个人计算机 (PC) 时代刚刚开始，Apple 开创了设计精良的家用计算机和创新的界面，推出了面向家庭的 Apple II 个人计算机，以及面向学生和知识工作者的 Macintosh 计算机。Apple 一度拥有超过 20% 的 PC 市场，与许多其他 PC 供应商竞争，其中大多数如今已经不再运营。然而，Apple 迷失了方向。1985 年，Apple 的首席创新官 Steve Jobs 在与 Apple 董事会的一场战斗中败北，被迫离职。他创立了另一家 PC 公司 NeXT，该公司开发并销售一款开拓性的 PC 产品，然而这种产品在那个时代太超前，致使其销量不佳。

在此期间，Apple 犯了许多错误，其中包括不奖励创新的工程、为太多的细分市场创造了太多的产品，以及不再重视计算机零售商店。这导致 Apple 的 PC 市场份额大幅下降。

1996 年，Apple 收购了 Jobs 的 PC 公司 NeXT，所获得的技术成为了今天 Mac 操作系统的基础。但是，Apple 获得的真正资产是 Steve Jobs。然而，即使是他，也不能在一夜之间创造奇迹。到 2011 年，Apple 的 PC 市场份额在 10% ~ 12% 之间。

针对这些问题，Apple 改变了在 PC 市场竞争的战略，用 iPod、iPhone、iPad 创造了新的市场。它还通过开设自己的商店来应对零售商的问题。在此过程中，它开创了利用互联网销售音乐和应用程序的先河。iPod、iPhone 和 iPad 设备是创造力和工程学的奇迹。它们不仅易于使用，而且还很有趣。通过为 iPod 销售热门音乐，Apple 公司与一个动态细分市场建立了联系，该市场客户愿意在"闪闪发光"的产品上花费大量资金。

iPhone 被称为公众使用过的最伟大的科技产品之一。这使得 Apple 在 2011 年占据了 44% 的移动市场份额。为了鼓励 iPhone 应用程序的开发，Apple 与应用程序开发者分享收入。这意味着开发者在前 3 年将获得 25 亿美元的收益！

最重要的是，每一次成功的销售都促进了其他产品的成功销售。流行音乐成就了 iPod。而 iPod 为 iTunes 提供了支持，并创造了一个不断增长的客户群，而这个客户群对于 iPhone 来说已经成熟。iPhone 的销售带动了应用商店的发展，应用商店的成功带动了开发者社区的发展，而开发者社区又带动了更多应用程序的开发，这些应用程序进而促进了 iPhone 的发展，并为 iPad 奠定了基础。

就在 2011 年，Steve Jobs 去世了，当时很多分析师都在想，Apple 最辉煌的日子是不是已经过去了。历史并没有给喜欢 Apple 产品的人带来多少安慰；Jobs 之前离开时，公司陷入困境。但有了 Tim Cook 后，Apple 继续蓬勃发展。iPhone 8、10、11 及 Apple Watch 和 Siri 使 Apple 在 2018 年成为第一家市值超过万亿美元的公司。

在销售了超过 20 亿部设备后，Apple 的销售不出所料地陷入了停滞阶段。为了应对停滞，Apple 正转向视频、新闻、云计算和游戏订阅等产品方向。现在的目标是成为全球首屈一指的数字服务提供商。对于一家掌握了硬件供应链艺术和易于使用的设备的公司来说，这是一个重大的改变。在转向服务领域时，Apple 必须与 Netflix、Amazon 和 Disney 等老牌公司合作。

Apple 从此会不再辉煌吗？历史表明，许多人都低估了 Apple 的恢复能力。

问题

1. 从历史上来看，Apple 公司在其产品上采用了四种竞争战略中的哪一种？
2. 在当今的数字服务时代，Apple 应该采取哪一种竞争战略？
3. 描述五种竞争力，并为 Apple 历史上设备行业的每一种竞争力分别贴上"强"或"弱"的标签。
4. 描述五种竞争力，并为 Apple 数字服务行业的每一种竞争力贴上"强"或"弱"的标签。
5. 根据你对问题 3 和问题 4 的回答，五种竞争力中的哪一种对 Apple 的成功最重要？

第 2 章

业务流程、信息系统和信息

CBI 的销售会议室总是气氛沉闷。今天，销售团队尤其悲观，因为他们看到一连串被取消的订单。即使这里只有 Elwood、Sally、Emma 和实习生 Jake，他们也喜欢称之为销售团队。

Elwood Green 站在那儿，开始了会议："情况不妙啊。"

Sally Heppard 闷闷不乐地说："这还算是保守的。"

"这些订单被取消是今天发生的吗？"

Sally 回答说："今天早上有四个，昨天有三个，星期一也有一些。"

Elwood 摸着下巴不知所措地说："我们多年来一直在向这些客户销售产品，为什么现在取消，有什么问题吗？"

Sally 表示，"其中一位客户打电话给我们，说他们取消购买是因为我们的付款网站告诉她，账单地址不正确。"

Elwood 转向实习生 Jake 问道："Jake，IT 人员什么时候开始更新我们的客户数据库的？"

Jake 回答说："他们大约一个月前开始的。几周前他们更新了前 500 个客户，并给了我最后 30 个客户的地址变更，这是我在上周末做的，并没有发现任何错误。"

Sally 沉思道："我想知道为什么只拒绝了这些客户？自从数据库更新以来，我们已经进行了数百次销售。系统是否更改了一些客户的信用设置？也许新系统有客户无法遵照的要求。"

Elwood 回答道："但是如果新系统更改了这些设置，我们不是应该收到更多的拒绝结果吗？"

"没错。我只是在筛查。"

Elwood 问 Jake："你能认出这些被取消订单的客户名称吗？我知道这已经过去好几天了，但你能看一下吗？"

Jake 开始查阅。虽然每个名称都没有让他想起什么，但这足以让他有点灰心丧气。

"我不认识所有的人，但我确实认识其中一些，比如 Zingerman's Sandwich and Bikes，这很难让人忘记。"

"Jake，你能告诉我他们是如何更改客户地址的吗？"

"当然，他们在第一个窗口输入了一个代码，这将他们导航到更改地址的窗口，这其实很简单，或者说我认为很简单。"

"我们去看看，也许这就是问题所在。"

Sally 很好奇，"Elwood，能有什么问题呢，地址更改就是一个地址更改，对吧？"

"我想知道他们是否混淆了账单地址和收货地址。每个客户记录中至少各有一个这样的地址。如果他们在账单地址中输入收货地址，当客户订购时，系统可能会感到困惑，看起来客户使用的是未经批准的地址并拒绝销售。原因可能就在这儿。"

Jake："我敢打赌他们就是这么做的。我认为他们没有注意到是账单地址还是收货地址。他们只是把搜索到的数据显示在屏幕上。"

Jake 继续说道："去年，我在一家快餐公司的办公室工作。那家公司对所有接触他们计算机系统的事情都有一套程序。我负责在那个工资体系中增加和删除小时工。他们有系统指南，带有说明的卡片，以及每个环节的所有步骤和屏幕截图。这样就容易了。"

Elwood 点了点头："那些家伙的流程做得很好。"

"还有好吃的汉堡。"Sally 补充说，气氛也轻松起来。

Elwood 满怀希望地继续说道："我们可以从他们身上学到很多关于流程一致性的东西。我知道汉堡不是自行车，但我很羡慕那些家伙怎么能以如此一致的方式生产这些东西。每家商店就像一台机器，它们都在执行脚本。我知道它们并不完美，但我们还是可以向它们借鉴。"

Jake 笑着说："等我们把这个烂摊子解决了，我会举例说明，类似的卡片如何用来增加客户，这样下一个实习生就不会再犯这种错误了。"

Elwood："那会很有帮助的，Jake，谢谢。"

本章概述

Q2-1　什么是业务流程？
Q2-2　什么是信息系统？
Q2-3　业务流程和信息系统是如何关联的？
Q2-4　结构化流程和动态流程有何不同？
Q2-5　什么是信息？
Q2-6　关键的数据特征是什么？
Q2-7　如何在工作中使用就业技能？

本章预览

在第 1 章中，我们将管理信息系统(MIS)定义为创建、监控和调整业务流程、信息系统和信息，以帮助组织实现其战略。本章扩展了最初的讨论，重新定义并描述了那些定义中的三个基本术语：业务流程、信息系统和信息。我们首先描述业务流程的特征。然后介绍记录业务流程的标准方法。因为流程依赖于信息系统，所以我们通过定义信息系统和描述它们的组件来继续讨论业务流程。接着我们解释业务流程和信息系统之间的关系。随后，我们将介绍信息的几种定义，以便更好地理解信息是在哪里及通过哪种方式被创造的。最后，由于信息依赖于数据，我们将讨论影响数据质量的因素。

Q2-1 什么是业务流程？

流程无处不在，但大多数情形下它们是不可见的。环顾你所在的房间，你有没有看到任何不是由业务流程制造的东西？虽然流程不可见，但结果是可见的。每一件家具、地板、灯、工艺品、装饰、窗户、油漆、门、书籍，一切都是业务流程的输出。每个企业都有这些流程，无论你的工作是人力资源、销售、会计、供应链还是信息系统方面的，你每天都会在众多流程中扮演诸多角色。

流程不仅无处不在，而且对企业成功至关重要。企业通过流程开展竞争，就像团队通过比赛来竞争一样。在开篇的小插曲中，CBI 没有有效的客户地址更新流程。我们希望你在接受第一份工作时像 Jake 一样——你可以观察所处环境，明确发挥作用的流程，然后知道如何做得更好。理解流程，理解它们如何与信息系统和信息一起协同工作，将会对你所从事的每一份工作有所帮助。

业务流程（business process）是完成某个功能的一系列活动。例如，你就读的大学有如下的业务流程：

- 在商业课程表中增加一门课程
- 在课程安排中添加一个新的部分
- 给一个班级分配教室
- 删除课程的一部分
- 记录期末考试成绩

活动（activity）是业务流程中的任务。记录期末考试成绩流程中涉及的活动包括：

- 计算期末考试成绩
- 填写成绩单
- 将成绩单交予本系教学秘书

流程的视图类似于系统思维导图，在第 1 章中已有描述。业务流程是由接受输入和创建输出的活动组成的系统。

业务流程还涉及资源，如人员、计算机、数据和文档集合。为了展示资源是如何连接到业务流程的，接下来我们将根据一个典型的 Drive-Thru 流程来绘制流程和资源的图表，以快餐店为例。

业务流程示例

记录业务流程

为了有目的地讨论业务流程，我们需要以某种方式记录每个流程和活动。记录一个流程就像为团队运动中的一场比赛绘制图表，它帮助参与的每个人看到比赛的部分和整体。根据

第 1 章中的术语，流程文档是一组实际活动的抽象。多年来，计算机行业已经创建了数十种记录业务流程的技术，本书将使用其中的一种，即业务流程模型和符号(BPMN)标准。我们使用的这种技术是一个全球性的标准，并广泛应用于各个行业。例如，Microsoft Visio Premium 就包含了使用 BPMN 符号创建操作图示的模板。我们将在接下来的很多章节中使用 BPMN 图。

  图 2-1 是一家快餐店的 Drive-Thru(驾车点餐)流程的 BPMN 图。每一列都有一个名字，比如收银员和配餐员。要开始这个流程，收银员需要向顾客打招呼并询问他的订单。收银员把订单记录到一个称为"订单跟踪器"(Order Tracker)的计算机系统。顾客在第一个 Drive-Thru 窗口向收银员付款后，就向前走，配餐员会把食物递给他。当需要传菜员的帮助时，配餐员会指导传菜员将食物打包。

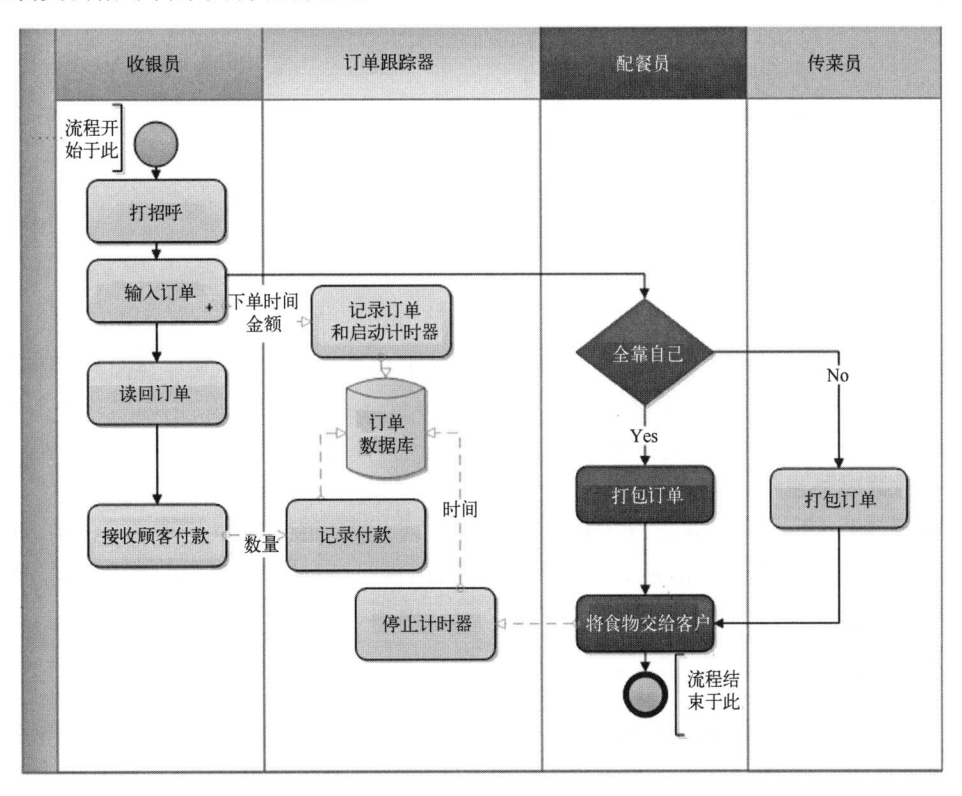

图 2-1 快餐店的 Drive-Thru 流程的 BPMN 图

  图 2-1 中每一列的顶部都标识了一个角色(role)，该角色的任务是由特定参与者(actor)执行的业务流程中活动的子集。参与者可以是人，例如一个员工在 Drive-Thru 流程中扮演配餐员的角色。正如你将要学到的，参与者也可以是计算机，例如充当订单跟踪器的角色。无论参与者是人还是计算机，都被期望能够执行因给定角色而分配给他们的所有活动。

  图 2-1 中的长列称为泳道(swimlane)；每条泳道包含一个特定角色的所有活动。根据泳道，可以很容易地确定每个角色要做什么。根据 BPMN 标准，流程从一个细边框圆圈开始，到一个粗边框圆圈结束。因此，在图 2-1 中，业务流程从收银员泳道的顶部开始，到配餐员泳道末端的粗边框圆圈结束。

  BPMN 标准定义了几十个符号，我们将在本书中使用的符号汇总在图 2-2 中。活动用圆角矩形符号表示，决策用菱形符号表示。实线箭头表示动作的流程；图 2-1 中"读回订单"

29

和"接收顾客付款"活动之间的实线箭头表示一旦收银员将订单返回给顾客，流程中的下一个活动就是付款活动。虚线箭头表示箭头上命名的数据流。因此，"接收顾客付款"活动和"记录付款"活动之间的虚线箭头意味着箭头上命名的数据（数量）从"接收顾客付款"活动发送到"记录付款"活动。

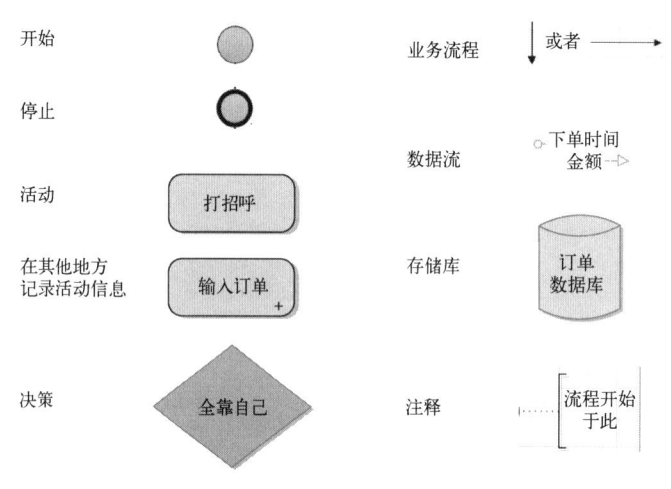

图 2-2 BPMN 符号概述

存储库(repository)是事物的集合，通常是记录的集合。在图 2-1 中，看起来像罐头的符号表示一个存储库，其中有一个名为订单数据库(Order DB)的存储库。正如名称中所暗示的，存储库通常是一个数据库，但也不一定，它可能是一个装满唱片的纸盒。有些存储库，比如仓库，是数据以外事物的集合。

注意图 2-1 中所示的活动。所有的活动都以动词开头。当你开始考虑流程和活动时，这是一个非常好的规则。当你绘制一个流程或列出活动时，总是要问自己，列出的每个活动是否都以动词开头。如果没有，那么它可能就不是一项活动。

多少细节才够呢？

作为一种抽象，业务流程图显示了一些细节，并省略了其他细节。它必须这样做，否则它会有几百页长，因为包含了太多的细节。我们不需要表明收银员在向顾客找零前必须打开窗户，或者他在使用计算机前必须打开计算机。然而，我们需要显示足够的细节，以避免歧义。有一个名为"完成 Drive-Thru 订单"的带有大量活动的流程遗漏了太多细节。这样的图表不会显示如配餐员必须选择自己打包订单或要求传菜员打包订单这样的细节。

为了简化流程图，一些活动的细节被单独记录。在图 2-1 中，考虑"输入订单"活动。该活动以加号显示，表示"输入订单"活动的详细信息记录在其他地方。如前文所述，此类外部描述是用来简化图表的；当子流程的细节对正在研究的流程来说是未知的或不重要的，或者当这些细节记录在其他地方时，就可以使用这种方式。例如，"输入订单"活动的细节，如重复一个订单等对整个流程并不重要。

为什么组织要标准化业务流程？

除了非常小的企业，大多数企业选择标准化业务流程。标准化业务流程带来的好处如

图 2-3 所示。标准化业务流程使企业策略的执行成为可能。例如，快餐店有一个策略，所有顾客的订单都要被记录为电子形式，而不仅仅是口头记录，收银员把订单读回给顾客，并且从第一次记录订单时开始计时。通过标准化流程，可以强制执行这些策略。第二，标准化业务流程产生一致的结果。当每个员工都遵循相同的流程步骤时，结果将是一样的，不管他是在收银台工作还是在调配饮料。第三，标准化业务流程是可扩展的。如果老板用新的配料制作汉堡，那么他就会标准化制作该汉堡的流程，以便其他员工可以应用。最后，标准化业务流程可以降低风险。当每个员工都遵循相同的流程时，出现错误和严重错误的可能性就大大降低了。标准化业务流程需要协作；为了标准化快餐加工流程，快餐店员工和流程专家必须协作良好。

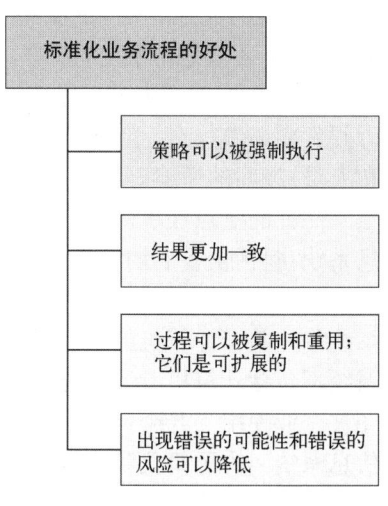

图 2-3 标准化业务流程的好处

业务流程的文档化和标准化在企业中越来越普遍。然而，了解这些流程如何与信息系统交互并不常见。在讨论信息系统之后，我们将更进一步地研究流程和信息系统之间的关系。

Q2-2 什么是信息系统？

系统(system)是指一组相互作用以达到某种目的的组件。正如你可能猜到的那样，信息系统(information system, IS)是一组相互作用以产生信息的组件。这句话虽然是正确的，但也提出了另一个问题：这些相互作用产生信息的组件是什么？

图 2-4 显示了一个五组件框架(five-component framework)，即由计算机硬件、软件、数据、程序和人员组成的信息系统的模型。从最简单到最复杂的信息系统中都有这五个组件。硬件(hardware)，即计算机的物理部分，包括输入和输出设备，以及计算机处理器和内部存储系统。软件(software)是计算机用来完成任务的、经过组织的指令。本书扩展 2 中更全面地讨论了硬件和软件。数据(data)是用于分析和推理的、有关事物的事实或数字。程序(procedure)是人们在计算机上完成活动时要遵循的步骤或说明。人员(people)是参与者，是指在计算机上完成活动的用户，也指为其提供服务或支持的用户。例如，当你使用计算机撰写一个课堂报告时，你将使用硬件(计算机、存储磁盘、键盘和显示器)、软件(Word、WordPerfect，或其他文字处理程序)、数据(报告中的词语、句子和段落)、程序(你所执行的步骤，包括启动程序，输入报告并打印、保存，备份你的文件)和人员(你自己)。

五组件框架

| 硬件 | 软件 | 数据 | 程序 | 人员 |

图 2-4 信息系统的五个组件

考虑一个更复杂的例子，如航空公司预订系统。该系统也是由这五个组件组成的，但是每个组件都要复杂得多。其中的硬件由通过数据通信设备连接在一起的几十台计算机组成。此外，数百个不同的程序协调计算机之间的通信，还有其他程序执行预订及其相关服务。此外，系统必须存储关于航班、乘客、预订和其他事实的数以百万计字符的数据。航空公司的工作人员、旅行社

31

和乘客要遵循数百个不同的流程——关于预订航班、取消预订或选择座位的指令。最后，该系统中的人员，不仅包括系统的用户，还包括操作计算机、维护数据及为计算机网络提供支持的人。

注意这五个组件的对称性：硬件和人员做事情，软件和程序指的是指令，计算机软件告诉硬件应该做什么，业务程序告诉人员应该做什么。数据是机器端(硬件和软件)和人端(程序和人员)之间的桥梁。

此处的重点在于，图 2-4 中的五个组件对于所有信息系统都是共通的。当你考虑任何信息系统(包括快餐店的订单信息系统)时，要学会寻找这五个组件。

在继续学习之前，请注意我们已经定义了一个包含计算机的信息系统。有人会说，这种系统就是基于计算机的信息系统(computer-based information system)。他们会指出，有些信息系统不包括计算机，比如挂在会议室外墙上的日历是用来安排会议室的使用的。这种系统已经被企业使用了几个世纪。虽然这一点是正确的，但在本书中，我们关注的是基于计算机的信息系统。为了简化和精炼这本书，我们使用术语"信息系统"作为基于计算机的信息系统的同义词。请注意，并非所有的计算机都是信息系统，例如机器人计算机就不是信息系统。

如何使用五组件框架？

现在你已经更好地理解了这五个组件，想必也已经准备好在理解的基础上获得关于信息系统的一些有价值的见解。为了激发你的兴趣，我们相信至少有五种有用的方法可用来实施这个想法，它们已列在图 2-5 中。

意识到你才是最关键的

你是信息系统的一个组成部分。你的想法和智力不仅是信息系统的一个组件，而且是最重要的一个组件。要点在于：即使你拥有完美的信息系统，如果你不知道如何处理它产生的数据，那么使用其他组件都是在浪费时间和金钱。你的思路在很大程度上决定了信息系统的质量。

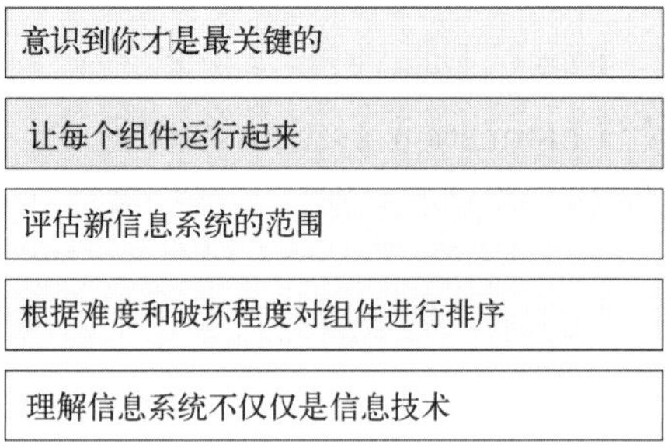

| 意识到你才是最关键的 |
| 让每个组件运行起来 |
| 评估新信息系统的范围 |
| 根据难度和破坏程度对组件进行排序 |
| 理解信息系统不仅仅是信息技术 |

图 2-5　如何使用五组件框架

让每个组件运行起来

信息系统经常会遇到这样的问题——尽管我们尽了最大努力,但它们并不总能正常运行。在这些情况下，往往会把责任归咎于错误的一方。你将经常听到，罪魁祸首是不能正常工作的计算机，当然有时硬件或软件也可能出现故障。但在五组件框架下，你需要检查更多容易出现问题的地方。有时数据的格式不正确，程序不清楚，或者使用系统的人员没有受过培训或没有动力去工作。通过使用五组件框架，你可以更好地定位问题的原因并寻求更明智的解决方案。

评估新信息系统的范围

五组件框架也可以用于评估新信息系统的范围。当供应商向你推销一项新技术时，可以使用这五个组件来评估这项新技术的投资有多大。你需要什么样的新硬件？需要哪些计算机程序的使用许可？必须创建哪些数据库和数据？信息系统的使用和管理需要制定哪些业务流程？最后，新技术对人们的影响是什么？哪些工作将发生变化？谁需要培训？新技术将如何影响士气？你需要雇用新员工吗？你需要重新组织吗？五组件框架可以帮助你更全面地考虑新技术的影响。

根据难度和破坏程度对组件进行排序

最后，当你考虑这五个组件时，请记住图 2-4 是按难度和破坏程度的顺序显示的。订购额外的硬件是件简单的事，获取或开发新程序困难一些，创建新数据库或改变现有数据库的结构会很困难。改变程序和步骤，要求人们以新的方式工作，则更加困难。最后，改变人事责任及雇用和解雇员工是非常困难的，对组织具有很大的破坏性。

理解信息系统不仅仅是信息技术

若没有五组件框架，商业人士会认为信息系统(IS)就是信息技术(IT)——IS 只是硬件、软件和数据。因此，他们相信，当购买或获得技术时，他们所需要做的就是改进流程。他们低估了详细说明程序和培训人员使用 IS 在流程中的必要性。狭隘地认为 IS 只是 IT，只会导致程序和人员的不足。

并非每个人都是以这种方式理解 IS 的；大多数商业人士都认为 IS 是计算机或应用程序。通过理解这五个组件，你不仅可以应用刚刚提到的课程内容，还可以应用我们下一个主题讨论的最重要的课程内容——程序将连接 IS 与流程。

Q2-3 业务流程和信息系统是如何关联的？

流程和 IS 是本书最重要的两个方面。前面我们提及，你所看到的一切都是业务流程的结果。现在扪心自问，你所看到的这些事物中，是否有一个是由不使用 IS 的流程所得到的？每一个重要的业务流程都由 IS 支持，所以了解 IS 及其如何支持流程对你未来的职业生涯至关重要。

要理解流程和 IS 是如何关联的，请先回顾一下你上一次搭乘的航班。你的智能手机，即你的 IS 帮助你完成了很多与飞行相关的活动。它帮助你查找并购买机票，帮助你在机场和登机口办理登机手续，帮助你在目的地用 Uber 打车，等等。IS 和流程在快餐店也有重要的关系。订单跟踪 IS 支持 Drive-Thru 流程，并且它也可以支持快餐店中的许多其他流程，如图 2-6 所示，其中包括雇用流程和调度流程，以及店内订餐、收入总计和重新订餐流程。

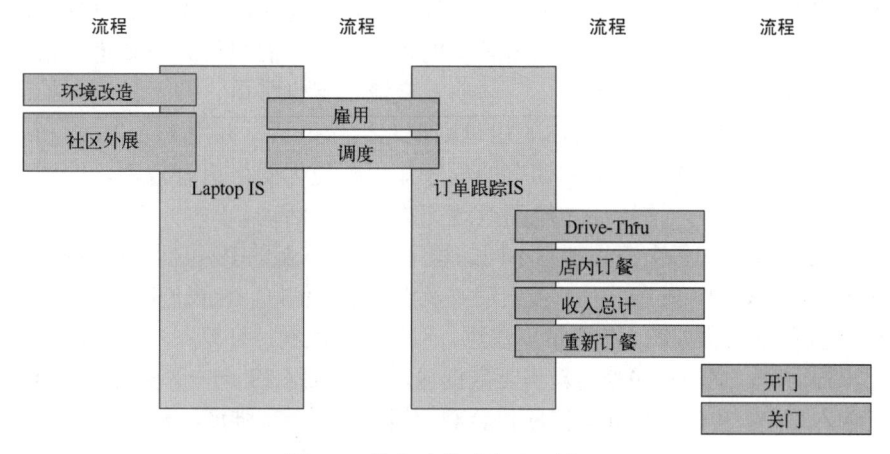

图 2-6 快餐店的流程和两个 IS

注意，如果有第二个 IS 被添加到 Drive-Thru 流程中，那么我们就得到了一个由两个 IS 支持的流程。例如，第二个 IS 可能使用运动检测系统来记录排队车辆的交通模式。我们可以用 Drive-Thru 流程的第三个或第四个 IS 继续操作这个例子。一般来说，我们认为一个流程可以被任意数量的信息系统支持——从 0 个到许多个。

现在让我们从 IS 的角度来看一下，一个 IS 可以支持多少流程。订单跟踪 IS 支持 Drive-Thru 流程，但它也支持累计当天收入的流程和从仓库重新订购商品的流程。因此，在本例中，我们看到一个 IS 可以支持一个或多个流程。快餐店的 IS 与流程的关系如图 2-6 所示。

从图 2-6 的右侧开始，用于快餐店开门和关门的流程不依赖于任何 IS。这些流程是完全由人类参与者执行的一系列活动。在图中向左移动，我们可以看到 Drive-Thru、店内订餐、收入总计和重新订餐流程是由订单跟踪 IS 支持的。在图 2-6 的另一端，另一个 IS，即 Laptop IS，是快餐店经理在环境改造流程和社区外展流程中用来发送和接收电子邮件的。最后，这两个 IS 都支持两个流程：雇用和调度。快餐店还有许多其他流程，但我们相信你已经了解了。

> 1. 一个流程可以被 0 个到许多个 IS 支持。
> 2. 一个 IS 可以支持一个或许多个流程。

当商业领导者误解 IS 和流程之间的关系时，他们倾向于认为 IS 只支持一个流程，类似"一夫一妻制"的关系。因此，他们认为，如果 IS 需要更改以使流程更好，则只需更改 IS 即可。他们没有注意到 IS 与其他流程也有关系，而建议的变更可能会使这些流程变得更糟。

例如，快餐店想要改善其招聘流程，但流程的变更需要更改订单跟踪 IS。当更改 IS 以支持招聘变更时，负责订单跟踪 IS 的管理人员必须牢牢记住其他所有流程。一定要记住流程与 IS 的关系。如果你是会计、供应链、金融或市场营销方面的专家，并且想要更改一个 IS，请务必认识到这个 IS 必然支持其他流程。IS 不是你一个人的，它也属于其他流程。

程序的作用

关于 IS 和流程之间的关系，还有一项内容需要讨论，即程序的作用。程序是 IS 的五个组件之一，它将 IS 固定到流程中。程序是一个人在操作一个 IS 时要遵循的一套指令。例如，当你创建一个 Facebook 账户时，Facebook IS 会向你提供一个程序，以此来遵循注册账户时的一些要求。

当比较你和你的祖母手中的智能手机时，程序的重要性显而易见。假设这两部手机具有完全相同的硬件、软件和数据，但你知道其中的程序，而你的祖母并不知道。很快你就会使用手机来改善日常生活中的许多流程——与朋友交流、支付账单、搜索评论、拍照、参与社交媒体、搜索航班和 Uber 司机，而你的祖母则把它当作电话，并用 FaceTime 和朋友聊天。尽管采用的都是同样的技术，但是你拥有的程序知识则使你变得更有效率。同样，企业也需要你学习使用技术的程序，这样你才能高效地完成企业的活动。

每个 IS 对于其支持的每个流程都有不同的程序。Facebook 的 IS 包括每个流程的程序，例如有一个程序可以创建账户、发布照片、搜索朋友及设置隐私偏好。让我们回到快餐店的例子，其中订单跟踪 IS 支持的流程如图 2-7 所示。注意，对于每个流程，订单跟踪 IS 都有一个唯一的程序。就雇用流程而言，雇用程序是将新员工数据输入订单跟踪 IS 的一系列指令。Drive-Thru 程序是一系列输入订单、更改订单和计算应付金额的指令。再一次强调，程序将 IS 连接到流程。

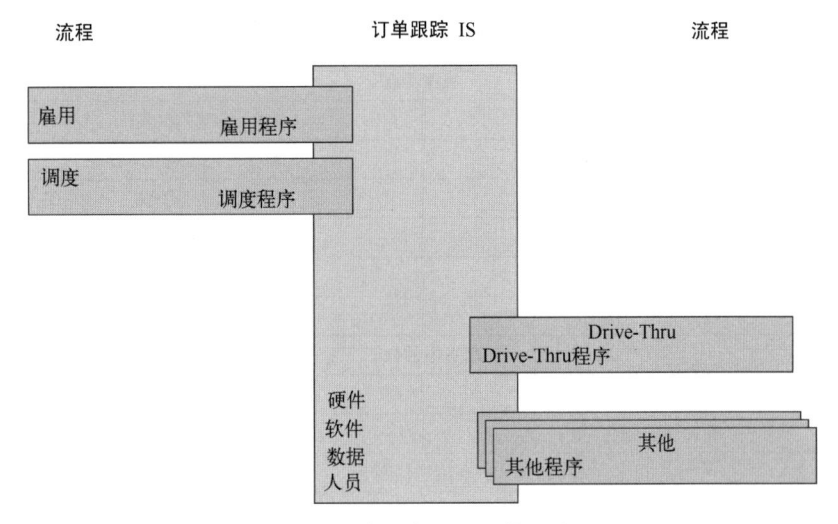

图 2-7 程序、流程和订单跟踪 IS

最后，一个 IS 对每个流程都有不同的程序，而一个流程对每个支持它的 IS 都有不同的程序。在接下来的许多章节中，我们将依赖这些关于 IS、流程和程序的基本思想。你可能已经注意到这个模型的一些有益的应用。当考虑改进一个流程时，请确保你已识别支持它的所有 IS。当你改进一个 IS 时，请确保你预测了使用该 IS 的所有流程。最后，当 IS 或流程更改时，程序也需要更改。许多商业人士没有意识到程序和流程之间的区别，但是你意识到了。

Q2-4 结构化流程和动态流程有何不同？

商业中有数十种、数百种甚至数千种不同的流程。有些流程在其活动之间的流动是稳定的，或者几乎是固定的。例如，快餐店开门和关门的日常流程是固定的，员工每天按照相同的顺序执行相同的登记步骤。这些流程是高度标准化的，因此无论谁在工作，每次流程都以相同的方式进行。

与此相比，其他流程的结构化程度更低，有时还具有一定的创造性。例如，快餐店经理如何改造环境？经理可以去参考其他餐厅或参观儿童乐园，但决定下一步该做什么的流程远不像快餐店开门或关门那样结构化。

在本书中，我们将流程分为两大类。结构化流程(structured process)是正式定义的、标准化的流程。大多数结构化流程支持日常操作：安排工作班次、计算每日营业总额，等等。动态流程(dynamic process)则不那么具体，它更具有适应性，甚至更直观。决定是否开设新店及如何最好地解决员工培训不理想的问题，都是动态流程的例子。

结构化流程的特征

图 2-8 总结了结构化流程和动态流程之间的主要区别，并给出了快餐店的例子。结构化流程是被正式定义的、特定的详细活动，被安排成固定的预定义序列，如图 2-1 中的 BPMN 图所示。对结构化流程的更改是缓慢的、经过深思熟虑的，并且难以实现。在结构化流程中，控制是至关重要的。结构化流程的创新不是被预期的，也不是普遍被赞赏或奖励的。"哇，我有四种不同的方法在晚上关闭商店"并不是一个积极的改进。

结构化流程	动态流程
流程特点	
正式定义的流程，固定流程	非正式流程
流程变化缓慢且困难	流程变化迅速且可预期
控制是关键	适应是关键
创新在意料之外	创新是必须的
高效性和有效性很重要	有效性通常更重要
IS 程序是规范性的	IS 程序是支持性的
本书中的章节	
第 9 章：采购	第 11 章：协作和社交媒体
第 10 章：销售	第 12 章：分析
快餐店中的例子	
调度	环境改造
Drive-Thru	社区外展
开门和关门	雇用

图 2-8　结构化流程和动态流程之间的主要区别

对于结构化流程，高效性和有效性都很重要，我们将在第 7 章中定义这些概念。就目前而言，假设高效性意味着用最少的资源完成流程，而有效性意味着流程直接有助于组织的战略实施。将顾客的平均 Drive-Thru 服务时间减少 5 秒将会大大提高效率。如果竞争战略是确保每个订单都是正确的，那么可以减少错误的 Drive-Thru 流程是有效的。

最后，结构化流程的程序是规范性的。规范性程序（prescriptive procedure）明确界定了信息系统的用户可以做什么，以及在什么条件下可以做什么。在第 9 章和第 10 章中，你将看到采购和销售流程是如何发生的。你会认识到这些程序的变更是不允许出现的。

动态流程的特征

图 2-8 中表格的第二列归纳了动态流程的特征。首先，这种流程往往是非正式的。这并不意味着它们是非结构化的；相反，这意味着流程不能简化为每次以相同方式执行的固定活动。相反，这些流程通常是动态创建的，它们的活动是流动的，并与其他流程混杂在一起，它们经常包括回溯和重复。因此，动态流程的 BPMN 图总是高度通用的。他们的活动有一般化的名称，比如"收集数据""分析过去的销售""评估维护成本"。人类的直觉在动态流程中有着重要的影响，快餐店的例子包括雇用、环境改造和社区外展。

动态流程，顾名思义，随着需求和情境的变化而迅速变化。打个比方，如果结构化流程是在石头中铸造的，那么动态流程则是在多风的海滩上的沙子中书写的。"我们就这么试试。如果有效，那太好了；如果没有，我们将做其他事情。"一个很好的例子就是快餐店的社区外展流程。今天，这个流程包括选择支持哪个青年运动队；而明天，当一个员工询问快餐店是否愿意成为一个新的长跑项目的赞助商时，流程中的活动就改变了。这种变化是意料之中的。需要尝试一种方法，并根据需求修改它，这就加强了实验的必要性——这是四项关键就业技能之一，正如第 1 章所讨论的。

动态流程是不受控的，而是具有适应性的；只有如此它们才能随着经验而不断进化。动态流程的参与者是相互协作的。当他们互相提供反馈时，这一流程便会发展成一个没有人能够预期的流程，但却比任何人提前创造出的流程的效果都要好。

适应（adaptation）离不开创新。在像计算销售收入这样的结构化流程中进行创新可能会让你失去工作，而在 Twitter 上进行创新来预测销售将会获得很高的回报。实验是创新的代名词，我们在第 1 章中已描述过。

在大多数情况下，动态流程通常比结构化流程具有更少的被普遍接受的目标，而且这些目标往往强调有效性而不是高效性。这个流程是否帮助我们实现了我们的战略？这并不是说资源的有效利用无关紧要；相反，动态流程变化如此之快，以至于通常不可能随时间而度量高效性。一般来说，成本是受预算控制的：“用这些资源得到你能得到的最好的结果。"

最后，动态流程的程序是支持性的，而不是规范性的。支持性程序（supportive procedure）允许最终用户决定如何最恰当地使用信息系统。信息系统的使用没有那么严格。使用电子邮件协调环境改造流程的程序（电子邮件的回复时间、电子邮件的内容和其他程序）将在每次执行环境改造流程时发生变化。

这种结构化与动态的区别很重要。首先，作为一个商业人士，你选择的行为取决于你所参与的流程的类型。在动态流程中，人们期望创新，但在结构化流程中则不鼓励创新。对于 IS 来说，流程的不同类型对于系统的性质和特征是很重要的。如前所述，用于支持结构化流程的 IS 程序将限制你的行为，并且很容易（而且成功地）阻挠任何创新的企图。相比之下，支持动态流程的 IS 支持创新。例如，使用文本消息传递来支持协作流程是众所周知的事。你可以在信息中包含任何你想要的内容，并以你认为合适的方式来操控它。当你在这学期学习 IS 的时候，要理解那些程序直接反映了它们要支持的流程类型。

Q2-5 什么是信息？

前文中我们将 IS 定义为硬件、软件、数据、程序和人员的集合，这些人员通过交互产生信息。这个定义中唯一没有定义的一项是信息，我们接下来讨论它。信息这个术语的含义常常被认为是简单、直接的。我们相信在这个简单和常见的术语背后有一些非常有用的含义，将对你有所帮助。

不同的定义

在商业中，其他术语比"信息"使用得更频繁；信息一词通常和其他术语结合在一起，如信息技术、信息处理、信息系统和信息过载等。虽然信息是我们每天都在使用的术语之一，但事实证明，要定义它是非常困难的。定义信息就像定义"爱"和"真理"这样的词语。我们知道如何在正常的对话中使用这些词语，但当问及别人如何定义时，我们发现它们有不同的含义。

信息（information）的一般定义是来自数据的知识，而数据的定义是记录的事实或数字。因此，Jake 每小时挣 11.50 美元和 Sally 每小时挣 10.00 美元的事实是数据，所有小时工的平均工资为每小时 10.37 美元的说法则是信息。平均工资是从个人工资的数据中得到的知识。

另一个常见的定义，即信息是在有意义的上下文中呈现的数据。Jake 每小时挣 11.50 美元的事实就是数据；然而，Jake 的工资高于平均时薪的说法则是信息。它是在有意义的上下文中呈现的数据。

第三个定义是，信息是经过加工处理的数据，或者信息是经过排序、过滤、分组、比较、求和、平均和其他类似处理的数据。图 2-9 展示了如何将数据处理为信息。这个定义的基本思想是我们需要对数据做一些处理来产生信息。

数据	Drive-Thru 订单	Drive-Thru 销售总额	店内 订单	店内 销售总额	
1	1213	$ 6,523.12	1012	5876.34	
2	1165	$ 5,789.23	1243	6823.45	
3	1376	$ 7,012.22	1325	7112.34	
4	1465	$ 7,376.23	1423	7145.98	a. 原始数据
5	1543	$ 7,576.22	1254	6932.22	
6	2422	$ 11,543.67	2012	9238.88	
7	1865	$ 8,543.23	1743	8453.98	
平均值	1578	$ 7,766.27	1430	$7,369.03	b. 来自数据处理的信息

图 2-9　数据处理中的数据和信息

第四种定义使情况更加复杂，即信息是任何能产生影响的差异。例如，开车时，当你向下方扫视一下车速，你会注意到车速和限速之间的差异，而这个差异会对你产生影响——调整你的车速。第一个差异是你注意到与其他事物不同的东西，第二个差异是你改变了你的想法。

信息定义中的常见元素

就本书而言，关于信息的各种定义都是可行的。这些定义中没有一个是完美的或被广泛接受的；每种定义在某些情况下都是有用的。但总体来说，它们在一些重要的事情上是一致的，图 2-10 列出了这些相似之处。数据与信息的差异如图 2-10 所示。这些常见元素对于理解信息和利用信息都非常重要。

第一，信息不仅仅是数据，它远不止于此。信息是有意义的，平均工资、客户订单和你的车速都是有意义的。意义的魔力在于它能改变人们的想法。数字 6 或 10 月 4 号只是数据；它们没有意义，因为它们改变不了任何人的想法。

第二，正因为意义存在于旁观者的眼中，信息才因人而异——不同的人通常有不同的信息。举个例子，假设你坐在飞机驾驶舱的机长座位上，看着仪表盘上的所有数据，你获取不到任何有价值的信息，但航空公司的飞行员却可以。

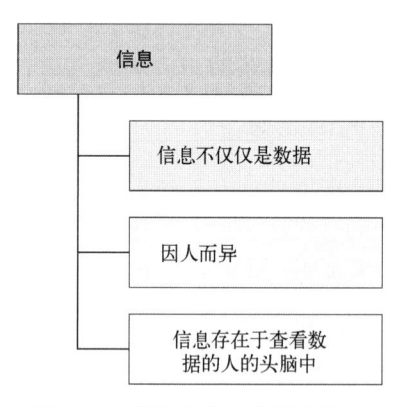

现在考虑图 2-11 中的数据。你可能会说，第一列包含一个人的名字，第二列可能是这个人的员工编号，第三列可能是员工的年龄。现在，把同样的数据放在一个管理成人智商测试中心的人面前，让他来解释这些数据。他很可能会说，第一列是一个人的名字，第二列是这个人的智商测试成绩，第三列是这个人的年龄。此外，他可能也会发现，根据这些数据，可以得出 IQ 是随着年龄增长的。我们可以在其他情境下

图 2-10　信息定义中的常见元素

（信息 / 信息不仅仅是数据 / 因人而异 / 信息存在于查看数据的人的头脑中）

继续这个思维实验，你会发现：在这些情境下，信息随着个人的经验、教育和期望而变化。我们在本章末尾的"道德指南"中对此进行了进一步的研究。

这就引出了关于信息的最后一个含义：信息存在于查看数据的人的头脑中。如果列在纸上或数字屏幕上，那这就是数据；如果在头脑中，那它就是信息。例如，一个航空公司的飞行员正看着仪表盘上的数据，而他的头脑中得到的则是信息。

如何使用关于这些信息的想法？

此时你可能会问："这一切与我有什么关系呢？"我们认为有几个重要的含义，如图 2-12 所示。

Christianson	140	42
Abernathy	107	25
Green	98	21
Moss	137	38
Baker	118	32
Jackson	127	38
Lloyd	119	29
Dudley	111	22
McPherson	128	33
Jefferson	107	24
Nielsen	112	33
Thomas	118	29

图 2-11 数据样本

- 假设沟通很难
- 认识到所有新的IS在一开始都会令人沮丧
- 了解如何在团队中高效工作
- 保持好奇心
- 意识到人们认为他们共享的数据是信息
- 对自己的学习负责

图 2-12 如何使用数据/信息分类

假设沟通很难

如果人与人之间的信息不同，我们就不应该再去要求：给我这个信息。我可以试着给你我的信息，你也可以试着给我你的信息，但在这两种情况下，别人给出的信息未必就是你接收到的信息。要做到这一点，考虑在一段浪漫关系中的两个人。你是否经常听到这两人从同样的数据得出不同的含义？例如，有一个人没有回复短信。对一个人来说，意思很清楚——你不想花时间陪我；对另一个人来说，没收到消息——我的手机没电了。尽管数据是相同的（没有回复短信），但得出的信息却完全不同。所以，如果在工作中，你和我在交谈或交换数据，那么我不会有你的信息，你也不会有我的信息。而你可能想告诉我，我得到的信息是错误的。同样我也可以这样告诉你。我们总是被误导，因为没有人确切知道其他人的意思。有了这个认识，你就会意识到有效沟通是多么困难，你不会假设别人理解你的意思，你会成为一个更好的沟通者，因为你会努力做到这一点。

认识到所有新的 IS 在一开始都会令人沮丧

假设你从屏幕上看到的差异中得出自己的信息，而有一天，因为 IS 发生了变化，一个新的屏幕出现了，你将不得不花些时间来创造你的信息。例如，当手机上的应用程序发生变化，或者你新买了一台使用不同操作系统的计算机，你就很难识别出你以前熟悉的差异之处，并从中获取信息。所有新的 IS 一开始都会让最终用户更难发现它们的差异之处。遗憾的是，许

39

多公司在推出"闪亮"的新应用时并没有预料到这一点，当员工想要恢复旧系统时，他们会感到惊讶。

了解如何在团队中高效工作

为了帮助你的队友，可以提供不同于他们已经知道的数据，这样他们就可以为自己创造信息。请他们与你分享对他们有意义的差异之处。倾听这些差异，看看它们给你带来了什么价值。此外，问一些能揭示新的差异的问题。如果你的问题是原创的和有洞察力的，那么团队中的其他人可以利用你的问题来做出判断。

保持好奇心

如果信息在你的意识里，那么得到它的唯一方法就是把它放在那里。信息无法被接受；它必须被创造出来。这种创造性的努力是由好奇心驱动的，当你停止好奇，你就停止了让自己增长见识的过程。要时刻意识到，其他人时不时在向你传递信息，并展示你未曾见到的东西。保持同步的唯一方法就是自己创造信息。保持好奇心！你生来如此是有原因的。

意识到人们认为他们共享的数据是信息

大多数人不区分数据和信息，他们天真地认为自己拥有的信息和外部的数据是一样的。因此，当与其他人交流时，他们错误地认为自己是在直接向别人传达自己的信息和想法。然而，他们传递的是数据，而不是信息。信息，也就是意义，只存在于头脑中；外部的则是数据。听别人说话的人必须从谈论的数据中创造自己的信息。有了这种观点，当你意识到其他人正试图从你所说的数据中获得他们自己的信息时，你就会更加开放地接受反馈和评论，使你成为一个更好的协作者。

对自己的学习负责

那些你知道的信息不是别人给你的，而是你创造的。老师、书籍和生活经验会为你提供数据；你必须吸收这些数据，然后从中获取信息。你将学到的一切都需要你采取积极的步骤。所以要为你的终身学习负责。请设定高的期望吧！

Q2-6 关键的数据特征是什么？

你刚刚了解到人们从数据中构思信息。如前所述，你所能创造的信息的质量取决于你的思考能力。然而，这也取决于所提供数据的质量。关键的数据特征如图2-13所示。

准确性

首先，良好的信息来源于经过正确处理的准确和完整的数据。准确性是至关重要的，商业人士非常依赖信息系统提供的结果。如果信息系统产生不准确的数据，则系统功能会在组织中产生不好的影响。在这种情况下，当用户采用变通方法以避免不准确的数据时，信息系统就变成了一种时间和

准确性
- 准确的，完整的，精确的

及时性
- 可用的，当前的

相关性
- 用于环境(上下文)和主题

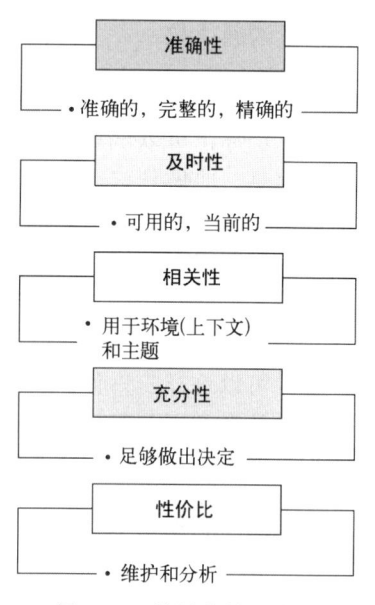

充分性
- 足够做出决定

性价比
- 维护和分析

图 2-13 关键的数据特征

金钱的浪费。

上述讨论的一个必然结果是，作为信息系统的未来用户，你不应该仅仅因为数据出现在 Web 页面、格式良好的报告或花哨的查询上下文中就依赖这些数据。有时很难对美观的、图形化的数据持怀疑态度，请不要被误导。当你开始使用一个新的信息系统时，要持怀疑态度，反复核对你接收到的数据。

如果数据要准确，那么就必须是可信的，即来自可靠的、可信的来源或技术。看似准确的数据，如果来源不可靠，则可能会产生误导。如果诱导性问题产生带偏见的答案，那么调查数据和诸如选举投票结果等受试者的自我报告可能是不可靠的。如果将来自不同数据库的数据放在一起，则数据可能不可靠。

及时性

重要的信息要求数据能够及时获得并用于预期用途。一份迟到 6 周的月报是不及时的，而且很可能是无用的，因为数据是在做出决策很久之后才到达的。在你发货后，信息系统向你发送一个糟糕的客户信用报告是没有帮助且令人沮丧的。请注意，及时性是根据日期（6 周后）或事件（在发货前）来衡量的。

当你参与一个信息系统的开发时，及时性将是指定的需求的一部分。你需要给出适当的和实际的及时性需求。在某些情况下，开发提供接近实时数据的系统比开发几个小时后才产生数据的系统要困难和昂贵得多。如果你可以使用几个小时前的数据，那么在需求说明阶段就应指出。

考虑一个例子。假设你从事市场营销工作，要评估新的在线广告程序的有效性。你需要一个信息系统，不仅能在网络上发布广告，还能让你确定用户点击这些广告的频率。可以批量保存数据，几小时后再处理会更容易也更经济。如果你能接受一两天前的数据，那么这个系统将更容易实现，成本也更低。

相关性

信息应该既与环境（上下文）相关又与主题相关。作为一个 CEO，考虑所处的环境，你需要与你工作水平相符的信息。一份关于公司每个员工的工资表对你可能是无用的，你需要的是按部门给出的平均工资信息。就你所处的环境而言，一份关于每个员工的工资表是不相关的信息。

信息也应该与主题相关。如果想了解贷款的短期最低利率，那么一份关于 15 年抵押利率的报告是不相关的。同样，将需要的数据隐藏在结果页面中的报告也与你的目的无关。

充分性

需要足够的信息来满足我们的需求，但仅限于此。我们被各种信息淹没，每天必须要做的一项关键决定就是该忽略哪些信息。当你所处的管理层级别越高时，获得的信息也就越多。因为时间有限，所以将忽略更多的信息。

性价比

信息并不能免费得到，其中需要开发信息系统的成本、操作和维护该系统的成本，以及读取和处理系统生成的数据的时间和工资成本。按照物有所值的观点，信息的成本和价值应当互相匹配。考虑一个例子，一份写满了墓地逝者名字的列表其价值何在？这份列表毫无价值，不值得我们花时间去阅读。通过这一例子，很容易看出信息经济学的重要性。然而，当有人向你推荐新技术的时候，判断是否物有所值将是更困难的事。需要做好准备，回答以下问题：信息的价值何在？成本是什么？价值和成本相匹配吗？信息系统与其他资产一样需要进行性价比分析。

总结

不要认为数据都是有价值的。我们并不缺乏数据，但并非所有的数据都是高质量的。分析和洞察依赖于良好的数据，但数据的局限性常常被忽视。要能够对数据的准确性、及时性、相关性、充分性和性价比提出有价值的问题。

Q2-7 如何在工作中使用就业技能？

我们在第1章的开篇提到过Jennifer，很遗憾，她不具备对她的工作很重要的就业技能。她因为缺乏抽象推理、系统思维、协作和实验能力而被解雇。在这一章中，我们遇到了Jake，他似乎展示了这些技能。Jennifer和Jake之间的区别显示在图2-14中。我们创造这两个角色是为了给你提供尽可能明显的对比，并让你面对一个问题——你更像Jennifer还是Jake？

抽象推理	• Jennifer：无法为生命周期建模 • Jake：地址的改变意味着两种不同的东西 • 你：你可以应用模型、用模型思考、用模型发现新的事情吗？
系统思维	• Jennifer：无法描述一个活动如何与另一个活动相结合 • Jake：使一个流程保持一致，以避免影响其他流程 • 你：你能理解流程是如何组合在一起的吗？
协作	• Jennifer：无法联系销售经理 • Jake：与他人分享错误并乐于接受反馈 • 你：当你分享你的想法时，你会鼓励别人提供反馈吗？
实验	• Jennifer：等待被告知该做什么 • Jake：建议尝试修复 • 你：你是否提出并尝试新的解决方案？

图2-14 你更像Jake还是Jennifer？

Jennifer表现出有限的抽象推理能力。她努力对公司客户生命周期的每一步建立模型。不同的是，Jake能够推断出"地址的改变"这个短语可以表示两种完全不同的东西。在本章中，我们引入了关于流程、信息系统和信息的抽象概念。这些概念不是让你直接写下来或记住的，它们是要被使用的。关键在于你能应用这些模型吗？你能用它们进行思考吗？你能发现新的事情吗？

系统思维要求个人理解系统需要哪些输入和输出，以及它们之间是如何相互联系的。Jennifer努力创建一个合理的客户活动图——一个活动与另一个活动是如何相互影响的。Jake能看到更广阔的画面。他意识到地址流程的改变需要像快餐店的流程那样保持一致。流程是一种系统类型，其输入和输出影响其他流程。当我们在本书中解释这些流程时，扪心自问，你是否能看到这些流程是如何相互影响的，改进一个流程如何能同时改进或减少另一个流程？

Jennifer 因为协作不力而受到批评——她不能和其他员工很好地协作,也没能成功联系到另一个办公室的一位销售经理。不同的是,Jake 很快就和别人分享了他的错误,并且乐于改正。扪心自问,"有什么证据能证明我是像 Jake 一样优秀的协作者?我是否会参加校园周边的团队和活动?还是说我更像 Jennifer?我是否忘了队友的名字?"

最后,Jennifer 不喜欢做实验。她希望别人告诉她该怎么做。不同的是,Jake 提出了解决办法。你做事全靠自己吗?你会尝试新的解决方案吗?

尽管本书的其余部分详细讲解了 IS 和流程,但我们希望在本学期结束时,你已经练习使用这四种就业技能。关键在于练习和自我激励。我们认为管理信息系统这个主题提供了大量的机会来实践这些技能,尽你最大的努力去做吧!

课堂练习

心灵驿站

本练习的目的是观察美,确定美的存在,并将其应用于信息系统。

这项活动有几个阶段。首先,欣赏图 2-15 中著名建筑的图片。从这些建筑中选出两座你认为最漂亮的建筑。

巴黎卢浮宫

来源:Anna Ivanova/123RF

Frank Lloyd Wright之家

来源:Marco Lachmann Anke/123RF

纽约自由塔

巴黎圣母院

来源:Lakov Kalinin/123RF

维也纳歌剧院

来源:Tomas1111/123RF

来源:Haveseen/123RF

悉尼歌剧院

来源:Nerthuz/123RF

图 2-15 著名建筑

1. 记录你选出的两座最漂亮的建筑。
2. 以一个班级为单位,为最美丽的建筑投票。同学们现在可以讨论为什么喜欢自己选择的建筑。尽可能用具体的术语来描述你的选择。

3. 讨论结束后，你的选择有变化吗？
4. 记录别人如何描述美对他们意味着什么。这些术语与你自己的术语相似还是迥异？现在应该回顾本章中提出的数据和信息之间的差异。根据本书中的定义，建筑物的图像是数据，对每个学生来说都是外部的。建筑的美在于信息，是每个学生的内在体验。数据，即照片，对于每个学生来说都是完全相同的；然而，学生填写的信息对每个学生来说都是独一无二的。
5. 在某些方面，一个新的 IS 就像一座新建筑，设计师以外的个人将使用它。设计师是否应该让建筑或 IS 符合他们自己对美的描述？
6. 记录第 1 章列出并在第 2 章讨论的四种就业技能中，哪一种对架构师和 IS 设计师是重要的。最后，更广泛地应用这种数据和信息的差异。
7. 在什么情况下，个人拥有完全相同的数据，但信息不同？
8. 如果一个人认为外部数据和内部信息是一回事，什么会令他们感到惊讶？
9. 如果你将数据和信息视为不同的东西，那么什么样的就业技能会提升自己？

美和信息在旁观者的眼中。

道德指南

告知误导

在本章的前面，我们得出结论，信息因人而异。人们以不同方式告知自己的一个含义是，不可避免地有些人会针对事件"误导"自己。例如，你知道第 1 章的概念是考试内容，但你的同学在老师解释这一点时分心了，认为这不是考试内容。这个考试误导并不是一个道德问题，但在你未来的工作环境中，误导的道德规范问题肯定会不时出现。

考虑以下这个例子，信息误导隐藏了你所犯的一个错误。你在一家地区超市的工作之一是与潜在的供应商合作。你已通过电子邮件与一家潜在的新供应商 Green Foods 通信，并将交流内容抄送给你的老板。在 Green Foods 发送的一封主题为"取消供应商申请"的电子邮件中，该公司询问如何终止申请，因为它想在今年晚些时候重新申请。你不知道的是，你的老板误解了这段对话，认为 Green Foods 公司已经决定终止其申请。你知道供应商只是暂时取消其申请，但遗憾的是，你犯了一个错误——你没有把 Green Foods 列入要考虑的潜在供应商申请列表中。不久之后，在超市连锁店的经理会议上，你听到你的老板向集团解释说，Green Foods 撤回了申请。你知道他被误导了，申请并没有撤回，而是延期，但很明显他的误导掩盖了你的错误。

来源：Auremar/123RF

第 1 章的道德指南介绍了使用 Kant 的绝对命令作为评价道德行为的一种方法。本指南介绍了第二种方法，即使用功利主义(utilitarianism)的概念。这一理论的基础可以追溯到早期的希腊哲学家，但现代理论的创始人被认为是 Jeremy Bentham 和 John Stuart Mill，你将在商业伦理课上学到。

根据功利主义，行为的道德性是由其结果决定的。如果行为能给最多的人带来最大的好处，或者能使幸福最大化，减少痛苦，那么该行为就被认为是道德的。

以功利主义为指导，如果杀人能给最多的人带来最大的好处，那么它就是道德的。对身患绝症的人撒谎，如果能增加他们的快乐，减少他们的痛苦，那就是道德的。

讨论题

1. 你没有误导你的老板，从长远来看，你希望一切都能顺利进行。你将完成你没有完成的事情，Green Foods 将在下次会议上被提议。很可能没有人会注意到你的老板的错误。你应该告诉老板你的错误吗？
2. 不告诉老板的决定是不道德的吗？在你的答案中考虑绝对命令和功利主义。如果你是老板，遇到这种情况时，你希望你的员工怎么做（黄金法则）？
3. 考虑和之前一样的情况，你还期待晋升，你已经争取这个晋升机会一年了，这会让你的薪水涨三倍。你认为如果承认关于 Green Foods 的错误，那么晋升将面临风险。如果这改变了你对讨论题 1 的回答，这意味着你的道德有什么变化？
4. 如果你决定不告诉老板，会有什么问题？比较一下你的答案和其他同学的答案。你的决定带来的可能后果会影响你的决定吗？
5. 类似的情形发生在老师错误计算你的分数时。你能否描述另一个情景，以自己生活中的一个事件为背景来审视这些问题？
6. 在讨论题 1~3 中，如果事情发生在别人身上，你的答案会如何变化，例如你观察到另一个员工和老板之间的错误信息误导？

主动复习

Q2-1　什么是业务流程？

解释企业是如何竞争的。定义业务流程并给出本书中没有提到的两个业务流程的示例。定义活动，并举例说明五种活动。解释对业务流程抽象的必要性，并描述 BPMN 表示法的目的。定义角色、参与者并解释他们的关系。在图 2-1 中确定四个泳道，并解释它们的实用性。请解释图 2-2 中各符号的含义。给出两个库存的示例。描述确定流程图中有多少细节才足够的标准。描述规范化组织的业务流程的四个原因。

Q2-2　什么是信息系统？

定义系统和信息系统(IS)。命名并描述信息系统的五个组件。描述网上购买产品所需的信息系统的五个组件。解释应用五组件框架的五种方法。

Q2-3　业务流程和信息系统是如何关联的？

解释一个 IS 是如何支持生活中的一个流程的。一个流程可以支持多少个 IS，一个 IS 可以支持多少个流程？程序在连接流程和 IS 中扮演什么角色？解释什么是程序，给出一个例子，并描述为什么程序是重要的。

Q2-4　结构化流程和动态流程有何不同？

用你自己的语言描述结构化流程和动态流程的特征。描述每一类流程在期望员工行为上的差异。总结支持每一类流程的 IS 特性的差异。给出几个结构化流程和动态流程的例子。

Q2-5　什么是信息？

给出四个不同的信息定义，并为每个定义给出一个示例。对于第四个定义，解释术语"差异"在其两个用法中的具体含义。描述这四个定义中信息的三个共同的元素。信息存在于哪里？数据存在于哪里？解释理解信息的好处。

Q2-6　关键的数据特征是什么？

归纳五个关键的数据特征。举例说明这五个特征中的每一个。

Q2-7　如何在工作中使用就业技能？

描述一下 Jake 和 Jennifer 的不同之处。在这些方面，你更像 Jake 还是更像 Jennifer？

关键术语和概念

动态流程	库存	参与者
五组件框架	角色	业务流程
硬件	软件	业务流程模型和符号(BPMN)标准
信息	结构化流程	计算机信息系统
信息系统(IS)	支持性程序	数据
人	泳道	规范性程序
系统	程序	功利主义

课后习题

2-1　练习为你的智能手机(或者笔记本电脑)学习新的程序。找一个有类似手机的朋友或同学，找到一个对你有用的应用程序。下载那个应用程序并学习如何使用它。写下另外三个你想要学习使用的应用程序，学习使用该应用程序的流程。记录支持的流程、应用程序及你学习每个应用程序的步骤。不用把它写下来，但要问自己一个重要的问题：我学习应用程序很快吗？如果没有，为什么？

2-2　用你自己的语言解释业务流程和信息系统之间的关系。假设你要给一个对信息系统知之甚少的商业人士解释它们。

2-3　从你自己的生活中选择三个流程。比如在 Netflix 上选择一部电影、做早餐，或在一个新的社交媒体平台上注册一个账户。对每个流程详细描述下面的问题：

　　a．该流程是动态的或结构化的。

　　b．流程的目标。

c. 若流程由某个 IS 支持，则给出程序中的步骤。

d. 列出一些数据项，并对每个数据项写出至少两种解释。

2-4 思考本章中信息定义方式的一些不同。

a. 根据本章内容，为什么说"考虑图 2-11 中的信息"是不正确的？信息在哪里？

b. 当你在网上阅读新闻时，新闻在哪里？当你和你的朋友看同一篇新闻时，新闻是一样的吗？这是怎么回事？

c. 假设你的早餐是一杯橙汁。当你看到橙汁的时候，它在哪里？是桌上的橙汁，还是你头脑里的？喝完橙汁后，它又在哪里？

d. 思考这个观点："信息存在于查看数据的人的头脑中。如果是在纸上或数字屏幕上看到的，那它就是数据。"你认为这种思考信息和数据的方式有用吗？为什么有用？或为什么没用？

e. 描述如何利用上述一系列问题的思考，成为一个更优秀的商业人士。

2-5 以图 2-8 为指导，识别你所在大学中的两个结构化流程和两个动态流程。解释这些流程的结构化程度如何变化。你认为应如何描述这些流程的变更？描述在这些流程中执行的工作的性质如何变化。解释如何使用 IS 来使这些流程更加便利。你认为支持这些流程的 IS 特性如何变化？

2-6 详细描述一个你曾经购买过产品的电子商务网站(例如，Amazon、赛事门票网站等)。

a. 写下你的购买流程，包括你为购买产品所做的活动。

b. 详细描述支持电子商务购物的 IS 的五个组件。其中一个软件就是 Web 浏览器。

c. 你是如何了解必要的程序的？

2-7 想象一下你最喜欢的咖啡店、快餐店或校园餐厅的使用流程。现在想象你正在排队等候。

a. 你如何改进客户服务流程，使排队变得更快？

b. 如何度量流程目标？你的等待时间被计算了吗？

c. 什么样的 IS 会减少等待时间——机器人制造食物、电话预约、自助点餐台等？列出三种方法，其中哪种方法对减少等待时间的影响最大。

d. 对于你在 c 部分中的回答，这个 IS 还会影响其他哪些流程？

协作练习

本练习的目的是计算班级注册的费用。为此，我们将考虑班级注册流程及支持它们的 IS。

1. 注册流程

a. 列出尽可能多的课程注册流程。从学生、教师、院系和大学的角度考虑课程注册。考虑相关的资源，如教室数量、教室大小和特殊设施(如视听设备、实验室等类似的需求)。同时考虑院系是否需要确保课程的开设能让学生在 4 或 5 年的时间内完成一个专业的学习。研究生不在这个练习的考虑范围内。

b. 对于每个流程，识别人类参与者和他们要执行的程序。估计每个参与者在注册期间承担相应角色所花费的小时数。如果可能的话，对每个角色采访两到三个参与者，以确定他们每个学期在这个角色上花费的时间。

c. 估算班级注册流程中涉及的人工成本。假定支付全部费用(工资、福利和适用的税收)，其中文员每小时为 50 美元，教授每小时为 80 美元。确定涉及注册的部门数量，并估计每个部门涉及的文员和专业人员的数量。使用平均值，但要意识到有些部门比其他部门大得多。

   d. 你认为课程注册流程是结构化的还是动态的？为什么？

2. 信息系统

   a. 对于问题 1 中确定的每个流程，列出支持的 IS。思考大学范围内使用的 IS、院系使用的 IS 和个人使用的 IS。

   b. 对于 a 部分确定的每个 IS，描述该 IS 的五个组件。

   c. 列出 a 部分确定的五个组件中每一个的成本来源。考虑开发和操作成本。确保包括培训员工执行程序所需的成本。请解释你的答案中的一些人员成本为何会与流程中参与者的成本重叠。为什么只有部分成本重叠？班级注册 IS 的所有费用是否适用于班级注册业务流程？为什么？

   d. 假设该大学在全校范围内更新班级注册 IS。按照最容易到最困难的顺序来变更 IS 的五个组件。

3. 有效性和高效性

   a. 当有效性这个术语应用于业务流程时意味着什么？为班级注册流程列出尽可能多的与有效性相关的目标。为每个目标列出可能的措施。

   b. 当高效性这个术语应用于业务流程时意味着什么？为班级注册流程列出尽可能多的与高效性相关的目标。为每个目标列出可能的措施。

4. 学季制

   许多大学实行四期学季制，每年需要注册四次，这与学期制不同（每年只需注册三次）。最近，华盛顿州的税收大幅减少，州立大学的预算也大幅削减，导致学生的学杂费大幅上涨。然而州立大学继续实行学季制。

   a. 假设你在一所使用学季制的大学工作。请阐述为什么使用这个系统。你的论点是否基于注册流程的高效性？为什么？能否以注册流程有效性为基础？为什么？

   b. 假设你上的是学季制大学。利用对问题 1 和 2 的回答，书写一份两页的备忘录，解释转换到学期制的优势。

   c. 思考对问题 1 和 2 的回答。你认为大学改用学期制明智吗？为什么？你会推荐对大学实行学期制的政策吗？

   d. 如果由学季制转为学期制有好处，为何不改为学年制？这种系统的优点和缺点是什么？如果能为你减少 25% 的学杂费，你会推荐它吗？减少 50% 呢？减少 75% 呢？

   e. 目前，还没有公众呼吁州立大学改用学期制。然而，公众对不断上涨的学杂费感到相当痛苦。你认为为何会出现这种情况？

   f. 根据你对以上问题的回答，你的团队认为哪一种制度（学季制、学期制或学年制）是最好的？证明你的答案。

案例研究

Amazon 的配送流程

2019 年，Amazon 的出货量超过 55 亿件，占据了美国所有电子商务总量的 50%，Amazon

的三个"竞争对手"eBay、Apple和Walmart加起来的占比不到15%。在2019年的Prime Day，Amazon的出货量超过1.75亿件，创造了20亿美元的收入。这种规模之所以成为事实，是因为Amazon的世界级流程和对信息系统的创新使用。

你可能认为Amazon只是一个在线零售商，这确实是该公司取得极大成就的根源。为了做到这一点，Amazon必须建立庞大的支持基础设施——想象一下一天运送1.75亿件商品所需的信息系统和基础设施。然而，只有在繁忙的节假日才需要这些基础设施；一年中的大部分时间，Amazon的信息系统容量都是过剩的。从2000年开始，Amazon开始将部分产能出租给其他公司。在这个流程中，云的创建发挥了关键作用，我们将在第3章详细讨论。

Amazon的企业理念很简单。Jeff Bezos这样说："每一天都是第一天。第二天企业将会进入停滞期，接踵而来的就是远离主业市场，然后一蹶不振，业绩开始下跌，最后便是倒闭。"

如今，Amazon的业务可以分为两大类：

- 在线零售
- 云服务

大多数人认为，在线零售是Amazon的核心。Amazon创造了最成功的在线零售商业模式和流程。它最初是一家在线书店，但自1998年以来，它每年都增加新的产品类别。在此流程中，Amazon掌握了通过其系统销售第三方商品的流程。2018年，第三方销售额超过1600亿美元，而Amazon拥有的产品销售额为1170亿美元。

今天，我们已经很难记得有多少我们认为理所当然的事情是由Amazon开创的。"买了这个的顾客，也买了那个"；在线客户评价；客户评价排名；1天到货运输；书单；Look Inside the Book；对老客户的某些订单自动免运费；当Amazon推出Kindle电子书和电子设备时，它们都是新奇的概念，就像Amazon Prime、Prime Day、Shipping with original boxes和Echo一样。当然，也有项目一些失败了，比如Fire手机、Dash按钮和旅游网站Destinations。目前的一项创新——使用无人机送货，终有一天会被认定是成功的还是失败的，但现在下结论还为时过早。一个公司从第一天起就注定要经历频繁的失败和多次的成功。

Amazon在线业务的利润率非常低。这些产品通常以低于建议零售价的价格出售，Amazon Prime会员（有一定年费）可以免费获得两天到货的快递服务。这是怎么做到的？首先，Amazon对员工的要求非常高。一位前雇员声称，虽然报酬不错，但工作时间长，工作量大。除此之外，还有什么可以解释这种成功呢？有两个因素起到了重要作用——云创新和世界级流程。

如果说大多数终端用户认为Amazon的业务是在线零售，那么大多数商业人士也认为Amazon是云服务的创始人。Amazon网络服务（Amazon Web Services，AWS）允许组织以非常灵活的方式租用计算机设备。AWS使组织能够在几分钟内扩展和压缩所需的计算机资源。Amazon有各种各样的支付计划，有可能以每小时不到一美分的价格购买计算机时间。具备这种能力的关键在于租赁机构的计算机程序能够与Amazon的计算机程序接口，自动地扩大或缩小租赁资源的规模。例如，如果一个新闻站点发布了一篇导致流量迅速增加的文章，那么该新闻站点可以通过编程方式请求、配置和使用更多的计算机资源，时间可以是一小时、一天、一个月，等等。

众所周知，Amazon的信息系统是世界级的，但它的配送中心流程却不那么受欢迎。在它的75个配送中心，卡车将物品送达，物品被识别、分类和储存（称为装载）。然后，当订单到达时，物品被拣选、包装和运送。有时，订单包含了存储在多个执行位置的物品（这些物品并不像杂货店或零售店那样堆放在一起）。所有的物品都被塞进存放在可移动的架子上的箱子里；一本历史书可能被放在一个架子里，上面还有内衣、相框和订书机。

问题

1. 制作一个简单的订单执行中心的流程图，其中一边是送货的卡车，另一边是运送订单物品的卡车。显示物品的接收、存储、拣选和运送的地点。
2. 制作一个订单执行的 BPMN 图。至少创建四个角色。其中一个角色应该是机器人，它从搬运工那里接收物品并存放它们。
3. 在较高层次上描述支持订单执行的信息系统的五个组件。
4. 对于 Jeff Bezos 来说，是什么样的信息的差异产生如此巨大的影响？
5. 假设你在 Amazon 或一家和 Amazon 一样重视创新的公司工作。如果一个员工对他的老板说："但是我不知道怎么做！"你猜这个老板可能会是什么反应？
6. 用你自己的话，从你自己的经验出发，你认为需要什么样的技能和能力在 Amazon 这样的公司工作？

第二部分

信息技术

第二部分的四章论述了作为 MIS 基础的信息技术。你可能认为此类技术对作为商业人士的自己来说并不重要。然而，如今的经理和商业人士经常以采购员和采购审批员的身份与信息技术打交道(如果不是以更复杂的方式进行的话)。

第3章讨论了计算机网络和云。它定义了基本术语和基础性的计算概念。你需要了解这些术语，以便在本章稍后提到三层架构时，可以理解这些术语的含义。此外，你有一天可能为一家小型企业工作，需要做出有关网络和使用云的重要决策。

第4章描述了数据库处理。你将了解数据库和数据库应用程序的用途与角色。你还将学习如何创建简单的实体-关系数据模型，这些抽象模型可以用来创建数据库结构。我们将通过当地医院使用的数据库来说明数据库建模和设计。

第5章描述了人工智能和机器人等这些引人入胜的新技术。你将了解像我们一样思考和行动的机器，以及如何在业务流程中使用它们。你将更好地了解它们的优势和劣势及其对就业市场的影响。

第6章阐述信息系统安全，其中描述了威胁、组织的响应及用于减少安全损失的保障类型。你会发现本章中的许多主题都可以应用到你的学习生活中，这样你就可以在职业生涯开始前养成良好的习惯。

本书扩展2讨论的也是技术。它强调了对商学院学生有用的软件和硬件的重要方面。

这一部分的写作目标是为你讲解有关技术的基本知识，使你成为一个有效的 IT 消费者。你将学习基本术语、基本概念和有用的框架，以便具备向为你服务的信息系统专业人员提出好问题和适当要求的知识。这些概念和框架对你而言比最新的技术趋势更有用，因为后者在你毕业时可能已经过时了。

第 3 章

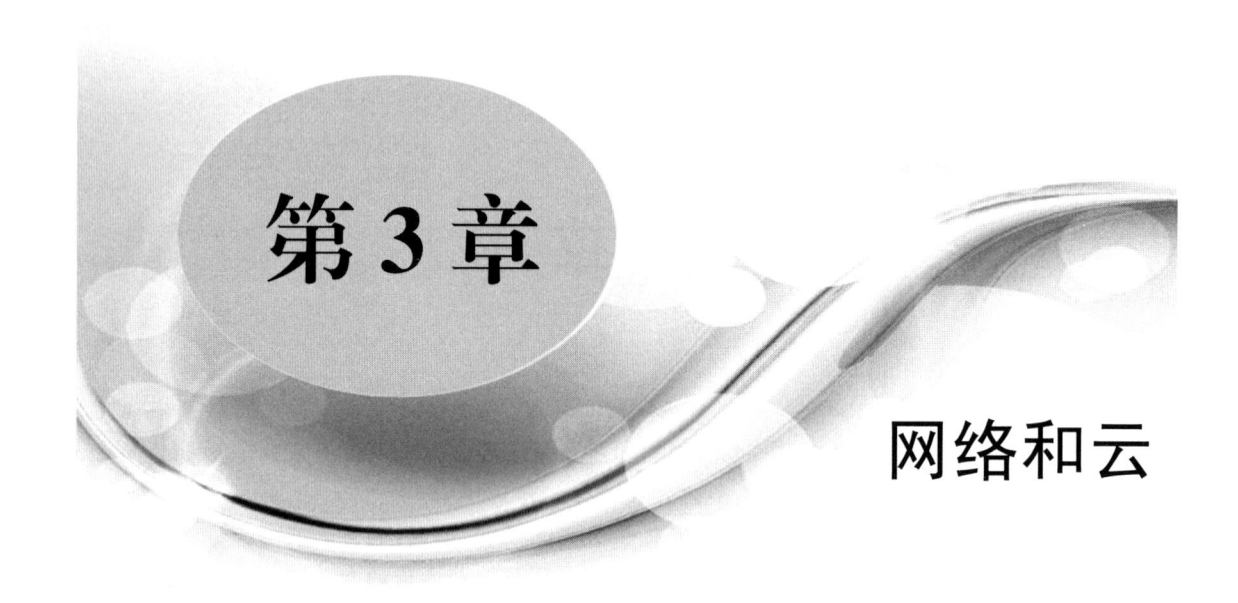

网络和云

在 Chuck's Bikes Inc.(CBI)，IT 领导团队集合在一起召开他们的月度会议。他们的负责人 Juan Bouzat 主导了这场会议。

"我有个坏消息。公司财务委员会已经决定，我们的大多数应用程序和数据存储将放在云端，而不是在办公场所。"Juan 开始了讨论。

在一阵尴尬的沉默之后，IT 应用程序开发者 Heidi 大声地说："他们给你的是什么理由，Juan？"

Juan 回答说："他们说了好几件事。他们认为从长远来看这样成本更低，而且他们不确定我们实际需要多少存储空间。因此，他们不希望购买和维持错误的存储容量，而是希望能够灵活地扩大和缩小规模。是的，这样的例子不胜枚举。他们认为，通过使用云，他们可以减少对 IT 的投资，转而增加对业务增长的投资。将数据移动到云后，他们认为这是一种租用，而不是购买。在某种程度上，很难有理由与他们争论。"

Heidi 的发言才刚刚开始。"云的问题让我们失去了很多工作机会。自从我 5 年前来到这里，销售、支付和物流应用都已经转移到云端；我们的人员编制减少了 25%。"

Juan 表示赞同。"你说得对，再过几年，我们中的一些人就不会在这里了。我不知道该如何做决定。"

他继续说："虽然领导职位会是某个人的，但如果人员编制再减少25%，而且应用程序开发也没有那么多，那么管理工作可能会有所不同，可能就会有替代的人选。而我知道技术领域有很多工作机会。我相信市场会保护我，而不是 CBI，若我能给你们提供什么样的建议，那就是请你们相信自己的能力。我的意思是，你们都很有才华。即使不在这里，也都有一个非常好的事业摆在你们每个人的面前。"

Heidi 拒绝被鼓励。"他们期望省下多少

钱？我了解到很多公司后悔迁移到云。"

"他们认为第一年会花很多钱，但长期来看，以后几年大概能节约20%的成本。"

Heidi继续施压，"做这些决定的人知道我们要放弃什么吗？我们将被合同束缚，当对市场营销或供应链提出新想法时，我们将没有员工去构建内容，我们将失去我们最好的人才和公司知识储备……"

"我想他们是知道一些的。但我们只提供一个支持功能。没有人从我们这里购买自行车，因为我们的网站很棒，或者我们的ERP系统是世界级的。我们只是'乐队'管理员；顾客们是因为艺术家而来的，而我们并不是他们。""我们的工作很重要，没有我们，节目就无法进行，但如果老板认为每年可以节省20%的费用，这就很难反驳了。"

"但是，Juan，等等。企业的敏感数据将会怎样？为了安全起见，那东西得在我们自己手里，对吧？"Heidi充满期望地问。

就像在黑暗中看到一丝光亮，Terry加入进来。"所有的客户数据都很敏感。放在办公室会更安全。"

Juan带着明显的同情回答说，"我曾经认为内部的安全性比云的更好，而Sony、Target、Tinder、Home Depot、Snap、Verizon和Yahoo!的人也是这样认为的。这还不包括在2年内被黑客攻击的政府机构和医疗保健机构。"

Terry表示赞同："这个名单一年比一年长，但谁会想黑我们呢？我们在这里无足轻重。"

"老板们想让云提供商重视安全问题。我所了解到的是云比本地更安全；云服务器的构建以安全为目的，不像我们的服务器那样灵活和可访问。我们仍然需要确保自身端的安全，尽管还没有人攻击过Amazon或我听说过的其他云计算公司。"

Heidi又加入进来。"我不想同意Juan的观点，但他是对的。供应商系统上的云服务被锁定，很难访问。他们从一开始就以安全的方式开发应用程序；而我们所有的系统都是完全开放的，我们只在运行过程中保证系统的安全。云服务供应商的工作依赖于安全性。如果一家云服务供应商遭到黑客攻击，则它将失去巨大的市场份额，而且很难处理。"

Juan总结道，"谢谢，我会在接下来的几周内询问你们部门的每个人，他们希望在过渡中开展哪些工作。这将是一个挑战。不过，我相信，每个想在其他地方找工作的人都会如愿。整个云事件可能对我们的工作有积极意义。我们只需要在机会来临时付出行动。"

本章概述

Q3-1 关于网络和互联网，商业人士需要知道什么？
Q3-2 数据如何在网络中移动？
Q3-3 典型的Web服务器如何在网络中移动数据？
Q3-4 为什么云是大多数组织的未来？
Q3-5 典型的云选项有哪些？

本章预览

互联网是过去100年来最重要的技术进步。它仍然犹如一个年轻的、不守规矩的青少年，每年都用一些新东西给商业和社会带来烦恼。关于互联网如何工作存在大量的细节，但我们的目标不是让你埋头于技术语言。相反，我们希望你了解关于网络的重要差异，这将帮助你在商业世界中有效和安全地使用它们。同时，请认识到互联网在不断发展，新的机遇，比如CBI的云将会出现，熟练掌握网络如何运行将有助于你对这些未来变化的理解。

在阅读这一章的时候，你可能会想，"我不需要知道，我只需要依靠外部专家来告诉我该怎么做。"但这一策略在21世纪将不起作用。你的许多同行将能够有效地与IT专业人员合作，并获得比你更多的竞争优势。事实上，在今天，基本的IT知识是当今商业人士的重要知识储备。那么，让我们从互联网的两个主要部分开始，即网络和云。

每当你发短信、使用社交媒体、听在线音乐或使用电子邮件时，你都会使用网络和云。这些日常活动看起来很简单，在这一章中，我们将看到网络和云是如何神奇地使它们成为现实的。下面我们将重点介绍各种类型的网络，数据如何在这些网络上传输，Web服务器如何运行，云如何工作，以及企业的云选项。

Q3-1 关于网络和互联网，商业人士需要知道什么？

基于这个问题，我们将介绍计算机网络的类型及它们是如何连接的。这个主题可以覆盖相当多的内容，而我们只笼统地讨论基本的思想。

网络的类型

首先，计算机网络是通过传输线路或无线连接相互通信的计算机的集合。如图3-1所示，网络有四种基本类型：个域网、局域网、广域网和互联网。

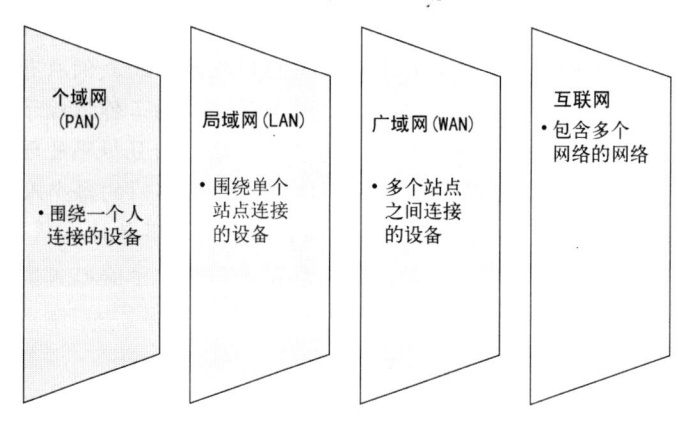

个域网(PAN)
- 围绕一个人连接的设备

局域网(LAN)
- 围绕单个站点连接的设备

广域网(WAN)
- 多个站点之间连接的设备

互联网
- 包含多个网络的网络

图3-1 基本的网络类型

个域网（personal area network，PAN）连接一个人周围的设备。这些设备中的大多数都可以与其他设备无线连接，间距可达10米。PAN的一个例子是可穿戴设备，比如与iPhone等移动设备连接的FitBit。

局域网（local area network，LAN）连接位于单一地理位置的计算机。其中连接的计算机的数量可以从两台到几百台。局域网的显著特点是单一地理位置。如图3-2所示为典型的小型办公室或家庭办公室（home office，SOHO）局域网。通常，这样的局域网只支持十几台左右的智能手机、计算机和打印机。计算机2和打印机5为有线连接，而计算机1和智能手机则无线连接到局域网。它们都连接到一个交换机（switch），这是一个特殊用途的计算机，可以接收和传输局域网上的有线通信数据。当在小型家庭局域网中使用交换机时，经常将其错误地标记为路由器。当然，许多公司使用的局域网比这个要大得多，但对于更大的局域网，原理是相同的。

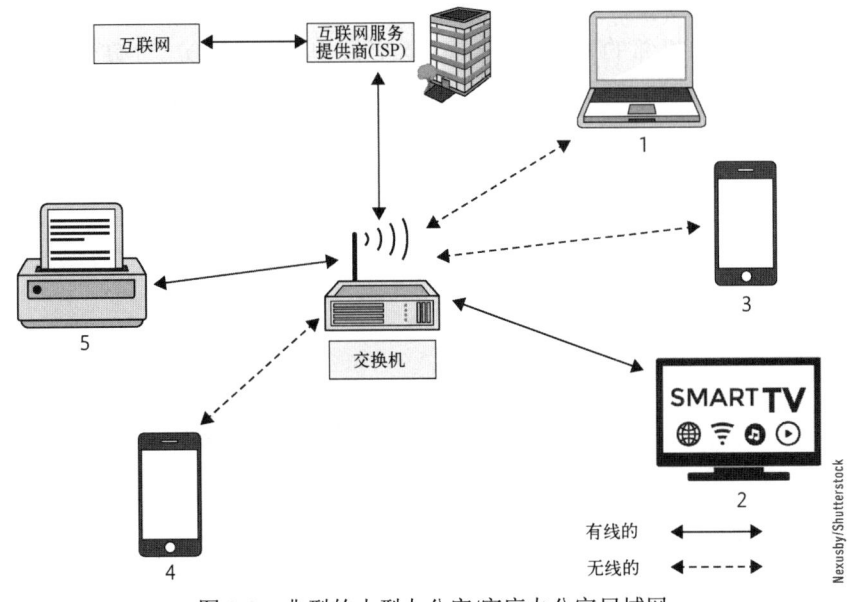

图 3-2　典型的小型办公室/家庭办公室局域网

广域网（wide area network，WAN）连接不同地理位置的计算机。在两个独立的公司站点上的计算机必须使用广域网连接。举例来说，位于单个校区的商学院的计算机可以通过局域网连接起来。位于多个校区的商学院的计算机必须通过广域网连接。单个站点和多个站点的区别很重要。有了局域网，一个组织可以将通信线路放置在任何它想要的地方，因为所有线路都位于它的办公场所。对于广域网来说，情况有所不同。在芝加哥和亚特兰大设有办公室的公司不能在高速公路上铺设电线，把这两个城市的计算机连接起来。相反，该公司与政府授权的通信供应商签订合同，而该供应商已经有资格在两座城市之间运营新的通信线路。

互联网是网络的网络。互联网连接局域网、广域网和其他互联网。最著名的互联网是"Internet"（即因特网），即发送电子邮件或访问一个网站时使用的网络集合。除了公共的互联网，也存在称为 internet 的私有网络。专门用于一个组织内部的专用互联网有时被称为内部网（intranet）。

网络的无线选项

网络，如图 3-2 中的 SOHO 局域网，包括一些无线连接的设备，如计算机 1 和智能手机。这里我们对比了三种无线网络：蓝牙（Bluetooth）、Wi-Fi 和蜂窝网络。

蓝牙是一种常见的无线通信方式。它是为短距离传输数据而设计的。一些设备，如无线鼠标和键盘，可以使用蓝牙连接到计算机。智能手机可以使用蓝牙连接汽车娱乐系统。

Wi-Fi（wide fidelity）是一项允许设备无线连接到局域网的技术。使用 Wi-Fi 的常见设备有笔记本电脑、平板电脑、视频游戏机、智能手机和电子阅读器。在室内，Wi-Fi 的使用范围可达 65 英尺[①]，在室外也可稍远一些。它有自己的一套通信规则，称为 IEEE 802.11，以及各种安全方法。

---

① 1 英尺=0.3048 米。

蜂窝网络(cellular network)也称为移动网络或无线广域网(wireless wide area network, WWAN)，是一种使用无线电信号向移动用户发送和接收数据的通信网络。蜂窝网络的物理布局如图 3-3 所示，用户利用各种频率，以较低功率无线连接到固定的基站，也称为蜂窝基站。每个基站将连接到相邻的基站和一个移动交换中心(MTSO)。MTSO 将用户连接到 Internet。和 Wi-Fi 通信一样，蜂窝通信也使用无线电波，但蜂窝无线电的范围比 Wi-Fi 的大，使用的频率也不同。

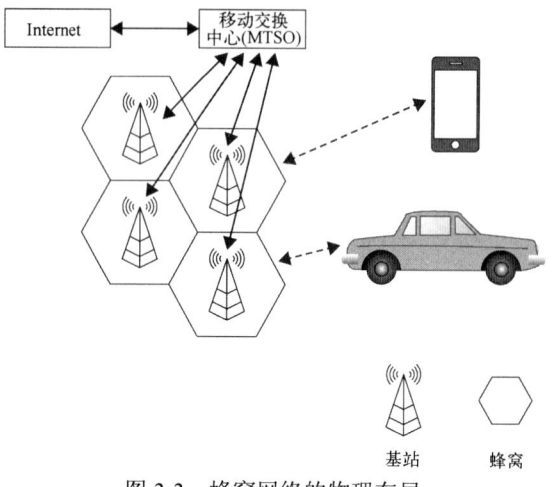

图 3-3　蜂窝网络的物理布局

如图 3-3 所示，蜂窝网络中的单元格通常为六边形。虽然大多数基站都是全向的，并且位于单元的中间，但它们可以像体育场和高速公路一样具有方向性。蜂窝的大小不一，其直径从城市中的半英里到偏远地区的 25 英里①。

当移动用户连接到网络时，基站为该用户分配一个频率。如果用户移出原始蜂窝，则网络实现切换(handover)或越区切换(handoff)，自动将用户切换到相邻的蜂窝基站。用户可以在新基站重新使用原来的频率或换到一个新的频率。

随着蜂窝网络的能力和容量的增长，它们越来越受欢迎。这种特性的演变称为"代"，如图 3-4 所示。随着这些功能在效用上的增长和成本上的降低，蜂窝网络目前在许多国家比固定网络更受欢迎，而且在一些国家，特别是在非洲地区，蜂窝网络是数字通信的唯一方式。

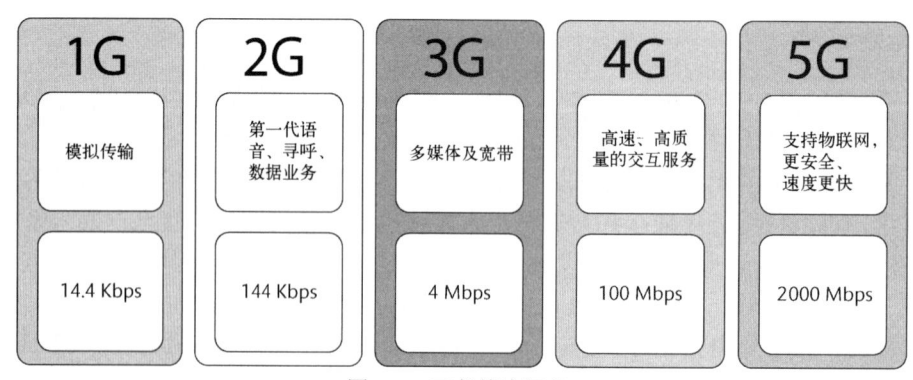

图 3-4　五代蜂窝网络

---

① 1 英里=1.6093 千米。

将局域网连接到 Internet

当你连接到 Internet 时，你实际上连接到一个 Internet 服务提供商(Internet service provider，ISP)。ISP 提供对 Internet 和其他相关服务的访问。ISP 有三个重要的功能。首先，它为你提供一个合法的 Internet 地址。其次，它是你进入 Internet 的门户。ISP 从你的计算机接收通信数据并将它们传递给 Internet，同时也从 Internet 接收通信数据并将它传递给你。最后，ISP 为 Internet 付费。他们向客户收取资金，并为你支付访问费用和其他费用。

图 3-5 显示了三种常见的连接 Internet 的方式。请注意，我们正在讨论你的计算机如何通过广域网连接到 Internet；我们不讨论广域网自身的结构。如果你想了解广域网的更多信息，可以在网上搜索租用线路(leased line)或 PSDN 的内容。

类型		拓扑结构	输电线路	传输速度	使用设备	常用协议	备注
局域网		局域网	UTP 或光纤	常见：10/100/1000 Mbps 可能：1 Gbps	交换机 网卡 UTP 或光纤	IEEE 802.3 (以太网)	交换机连接设备，除了小型局域网，都是使用多个交换机
		无线局域网	UTP 或用于非无线连接的光纤	最高可达 600 Mbps	无线接入点 无线网卡	IEEE 802.11n	接入点转换，有线局域网(802.3)到无线局域网(802.11)
连接 Internet		DSL 调制解调器转至 ISP	DSL 电话	个人：上行至 1 Mbps，下行至 40 Mbps（大多数地区最多可能为 10 Mbps）	DSL 调制解调器 可用的 DSL 电话线路	DSL	可以同时使用计算机和电话。总是连接的
		电缆调制解调器转至 ISP	有线电视线路转光缆	上行至 1 Mbps 下行为 300 kbps 至 10 Mbps	电缆调制解调器 有线电视电缆	电缆	容量与其他站点共享；性能取决于他人的使用
		无线广域网	无线连接广域网	500 kbps 至 1.7 Mbps	无线 广域网路调制解调器	几种无线标准之一	复杂的协议使多个设备可以使用相同的无线频率

图 3-5　局域网概况和三种常见的连接 Internet 的方式

SOHO 局域网(如图 3-2 所示)与家庭和办公计算机通常以两种方式之一连接到 ISP：一种称为 DSL 的特殊电话线，以及有线电视线路。

数字用户线路(digital subscriber line，DSL)与语音电话在相同的线路上运行，但它的运行方式是使其信号不干扰语音电话业务。电缆(cable line)是第二类 ISP 连接，通过有线电视线路提供高速数据传输。因为多达 500 个用户站点可以共享一条电缆线路，其性能取决于有多少用户正在发送和接收数据。

为了提供一些网络背景知识，让我们介绍一个例子，有助于更好地理解这些网络设备是如何一起工作的。在这个例子中，你在 Instagram 上发布一张照片，而这个过程对于任何社交媒体都是相似的。你在家里使用 SOHO 网络；你的笔记本电脑使用 Wi-Fi 连接到家用路由器上，路由器通过电缆将你的数据传输到 ISP，也许是 Spectrum。这些网络和连接的主题是 Q3-1 节的要点。你的 ISP 通过 Internet 将你连接到我们在 Q3-3 节中描述的 Instagram 网络服务器。Q3-2 节将解释组成照片的数据是如何通过这种连接传到 Instagram 的。

Q3-2　数据如何在网络中移动？

在描述了网络的一般类型及其连接方式之后，现在我们考虑数据如何在这些连接的网络上传输。我们将讨论协议、寻址、语言、SOA 和运营商。

协议

组成 Internet 的网络使用各种各样的通信方法和约定，数据必须在网络之间无缝流动。为了提供无缝流动，需要使用协议 (protocol) 标准。协议是两个通信设备使用的一组规则。你不是设备，但你使用协议。你和朋友的说话方式不同于和你父母或一个 3 岁的孩子之间的说话方式。虽然对于三个主体来说使用的都是英语，但是规则不同——你和朋友可以开玩笑，你和父母交谈时会有耐心，你会和 3 岁的孩子玩各种游戏。你可以在许多不同的情况下使用和重用这些协议，以便与许多不同类型的人进行通信。

Internet 上的设备也是如此。我们使用许多协议对它们进行"编程"，这样它们就可以在各种设置下与各种其他设备进行通信。为了了解协议是如何使用的，我们接下来研究协议是如何在局域网上使用的，以及它们是如何在 Internet 上工作的。

局域网内的设备使用通用协议来相互通信和容纳新设备。IEEE 802.3 协议用于有线局域网 (wired LAN) 连接。该协议标准也称为以太网 (Ethernet) 标准，规定了硬件特征，如哪条线承载哪个信号。无线局域网连接使用 IEEE 802.11 协议。802.11 有几个版本，截至 2017 年，最新的版本是 IEEE 802.11ac。这些版本之间的差异超出了本书的讨论范围。只需注意一点，目前的标准 802.11ac 允许高达 1300 Mbps 的传输速度，在 4 年多的时间里，其速度比以前的协议速度提高了 100%。

为了说明协议是如何在 Internet 上工作的，让我们继续讨论在 Instagram 上发布照片的例子，如图 3-6 所示。我们与 Instagram 网络服务器通信的复杂性几乎无法想象。不管怎样，我们的智能手机可以与半个地球之外的这些服务器通信，即使这些设备以前很可能没有进行过交互。这是 Internet 协议中公认的奇迹——你可以上传任意类型、大小或格式的图像，而且无须关心将照片传到 Instagram 上的哪台设备。你的图像可能出现在手表、智能手机或冰箱侧面的屏幕上，它们都是真实的图像。

这个过程依赖于两种巧妙的技术。首先，你上传的文件太大了，不能完整地传送，它被分成一个个数据包，每个数据包在 WAN 之间传递，从而以这样的方式完好无损地到达目的地。然后重新组装原始图像，重发丢失或损坏的任何部分，接着将重建后的图像发送到服务器进行处理。在图 3-6 中，最左边的消息只是一个数据包，是原始图像的一部分。组成图像的所有其他数据包都以同样的方式处理。

第二种技术是封装。从你到 Instagram 的每一个数据包都被封装在一个协议容器中。如图 3-6 所示，每个数据包显示为消息，包含在几个容器中，即协议的不同层。在图 3-6 中，原始消息被封装在 H1 中，然后这个消息和 H1 被封装在 H2 中。你的设备和 ISP 把这些层封装起来，然后 Instagram 服务器再把它们取下来，就像俄罗斯套娃或信封里套信封一样。

这些协议层是按照 TCP/IP 协议架构 (TCP/IP protocol architecture) 来组织的，TCP/IP 协议架构是一种协议类型分层排列的方案。我们将在这里定义几个重要的协议。

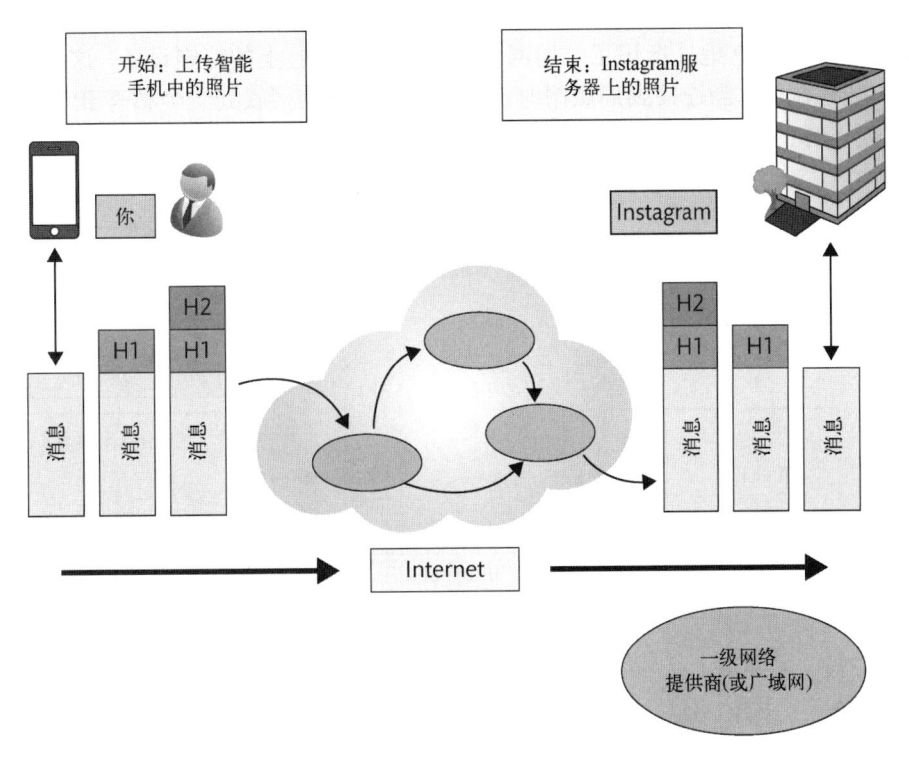

图 3-6　你、Internet 和 Instagram

超文本传输协议(hypertext transport protocol，http)是浏览器和 Web 服务器之间使用的协议。当使用 Edge、Safari 或 Chrome 等浏览器将图像上传到 Instagram 时，我们使用的是一个实现 http 的程序。在另一端，Instagram 服务器也处理 http，我们将在本章的后面学习。即使你的浏览器和 Web 服务器以前从未"相遇"过，它们也可以彼此通信，因为它们都遵循 http。浏览器发送以预定义的 http 请求格式编码的服务请求。服务器接收该请求，处理该请求(在本例中是上传图像)，并将响应格式化为预定义的 http 响应格式。

http 的安全版本称为 https。当你在浏览器的地址栏看到 https 时，你就有了一个安全的传输，你可以安全地发送敏感数据，如信用卡号码。然而，当你上网时，除非使用 https，否则应该假设所有的通信都是开放的，并且可以随后在每个社交媒体平台上发布。

另外两个 TCP/IP 协议是很常见的。简单邮件传输协议(simple mail transfer protocol，SMTP)用于电子邮件传输(以及其他协议)，文件传输协议(file transfer protocol，ftp)用来在互联网上移动大文件。Google Drive 和 Microsoft OneDrive 使用 ftp 在它们的云服务器和用户的计算机之间传输文件。

最后一个协议，即 Internet 协议(Internet protocol，IP)为连接到 Internet 的每个设备标识一个地址。它还为 Internet 上移动的每个数据包标识目的地和发送者 IP 地址，以便在到达目的地的过程中，中间站点知道向哪里发送数据包。下面我们来讨论这个协议。

寻址

Internet 上的每个位置都有一个地址，称为 IP 地址(IP address)，它是一个唯一标识其位置的数字，如图 3-7 所示。图中显示了两个 IP 地址，一个用于你的机器，一个用于 Instagram 服务器场。为了连接到 Internet，每个设备都需要一个 IP 地址。公共 IP 地址标识公共 Internet

上的特定设备。私有 IP 地址标识了专用网络(通常是局域网)上的特定设备。这些私有地址是在局域网内被控制的。当连接到局域网时，你的笔记本电脑接收到一个私有 IP 地址，当你使用 Internet 时，你的 ISP 将给你提供一个 IP 地址，可能是使用 Internet 时的临时 IP 地址。

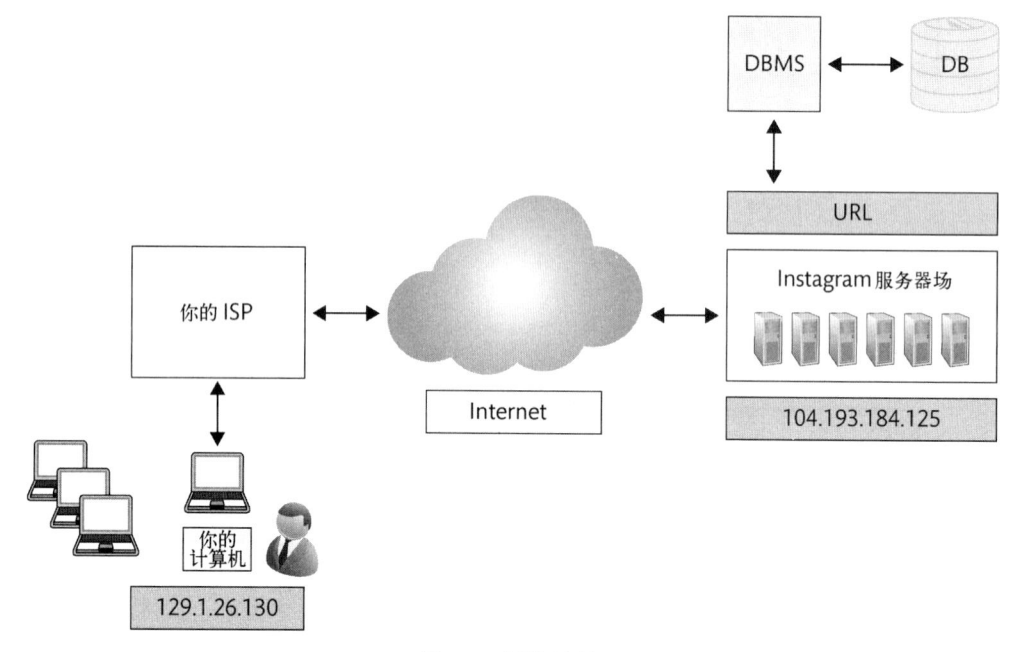

图 3-7 网络地址

IP 地址有两种格式：旧的版本是 IPv4，它有一个四-十进制的点分格式，比如 104.193.184.125(Instagram 以前的 IP 地址)。最新的版本 IPv6 要长得多。如果在浏览器中输入 IP 地址，就会与该地址的设备连接。

没有人想要记住这些数字，所以常见的站点被赋予一个域名(domain name)，即一个与特定的公共 IP 地址相关联的全球唯一的名称。

需要注意两点：第一，多个域名可以指向同一个 Internet 地址；第二，域名与 Internet 地址的关联是动态的。域名所有者可以随意更改其附属地址。

语言

虽然协议是设备要遵循的规则，但它们并没有指定特定的语言。各种计算机语言都在网络上使用。Web 页面上常见的一种语言称为标记语言(markup language)。标记语言是一种使用可区别于文本的方式对文档进行注释的系统。它的名称来源于"标记"一份书面手稿，以指定它应该如何显示。一个标记将表明这是标题，将其居中，并使用 18 号字体；另一个标记会指出，这段文字应该用下画线显示。数字标记语言做同样的事情，它告诉浏览器如何显示文档。标记语言提供了关于显示的说明，而不是用于编写内容的语言。使用标记语言的价值在于文本可以一次性编写，但可以动态格式化，因为不同的设备可以从 Web 服务器检索文档，并以各种样式将文本显示在智能手机、平板电脑或 TV 屏幕上。

两种重要的标记语言是 HTML 和 XML。Instagram 和其他社交媒体网站同时使用 HTML 和 XML。

超文本标记语言(hypertext markup language，HTML)是定义 Web 页面结构和布局的常用语言。HTML 文档示例如图 3-8 所示。图的顶部显示了 HTML 代码，而底部显示了代码在浏览器中的显示方式。如果我们稍微整理一下，第一行代码将是一个典型的标题标签：

```
<h2>Table of Contents</h2>
```

请注意，标签被包含在<>(尖括号)中，它们成对出现。标签的开头是<h2>，结尾是</h2>。在这个例子中，HTML 标签<h2>将文本"Table of Contents"置于一个二级标题的样式中，如图 3-8 底部所示。Web 页面的创建者将为 h2 标题和要使用的其他标记定义样式(字体大小、颜色等)。

Web 页面中包含超链接，超链接是指向其他页面的指针。超链接包含用户单击超链接时要查找的 Web 页面的 URL。URL 可以引用生成含超链接页面的服务器上的页面，也可以引用另一台服务器上的页面。

图 3-8 所示的文档还包含属性(attribute)，用于提供关于标签的属性的变量。并不是所有的标签都有属性，但大多数都有。每个属性都有一个标准名称。属性在计算机屏幕上一般显示为红色。属性表示类和样式，指明浏览器如何格式化标签中的内容。超链接的属性是 href，它的值指明用户单击链接时将显示哪个 Web 页面。在本例中，当用户单击超链接时将返回之前的页面。IE 浏览器显示界面如图 3-8(b)所示。

HTML 页面通常由级联样式表(cascading style sheets，CSS)支持。CSS 定义了网站页面上所有元素的字体和布局，使网站具有一致的外观。例如，每个<h2>值将以相同的方式显示在每个页面上。编写管理网站上所有页面的 CSS 要比为每个页面编写每种字体和缩进更容易。

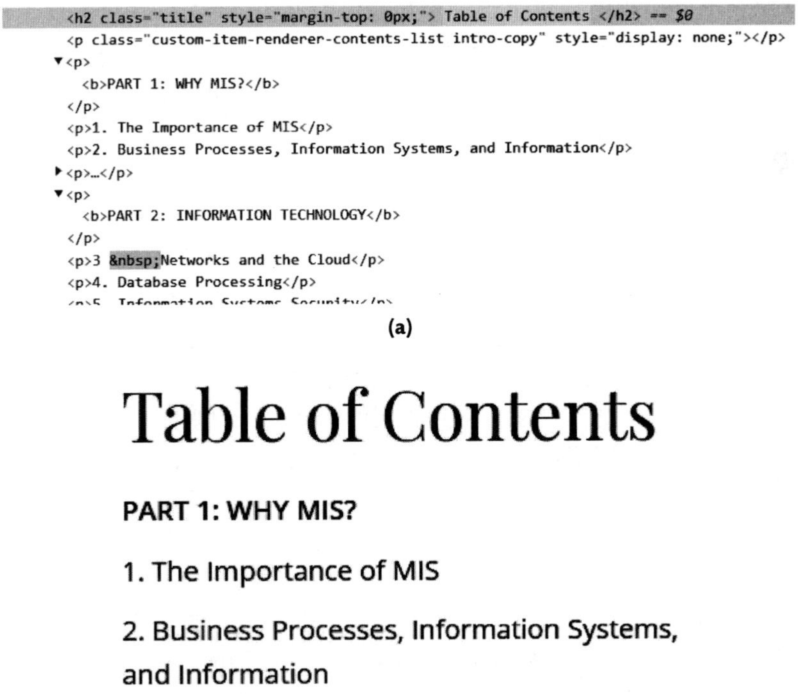

图 3-8 HTML 代码

可扩展标记语言(extensible markup language, XML)是一种类似于 HTML 的标记语言，但它是机器可读的，支持在 Web 上交换结构化数据。如图 3-9 所示，XML 中的标记可以是 <customer_address>，从而将客户的地址告诉读取页面的 Web 应用程序。

```
<?xml version="1.0" encoding="utf-8" ?>
<customers>
 <customer>
   <first_name>Joe</first_name>
   <last_name>Howard</last_name>
   <customer_address>123 Elm</customer_address>
   <customer_city>Athens</customer_city>
   <customer_state>OH</customer_state>
 </customer>
 <customer>
   <first_name>Terry</first_name>
   <last_name>Jones</last_name>
   <customer_address>456 Oak</customer_address>
   <customer_city>Millwood</customer_city>
   <customer_state>OH</customer_state>
 </customer>
</customers>
```

图 3-9　XML 页面

SOA

还有一种方法常用来在 Internet 上帮助移动数据，它是一种称为面向服务的架构(service-oriented architecture，SOA)的设计理念。我们首先定义它，然后给出一个例子。

SOA 为网络上的应用程序提供了一种相互通信的方式。SOA 应用程序使用标准协议来发布应用程序提供的服务菜单，即数据的结构、它期望接收的数据、它将生成的数据结构，以及请求服务的方式。Web 服务的提供者(通常是 Web 服务器)使用这些标准来指定它将执行的工作及如何提供这些工作。该服务的客户端使用这些标准来请求和接收服务。

在这里打个比方可能会有所帮助。假设一个住宅是一个客户，需要一个来自城市，即 Web 服务器的服务。城市为住宅提供水、电、卫生、交通和其他服务。住宅里的人，即 SOA 世界中的客户端应用程序，使用电灯、计算机、抽水马桶和浴缸。人们并不关心城市如何生产清洁的水或电力，他们只知道如何提出要求——他们知道如何打开开关或转动旋钮，他们知道他们将得到什么回应。城市服务的设计师并不关心你是想把电送到公寓、活动房屋还是谷仓。如果没有 SOA，住宅里的人将不得不联系每个服务提供者，并详细描述他们希望得到什么。SOA 帮助自动化实现这些请求。回到我们的 Instagram 例子，你的机器和 Instagram 服务器使用的登录和上传服务都符合 SOA 标准。你不需要描述一张照片是什么，也不需要描述如何存储它。

提供商

当你的数据在 Internet 上移动时，它会在电信提供商运营的几个大型广域网之间移动。这些提供商包括 AT&T、Verizon、Sprint 和 Century。它们构成了 Internet 的主干，称为一级(Tier 1)网络提供商。这些提供商通过向 ISP 出售服务来赚取收入，而 ISP 通过这些提供商连接到 Internet。

这些大型网络提供商中的每一个都免费与其他一级网络提供商共享数据。这些交换由对等(peering)协议管理，该协议指定数据将如何在提供商之间移动。

一个重要的问题是，与某些人相比，一些 Internet 参与者在这些一级网络上使用了大量的带宽。事实上，Netflix 在晚上 9 点到午夜之间占用了北美地区所有 Internet 流量的三分之一。一些一级网络提供商希望在 Internet 上为这些内容提供商创建一个高流量通道，并以此对其收费。另一些人则倾向于网络中立(net neutrality)的方式，即所有在 Internet 上移动的数据都应被平等对待。世界各地的许多政府都参与到这些争议的监管中，并开始支持一种网络中立的方式，将 Internet 作为像电力或水一样的公共产品来监管，而不是作为一种商业资产。

物联网(IoT)

在本章中，我们追踪了你是如何使用手机向 Instagram 发送数据的。然而，Internet 上的大部分数据是在没有人为干预的情况下移动的，而随着物联网(Internet of Things，IoT)的出现，这一流量将会飙升。

物联网是指为了某种目的而连接到 Internet 上进行通信和共享数据的对象集合。例如，停车位传感器是可以确定停车位是否开放或正在使用的对象。它们将自己的状态通知到服务器，服务器可以与驱动程序共享这些数据。物联网既指设备之间的通信，也指设备自身的通信。这些对象存在于很多物品中，例如汽车、视频游戏机、数码相机、微波炉、恒温器、可穿戴设备、吹风机和车库开门器。据 Gartner 估计，目前全球有超过 260 亿台 IoT 设备，旨在降低能源消耗，使生活更便捷，使流程更高效，并提高安全性。

Q3-3 典型的 Web 服务器如何在网络中移动数据？

至此，我们已经了解了基本的网络术语，并对网络类型及数据如何在这些网络中移动有了较深的理解。为了完成本章对网络技术的深入讨论，你需要了解一些发生在 Web 服务器上的处理过程。

当你登录 Instagram 时，你连接到如图 3-10 所示的众多 Instagram Web 服务器中的一个。Web 服务器是三层架构中的关键组件。几乎所有的社交媒体应用程序和电子商务网站都使用三层架构，即将用户计算机和服务器分成三类或三层。用户层由一台计算机、智能手机及其他具有请求和处理 Web 页面的浏览器的设备组成。服务器层由运行 Web 服务器和处理应用程序的计算机组成。数据库层由运行数据库管理系统(database management system，DBMS)的计算机组成，DBMS 处理检索和存储数据的请求，在第 4 章将有更详细的解释。图 3-10 只显示了数据库层的一台计算机。一些网站也有多计算机数据库层。

当你在浏览器中输入 Instagram 网站的网址时，浏览器会发送一个请求，通过 Internet 传输到 Instagram 服务器层的计算机上。该请求根据 http 的协议规则进行格式化和处理。注意，如果只输入"******.com"，浏览器将添加"http://"，表示它正在使用 http。为了响应你的请求，服务器层计算机返回一个 Web 页面，该页面是用 HTML 等标准页面标记语言编写的文档。

Web 服务器(Web server)是运行在服务器层计算机上的应用程序，通过向客户端发送和接收 Web 页面来管理 http 通信。登录服务器是运行在服务器层计算机上的应用程序。登录服务器通过 Web 服务器接收来自用户的请求，采取一些操作，并通过 Web 服务器向用户返回响应。典型的登录服务器功能是获取用户名和密码，并将它们与存储在数据库中的凭证进行比较。在图 3-10 中，服务器层计算机正在运行一个 Web 服务器应用程序、一个登录服务器应用程序和其他应用程序。

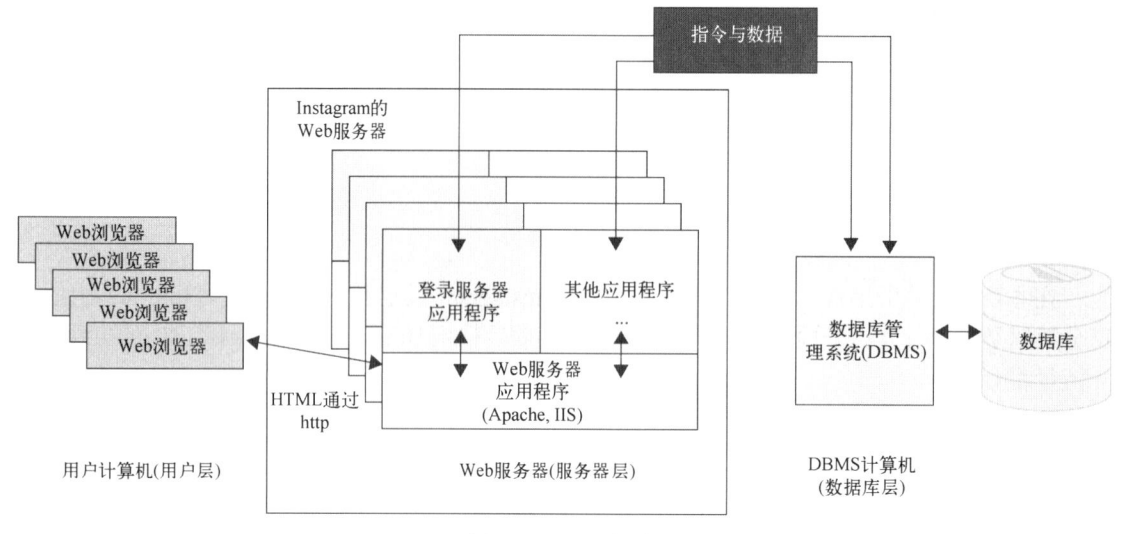

图 3-10 三层架构

当你提供用户名和密码并单击"提交"按钮时，登录服务器将你的凭证发送给 DBMS，并要求 DBMS 查看账户数据库以确定是否存在匹配。如果没有找到，DBMS 将回复登录服务器没有找到匹配；如果找到匹配，登录服务器将告诉 Web 服务器发送你的 Instagram 主页。

为了确保一定的性能，商业 Web 站点通常由一个称为 Web 场（Web farm）或服务器场的设施中的几台甚至多台 Web 服务器支持。相关的工作被分配到 Web 场的计算机中，以减少客户需求的延误。多台 Web 服务器之间的协调是"一场奇妙的舞蹈"，但我们在这里没有多余的篇幅来讲述这个故事。这里可以想象一下，当你上传照片、搜索其他用户或下载图像时，服务器和计算机必须进行很多协调工作。

这就是我们对网络的概述。我们从网络类型及其连接开始，然后讨论数据如何在网络上移动，最后讨论 Web 服务器如何在服务器端移动数据。除了蜂窝网络、XML 和 SOA 的发展，大多数基本原理在过去几十年里都没有改变。另一个最近的发展——云计算，我们将在本章后半部分讨论。

Q3-4　为什么云是大多数组织的未来？

直到 2010 年左右，大多数组织构建并维护自己的计算基础设施。组织购买或租用硬件，将其安装在办公场所，并使用它来支持组织的电子邮件、Web 站点、电子商务网站和内部应用程序，如财务系统和操作系统。这种技术的内部托管通常称为"on premise"或简称为"on prem"。然而，大约在 2010 年之后，组织开始将其计算基础设施转移到云上，这一过程在开篇的小插曲中描述过。未来很可能所有或几乎所有的计算基础设施都将从云租赁。那么，什么是云，为什么它是组织的未来？

云

实际中有很多的云。Amazon 拥有最大的云之一；Microsoft 也提供云服务，其他许多小型供应商也提供云服务。我们将云定义为在 Internet 上对池化的(pooled)计算机资源的弹性租赁。之所以使用"云"这个术语，是因为大多数早期的三层架构图和其他基于 Internet 的系统都使用云符号来表示 Internet(示例见图 3-6)，而且组织也开始把其基础设施视为"云中的某个地方"。

在上述定义中，"弹性"一词最初是由 Amazon 使用的，它意味着租用的资源数量可以在很短的时间内动态地、程序化地增加或减少，而组织只需为其使用的资源付费。假设一家游戏公司明天将推出一款热门的智能手机游戏。该公司可以计划使用自己的服务器来推出应用程序，但它预计第一周的流量将增加 1000 倍左右，面对这么大的流量，下载速度将非常糟糕。因此，该公司决定与云供应商签订合同，根据需求增加服务器。弹性意味着容易扩充。

由于许多不同的组织使用相同的物理硬件，所以资源是池化的，他们共享硬件。云供应商会根据客户需求的增加或减少而动态地将任务分配给物理硬件。明天将为游戏公司提供支持的服务器，今天则被租借给音乐公司或大学。重要的是，游戏公司、音乐公司和大学可以从规模经济(economies of scale)中获益。根据这一原理，生产的平均成本随着经营规模的增加而降低。云供应商可以通过规模经济节约成本，并为每个使用云的客户降低计算成本。

最后，资源是通过 Internet 协议和标准访问的，这些协议和标准是对 TCP/IP 的补充，使云供应商能够以灵活而标准化的方式提供处理能力。在过去，如果两家公司想要共享计算资源，则必须会面，并敲定关于数据如何流动的上千个细节。Internet 协议和 SOA 的通用性消除了这种情况。

Amazon、Google、Microsoft 和 IBM 都提供云服务，但该行业主要由 Amazon 及其 AWS(Amazon Web Services)主导，如图 3-11 所示。AWS 的营收超过 300 亿美元，市场份额超过 30%。Microsoft、IBM 和 Google 总共拥有 20%的市场份额。许多人预计，云服务将很快成为他们的主要收入来源。这些都是收入数十亿美元的巨头公司，但云正在成为它们的摇钱树，其中的价值是惊人的。最近，Snap 宣布将在未来 5 年内从 Google 和 AWS 购买价值 30 亿美元的云服务。世界上只有 50 多家公司的规模超过这个每年 1000 亿美元的市场。

云市场在 2016 年增长了 25%，2021 年继续以这个速度增长，其趋势如图 3-12 所示。据统计，在 2021 年，85%的数据中心流量来自云端。

Instagram 使用 Google 的云，有的大学可能使用 Microsoft 或 Google 的云来收发邮件，Apple、Netflix 和 Spotify 使用 Amazon 网络服务。如图 3-13 所示，云供应商提供多种业务服务。一些更受欢迎的服务是 Microsoft Office Online、Google Suite。

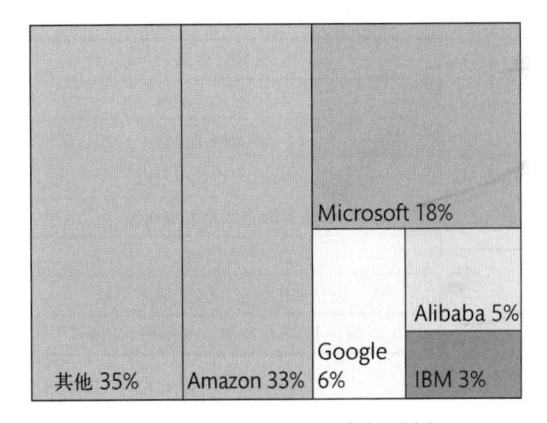

图 3-11 2020 年的云市场份额

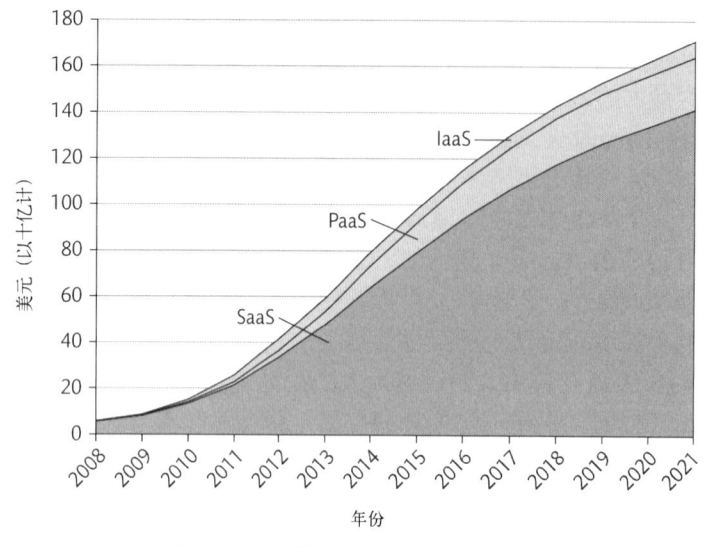

图 3-12 公共云市场总量(Forrester)

图 3-13 顶级商业云应用

为什么云托管比内部托管更受青睐？

图 3-14 展示了云托管和内部托管的优势对比。许多类似的问题在 CBI 的简介中已经讨论过了。正如我们所看到的，积极的方面主要是基于云的计算。云供应商 Rackspace 将以每小时 1.5 美分的价格租给你一台中型服务器。现在你可以获得并访问这台服务器，实际上只需几分钟。如果需要数千台服务器，则可以随时扩大规模来获得它们。此外，你了解成本结构；尽管你可能会对有多少客户希望访问你的 Web 站点感到惊讶，但你不会对它的成本感到惊讶。

另一个好处是，你将获得最佳的安全性和灾难恢复机制(将在第 6 章讨论)。此外，你不必担心你投资的技术很快就会过时；云供应商正在承担这种风险。所有这一切都是可能的，因为云供应商通过向整个行业(而不仅仅是你)进行销售来获得规模经济。云计算还具有人员优势。使用内部托管，你不仅需要构建自己的数据中心，还需要招聘人员并培训他们来运行相关的系统，然后管理这些人员和相应的设施。

云托管优势	内部托管优势
较小的资本需求	数据控制
已知成本结构	不依赖供应商
对需求波动做出反应	灵活性
强大的安全和灾难响应	安全和灾难响应的可见性
不会过时	
由于规模经济，因此成本更低	
减少 IT 人员和员工的招聘、培训	

图 3-14 云托管和内部托管的优势对比

内部托管的主要优势是数据控制。你知道你的数据(可能是组织价值的很大一部分)位于何处。你知道你的数据有多少副本，甚至知道它们是否位于相同的区域，以及适用于该数据的法律。你不受供应商管理、政策和价格变动的影响。你还可以享受更多的灵活性——你可以改变数据的收集、存储或处理方式；而对于云供应商，你的选择是有限的。供应商会告诉你，就像 Henry Ford 对他早期的客户所说的那样，"你可以买任何颜色的 T 型车，只要它是黑色的。"最后，你知道安全和灾难响应已经到位。

为什么是现在？

一个持怀疑态度的人对图 3-14 的回应是："如果它这么好，为什么多年来没有使用云托管？"为什么是现在？

事实上，云托管（或其不同名称的版本）早在 20 世纪 60 年代就已经出现了。在个人计算机和网络出现之前，分时供应商就以使用费用为基础，提供部分计算机使用时间。然而，当时的技术一直沿用到 21 世纪，并不利于巨大数据中心的建设和使用。

两个因素使得云托管在今天具有优势。首先，处理器、数据通信和数据存储的成本非常低，如第 1 章所述。对于一个拥有数十万服务器的网络场来说，每小时 1.5 美分的价格表明，一小时的处理基本上不需要太多成本。由于数据通信非常便宜，因此从处理器获取数据几乎是免费的。其次，SOA 和协议采用方面的进步使得云对用户更加经济、透明和方便。

外包

关于使用云的业务决策类似于关于外包的其他业务决策。外包是雇用另一个组织来执行一项服务的过程。一般来说，公司通过外包来降低成本、获得专业知识或免费管理时间。一个企业可以外包许多活动，如客户支持、会计、平面设计、安全和 IT。例如，Instagram 可能会将程序员的招聘或全天候客户支持服务外包出去。本书也会在扩展 3 中基于外包信息系统开发而继续讨论外包。

在本节中，我们描述了云及什么使它越来越有吸引力。接下来，我们考虑云供应商提供的选项。

Q3-5 典型的云选项有哪些？

云的大小是可伸缩的。客户可以在许多选项中进行选择。在这里，我们将讨论云供应商提供的三个主要选项，并给出私有云和边缘计算的概念。

公共云选项

我们可以将基于云的服务产品分为如图 3-15 所示的三类。提供软件即服务（software as a service，SaaS）的组织不仅提供硬件基础设施，还提供基于硬件的操作系统和应用程序。例如，Salesforce 提供客户和销售跟踪程序作为一种服务。同样，Microsoft 也提供 Office Online 和 OneDrive 服务。Exchange、Lync 和 SharePoint 应用程序都是以"云"服务的形式提供的。

第二类云托管是平台即服务（platform as a service，PaaS），供应商提供托管计算机、操作系统，可能还有 DBMS。例如，Microsoft Windows Azure 提供安装了 Windows Server 的服务器。然后，Windows Azure 的客户可以在托管平台上添加他们自己的应用程序。Microsoft SQL Azure 提供了一个带有 Windows Server 和 SQL Server 的主机。Oracle On Demand 提供了一个带有 Oracle Database 的托管服务器。Google 提供了 Google App Engine（GAE）作为 PaaS；Instagram 正在使用 AWS 托管其 Instagram 应用程序。同样，对于 PaaS，组织将自己的应用程序添加到云服务器上。

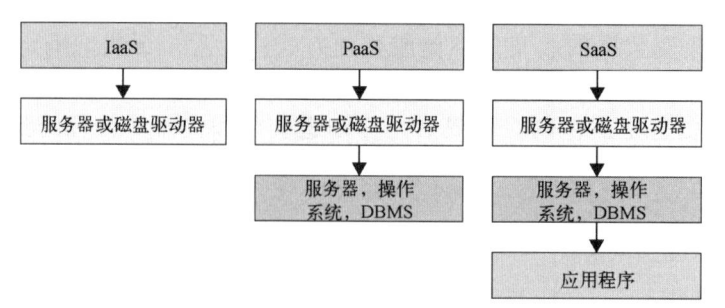

图 3-15 基于云的服务产品

最基本的云服务是基础设施即服务(infrastructure as a service，IaaS)，它是裸服务器或磁盘驱动器的云托管。Amazon AWS 提供裸服务器，而它的 Simple Storage Server 实质上提供了一个无限的、可靠的云磁盘驱动器。Google 的 IaaS 是 Google Compute Engine，Rackspace 也提供了类似的功能。

组织可以选择他们需要的云服务。例如，在本章开头中，Juan 描述了 CBI 向云的移动。CBI 计划在面向客户的应用程序中使用 Salesforce 之类的 SaaS 产品，并在人力资源、工资和供应链方面使用其他 SaaS 选项。CBI 还计划在 AWS 提供的 PaaS 上运行 SAP ERP 系统。

私有云

基于云的托管对大多数组织都是有意义的。但对于根据法律或行业标准要求对其数据进行实际控制的组织或政府机构，可能需要创建和维护自己的托管基础设施。例如，法律可能要求金融机构保持对其数据的实际控制。

对于这些组织来说，一个选择就是私有云(private cloud)。私有云是组织为其自身利益而拥有和运营的云。私有云也称为内部云，它是弹性的且基于 Internet，但不被其他组织共享。其中的数据和应用程序在组织的实际控制范围内。一家大公司，尤其是金融和银行业的公司，可能会在自己的私有云中托管许多应用程序。

云为企业提供了多种选择。本章的目的是帮助你理解网络和云选项，以便你能够参与和云相关的商业决策。Internet 和支持它的技术不断产生新的机会，了解它们如何工作的基本原理是很有价值的，这样你就可以根据这些因素明智地做出决定。

下一个云

在云上来回移动数据通常会花费很多时间，可以考虑边缘计算。边缘计算使计算和数据存储能够靠近需要的地方，而不是在中心位置。无人驾驶汽车就是一个典型的例子。该系统需要计算和存储移动车辆中的数据。将所有数据移动到中心位置的延迟和安全风险将令人望而却步。虽然这看起来可能会减少对云的需求，但许多人认为云将会增长，并离数据更近。今后，云将无处不在。

课堂练习

花生酱和果酱

本练习的目的是帮助你更好地理解流程这个主题。在这个练习中，你将列出花生酱和果酱三明治制作过程中所需的活动清单。

首先，在一张纸上写下制作花生酱和果酱三明治所需要的一系列活动。教师可以选择帮助全班同学列出所需物品的清单，比如瓶装花生酱和果酱，抹刀和面包。完成该步骤需要 3～5 分钟。

请班上的一个人朗读他的活动清单。以班级或小组形式讨论：

1. 同学的活动清单的准确性如何？你的活动清单呢？
2. 是什么让这个看似简单的过程变得难以写下来呢？
3. 企业如何改进上市活动的流程？如果企业难以清晰地表达自己的活动，我们可以做些什么来帮助制作更准确的活动清单？
4. 在你自己的活动清单下面，列出你所做的假设。一旦完成，分享你的内容，并倾听其他同学记录的假设内容。你对有这么多必要的假设感到惊讶吗？
5. 三明治的制作过程的 BPMN 图。假设有两个角色：一个制作者和一个从厨房的不同地点获取物品的跑腿者。
6. 如果你经营一家小公司，每天生产和销售 100 个花生酱和果酱三明治，公司的流程是结构化的还是动态的？你的具体目标是什么？什么可能是有帮助的？对于这个信息系统，写出使用它的程序。
7. 你的生意能扩大到每天生产 1000 个三明治吗？如果这样做，它会产生规模经济吗？即随着经营规模的增加，生产一个三明治的平均成本会降低吗？云计算是基于规模经济的，云的规模经济与你的运营有何相似和不同之处？

来源：Olaf Speier/123RF

道德指南

"先逛后买"现象

"先逛后买"(showrooming)指的是人们去实体店查看和评估产品，但并不打算在那里购买。相反，一旦消费者决定了最合适的产品，他会在其他地方购买该产品，通常是在网络上。如果你去 Best Buy 商店，看看 Windows Surface 平板电脑，并向销售人员询问各种选项，然后回家从在线供应商那里购买你最喜欢的那款，那么这就是先逛后网购 Best Buy 的商品。

在大多数情况下，在线供应商比实体供应商的收费更低，因为他们节省了租金、员工和运营实体零售店的其他成本。如果他们愿意，在线供应商可以将这些节省下来的钱转移给买家，比如更低的价格、免运费或者两者兼有。

为了方便顾客"先逛后买"，Amazon 开发了一款名为 Price Check 的移动应用程序，适用于 iOS 和 Android 设备。使用移动设备，消费者可以扫描产品的 UPC 代码，给产品拍照，或者说出产品的名称，Amazon 就会给出该产品的价格，以及许多其他在线供应商的价格。

讨论题

1. 在你看来，关于"先逛后买"现象，是否是在线供应商的不道德行为？在你的回答中同时使用"绝对命令"和"功利主义"概念。

2. 在你看来，Amazon 开发和推广 Price Check 应用程序是不道德行为吗？在你的回答中同时使用"绝对命令"和"功利主义"概念。
3. 在你看来，消费者先逛后买是不道德行为吗？在你的回答中使用"绝对命令"和"功利主义"概念。
4. 你会如何建议实体店的高级经理应对"先逛后买"现象？实体店如何与之竞争？
5. 从长远来看，"先逛后买"对个人有好处吗？对经济有利吗？或两者都有？

主动复习

Q3-1 关于网络和互联网，商业人士需要知道什么？

定义计算机网络。解释四种基本类型的网络之间的差异。解释不同局域网的主要区别。说明图 3-2 中各部分的作用。列出三种将局域网或计算机连接到 Internet 的方法，解释每一个方法的性质。描述三种无线选择：蓝牙，Wi-Fi 和蜂窝。请解释五代蜂窝网络的差异。

Q3-2 数据如何在网络中移动？

定义协议并提供几个示例。解释 802.3 协议和 802.11 协议之间的主要区别。描述利用数据包和封装如何使数据移动。解释什么是 IP 地址及其格式。描述域名与 IP 地址的关系。描述 HTML 并解释标记和属性的作用。解释 SOA 背后的基本思想。描述一级提供商是如何获得收入的，并解释对等协议。

Q3-3 典型的 Web 服务器如何在网络中移动数据？

定义三层架构，描述每一层。解释 Web 页面和 Web 服务器的功能。描述网络场的目的。围绕处理一个 Web 页面，说明图 3-10 中各层的功能。

Q3-4 为什么云是大多数组织的未来？

定义云并解释定义中的三个关键术语。以图 3-14 为例，比较云托管和内部托管。请解释使今天的云计算成为可能的三个因素。

Q3-5 典型的云选项有哪些？

定义 SaaS、PaaS 和 IaaS，并举例说明。对于每一个选项，描述需求，什么时候它是最合适的选择。解释私有云与传统云的不同之处，以及它将吸引哪些类型的组织。

关键术语和概念

属性	IP 地址	蓝牙
局域网(LAN)	电缆线路	标记语言
级联样式表(CSS)	网络中立性	蜂窝网络
网络	云	对等
域名	个人局域网(PAN)	规模经济
平台即服务(PaaS)	弹性	池化的
以太网	私有云	切换

协议	超文本标记语言(HTML)	面向服务的架构(SOA)
超文本传输协议(http)	小型办公室/家庭办公室(SOHO)	IEEE 802.11 协议
软件即服务(SaaS)	IEEE 802.3 协议	交换机
基础设施即服务(IaaS)	TCP/IP 协议架构	Internet
三层架构	Internet 协议和标准	网络场
Internet 服务提供商(ISP)	Web 页面	内部网
Web 服务器	物联网(IoT)	广域网(WAN)
XML	Wi-Fi	

课后习题

3-1 假设你是 CBI 的 Juan。列出并描述三个标准,用于帮助 CBI 决定是否应该将特定的应用程序移动到云上。论证你的标准。

3-2 假设你在一家小公司管理一个由 7 名员工组成的团队。你的每个员工都想连接到 Internet。考虑以下两种选择。

备选方案 A:每个员工都有自己的调制解调器,并分别连接到 Internet。

备选方案 B:员工的计算机使用局域网连接,使用单个调制解调器连接 Internet。

a. 绘制每个备选方案所需的设备和线路草图。

b. 解释你需要采取什么行动来创建每个备选方案。

c. 你推荐这两种选择中的哪一种?

3-3 网络中立性一直是政府面临的挑战。在 Reddit 网站上阅读当前的辩论观念。你是支持网络中立性,还是喜欢一种更商业化的结构,即内容提供商可以通过收取额外费用来更快地移动数据包?

3-4 在 Google 搜索中,输入"我的 IP 地址是什么"。同样,使用 Google,找到你学校的 IP 地址。

3-5 在网上查阅有关对等协议的文章。描述目前主要网络面临的两个对等问题。

3-6 在本章中,我们只简单地讨论了 TCP/IP,即 Internet 协议套件。阅读维基百科的术语 Internet Protocol Suite,了解更多关于 TCP/IP 的信息。Internet 协议套件是何时何地开始应用的?在 Web 出现之前,Internet 已经使用 TCP/IP 多久了?

3-7 阅读更多关于个域网的信息,并指定两种你将购买的产品,假设你有足够的资金,请解释购买的原因。

3-8 使用搜索引擎,可以发现哪些大公司和政府机构正在使用云,以及使用的规模。请描述三个大型客户、他们的云供应商及相关的规模。

协作练习

这个练习有两个主要部分。第一部分涉及局域网的安装,第二部分讨论可穿戴设备的使用。假设你要改善房子的局域网。你的房子大约有 6000 平方英尺[①],同时有 25 个活跃的

---

① 1 平方英尺 = 0.093 平方米。

Internet 用户。同时，假设你的房子使用一个单独的有线电视服务。

使用搜索引擎，找到网络上的一些论坛，在那里询问其他人如何升级路由器。阅读几篇文章和尽可能多的回复。

1. 列出你想要的路由器属性。其中一个考虑肯定是成本。购买路由器时还要考虑的其他三个重要属性是什么？为这些属性指定最高限和最低限。
2. 根据你在论坛的了解，在进行系统更新之前必须确定的三个主题是什么？
3. 使用搜索引擎，了解运动员如何使用可穿戴设备(即使用无线 PAN)。描述运动员和教练使用可穿戴设备提高成绩的四种方式(例如，一些足球俱乐部使用它们来计算球员的运动量，棒球队使用它们来测量球棒击球速度和手套位置)。
4. 再次使用搜索引擎，了解可穿戴设备如何在课堂上帮助学生。请描述学生和教师使用可穿戴设备来提高成绩的四种方式。

案例研究

无现金支付系统

由于网络可靠性和安全性的提高，许多国家正在迅速采用无现金的电子支付系统。发展最快的国家包括中国、印度、瑞典和挪威。在这些国家，支付系统包括中国的微信和支付宝，印度的 WhatsApp，以及斯堪的纳维亚地区的国家银行系统。在美国，Google Pay、PayPal 和 Apple Pay 是最常见的支付方式。图 3-16 给出了世界范围的无现金交易数量。

不同的地方正在使用不同的技术。一种常用的技术是二维码(QR 码)。商家会显示一个二维码供顾客扫描，或者商家使用自己的智能手机或设备扫描顾客的二维码。二维码还可以被个人用来发送和接收钱款。

这些以智能手机为基础的系统支持了共享交通系统的快速增长，如共享自行车和摩托车，这些系统正在大城市地区广泛使用。这些系统还对 Uber 和 Lyft 等叫车服务提供支持。一些主题乐园正在转向无现金支付系统。例如，Disney 乐园的 MagicBand 为游客提供了无须现金即可支付食物、娱乐项目和拍照的机会。

当然，这些无现金支付系统也推动了在线销售的增长。例如，在中国，支票和银行卡支付并不是主流，因此能够直接从现金转向无现金支付，据估计每年的无现金交易增长 50%。在 2019 年的"双 11"期间，仅支付宝一项就贡献了 200 亿美元的在线销售额。支付宝成立于 2004 年，目前拥有超过 5 亿的用户。

云供应商、政府和大型金融服务组织开始注意到这种增长。许多云供应商为小企业提供了无现金客户交易的选择。各国政府认为，对无现金交易征税和减少犯罪将变得更容易；而金融服务机构则看到了增长的机会，因为它们学会了对交易或账户收费。

无现金支付系统有几个优点和缺点。支持者认为犯罪和洗钱现象会减少，因为花在处理、计算和存储纸币上的时间更少，国际旅行中的货币兑换也更加容易。企业认为它能加快交易速度，减少错误和盗窃现象。人们担心的问题包括个人数据安全、技术故障等。其他担忧包括不同平台和服务之间的互操作性，以及不同系统的相互影响——2019 年，超过一半的美国消费者已经拥有 6 种或 6 种以上的支付工具。

无现金支付系统显然是未来的潮流，它使得交易更有效率，从而改善了金融流程。

问题

1. 在过去的一周里，你曾经用现金购买过什么物品？
2. 如果一个供应商想通过云使用无现金支付系统销售产品，那么云的哪些方面是有吸引力的？
3. 在使用手机购物时，你有哪些安全问题？
4. 一级网络提供商应该收取比 Internet 上其他类型流量更高的无现金交易费用，还是应该保持网络中立性？解释你的选择。
5. 如果 Visa 或 Mastercard 向云供应商提供使用其服务来实现智能手机交易的机会，那么应使用哪种类型的云服务（SaaS、IaaS 或 PaaS）？为什么？

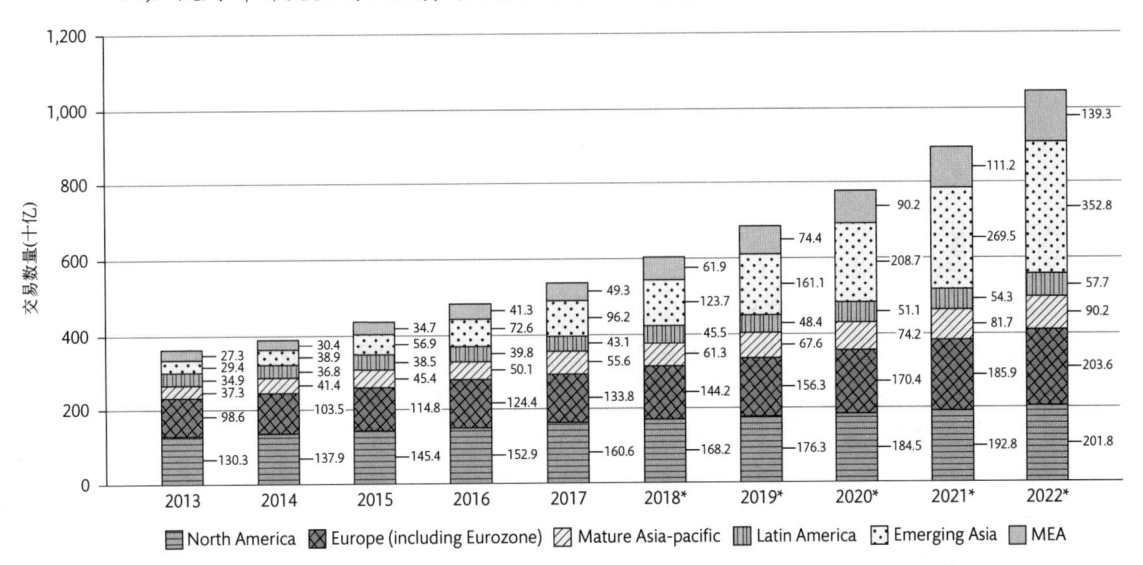

图 3-16 世界范围的无现金交易数量

第 4 章

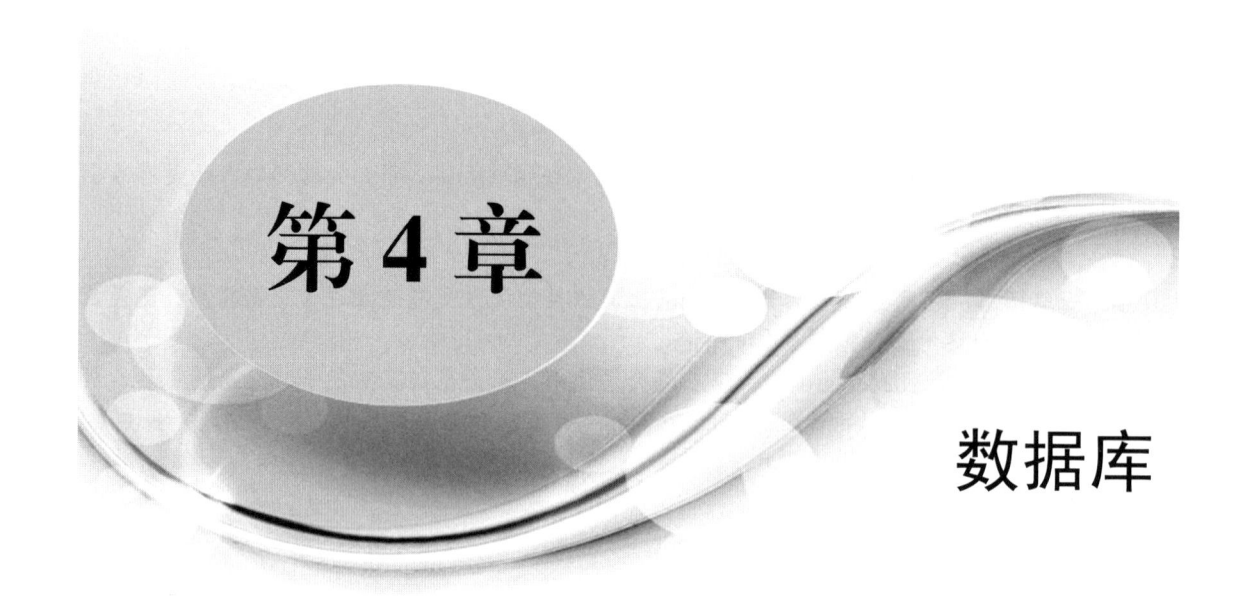

数据库

最近，CBI 收购了 Silver Saddle 滑板车公司。该公司生产高质量的滑板车，但其企业流程、数据库和技术都过时了。CBI 计划在越南新收购的工厂组装这些滑板车。

"我真希望有人能在收购 Silver Saddle 之前联系我。"

CBI 的数据管理员 Chris Jones 正在与 CBI 的高级副总裁 Paige Koehler 交谈。

"Chris，我们本来打算这么做，但事情开始后，我们和 Zephyr 进行了激烈的竞争，当得到我们想要的价格时，我们就直接决定了。" Paige 彬彬有礼，但显然不耐烦。

"我明白了。但你得知道我们必须把他们的数据和我们的整合起来吧？"

"当然。我问了这个问题。我知道他们的技术不是很先进，但数据就在那里。应该不是什么大问题。把它移过去。会有那么糟糕吗？" Paige 赶着去参加她的下一个会议。

"我很抱歉这样耽误你的时间，但我们的确有一些问题。首先，他们的数据库表结构与我们的不同。他们将大量客户数据放入销售记录中。这里有大量的重复数据，但多年来他们设法避开了麻烦。不过，这会导致糟糕的客户支持。" Chris 谨慎地组织他的语言，这奏效了。

糟糕的客户支持得到 Paige 的充分关注。"你必须做什么？"

"我们可以使用 SQL 删除客户数据，但之后我们会手动检查所有数据，以解决不一致性的问题。查看示例数据后，我们发现一个客户有三个地址，其中有两个是无效的。同时，我们的产品只卖给零售商，从不直接卖给消费者，但他们两者都卖。因此，我们需要就如何处理直接客户做出决策。我们必须解决 CBI 的问题，但遗憾的是，这部分的处理不能自动化。"

"这需要什么？"

"我不确定。目前还不知道问题有多严重。我想大概在劳动力方面要花费 3.5 万到 5 万美元，再加上销售人员告诉我们如何进行直销的时间。"

"哎哟！"

"是的，这还不是全部。"

"还有什么？"Paige 谨慎地问道。

"他们的程序格式不统一、不严格。不同的人以不同的方式输入数据。所以，他们有各种各样的数据。特殊订单术语存储在名为"备注"的列中，客户送货地址存储在账单地址列中，等等。最糟糕的是，产品名称不一致。例如，一名销售人员输入的是 Mustang III，而其他人则输入了 III Mustang 或 Mustang 3。"

"为什么这是个问题？"

"首先，我们无法提供一份可靠的销售报告。它会破坏我们的数据输入表单。此外还影响培训。"

"哼。"

"我并不感到惊讶，这是小而老的公司的典型做法。他们还没有学会规范程序。他们的软件也帮不了他们。"

"这是什么意思？"

"过于自由。销售人员永远不应有权限定义自己的产品名称。这些软件应该提供一个标准化的名称，供销售人员点击选择。"

"解决这个问题只是文书工作，不是吗？"

"的确是，但也有很多其他工作。我们必须对结果进行质量检查。这需要时间，不仅 IS 需要更新，还包括培训一些新员工。我现在没有多余的人，除非我们推迟其他项目。"

"临时工呢？"

"这将会有所帮助。我们会让他们来做低级的文书工作。但是，我想我需要两个 SQL 程序员工作两个月，也许差不多吧。"

"我们应该让你参与收购过程。"

"应该会有帮助。尽管仍然会有问题，但我们可以为此做预算和计划。"

"或者降低收购价格。"

"这是你的拿手好戏，Paige。"

"是的。大概需要多少钱，多长时间？"

"还不确定。我想大概在 10 万到 13.5 万美元之间。也许两个半月后一切才会尘埃落定。"

"如果我们什么都不做呢？"

"两个问题：客户数据会不一致……例如，销售人员称前景不佳；其次，Silver Saddle 公司的员工会认为我们的 ERP 系统不可靠，被收购后他们士气低落。"

"做个预算，发给 Gwen。她或者我将在明天给你答复。"

"谢谢你，Paige。"

本章概述

Q4-1　使用数据库的目的是什么？
Q4-2　数据库的内容是什么？
Q4-3　什么是数据库管理系统(DBMS)？
Q4-4　数据库应用程序有哪些组件？
Q4-5　数据模型如何促进数据库设计？
Q4-6　如何将数据模型转换为数据库设计？
Q4-7　NoSQL DBMS 与关系 DBMS 有何不同？

本章预览

显然，CBI 有数据问题。如果它不能让自己的数据库整合新数据，那么受影响的可能不仅仅是客户服务。如果你想在你的职业生涯中避免这类问题，你需要了解一些数据库的基础知识。随着公司越来越依赖于数据，了解数据库的基础知识对每个商业人士来说都是必不可少的。

首先，要认识到各种规模的企业都将其数据记录组织成称为数据库的集合。一个极端情形是，小企业使用数据库来跟踪客户；另一个极端情形是，像 Google 和 Amazon 这样的大公司以数据作为他们的主要业务。CBI 介于两者之间；CBI 将数据库作为其业务的关键部分，但有时缺乏训练有素和有经验的工作人员来管理和支持其数据库。当你使用电子邮件、社交媒体、视频游戏、音乐、银行、应用商店和短信服务时，你每天都在接触数据库。

十几年前，商业人士可以把数据问题留给技术人员；但如今却并非如此，原因有几个。首先，一些较新的数据库系统是自助式的——它们很直观，专为商业人士（而不仅仅是技术人员）而设计。其次，创新组织寻求更多的数据驱动，这意味着更多地使用数据来为他们的决策提供信息。第三，在修复或改进业务流程时，新的计划通常需要更改一个或多个数据库的结构或处理。第四，创建新数据库时，开发人员需要商业人士的建议和帮助，以确定新数据库中应该包含什么。为此，他们会问你许多问题，并可能会要求你验证一个称为数据模型的蓝图。第五，数据安全对组织中的每个人都很重要，因此每个人都需要知道在数据进出数据库时应该如何保护数据。在本章中，你可以学习关于数据库及其支持技术的关键思想，这样你就能在上述情境中做出贡献。

本章讨论了数据库处理的相关内容和方法。我们从以下内容开始：描述使用数据库的目的，并且讲解数据库系统的重要组件。然后解释如何将数据移入和移出数据库，最后讨论创建新数据库系统的过程。

Q4-1 使用数据库的目的是什么？

使用数据库的目的是跟踪事物。当大多数学生了解到这一点时，他们想知道为什么我们需要一种特殊的技术来完成如此简单的任务。为什么不直接使用列表呢？如果列表很长，把它放到电子表格中即可。事实上，许多专业人士确实使用电子表格来跟踪事物。如果列表的结构足够简单，那么就不需要使用数据库技术。例如，图 4-1 的学生成绩列表在电子表格中就非常好用。

然而，假设教授想要跟踪的不仅仅是成绩，他也想记录电子邮件信息，或者想要同时记下学生的成绩、电子邮件和办公室访问记录。图 4-1 中没有地方记录额外的数据。当然，教授可以为电子邮件设置一个单独的电子表格，为办公室访问记录设置另一个电子表格，但这种解决方案将很难使用，因为它不能在一个地方提供所有的数据。

相反，教授想要一个像图 4-2 那样的表单。有了它，教授可以在一个地方记下学生的成绩、电子邮件和办公室访问记录。从电子表格中生成如图 4-2 所示的表单是比较困难的。但是，从数据库中就可以很容易生成这样的表单。

图 4-1 和图 4-2 的主要区别在于，图 4-1 中的数据是关于单一主题或概念的，这里只关

乎学生的成绩。图 4-2 中的数据具有多个主题：显示学生的成绩、电子邮件和办公室访问记录。我们可以从这些例子中得出一般规则：涉及单个主题的数据列表可以存储在电子表格中；涉及多个主题数据的列表需要一个数据库。后续，我们将深入地讨论这个一般规则。

图 4-1　电子表格中的学生成绩列表

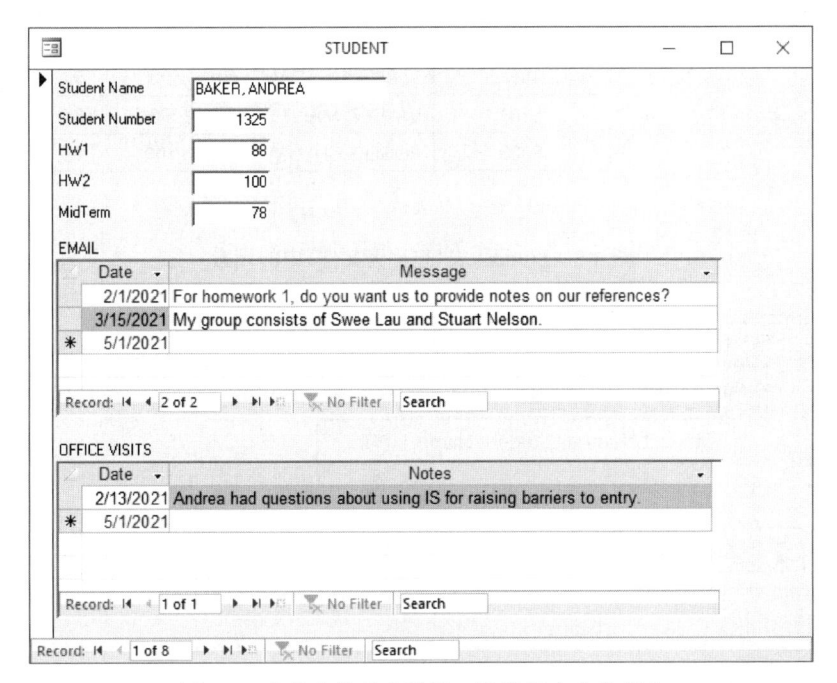

图 4-2　表格中的学生数据，该数据来自数据库

Q4-2　数据库的内容是什么？

数据库（database）是整合的记录的自描述集合。要理解该定义中的术语，首先需要理解图 4-3 所示的术语。正如你在本书扩展 2 中学到的，字节（byte）是数据的字符。在数据库中，字节被分组成列（column），例如 Student Number 和 Student Name。列也称为字段（field）。依次将列或字段分组为行，这些行也称为记录（record）。在图 4-3 中，所有列（Student Number, Student Name, HW1, HW2, MidTerm）的一组数据集合称为一行或一条记录。最后，一组类似的行或记录称为表（table）或文件（file）。从这些定义中，可以看到数据元素的层次结构，如图 4-4 所示。

我们很容易认为数据库是一组表或文件，从而继续这个分组过程。这一说法虽然正确，但还不够深入。如图 4-5 所示，数据库是一组表、表中行间的关系，以及描述数据库结构的特殊数据(称为元数据)的集合。顺便说一下，图 4-5 中标记为"数据库"的圆柱形符号代表计算机磁盘驱动器。之所以这样表示，是因为数据库通常存储在磁盘上。

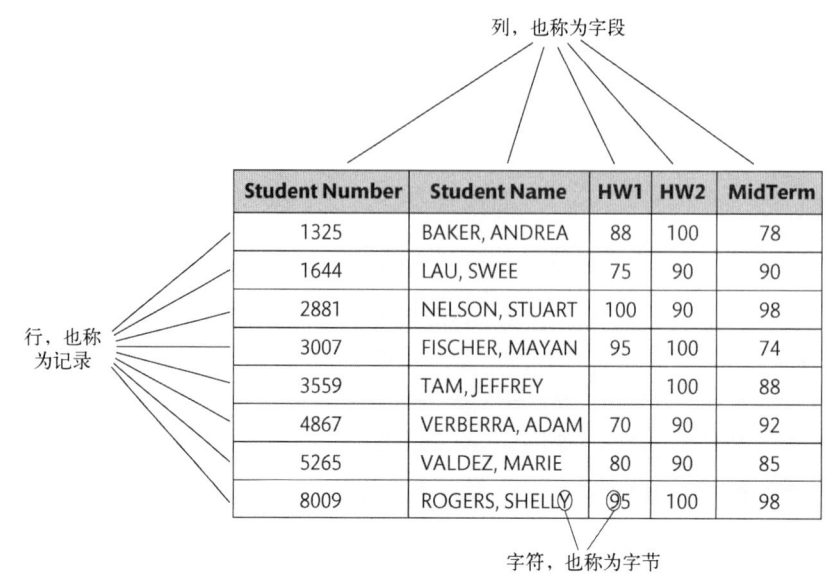

图 4-3 Student 表(也称为文件)中的元素

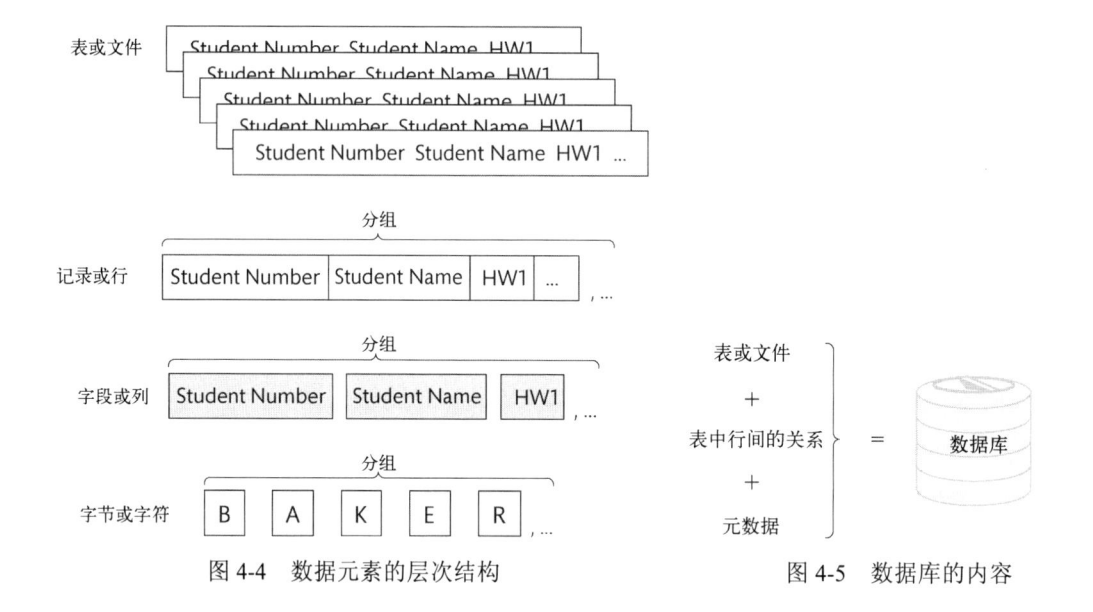

图 4-4 数据元素的层次结构

图 4-5 数据库的内容

行间的关系是什么？

考虑图 4-5 左边的术语。要理解表中行间的关系意味着什么，请查看图 4-6，其中显示了来自 Email、Student 和 Office_Visit 这三个表的示例数据。注意 Email 表中名为 Student Number 的列。该列指示 Student 表中的一行与 Email 表中的一行相连。在 Email 表的第一行，Student Number 值是 1325。这表明这封特定的电子邮件来自学号为 1325 的学生。如果检查 Student

表，你将看到 Andrea Baker（表中显示为 BAKER，ANDREA）的行有这个值。因此，Email 表的第一行与 Andrea Baker 相关。

Email 表

EmailNum	Date	Message	Student Number
1	2/1/2021	For homework 1, do you want us to provide notes on our references?	1325
2	3/15/2021	My group consists of Swee Lau and Stuart Nelson.	1325
3	3/15/2021	Could you please assign me to a group?	1644

Student 表

Student Number	Student Name	HW1	HW2	MidTerm
1325	BAKER, ANDREA	88	100	78
1644	LAU, SWEE	75	90	90
2881	NELSON, STUART	100	90	98
3007	FISCHER, MAYAN	95	100	74
3559	TAM, JEFFREY		100	88
4867	VERBERRA, ADAM	70	90	92
5265	VALDEZ, MARIE	80	90	85
8009	ROGERS, SHELLY	95	100	98

Office_Visit 表

VisitID	Date	Notes	Student Number
2	2/13/2021	Andrea had questions about using IS for raising barriers to entry.	1325
3	2/17/2021	Jeffrey is considering an IS major. Wanted to talk about career opportunities.	3559
4	2/17/2021	Will miss class Friday due to job conflict.	4867

图 4-6　关系示例

现在考虑图 4-6 的 Office_Visit 表的最后一行。该行的 Student Number 值是 4867。这个值表示 Office_Visit 表中的最后一行与 Adam Verberra（表中显示为 VERBERRA, ADAM）相关。

从这些示例中，你可以看到一个表中的值将该表中的行与另一个表中的行关联起来，有几个专门术语可以表示这一概念。键(key)［也称为主键(primary key)］是标识表中唯一一行的一列或一组列。Student Number 是 Student 表的键。给定 Student Number 值，可以在 Student 表中确定且只能确定一行。例如，只有一个学生的号码是 1325。

每个表都必须有一个键。Email 表的键为 EmailNum，Office Visit 表的键为 VisitID。有时需要多个列组成一个键。例如，在名为 City 的表中，键将由列的组合（City、State）组成，因为给定的城市名称可以出现在多个州。

Student Number 不是 Email 表或 Office_Visit 表的键。因为 Email 表中有两行的 Student Number 值是 1325。值 1325 不能标识唯一一行，因此 Student Number 不能作为 Email 表的键。Student Number 也不是 Office_Visit 表的键，尽管你不能从图 4-6 中的数据看出这一点，然而仔细想想，没有什么能阻止一个学生不止一次地拜访教授。如果发生这种情况，那么 Office_Visit 表中将有两行具有相同的 Student Number 值。

在 Email 表和 Office_Visit 表中，Student Number 不是一个键，但它是另一个表，即 Student 表的键。因此，Email 表和 Office_Visit 表中的 Student Number 列被称为外键(foreign key)。之所以使用这个术语，是因为这些列是不同(外部)表的键，而不是它们所在表的键。

以表的形式携带数据并使用外键表示关系的数据库称为关系数据库(relational database)。过去，有一些数据库在格式上不是关系型的，但是这种数据库几乎已经消失了。然而，新的非关系数据库正在回归到专门的应用程序中，我们将在稍后的 Q4-7 节中看到这一点。

元数据

回想一下数据库的定义:数据库是整合的记录的自描述集合。这些记录是整合的,因为正如你刚刚了解到的,不同的行可以通过键/外键关系绑定在一起。但是自描述是什么意思呢?

这意味着数据库本身包含对其内容的描述。可以考虑图书馆的例子。图书馆是自描述的书籍和其他资料的集合。图书馆也是自描述的,因为图书馆包含一个描述内容的分类目录。同样的想法也适用于数据库。数据库是自描述的,因为它们不仅包含数据,而且还包含描述数据库中数据的数据。

元数据(metadata)是描述数据的数据。Email 表的元数据如图 4-7 所示。元数据的格式取决于处理数据库的软件产品。Microsoft Access 中的元数据也如图 4-7 所示。该表单顶部的每一行都描述了 Email 表的一列。这些描述的列是 Field Name(字段名称)、Data Type(数据类型)和 Description(描述)。Field Name 包含列的名称,Data Type 显示列可能包含的数据类型,Description 包含解释列的来源或用途的注释。如你所见,Email 表有四列,即 EmailNum、Date、Message 和 Student Number,其中每一列都有一行元数据。

这个表单的底部提供了更多的元数据,Access 为每个列给出 Field Properties(字段属性)。在图 4-7 中,焦点是 Date 列(注意 Date 行周围的浅色矩形框)。因为焦点是顶部窗格中的 Date,所以底部窗格中的详细信息属于 Date 列。Field Properties 描述了格式、创建新列时 Access 提供的默认值及该列值的限制。记住这些细节对你来说并不重要。相反,只需理解元数据是描述数据的数据,而且这种元数据总是数据库的一部分即可。

Field Name	Data Type	Description (Optional)
EmailNum	AutoNumber	Primary key -- values provided by Access
Date	Date/Time	Date and time the message is recorded
Message	Long Text	Text of the email
Student Number	Number	Foreign key to row in the Student Table

Field Properties

General / Lookup

Format	Short Date
Input Mask	99/99/0000;0;#
Caption	
Default Value	=Now()
Validation Rule	
Validation Text	
Required	Yes
Indexed	No
IME Mode	No Control
IME Sentence Mode	None
Text Align	General
Show Date Picker	For dates

A field name can be up to 64 characters long, including spaces. Press F1 for help on field names.

图 4-7 Email 表的元数据

元数据的存在使数据库更加有用。由于元数据,没有人需要猜测、记住甚至记录数据库中的内容。要想了解一个数据库包含什么内容,我们只需查看数据库中的元数据。

Q4-3 什么是数据库管理系统(DBMS)?

图 4-8 显示了数据库应用系统(database application system)的三个主要组成部分:数据库、DBMS 和一个或多个数据库应用程序。我们已经描述了数据库的内容,接下来,我们将描述 DBMS,最后讨论数据库应用程序。

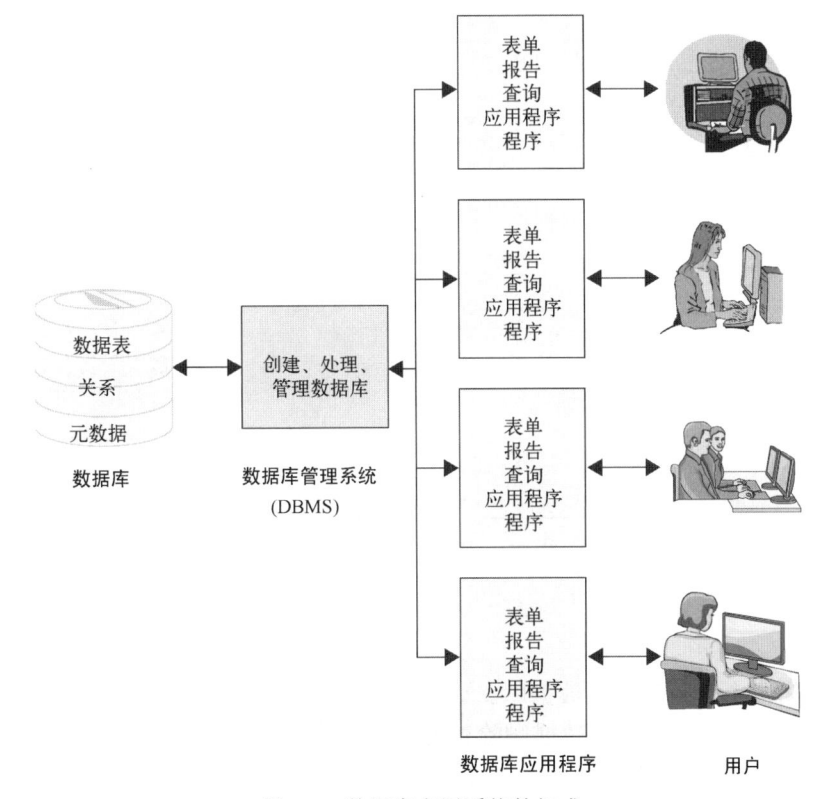

图 4-8 数据库应用系统的组成

当然,作为一个信息系统,数据库应用系统还包含其他三个组件:硬件、人员和程序。由于本章的目的是讨论数据库技术,因此在本章不再讨论这些概念。

数据库管理系统(database management system,DBMS)是用于创建、处理和管理数据库的程序。与操作系统一样,几乎没有组织开发自己的 DBMS。相反,公司从 IBM、Microsoft、Oracle 等供应商那里获得 DBMS 产品的许可使用权。流行的 DBMS 产品有 IBM DB2、Microsoft Access 和 SQL Server,以及 Oracle Database。另一个流行的 DBMS 是 MySQL,它是一个开源的 DBMS 产品,对大多数应用程序都是免费的。也有其他的 DBMS 产品,但上述这五种产品处理了目前的大部分数据库。

注意,DBMS 和数据库是两种不同的事物。出于某种原因,有些书籍把这两者混为一谈。DBMS 是一个软件;数据库是数据表、关系和元数据的集合。这两者在本质上是截然不同的。

创建数据库及其结构

数据库开发人员使用 DBMS 在数据库中创建表、关系和其他结构。图 4-7 中的表单可用于定义新表或修改现有表。要创建新表，开发人员只需将新表的元数据填充到表单中即可。

要修改现有的表，比如添加新列，开发人员会打开该表的元数据表单，并添加新的元数据行。例如，在图 4-9 中，开发人员添加了一个名为"Response？"的新列，这个新列的数据类型是"Yes/No"，这意味着该列只能包含两个值中的一个——Yes 或 No。教授将使用这一栏来表明他是否已经回复了学生的电子邮件。可以通过删除元数据表单中的一行来删除列，不过这样做也会删除其现有数据。

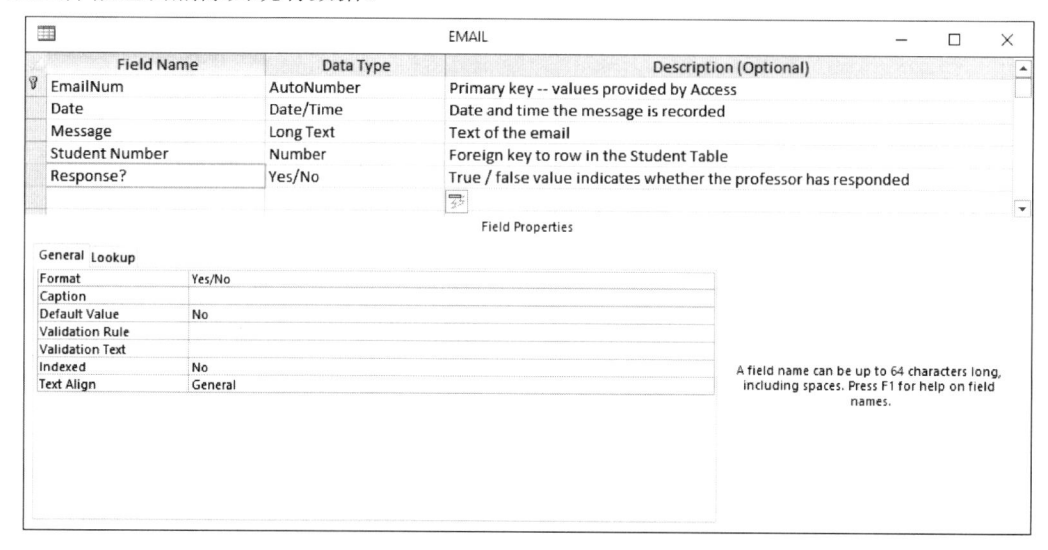

图 4-9 向表中添加新列（Microsoft Access）

处理数据库

DBMS 的第二个功能是处理数据库。这种处理可能相当复杂，但从根本上说，DBMS 提供了四种处理：读取、插入、修改或删除数据。这些操作以不同的方式被请求执行。在表单中，当用户输入新的或更改的数据时，表单背后的计算机程序调用 DBMS 进行必要的数据库更改。客户或服务器上的程序从 Web 应用程序调用 DBMS 对其数据库进行更改。

结构化查询语言（structured query language，SQL）（发音为 see-quell）是一种处理数据库的国际标准语言。前面提到的几种 DBMS 产品都接受并处理 SQL 语句。例如，下面的 SQL 语句将一个新行插入 Student 表中：

```
INSERT INTO Student
   ([Student Number], [Student Name], HW1, HW2, MidTerm)
VALUES
   (1000, 'Franklin, Benjamin', 90, 95, 100);
```

如前所述，这样的语句是由处理表单的程序"在幕后"发布的。或者，它们可以由应用程序直接发布到 DBMS。

你不需要理解或记住 SQL 语言的语法，只需认识到 SQL 是处理数据库的国际标准即可。SQL 还可以用于创建数据库和数据库结构。如果你学过数据库管理课程，那么你就会了解到更多关于 SQL 的知识。

管理数据库

DBMS 的第三个功能是提供工具来协助管理数据库。数据库管理(database administration)涉及各种各样的活动。例如，DBMS 可用于建立一个涉及用户账户、密码、权限和数据库处理限制的安全系统。为了提供数据库安全性，用户必须使用有效的用户账户进行登录，然后才能处理数据库。

权限可以通过特定的方式加以控制。在 Student 数据库示例中，可以限制特定用户只能从 Student 表中读取 Student Name。可以向不同的用户授予读取整个 Student 表的权限，但仅限于更新 HW1、HW2 和 MidTerm 列。

一些用户还可以被授予其他权限。除了安全性，DBMS 管理功能还包括备份数据库数据、添加结构以提高数据库应用程序的性能、删除不再需要的数据及类似的任务。

管理数据库通常是数据库管理员(database administrator，DBA)的工作。DBA 使用 DBMS 来完成图 4-10 中的任务。在大型组织中，DBA 与数据管理员(DA)一起工作。DA 的工作通常更面向业务而不是技术，它设置数据计划和策略，获取外部数据，帮助确定数据和数据库需求，设置数据标准，并建立数据管理策略，阐明如何使用、保护和共享数据。随着越来越多的组织扩大对数据的使用，DA 的作用和重要性将继续增长。

类别	数据库管理任务	描述
发展	组织和配备 DBA	DBA 工作组的大小取决于数据库的大小和复杂性，工作组的规模从一个兼职人员到一个小组
	成立监管委员会	由所有用户组的代表组成，为社区范围的讨论和决定召开会议
	指定要求	确保考虑了所有适当的用户输入
	验证数据模型	检查数据模型的准确性和完整性
	评估应用设计	验证所有必需的表单、报告、查询和应用程序都已开发，验证应用程序组件的设计和可用性
操作	管理处理权限和责任	确定每个表和列的处理权限/限制
	管理安全性	根据需要添加、删除用户和用户组；确保安全系统正常工作
	跟踪问题并管理解决方案	建立系统，记录和管理问题的解决方案
	监控数据库性能	为性能改进提供专业知识/解决方案
	管理 DBMS	评估新的特性和功能
备份与恢复	监控备份流程	验证是否遵循了数据库备份流程
	进行培训	确保用户和操作人员了解并理解恢复流程
	管理恢复	管理恢复流程
适应	建立请求跟踪系统	开发系统，记录和优先处理变更请求
	管理配置变更	管理数据库结构变化对应用程序和用户的影响

图 4-10 数据库管理任务列表

Q4-4 数据库应用程序有哪些组件？

数据库本身并不是很有用。图 4-6 中的表格包含了教授想要的所有数据，但是格式很复杂。教授希望看到图 4-2 所示的数据形式，同时也希望看到格式化的报告。纯数据库数据是有价值的，但原始形式的数据并不好用。就信息而言，很难设想表中数据行之间的差异。

数据库应用程序(database app)是使用 DBMS 来处理数据库的表单、报告、查询和应用程序的集合。一个数据库可能有一个或多个应用程序，每个应用程序可能有一个或多个用户。如前所述，数据库应用程序、DBMS 和数据库组成了数据库应用系统。

图 4-11 显示了在 CBI 中使用的三个数据库应用程序。第一个用来采购原材料，第二个记录销售信息，第三个计划生产。这些应用程序有不同的目的、特性和功能，但它们都处理相同的数据库。

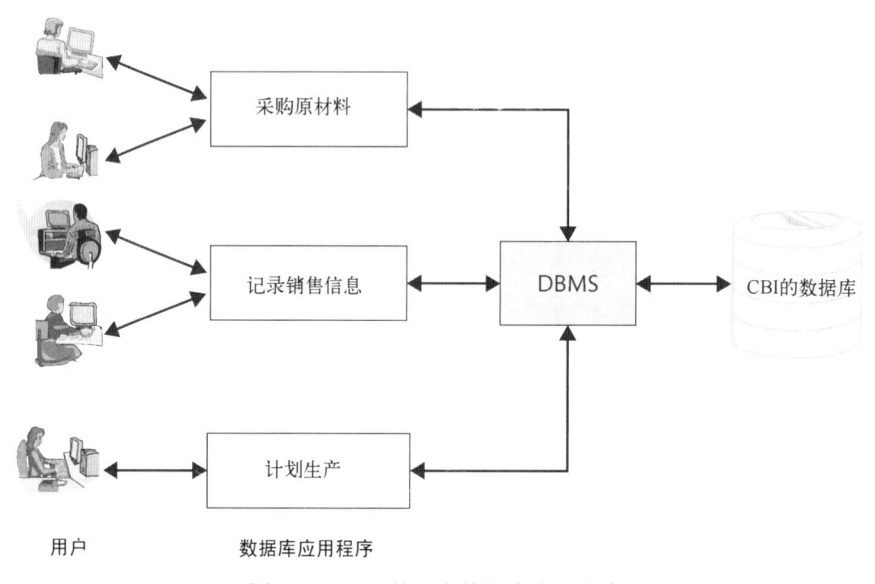

图 4-11　CBI 的三个数据库应用程序

表单、报告、查询和应用程序

图 4-2 是一个典型的数据库应用数据输入表单。数据输入表单用于读取、插入、修改和删除数据。报告则在结构化上下文中显示数据。有些报告在显示数据时也会计算一些值，例如图 4-12 中对学生成绩的计算。如果表单和报告设计得很好，那么用户就可以很容易地识别出造成差异的差异。因此，它们使用户能够创建信息。

Student Homework Progress with Emails

Student Name	Student Number	HW1	HW2
BAKER, ANDREA	1325	88	100

	Email Date	Message
	3/15/2021	My group consists of Swee Lau and Stuart Nelson.
	2/1/2021	For homework 1, do you want us to provide notes on our references?
LAU, SWEE	1644	75　　　　90

	Email Date	Message
	3/15/2021	Could you please assign me to a group?

图 4-12　报告示例

DBMS 产品为查询数据库数据提供了全面且健壮的特性。例如，假设使用 Student 数据库的教授记得其中一个学生在一次办公室访问中提到了进入壁垒的主题，但不记得是哪个学生或何时提到的。如果数据库中有数百名学生和访问记录，那么教授将花费一些时间和精力来搜索所有的办公室访问记录才能找到该事件。然而，DBMS 可以快速找到任意类似的记录。图 4-13(a)显示了一个查询表单，教授在其中输入要查找的关键字。查询 Email 表 Notes 字段的结果如图 4-13(b)所示。

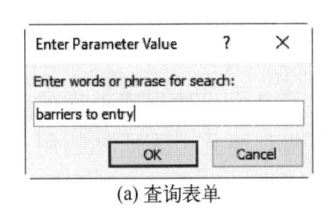

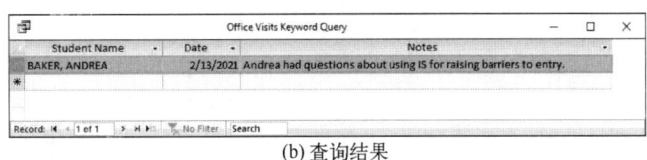

(a) 查询表单　　　　　　　　　　　　(b) 查询结果

图 4-13　数据库查询示例

数据库应用程序

表单、报告和查询都可以很好地实现常用的功能。然而，大多数应用程序都有简单的表单、报告或查询无法满足的独特需求。例如，在学校，一些研究生只工作了不到一个学期，一些软件许可限制了同时可以使用软件的学生数量，一些教授有多个办公室。这些特殊需求需要一个数据库应用程序。

数据库应用程序处理与给定业务需求有关的逻辑。在 Student 数据库中，一个示例应用程序是在学期结束时指定成绩等级的应用程序。教授将给出成绩等级对应的分数区间，应用程序将从表单中读取每个等级的分数断点，然后处理 Student 表中的每一行，根据分数断点和实际分数来指定学生的成绩等级。

应用程序的另一个重要用途是通过 Internet 进行数据库处理。为此，应用程序充当 Web 服务器、DBMS 和数据库之间的中介。该应用程序对事件做出响应，比如用户按下提交按钮；它还可以读取、插入、修改和删除数据库数据。

例如，图 4-14 显示了在 Web 服务器上运行的 4 个不同的数据库应用程序。使用浏览器的用户通过 Internet 连接到 Web 服务器。Web 服务器将用户请求定向到相应的应用程序。然后每个应用程序通过 DBMS 处理数据库。

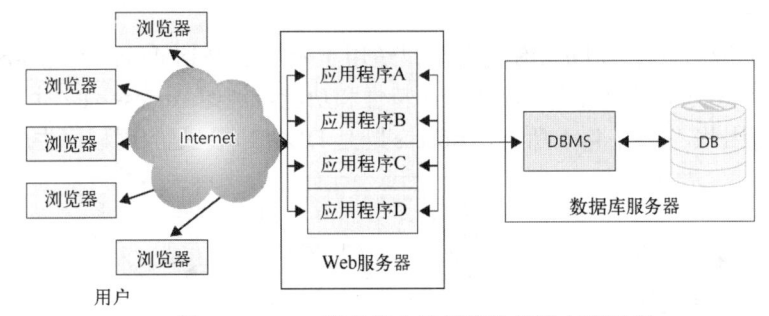

图 4-14　Web 服务器上运行的数据库应用程序

多用户处理

图 4-8、图 4-11 和图 4-14 显示了多个用户对数据库的处理情况。这样的多用户处理(multi-user

processing)很常见,但它确实会带来一些特殊的问题。作为未来的管理者,你应该了解这些问题。为了理解这些问题的本质,请考虑以下场景。

假设有两个用户是 CBI 销售人员,使用图 4-11 中的"记录销售信息"应用程序。为了方便起见,我们称他们为 Andrea 和 Jeffrey。假设双方刚刚销售了同一款自行车。Andrea 登录系统记录她的 20 辆自行车的销售情况,并注意到 CBI 在销售前有 25 辆库存,在销售后有 5 辆库存。与此同时,Jeffrey 也记录了他的销售情况。他卖出了 10 辆同样的自行车,并认为库存有 25 辆,但实际上只有 5 辆。他没有收到任何提醒,并且他的顾客要晚一个月才能收到自行车。显然,这是有问题的。

这个问题称为丢失更新问题(lost update problem),它体现了多用户数据库处理的特殊性之一。为了防止出现这个问题,必须使用某种类型的锁定来协调对彼此一无所知的用户的活动。然而,锁定也带来了它自身的一组问题,这些问题也必须解决。但是,在这里我们将不再深入讨论这个主题。

从这个示例中可以认识到,将单用户数据库转换为多用户数据库需要的不仅仅是连接另一台计算机。底层应用程序处理的逻辑也需要调整。在管理涉及多用户处理的业务活动时,要注意可能的数据冲突。如果你发现了不准确的结果,但似乎没有找到原因,那么你可能遇到了多用户数据冲突,请联系你的 IS 部门寻求帮助。

企业 DBMS 与个人 DBMS

DBMS 产品分为两大类。企业 DBMS(enterprise DBMS)产品处理大型组织和工作组数据库。这些产品支持许多(可能是数千个)用户和许多不同的数据库应用程序。这样的 DBMS 产品支持全天候的运行,可以管理跨越几十个不同磁盘的数据库,其中包括数百 GB 或更多的数据。IBM DB2、Microsoft SQL Server 和 Oracle Database 都是企业 DBMS 产品的例子。

个人 DBMS(personal DBMS)产品是为更小、更简单的数据库应用程序设计的。这类产品用于个人或小型工作组应用程序,涉及的用户不到 100 个——通常不到 15 个。事实上,这类数据库中的大部分只有一个用户。教授的 Student 数据库是由个人 DBMS 产品处理的数据库例子。

在过去,有许多个人 DBMS 产品——Paradox、dBase、R:base 和 FoxPro。当 Microsoft 开发了 Access 并将其包含在 Office 套件中后,这些产品就被逐渐挤出了市场。今天,主流的个人 DBMS 就是 Microsoft Access。

图 4-11 所示的应用程序和 DBMS 的分离只适用于企业 DBMS 产品。Microsoft Access 包括 DBMS 本身,并且提供用于应用程序处理的特性和功能,例如 Access 有一个表单生成器和一个报告生成器。因此,如图 4-15 所示,Access 既是 DBMS,又是应用程序生成器。

图 4-15 Microsoft Access 既是 DBMS,又是应用程序生成器

> **课堂练习**
>
> **公共数据和私有数据**
>
> 这个练习分为两个阶段。首先你将单独工作,然后与你的团队讨论你的答案。目的是更好地了解私有数据和隐私。
>
> 首先,每个人应该写下团队中每个人都知道的关于自己的三个属性。例如,每个人都知道你的性别,也知道你在上这门课。我们称之为公共数据,即大多数个人愿意与公众分享的数据。
>
> 然后写下关于你的三件事,不要让别人知道。你可以对细节保密。例如,写下"我存了钱",而不是实际的金额。我们将此称为私有数据。
>
> 与你的团队分享你的工作结果,包括公共数据和私有数据(同样不要透露实际的私有数据)。然后,回答下列问题:
>
> 1. 你的团队将如何描述这些公共数据?公共数据有什么共同点?
> 2. 你的团队将如何描述这些私有数据?私有数据有什么共同点?有哪些事情是组织不应该问或不应该知道的?是什么让私有数据变得敏感?
> 3. 如果你可以与你的金融公司共享财务数据,与你的医生分享医疗保健数据,那么是什么让我们不愿意公开分享这些数据呢?
> 4. 你对同学们关于公共数据和私有数据上的选择有异议吗?也就是说,哪些公共数据应该是私有的,反之亦然?
> 5. 你认为你们这一代人对公共和私有数据的看法与老一辈人不同吗?你认为你的孩子的世界观会是怎样的?
> 6. 公司应该使用哪些关于公共数据和私有数据的规则来避免冒犯员工或客户?作为一个团队,试着写下一两句关于员工和客户数据隐私的政策。

Q4-5 数据模型如何促进数据库设计?

在本书扩展 3 中,我们将更详细地描述开发信息系统的过程。然而,商业人士在数据库应用程序的开发中扮演着如此重要的角色,因此我们引入两个主题:构建数据模型和数据库设计。

由于数据库的设计完全取决于用户如何看待他们的业务环境,因此用户参与数据库的开发至关重要。下面考虑 Student 数据库。它应该包含什么数据?可能有学生、班级、成绩、电子邮件、办公室访问记录、专业、导师、学生组织,等等。此外,每一项中应该包含多少细节?数据库中应该包括校园地址吗?家庭住址呢?账单地址呢?

事实上,数据库开发人员不知道应该包括什么数据。但是,他们知道数据库必须包括用户执行其工作所需的所有数据。理想情况下,数据库应该只包含这些所需的数据。因此,在数据库开发期间,开发人员必须依靠用户告诉他们数据库中应该包含什么内容。

数据库结构可能很复杂,在某些情况下会非常复杂。因此,在构建数据库之前,开发人员要构造一个数据库数据的逻辑表示,称为数据模型(data model)。该模型描述了将存储在数据库中的数据和关系,它类似于一幅蓝图。正如建筑师在开始建造房屋之前构建蓝图一样,数据库开发人员在开始设计数据库之前需要构建数据模型。

数据库设计流程如图 4-16 所示。与用户的交流引出了数据库需求，这些需求总结在一个数据模型中。一旦用户批准(验证)了数据模型，就将其转换为数据库设计。然后，该设计被实现到数据库结构中。在接下来的内容中，我们将简要讨论构建数据模型和数据库设计。同样，你的目标应该是学习这个过程，以便成为开发工作的有效用户代表。此外，图 4-16 只是系统开发过程的一部分，用于开发应用程序和功能的其他需求超出了本书的讨论范围。

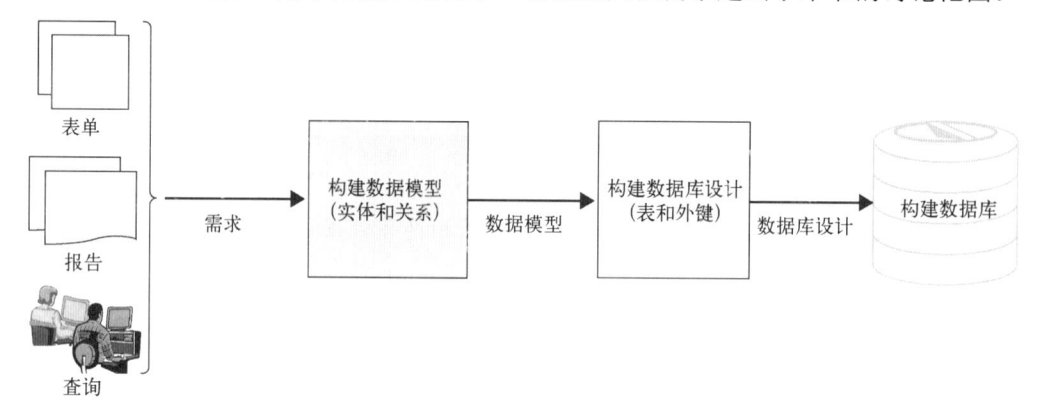

图 4-16 数据库设计流程

什么是实体-关系数据模型？

实体-关系(E-R)数据模型[entity-relationship（E-R) data model]是构建数据模型的工具。开发人员通过定义存储在数据库中的事物(实体)及这些实体之间的关系来描述数据模型的内容。第二种不太流行的数据建模工具是统一建模语言(unified modeling language，UML)。我们不会在这里描述这个工具。然而，如果你学习了如何解释 E-R 模型，那么通过进一步学习，也能理解 UML 模型。

实体

实体(entity)是用户想要跟踪的东西。实体的例子有 Order、Customer、Salesperson 和 Item。一些实体代表一个物理对象，如 Item 或 Salesperson；其他则表示逻辑构造或事务，如 Order 或 Contract。本书将实体名称设定为单数形式。我们使用 Order，而不是 Orders；使用 Salesperson，而不是 Salespersons。

实体具有描述实体特征的属性(attribute)。Order 的示例属性是 OrderNumber、OrderDate、SubTotal、Tax、Total 等。Salesperson 的示例属性是 SalespersonName、Email、Phone 等。实体也有一个标识符(identifier)，它是一个属性(或一组属性)，其值仅与一个实体实例相关联。例如，OrderNumber 是 Order 的标识符，因为只有一个 Order 实体实例具有给定的 OrderNumber 值。同样，CustomerNumber 是 Customer 的标识符。如果每个销售人员都有一个唯一的名称，那么 SalespersonName 就是 Salesperson 的标识符。

在我们继续讨论之前，思考一下，SalespersonName 在 Salesperson 中是否唯一？现在还是将来？谁来决定这样一个问题的答案？只有用户才知道这是否为真，数据库开发人员不可能知道。这个例子强调了只有你能够解释数据模型的重要性，因为只有像你这样的用户才能确定具体的信息。

图 4-17 显示了 Student 数据库的实体。每个实体都显示在一个矩形中。实体的名称就列在矩形的上面,标识符显示在实体顶部的一行中,实体属性显示在矩形的其余部分。在图 4-17 中,Adviser 实体有一个名为 AdviserName 的标识符,以及属性 Phone、CampusAddress 和 EmailAddress。

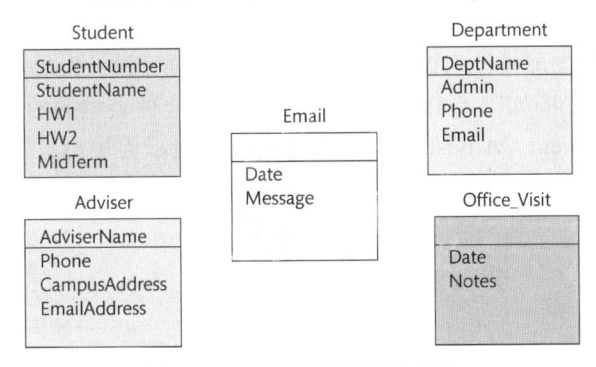

图 4-17 Student 数据库的实体

注意,实体 Email 和 Office_Visit 没有标识符。与 Student 或 Adviser 不同,用户没有标识特定电子邮件的属性。这里 StudentNumber 不能作为标识符,因为一个学生可以发送很多封电子邮件。我们可以为 Email 实体设定一个标识符,例如,我们可以选择 EmailNumber,但是如果这样做,我们就不是在为用户如何看待他们的世界建模;相反,我们将某些东西强加给用户。在检查有关业务的数据模型时,请注意这种可能性。不要让数据库开发人员在数据模型中创建不属于你业务领域的东西。

关系

实体之间存在关系(relationship)。例如,Order 实体与 Customer 实体和 Salesperson 实体都有关系。在 Student 数据库中,不同的 Adviser 与 Adviser 之间存在关系,Adviser 与 Department 之间也存在关系。

图 4-18 显示了 Department、Adviser 和 Student 实体实例及其关系。为简单起见,该图仅显示实体的标识符,而不显示其他属性。在这些样本数据中,Accounting 与三位教授(Jones、Wu 和 Lopez)有关系,Finance 与两位教授(Smith 和 Greene)有关系。

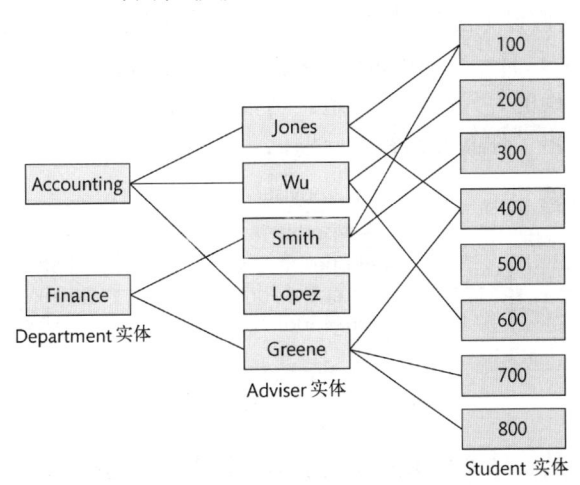

图 4-18 实体实例及其关系

Adviser 和 Student 之间的关系更加复杂，因为在这个例子中，一个 Adviser 可以担任很多 Student 的导师，而一个 Student 也可以有很多 Adviser。这可能是因为学生可以选择多个专业。无论如何，请注意 Jones 教授是学生 100 和 400 的导师，而学生 100 则有两个导师：Jones 教授和 Smith 教授。

图 4-18 对于讲解数据库设计来说太过烦琐；相反，数据库设计人员使用实体-关系(E-R)图。对应图 4-18 的数据 E-R 图如图 4-19 所示。在该图中，一种类型的所有实体实例都由单个矩形表示。因此，Department、Adviser 和 Student 实体都表示为矩形。

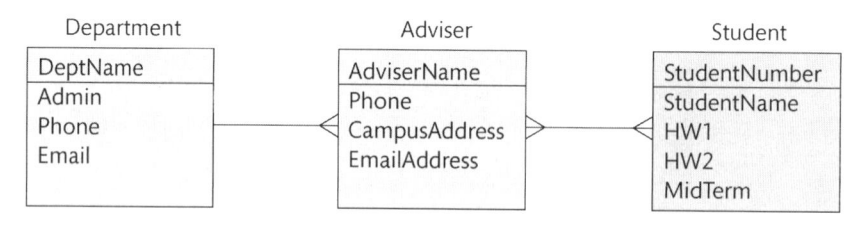

图 4-19　实体关系，版本 1

此外，两个实体之间的关系用一条线来表示，例如 Department 和 Adviser 之间的连线。这条线右边的分叉线表示一个 Department 可能有一个以上的 Adviser。在图 4-18 中，Department 和 Adviser 之间的多条连线被称为鱼尾纹(crow's feet)。这样的关系就是 1:N 或一对多关系(one-to-many relationship)，因为一个 Department 可以有多个 Adviser，但一个 Adviser 最多有一个 Department。

现在来看看 Adviser 和 Student 之间的关系。注意线两端的鱼尾纹。这个符号表示一个 Adviser 可以和很多 Student 有关系，而一个 Student 可以和很多 Adviser 有关系，如图 4-18 所示。这样的关系被称为 $N:M$ 或多对多关系(many-to-many relationship)，因为一个 Adviser 可以有多个 Student，而一个 Student 可以有多个 Adviser。

学生有时会对 $N:M$ 这种表示感到困惑。可以将 N 和 M 解释为在关系的每一边都允许有一个大于 1 的变量。为什么这样的关系不写成 $N:N$？因为这意味着在关系的每一方都有相同数量的实体，但这并不一定是正确的。$N:M$ 表示在关系的每一方都允许有多个实体，并且每一方的实体数量可以不同。

图 4-20 显示了不同假设下的相同实体。在这里，Adviser 可以在多个 Department 担任导师，但一个 Student 可能只有一个 Adviser，这代表了一项政策，即学生不可以有多个专业。

这些说法哪个是正确的？只有用户知道。当数据库设计人员要求你检查数据模型的正确性时，这些备选方案引出了你需要回答的问题。

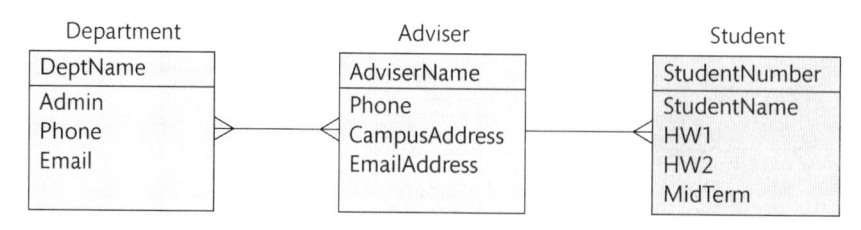

图 4-20　实体关系，版本 2

图 4-19 和图 4-20 是实体关系图的典型示例。如果你学过数据库管理课程，你可能会学到其他版本。这些图表是在 PowerPoint 中创建的，对于简单的模型来说很好用。更复杂的模

型可以在 Microsoft Visio 和其他专门用于创建 E-R 模型的产品中生成。

鱼尾纹符号表示关系中可以包含的最大实体数，也称为关系的最大基数(maximum cardinality)。最大基数的常见例子是 1:N，N:M 和 1:1(没有显示)。

另一个重要的问题是"关系中所需的最小实体数是多少？" Adviser 必须给 Student 提供建议吗？Student 必须要有 Adviser 吗？关于最小需求的约束称为最小基数(minimum cardinality)。

图 4-21 展示了 E-R 图的第三个版本，它显示了最大和最小基数。线条上的竖线表示需要至少一个该类型的实体。小椭圆表示实体是可选的，关系中不一定需要这种类型的实体。

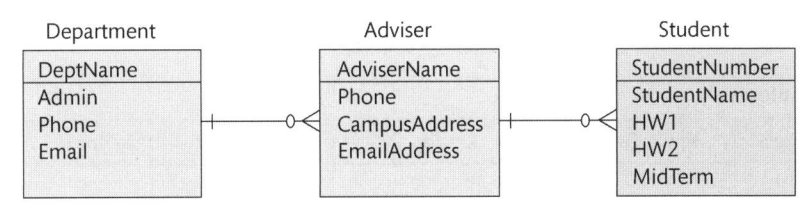

图 4-21　学生实体关系，版本 3，最大和最小基数显示

因此，在图 4-21 中，不要求一个 Department 与 Adviser 有关系，但一个 Adviser 必须属于一个 Department。类似地，Adviser 并不要求与 Student 有关系，但 Student 必须与 Adviser 有关系。还要注意，图 4-21 中的最大基数已经更改为 1:N。

图 4-21 中的模型是好的吗？这取决于大学的政策。同样，只有用户才能确定。

Q4-6　如何将数据模型转换为数据库设计？

数据库设计是将数据模型转换为表、关系和数据约束的过程。数据库设计团队将实体转换为表，并通过定义外键来表示关系。数据库设计是一个复杂的课题；与数据建模一样，在数据库管理课程上要花费数周的时间来讲解这一概念。然而，在本节中，我们将介绍两个重要的数据库设计概念：规范化和两种关系的表示。第一个概念是数据库设计的基础，第二个概念将帮助你理解重要的设计注意事项。

规范化

规范化(normalization)是将一个结构较差的表转换为两个或多个结构良好的表的过程。表是如此简单的一个结构，以至于你可能想知道为什么它的结构会很糟糕。事实上，表的格式千奇百怪，如此之多，以至于研究人员仅在这个主题上就发表了数百篇论文。

如图 4-22(a)中的 Employee 表所示，其中列出了员工姓名、雇用日期、电子邮件地址及员工部门的名称和编号。这张表看起来没什么问题。但是考虑一下，当部门 100 将名称改为"Accounting and Finance"时会有什么影响。因为部门名称在这个表中是重复出现的，所以值为"Accounting"的每一行都必须更改为"Accounting and Finance"。

数据完整性问题

假设在 Employee 表中的两行正确更改了部门 100 的名称，但在第三行没有更改，如图 4-22(b)所示。这个表就会存在所谓的数据完整性问题(data integrity problem)，即当数据库包含不一致的数据时出现的情况。这里有两行表示部门 100 的名称是"Accounting and Finance",而还有另一行表示部门 100 的名称是"Accounting"。

Employee

Name	HireDate	Email	DeptNo	DeptName
Jones	Feb 1, 2017	Jones@ourcompany.com	100	Accounting
Smith	Dec 3, 2015	Smith@ourcompany.com	200	Marketing
Chau	March 7, 2013	Chau@ourcompany.com	100	Accounting
Greene	July 17, 2011	Greene@ourcompany.com	100	Accounting

(a)更新之前的表

Employee

Name	HireDate	Email	DeptNo	DeptName
Jones	Feb 1, 2017	Jones@ourcompany.com	100	Accounting and Finance
Smith	Dec 3, 2015	Smith@ourcompany.com	200	Marketing
Chau	March 7, 2013	Chau@ourcompany.com	100	Accounting and Finance
Greene	July 17, 2011	Greene@ourcompany.com	100	Accounting

(b)未完全更新的表

图 4-22 结构有问题的表

在这个小表格中很容易发现这个问题。但是对于一个类似 Amazon 数据库或 eBay 数据库中的 Customer 表(这些数据库可能有数亿行),一旦出现严重的数据完整性问题,那么将需要几个月的时间才能修复。

数据完整性问题非常严重。有数据完整性问题的表将产生不正确和不一致的数据。用户将对自己从数据中创建信息的能力失去信心,信息系统的"声誉"也会变得很差。名声不好的信息系统会成为使用它们的组织的沉重负担。

数据完整性的规范化

只有在数据重复出现时才会出现数据完整性问题。因此,消除这个问题的一个简单方法是消除重复数据。我们可以将图 4-22 中的表转换为两个表,如图 4-23 所示。在这里,部门名称只存储一次,因此不会出现数据不一致的情况。

当然,要生成包含部门名称的员工报告,则需要将图 4-23 中的两个表重新连接在一起。因为这种表连接很常见,所以 DBMS 产品已被编程为可以高效地执行表连接。从这个示例中,你可以看到数据库设计中的权衡:规范化的表消除了数据重复,但是处理速度可能比较慢。在数据库设计中,需要重点考虑这种权衡。

规范化的一般目标是创建的每个表都有一个或多个主题。在优秀的写作作品中,每个部分都应该有一个单独的主题。数据库也是如此,每个表都应该有一个单独的主题。图 4-22 的表的问题是它有两个独立的主题:Employee 和 Department。解决这个问题的方法是将表分成两个表,然后每个表都有自己的主题。在本例中,我们创建了一个 Employee 表和一个 Department 表,如图 4-23 所示。

Employee

Name	HireDate	Email	DeptNo
Jones	Feb 1, 2017	Jones@ourcompany.com	100
Smith	Dec 3, 2015	Smith@ourcompany.com	200
Chau	March 7, 2013	Chau@ourcompany.com	100
Greene	July 17, 2011	Greene@ourcompany.com	100

Department

DeptNo	DeptName
100	Accounting
200	Marketing
300	Information Systems

图 4-23 两个规范化的表

如前所述，有许多原因会导致表的格式很差。数据库开发人员将表分类为各种标准形式，这是根据表中存在的不同问题所实现的分类。将表转换为常规形式以消除重复数据和其他问题称为表的规范化。因此，当你听到数据库开发人员说"那些表没有规范化"时，他指的不是表具有不规则的、不正常的数据，而是这些表的格式可能会导致数据完整性问题。

规范化总结

作为数据库的未来用户，你不需要知道规范化的细节。相反，你需要理解这样的一个基本原则：每个规范化（格式良好）的表都只有一个主题。此外，未规范化的表还存在数据完整性问题。

还要注意，规范化只是评估数据库设计的一个标准。由于规范化设计的处理速度较慢，数据库开发人员有时会选择接受非规范化的表。最好的设计取决于用户的处理要求。

关系表示

图 4-24 显示了将数据模型转换为关系数据库设计所涉及的步骤。首先，数据库开发人员为每个实体创建一个表。实体的标识符成为表的键。实体的每个属性成为表的一列。接下来，对生成的表进行规范化，使每个表都有一个主题。

以图 4-25(a) 中的 E-R 图为例。为了构建数据库设计，我们创建了一个 Adviser 表和一个 Student 表，如图 4-25(b) 所示。Adviser 表的键是 AdviserName，Student 表的键是 StudentNumber。此外，Adviser 实体的 EmailAddress 属性成为 Adviser 表的 EmailAddress 列，Student 实体的 StudentName 和 MidTerm 属性成为 Student 表的 StudentName 和 MidTerm 列。这些表只有一个主题，并且已经被规范化了。

- 用一个表来表示每个实体
  ——实体的标识符成为表的键
  ——实体的每个属性成为表的一列
- 必要时规范化表
- 表示关系
  ——使用外键
  ——为 N:M 关系添加额外的表

图 4-24 数据库设计流程概述

Adviser
AdviserName
EmailAddress

Student
StudentNumber
StudentName
MidTerm

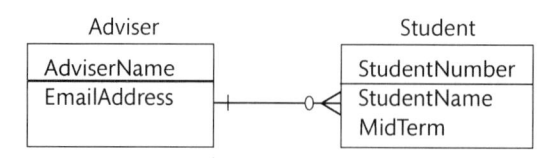

(a) Adviser 和Student实体之间的1:N关系

Adviser 表——键为 AdviserName

AdviserName	EmailAddress
Jones	Jones@myuniv.edu
Choi	Choi@myuniv.edu
Jackson	Jackson@myuniv.edu

Student 表——键为 StudentNumber

StudentNumber	StudentName	MidTerm
100	Lisa	90
200	Jennie	85
300	Jason	82
400	Terry	95

(b) 为每个实体创建一个表

Adviser表——键为AdviserName

AdviserName	EmailAddress
Jones	Jones@myuniv.edu
Choi	Choi@myuniv.edu
Jackson	Jackson@myuniv.edu

Student 表——键为StudentNumber

StudentNumber	StudentName	MidTerm	AdviserName
100	Lisa	90	Jackson
200	Jennie	85	Jackson
300	Jason	82	Choi
400	Terry	95	Jackson

外键列表示关系

(c) 使用AdviserName外键来表示1:N关系

图 4-25 1:N 关系表示

下一个任务是表示关系。Adviser 表和 Student 表的关系是 1:N。因为使用的是关系模型，所以我们知道必须用外键来表示这种关系。可能的情况是：(1)将外键 StudentNumber 放在 Adviser 表中，或者(2)将外键 AdviserName 放在 Student 表中。

正确的选择是将 AdviserName 放在 Student 表中，如图 4-25(c)所示。要确定一个学生的导师，我们只需查看该学生所在行的 AdviserName 列。要确定导师的学生，我们搜索 Student 表中的 AdviserName 列，以确定哪些行具有该导师的名称。如果一个学生更改了导师，那么我们只需更改

AdviserName 列中的值。例如，把第一行的 Jackson 换成 Jones，就可以将学生分配给 Jones 教授。

对于这个数据模型，将 StudentNumber 放在 Adviser 表中是不正确的。如果要那样做，我们就只能给一个学生指派一个导师，而没有地方分配第二个学生。

然而，这种放置外键的策略并不适用于所有关系。考虑图 4-26(a)中的数据模型，这里导师和学生是多对多的关系。一个导师可能有很多学生，而一个学生可能有多个导师（针对多个专业）。

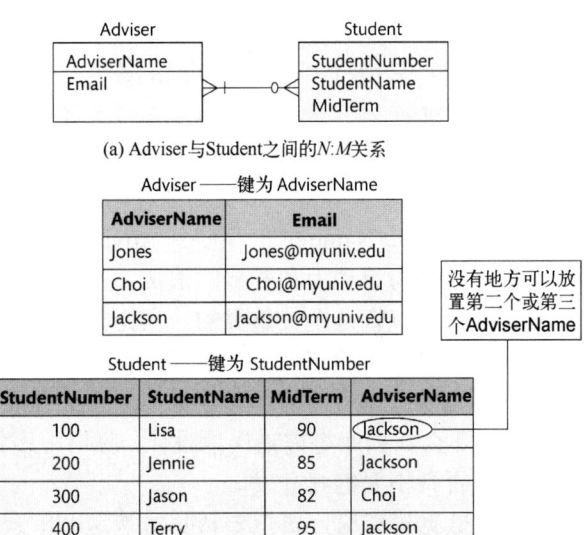

(a) Adviser 与 Student 之间的 N:M 关系

(b) N:M 关系的不正确表示

(c) 用 Adviser_Student_Intersection 表来表示 N:M 关系

图 4-26 N:M 关系表示

我们用于 1:N 数据模型的外键策略在这里不起作用。要了解原因，请查看图 4-26(b)。如果学生 100 有一个以上的导师，那么就没有地方记录第二个或后续的导师。

为了表示 N:M 关系，我们需要创建第三个表，如图 4-26(c)所示。第三个表有两列：AdviserName 和 StudentNumber。该表中的每一行表示给定的 Adviser 担任指定学号的学生的导师。

用户在数据库的开发中扮演什么角色？

如前所述，数据库是用户如何看待其业务世界的模型。这意味着，对于数据库应该包含哪些数据及数据库中的记录应该如何相互关联，用户拥有最终的决定权。

最容易更改数据库结构的时机是在构建数据模型阶段。将数据模型中的关系从一对多更改为多对多只需将 1:N 表示更改为 $N:M$ 表示即可。然而，一旦数据库构建完毕，加载了数据，并且创建了应用程序，将一对多关系更改为多对多就意味着要花费数周的工作时间。

通过对比图 4-25(c) 和图 4-26(c)，你就可以得出答案。假设每个表有数千行；在这种情况下，将数据库从一种格式转换为另一种格式涉及大量工作。然而，更糟糕的是，还必须有人更改应用程序组件。例如，如果学生最多只有一个导师，那么可以使用一个文本框来输入 AdviserName。如果学生可以有多个导师，那么需要使用一个多行表来输入 AdviserName，并且需要编写一个程序来将 AdviserName 的值存储到 Adviser_Student_ Intersection 表中。还有很多其他的后果，结果将转化为劳动力和资金的浪费。

因此，用户对数据模型的审查是至关重要的。当为你的工作开发数据库时，你必须仔细检查数据模型。如果你不明白其中的任何一个方面，都应该要求解释，直到你明白为止。实体必须包含你和你的员工完成工作所需的所有数据，关系必须准确地反映你对业务的看法。如果数据模型是错误的，那么数据库将被错误地设计，应用程序将难以使用，甚至毫无价值。除非数据模型是准确的，否则不要继续开发。

因此，当要求你审查数据模型时，一定要认真对待这个审查，并投入必要的时间进行彻底的审查。你忽视的任何错误都会在未来困扰你，到那时，纠正错误的代价可能会非常高，包括时间和费用。本章对构建数据模型的简要介绍说明了为什么数据库比电子表格更难开发。

Q4-7　NoSQL DBMS 与关系 DBMS 有何不同？

关系 DBMS 是当今信息系统行业的"主力"，并且很可能在未来很多年都是如此。因此，DBMS 是通用工具，它们将可靠地存储和处理大多数组织的数据。DBMS 仍然是处理典型业务数据的组织的选择，这些组织没有足够的资源来构建一个特殊用途的 DBMS 以满足他们的独特需求。

然而，考虑一下像 Twitter 这样的商业组织。Twitter 的数据库包含数十亿条 140 个字符的信息，数百万的用户，以及关于谁在关注谁的数百万个关系。这些数据的结构很简单，而且 Twitter 不需要像 Oracle 那样能够处理波音公司制造数据库所需的 1000 个或更多的表。

同样，Twitter 的处理需求也不同。如果某人的推文丢失了，谁会在乎呢？如果发推的人认为这条信息足够重要，他或许会再次发推。此外，如果你向 Vanguard 账户存入 10 万美元，而你的存款丢失了，那么你肯定会非常在意。主要的关系 DBMS 产品，如 Oracle、DB2 和 SQL Server，必须竭尽全力确保商业事务的处理是完整的、一致的和持久的。（关于这个主题的更多信息，可以在 Internet 上搜索关键字"ACID"。）Twitter 并不需要所有这些处理能力，也不想为增加处理能力和降低吞吐量而付出代价。

如果 Twitter 是一家年销售额 1000 万美元的销售公司，它就没有资本投资开发关系 DBMS 的替代品。然而，它是一家市值 10 亿美元的公司，它和 Amazon、Google、Facebook 等组织一起决定开发自己的 DBMS 产品，这些产品适合其自己的处理需求。

许多高性能、特殊需求的DBMS都是在21世纪头十年开发出来的，称为NoSQL数据库(NoSQL database)。如你所料，它包括许多不同类型的DBMS。事实上，这个名称本身并没有标准的含义；有时它意味着根本不处理SQL，有时它意味着DBMS将同时处理SQL和其他内容，而这些内容不是标准的。

NoSQL DBMS是一个新兴市场。截至2018年，关系DBMS产品可能不到10种，但NoSQL产品可能超过200种。一些NoSQL产品处理简单的数据结构，而另一些产品存储和处理复杂的文档。一些NoSQL产品不保证更新是一致的或持久的，而另一些产品则确保最终会进行更新，并且至少在很多时候是持久的。有些NoSQL产品允许设计人员选择将提供的一致性和持久性的程度。

通常，开发NoSQL产品需要大量的软件知识、大量的培训，以及开发人员对有时烦琐的用户界面的耐心。截至2018年，还没有出现标准的、容易学习的、类似SQL的查询语言。

使用困难、需要高级专业知识，以及很少有组织能够负担得起将其关系数据转换为NoSOL格式(无论哪种格式)，这意味着在可预见的未来，NoSQL数据库可能只会被具有独特数据库需求的实力雄厚的组织使用，它们通常用于不需要转换现有关系数据的新数据库。

道德指南

公共数据

美国加州的一家报纸陷入了数据困境。为了理解这一困境的两面性，我们提供了一些更改姓名以保护隐私的历史事件。几年前，Sarah Smith在Bakersfield的Corleone比萨店外惨遭强奸。不出所料，当地报纸 *Bakersfield Examiner* 在接下来的6个月里对该案件进行了大量报道，警方调查了该案件，并对嫌疑人提出指控，法庭判定他有罪。几乎在每一个故事中，比萨店的名字和被指控的罪犯的名字都经常被提到。现在，五年过去了，Corleone比萨店已经要求报纸从有关该事件的文章中删除这家比萨店的名字，因为这些文章仍然可以在报纸的网站上看到。老板Michael Corleone意识到，当在Google上搜索他的比萨店时，前三条消息都是关于强奸案的，而不是比萨店的介绍。他声称，这对他的比萨店不公平，因为该案件与比萨店无关。出现在该比萨店搜索结果中的不是这家比萨店，而是强奸案，因为许多其他有关该案件的报纸和网络文章都链接到 *Bakersfield Examiner* 网站上的报道，其中出现了这家比萨店的名字。该报编辑Ryan Jones对删除位置数据的影响表示担忧。强奸案确实发生在那家比萨店附近。如果他删除了这个名字，随后又在附近发生了一起强奸案，那么警方会发现这个地点是一个重要因素——也许这个地点光线昏暗，或者这个社区很危险——Ryan Jones会后悔删除了这个地点，以及位置数据中包含的关于潜在危险的警告。他还觉得自己有责任提供事实来源。无论是现在还是将来，许多记者和犯罪专家都会想要阅读调查的细节，这可能会激发对其他犯罪的新见解。

此外，如果Ryan Jones决定删除这个信息，他是删除了所有关于强奸案的报道，还是只删除了地点？那对于报纸记录的其他犯罪地点呢？他会在一段时间后删除它们吗？或者他是否制定了一些其他的规则——也许是基于犯罪案件的严重性？他还考虑去掉比萨店的名字，但留下地址。所有这些想法在他的脑海中浮现，如何对每个人既一致又公平？还有，罪犯呢？每当一个罪犯的名字被Google搜索了，他们的罪行应该被显示吗？直到永远？除了对商业的担忧，也许罪犯在某种程度上也有被遗忘的权利。这份报纸的困境一直存在。去掉比萨店的名字，显对比萨店有很大的帮助；保留比萨店的名字，则以一种次要的方式帮助社会。这位编辑也是一家广播电台的老板。在最近的一次火灾中，电台的记者说，火灾附近的一条主要道路是开放的，尽管记者知道当地消防部门已经宣布该条道路禁止车辆通行。记者想让道路附近的居民知道，这条道路实际上可以用于疏散，但消防部门希望这条道路能专门用于转移消防员和设备；事实证明，由于电台的报道造成了交通堵塞，消防部门的灭火能力被削弱了。该州的消防机构联系了电台的老板，要求未来只报道正式的道路关闭信息。

讨论题

在回答以下问题时，假设你是 Mary-Ann：
1. 如果要删除强奸案报告，你会怎么做？
2. 如果要报道路况，你会怎么做？
3. 将"绝对命令"和"功利主义"应用于这两种情况。这会让你采取相同的行动还是不同的行动？
4. 在其他情况下，如果有人希望删除报告，你会采用什么规则？
5. 你会用什么规则来报告政府发布的路况？
6. 还有谁会像这样获取、分析或发布类似的公共数据？他们也需要制定新的规则吗？
7. 客户是否有权利在某个时候被商业遗忘？
8. 医疗机构也面临着这种数据困境，请描述两种情况。在这两种情况下，患者的医疗保健数据可能导致个人利益和公众利益之间的冲突。

主动复习

Q4-1 使用数据库的目的是什么？

说明数据库的用途。解释在什么情况下数据库比电子表格更受欢迎。说明图 4-1 和图 4-2 的关键区别。

Q4-2 数据库的内容是什么？

定义数据库。解释数据的层次结构并命名数据库的三个元素。定义元数据。使用 Student 和 Office_Visit 表的示例，展示数据库中行之间的关系是如何表示的。定义键、外键和关系数据库。

Q4-3 什么是数据库管理系统（DBMS）？

为数据库应用程序系统的组件命名并描述它们之间的关系。解释 DBMS 的含义并命名其功能。列出五种流行的 DBMS 产品。解释 DBMS 和数据库之间的区别。概述 DBMS 的功能。定义 SQL。描述数据库管理的主要功能。

Q4-4 数据库应用程序有哪些组件？

解释为什么数据库本身对商业用户不是很有用。命名并描述数据库应用程序的组件。解释使用应用程序的必要性。对于多用户处理，描述一个用户的工作可以干扰另一个用户的工作的一种方式。解释为什么多用户数据库处理涉及的不仅仅是将另一台计算机连接到网络。定义两大类 DBMS 并解释它们的区别。

Q4-5　数据模型如何促进数据库设计？

解释为什么用户参与数据库开发过程是至关重要的。描述数据模型的功能。概述数据库开发过程。定义 E-R 模型、实体、关系、属性和标识符。给出一个 E-R 图示例，而不是本书中的例子。定义最大基数和最小基数。给出三个最大基数和两个最小基数的例子。请解释图 4-18 和图 4-19 中的符号。

描述用户在数据库开发中的角色。解释为什么更改数据模型比更改现有数据库更容易、成本更低。请使用图 4-25(c) 和图 4-26(c) 的例子，描述两个评价数据模型的标准。解释为什么花时间理解数据模型很重要。

Q4-6　如何将数据模型转换为数据库设计？

描述数据库设计中的三个组件。定义规范化并解释它的重要性。定义数据完整性问题并描述其后果。给出本章中一个有数据完整性问题的表的例子，并说明如何将其规范化为两个或多个不存在此类问题的表。描述将数据模型转换为数据库设计的两个步骤。使用本章之外的示例，展示 1:N 和 N:M 关系在关系数据库中是如何表示的。

Q4-7　NoSQL DBMS 与关系 DBMS 有何不同？

描述像 Twitter 和 Google 这样的组织选择开发自己的非关系 DBMS 产品的两个原因。给出 NoSQL 的两个定义，并解释为什么它是一个包罗万象的概念。解释为什么 NoSQL 产品不太可能在近期取代关系 DBMS 产品。

关键术语和概念

Access	丢失更新问题	属性
字节	最大基数	鱼尾纹图
元数据	鱼尾纹模型	数据完整性问题
最小基数	数据模型	多用户处理
数据库	MySQL	数据库管理员（DBA）
标准形式	数据库应用程序	数据库应用系统
规范化	数据库管理系统（DBMS）	NoSQL 数据库
DB2	对象-关系数据库	企业 DBMS
一对多（1:N）关系	多对多（M:N）关系	实体
Oracle Database	实体-关系（E-R）数据模型	个人 DBMS
E-R 图	字段	主键
文件	查询	外键
记录	表单	关系表
标识符	关系	键
关系数据库	列	报告
行	结构化查询语言（SQL）	SQL 服务器　　表

课后习题

4-1 画出一个售卖饼干的女童子军(girl scout)的实体关系图。在这个队伍中，女童子军向顾客出售饼干。使用四个实体中的三个以保持图的简单性。用鱼尾纹符号标识所有的关系。

4-2 画出一个家庭狗舍的实体关系图。在狗舍里，每只动物都被关在有编号的房间里，并且只由一个家庭成员喂养。有些顾客拥有好几只动物。

4-3 识别图 4-27 中可能存在的实体。它们各自有哪些属性。你认为这些实体的标识符是什么？

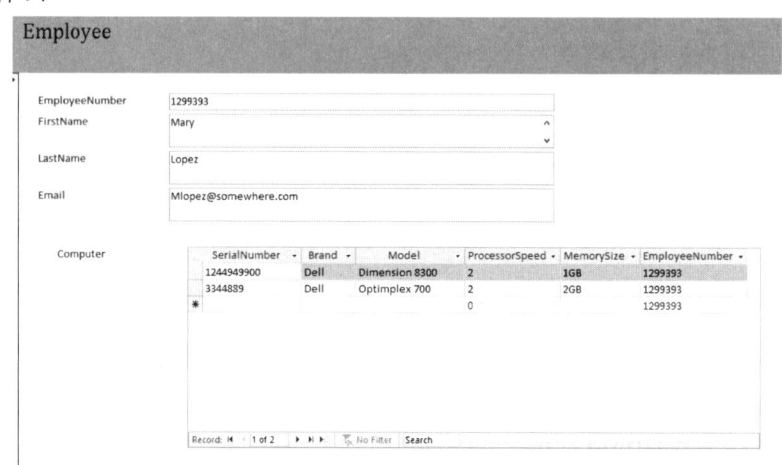

图 4-27 数据实体表格示例 1

4-4 在图 4-27 中找出表单中不需要的重复数据，并解释为什么不需要。

4-5 识别图 4-28 中可能存在的实体。它们各自有哪些属性？你认为这些实体的标识符是什么？

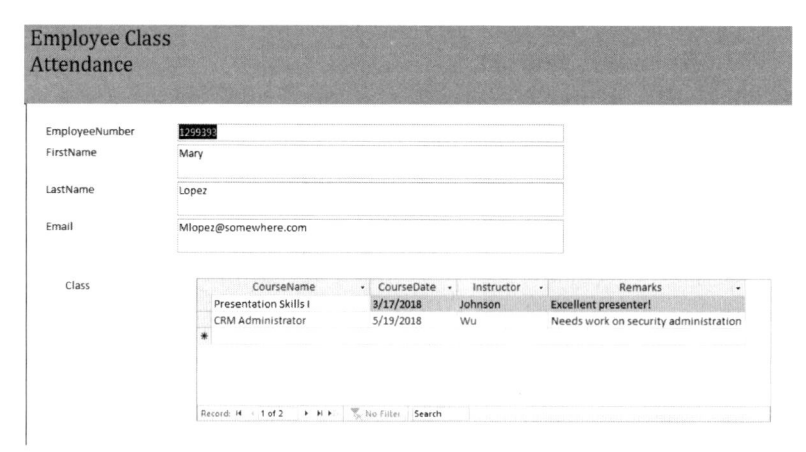

图 4-28 数据实体表格示例 2

4-6 结合习题 4-3 和习题 4-4 的答案，画出一个 E-R 图。指出最大基数和最小基数，并证明你的答案。

4-7 图 4-29 为销售订单的部分 E-R 图。假设每个 SalesOrder 只有一个 Salesperson。
   a．指定每个关系的最大基数。如果有必要，给出你的假设。
   b．指定每个关系的最小基数。如果有必要，给出你的假设。

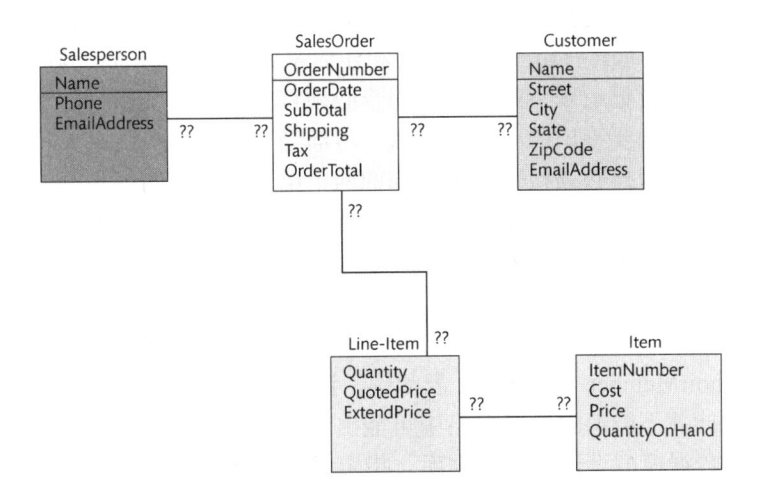

图 4-29 销售订单的部分 E-R 图

4-8 在信息的概念下考虑图 4-12 中的报告，分析产生差异的差异。这份报告的结构有什么不同？请描述五种可以改变这份报告的方式，从而让人们更容易创建信息。请说出你在建议这五项更改时使用的标准。

协作练习

本练习的目的是确定电子表格的局限性和数据库的优点。

图 4-30 显示了用于跟踪一个合唱团的乐谱分配情况的电子表格。乐谱是比较昂贵的，合唱团成员需要把乐谱带回家练习，并且不是所有的乐谱都能收回。（乐谱可以购买或租用，但丢失的乐谱都是一种成本。）

	A	B	C	D	E
1	Last Name	First Name	Email	Phone	Part
2	Ashley	Jane	JA@somewhere.com	703.555.1234	Soprano
3	Davidson	Kaye	KD@somewhere.com	703.555.2236	Soprano
4	Ching	Kam Hoong	KHC@overhere.com	703.555.2236	Soprano
5	Menstell	Lori Lee	LLM@somewhere.com	703.555.1237	Soprano
6	Corning	Sandra	SC2@overhere.com	703.555.1234	Soprano
7			B-minor mass	J.S. Bach	Soprano Copy 7
8			Requiem	Mozart	Soprano Copy 17
9			9th Symphony Chorus	Beethoven	Soprano Copy 9
10	Wei	Guang	GW1@somewhere.com	703.555.9936	Soprano
11	Dixon	Eleanor	ED@thisplace.com	703.555.12379	Soprano
12			B-minor mass	J.S. Bach	Soprano Copy 11
13	Duong	Linda	LD2@overhere.com	703.555.8736	Soprano
14			B-minor mass	J.S. Bach	Soprano Copy 7
15			Requiem	J.S. Bach	Soprano Copy 19
16	Lunden	Haley	HL@somewhere.com	703.555.0836	Soprano
17	Utran	Diem Thi	DTU@somewhere.com	703.555.1089	Soprano

图 4-30 乐谱的电子表格

仔细查看这些数据，你将发现一些数据完整性问题——或者至少是一些可能的数据完整性问题。首先，Sandra Corning 和 Linda Duong 真的有同样的乐谱副本吗？其次，Mozart 和 Bach 都写过安魂曲吗？还是第 15 行的 Bach 应该就是 Mozart？Eleanor Dixon 的电话号码也有问题；还有几个电话号码也是一样让人疑惑。

此外，这个电子表格很混乱，很难使用。标记为 First Name 的列既包括人名，也包括合唱团的名字。Email 列同时含有电子邮件地址和作曲家名称，而 Phone 列同时给出电话号码和副本标识符。此外，要记录乐谱的签出，用户必须首先添加一个新行，然后重新输入作品的名称、作曲家的名称和要签出的副本。最后，考虑当用户希望找到某一特定作品的所有副本时会发生什么情况：用户必须检查四个声部的四个电子表格中的每一行。

事实上，电子表格并不适合这个应用程序。数据库将是一个更好的工具。

1. 分析如图 4-30 所示的电子表格，并列出使用该电子表格跟踪乐谱分配时出现的所有问题。请给出一个书面报告。
2. 图 4-31(a) 显示了乐谱跟踪问题的三种可选数据模型。
    a. 确定 ChoirMember 表和 Work 表的键。证明你的选择。
    b. 这种设计并不能消除电子表格中可能出现的数据完整性问题。为什么？
    c. 为这个数据模型设计一个数据库。指定键和外键列。

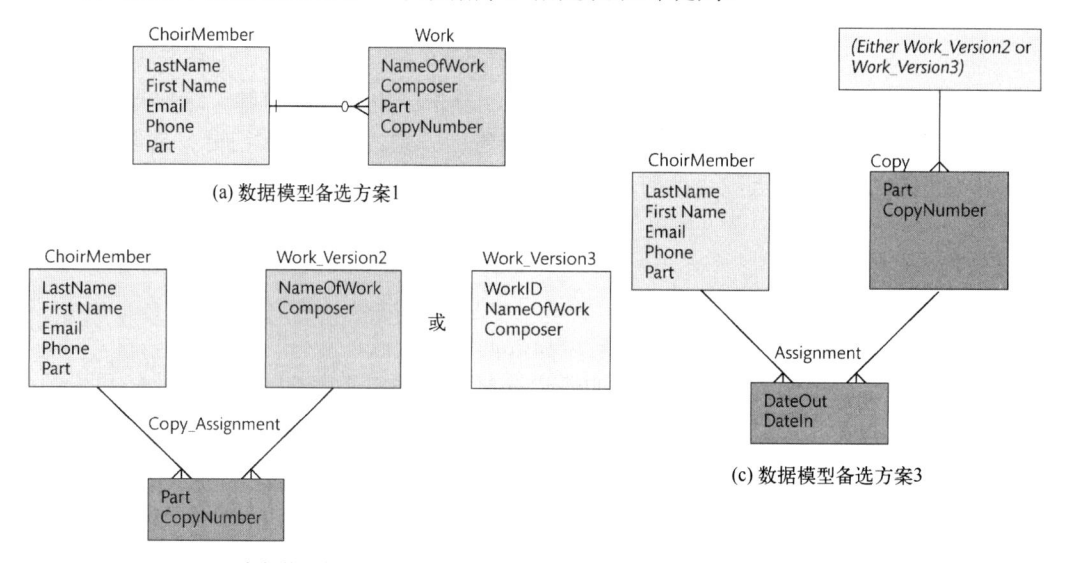

图 4-31 三种可选数据模型

3. 图 4-31(b) 显示了乐谱跟踪问题的第二种可选数据模型。这个替代方法给出了 Work 表的两个变体。在 Work_Version3 中添加了一个名为 WorkID 的属性。这个属性是 Work 的键；当在表中添加一个新行时，DBMS 将为 WorkID 分配一个唯一的值。
    a. 确定 ChoirMember、Work_Version2、Work_Version3 和 Copy_Assignment 的键。证明你的选择。
    b. 这种设计是否消除了电子表格中出现的数据完整性问题？为什么？
    c. 为使用 Work_Version2 的数据模型设计一个数据库。指定键和外键列。
    d. 为使用 Work_Version3 的数据模型设计一个数据库。指定键和外键列。
    e. Work_Version2 的设计是否比 Work_Version3 的设计更好？为什么？

4. 图 4-31(c)显示了用于乐谱跟踪问题的第三种可选数据模型。在这个数据模型中，应该使用 Work_Version2，还是 Work_Version3？

   a. 为数据模型中的每个表选择键。证明你的选择。

   b. 归纳该数据模型与图 4-31(b)中的数据模型的差异。哪个数据模型更好？为什么？

   c. 为这个数据模型设计一个数据库。指定键和外键列。

5. 这三种数据模型中的哪一种最好？证明你的答案。

案例研究

体育中的数据与管理

体育界已经接受了数据和分析。体育运动本质上是高度竞争的，所以任何能给球员或球队带来优势的(合法的)都是"本垒打"。在数据对创新、创新的阻力及新的工作技能的影响方面，体育界有很多东西可以让我们借鉴。

在美国，数据使用和分析的转折点始于棒球运动，并因 2011 年的电影《点球成金》(*Moneyball*)而令人难忘。那部由 Brad Pitt 饰演 Billy Bean 的电影讲述了奥克兰运动家队(Oakland A)的非凡故事，在 21 世纪初预算紧张的情况下，该棒球队利用数据来指导他们选择和雇用球员，并获得了意想不到的成功。

从那时起，分析技术就进入了每一项运动。在美式橄榄球中，职业球员佩戴的设备可以实现球员数据追踪，收集有关移动速度、加速度变化和接触力的数据，这是新一代统计应用的一部分。NFL 将这些数据提供给每一支球队。现在的竞争变成如何比其他所有球队更好地使用数据。我们从中得到的一个经验是，在比赛过程中，球员的速度会随着奔跑距离的增加而降低。因此，大多数球队在比赛时距离自己的替补席都比对手距离他的替补席更近，因此当他们替补球员时，对手的球员会跑得更远。另一个经验是，第三次进攻的效率并不像第一次和第二次进攻的效率那么重要。因此，球队现在比过去传球更多，而且在第一次和第二次传球时的距离也比过去更远。

在篮球运动中，对于每一场职业比赛都会收集数据。每一支 NBA 和一级联赛的球队都在雇用一家名为 Synergy Sports 的数据分析公司来帮助教练分析所有的数据。Synergy Sports 专门收集每一场比赛的数据，并将其作为一种服务出售给职业和大学球队。Synergy Sports 记录了每一次比赛，以数百种方式标记事件。收集的数据包括球队和个人如何得分、他们的跑动、防守效率及其他一系列新指标。特别有价值的是，它的视频档案是可搜索的。搜索"James Harden 在比赛最后 5 分钟的左路挡拆"，你就可以得到关于那场比赛的所有分析，而不仅仅是视频。你还可以根据日期、对手、比赛时间和许多其他维度查询数据库。Synergy Sports 现在也为棒球运动提供了同样的服务，而就在两年前，它刚刚推出了篮球服务。

在棒球运动中，始于奥克兰的故事已经变得司空见惯。Houston Astros 队赢得了 2017 年世界职业棒球大赛(World Series)的冠军，部分原因是他们只依赖数据。Astros 队在 2011 年被评为最差的棒球队后，聘请了被誉为数据行业领袖的通用汽车公司总经理 Jeff Luhnow。Luhnow 开始修改球探操作，要求获取更多的统计数据，然后开始直接与球员分享数据和分析，要求他们改变自己的行为，投球的方式，在特定的投球中如何旋转球，在哪里防守，以及如何挥球棒。因此，Astros 队开始赢得比赛了。对于 Luhnow 来说，一个关键的转折点是他不再需要推送数据，这是球员和教练开始"拉动"数据的时候。那时，Astros 队额外雇用了一个教练，即一个"数据翻译"。这名教练必须能够击球，教授防守位置，向击球手投球，并编写 SQL。结果之一是球员对这名教练的信任度提高了。这是一个既懂数据又懂比赛的教练，球员可以向他提问，并相信他们得到的答案。最后，Luhnow 意识到其他棒球队也可以像 Astros 队一样学习使用数据；那么什么是可持续的竞争优势？当所有人都在模仿他们的时候，如何继续让自己与众不同？他的回答是速度和执行速度。"如果我们没有在数据上犯错误，那就说明我们不够进取。"

虽然这种越来越多的数据使用趋势从外部看起来很容易实现，但在大多数体育组织中，这种"来自厨房的热量"足以阻碍许多球队使用数据。在这些球队中，长期从事职业训练的教练很难理解数据和分析，并反击这种方式。他们认为，过分依赖数据会忽略教练工作的重要方面。他们受到了年轻一代教练的威胁，这些教练从小就与数据和分析打交道，而且习惯使用数据。

在其他体育组织中，错误的想法是他们认为可以简单地购买硬件和软件，这就足够了。他们没有认识到，关键在于应用技术的人。

向数据和分析转变的一个影响体现在对教练和管理者技能的影响。就像在商业中一样，教练需要分析技巧，即利用数据提供有意义结果的能力。此外，在一个人人都能获得数据的时代，游戏规则的改变者是那些同时拥有软技能、能够获得球员信任并能够传达见解的教练。数据很重要，但将数据中的见解应用到真实的人身上的能力也很重要。

问题

1. 选择一项主要的职业运动。列出像 Synergy Sports 这样的公司需要记录的数据。注意不要记录分析的输出结果，如成功打法的百分比或得分打法的次数；只要记录这些汇总数据就可以了。
2. 你认为这项运动的教练会问关于数据库的哪三个问题？返回到问题 1，在你的答案中添加数据，以确保记录了回答这三个问题所需的所有数据。
3. 对于 Synergy Sports，图 4-10 中列出的数据库管理任务中的哪些不适用？
4. 创建一个简单的球员表。至少包含 6 个字段和 5 个记录。
5. 数据库中还需要哪三个表？
6. 回顾第 1 章列出的四种就业技能，为一个教练列出四种就业技能。
7. 教练的工作和 IS 专业毕业生的工作有什么相似之处？

第 5 章

AI 和机器人

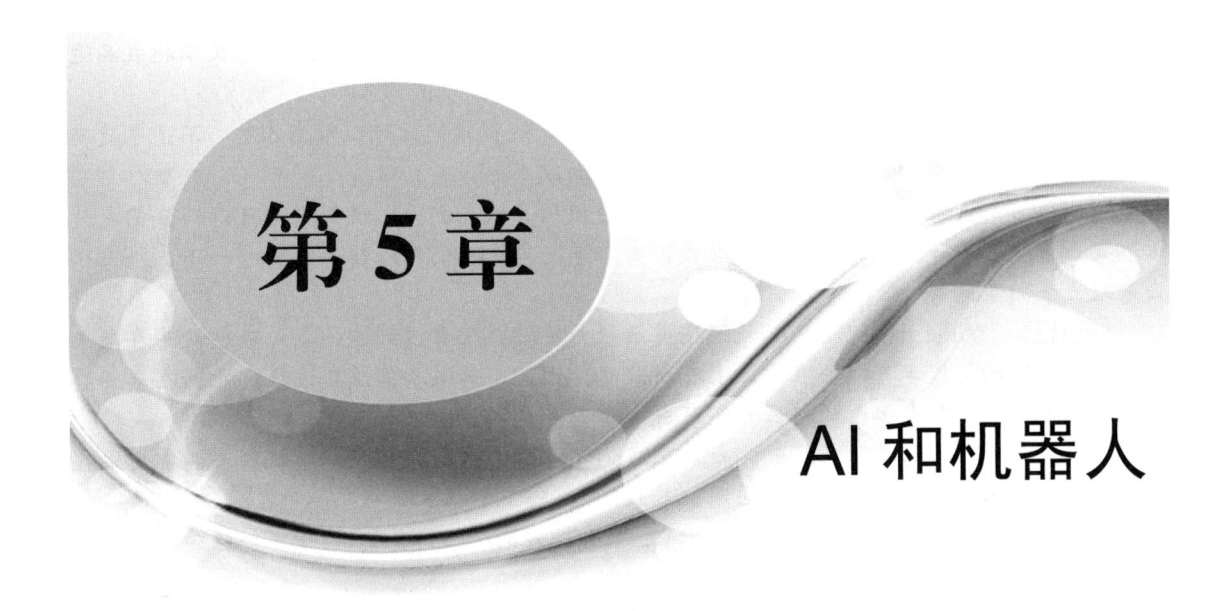

CBI 最近收购了 Silver Saddle 滑板车公司。Elwood Green 正在 CBI 主持一个计划会议，以确定如何更好地实现越南组装厂新款滑板车生产的自动化。

Elwood 从桌子上拿了把椅子坐了下来。他看着自己的团队，心想："我的话要么得到好评，要么我很快被踢出这里。"

但这并没有让他的塑料椅子更舒服。

"谢谢你们的到来，我向董事会展示了我们在过去几个月里计划的新设施设计，但他们说我们在自动化方面远远超出了预算。他们喜欢工厂的规模和设计。但他们表示，如果销售情况良好，可能要在两到三年后或在第二家工厂采用这么多的自动化设计，但现在自动化的成本是不可能负担的。"

还没等他再说一句话，团队里资历最老的 Ken Snead 就插了进来："所以他们想让我们只用人力和螺丝刀批量生产一种高质量的滑板车？"

"整整做了三个月的计划，还让专家为我们的计划担保。我们不是一小时内在网上把这件事做出来。这太像他们了。他们目光短浅啊！"

意料之中的事发生了，他的团队爆发出"是的，Ken 是对的"和"他们太傻了"的声音，Elwood 以明显的同理心回应。"不，没那么糟。让我打开电子表格，我们将优先考虑哪些活动需要自动化，哪些可以由人来完成。我们想成为领先者，但不想成为牺牲品。他们同意，大部分流程将及时实现自动化，但我们需要首先销售一些滑板车，以证明投资是值得的。"

"你认为哪些工作仍然需要自动化？"Allie 问道。她是 CBI 为这个计划项目聘请的自动化顾问。

Elwood 回答说："我们将用机器人来完成所有的组装、质量控制和包装流程，用人来搬运库存。这为我们带来了自动化的质量和可靠性，并更好地利用了地面空间。"

"所以当原材料到达时,我们会用叉车把它们从卡车上卸下来,然后用其他叉车把成品运到装运港,等待出港卡车的到来,对吗?"

Ken 评论道:"为什么我们不使用自动化的叉车,这样我们就可以节省人力,不是也更安全吗?我看过很多关于人和机器人不能很好合作的故事。"

Elwood 回答说:"会移动的机器人很快就会使项目成本加大。使用人力可以让我们更灵活地安排存货的存放地点。因此,如果我们有订单,那么我们可以把库存转移一下,腾出码头旁边更多的空间。"

"我同意,"Allie 说,"我们必须记住灵活性是关键。但考虑到这一点,我也认为在未来几年里,你们的滑板车可能会在设计上有所改变。因此,如果我们改变设计,比如在车辆后面再装一个轮子,重新编程的机器人组装成本将是昂贵的。"

Elwood 表示赞同,"你是对的。我希望我们不要过早做出改变。有些机器人的重新编程和移动选项有限,但它们的成本是固定机器人的两倍。"

Ken 试图总结一下。"所以当我们招聘员工时,我们会告诉他们,'嘿'别指望在这里过得太舒服。我们希望你的工作尽快实现自动化。"

Elwood 勉强同意了:"如果这就是未来,我们会在它到来的时候再处理。与此同时,我们需要看看这款滑板车能否动起来。"

本章概述

Q5-1　什么是 AI?它为什么重要?
Q5-2　AI 流程的目标是什么?
Q5-3　AI 系统的关键组件是什么?
Q5-4　AI 系统如何支持 AI 活动?
Q5-5　AI 如何支持业务流程?
Q5-6　AI 有哪些挑战?
Q5-7　机器人的关键要素是什么?
Q5-8　机器人如何应用于商业?
Q5-9　2031 年,新的 AI 和机器人将会影响流程吗?

本章预览

人工智能(AI)和机器人(robot)总是新闻热点。Amazon Alexa、iPhone Siri、IBM Watson、无人机和无人驾驶汽车每天都是头条新闻。AI 和机器人几乎与计算机本身一样古老,它们的前途、潜力和危险性长期以来一直激发着作家、技术专家和电影制作者的想象力。曾经的想象正在迅速成为我们今天的现实。

这些创新既诱人又巧妙;研究它们如何工作是令人着迷的,甚至是有趣的。然而,就像开篇的小插曲中 Elwood 和他的同事一样,我们感兴趣的是它们能为业务流程做些什么。但你应该对它们感兴趣的另一个原因是:AI 和机器人将对就业市场产生重大影响。要想在不断变化的劳动力市场中生存,你需要了解竞争对手擅长什么,不擅长什么。请了解你的竞争对手。

在本章中,我们首先介绍智能流程,然后介绍支持智能流程的 AI。通过考虑 AI 支持的业务流程来结束对 AI 的讨论。然后我们介绍机器人，即一种模仿人类行为的特殊类型的计算机。大多数人把 AI 和机器人的概念相互混淆，有时认为它们指的是同一个东西。这里我们强调一个简单的区别——AI 能像我们一样思考，机器人能像我们一样行动。虽然许多机器人也使用 AI，但 AI 并不需要机器人。

Q5-1 什么是 AI？它为什么重要？

长久以来，人类一直对机器着迷。最近 AI 技术的突破让人们对它更加着迷。人脸识别、无人驾驶汽车，以及像 Siri 和 Alexa 这样可以与我们交谈的智能语音助手，在几年前还只是梦想。根据著名物理学家 Stephen Hawking 的说法，AI 的出现是人类历史上最重大的事件之一。每年对 AI 的投资达到惊人的 400 亿美元，这将导致机器像我们一样思考，每天都变得更聪明，永远不会忘记数据。我们正处于 AI 时代的开端吗？

要回答这个问题，我们先从定义开始。智能(intelligence)，即获取、储存和应用知识的能力，一直是你在学校长期奋斗的目标。在信息经济中，智能就是力量。有了智能，企业可以优化供应链，更准确地为产品定价，雇用最优秀的人才，等等。

对于我们的机器朋友来说，智能是一个诱人的目标，我们称之为人工智能或 AI。AI 是一种能让信息系统(IS)模仿或模拟人类智能的软件。有思想的机器则是智能代理。有了 AI，计算机可以诊断疾病，发现欺诈性信用卡交易，并在棋类比赛或其他游戏中击败我们。

人类和机器的智能流程都有三个活动——获取、存储和应用，如图 5-1 所示，其中有两个阶段：AI 系统构建时的开发阶段，以及 AI 运行时的使用阶段。换句话说，我们首先构建系统，然后将其松散地应用到现实世界中。在使用阶段，我们将 AI 系统称为代理，即 AI 代理。

当系统被应用时，第三个活动就会发生，它包括两个子活动：感知和行动。代理感知它的环境，然后采取行动。换句话说，它感知环境，然后选择最佳行动方案；代理仿佛有了生命。例如，如果将其用于识别欺诈性信用卡交易，那么它首先会感知来自信用卡交易的所有数据，然后采取行动，或者决定交易是否具有欺诈性。

我们可以将图 5-1 应用在无人驾驶汽车上，如图 5-2 所示。软件工程师获取汽车驾驶的知识，这些知识储存在计算机中，汽车中的 AI 在驾驶流程中应用这些知识，然后感知道路上的对象。这些对象包括其他车辆、限速标志和即将到来的转弯路况。然后无人驾驶汽车开始行动——选择变道、减速或刹车。

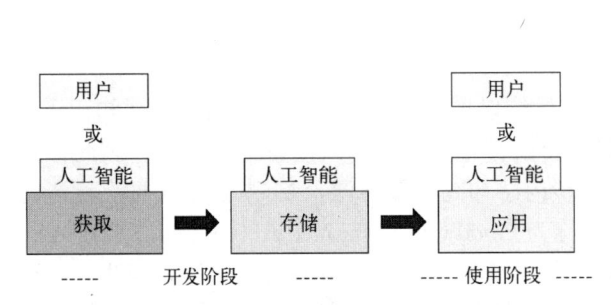

图 5-1 主要的智能流程的活动和角色　　图 5-2 无人驾驶汽车(来源：ImagingL/Shutterstock)

智能拥有知识并根据知识采取行动。最根本的是，知识是合理的信念。例如，我知道看见停车标志就必须停车——我应该停车的信念是有法律依据的。我知道人类在 1969 年登上了月球，因为历史证据证明了我的信念。虽然这看起来很容易理解，而且这个流程我们每天要做数百次，但对它的科学解释仍然不完整。我们知道的知识足以让 AI 取得进步，但还有很多我们不知道的。与航空航天技术不同的是，在航空航天技术中，作用力可以用重力和力学公式等很好地描述，而知识中很少有简单、客观的公式。

智能流程与知识管理流程[knowledge management(KM) process]非常相似。知识管理也将获取、存储和应用知识，但它扩大了获取的活动，其中包括创造。创造知识的一个例子是询问人力资源专家每个职位的候选人应该在申请中提供哪些关键属性。询问专家的这个步骤创造了新的知识，随后再获取关于每个候选人的知识。

我们是如何走到这一步的？

20 世纪 50 年代，数字计算机出现后不久，AI 的研究工作就开始了。几位早期的 AI 先驱自豪地宣称，创造 AI 的问题将在一代人的时间内得到实质性的解决。但就像大多数新技术一样，早期的炒作导致了不切实际的要求。这种炒作在当时是合理的，因为那一代人见证了航空航天领域的突破——从喷气发动机的出现到在随后的 30 年内登陆月球。

然而，早期的成功无法持续。到了 20 世纪 80 年代，资金枯竭，AI 进展缓慢。在这段缓慢发展的时期，AI 在特定环境中的狭隘应用慢慢开始产生结果。一个特定的情境是棋类游戏。20 世纪 90 年代末，在与世界冠军的国际象棋比赛中取得里程碑式的胜利后，AI 列车再次提速。

在过去的 10 年里，AI 进展迅速。AI 不仅主宰了国际象棋，还主宰了游戏 jeopardy!和围棋。如今，在比赛中取得辉煌成绩的同时，还伴随着更实用的商业成功，如实时语言翻译、自动化新闻报道、可以向盲人描述图像的系统、在客服电话中参与类人(human-like)对话的聊天机器人，以及为仓库中的机器人提供动力的 AI。专家们表示，这些最新的进步归功于可承载的网络、计算能力、云基础设施、更好的连接、新技术和大数据。但大数据的影响最大，AI 现在可以从数以百万计的记录中学习。

Q5-2　AI 流程的目标是什么？

与许多流程一样，理解它们的关键是理解它们的目标。AI 的有效性目标如图 5-3 所示。这里，我们将对 AI 进行一个关键的分类，即将 AI 系统分为推理 AI 系统和模式匹配 AI 系统，因为它们的目标不同。

推理 AI 系统

推理 AI(reasoning AI)系统使用逻辑。该系统以逻辑的形式获取、存储和应用知识，其中使用逻辑规则。例如，你预估这一章读起来会很有趣。由于你只读有趣的东西，因此你要阅读这一章。同样，无人驾驶汽车也会在 10 秒内感知到需要转弯，AI 系统将在每次转弯前使汽车减速。这种类型的 AI 系统现在通常被称为 Good Old Fashioned AI(GOFAI，老式 AI)。

使用这种类型的逻辑和推理的 AI 系统利用概率、归纳、因果关系和计划来获取、存储和应用知识。如果以推理为基础的 AI 系统要诊断疾病，那么在系统中获取和存储的逻辑判断将采用大多数患者的常见症状作为依据。

如图 5-3 所示，基于推理的 AI 系统的有效性目标是像人类一样思考和行动。这是最初的 AI 目标。随着计算能力和大数据的出现，第二种类型的系统——模式匹配 AI 系统正变得越来越普遍，它只寻求通过匹配模式而不是逻辑和推理来智能地行动。

模式匹配 AI 系统

模式匹配 AI（pattern-matching AI）系统也根据感知行动，但不会试图复制人类使用的推理方法。与人类使用的逻辑不同，AI 将感知到的数据与存储的数据进行匹配。例如，一辆无人驾驶汽车将每秒计算数百个风险，以得出事故发生的概率，如果风险概率超过 0.001，它就会减速，直到概率降到 0.001 以下。通过匹配模式而不是逻辑，就可以产生智能的、理性的行动——智能来自数据，而不是理性。

模式匹配 AI 系统的有效性目标是理性地思考和行动——模仿人类的智能行为，而不使用上述的逻辑方法。潜艇模仿人类游泳的方式，但不会用相同的方法完成相同的动作。

推理 AI 系统和模式匹配 AI 系统都有两个共同的高效性目标。在开发阶段，成本和时间是目标；在使用阶段，AI 系统力求实时（或接近实时）运行。

推理AI系统
有效性目标：像人一样思考和行动，即GOFAI
使用概率、归纳、因果关系、计划

模式匹配AI系统
有效性目标：理性地思考和行动
将感知到的数据与存储的数据进行匹配

图 5-3　AI 系统的两个主要类型（来源：AndreySuslov/Shutterstock）

Q5-3　AI 系统的关键组件是什么？

虽然这两种类型的 AI 系统在获取、存储和应用知识的方式上有所不同，但它们的组成部分是相似的。这两类系统都具有与其他信息系统（IS）相同的五个组件：硬件、软件、数据、程序和人员。然而，让 AI 系统与众不同的是它们的软件。图 5-4 概括了 AI 系统的五个组件。

IS 的五个组件	AI 系统
硬件	传统的计算系统或机器人设备
软件	学习的逻辑或非传统算法，以目标为中心，是狭隘和具体的
数据	特定于领域的，通常是规则（例如"脸是圆形的"）和规则的权重
程序	隐式专业知识的转换方法或者获得专业知识的步骤
人员	专家给出规则和初始权重；最终用户输入数据并解释输出

图 5-4　AI 系统的五个组件

AI 系统的硬件可以是各种规模的传统计算机系统，也可以是机器人硬件。机器人将在本章的后半部分讨论，它们通常使用 AI 系统来模仿人类的思维。

AI 系统的软件使用一种特殊的算法（algorithm）。算法是一系列的计算机指令，就像食谱一样。AI 算法都是非常规的——处理器通常不会按顺序或将其作为对象执行，而是使用逻辑或模式匹配来处理。通常，这类软件具有显著的改进属性，并且系统被设计得更加智能。

AI 系统的数据通常是关于某个领域的特定规则或声明，如"脸是圆形的"或"狗是动物"。这类数据值通常取为真或假。这种有两个值的变量称为布尔变量(boolean)。数据也是规则之间的联系及赋予每个规则的权重。对于无人驾驶汽车来说，"避免危险情况"的规则与"减速"的规则是相关联的。

在开发阶段和使用阶段，人员与 AI 系统交互的程序和步骤是不同的。在开发阶段，开发人员按照程序访问专家，使知识清晰化。这些程序使 AI 系统能够将数据放入系统中。之后，在使用阶段，程序可以让用户与实时 AI 系统进行交互，以获取智能数据。

在开发阶段和使用阶段，人员扮演着不同的角色。在开发系统时，专家贡献规则、关系和权重。之后，在使用系统时，人员与系统所存储的知识进行交互，这更像是一种伙伴关系而不是依赖关系。人员输入数据供系统使用，也可以解释系统的输出。

Q5-4　AI 系统如何支持 AI 活动？

通过使用刚才描述的组件，AI 支持智能流程中的三种活动：获取、存储和应用。下面，我们将讨论这三种活动是如何由推理 AI 系统和模式匹配 AI 系统完成的。

推理——专家系统

推理 AI 系统有很多种类型。为简单起见，我们在这里只讨论专家系统(expert system)，它是最早的 AI 系统之一。这些系统试图直接获取专业知识。

专家系统是基于规则的系统，它以 If/Then 规则的形式对来自人类知识的数据进行编码。这些规则指出：如果存在特定条件，那么应采取某些操作。图 5-5 列出了诊断心脏病的医学专家系统的一些规则。

为了创建规则系统，来自专家系统开发团队的知识工程师在感兴趣的领域访问了人类专家，如图 5-6 所示。心脏病的诊断规则是由知识工程师通过访问心脏病专家而获得的。这些规则存储在专家系统中，有时也将其称为知识库(knowledge base)。在开发阶段之后，用户与实时系统交互，将这些规则应用于特定的心脏病患者。

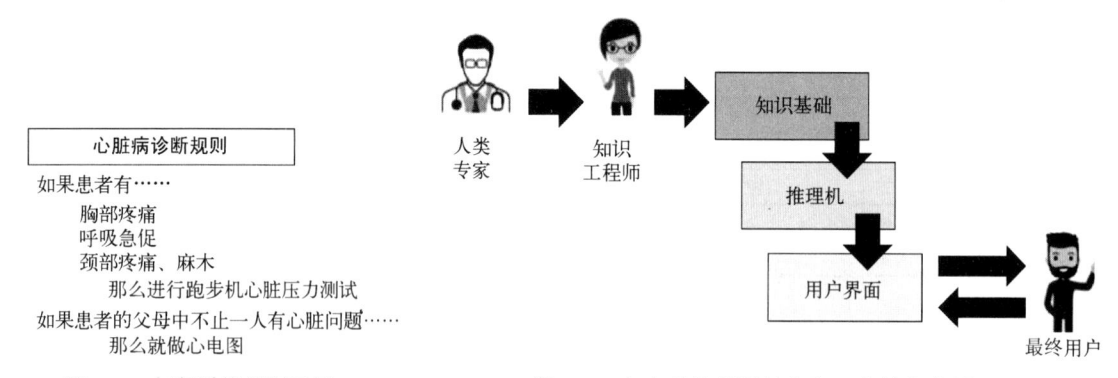

图 5-5　专家系统规则示例

图 5-6　专家系统规则的获取、存储和应用

与传统的计算机程序不同，专家系统依赖于推理机(inference engine)。推理机将逻辑规则应用于知识库中，从而推导出新的知识。对于心脏病患者，推理机从用户获取输入，并通

过一系列If/Then语句创建新的知识——为该患者提供诊断。

这些特定患者的规则和输入如图5-7所示。左边输入一个特定患者的情况，右边是规则。最终用户(医疗专业人员)输入患者的情况、症状、病史和化验结果。然后，推理机应用这些输入来生成一个分级诊断集。这不仅可以产生诊断结果，还可以给出诊断依据，这样医生就可以看到专家系统推理的细节。

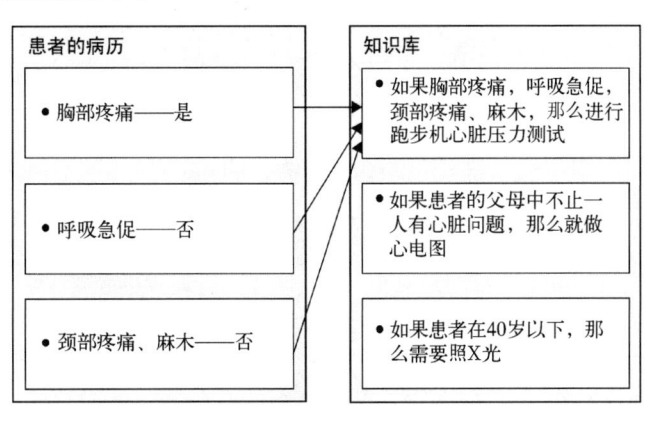

图 5-7 推理机

匹配模式——神经网络

AI系统有几种用于匹配模式的技术。这里我们描述了一种最有前途的方法，即神经网络方法。

神经网络(NN)是一种AI技术，其灵感来自人类大脑和中枢神经系统中的神经元网络。我们的大脑由1000亿个神经元组成，它们每秒可以改变10~100次状态。

就像我们的大脑一样，神经网络是一种由节点和连接组成的、具有学习能力的自适应系统。这些神经网络也被称为人工神经网络(ANN)。神经网络的常见应用领域包括Google的语言翻译器、拼写检查器、计算机视觉、车辆控制、游戏和语音识别系统，比如iPhone Siri和Amazon Alexa。

图5-8显示了一个简单的三层网络，用于手写数字识别。神经网络有一个输入层、一个输出层和多个隐藏层。为简单起见，图5-8以单个隐藏层为例进行说明。

就像我们身体中的神经元集合一样，神经网络中的每个节点都连接到许多其他节点，这些节点一起工作，产生输出。这个神经网络将输出结果与正确答案进行比较，然后调整神经元放电和相互影响的方式，以便在下一次产生更好的输出。在图5-8中，4个输入节点分别为"有直线吗？""有对角线吗？""有闭环吗？"和"有交叉线吗？"，输入层中的每个节点都有一个权重；如果我们认为对角线是数字7最明显的特征，则它的权重最高。为简单起见，我们只列出是/否输入节点。隐藏层节点是根据权重组合输入节点的数学函数。

一旦设置好初始权重，网络就会展示一个试运行过程，比如给出100个实验案例，以及每个实验案例的正确答案；其中可能有60个是数字7。网络本身决定节点权重的新值，并使用新权重重新运行100个实验案例。它继续尝试新的权重组合，直至无法再提高精度时为止。

机器学习

这种神经网络技术是机器学习(machine learning)的一种方法。机器学习是一个更广泛的术语，包括所有使用算法发现数据模式并评估自身性能的技术。前面识别数字7的例子也属于机器学习,因为它提供了 100 个实验案例,并允许修改权重,直至达到最佳精度。除了开发阶段,机器学习也可以出现在使用阶段。如果用户告诉系统,数字 7 是错误的,那么系统可以调整其权重并继续学习。神经网络通过调整权重来实现机器学习。

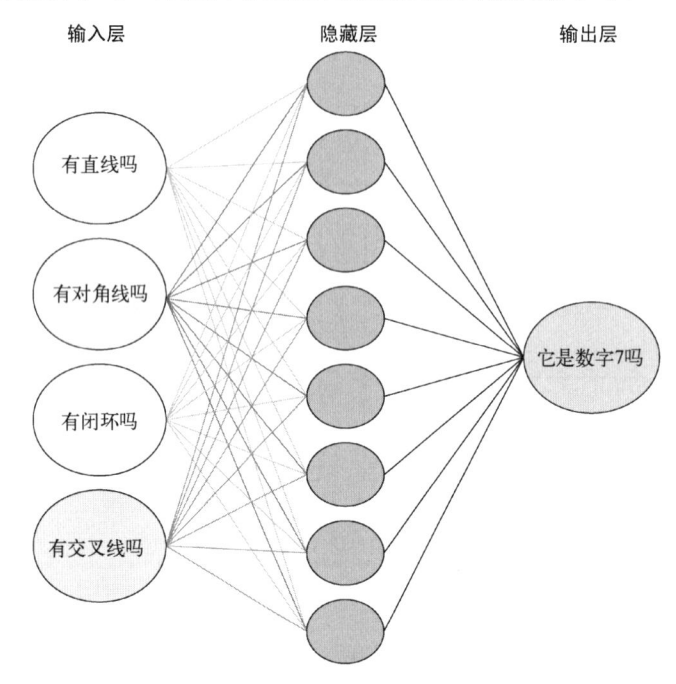

图 5-8　一个识别数字 7 的简单神经网络

机器学习的一个更好的例子是垃圾邮件过滤器。一个具备机器学习能力的神经网络会观察用户从杂乱的垃圾邮件文件夹中"抢救"哪些邮件,并找出一种模式,以便可以更准确地过滤以后收到的邮件。垃圾邮件过滤器还将继续从日常使用中学习。

这种类型的机器学习称为监督机器学习(supervised machine learning)。在监督机器学习中,我们在训练 AI 系统之前就已经有了一个关系或模型。在本例中,我们的模型是一些单词、短语或句子,可以根据这些模型将邮件分类为垃圾邮件或非垃圾邮件。在无监督机器学习(unsupervised machine learning)中,我们事先不知道数据的结构。例如,我们有上百万的消费者购买记录。我们并不是通过让 AI 去寻找能够预测大销量的变量来监督它;相反,我们要求 AI 找出模式。AI 可能会发现,周一是最赚钱的一天,来自某个地区的客户在线购买的图书最多,或者购物频次高的客户所占的总利润最少。

深度学习

之前我们说过,神经网络通过调整权重来完成机器学习。当神经网络调整不同层的权重时,它还展示了一种称为深度学习(deep learning)的特殊机器学习类型。再次考虑垃圾邮件过滤器的例子。该过滤器分析单词、短语、主题行、日期和其他属性。这些属性位于不同的层,单词位于相对低的一层,短语位于其上一层,然后是句子,以此类推。这种多层神经网络如图 5-9 所示。它在第一层对"immediately"和"discreet"等单个单词进行评分。它还会评估像"discreet shipping"和"please send money"这样的短语,以及再上一层的完整句子。神经网络为所有层分配权重,并根据提供的训练数据(已知的垃圾邮件)来调整这些权重。一旦部署完毕，当神经网络观察到用户从垃圾邮件文件夹中"抢救"电子邮件时，它会更新所有层的权重，以避免再次犯同样的错误。这是一种机器学习，因为神经网络在你的选择上比较它的性能；这也是一种深度学习，因为神经网络使用不同层次的权重来改善这种性能。

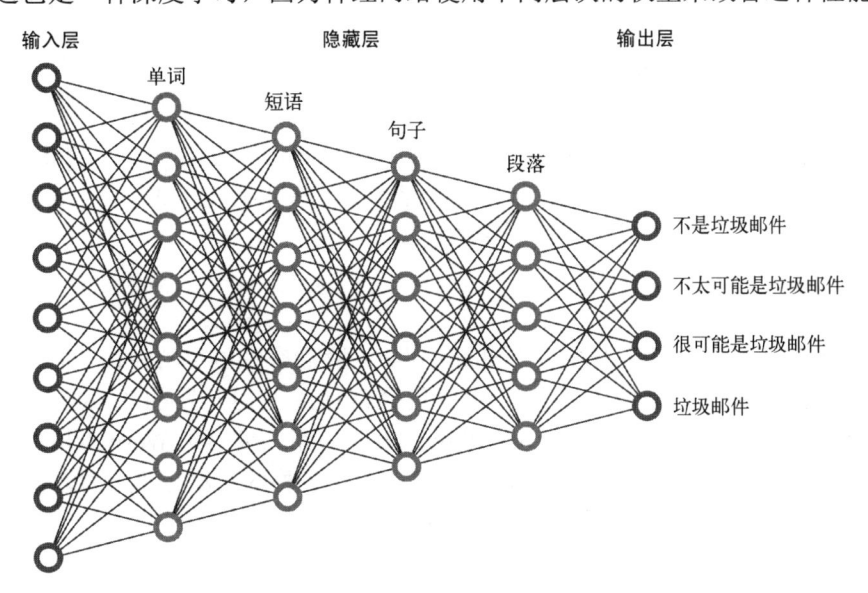

图 5-9　垃圾邮件过滤器的多层神经网络（来源：All_is_magic/Shutterstock）

Google 搜索和面部识别软件是深度学习的两个常见例子。如果你输入了一个 Google 搜索从未见过的搜索词句，那么它需要识别你输入的单词中哪些与它已经理解的单词和短语的含义大致相同。通过深度学习，它会从你的词汇中提取出它认为不常见的搜索部分，然后转移到上一层。Google 搜索把自己知道的单词、短语和句子拼凑在一起。如果搜索结果不正确，Google 搜索将尝试在下一次有人输入该搜索时在不同级别上调整它给出的权重。深度学习也有助于面部识别。该系统了解眼睛的形状和鼻孔的距离，并将它们组合成中央面部的一部分，然后将头发和耳朵的数据添加到上一层。面部识别是机器学习，因为如果在使用时出错，会向该系统发送数千张面孔对其训练并要求反馈；面部识别也是深度学习，因为它会在不同层调整权重。

使用神经网络技术的模式匹配 AI 系统还包括自然语言处理（natural language processing，NLP）。自然语言处理研究 AI 系统如何获取、存储和应用自然语言数据，以及计算机如何从人类语言中寻找意义。NLP 被 Siri 和 Alexa 使用，是本章后面课堂练习的主题。在一个自然语言处理系统中，不同的层试图在一个言语行为中找出不同的东西。在较高层，算法需要判断言语行为表示陈述句还是问句，但是要做到这一点，该系统必须首先在较低层判断给定句子中的单词具有哪些词性，如名词、动词和形容词。如果在一个问句中，"answer"是一个动词，但系统经常错误地把它当作名词，那么当言语行为表示一个问句时，系统可以使用深度学习来增加"answer"作为一个动词的权重。通过这种深度学习，系统中储存的人类语言知识将不断扩展。

Q5-5　AI 如何支持业务流程？

许多业务流程都由这两种类型的 AI 系统支持，图 5-10 列出了一些常见的流程。我们简要概述了前四个流程，作为 AI 支持的流程示例。

流程：医学诊断

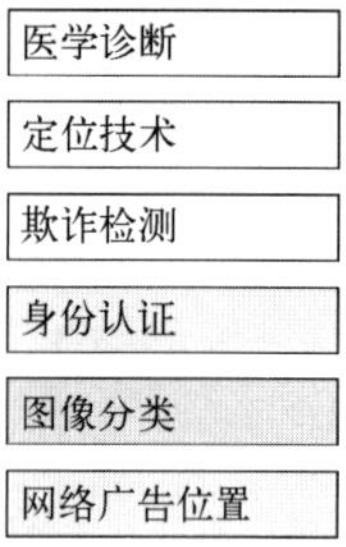

患者可以使用 AI 专家系统来诊断并更好地了解自己的疾病。一个名为 WebMD 的专家系统会向患者询问一系列有关其疾病的问题，然后将他们的答案通过该专家系统进行分配的，最后做出诊断。

最近，IBM 的 Watson 已经了解了癌症和各种治疗方案。它阅读每天新发表的 8000 多篇研究论文，继续获取知识。目前，Watson 正在为大约 30% 的患者建议新的、医生没有选择的治疗方案。医生们也考虑了 Watson 的解释，并对一些患者采纳了它的建议。

图 5-10 人工智能支持的业务流程

流程：定位技术

Microsoft 使用领先的商业协作软件 SharePoint 来存储有关员工的知识。他们利用这些知识的一种方式是帮助程序员编写软件。程序员经常使用他们开发的软件应用程序来更新 SharePoint 配置文件。例如，Cal Smith 在 Word 2013 中帮助编写了 Word 表格的代码。如果在开发 Word 2020 的流程中，Microsoft 的一名程序员在表格的自动宽度设置功能上遇到了问题，那么他可以使用 SharePoint 来查找并与 Cal 交流。

流程：欺诈检测

信用卡公司利用神经网络 AI 识别欺诈性交易。神经网络中的节点包括"这张卡在过去的 15 分钟内是否被使用超过 3 次""这笔交易是否在持卡人的住所附近发生""这笔交易是否是在线交易"及"这笔交易是否属于高风险项目"。神经网络的输出是一个是/否的决策，网络会对其决策进行反馈，以便更新其权重。

流程：身份认证

Facebook 建立了一个神经网络来识别和认证人脸。这个名为 DeepFace 的程序识别人脸的准确率可以达到 97%。

Q5-6 AI 有哪些挑战？

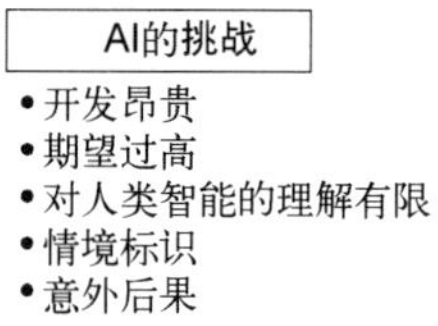

正如我们所看到的，AI 支持业务流程中的许多活动。随着这个活动列表的增长，对 AI 的要求将暴露出它的一些挑战和局限性。下面我们考虑 AI 面临的一些挑战，如图 5-11 所示。

AI 的挑战
- 开发昂贵
- 期望过高
- 对人类智能的理解有限
- 情境标识
- 意外后果

图 5-11 AI 的挑战

开发 AI 既困难又昂贵。一个独立的 AI 应用程序可能需要研究领域中的专家和 AI 设计人员花费大量的时间。第二个挑战是人们对 AI 的期望过高。AI 的支持者希望能够复制医生等训练有素的专家的表现。然而，事实证明，没有任何一个 AI 具有与知识渊博、技术熟练、经验丰富的医生那样的诊断能力。即使 AI 的能力接近了，医疗技术的变化也需要 AI 的不断变化，而要纠正由这些变化带来的问题的代价极高。为了让 AI 获得成功，我们需要更好地理解智能，即大脑是如何工作的。我们目前对心灵如何创造意识，以及对环境和环境中自身的理解非常有限。我们根本不知道有些事我们是如何做到的；正如我们之前所说的，还有很多东西是我们不知道的。

重要的是，AI 的创造力是有限的，而创造力往往是智能所必需的。为了理解创造力的挑战，我们需要考虑情境。情境是指一个事件或想法的环境，它能使人们明白其意义。理解情境对于人类来说很容易，而对于 AI 来说却很难。为了让你理解我的意思，我特意把"people"拼错了。你理解这个创造性拼写错误的情境，但 AI 拼写检查器看不到这个情境，而是希望我修复错误。这些系统没有抓住重点，因为它们没有把握情境。你是否会经常打破规则，创造性地改变情境？有多少次你会选择不同的路线去学校，有不同的作息，或者对朋友说一些令人惊讶的事情？我们一直在这么做；人类总是打破规则，总是创造出难以匹配的新模式。然而，AI 无法理解创造力，因为它无法看到环境中的变化。

最后，AI 可能会产生意想不到的后果。一些专家担心 AI 可能会取代许多目前由人类完成的工作。另一些人则担心 AI 系统将变得如此复杂，以至于人们无法理解它们，在系统出错时，人们会过多信任它们；而在系统正确运转时，人们却不太信任它们。一些专家还担心 AI 可能会发展成自给自足，这是我们接下来要讨论的主题。

广义 AI 对比狭义 AI

这些挑战把 AI 带到了一个十字路口。正如 Google 的一位高级研究员所说，"AI 就像一只抓住汽车的狗。"虽然模式匹配技术的最新进展带来了惊人的成就，但人工智能仍然难以与一个思维敏捷的幼儿进行辩论。这种技术似乎无法解决刚才讨论的挑战。一种方法是考虑 AI 的两个层次——狭义 AI（narrow AI）和广义 AI（broad AI）——如图 5-12 所示。

狭义 AI 和广义 AI 描述了两个层次的智能。狭义 AI 可以完成狭义的智能任务，比如生成推荐信、发现欺诈性金融交易、理解一句话或驾驶汽车。狭义 AI 的另一个例子是智能对话，对于 AI 来说，一个著名的对话挑战就是图灵测试（turing test）。如果 AI 能骗过人类，让他们误以为自己在和真人交谈，那么它就能通过图灵测试。狭义 AI 最近取得了巨大的成功，可能很快就会通过第一次图灵测试。

狭义 AI
• 完成一个特定的、严格定义的任务
广义 AI
• 灵活的、通用的、适应各种环境的智能
奇点
• 自我完善的失控循环
超级智能
• 危及人类生存

图 5-12　AI 的类型

此外，广义 AI 是一种灵活的、通用的智能，可应用于咨询、计划或目标设定等一系列广泛的任务。广义 AI 能够完成这些任务，因为它理解环境的方式与个体的方式类似。许多人认为，广义 AI 还需要很多年的时间发展，所以"精灵还在瓶中"。

尽管面临诸多挑战，但广义 AI 的前景已经让 Elon Musk、Bill Gates 和 Steven Hawking 等技术预言家得出结论：总有一天，一个名为"奇点"（singularity）的事件将会发生。未来学家 Ray Kurzweil 首次提出："AI 将获得足够的智能，从而启动一个自我完善的失控循环，最终导致 AI 与我们为敌。"现在有些人将这种广义 AI 描述为超级智能（superintelligence），一种在任何方面都能超越人类智能的系统——按照 Hawking 的说法，这种智能可能预示着人类的终结。最近，包括 IBM 和 Google 在内的五家大型科技公司建立了合作伙伴关系，共同研究围绕 AI 的伦理问题，并监控其发展。

Google 的首席研究科学家 Peter Norvig 预测了一个不同的、更美好的未来。他看到了人类和 AI 成为合作伙伴的未来。这个未来是以过去为基础的。就像计算机从 20 世纪 70 年代独立昂贵的大型计算机发展到如今融入我们日常生活的笔记本电脑和智能手机一样，大多数 AI 系统也将从独立的实体发展成为用于人机合作的工具。我们可能接触更多的是 IA（intelligence amplification）

而不是 AI，也就是"智能放大"——机器与我们一起工作，而不是代替我们。

虽然人工智能的发展面临诸多挑战，但 AI 的前景表明，这一领域将继续增长，它们对业务流程的贡献也将继续增长。与 AI 一样，机器人也有着发展前景。接下来我们将研究机器人、它们的属性及它们面临的挑战。

Q5-7 机器人的关键要素是什么？

现在我们已经讨论了 AI，即像我们一样思考的机器；再想想机器人，也就是像我们一样行动的机器。机器人现在似乎无处不在——在仓库里搬运存货，驾驶车辆和飞机，在装配线上制造汽车，处理有害物质。很快，无人机将以每小时 40 英里的速度在建筑走廊上飞行，机器人将为我们做饭、照顾我们的孩子和老人。

正如前面提到的，许多关于 AI 和机器人的讨论都将它们放在一个夸张的标题下，比如"机器的崛起"(The Rise of the Machines)。其中一个原因是 AI 的进步导致计算机视觉的快速发展，这反过来使机器人的操作更加有效。

我们建议区分这些概念——AI 支持流程，机器人是物理机器，通常代替人工作。把机器人想象成在流程中扮演角色的演员。作为演员，它们可以作为人类演员的替代品。机器人不是由五个组件组成的 IS；相反，机器人是自动移动的机器。

我们是如何走到这一步的？

与人工智能上下起伏的过山车历史不同，机器人短暂的历史更像是过山车开始缓慢上升的部分。缓慢而稳定的进展已经把它带到了一个令人惊讶的高度。

"机器人"(robot)一词最早出现在 1921 年的一部捷克戏剧中，这部戏剧讲述的是装配线上的机械工人反抗他们的人类主人的故事。这个词来自捷克语中的"奴隶"一词，即"robotnik"。众所周知，"机器人科学"(robotics)一词的首次使用要追溯到科幻作家 Isaac Asimov 在 1942 年的作品 *Runabout*。

现代机器人的工作始于 20 世纪 50 年代早期，以可重新编程的机械手的形式开始，到了 20 世纪 50 年代末，Stanford 大学开发了一个名为"Shakey"的摇摆机器人，它可以通过轮子移动，专注于电视屏幕，并以有限的方式对环境做出反应。在 20 世纪 70 年代早期，机器人可以定位和组装模型。早在 1980 年，无人驾驶汽车就在德国的测试轨道上以每小时 55 英里的速度行驶。到了 20 世纪 90 年代末期，机器人成为一种消费品——Hasbro 的 Furby 玩具在 1998 年圣诞节大卖。2000 年，机器人正在探索遥远的南极洲，收集陨石样本。到了 2012 年，Roomba 吸尘器开始在房屋中旅行，而"好奇号"火星探测器开始在火星上漫游。

Q5-8 机器人如何应用于商业？

下面，我们将研究如何在业务流程中使用机器人，以及它们当前面临的挑战。不过，我们首先要考虑它们的属性——使机器人成为机器人的属性。

属性

机器人是一种自主的、仿生的机器，它可以代替人执行动作。机器人的三个主要属性如

图 5-14 所示。自主（autonomy）意味着至少在一定程度上，可以在没有人类直接干预的情况下进行操作的能力。大多数机器人是仿生的，很多机器人像人或动物一样表演动作。最后，所有机器人都会移动并创建动作。图 5-13 中还给出由机器人完成的各种工作的示例。

机器人名字	机器人属性			示例
	自主	仿生	物理移动	
Warehouse AGV	全自主	像蚂蚁	搬运存货	
Honda ASIMO	半自主	像人类	回答问题	
Big Dog	全自主	像狗	运输设备	
Amazon drone	全自主	像鸟	运输包裹	
Telesurgeon	半自主	像人类的胳膊/手	做手术	
Haz	全自主	不像人类	处理废弃物，履行条例	
Military drone	全自主	像鸟	监视	

图 5-13 机器人的三个主要属性

机器人和 AI 一样，在商业领域之外也有自己的"生活"。这个通用领域被称为机器人技术，包括工程学和计算机科学领域。在这个领域，机器人技术是设计、建造和使用模仿人类或动物动作的自动机器。对于商业目的，考虑机器人的最佳方式是它们对业务流程的影响。机器人是业务流程活动中人类参与者的替代品。图 5-14 列出了这些活动的几个例子，包括它们的流程和流程目标。根据国际机器人联合会（International Federation of Robotics）的预测，未来 10 年，每年将有近 100 万台新机器人投放在世界各地的工厂中。

从图 5-14 所示的各种流程和目标中可以看出，机器人对于商业来说非常重要，因为它们可以在追求流程目标方面发挥越来越广泛的作用。图 5-14 还显示了机器人通常扮演枯燥（dull）、肮脏（dirty）和危险（dangerous）的角色。利用这三个"D"是判断一个角色是否更适合机器人而不是人类的好方法。为了展示角色的多样性，我们接下来描述枯燥、肮脏和危险的角色，并给出机器人在这些角色中的例子。

机器人名字	活动	流程	目标	角色
Warehouse AGV	搬运存货	包装	速度	枯燥
Honda ASIMO	回答问题	用户服务	成本和服务	枯燥
Big Dog	运输设备	军队/警察行动	更多的载重	肮脏
Amazon drone	运输包裹	销售	更低的成本	枯燥
Haz	处理废弃物	消除	安全	肮脏
Military drone	监视	监视	巡逻、曝光	危险

图 5-14 机器人活动、流程、目标和角色

枯燥

枯燥的角色指的是完成无趣、乏味、重复的任务。机器人有许多这样单调、无聊、乏味的角色。在本章开篇的小插曲中，CBI 打算使用机器人来组装滑板车。在 Amazon 物流中心，机器人负责搬运存货，为负责存放或拣选产品的人提供货架。

另一个极其枯燥的工作是检查油漆的干燥情况。机器人不分昼夜地、孜孜不倦地寻找油漆表面的各种缺陷，这一角色在汽车和航空航天领域很受欢迎。另一个负责重复工作的角色是 Ford 的"Robutt"，它要在汽车座椅上"坐" 25 000 次，以测试新设计。

肮脏

肮脏的角色即在被污染的环境中从事极不卫生的工作，这类工作会对人类的健康构成威胁。机器人非常适合从事下水道探查、矿山勘探、废弃物处理和牲畜饲养等工作。

其中一个例子就是下水道清理工作。当下水道出现问题时，工作人员会关闭管道，并插入一个机器人来检查和清洁管道。在这项工作中，机器人还会存储有关压力、温度和化学成分的数据，并分析这些数据，可以更好地了解污染物的种类、感染疾病的风险和清洁剂使用。

另一种从事肮脏工作的机器人是 Row-Bot，它在脏水中游动，张开"嘴巴"收集微生物，其携带的微生物燃料电池利用这些微生物来产生游动所需的电力。这些设备是可生物降解、自主应对污染的机器人先驱，有朝一日可能有助于中和海洋的藻华和浮油。

危险

机器人可以代替人类从事危险的工作，从而使人类免受伤害。常见的应用包括军用无人机、太空探索、排雷和炸弹引爆。

无人机已经被军事单位用来降低军事人员的风险。多旋翼无人机能够以领先的速度和机动性去侦查难以进入的区域。无人机还被用于科学任务，可以直接从火山云中收集测量数据，以及获得难以接近的火山山口的视图和热图像。

机器人的另一个常见的危险工作是拆弹。拆弹是机器人最初的任务之一，但最初的装置很简陋。如今，拆弹机器人具备了触觉反馈技术和虚拟现实界面。

机器人面临的挑战

机器人对商业的吸引力越来越大；然而，我们发现机器人也会给工作带来一些麻烦。如图 5-15 所示，许多研究表明，机器人会导致失业——它们抢走了人类的工作。另一些人则担心执行军事行动的自动化机器的道德问题，因为这些机器有可能危害人类的生命。最后，有些人担心，随着我们越来越依赖机器人，我们更容易受到这些机器人的威胁，如黑客攻击、病毒或电磁脉冲（EMP）。

机器人面临的挑战
• 人类失业
• 对人类生活的伤害
• 容易受到威胁
• 保障措施

图 5-15 机器人面临的挑战

随着无人驾驶汽车的出现，责任的界定可能成为一个挑战。在现行的侵权法中，一个人对另一个人的责任是以过错为基础的。然而，如果无人驾驶汽车是事故的原因，那么谁是罪魁祸首？是所有者，制造商？还是软件设计人员？若事故是故意造成的呢？也就是说，如果无人驾驶汽车伤害了乘车人，以避免可能造成更大伤害的灾难性事故，那该怎么办？这些问题将影响航空业和任何在"人"附近使用机器人的组织。虽然这些挑战限制了机器人的使用，但我们缺乏想象力也限制了它们的使用。我们常常无法想象，为了实现同样的目标，我们可以用与人不同的方式来使用机器人。当机器人以不同的方式进行活动，仍能完成相同的目标时，就有可能降低成本和改进流程。例如，如果驾驶座位上的人形机器人不负责转弯，那么选择 Google 汽车就会更好。在仓库中，人类通过驾驶叉车来搬运存货；但一些机器人只要移动到相应位置即可搬运和转移货物。不同的机器人有不同的动作。

对职业生涯的影响

人类将在劳动力市场上与 AI 和机器人竞争，它们将对就业和工作方式产生震撼性的影响。这些变化将明显影响日常的体力和脑力工作。在开篇的小插曲中，机器人将负责 CBI 的滑板车组装工作。据估计，超过 1 亿份常规工作面临着来自机器的直接竞争。在这些工作中，机器有诸多优势——效率、速度、质量、规模、一致性和减少伤害，如图 5-16 所示。

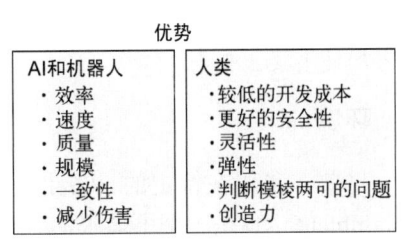

优势	
AI 和机器人	人类
·效率	·较低的开发成本
·速度	·更好的安全性
·质量	·灵活性
·规模	·弹性
·一致性	·判断模棱两可的问题
·减少伤害	·创造力

图 5-16 AI 和机器人的优势，人类的优势

人类也有自身的优势——较低的开发成本和更好的安全性。爱因斯坦认为人类具有更大的灵活性和弹性：衡量智力的标准是改变的能力。图 5-16 中倒数第二行的人类的优势尤为重要。当需要判断时，人比机器要好得多。机器只能理解客观的、可重复的、程序化的度量。它们擅长客观输入，比如流水线上机器人的时间输入、自动驾驶仪的高度输入，以及 Web 页面上每个文本框的输入完整性——客观输入，常规动作。

此外，人类具有处理不确定或模棱两可的输入的独特能力。例如，机器可以测量电影的长度、声音的变化和进行评级，但只有人类可以评估它的质量，因为对质量的评估是基于模糊的输入。在输入不明确的情况下，可以依靠人类来进行诸如疾病诊断和治疗、风险评估、人际沟通和互动及学习等活动。在需要做出判断时，人类善于处理模棱两可的问题。最后，人类是有创造力的。我们总是打破规则，寻找例外情境。有一天，你可能会在一个会议上听到某人这样说："数据显示，上个季度就和 5 年前一样。"如果你认为 5 年前的数据不适合进行比较，你可能会说，"不，数据更像是 10 年前的。"大多数人会欣赏你打破常规思考的尝试，以及提出一个有创意的替代方案。我们天生具有创造力，但我们的 AI 朋友却不行。我们的创造力意味着人类可以将一些知识应用于任何领域。你可以了解你的公司应该开始和停止推广的产品，谁是最好的经理，如何帮助客户，为什么你的朋友今天没有动力。你可能会在一小时内同时完成所有那些定义的和未定义的、请求的和未请求的任务。Alpha Go、Watson、Siri 及其他价值数百万美元的 AI 代理或机器人甚至无法找到与这些创造性任务相关的数据。

在本章中，我们介绍了 AI 及其支持的业务流程。我们还描述了机器人的概念和机器人在业务流程中执行的活动类型。对于 AI 和机器人，我们也强调了有效使用它们的挑战。虽然这些商业机会和挑战是值得重视的，但 AI 和机器人对我们社会的影响将大大超过它们对业务流程的影响。这些都是颠覆性的技术，我们通过考虑这些技术发展的下一个阶段来结束这一章。

Q5-9　2031 年，新的 AI 和机器人将会影响流程吗？

随着大规模投资衍生出新的可能性，商业将以新的方式使用 AI 和机器人。这些进步大部分是在 AI 领域，但 AI 的进步也将产生更智能的机器人。这里将重点关注商业领域，我们预计在 2031 年之前将出现四个重大发展：自治数据库、环境 AI、深度伪造和在医疗保健领域的扩大使用。

自治数据库

自治数据库(autonomous database)是一种利用非结构化数据、应用 AI，并由此创建数据库的系统。系统决定表、字段和关系。自治数据库决定如何以一种可以在将来找到所有数据的方式来组织数据，即自配置数据库。相比之下，当人类构建一个数据库时，经常在设计或安全方面产生错误，导致其无效、低效、不安全，或三者兼而有之。Oracle 在这项技术上投入了巨资，以吸引客户使用其云服务。

环境 AI

目前，我们在特定的设备上与 AI 交互，这使得实体接触变得不再频繁且有限。环境 AI(ambient AI)是一个不显眼的、无所不在的系统，它通过声音、手势或其他自然方式自动响应我们的输入。这种系统将通过安装在电视、墙壁、电器、衣服、眼镜，甚至我们身上或体内的小型传感器进行监视和监听。这将"使互动更丰富、更频繁"。这种系统将不间断工作，允许我们与其他设备互动，采取行动，移动数据，获取答案。想象一下，你家里的每个房间都有一个 Alexa，这个 Alexa 可以观察你的手部动作和手势来理解你想要它做什么。通过这种方式，我们将更经常地与 AI 合作，之前我们称这种合作关系为智能放大。

深度伪造

之前我们提到过自动化新闻，这是一种由 AI 驱动的撰写报道和故事的方法。BBC 最近使用自动新闻系统撰写了近 700 篇关于数百个不同选区近来选举的文章。这种极佳的工作效率也带来了一个问题——深度伪造的文章。"深度伪造"指的是并非为了误导别人而编造的故事或图片。

深度伪造(deepfake)一词(见图 5-17)是深度学习(deep learning)和伪造(fake)的合成词。AI 的发展将使深度伪造与真实故事越来越难以区分。最近，Elon Musk 支持的研究团队 OpenAI 创造了一系列 AI 驱动的深度伪造。这些故事编写得非常好，但是 OpenAI 很快就停止了这个项目，因为担心研究结果会被那些有不良企图的人所利用。如果 AI 系统能够发展出像人类一样讲故事的能力，或者能够以我们无法察觉的方式改变图像和视频，那么它对公众信任度、社会凝聚力、安全和隐私的影响可能是破坏性的。

图 5-17 AI 驱动的深度伪造(来源：Shuttersv/Shutterstock)

医疗保健

未来十年，医疗 AI 将会使医疗保健更加准确和高效。目前，医疗保健流程非常低效——调度、报告、入院和数据共享将因 AI 而变得更加高效。AI 还将支持疾病治疗。AI 将通过分析数千名之前患者的基因数据和治疗方法，帮助医生为新的患者匹配可能的治疗方法。AI 驱动的无人机已经开始运送用于移植的人体器官，无人机还将用于向偏远地区和急救人员运送药品。此外，AI 将越来越多地用于提高患者诊断的准确性。AI 可以将患者的检测结果与以往类似的患者进行匹配，从而找到并建议高度专业化的治疗方案。医疗领域的机器人可以测量体温、给患者送药，还可以执行其他枯燥、肮脏、危险的任务。

课堂练习

在这个课堂练习中，我们将使用智能手机学习智能语音助手的自然语言处理能力。由于 NLP 的快速发展，像 Apple Siri、Amazon Alexa 和 Google Assistant 这样的助手越来越受欢迎。

首先，由 3~4 个学生组成小组。每个小组至少要有一名学生使用 Android 手机，一名使用 iPhone 手机。每个小组应回答以下问题：

1. 对于大学生来说，智能语音助手最常见的三种用途是什么？
2. 可以向智能语音助手提问的一件不同寻常但很有用的事情是什么？
3. 试试下面这句话："嗨，Siri，我告诉 Susan 把 7:30 的闹钟打开。"发生了什么？
4. 试着问："嗨，Siri，Amazon 昨天的收盘价是多少？"，然后问："Amazon 过去 3 天的平均收盘价是多少？"
5. 试着问："短吻鳄会掷标枪吗？"
6. 你对问题 3、4 和 5 的答案感到惊讶吗？

为了评估智能语音助手，可以试着让它们读电子邮件、数学书或者问其他琐事，比如你的下一张账单何时到期；让它们播放或识别音乐，或者播放你昨天听过的音乐。也可以试着让它们讲个笑话，查询不同地点之间的距离或者电影放映时间。

7. 比较 Android 和 iPhone 系统，你更喜欢哪一个？

道德指南

面部识别技术（FRT），就像之前的其他重要技术一样，可以让我们的生活变得更好或更糟。FRT 可以帮助防止零售盗窃、筛查飞机乘客、解锁手机、改善广告宣传、寻找失踪人员、帮助盲人、协助法医调查，以及在社交媒体上识别他人。虽然它最常见的用途是验证个人身份，但有一些不常见的用途包括接待酒店客人、在相亲网站上为人们牵线搭桥、帮助学校管理考勤，以及识别未成年饮酒者。这些不同的任务导致了 FRT 应用的快速增长，根据一些报告，美国 FRT 市场预计将从 2019 年的 32 亿美元增长到 2024 年的 70 亿美元。提高识别率的新技术层出不穷，比如 3D 技术和皮肤纹理测量技术。

当警察使用面部识别软件（见图 5-18）时，结果可能会令人印象深刻。据估计，世界各地数以千计的执法机构开始使用面部识别软件来帮助识别罪犯、寻找证人和追查公开案件中的线索。在一个案例中，印第安纳州警方使用 FRT 应用程序实现了在 20 分钟内结案。

与其他身份认证系统一样，FRT 只是用算法将一张图片中生成的唯一代码与一组现有代码列表进行匹配。为此，FRT 软件制作了一个人的面部图像模板，并对面部特征进行测量。其中包括两眼之间的距离、鼻子的宽度和下巴轮廓的长度。这些面部地标测量值被转换成一种独特的代码，可以与来自现有图像的代码进行比较。

出于执法目的，这些已知的照片和先前存在的代码是从多个地方找到并编译的，包括驾照数据库、政府身份识别记录、面部照片或 Facebook 和 TikTok 等社交媒体账户。

一些 FRT 公司开始支持政府使用面部识别。这些公司从 Facebook、YouTube 等社交媒体网站及支付网站 Venmo 和其他网站提取了数十亿张面部图像。利用这些图像，FRT 公司试图帮助执法部门追踪数百名在逃罪犯。FRT 还被用于帮助无罪的人脱罪，并确认相关的受害者。执法人员开始认识到 FRT 在识别罪犯和肇事者方面的价值。

执法部门使用 FRT 的目的是抓住危险的罪犯，解决悬案，使社区更安全。FRT 公司为许多执法机构提供免费的评估机会。纽约南区联邦检察官办公室、Macy's Walmart、Eventbrite、NBA、Coinbase 和 Equinox 等机构都有 FRT 系统。联邦和州的执法官员告诉《纽约时报》，他们曾使用 FRT 应用程序解决过入店行窃、谋杀等案件。

并不是每个人都喜欢执法部门使用 FRT。"这是一场隐私、安全和公民自由的噩梦"，美国公民自由联盟的律师 Nathan Freed Wessler 说。"工作人员不应该在没有防范滥用的措施的情况下，把我们的脸和一个秘密收集数十亿张照片的数据库进行比对。"其他担忧还包括由于安全漏洞而导致的图像被盗风险，以及无法区分真实和篡改的图像。

讨论题

1. 在你看来，使用 FRT 是否道德？在你的回答中同时使用绝对命令和功利主义的概念。
2. 对 FRT 的使用有什么措施？
3. 如果你的家人是犯罪行为的受害者，你的回答会不同吗？
4. 在哪些情况下 FRT 可以用于公共卫生事业？
5. 组织如何使用 FRT？这些业务用例是否产生了其他问题？

图 5-18　面部识别软件（来源：Andry_Popov/Shutterstock）

主动复习

Q5-1　什么是 AI？它为什么重要？

描述智能流程。解释智能流程的三个活动和两个阶段。在使用阶段，解释相关的两个子活动。定义知识，并给出一个具体的例子来论证它。描述知识管理及其与智能流程的区别。请解释 AI 过山车般的历史。

Q5-2　AI 流程的目标是什么？

解释推理 AI 系统及其工作原理。推理 AI 系统的目标是什么？描述模式匹配 AI 系统。解释模式匹配 AI 系统的目标与推理 AI 系统的目标有何不同。

Q5-3　AI 系统的关键组件是什么？

描述 AI IS 的五个组件。解释算法和布尔值。描述人员在开发和使用阶段所扮演的角色。

Q5-4　AI 系统如何支持 AI 活动？

解释 If/Then 规则并给出一个例子。描述一个专家系统知识库和推理机。解释人工神经网络的层次。描述机器学习和深度学习。解释有监督和无监督机器学习之间的区别。描述自然语言处理和 AI 如何理解人类语言。

Q5-5　AI 如何支持业务流程？

列出 AI 支持的几个业务流程。解释 AI 如何支持特定的业务流程，以及 AI 如何改进该流程。

Q5-6　AI 有哪些挑战？

解释为什么 AI 的开发成本很高。描述一下为什么 AI 经常达不到很高的期望。解释对心灵的有限理解是如何限制进步的。解释情境及为什么它对 AI 很重要。对比狭义和广义 AI，并解释图灵测试。

Q5-7　机器人的关键要素是什么？

机器人与 AI 有何不同？描述机器人的历史和关键日期。

Q5-8　机器人如何应用于商业？

解释机器人的三个属性。给出一个机器人的例子，机器人所做的活动，以及流程的目标。解释三个"D"的含义。解释使用机器人的挑战。描述 AI 和机器人的优势及人类的优势。

Q5-9　2031 年，新的 AI 和机器人将会影响流程吗？

描述一个自治数据库。环境 AI 将如何影响我们使用 AI？描述一篇深度伪造的假新闻。请解释 AI 在未来几年将如何影响医疗保健。

关键术语和概念

算法
自然语言处理（NLP）
自治数据库
推理 AI
广义 AI
狭义 AI
专家系统
图灵测试
推理机
知识库
智能

狭义 AI
人工智能（AI）
模式匹配 AI
布尔值
机器人科学
深度伪造
奇点
无监督机器学习
监督机器学习
知识管理

环境 AI
神经网络（NN）
自主
机器人
深度学习
超级智能
老式 AI（GOFAI）
If/Then 规则
知识
机器学习

课后习题

5-1 在网上搜索一下常见的 AI 系统,比如 Amazon Alexa 或 IBM Watson。举例说明系统如何获取、存储和应用知识。在示例中具体指明知识。

5-2 访问相关的医学诊断网站,在搜索栏输入一些症状,观察专家系统是如何给出一般性诊断的。

5-3 查看维基百科的"人工神经网络(ANN)"词条,阅读关于神经网络的介绍。描述一个成功应用的神经网络的例子。

5-4 在 Internet 上搜索深度学习 AI 的例子。
    a. 描述一个企业如何利用深度学习改进其常见的业务流程,如采购、销售或招聘。
    b. 解释该流程的一个可能目标,以及你的 AI 应用将如何改善这一目标。

5-5 参考图 5-10 的例子,描述你的大学或学院使用的业务流程,以及 AI 如何使该流程更加有效。

5-6 如图 5-14 所示,机器人的角色是枯燥、肮脏和危险的。利用 Internet,举例说明这三种类型的机器人,并描述它们的用途。

5-7 再次以图 5-14 为例,描述你的大学可能使用的机器人。
    a. 在答案中具体说明机器人将扮演的角色的工作流程。
    b. 描述该流程的一个可能目标,以机器人将如何改进这个目标。

协作练习

1. 扮演专家的角色,试图制定明确的规则来识别数字 9。团队中的每个人创建自己的规则列表来识别数字 9。
    a. 写下所有学生制定的全部规则。
    b. 讨论之后,写下一个最终的规则列表,消除重复的规则,增加新的规则。
    c. 确定每个规则的权重;权重之和必须为 1。最重要规则的权重最高。
2. 做与上面相同的练习,这次生成约会规则。同样,每个团队成员写下他们自己的规则,团队列表是通过协作创建的,权重分配方式是一致的。
    3. 创建规则,以适用于选择下学期的课程。

案例研究

Alpha Go

如本章所述,AI 系统最近取得了许多成功,包括国际象棋比赛、图像分类、自然语言处理、无人驾驶汽车、视频游戏等应用领域,以及用于某些癌症的检测。这里我们讨论另一个成功案例。Google 的工程师团队创造了一个名为 Alpha Go 的系统来玩围棋游戏。

围棋是一种 16×16 的双人棋盘游戏,如图 5-19 所示。白棋和黑棋交替走棋,每次在棋盘上放一枚棋子。目标是用仅由你的棋子组成的连续的边界包围单元格。

围棋被认为是比国际象棋更难由 AI 破解的游戏,其战略和战术比国际象棋更具有定性和主观性，它有更多的可能走法。2016年初，Elon Musk曾表示，AI还需要10年的时间才能战胜一位顶级选手。

2015年，Google的AI团队DeepMind创建了一个机器学习系统，它依靠神经网络来学习和改进动作。2016年3月，Alpha Go挑战了世界围棋冠军李世石。这次比赛的获胜者将获得100万美元。该事件成为纪录片 *Alpha Go* 的核心事件，这部电影也获得了无数奖项和荣誉。

图 5-19　围棋棋盘和棋子（来源：Ben Bryant/Shutterstock）

剧透：这场比赛分五局，除第四局外，Alpha Go 都赢了。*Science* 杂志称这一事件为本年度科学上的重大突破之一。

Alpha Go 的一个动作特别能说明问题，人们对它的反应也是如此。第二局，在第37步，Alpha Go 在一个非常意想不到的地方放了一枚棋子。评论员和 Alpha Go 团队成员似乎感到震惊和尴尬，质疑 Alpha Go 为什么不按常规。它怎么会做出如此明显不连贯的举动呢？然而，随着棋局的发展，这一步被证明是 Alpha Go 获胜的关键。对这一事件的一种解释是，人类专家可能无法分辨 AI 创造的一步妙棋和一步差棋之间的区别。这就产生了一个问题。如果这步棋是糟糕的，那么 Google 工程师应该修复它，但他们如何在下这步棋时判断它是好是坏？当然，这只是个游戏。但是，随着我们越来越依赖 AI，我们会接受 AI 操作防火墙、交通工具、癌症治疗计划或手术刀，并出乎意料地做出一些我们无法解释的事情吗？

另外要注意的是，虽然结果肯定令人印象深刻，但成本也同样令人印象深刻。Google还没有公布成本，但有人估计，490万场比赛的计算能力和硬件可能花费超过5000万美元。这个数字还不包括团队成员或顾问的薪水。

问题

1. 在网上搜索未来5年AI的进展。哪种进步对社会最有益，哪种进步最令人担忧？
2. 你正在开发一个下围棋的专家系统。举三个你可能会用到 If/Then 规则的例子。
3. 开发一个模式匹配AI系统。描述三个输入节点和输出节点。
4. AI面临的一个挑战是识别情境。如果你改变游戏规则，Alpha Go 的效率就会大大降低。一个例子就是允许玩家移动已下的棋子。还有哪两个规则变化会改变情境？
5. 接下来AI还会在哪些游戏和活动中获胜？图5-16列出了AI、机器人和人类的优势。根据该图，什么样的游戏或活动对机器来说是最难的？为什么？

第 6 章

信息系统安全

　　Bob Horan 是 CBI 的首席执行官，他刚刚结束了一段漫长的、横跨几个大洲的旅行，调查 CBI 供应链的新选择。他去过墨西哥、南美的几个国家和东南亚的几个国家。

　　在访问期间，许多人告诉他，CBI 在海外扩张供应链可能会带来意想不到的数据安全问题。这个问题一直缠绕着他。回来后，他安排了一次与 Ivan Zeigler 的会面，后者是一位被推荐给他的安全专家。Ivan 建议他们周末在 CBI 的仓库见面。虽然 Bob 认为这种保密程度有点极端，但他太好奇了，没有拒绝。

　　Bob 在一张小桌子旁坐下，问道："Ivan，你是做安全的哪一部分的？"

　　"我就是所谓的'白帽黑客'。一个好人，但却有坏人的技能。我知道大部分坏人用来窃取数据的伎俩。是大部分，不是全部。"

　　"我想，它们一直在变化。"Bob 认为 CBI 可以使用 Ivan 的技能，所以他问，"一个白帽黑客需要多少钱？"

　　"我每小时收费 1100 美元。头等舱出行。我为价值数十亿美元的跨国公司工作。"Ivan 说话带着浓重的东欧口音。

　　"哇！如果你能得到它，那就是好工作。"Ivan 没说话。

　　"嗯，"Bob 继续说，"像你这样的技术专家，我们雇不起，但请告诉我们从哪里开始。"

　　"好吧，假设你已经做好了基本的安全措施，密码、防火墙、员工培训，我猜你最大的风险是数据损失。"

　　"你是说就像几年前 Sony 的情况？"

　　"这样。"Ivan 说得很慢，Bob 开始怀疑 Ivan 是否在那里扮演了一个专家角色，但他没有说出这个想法。

　　"你或你的 IT 人员应该关注的一件事是数据损失预防软件。"

Bob 在手机里输入了这个术语。

"它也被称为 DLP。目标是在数据被获取或滥用的时候捕获数据。但是很复杂。"

"好的,我可以上网查一下。"Bob 听起来很乐观。

"你真的需要一些帮助。你可能会浪费很多钱,却得不到你想要的保护。"

"每小时 1100 美元不行。我们这些天一直在挣扎。"

"我很专业,也很贵。但你能以低得多的价格找到有能力的顾问。"

"但在哪里?"

"多年来,医务人员一直在处理安全问题。看看那里。医学界太关注流行病了。我敢打赌他们的安全顾问都在找工作。HIMSS。"

"那是什么?"

"一个医疗 IT 人员的大型会议。去那里;它非常庞大,但三天可以让你学到很多关于数据安全的知识,你还可以建立联系。"

"谢谢你,Ivan。"

本章概述

Q6-1 什么是信息系统安全?
Q6-2 最大的威胁和潜在损失是什么?
Q6-3 移动设备特有的额外威胁和损失是什么?
Q6-4 个人应该如何应对安全威胁?
Q6-5 组织应该如何应对安全威胁?
Q6-6 技术和数据安全保障如何防范安全威胁?
Q6-7 人力安全保障如何应对安全威胁?
Q6-8 组织应该如何应对安全事件?
Q6-9 2031 年将面临哪些安全挑战?

本章预览

Bob Horan 很担心——而且理由很充分。安全故障对于个人和组织来说都是昂贵的。你只需要看看今天的新闻,就知道为什么 IS 的安全是如此重要。Sony、Target、Tinder、Home Depot、Snap、Verizon、Yahoo、医疗保健机构及美国联邦政府的安全故障正变得越来越普遍。与这些组织一样,你所工作的任何组织都会面临相同的安全漏洞和威胁。正如你将看到的,在实施安全保障以保护你自己和你的组织方面,你将扮演重要的角色。

本章通过将前几章中有关网络、数据库、硬件和软件的知识应用到信息安全中来结束本书技术部分的讨论。本章旨在帮助你了解安全性,以便你可以帮助组织做出明智的安全选择,并学习遵循良好的个人安全实践。我们通过概述安全挑战的范围和典型的安全方案来开始 Q6-1 节的学习。在 Q6-2 节和 Q6-3 节中,我们讨论了威胁的主要来源及它们可能造成的损失。接着,在 Q6-4 节至 Q6-7 节中,我们讨论组织如何应对这些威胁,特别是组织如何使用安全保障来减少安全威胁。

最后,我们概述了组织在面对实际安全事件和即将到来的安全挑战时应该如何应对。主要的问题是,安全性是一种权衡——更高的安全性通常意味着更高的成本,而更高的安全性意味着对最终用户的便利性更低。通过理解安全性的技术方面，你能够帮助你的组织做出明智的权衡。

Q6-1 什么是信息系统安全？

信息系统安全(information systems security)是防止未经授权访问信息系统或修改其数据的过程。罪犯攻击婴儿监视器、Twitter账户、服务器、移动车辆、医院病患记录、摄像机、闪存、智能手机、门铃和智能电视。此外，每侦破一宗犯罪，就可能有10宗甚至数百宗没有报案或未破案。美国国家安全局局长近日表示，网络犯罪正在导致人类历史上最大规模的财富转移，全球网络犯罪的成本可能接近每年1万亿美元。

最近被黑客攻击的公司就像是《财富》500强的名单——Hyatt、Yahoo、United Airlines、eBay、Target、Uber、Home Depot、MongoDB、MGM Resorts、Walgreens、Carnival、T-Mobile和Sony。此外，包括LinkedIn和Facebook在内的超过40亿个社交媒体账户的电子邮件地址、电话号码和个人资料信息也被泄露。总体而言，被破坏的记录数量每年以超过100%的速度增长。

信息系统安全经常遭到破坏，并且没有迹象表明这种情况正在缓解。此外，自然灾害虽然罕见，但也会造成安全漏洞，给组织造成数百万美元的损失。一个好消息是，事实证明，投资于安全保障的公司可以降低其安全损失的发生频率和严重程度。

这些投资在安全领域创造了许多就业机会。信息系统安全工作岗位数量预计每年增长18%；全球范围内的安全工作岗位预计将很快突破600万个，其中有近三分之一的职位空缺。维护信息系统安全是一个持续的过程，因此未来在安全领域的就业前景也将持续保持。这可能就是你未来的职业。

信息安全是有代价的，它是昂贵的。消除风险虽然是可实现的，但它的代价是高昂的。信息安全也会带来不便。例如，你的网上银行无法提供你所希望的在网上进行任何操作的便利性；它限制、控制你的交易类型和规模，以确保账户的安全性。请将安全性视为两种权衡——安全性与成本，以及安全性与便利性。

信息系统安全类似于防止COVID-19病毒等人类病毒的传播。政府把钱花在各种健康保障措施上，以降低对人类的威胁。然而，不断增加的安全保障又重新引入了两个安全权衡——成本上升和便利性下降。

我们的目标是帮助你了解这些安全权衡，从而保护自己和你的组织。为此，我们首先介绍可能出错的所有问题及它们的威胁，然后在本章的后半部分介绍你和你的组织可以采取的所有保障措施，以预防和应对这些威胁。这些安全保障中的每一项都是昂贵的，并且都限制了最终用户的便利性。最后，请记住，虽然许多安全决策将由你的组织中的专家做出，但你扮演着关键的角色，你将被期望具有专业的安全习惯，所以阅读本章时，要着眼于使自己成为更好的员工。

为了了解安全挑战的性质，我们首先描述安全威胁/损失场景，然后讨论安全威胁的来源。

信息系统安全威胁/损失场景

图6-1说明了当今个人和组织面临的安全问题中的主要概念，以及本章的关键术语。威胁(threat)是指个人或组织在未经所有者的许可且通常在所有者不知情的情况下，试图非法获取或改变数据或其他资产。

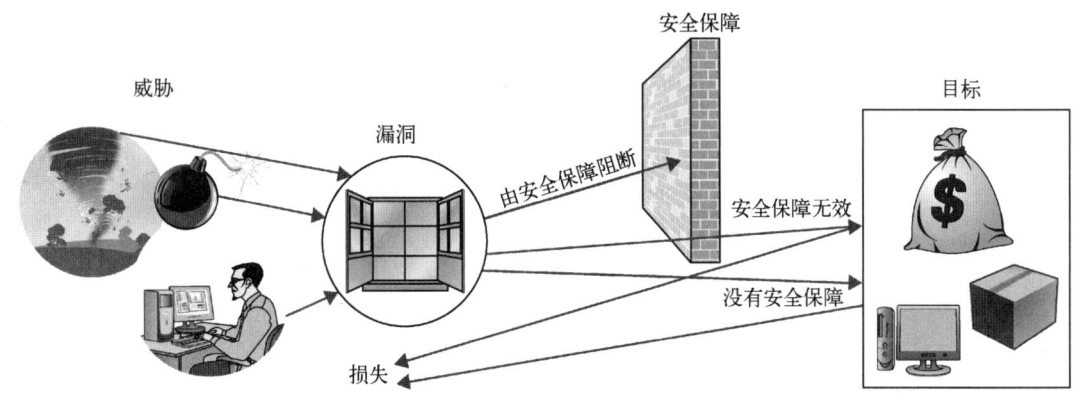

图 6-1 威胁/损失场景

　　漏洞(vulnerability)是信息系统中的弱点,它为威胁提供机会,以窃取个人或组织的资产。例如,当你在线购买商品时,你需要提供信用卡数据;当这些数据通过 Internet 传输时,很容易受到威胁。安全保障(safeguard)是个人或组织采取的阻止威胁、保护资产的某种措施。注意,图 6-1 中的安全保障并不总是有效的。尽管采取了安全保障,但仍有一些威胁达到了目的。安全保障是一种控制;和所有控制一样,它们限制了行为。为了提高安全性,它们限制了用户和黑客的行为。目标(target)是威胁所需要的资产。风险(risk)是指损失的可能性;如果黑客入侵的可能性大于出现病毒的可能性,那么我们可以说黑客入侵的风险大于病毒的风险。损失也是基于价值而言的,对打印机的损害是低价值的,因此风险低;对客户清单的损害是高价值的,因此风险很高。风险,即损失的机会,由可能性和价值两部分组成。

　　例如,一名员工在工作中获取了敏感数据,并将其发布在他认为只针对工作的 Facebook 群组上。但是,该员工犯了错误,他将敏感数据发布到一个公共组。员工的疏忽是威胁,风险是机密数据公开的可能性和价值。目标是敏感数据,漏洞是对群组的公开访问。在这种情况下,应该采取几种安全保障来防止这种损失;该员工需要密码来获取敏感数据,并加入私有的、内部的工作组。第二个安全保障是对所有员工进行培训。

　　企业必须保护所有类型的敏感数据,其中一种是个人的私有数据——来自客户、业务伙伴、雇员。这种类型的数据具有隐私性。隐私是指不被他人观察的自由,而数据隐私(data privacy)是指个人数据的适当收集和处理。人们重视隐私,组织机构必须遵守规定,以确保个人数据的安全,否则将面临严厉的罚款。使用最广泛的监管指南是《通用数据保护条例》(General Data Protection Regulation,GDPR),这是欧盟针对个人数据转移的一部法律。美国的许多州和跨国公司都在使用 GDPR。医疗保健数据也是一种个人数据。个人的医疗保健数据的转移和使用受到《健康保险携带和责任法案》(HIPAA,1996)的监管。本章的道德指南将进一步讨论这些法规和保护个人数据的挑战。

Q6-2　最大的威胁和潜在损失是什么?

　　图 6-2 总结了安全威胁的两种主要来源及它们造成的三种主要损失的类型。威胁类型显示在列中,损失类型显示在行中。

		威胁	
		人为错误/内部员工	计算机犯罪/外部攻击
损失	数据	无意的 　程序问题 　社交工程 故意的	冒充 　伪装，网络钓鱼，欺骗 中间人攻击 　嗅探、会话劫持 恶意软件 　病毒，蠕虫，勒索软件 黑客 　暴力破解 注入 　XSS，SQL 注入
	软件	程序问题	拒绝服务 溢出 篡夺 恶意软件
	硬件/基础设施	事故	盗窃 恐怖主义

图 6-2 安全威胁和损失

威胁有哪些类型？

人为错误/内部员工

人为错误和失误包括由员工和非员工造成的意外或无意问题。例如，一名员工误解了操作程序，不小心删除了客户记录。另一个例子是，一名员工在备份数据库的过程中，无意中在当前数据库的基础上安装了一个旧数据库。这一类别还包括编写糟糕的应用程序和设计糟糕的流程。最后，人为错误还包括物理事故，如不小心把水洒在服务器上。

计算机犯罪/外部攻击

第二种威胁类型是被称为攻击的计算机犯罪。这种类型的威胁包括侵入系统的黑客，以及感染计算机系统的病毒和蠕虫。

损失有哪些类型？

安全损失的类型可以分为三类：数据、软件和硬件/基础设施。数据损失是指未经授权的数据泄露或不正确的数据修改。

软件损失通常是服务的损失——应用程序不再工作或服务器脱机。硬件/基础设施损失意味着物理上的破坏——推土机切断了电缆导管，或者打开的灭火喷淋头损坏了一组服务器。下面，我们将探讨导致这三种类型损失的各种错误和犯罪。正如你将要看到的，有很多导致损失的方式。

数据

当威胁窃取了本应受到保护的数据——即未经授权的泄露时，就会发生数据损失。当有人违反规定泄露数据时，可能会出现人为错误。正如开篇的小插曲所讨论的那样，防止数据损失已成为所有组织日益关注的问题。数据损失的一个例子是一名员工在不知情或不小心将专有数据泄露给竞争对手或媒体。不正确的数据修改是数据损失的第二种情况。例如，错误地增加了客户的折扣，以及错误地修改了员工的工资、休假天数或年终奖。其他示例包括在公司网站或门户网站上放置不正确的信息，例如不正确的价格变动。如图 6-2 所示，导致数据损失的人为错误分为两种：无意错误和故意错误。无意错误的一种类型是程序问题。搜索引擎的普及和高效为导致无意泄露的程序错误创造了根源。在搜索引擎可以访问的网站上放置受限数据的员工可能会错误地在 Web 上发布专有或受限数据。另一个无心之失是社交工程(social engineering)。当员工被操纵泄露数据或代表他人绕过安全保障时，就会发生这种情况。这些人通常是黑客或罪犯，但员工并不知道这一点。相反，员工可能会认为他们正在帮助别人重置密码、查找文件或赶上即将到来的最后期限。

还有一个导致数据损失的人为错误是蓄意的人为破坏行为。心怀不满的员工或受业务以外因素驱使的员工可能会故意造成数据损失。一个心怀不满、被解雇的员工可能会带走公司的数据或关键设备。

图 6-2 中第二列的计算机犯罪和攻击也会导致数据损失。我们从三种类型的冒充——伪装、网络钓鱼和欺骗——开始讨论计算机犯罪，然后以几种类型的数据攻击来结束这一部分的讨论。

冒充　伪装(pretexting)指的是某人假装成另一个人进行欺骗。一个常见的伪装是，一个来电者假装来自信用卡公司，声称正在检查信用卡号码的有效性："我正在检查你的万事达卡号码；以 5491 开头。你能验证这个数字的其余部分吗？"数以千计的万事达卡号码以 5491 开头；来电者试图窃取有效号码。网络钓鱼(phishing)是一种类似的技术，通过电子邮件来获取未经授权的数据。网络钓鱼者假装是合法的公司或个人，发送电子邮件请求机密数据，如账号、社会安全号码、密码等。与几年前笨拙的骗术相比，网络钓鱼攻击变得更加专业。欺骗(spoofing)是另一个术语，指某个身份伪装成另一个身份。如果你伪装成你的教授，那么你就是在欺骗你的教授。当入侵者使用另一个站点的 IP 地址伪装成某个站点时，就会发生 IP 欺骗(IP spoofing)。电子邮件欺骗(Email spoofing)是网络钓鱼的同义词。

无线接入点可以伪装成一个名字相似的接入点，然后窃听毫无防备的用户，用户将欺骗性接入点(evil twin)误认为合法接入点。例如，在你当地的星巴克，合法的访问点可能标有"Starbucks"。在那家星巴克附近的停车场里，一个攻击者可以生成一个接入点，并给它起一个名字，比如"免费星巴克 Wi-Fi"。毫无戒心的用户可能会连接到这个欺骗性接入点，并泄露所有类型的密码和安全数据。当一个恶意的油漆公司获得访问你的大楼的权限，并在正在油漆的房间中设置一个欺骗性接入点时，同样的攻击可能会发生在一个组织内部。

中间人攻击　在中间人攻击(man in the middle)中，攻击者拦截并可能改变两个不知情方之间的通信。这种攻击有几种类型。其中一种是嗅探(sniffing)，它是一种用于拦截计算机通信的技术。即使没有人为操作，局域网中的计算机也总是在互相"聊天"。每台计算机都会自动生成有关其当前活动、自身使用的地址及其软件更新需求的消息。攻击者可以嗅探这些消息，并且使用类似消息的恶意机器能被添加到网络中而不会被发现。对于有线网络，嗅探需要物理连接到网络。无线网络则不需要这样的连接：Wardrives 只需将具有无线连接的计算机带到一个区域中，然后搜索未受保护的无线网络。劫持(hijacking)，也称为会话劫持(session hijacking)，是一种中间人攻击。当黑客窃取客户端用来访问安全站点的加密密钥并重用该密钥来冒充合法用户时，就会发生这种情况。

恶意软件 恶意软件(malware)是一个术语，用来描述各种损害或使计算机瘫痪的软件。它可以是病毒、蠕虫、特洛伊木马、间谍软件、广告软件或勒索软件(ransomware)。病毒是一种能够自我复制的计算机程序。蠕虫是一种通过 Internet 或其他计算机网络传播的病毒。特洛伊木马是一种伪装成有用程序或文件的病毒。间谍软件在用户不知情或未经用户许可的情况下被安装在用户的计算机上。广告软件类似于间谍软件，但它会监视用户的活动并产生弹出式广告。勒索软件会阻止用户访问计算机，直到受害者向攻击者支付金钱。2017 年的 WannaCry 攻击使用了勒索软件，影响了 150 个国家各类组织的 20 万台计算机。

黑客 黑客(hacking)入侵是指攻击者入侵计算机、服务器或网络，以窃取诸如客户名单、产品库存数据、员工数据和其他专有和机密数据等。不仅个人黑客是一种威胁，像 Anonymous 和 LuluSec 这样的黑客组织也是一种威胁。暴力破解(brute force)是一种试错的方法，用来获取密码或个人识别码(PIN)。攻击者使用自动化软件来创建各种可能的字符组合。

注入 注入(injection)攻击发生在攻击者向程序中插入不必要的输入时。跨站脚本(cross-site scripting，XSS)是一种注入攻击，罪犯使用恶意软件来感染目标机器。在典型的 XSS 攻击中，罪犯向讨论板发布一个回复，但是在发布明文回复的同时，还添加了对讨论板不可见的恶意代码。然后，当你点击罪犯的回复参与讨论时，罪犯的明文回复和恶意的隐形代码就会被下载到你的机器上。为了防止这种攻击，讨论板必须设计为只接受文本，现在大多数讨论板都是这样配置的。然而，业余网站或管理不善的讨论板仍然存在风险。对数据的另一种威胁是 SQL 注入攻击，即攻击者向 Web 页面上的表单输入 SQL 语句，客户应该在该表单中输入名称或其他数据。如果 Web 页面设计不当，它将接受这段 SQL 代码，并将其作为发送给数据库的数据库命令的一部分。数据泄露和数据损失是可能出现的后果。一个设计良好的应用程序将使这种注入无效。

软件 人为错误是典型的程序问题——不正确的程序或程序错误。这些问题可能以服务失败或拒绝服务的形式对软件造成损害。例如，人为错误可能会在启动计算密集型应用程序时无意关闭了 Web 服务器或公司网关路由器。使用可操作 DBMS 的设计糟糕的应用程序会消耗过多的 DBMS 资源，以至于订单输入业务无法通过。此外，计算机犯罪可以发起拒绝服务(DoS)攻击，恶意黑客会向 Web 服务器发送数百万个虚假的服务请求，这些请求占据了服务器，使其无法为合法的请求提供服务。DoS 攻击也可以使用不安全的物联网(IoT)设备，就像 2016 年对 Twitter、Facebook 和其他主要 Internet 网站的攻击一样。攻击者利用大量简单的不安全设备，如摄像机和 DVR，组成机器人大军，以无意义的服务请求轰击 Web 服务器。这就像一辆公交车载满客户，而这些客户同时在一家麦当劳点餐——每个人的服务速度都变慢了。

第二种形式的外部攻击称为溢出(overflow)攻击。在溢出攻击中，黑客向计算机操作系统或应用程序提供恶意代码，故意溢出软件的能力。溢出代码包含稍后执行的破坏性指令。另一种犯罪活动是篡夺(usurpation)。篡夺是指对信息系统的某个部分进行未经授权的控制。它发生在罪犯用他们自己的访问权限或非法软件替换合法用户权限或软件时，攻击者得到了对一部分信息系统的未经授权的控制。最后，如前所述，犯罪恶意软件也可以破坏软件。

硬件/基础设施

有时，人为事故会导致硬件/基础设施的损失。例如，汽车、卡车或叉车在仓库中撞击暴露的技术设施，以及在办公大楼内进行清洁作业时将液体溅到硬件上等物理事故。盗窃和恐怖主义事件也会造成基础设施的损失。一种被称为高级持续威胁（advanced persistent threat，APT）的新威胁是一种复杂的、可能长期运行的计算机黑客，由资金雄厚的大型组织（如政府）实施。APT 是参与网络战争和网络间谍活动的一种手段。几年前，APT1 的 5 个人被指控在 7 年的时间里窃取了 150 名受害者的知识产权；另一个名为"深熊猫"（Deep Panda）的 APT 最近入侵了 Anthem 医疗数据中心，获得了 8000 万人的医疗记录。此外，我们需要指出图 6-2 没有显示的第三种对数据、软件和硬件/基础设施的威胁。这就是来自自然灾害的威胁。这类灾害包括火灾、洪水、飓风、地震、海啸、雪崩和其他自然灾害。除了由于事件本身造成的损失，员工在从自然灾害恢复的过程中可能会无意泄露或损坏数据。在恢复期间，每个人都非常关注系统恢复能力，以至于他们可能会忽略正常的安全保障。在自然灾害恢复期间，像"我需要客户数据库备份的副本"这样的请求受到的审查要比其他时候少得多。

信息系统安全的挑战

确实存在许多威胁，但威胁只是安全如此难于实现的原因之一。信息系统安全是一个挑战，还有其他原因——攻击者不需要遵守规则；数据被设计成易于复制和共享；大数据和物联网正在不断创造新的数据和数据类型，必须加以保护；公司喜欢使用最新但往往不安全的技术来构建其应用程序。另一个挑战是，安全性取决于组织中的每个人都遵循良好的安全实践，安全的强弱取决于最薄弱的环节、最不安全的员工。不要让自己成为那样的人。

但是，也许安全中最具挑战性的方面可能是组织在使用新系统之前没有时间彻底测试其安全性。这样做要花费太多的金钱和时间。可以理解的是，大多数组织必须在这样的原则下运作："让我们建立这个新的赚钱系统，如果它有效，我们仍在经营，那么我们就有时间和金钱来做好安全工作。"

在本章后面讨论组织如何防御所有这些威胁之前，我们将分析移动设备的威胁。这就是你作为移动设备的拥有者和用户开始发挥重要作用的地方。

Q6-3 移动设备特有的额外威胁和损失是什么？

移动设备包括智能手机、平板电脑，以及健身跟踪器和智能手表等可穿戴设备。移动设备也将在本书扩展 4 中讨论。这些设备在过去的 5 年里大受欢迎；截至 2020 年，95% 的年轻人拥有智能手机，50% 的公众拥有平板电脑。这种快速增长产生了许多没有经验的用户，同时也产生了一大批新的攻击者。Verizon 最近的一项研究发现，在过去的一年中，70% 的工作场所对移动设备的威胁有所增加，超过 40% 的公司认为移动设备是他们面临的最大的威胁。移动设备很方便，但代价是安全性没有保障。

虽然前面讨论的许多威胁和损失也适用于移动设备，但还有一些额外的威胁和损失是移动设备特有的。移动设备容易出现安全问题，因为它们经常被放错地方，在点击之前没有鼠标悬停的功能来检查 URL，较小的屏幕使得评估一个网站的合法性变得更加困难，而且当用户向下滚动时地址栏被隐藏。

移动设备面临的威胁和损失如图 6-3 所示。图 6-3 中的列表示来自设备用户和外部攻击者的威胁，每一行表示数据、软件、硬件/基础设施的损失，这些内容将依次讨论。

		威胁	
		用户	攻击者
损失	数据	无意的数据泄露	定位服务摄像头和麦克风 蓝牙劫持和蓝牙窃用 欺骗二维码
	软件	不一致的Android更新、越狱、获取权限	应用程序的漏洞
	硬件/设施	意外遗失	盗窃

图 6-3 移动设备面临的威胁和损失

损失有哪些类型？

数据

移动平台上的数据泄露是最常见的威胁之一。通常情况下，这是用户没有采用最佳实践甚至相当好的实践的结果。用户经常将未加密的文件传输到云端，将机密数据粘贴到错误的地方，或者将电子邮件无意转发给意外的收件人。

移动设备使用它们的位置服务提供实时地理位置，从而让人识别其所在的位置和距离。这些位置服务可能被攻击者拦截，并用来跟踪和找到设备及其用户。定位服务可以泄露重要数据，比如照片的私密位置、你的旅行记录、你的活动类型及你当前的位置。

移动设备可能会受到外部攻击，以记录或监视用户的活动。黑客可以在未经用户同意的情况下开启设备上的摄像头和麦克风。

移动设备上的蓝牙服务也可以被利用。蓝牙劫持（bluejacking）和蓝牙窃用（bluesnarfing）是两种蓝牙攻击，它们可以在用户不知情的情况下发生。在蓝牙劫持攻击中，无害的信息被发送到用户的设备上；但在蓝牙窃用攻击中，用户设备上的数据就会被窃取。由于蓝牙设备经常在公共场所使用，偷窃者可以肩窥（shoulder surf）并获取有价值的数据。

二维码（QR 码）是智能手机连接网络服务的一种非常流行的机制。例如，一家餐厅可以创建一个二维码图像，让顾客扫描以支付账单。然而，执行欺骗性二维码（spoofed QR code）攻击的攻击者可以创建自己的二维码，替换合法餐厅的二维码，并将其放置在餐厅中；当顾客扫描二维码时，设备浏览器就会打开攻击者伪造的餐厅网站。餐厅的顾客很难发现这种伪造的二维码。

软件

iPhone 的 iOS 和 Google 的 Android 是移动设备的主导操作系统。虽然 Apple 控制着其操作系统和应用程序所在的硬件，但 Google 的情况却不同。Google 的操作系统 Android 被广泛用于各种硬件，应用程序的开发不受 Google 控制。因此，Google 发布软件的安全更新比 Apple 更困难。其结果是，一些 Android 设备得到了硬件制造商的良好维护，而其他设备则不是——好坏参半。

Apple 和 Google 试图限制在其设备上使用的应用程序，旨在防止用户下载未经批准的应用程序。然而，终端用户可以通过越狱(jailbreaking)(针对 iOS)或获取权限(root)(针对 Android)，使相关的设备突破这些限制。越狱或获取权限是设备用户对制造商设计的移动设备安全限制的改变。

攻击者经常通过安全性差的应用程序入侵移动设备。很少有应用程序取得商业上的巨大成功，所以开发者不会在安全性上投入大量资金。用户想要下载和使用应用程序，但不知道如何安全地配置它们，而安全管理员也没有时间对它们进行全面审查——这就是黑客攻击的完美时机。

硬件/基础设施

移动设备面临的最大威胁是物理上的，用户会把它们留下、丢弃或转赠，攻击者也会窃取它们。设备的遗失或被盗占所有安全漏洞的一半以上。

在描述了对系统的各种攻击、威胁之后，我们现在讨论如何进行防御。首先，我们解释如何应对威胁，然后解释如何有效地使用安全保障。

Q6-4 个人应该如何应对安全威胁？

你的个人信息系统安全目标应该是在损失风险和安全保障成本之间找到一个有效的权衡。然而，很少有人像他们应该做的那样认真对待安全问题，而且大多数人甚至没有实施低成本的安全保障。个人安全保障的建议如图 6-4 所示。首先要重视安全，你无法看到正在试图破坏你的计算机的企图。尽管你没有意识到这些威胁，但正如你刚刚学到的，它们确实存在。当你的安全受到威胁时，你发现的第一个迹象将是信用卡上的虚假收费，或来自朋友的信息，他们抱怨刚从你的电子邮件账户收到了恶心的电子邮件。如果你决定认真对待计算机安全，你可以实施的最重要的安全保障就是创建和使用强密码。除了使用长而复杂的密码，你还应该为不同的网站使用不同的密码。这样，即使其中的一个密码被

| 创建强密码和多个密码 |
| 不要通过电子邮件或IM发送有价值的数据 |
| 使用https从可信的网站购物 |
| 清除浏览器历史记录、临时文件和cookie |
| 定期更新防病毒软件 |
| 使用公共机器或热点时要小心 |
| 完成高价值活动后注销 |
| 少使用USB驱动器 |
| 安全使用智能手机 |
| 如果可能，使用双因素身份认证 |

图 6-4 个人安全保障的建议

泄露，你也不会失去对所有账户的控制。确保你在重要的网站(比如你的银行网站)使用非常强的密码，不要在不太重要的网站(如你的社交媒体网站)重复使用这些密码。永远不要在电子邮件或即时通信(IM)系统中发送密码、信用卡数据或任何其他有价值的数据。

正如本章中多次提到的，大多数电子邮件和消息都不受加密保护，你应该假设你在电子邮件或消息中写下的任何内容都可能在明天被发布在 Facebook 上。只从信誉良好的网站购物，并使用安全的 https 连接。如果供应商不使用 https，就不要与其合作。你的浏览器自动存储你的浏览活动的历史记录，以及包含敏感数据的临时文件，包括你访问过的地方，你购买过的东西，你的账户名和密码，等等。它还创建缓存文件(cookie)，这是当你访问网站时浏览器存储在计算机上的小文件。cookie 使你无须每次登录就可以访问网站，并且加快了某些站点的处理速度。

遗憾的是，一些 cookie 还包含敏感的安全数据。最好的安全保障是从你的计算机上删除

浏览历史、临时文件和cookie，并设置你的浏览器禁用历史记录和cookie。删除和禁用cookie提供了一个在改进的安全性和最终用户的自由度之间进行权衡的很好的例子。你的安全性会大大提高，但是你的计算机将会更难使用。你做了决定，但做了一个理智的决定；不要让对这类数据脆弱性的无知影响你做出决定。为了实现图6-4中的个人安全保障，请定期更新防病毒软件。请勿使用酒店、咖啡馆或机场等公共计算机或Wi-Fi网络进行你认为重要的通信。运行在这些机器上的恶意软件使它们不安全。公共Wi-Fi是不安全的，你可能会登录到一个冒充的孪生接入点。不要在访问完重要的网站之后仍在浏览器中保持打开状态；要进行注销操作，而不要简单地关闭窗口。注销可以消除浏览器的cookie和其他可能的漏洞。少使用USB驱动器，虽然它们很方便，但你不能轻易看到它们包含的恶意软件。

最后，尽可能使用双因素身份认证(two-factor authentication)。在双因素身份认证[也称为多因素身份认证(multifactor Authentication)]中，用户需要进行第二个身份认证步骤，以增强身份认证。在这个过程中通常使用密码，第二个身份认证步骤可能关系到用户拥有的东西、用户是什么(生物特征)，或者是移动设备中用户所在的位置。例如，银行网站可能要求用户输入由银行发送给用户的验证码；第二个例子是使用用户携带的设备，该设备生成登录所需的基于时间的代码。

明智地使用智能手机

最后，学会安全地使用你的智能手机。图6-5列出了良好的智能手机安全使用行为。随时锁定你的手机，使用强密码，需要指纹或六位数字才能访问设备。此外，打开数据清除功能，在连续20次错误登录时将清除你的手机数据，打开自动安全更新，并在不使用时关闭蓝牙和Wi-Fi。监控手机上运行的应用程序的访问请求。安装安全应用程序(在笔记本电脑和台式机上通常称为杀毒软件)。当安全连接至关重要时，使用VPN应用程序。避免在自动扶梯和靠近车门的危险区域使用电子设备。最后，如果你打算使用Android设备，那么就从以更新安全补丁著称的供应商那里购买。

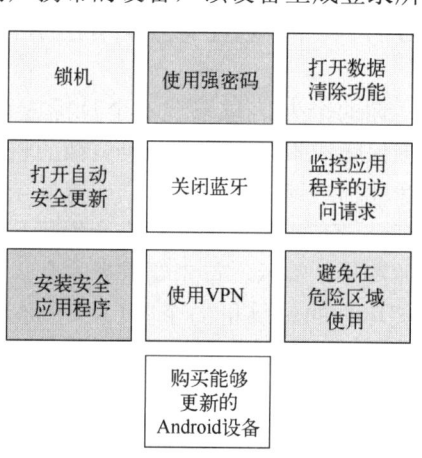

图6-5 个人安全保障——智能手机安全使用行为

Q6-5 组织应该如何应对安全威胁？

在描述了个人应如何应对安全威胁之后，我们将研究组织如何直接应对威胁。更具体地说，我们讨论了四个关键的安全基础，即安全政策，风险管理，分层防御和平稳退化，如图6-6所示。后面，我们将讨论第五个安全基础——安全保障，即组织为降低信息系统安全风险而采取的预防性措施。

考虑到第一个安全基础，高级管理人员必须制定一个全公司范围的安全政策，说明组织对收集的有关其客户、供应商、合作伙伴和员工的数据的处理政策。该政策至少应规定：

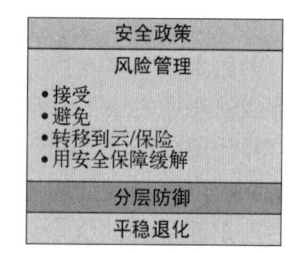

图6-6 组织的四个关键的安全基础

- 组织将存储哪些敏感数据？
- 组织将如何处理这些数据？
- 数据是否将与其他组织共享？
- 员工和其他人如何获取存储的数据副本？
- 员工和其他人如何请求更改不准确的数据？
- 员工在工作时可以使用自己的移动设备做什么？
- 员工可以对员工拥有的设备采取哪些与业务无关的行动？

　　具体的政策取决于组织是政府的还是非政府的、是公共的还是私人的、组织所处的行业、管理与员工的关系，以及其他因素。作为一个新员工，就算在新员工培训中没有和你讨论过公司的安全政策，你也应该自行了解。

　　第二个安全基础是风险管理。风险，即损失的机会，以前被定义为可能性和价值的组合。可能性通常是一种技术评估，由技术专家完成。此外，价值是一个业务概念，信息系统专业人员特别适合评估损失的价值。商学院毕业生应了解客户、资产、供应链供应商列表和对时间敏感的访问的价值。这里的重点是让你意识到，许多安全工作正变得对商学院毕业生开放，因为风险具有商业价值的成分。IT安全专家识别和评估风险，并与管理层一起探讨如何管理这些风险。风险管理有四个选项，如图 6-6 所示。风险可以被接收和预算，一些风险可以通过不参与某项活动来避免。管理层还可以决定通过保险或外包来转移风险，并且可以通过安全保障来减轻或降低风险。本章的后面强调了对风险的第四种管理，但是必须指出，管理层也可以使用其他选项来应对风险。转移安全风险的一种方法是使用云，在继续讨论之前，请先了解有关云安全性的注意事项。越来越多的安全专家将云视为安全选项。大多数人认为云比内部安全选项更安全。云供应商使用当前的技术，他们有能力聘请知名的安全专家，消除了对数据的物理访问，要求客户简化和精简流程，这样他们就可以从安全业务频繁和彻底的安全审计中受益。

　　第三个安全基础即安全保障必须是分层防御的——深度防御。没有任何一种安全保障本身是完全有效的；没有什么灵丹妙药，也没有简单的解决方案。虽然安全保障可以阻止一些攻击，但它本身能阻止的攻击很少。因此，没有人可以给出全面保护的措施清单。安全管理必须依赖分层的安全防御。

　　第四个安全基础是平稳退化(graceful degradation)，即在一个较低的水平上继续运作，而不是全面出现故障。平稳退化是指在系统的某些部分出现故障时，依旧可以保持总体正常运行。当你的智能手机或笔记本电脑没电时，它会出现故障并关机，但首先会保存打开的文件，并准备重新充电，它不会丢失数据。在安全方面，平稳退化意味着如果一个防御性安全保障失败，那么其他安全保障可以帮助在较低的水平上维持安全性。安全系统必须平稳退化，并且不能有单点故障。例如，如果黑客获得了员工的密码，则其他安全措施必须阻止入侵者获得对敏感数据的访问权。

　　这四个安全基础与政府应对 COVID-19 病毒的措施类似。政府官员制定了减少病毒传播和何时重新开放公众活动的明确政策，并广泛传播这些政策。他们确定并评估了风险和应对方案。各国政府承认病毒传播的风险始终存在，但试图避免大型集会等不必要的风险。他们的防御采用了分层的防护措施——一些是物理防护(口罩)，一些是技术防护(如治疗)，一些是教育防护，一些是政策防护，还有一些是疫苗防护。最后，他们的系统会平稳退化；如果一项措施失败了，其他的还将有效。

请记住，安全保障是昂贵的，而且往往不方便。正如前文中提到的，安全性是一种权衡，提高安全性会增加成本和不便。安全保障可能很昂贵，因为它们会使普通任务更加困难，增加了劳动力成本，从而降低了工作效率。安全保障也不方便，因为它们限制了人们可以做的事情。记住信息系统安全保障的一个简单方法是根据信息系统的五个组件来排列它们，如图 6-7 所示。一些安全保障涉及计算机硬件和软件；一些涉及数据；还有一些涉及程序和人员。在接下来的三个问题中，我们将考虑技术、数据和人员的安全保障。

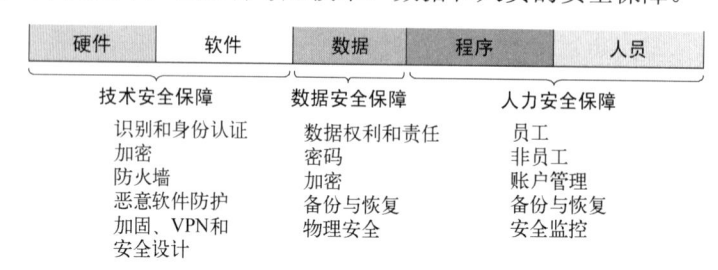

硬件	软件	数据	程序	人员
技术安全保障		数据安全保障	人力安全保障	
识别和身份认证		数据权利和责任	员工	
加密		密码	非员工	
防火墙		加密	账户管理	
恶意软件防护		备份与恢复	备份与恢复	
加固、VPN和安全设计		物理安全	安全监控	

图 6-7 与信息系统的五个组件有关的信息系统安全保障

Q6-6 技术和数据安全保障如何防范安全威胁？

技术安全保障通过使用信息系统的硬件和软件组件来阻止对资产的威胁。主要的技术安全保障如图 6-8 所示。接下来我们分析每一项保障。

识别和身份认证

如今的信息系统通常要求用户使用用户名和密码登录。用户名用于识别用户（识别过程），密码用于验证用户（验证过程）。身份认证的过程验证请求访问计算机资源的个人的凭证。我们接下来将讨论五种支持识别和身份认证过程的技术：密码、智能卡（smart card）、生物识别认证（biometric authentication）、单点登录和散列法（hashing）。

密码是一个很容易受到攻击的安全弱点。如图 6-9 所示，在多次警告的情况下，用户仍然经常分享自己的密码，很多用户选择了一些无效的简单密码。对简单密码的一种攻击是暴力破解攻击（前面提到过）。防止暴力破解攻击的一种安全保障是使用验证码（CAPTCHA，表示完全自动化的公共图灵测试以区分计算机和人类），它使用一个简单的质询-响应测试来确定用户是人类还是像暴力破解攻击者那样的计算机程序。由于这些问题，一些组织除了使用密码，还选择使用智能卡和生物识别认证。

智能卡是一种类似于信用卡的塑料卡。信用卡、借记卡和 ATM 卡都有磁条，而智能卡有一个微芯片。这种微芯片储存的数据比磁条多得多，它装载着识别数据。智能卡使用者须输入个人密码，以进行身份认证。生物识别认证使用指纹、面部特征和视网膜扫描等个人身体特征来认证用户。生物识别认证提供了强大的认证，但所需的设备昂贵。注意，身份认证方法分为

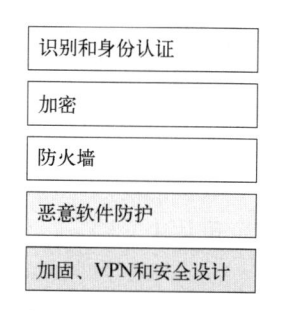

图 6-8 技术安全保障

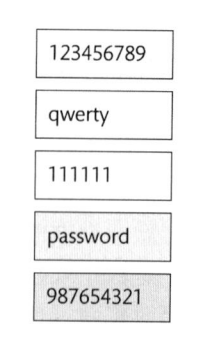

| 123456789 |
| qwerty |
| 111111 |
| password |
| 987654321 |

图 6-9 常见的简单密码

三类：你知道什么(密码或 PIN)，你拥有什么(智能卡)，以及你是什么(生物识别)。

识别的最后一种技术是散列法。散列是由一串文本生成的经过加密的字符序列，是识别过程中使用的唯一数字指纹。散列(哈希)函数是创建散列的单向函数。例如，当你在 ATM 上输入你的 PIN 时，ATM 将对你的 PIN 应用散列函数来创建散列，然后将此散列与散列的存储值进行比较。散列函数是单向的；任何窃取你的信息的人都不能从散列值反推出原始数据，以及不能使用正确的 PIN 来生成你的散列。注意，智能手机提供了改进这些过程的新机会。你花了那么多时间在你的手机上，它可以为你提供担保，因为它可以很容易地问你一些只有你能回答的简单问题，例如，"昨天 3 点我们在哪里？"它还可以很容易地识别你的语音。

加密

加密(encryption)是为了安全存储或通信而将明文转换为编码的、无法理解的文本的过程。常用的算法有 3DES、RSA、AES；如果你想了解更多，可以在网上搜索这些术语。密钥(key)是用来加密数据的数字。之所以称之为密钥，是因为它能锁定和解锁一条信息，但它是加密算法使用的数字，而不是像你的公寓钥匙那样的实体东西。为了加密信息，计算机程序使用带有密钥的加密算法将明文信息转换为加密信息，生成的编码消息根本无法理解。

解码(解密)消息是类似的；密钥被应用于编码的消息以恢复原始文本。对于对称加密(symmetric encryption)，使用相同的密钥进行编码和解码。对于非对称加密(asymmetric encryption)，则使用两个密钥：一个密钥对信息进行编码，另一个密钥对信息进行解码。对称加密比非对称加密更简单、速度更快。在 Internet 上使用一种特殊的非对称加密，即公钥/私钥(public key/private key)。使用这种方法，每个 Web 站点都有一个用于编码消息的公钥和一个用于解码消息的私钥。在解释它是如何工作之前，我们先考虑下面的类比。

假设你给一个朋友发送一个打开的密码锁(就像健身房的储物柜上的密码锁)。假设你是唯一一个知道锁密码的人。现在，假设你的朋友把东西放在一个盒子里，并上了锁。你的朋友和其他人都不能打开那个盒子。朋友将这个上锁的盒子寄给你，你按下密码打开盒子。

公钥就像密码锁，而私钥就像密码。是的，你的朋友使用公钥对消息进行编码(锁上盒子)，而你使用私钥对消息进行解码(使用密码打开锁)。现在，假设我们有两台通用计算机 A 和 B。假设 B 要向 A 发送一条加密的消息。为此，A 向 B 发送了它的公钥(在类比中 A 向 B 发送了一个打开的密码锁)。现在，B 将 A 的公钥应用于消息，并将得到的编码消息发送回 A。此时，除了 A，B 和其他人都无法解码该消息，这就像一个带密码锁的盒子。当 A 接收到编码消息时，A 应用它的私钥(我们类比中的密码)来解锁或解密该消息。

同样，公钥类似于打开的密码锁。任何人想要一把锁，计算机 A 就会给他发送锁。但是 A 从不将其私钥(密码)发送给任何人，私钥保持私有性。Internet 上的一种安全通信使用称为 https 的协议。利用 https，数据使用一种称为安全套接字层(SSL)的协议进行加密，该协议也称为传输层安全(TLS)协议。SSL/TLS 协议使用公钥/私钥和对称加密的组合。其基本思想是：对称加密速度快，为首选。但是双方(比如你和 Web 站点)并不共享对称密钥。所以，双方使用非对称加密来共享相同的对称密钥。一旦双方都有了密钥，就使用对称加密。

图 6-10 总结了 SSL/TLS 协议在与 Web 站点通信时的工作原理。

1. 你的计算机获得它将连接的 Web 站点的公钥。
2. 你的计算机生成一个对称加密的密钥。
3. 你的计算机使用 Web 站点的公钥加密对称密钥。它将加密的对称密钥发送到 Web 站点。
4. Web 站点使用其私钥解码你的消息，获取对称密钥。

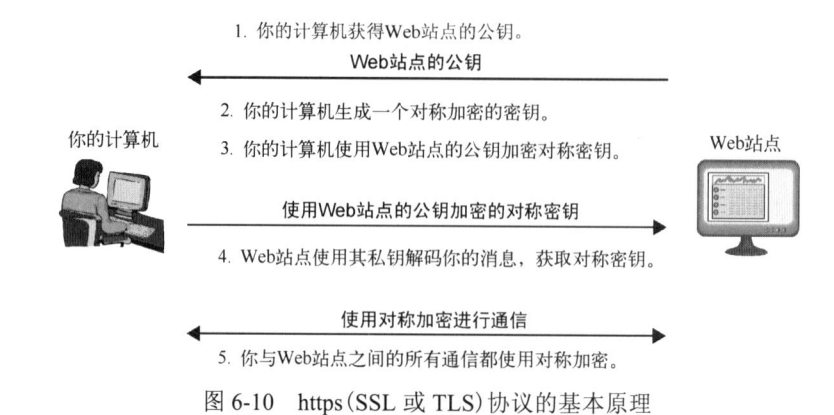

图 6-10 https（SSL 或 TLS）协议的基本原理

此后，你的计算机和 Web 站点使用对称加密进行通信。使用此方法，你的大多数安全通信都使用了更快的对称加密。一旦采用对称加密算法，就会丢弃非对称密钥。使用非对称密钥时不太容易找到和复制该密钥。

防火墙

防火墙（firewall）是一种计算设备，可以防止未经授权的一部分网络的访问。防火墙可以是专用计算机，也可以是通用计算机或路由器上的应用程序。本质上，防火墙的作用就像一个过滤器。企业通常使用多种类型的防火墙。边界防火墙位于企业网络和公网之间，如图 6-11 所示。相反，内部防火墙位于组织的网络中，可以限制网络各部分之间的数据移动。

防火墙必须决定允许和限制哪种类型的流量。一些防火墙通过检查每个数据包来做出决定——评估其主包、目标包、内容包和其他数据包。这些防火墙被称为数据包嗅探器。其他防火墙可以使用更复杂的规则和算法来评估通信的整体模式、使用的协议类型及其他要决定的技术方面。所有组织都使用防火墙，大多数家庭路由器也包括防火墙和操作系统。作为一名未来的管理者，如果你有一些不希望员工进入的特定站点，可以要求你的信息系统部门通过防火墙来强制执行该限制。

恶意软件防护

如图 6-8 所示，下一个技术安全保障涉及恶意软件防护。恶意软件，如前面所定义的，它会进行破坏活动或使计算机瘫痪。图 6-12 列出了恶意软件会导致的一些症状。有时，随着安装的恶意软件组件增多，这些症状会随着时间的推移而缓慢扩展。如果你的计算机出现这些症状，请使用反恶意软件程序删除间谍软件或广告软件。幸运的是，使用以下的恶意软件安全保障是可以避开大多数恶意软件的。

1. 在计算机上安装防病毒和反间谍软件程序。信息系统部门将有一个用于此目的的推荐（可能是必需的）程序列表。如果需要你为自己选择一个程序，那么请选择一个有信誉的供应商。在购买之前，先检查网上反恶意软件程序的评价。

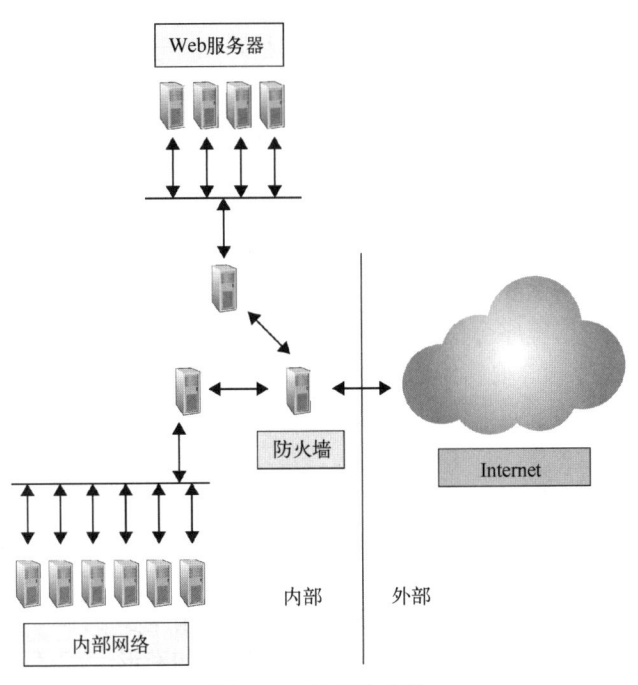

图 6-11 边界防火墙

2. 安装反恶意软件程序，以便经常扫描你的计算机。你应该每周至少扫描一次计算机，也可以更频繁一些。当你检测到恶意代码时，使用反恶意软件程序将其删除。如果不能删除代码，请联系信息系统部门或反恶意软件程序供应商。
3. 更新恶意软件定义。恶意软件定义——存在于恶意软件代码中的模式——应经常下载。反恶意软件供应商会不断更新这些定义，当它们可用时，你应该安装这些更新。
4. 只打开已知来源的电子邮件附件。此外，即使打开已知来源的附件，也要非常小心。通过正确配置防火墙，电子邮件是唯一能够到达用户计算机的外部发起的通信。大多数反恶意软件程序都会检查电子邮件附件中的恶意代码。然而，所有用户都应该养成不打开来历不明的电子邮件附件的习惯。
5. 及时安装合法来源的软件更新。遗憾的是，所有的程序都充满了安全漏洞；供应商在发现这些问题时就会尽快修复它们，但这种做法并不严格。请及时为操作系统和应用程序安装补丁。

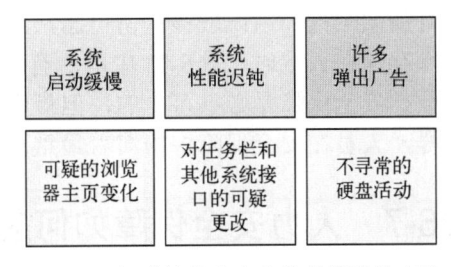

图 6-12 间谍软件和广告软件导致的症状

6. 只浏览有信誉的 Internet 社区。当你仅仅打开一个不常见的 Web 页面时，一些恶意软件就有可能自行安装。不要浏览那些 Web 页面!
7. 不要访问有问题的论坛。黑客很容易在论坛帖子上安装隐藏的恶意软件。

加固、VPN 和安全设计

另一种技术安全保障是加固。加固是通过限制计算机愿意执行的功能和操作来减少计算机漏洞的过程。安全技术人员可以将操作系统或 Web 服务器能够处理的特性或功能锁定在其预期工作所需的特性或功能上,虽使计算机功能减少,但更安全。云供应商加强了他们的服务器,只允许少数经过良好审查的进程运行。

还有一种技术安全保障是使用虚拟专用网络(virtual private network,VPN)。VPN 使用软件或专用计算机在公共 Internet 上创建一个专用网络。这个专用网络连接客户和服务器,实现安全通信,这个过程也称为隧道操作。最后一种技术安全保障是将安全性设计到软件中,这被称为安全设计,是在开发应用程序时将安全性融入其中的过程。设计中实现良好安全性的一个例子是输入验证。网站和应用程序允许用户输入各种信息——从密码到 URL 再到论坛帖子。一个安全设计的应用程序会检查所有的输入以寻找攻击的迹象。这就是输入验证——测试来自用户的所有输入字段。要拒绝的输入类型之一是 SQL 代码,以防止 SQL 注入攻击(前面提到过)。

数据安全保障

数据安全保障如图 6-13 所示。一种数据安全保障是定义特定的数据策略,例如"我们不会与任何其他组织共享识别客户的数据"。数据管理和数据库管理共同规定用户数据权利和责任。此外,这些权限应该由至少通过密码验证的用户账户来强制执行。组织应该通过以加密形式存储敏感数据来保护数据。这种加密使用一个或多个密钥,其使用方式与之前描述的数据通信加密类似。

另一种数据安全保障是定期创建数据库内容的备份。组织应该至少在办公场所之外存储一些备份,可能是在一个偏远的地方。此外,IT 人员应该定期进行恢复操作,以确保备份是有效的,并且存在有效的恢复过程。不要仅仅因为进行了备份就认为数据库受到了保护。物理安全是另一种数据安全保障。运行数据库管理系统的计算机和存储数据库数据的所有设备都应

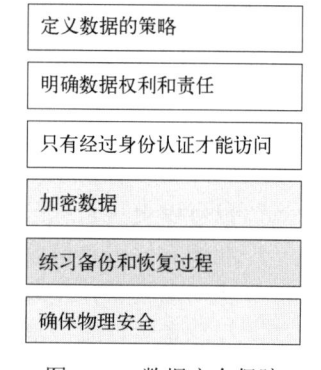

图 6-13 数据安全保障

该驻留在锁定的、受控的访问设施中;否则,它们不仅会遭到偷窃,而且会遭到损坏。为了更好的安全性,组织应该保留日志,显示谁在何时、出于什么目的进入了设施。当组织将数据库存储在云端时,图 6-13 中的所有安全保障都应该是云服务合同的一部分。虽然这些技术和数据安全保障是必不可少的,但最重要的安全保障是人力安全保障。和本书的大多数主题一样,人员在安全保障中扮演着最重要的角色。

Q6-7 人力安全保障如何应对安全威胁?

人力安全保障阻止通过使用信息系统的人员和程序组件来获取资产的威胁。一般来说,当授权用户遵循适当的系统使用和恢复程序时,就会产生人力安全保障。限制授权用户的访问需要有效的认证方法和谨慎的用户账户管理。此外,必须设计适当的安全程序,作为每一个信息系统的一部分。用户应接受培训,了解这些程序的重要性和用途。下面,我们将考虑针对员工、非员工、账户管理、备份和恢复及安全监控的人力安全保障。

员工人力安全保障

图 6-14 列出了具体的人力安全保障,让我们来分析其中的每一个。

- 位置定义
  - 职责和权限分开
  - 确定最小特权
  - 文档位置的敏感性
  - 安全的敏感性

  "可以支付……"

- 招聘和筛选

  "你的上一份工作是什么?"

- 传播和执行
  - 责任
  - 问责制
  - 合规

  "让我们来谈谈安全……"

- 聘用终止
  - 友好的
  - 不友好的

  "恭喜你找到了新工作。"

  "我们已经删除了你的账户。再见。"

- 强制执行移动设备安全策略

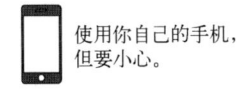

  使用你自己的手机,但要小心。

图 6-14　人力安全保障

位置定义

有效的人力安全保障还包括工作任务和责任的定义。一般来说,职位描述应将职责和权限分开。例如,不应该允许一个人既批准费用又负责支付。相反,应该由一个人批准费用,另一个人支付费用,第三个人开具收据。同样,在库存管理中,不应该允许一个人既授权库存提取操作,又负责从库存中移出产品。在给出适当的工作描述后,应该定义用户账户,以给予用户执行其工作所需的尽可能最低的特权。

招聘和筛选

安全考虑应该是招聘过程的一部分。当然,如果这个职位不涉及敏感数据,也不涉及进入信息系统的权限,那么信息系统安全审查将是最低限度的。然而,在招聘高度敏感的职位时,广泛的面试、推荐信和背景调查是必需的。还要注意的是,安全审查不仅适用于新员工,也适用于晋升到敏感职位的员工。

传播和执行

不能期望员工遵守他们不了解的安全政策和程序。因此,员工需要接受安全政策、程序和职责方面的教育。员工安全培训在新员工培训期间进行,将会讲解一般的安全政策和程序。根据该职位的敏感性和责任,必须加强一般培训。晋升的员工应该接受与新岗位相对应的安全培训。

聘用终止

公司还必须为解雇员工制定安全政策和程序。许多员工被解雇时气氛很轻松，通常是由于晋升、退休或辞职去另一个职位。标准的人力资源策略应该确保系统管理人员在员工离职前一天收到通知，以便他们可以及时删除账户和密码。恢复加密数据的密钥的需求和任何其他特殊的安全需求都应该是员工外包流程的一部分。

不友好的解雇会产生一些不利影响，因为员工可能会被引诱而采取恶意或有害的行为。在这种情况下，系统管理人员可能需要在通知员工离职之前删除用户账户和密码。可能还需要采取其他措施来保护公司的数据资产。例如，一名被解雇的销售员工可能试图获取公司的机密客户和潜在销售数据，以便将来在另一家公司使用。

在解雇员工之前，应该采取措施保护这些重要的数据。人力资源部门应该意识到提前通知系统管理人员解雇该员工的重要性。这里没有统一的政策；信息系统部门必须对每个个案进行单独评估。

移动设备安全

公司通常允许员工使用自己的个人移动设备进行公司活动，这一政策称为"自带设备"（bring your own device，BYOD）。BYOD可以为企业节省资金，因为它避免了为设备付费，但增加了风险。这是一个具有挑战性的问题——如何更好地平衡员工使用自己的移动设备进行业务工作的自由，以及BYOD节省的成本和移动设备带来的额外安全风险。

非员工人力安全保障

业务需求可能需要向非员工人员——临时人员、供应商、合作伙伴人员（业务合作伙伴的员工）和公众开放信息系统。虽然可以对临时人员进行筛选，但为了降低成本，对这些人员的筛选将会简化。在大多数情况下，公司无法对供应商或合作伙伴的人员进行筛选。当然，公共用户也根本无法被筛选。类似的限制也适用于安全性培训和遵从性测试。

账户管理

用户账户、密码和服务台策略的管理是另一个重要的人力安全保障。账户管理涉及创建新用户账户、修改现有账户权限和删除不需要的账户。系统管理人员执行所有这些任务，但是账户用户有责任通知管理人员关于这些操作的需求。作为未来的用户，你可以通过尽早和及时地通知需要更改账户来改善与信息系统管理人员的关系。当不再需要账户或访问敏感数据时，通知安全管理人员尤为重要。

备份与恢复

备份过程涉及在发生故障时所需的备份数据的创建。操作人员负责备份系统数据库和其他系统数据，而部门人员则需要在自己的计算机上备份数据。系统分析人员应该制定系统恢复的程序。首先，当一个关键系统无法使用时，部门将如何管理其事务？即使关键系统不可用，客户也可能想要订购产品，而制造商也希望从库存中移出产品。该部门将如何回应？系统恢复服务后，如何将中断期间的业务活动记录输入系统？如何恢复服务？系统开发人员应该提出和回答这些问题和其他类似的问题，并相应地开发程序。

安全监控

安全监控是我们将要考虑的最后一个人力安全保障。重要的监控功能包括活动日志分析、安全测试、调查和从安全事件中学习，以及执行安全审计。许多信息系统程序产生活动日志。防火墙生成其活动的日志，其中包含所有丢失的数据包、渗透尝试和来自防火墙内部的未授权访问尝试的列表。DBMS 产品生成成功和失败登录的日志，Web 服务器产生大量的 Web 活动日志，个人计算机中的操作系统可以生成登录和防火墙活动的日志。除非有人查看，否则这些日志不会给组织带来任何价值。因此，一个重要的安全功能是分析这些日志，以了解威胁模式、成功和不成功的攻击，以及出现安全漏洞的证据。

公司监控自身安全的一种方式是定期进行安全审计。安全审计是一种系统的安全评估，即评估安全保障符合既定标准的程度。例如，对员工移动设备的安全审计将评估每个设备是否对所有敏感数据进行了加密，是否将访问权限限制在需要知道的范围内，以及是否修改了默认密码。安全审计是由外部顾问或内部安全专家负责的。与质量一样，安全的维护也是一个持续的过程。当完成技术、数据或人力安全保障并实现安全时，并不表示获得了绝对的安全。相反，组织必须持续监控安全。

Q6-8 组织应该如何应对安全事件？

当安全保障失效并发生事故时，组织需要执行事件响应计划。如果事件很严重，那么组织应执行灾难恢复计划（DRP）。灾难和事件响应计划的关键属性如图 6-15 所示。首先，每个组织都应该有一个事件响应计划作为安全程序的一部分，它应该确保当事件发生时，员工知道在哪里可以找到它。任何组织都不应该等到某些资产丢失或受到损害后才决定要做什么。该计划应包括员工如何应对安全问题，他们应该联系谁，他们应该做的报告，以及他们可以采取的措施，以减少进一步的损失。该计划应提供所有安全事件的集中报告。这种报告将使组织能够确定它是受到了系统攻击，还是仅为一个孤立的事件。集中报告还允许组织了解安全威胁，采取一致的响应行动，并对所有安全问题应用特定的专业知识。最后，组织应该定期实践响应。没有这样的实践，员工就不能了解应对计划。计划本身可能有缺陷，只有在实践中才会显现出来。

图 6-15 灾难和事件响应计划的关键属性

在对灾难或事件做出初步响应后，计算机取证（computer forensics）可以帮助确定事件的原因。法医调查还应收集和保存法律诉讼所需的证据。

这一章阐述了各种各样的威胁和安全保障。但是我们要从大局着眼——安全是一个权衡——安全和成本之间的权衡，安全和自由之间的权衡。本章讨论的每一项安全保障都是昂贵的，并且限制了最终用户的自由。管理层在这些权衡中做出的选择将影响你的工作。

Q6-9 2031 年将面临哪些安全挑战？

一些新的事态发展将对未来十年的安全产生影响。区块链（blockchain）将提供新的安全机会，新的物联网设备需要安全，人工智能将攻击防御系统，安全人员的短缺将限制组织可以使用的安全保障。

区块链

区块链是一个分布式的、不断增长的记录或块列表，它使用散列法来防止篡改或更改记录。一个块就像一个数据表；区块链通常使用新块进行更新，但是旧块永远不会被编辑。有一天，区块链可能会被用来验证大学文凭。目前，雇主通常不会核实申请人在简历中给出的所有毕业证书和证明。使用区块链，每个毕业班级的每个学生都将作为一个公开发布的散列块而被输入该区块链，以便任何雇主都可以轻松地检查申请人的声明。许多专家认为，区块链技术将很快应用于许多其他领域，在这些领域中，一个防篡改的中心列表将会很有帮助。一些例子包括公开的转账，忠诚度计划，数字身份证，投票记录，易腐食品记录，特定行业的供应链，以及珍贵的宝石、财产和艺术品的清单。在需要信任的任何地方，区块链都可能是一个选择。

虽然区块链可以用于多种目的，但最著名的应用是比特币，它就是为比特币而发明的。区块链如何与比特币一起工作的特殊机制将在本章最后的案例研究中讨论。比特币是一种加密货币，一种独立于中央银行运行的虚拟货币。比特币并不是唯一的加密货币——市面上已有超过 2000 种加密货币。Facebook 正在开发一种加密货币 Libra，可以使人们更容易在网上转账，并为 Facebook 吸引新用户。这些国际加密货币超越了政府的控制、监督、监管和执法，让一些人感到兴奋，也让一些人感到恐惧。

比特币是有史以来最成功的加密货币。它首次解决了一直困扰加密货币的双重支出问题。双重支出，即将同一笔钱花两次，这种事件对于纸币是不可能发生的；如果我给了你一张美元钞票，我就不能把这张钞票再给其他人。但对于没有物理组件的加密货币，该如何预防呢？比特币的发明者为了防止双重支出而发明了区块链，每一种加密货币都使用区块链的一种形式。

尽管前景光明，区块链仍面临挑战。用户很难理解它，它也很难扩大规模——目前每天的比特币交易不到 35 万笔。然而，区块链在比特币中应用的最大限制却是能耗（比特币是顶级的能耗大户）。

安全嵌入式技术和物联网

嵌入式系统的种类和使用将会增加，随之而来的是它们的安全挑战。在第 3 章介绍了嵌入式系统，它是一个较大系统中具有专门用途的硬件和软件，通常是实时运行的。这个较大的系统，如汽车，是一个机械或电子系统。汽车上有多达 50 个的嵌入式系统——制动、座椅位置、振动控制、怠速启动/停止、显示和照明等。所有这些汽车嵌入式系统都有独特的漏洞，黑客已经证明，他们有能力从停驶或移动的车辆外部发起攻击。

与嵌入式系统类似，物联网将在未来几年大幅扩展，随之而来的是新的安全挑战。第 3 章也介绍了物联网(IoT)，它是这些嵌入式系统的集合，还包括它们如何进行通信和共享数据。例如，一个城市的停车位有一个"东西"，即一个小的硬件系统，可以确定停车位是开放的还是被使用的。这些硬件系统将它们的状态传递给服务器，服务器可以与驱动程序共享这些数据。物联网既指设备之间的通信，也指设备本身的通信。这些硬件系统无处不在；Gartner 估计，目前全球有超过 260 亿台物联网设备，旨在降低能耗、让生活更方便、流程更高效、生活更智能，并提高安全性。这些硬件系统和支持它们的通信网络都存在安全漏洞。一旦被黑客控制，物联网就会被用来制造混乱，使网络过载，或被他人锁定必要的设备以获取经济利益。

人工智能

人工智能(AI)在第5章中被定义为模拟人类智能的软件。AI可以用来提高安全性，但也可以成为一个"恶棍"，被黑客用来破坏安全。AI可以用来识别攻击，实时响应黑客，并提高安全保障的性能。它还可以用来扩展安全政策，提供新的有益的防御层，并自主学习以提高安全性。

但是黑客可以使用AI发起更复杂的攻击。其中一个例子是网络钓鱼攻击，它利用AI更快、更经济地实现目标，并根据自动估算的财富对目标进行优先级排序。此外，AI和自然语言处理的改进可用于构建更多的对话式网络钓鱼和社交工程攻击。很快，AI驱动的聊天机器人将被用来欺骗个人。此外，AI可以独立扫描端口和服务器，比人工扫描更快地发现漏洞。像大多数技术一样，AI可以被好人也可以被坏人使用。

网络安全专业人才严重短缺

尽管近年来安全漏洞不断升级，但企业和政府一直难以聘用足够多的合格专业人员。专家估计，2021年全球IT安全职位的空缺为350万个。

由于成熟的网络安全人员的短缺问题未能解决，预计将产生一系列新的安全人员培训项目。虽然这些工作很多都是技术性很强的，但对于商学院的毕业生，他们也需要适当的课程、技能和培训。

课堂练习

个人信息系统安全

本章的大部分内容都是关于组织的安全问题的。本课堂练习旨在帮助你生成自己的日常生活中使用的个人安全实践列表。个人安全实践是指你在生活中遵循的、能够降低IT安全风险的活动或过程。

第1步：每个人以这一章为指南，写下5项个人实践。

第2步：在团队中，讨论5项实践中的每一项。这一步的输出是生成一个包含10项实践的列表。每个团队都应该将其列表发布到在线论坛或协作网站上，以便班级可以查看每个团队的列表。

第3步：以班级为单位生成一个最常见的15项实践的列表。

第4步：对最重要的实践进行单独投票。每个学生都可以为5项实践投票。这个步骤的输出是这个班级的前10项实践的列表。

第5步：两周内团队将重新讨论最重要的10项实践。我们的目标是让每个学生在两周内进行这些良好的实践，并向团队报告哪些实践被保留了，哪些没有，以及为什么。

第6步：在未来的会议上，为班级生成一个前5项实践的列表，这些实践应该由学生维护，但大多数学生发现很难做到。

道德指南

安全、隐私和健康

2020年COVID-19病毒的大流行促使几家主要的技术公司提出了抗击人类病毒传播的方

法。目标是利用IT创新来满足未来锁定大部分人口的需求。一组建议支持接触者追踪流程。

当前的接触者追踪流程涉及医疗保健专业人员,这些专业人员与受感染患者面谈,确定最近与该患者有过接触的其他人,并通知那些接触过该患者的人。其中一项IT创新是在这个过程中使用计算机应用程序来代替医疗保健专业人员。例如,我们智能手机上的一款应用程序可以跟踪与我们密切接触的人,如果这些人的病毒测试呈阳性,它就会警告我们接触过的人。

另一种接触者追踪流程是将所有智能手机的GPS定位数据记录在一个中央数据库中。然后,利用该数据,位于中心位置的应用程序会通知那些曾经接触过后来病毒测试呈阳性患者的人。中心化系统的支持者认为,这将使政府和医疗机构了解病毒的爆发和流行趋势。

第二种方法是Google和Apple在2020年提出的方法,该方法依赖于蓝牙接近警告。他们的目标是避免将数据存储在集中的地方,不使用基于位置的数据,并为参与者提供匿名性。使用此技术,你的手机会通过蓝牙不断广播一个加密的ID代码。为了避免嗅探者跟踪,代码会经常更改。你的电话还会在特定的范围和时间(例如6英尺或4分钟)内记录周围手机的加密ID代码。

当一个人的测试结果为阳性,并在手机应用程序中确认阳性结果时,就会通过消息自动通知最近的接触者。Google和iPhone已经公开宣布,他们的平台将为参与者分配随机和加密的ID代码,并且永远不会记录参与者的姓名。这个提议也是为了节省电池寿命而设计的,因为在所有接触者追踪技术中,没有向中央机构发送数据。

除了技术问题,还有两个主要问题是隐私和安全。在记录有关个人的位置时,保护个人隐私、正确收集及处理个人资料,一直是值得关注的问题。

在本章,我们关注的是安全问题。我们的位置数据与其他数据一样,它是一种处于风险中的资产,拥有它并共享它的技术也存在漏洞。在一次攻击中,黑客记录了蓝牙握手时的面部图像。当被告知检测结果呈阳性并得到ID代码时,黑客可以利用ID代码和暴露的时间搜索他的记录,并找到相应的面部图像。然后,黑客就可以确定谁携带病毒,并将他们的信息发布到Internet网站上。其他的威胁可能包括广告商跟踪、黑客入侵及假阳性报告,错误的自我诊断及手机之间的错误信号。安全的历史告诉我们,其他的攻击还会发生。

我们可以应用本章中良好的安全基础(确保这些应用程序遵守保护个人和健康数据的法规,如HIPAA和GDPR中的政策)来增强数据的安全性。我们应该应用健全的风险管理、分层防御和平稳退化机制。我们还可以使用本章中讨论的技术、数据和人力安全保障。

讨论题

1. 使用绝对命令和功利主义的观点。如果你是一个地区的管理者,
   a. 你会鼓励市民使用接触者追踪系统吗?
   b. 你会鼓励雇主要求员工在工作时使用该系统吗?
   c. 你会要求在体育赛事或其他人口密集的活动中使用该系统吗?
2. 再次使用绝对命令和功利主义的观点。大学校长是否应该同意使用接触者追踪系统?
3. Google和Apple否应该鼓励用户参与使用该系统?究竟是绝对命令、功利主义,还是增加利润的目标使其做出决定?
4. 如果使用其他的安全保障或限制措施,会改变你对上述问题的看法吗?可以增加哪些安全保障?

主动复习

Q6-1　什么是信息系统安全?

定义信息系统安全,并描述安全挑战的范围。解释安全必须面对的主要权衡。定义威胁、漏洞、安全保障、目标和风险,并分别给出一个例子。解释数据隐私和保护数据隐私的法规。

Q6-2　最大的威胁和潜在损失是什么?

列出两种威胁和三种安全损失类型。总结图 6-2 中的每一项。解释为什么信息安全难以实现。

Q6-3　移动设备特有的额外威胁和损失是什么?

列出移动设备的例子。描述移动设备特有的威胁和安全损失类型。请解释蓝牙劫持和蓝牙窃用的区别,以及越狱和获取权限的区别。

Q6-4　个人应该如何应对安全威胁?

请对图 6-4 中的每一项进行解释。总结强密码的特点。定义 cookie。解释为什么避免使用 USB 驱动器是一个好主意。描述双因素身份认证。解释智能手机的几种安全保障。

Q6-5　组织应该如何应对安全威胁?

描述高级管理人员应该解决的三个安全基础问题。概述安全政策的内容。解释什么是风险管理,为什么商学院毕业生可能在风险管理中扮演重要角色。描述风险的四种选择。讨论云供应商的安全优势。解释为什么安全保障应该分层和容错。

Q6-6　技术和数据安全保障如何防范安全威胁?

定义技术安全保障,并解释这类安全保障涉及五个组件中的哪一个。解释识别和身份认证的用法,并描述不同的身份认证选项。描述散列法及其对身份认证的贡献。解释对称和非对称加密,并解释如何将它们用于 SSL/TLS 协议。定义防火墙。描述几种恶意软件的防护措施。解释加固、VPN 和安全设计如何有助于提高安全性。举例说明数据安全保障。

Q6-7　人力安全保障如何应对安全威胁?

描述员工和非员工的人力安全保障。总结账户管理的安全保障。描述备份和恢复选项。解释安全监控的功能。描述安全审计。

Q6-8　组织应该如何应对安全事件?

总结一个组织在处理安全事件时应该采取的行动。

Q6-9　2031 年将面临哪些安全挑战?

描述区块链、它的特性和一些潜在用途。区分嵌入式系统和物联网。解释人工智能在未来信息安全中的作用。

关键术语和概念

高级持续威胁(APT)	非对称加密	身份认证
生物识别认证	区块链	蓝牙劫持
蓝牙窃用	自带设备(BYOD)	暴力破解
验证码	计算机取证	cookie
跨站脚本(XSS)	数据隐私	拒绝服务(DoS)
加密	防火墙	GDPR
平稳退化	黑客	散列法
信息系统安全	注入攻击	越狱
密钥	恶意软件	中间人攻击
网络钓鱼	冒充	公钥/私钥
勒索软件	风险	SQL 注入攻击
安全保障	安全审计	智能卡
社交工程	欺骗性二维码	对称加密
目标	威胁	双因素身份认证
篡夺	虚拟专用网络(VPN)	漏洞
https		

课后习题

6-1 考虑一家医院。在本章讨论的安全保障中，有哪些可以减少由于人为错误和计算机犯罪而造成的数据损失的风险？

6-2 描述在你的大学使用的三种安全保障。它们是如何降低大学的工作效率的，又是如何减少终端用户的自由的？

6-3 描述你的大学应该如何为安全事件做准备。

6-4 为你的两个个人账户创建一个新的强密码。

6-5 在图 6-4 列出的个人安全保障中，你可以执行哪三种？这些保障将如何减少你的自由？

6-6 在图 6-5 列出的智能手机安全使用行为中，你可以实现哪两种？这些安全保障将如何减少你的自由？

6-7 对于图 6-3 所示的攻击，请搜索 Internet。请找出一个如何使用这种攻击的例子。描述攻击情况，并提供三种可能会有所帮助的安全保障。

6-8 使用搜索引擎，阅读关于 Project Sauron 的攻击方法。它被设计用来攻击什么类型的计算机系统？它是如何工作的？它是如何窃取密码的？

6-9 人力安全保障通常被认为是理所当然的，但它们很重要。阅读 Elma Magkamit 著名的挪用公款案。有什么防范措施能防止她挪用金钱？

6-10 访问相关网站并回答以下问题：
  a. 比特币目前的价格是多少？

b. 目前有多少正在使用的比特币钱包?

c. 内存池(mempool)会在确认之前存储所有交易。内存池中有多少交易需要等待确认?

d. 最近的一个区块中有多少笔交易?

6-11 访问相关网站,看看你的电子邮件是否已经被入侵了。写下两个与你的账户有关的违规行为。同时也要注意查看最近发生的邮件入侵事件。

协作练习

本章主要介绍商业设备的安全性。为了提高你对威胁和可能损失的理解,请考虑家庭设备和车辆的安全。

1. 再次通过 Internet 了解智能电视的漏洞。列出在家中使用智能电视的三个最佳做法。
2. 阅读新型汽车的一些弱点。关注当前人类驾驶的汽车而不是无人驾驶汽车的弱点。黑客入侵了哪些系统,新用户应该注意哪些漏洞?

案例研究

比特币和区块链

比特币在短时间内拥有了令人印象深刻的历史。它于 2009 年在一篇名为 *Bitcoin: a Peer-to-Peer Electronic Cash System* 的论文中被提出,作者为 Satoshi Nakamoto。它让金融界大吃一惊,这是一种新型货币的崭新构想。比特币在安全方面获得极高的评分,并且吸引了大量的投资者,他们最终将比特币的价格推高至 2018 年的 18 000 美元,如图 6-16 所示。就像所有的金融泡沫一样,它随后失去了光泽,跌回 5000 美元以下,但最近它又活跃了起来。

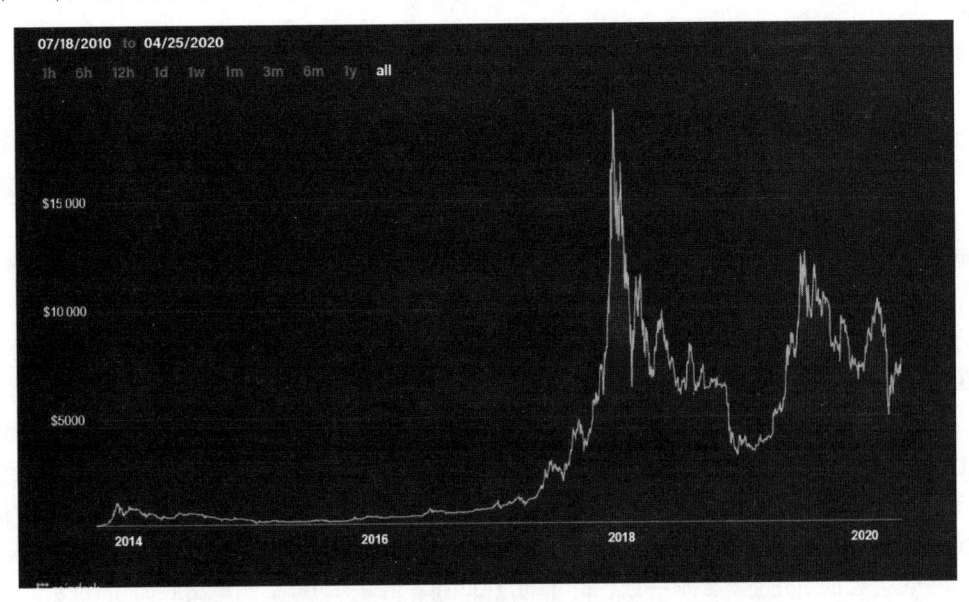

图 6-16 比特币的价格历史(来源:Bitcoin data©CoinDesk)

比特币的不同之处在于，它不像美元或欧元那样有实体成分。此外，它不需要中央银行或政府管理，这与其他加密货币（如 Ethereum 和 Ripple）不同。比特币的另一个不同于其他加密货币的特点是，它是匿名的。当比特币在比特币系统内进行交易时，没有人知道谁拥有这些货币；只有当它们被兑换成其他货币或在外部商业交易中使用时，所有者才必须暴露自己。

比特币可以像任何货币一样使用。就像所有的货币一样，它是稀缺的，很难制造，很难伪造，也很难销毁。加密货币是人们长久以来的梦想；但是，即使出现区块链，也还不能克服双重支出问题。要理解这一点，请考虑图 6-17 中 Alice 和 Bob 之间的交易。

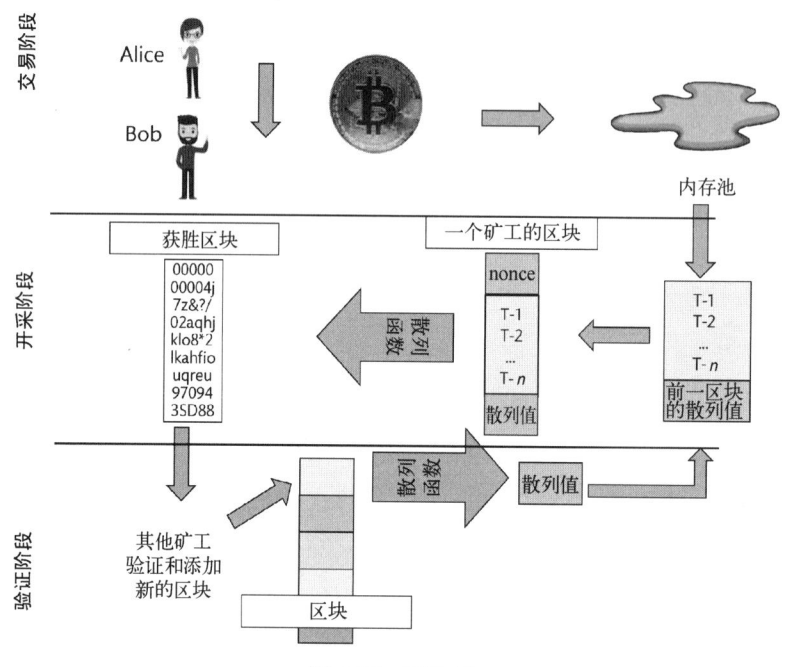

图 6-17　区块链

首先，考虑图 6-17 中从上到下所示的三个阶段中的第一个阶段。你是 Alice，在交易阶段，你想用比特币从 Bob 的书店购买一本电子书。你和 Bob 都必须有一个比特币钱包，这是一个比特币资产的数字记录，可以对公众隐藏你的身份。你的钱包向区块链网络指定了一笔交易，将 0.05 比特币从区块链网络转移到 Bob 指定的另一个钱包。除了交易，你还必须指定少量的比特币作为交易费用。你的钱包将你要进行的交易传递给比特币网络。这个节点网络维护当前区块链的副本。当节点接收到你正在进行的交易的通知时，它们会检查你的钱包是否有 0.05 个比特币（再加上交易费用）要支出，Bob 的钱包可以接收它们。如果是这样，那么你的交易将获得一个时间戳，连接其他并发交易，一并放置在名为内存池的有效交易池中。

在第二个阶段，矿工参与进来。矿工秘密地从内存池中选择交易并形成一个区块；与此同时，成千上万的其他矿工选择他们的交易来形成自己的区块，一场竞赛开始了。每个矿工都快速尝试找到一个 nonce，即一系列数字和字母，当将其添加到块的前面时，会产生一个以一长串 0 开头的散列值。在图 6-17 中，获胜区块的开头显示有 9 个 0。一个矿工通常会先尝试数千亿个 nonce 才能找到一个完美的。这种比赛通常持续 10 分钟左右，直到一名矿工偶然发现一个获胜的 nonce。在那一刻，欣喜的矿工向其他矿工广播了其获胜的解决方案——它的完美 nonce 及交易区块。

在第三个阶段，即验证阶段，其他矿工迅速确认了解决方案。当 51%的人批准它时，该区块就变成了链的一部分，矿工们立即开始了另一场竞赛。当一个矿工获胜时，他将获得新的比特币作为奖励，并收集其区块中包含的所有交易的交易费用。

所有块都包含前一个块的散列值，如图 6-17 底部所示。这样可以防止矿工或其他任何人篡改先前批准的区块。在之前的区块中，即使是最细微的改变也会创造出一个非常不同的字符块，这很容易发现。

当 Alice 的钱包与提出的转账节点联系时，钱包必须为比特币提供私钥以创建交易。社区知道 Alice 拥有这个比特币，因为比特币的公钥（众所周知）只匹配一个私钥，即 Alice 提供的私钥。如果 Alice 丢失了比特币的私钥，这个比特币就永远不能使用了。知道公钥并不能帮助恢复私钥——它是一个单向函数。

问题

1. 比特币当前的价格是多少？最近一个被批准的区块是哪个？开采耗时多久？它有多大？它的矿工叫什么名字？
2. 区块链是什么类型的安全保障？为什么？
3. 图 6-3 中的哪一种类型的攻击仍然对区块链数据构成威胁？
4. 比特币区块链中被保护的资产是什么？
5. 解释区块链中如何使用非对称加密。
6. 通过 Internet，查找区块链的其他三个可能的用例。

第三部分

结构化流程与信息系统

第1章和第2章介绍了业务流程的概念及其与信息系统的关系。在第3章到第6章中，我们从流程主题转移到讨论读者需要了解的技术基础，以便更深入地理解流程和信息系统的关系。有了这个背景，我们现在可以回到业务流程的主题。虽然我们将讨论商业中的流程，但流程在每一种类型的组织和人们的日常生活中都很常见——启动汽车的流程，洗衣服的流程，以及在社交媒体上传照片的流程。

第7章～第10章讨论结构化流程和相关的信息系统。第7章概述了业务流程及如何使用信息系统改进业务流程。第8章介绍了支持许多业务流程的ERP系统，该系统将业务的所有数据合并到一个大而复杂的数据库中。本章还讨论了SAP，一个常见的ERP系统，并描述了它的基本工作原理。

第9章和第10章是"应用"章节。它们展示了SAP如何在两个具有代表性的业务流程——采购和销售中使用。这两个流程也是商业的基础和广泛使用的流程，可以用来展示所有流程的共同之处和流程之间的不同之处。

第 7 章

使用信息系统改进流程

Sue 认为她问了一个简单的问题。"谁去清点你装在卡车上的自行车？"

但 Daniel 的回答让她有了不同的想法。"我们不在装货区清点。我们只把那里的所有东西都放在卡车上。难道不是有人在上游计算吗？"

Sue 是 CBI 最好的销售员之一，她想弄清楚为什么她的新客户没有收到订购的自行车。Sue 试图弄清楚。"所以这里真的没有人数一数吗？"

"是啊，Sue，我们以前从来没有出过问题，对吧？"

"也许吧，但现在我们的出货量越来越大，这是一个真正的问题。我们有一些新的大客户正在下一些大订单，但我今天早上发现昨天发往 Airport Bikes 的订单只有一半的货物。看看这个屏幕，它显示所有的自行车都已发货。"

"这很奇怪，"Daniel 辩解道。

"所以我们不得不再租一辆卡车，运费增加了 2000 美元。老板一小时前打电话给我，告诉我每辆自行车的成本提高到 1700 美元，而我们以 1500 美元的价格出售它们。他一点也不高兴。"

Sue 继续说道，"这种情况在上周已经出现两次了。我们不得不租用额外的卡车，否则我们会失去这些客户，他们可是我们多年来签下的最好的客户。"

"我不知道该说什么好，Sue。"

"你为什么不先告诉我如何把自行车零件变成自行车，然后把它们装到卡车上呢？"

"生产部门在他们那层楼的西半边存放着所有零件。他们根据预测结果和库存来计划组装工作。当码头有地方时，他们将已组装好的自行车库存移到码头。一笔大订单肯定会清空他们的自行车库存，他们会尽快开始生产新的自行车。这可能需要花上几个班次的时间。"

"我们去找 Frank 谈谈，他是负责生产的，也许他知道为什么自行车没有准时到这里……"

当 Daniel 和 Sue 询问 Frank 时，他的回答令人失望。"在这里，我们的工作不是为卡车运货清点自行车，我们的工作是把它们放在一起。"

Sue 追问道："但这两笔大订单有什么不同呢？我不知道为什么自行车的数量会破坏我们的系统，也不知道如何阻止它。"

Frank 仍然敏感地回答道："当你的订单需要 10 辆以上的自行车时，很可能需要两个班次才能完成，具体要看自行车的类型。所以也许第一班次的人把自行车送过来的时候并没有考虑这些自行车是否已经全部组装完成了。他们在结束一个班次时总是这么做，把这里的所有东西都运到码头，不管是否全部组装完成。"

Frank 转向 Sue。"你说这是两笔大订单。它们是专业的公路自行车吗？还是山地自行车？"

"公路自行车，怎么了？"

"那些自行车花费的时间最多。一个班次能组装 8 辆就很幸运了。这是最糟糕的组合——一个大订单和一辆难处理的自行车。"

Sue 说道，"所以如果订单超过了一定的组装时间，可能需要两个班次，而 Daniel 在码头的人就会把部分订单放到下一辆卡车上。"

Daniel 点点头。

Sue 继续说，"如果这就是原因，我们该如何改进这个流程？"

Frank 提议说："我们可以把自行车堆在这里，等最后一辆准备好了再搬。但是我们没有空间。这将占用我们保留零件的区域，并延长组装流程。"

Daniel 说，"或者我们可以在卡车打包过程中增加一个步骤，计算或扫描每个箱子。也许系统可以通过每一次扫描告诉我们，比如"9 辆山地自行车中的 7 辆"或类似的东西。然后，如果我们在码头没有看到所有的自行车，那么我们就到这里去找，等他们完成工作后再把卡车开走。"

Sue 说："我们把这些想法告诉老板吧，他不愿意在扫描仪上花更多的钱，但他也不愿意失去大客户。"

本章概述

Q7-1 组织中流程的重要特征是什么？
Q7-2 常见业务流程的例子有哪些？
Q7-3 管理如何改进流程？
Q7-4 如何使用信息系统改进流程？
Q7-5 流程管理原则如何改进流程？
Q7-6 流程团队如何绘制流程改进图？
Q7-7 信息系统如何阻碍流程？

本章预览

在本章中，我们将更仔细地研究在第 2 章中定义的流程主题，并特别强调流程改进。流程现在已经成为组织的结构，人们通过它来组织他们的工作活动。通过分析流程，组织可以更好地执行战略，降低成本，提高生产率。强大的流程不仅是商业成功的关键，而且它们对你也很重要

——你看到的每件人造物品都是通过业务流程组装、运输、存储、销售、支付和记账的。

但是我们必须承认一点——流程并不令人兴奋。没有人拍与之相关的电影，没有人在Snapchat上发照片，也没有人写一本令人兴奋的、关于流程的畅销书。只有最终产品才让这个流程变得有价值。许多信息系统专业人士曾经认为使用流程是理所当然的，不必过多分析。毕竟，计算机将改变一切——新技术、快速提高的性能和令人目眩的速度将使计算机成为焦点——而不是它们所支持的流程。但是，这个时代已经过去了。

为了帮助解释为什么流程如此重要，我们将在本章中反复使用两个组织中的流程作为例子。第一个是医院。每次患者入院、检查、进食、治疗或转移时，医院都会执行一个流程。医院也有许多传统的业务流程——购买物品，保证库存，给患者和保险公司开具账单。我们的第二个组织是一家比萨店，它是一家全国性比萨特许经营的门店。

支持流程是信息系统的主要任务。在前面的章节中，你学习了流程是什么及它们的组成部分；在本章中，你将了解它们对业务流程的作用。业务流程改进也在本书扩展3的流程管理和信息系统开发中被简要提及，我们将在一个广泛的、通用的框架中讨论业务流程的一般主题，这在非MIS教材中是很常见的。在第7章中，我们将重点讨论如何以本书独有的方式改进信息系统的业务流程。围绕这个主题，我们将在Q7-1节和Q7-2节中介绍业务流程，并重点介绍流程的特征。我们还在Q7-3节中描述了管理者如何改进流程，在Q7-5节中阐述了流程专家如何改进流程。最后，我们将讨论流程团队如何绘制流程图，以及在什么情况下信息系统会阻碍流程。

在不远的将来，你会是一个流程的负责人，并希望能够改进它。今天就花点时间开始掌握流程的术语和关键思想。流程的有效性和你改进它的能力将部分取决于你能在多大程度上将信息系统应用于该流程。

Q7-1 组织中流程的重要特征是什么？

你可以在一个图书馆里放满关于业务流程特征的书籍，而其中一半将专注于如何改进它们。这些书里有成千上万的想法，流程改进在商业中是非常重要的。如果一个组织频繁地执行一个流程，那么即使是对这个流程的很小的改进，结果也会产生很大的差异。想想每天发生数百万次的流程——找停车位、点咖啡、买快餐、使用信用卡、搜寻网站、登录计算机、上传照片或下载音乐。在这些常见的流程中，如果你能找到一种方法节省6秒的时间，那么每次你将节省5美分，或者每百万次节省5万美元。如果使用普通流程，那么6秒的价值有5万美元之多，所以我们希望你能找到节省6秒的方法。

每个组织都希望改进其流程。在你的职业生涯中，你将与流程改进人员和信息系统专业人员一起改进流程。即使你是一名会计、供应链或市场营销专业的学生，你也将很快与其他专业人员合作改进流程。

让我们回顾一下关于流程的知识。在第2章中，我们将业务流程定义为完成一个功能的一系列活动。我们还将活动定义为业务流程中的任务，并将资源定义为完成活动所必需的项目，如人员、计算机、数据和文档集合。参与者是一种资源，既可以是人，也可以是计算机硬件。最后，角色的任务是业务流程中由特定参与者执行的活动的子集。

流程示例

在本章中,我们将把流程应用到两个熟悉的地方——位于一个大学校园里的医院和比萨店。医疗保健和食品服务是两个依赖于流程的行业,它们的流程往往需要改进。在大学的比萨店,经理 Pizzi 先生正在努力改进五个流程。这五个流程如图 7-1 所示,分别是订购、组装、烘焙、包装和配送。对于这五个流程中的每一个,都可以指定活动、角色、资源和参与者。五个流程由收银员、厨师和送货员角色完成,如图中所示。此外,每个流程可以被分解成多个活动。例如,组装流程有三个主要活动——准备面团、添加酱料和添加配料。在准备面团活动中,参与者 Sarah 扮演厨师的角色,使用食谱和器皿等资源。

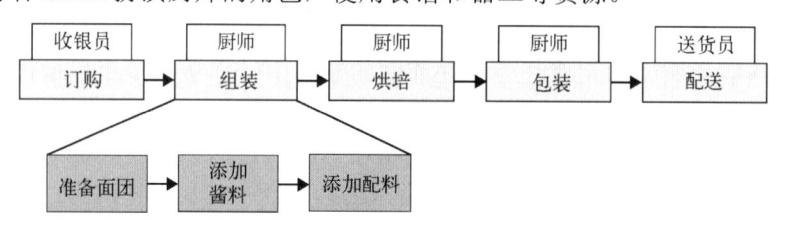

组装流程的活动	资源	角色
准备面团	人员、食谱、器皿等	厨师
添加酱料	人员、量杯、秤等	厨师
添加配料	人员、配料、顺序表等	厨师

图 7-1 比萨店的五个流程、资源和角色

流程及其活动都用矩形符号表示,因为在实践中这两个术语经常可以互换使用。例如,添加酱料活动也可以被视为具有自己活动的流程,如添加番茄酱和撒上香料。

虽然本章的目标是了解信息系统如何改进流程,但第一步最好是了解流程特征。流程有多种特征,就像动物园里的动物。如果你用不同的方式对待动物,你与它们的互动会更好。流程也是如此,它们有不同的特征,所以为了得到你想要的结果,你需要通过这些特征来区分它们。流程的四种特征如图 7-2 所示。

流程特征	流程特征的类型	流程特征	流程特征的类型
活动流的稳定性	结构化 动态		入库物流 操作
范围	操作性 管理性 战略性	在价值链中的位置	出库物流 销售和营销 客户服务 技术开发 基础设施
目标	有效性 高效性		

图 7-2 流程的四种特征

在第 2 章中,我们描述了第一个特征——活动流的稳定性。有些流程是结构化的,有些是动态的。在结构化流程中,活动通常遵循固定的预定义顺序;登录你的电子邮件账户就是一个很好的例子。动态流程更加非正式化;活动的顺序则是不固定的,比如当你与同学合作完成一个小组项目时。

在这里,我们添加了流程的三个更重要的特征——它们的范围、目标和在价值链中的位置。我们首先讨论流程的范围类型:操作性、管理性和战略性(见图 7-3)。

范围类型	特 征	角色组合	发生频率	示 例	支持这类流程的 IS
操作性	常见的、例行的、重复的	比其他流程需要更多的计算机	高	订购物资,支付账单,结账	事务处理系统(TPS)
管理性	资源的分配和使用	混合的	中	评估季节性促销活动,计划和安排收银员	管理信息系统(MIS)
战略性	范围广的、组织性的问题	比其他流程需要更多的人员	低	决定新餐厅的位置,公司预算	主管支持系统(ESS)

图 7-3 流程的范围

流程的范围

操作性流程是常见的、例行的、重复的业务流程。在比萨店,操作性流程包括订购物资、支付账单和结账。在当地特许经营的所有比萨店,这些操作可能每天要执行成百上千次。这些流程的程序或指令很少改变。一般来说,在一个操作性流程中,计算机化的参与者比其他类型流程的要多。最后,由于许多参与者都参与了这个流程,因此更改操作性流程比更改其他类型的流程更加困难。支持操作性流程的信息系统(IS)有时被称为事务处理系统(TPS)。

管理性流程涉及资源使用。这些流程包括计划、评估和分析公司为实现其目标所使用的资源。与操作性流程相比,管理性流程发生的频率要低得多,计算机化的参与者也少得多。在比萨店,这些流程包括评估季节性促销活动,计划和安排收银员,以及决定要晋升哪些人员。支持管理性流程的信息系统通常被称为 MIS,这也是 MIS 的第二个含义。

战略性流程力求解决对组织有长期影响的问题。这些流程范围广泛,影响大多数公司。因为判断和对歧义的容忍度很重要,所以比起操作性或管理性流程,战略性流程通常有更多的人参与。比萨店的战略性流程包括决定新餐厅的位置、公司预算和新产品介绍。支持战略性流程的信息系统有时被称为主管支持系统(ESS)。

操作性、管理性和战略性流程是组织内部三个层次的流程。本书的大部分内容将介绍组织内部的流程,但是你学到的关于流程的许多原则也适用于组织间的流程。这类流程的一个例子是汽车行业的供应链,像 Ford 这样的公司将其组装流程与供应商的组装流程整合起来,使整个流程表现得更好。

流程的目标

第三个重要的流程特征是目标,如图 7-4 所示。目标是一个组织决定追求的期望目标。这些目标可以分为两类:高效性和有效性。

高效性(efficiency)意味着一个流程用相同的投入创造更多的产出,或者用较少的投入创造相同的产出。更正式地说,高效性即效率,是流程产出与投入的比率。比萨制作过程的一个高效性目标可能是绿色环保和使用更少的能源。

目标类型	定 义	比萨店的流程和目标
高效性	用相同的投入创造更多的产出,或者用较少的投入创造相同的产出	烘焙流程:使用更少的能源
有效性	实现组织战略	组装流程:味道更好的比萨

图 7-4 流程的目标

这一目标促使管理层为新的比萨店购买了隔热性能更好的烤箱。

第二种目标是有效性(effectiveness)。有效性目标有助于实现组织战略。一个简单的有效性目标是销售味道更好的比萨,这个目标促使 Pizzi 先生设计了一种可让人出入的冷藏室,可以更好地保持食材的新鲜度。

总而言之，高效性目标旨在节约资源，而有效性目标有助于实现公司战略。记住两者区别的一个好方法是，有效性指的是做正确的事，而高效性指的是正确地做事。我们很快就会看到，目标不同于其他特征，各种目标不是相互排斥的；流程可以具有有效性或高效性目标，或者两者兼而有之。

这两类流程目标——高效性和有效性，可以出现在流程的三个层次——操作性、管理性和战略性的任何一个层次上。也就是说，最常见的组合是具有高效性目标的操作性流程和具有有效性目标的战略性流程。

Q7-2 常见业务流程的例子有哪些？

到目前为止，我们已经根据流程的稳定性(结构化或动态)、范围(战略性、管理性和操作性)和目标(有效性和高效性)对流程进行了分类。流程的第四个特征是它们在价值链中的位置。回顾第 1 章，价值链是一系列的增值活动，如图 7-5 所示，价值链由五个主要活动和几个支持活动组成。主要活动是入库物流、操作、出库物流、销售和营销及客户服务。支持活动包括人力资源、技术开发和基础设施。支持活动将支持每一个主要活动。

基本活动	说　明	支持活动		
入库物流	接收、存储和分发产品投入	人力资源	技术开发	基础设施
操作	将投入转化为最终产品			
出库物流	收集、存储产品并配送给买家			
销售和营销	引导买家购买产品，并为其提供购买途径			
客户服务	协助客户使用产品，从而维护和提升产品价值			

图 7-5　价值链

图 7-6 突出了每个主要活动和支持活动中的各种流程。对业务流程的概述将帮助你在价值链的背景下了解一个典型公司的各种流程——价值链是商业中常见的框架。在其他商学院的课程中，你会学到更多关于这些业务流程和价值链的知识。现在，利用这篇综述来熟悉业务中的各种流程，以及研究领域内的流程如何与研究领域外的流程整合。在不久的将来，你将改进某个流程，而了解其他受到你的流程更改影响的流程将会很有帮助。

价值链活动	操作性流程	管理性流程	战略性流程
基本活动			
入库物流	采购(第 9 章)	管理库存	评估潜在供应商
操作	装配产品(附录 A)	安排维修	开新餐厅
出库物流	销售(第 10 章)	奖励退还	确定支付策略
销售和营销	邮件促销	评估促销折扣	推出新产品
客户服务	订单跟踪	评估投诉模式	评估外包服务选择
支持活动			
人力资源	招聘员工	计划未来需求	确定薪酬等级
技术开发	测试软件	估计里程碑	评估收购选择
基础设施	质量保证测试	制作财务报表	决定申请专利

图 7-6　价值链活动和流程示例

价值链中的流程

入库物流流程

入库物流流程(inbound logistics process)接收、存储和分发产品投入。图 7-6 中列出的入库物流流程包括采购、管理库存和评估潜在供应商。采购(procurement)是获取商品和服务的操作流程。比萨店的采购活动包括订购食材和包装盒，以及收货和付款。采购流程是第 9 章的主题。管理库存是一种管理性流程，它根据库存策略，使用过去的数据来计算库存水平、再订购水平和再订购数量。战略性入库物流流程的一个示例是对潜在供应商的评估。当比萨店订购食材时，它只使用那些之前被称为"供应商选择"的战略性流程所批准的供应商。

操作流程

操作将输入(投入)转化为输出(最终产品)；在某些行业，操作流程被称为生产流程。开篇的小插曲中的生产流程是组装自行车流程。操作流程安排建造或组装产品或提供服务所需的设备、人员和设施。组装和烘烤比萨是两个操作流程。管理性操作流程的一个例子是安排烤箱的维修。战略性操作流程评估比萨公司是否应该再开一家餐厅或更新菜单。

出库物流流程

出库物流流程(outbound logistics process)将收集、存储产品并配送给买家。出库物流流程涉及产品库存的管理及从库存到客户的货物运输。对于分销商、批发商和零售商等非制造商而言，出库物流流程尤其重要。

一个操作性出库物流流程是销售流程(sales process)，该流程记录销售订单、运送产品并向客户开具账单。比萨店的其他操作性出库物流流程包括订购、包装和配送流程；管理性出库物流流程包括奖励退还流程；战略性出库物流流程包括确定支付策略流程，例如确定比萨店是否接受个人支票的流程。

销售和营销流程

销售和营销为顾客购买产品或服务提供了方法和激励机制。销售和营销流程的主要目标是找到潜在客户，并通过销售产品/服务将他们转变为客户。销售和营销流程的结束就是前面提到的销售流程的开始。当比萨店将促销邮件发送给潜在客户时，它正在执行其操作性促销流程。评估促销折扣是一个管理性销售和营销流程。战略性销售和营销流程的例子是推出新产品或与新的营销公司合作。

客户服务流程

提供售后支持以维护和提升产品价值被称为服务(service)。操作性客户服务流程包括订单跟踪、客户支持和客户支持培训。客户可以致电客服，询问有关其订单状态的问题，查询和告知其账户的问题，并接受产品使用方面的帮助。如果客户打电话给比萨店投诉送货超时，那么比萨店经理会启动一个服务流程。这个流程记录了一些关键的事件，以便以后进行分析，并补偿客户未来再次购买时的折扣或立即送出另一个比萨。管理性客户服务流程评估客户投诉，以确定是否存在投诉模式，如每周的某一天或特定的送货人员。评估外包服务选择是一个战略性客户服务流程。

人力资源流程

人力资源流程(human resource process)评估员工的动机和技能，创造工作岗位，以及调查员工投诉。操作性人力资源流程包括招聘员工、确定员工补偿和评估员工绩效。在像比萨店这样的小公司，发布一个招聘信息可能只是一个简单的流程，需要一到两个审批。在一个更大、更正式的组织中，发布一个新职位可能涉及多个级别的审批，需要使用严格控制和标准化的流程。管理性人力资源流程涉及组织员工的发展和培训，以及计划未来需求。战略性人力资源流程确定薪酬等级，授权激励类型，并决定组织结构。

技术开发流程

技术开发流程(technology development process)包括设计、开发和测试技术，以支持主要活动。一个操作性技术开发流程测试新开发的软件是否能处理成千上万个可能的击键输入。管理性技术开发流程是一个里程碑式的开发流程，它估计软件开发流程中每个步骤所需的时间。战略性技术开发流程决定了公司是否购买或开发某一特定技术。

基础设施流程

基础设施流程(infrastructure process)是组织中支持日常操作的基本流程。这些流程涉及会计、管理、质量保证、法律和财务领域。一个操作性基础设施流程是在产品通过生产线时对其进行质量保证测试。管理性基础设施流程的一个例子是制作财务报表，战略性基础设施流程决定是否应该为一种新产品申请专利。

应用流程的概念和特征

在介绍了四个流程特征之后，让我们简要讨论一下如何应用流程的概念。图 7-7 列出了将这些概念应用到任意流程的几种方法，在这里我们展示了如何将这些概念应用到新的比萨店的流程。

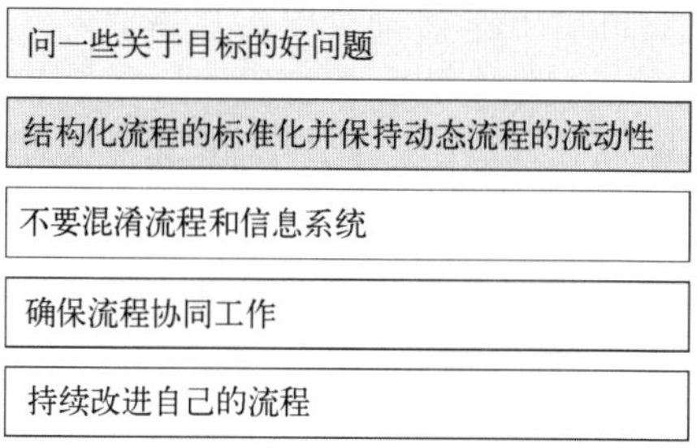

| 问一些关于目标的好问题 |
| 结构化流程的标准化并保持动态流程的流动性 |
| 不要混淆流程和信息系统 |
| 确保流程协同工作 |
| 持续改进自己的流程 |

图 7-7 应用流程的概念和特征

问一些关于目标的好问题

你可以问一些关于比萨店配送流程的目标的好问题——经理是希望员工用汽车送比萨，这样更快；还是步行送比萨，这样更有利于促销？你也可以询问是否有其他目标，如安全驾驶或保持比萨的温度。

结构化流程的标准化并保持动态流程的流动性

比萨店应该尽快将学生会餐厅的结构化流程标准化，比如制作比萨和接收订单的流程。然而，你可以建议，动态化流程(如处理不满意的学生客户或寻找新员工)应该保持灵活性，因为标准化这种活动流程的意义不大。

不要混淆流程和信息系统

特许经营商目前使用的是一个信息系统，即公司的 TPS，以支持他的许多操作流程，如接收订单及采购物品和配料。如果管理者决定创建一个 Tweet 折扣流程，他仍然必须决定哪个信息系统将支持该流程——他应该使用现有的 TPS 还是为此目的创建一个新的信息系统？关键是新流程不是信息系统，但它又需要信息系统的支持。我们要将流程和信息系统区分开来，你可以询问一个新流程是否需要一个新的信息系统，或者现有的信息系统是否可以支持该流程。

确保流程协同工作

比萨店的各个流程必须协调一致。当 Pizzi 先生讨论一个流程时，你可以指出该流程为何需要与其他流程保持同步。例如，当他设计一个新的 Twitter 促销流程时，你可以指出，这个促销流程必须与销售流程整合——当一个比萨以 Twitter 促销价格出售时，学生的 Twitter 账户名和促销代码应该在销售流程中记录下来。

持续改进自己的流程

学习并试用你自己的流程来改进它们，成为一个乐于尝试新方法的人。如果你在一家比萨店工作，那么可以尝试不同的顾客问候方式，并提出使用移动应用程序让顾客付款的新方法。

到目前为止，我们已经研究了业务流程的四种特征，目的是更完整地描述它们并理解它们的差异。有了这些知识，我们就有更好的机会提高这些流程的性能，这是我们的下一个主题。

Q7-3 管理如何改进流程？

在这里和接下来的两个问题中，我们将流程改进的主题缩小为三个类别。首先，在本节中，我们强调像比萨店经理这样的管理者如何通过指定和沟通流程目标与措施来改进流程。在 Q7-4 节中，我们将探讨如何应用信息系统来改善比萨店和医院的流程；在 Q7-5 节中，我们总结了流程管理技术如何改进流程。

首先，要认识到关键阶段流程改进(process improvement)意味着一个流程在度量的基础上更好地实现其目标。因此，必须首先理解目标和度量的概念，以及管理者指定它们并进行沟通的责任。

流程目标

每个业务流程都有一个或多个可能的目标。负责流程的管理者的工作是指定最合适的目标，并将这些目标传达给流程中扮演角色的参与者，如图 7-8 所示。当目标被明确说明并明确传达时，流程参与者就能更好地理解如何改进流程。

对目标进行分类：有效性或高效性
让未明确的假设变得明确
使目标与战略相匹配

图 7-8 改进流程目标的选项

管理者不会自己设定目标，他们会与他人协作。为了有效地进行协作，他们需要召集合适的人员，然后与团队一起工作，产生潜在的目标。在比萨店，Pizzi 先生想要改进排班流程。他自己对排班流程的目标是让更少的学生员工工作更多的时间，因为他认为这将保持制作的食物的味道一致，并减少培训需求。当他与学生员工协作时，员工们会建议目标应该是让更多的学生参与到工作中。管理需要有效地协作，而不是假设对流程目标达成一致。设定目标是一项团队活动。

正如前面提到的，流程目标可以分类为高效性和有效性两类。例如，在比萨店，销售流程有两个目标。一个目标是高效性目标——减少通过电话下单所需的时间；另一个目标是有效性目标——向新生推广。通过明确地将目标定义为高效性或有效性，目标就不会那么模糊了。模糊的目标，如"有一个伟大的销售流程"或"对我们的客户好"，是很难改进的。

通常，一个流程会有未明确的目标，管理者应该明确这些目标。例如，配送流程可能没有明确的目标。为了使配送流程运作良好，Pizzi先生应该清楚地说明它的目标。

最后，流程可能声明了不合适的目标——与战略不匹配。如果比萨店的战略规划是针对新生的，但促销流程的目标只有两个，即推广多馅料比萨和增加沙拉订单，那么促销流程的目标就不适合所述的战略。

比萨店是一个小型组织，所以Pizzi先生拥有流程的第一手知识，可以直接向执行流程的人传达流程目标。相比之下，在大型组织中，负责流程的管理者可能需要对执行流程的人员进行多层监督。因此，流程目标可能会被管理者弄得很混乱。大公司的管理者必须找到一种方法，确保目标能够很好地传达给执行流程的人。

流程度量和KPI

流程管理者还必须为每个目标指定测量方法。度量（measure或metric）是分配给属性的量。度量在流程改进的内部和外部都是很常见的。你的度量标准包括你的身高、体重、GPA和家庭规模等。在流程改进中，管理者用来评估流程性能的度量称为关键性能指标（key performance indicator，KPI）。

配送流程的一个可能的KPI是从离开商店到到达客户位置所经过的时间（以分钟和秒为单位）。正如每个流程都有许多可能的目标一样，也有许多方法可以度量每个目标，指定最佳KPI是管理者的工作，或者如果有必要，可以改进KPI并与流程参与者沟通这些度量。

指定KPI可能很困难，因为它需要对流程有非常全面的了解。即便如此，一些目标也难以量化。比萨店的Pizzi先生想把比萨卖给新生，这样这些学生就能在大学期间成为比萨店的常客。然而，很难知道哪些客户是新生。因此，比萨店决定以送货到宿舍的订单数量作为一个近似度量。新生并不是唯一住在宿舍里的人，但这可能是比萨店可以用作KPI的唯一度量指标。

虽然衡量宿舍订单数量显然不是一个完美的新生销售KPI，但比萨店老板意识到，所有的措施和KPI在某种程度上都是不完美的。爱因斯坦曾说过："不是所有可以计算的东西都有价值，也不是所有有价值的东西都可以计算。"在考虑度量时，要认识到它们都有局限性，关键的业务挑战是选择可用的最佳度量并了解它们的局限性。

最佳KPI应是合理的、准确的和一致的，如图7-9所示。合理的KPI是有效的且具有说服力。用宿舍订单数量来近似代表新生比萨订单数量是合理的。准确的KPI是严格的和精确的。"26个比萨"是准确的度量；"比上周多"则是一个不太准确的度量。为了准确地评估一个目标，可能需要设置多个KPI。例如，为了评估面向新生的销售情况，比萨店可能还会记录在迎新周期间送到校园的比萨数量。好的度量的另一个特征是一致性。管理者应该开发可靠的KPI流程，也就是说，如果相同的情况再次发生，则KPI返回相同的值。

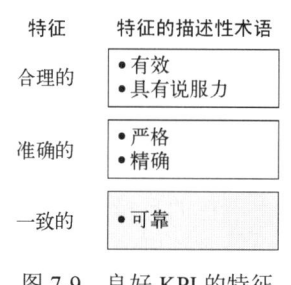

特征	特征的描述性术语
合理的	• 有效 • 具有说服力
准确的	• 严格 • 精确
一致的	• 可靠

图7-9 良好KPI的特征

最后，管理者应该避免一个常见的陷阱，即"爱上"他们最喜欢的KPI。如果Pizzi先生指定了新生迎新周KPI，并且这种KPI已经使用了好几年，他可能不愿意接受新的KPI建议，即使它们更合理、更准确或更一致。管理者不应该被 KPI 限制，他们需要在出现更好的 KPI 选项时继续改进。一旦管理者指定并传达了既定目标和 KPI，下一步就是考虑如何用信息系统改进流程。改进的结果将在指定的 KPI 中体现出来。

Q7-4 如何使用信息系统改进流程？

今天，信息系统在业务流程中扮演着越来越重要的角色。信息系统影响许多流程，由于信息系统的不断变化和改进，它经常为改进所有类型的流程提供新的和有前途的选择。信息系统可以通过多种方式改进流程；这里我们考虑五种方法，如图 7-10 所示。

改进一个活动

利用信息系统改进流程的一种方法是改进流程中的一个活动。在比萨店，可以通过给配送车辆添加一个 GPS 或 Waze 应用程序来显示交通状况更新信息，从而改进配送流程的驾驶活动。因此，配送目标的 KPI——配送时间得到了改进。另一个例子是销售流程，其中一个活动——促销活动，可以通过使用 Twitter 来识别和吸引新生。

```
改进一个活动
 · 披萨店：使用GPS改进驾驶活动。
 · 医院：使用药物检查器改善开具处方活动。

改进活动之间的数据流
 · 比萨店：在配送流程中，在GPS上显示订单流程的数据。
 · 医院：以电子方式记录处方数据，并与药房共享。

改进活动的控制
 · 比萨店：更好地控制订单细节。
 · 医院：预约未到人数减少。

使用自动化
 · 比萨店：在推文推广过程中发送预定的推文。
 · 医院：办公室接待流程中的电话应答系统。

改进程序
 · 比萨店：支付程序改进，支付流程改进。
 · 医院：重写办公程序以改进办公流程。
```

图 7-10 使用信息系统改进流程的选项

为了扩大我们的讨论范围，考虑信息系统如何帮助改善医院的医疗保健服务流程。以开具处方活动为例，当医生在平板电脑上输入处方时，软件可以将该药物与患者正在服用的其他药物进行比较。如果新药与任何以前开过的药物有冲突或有可能引起患者的过敏反应，则将显示警告信息。

改进活动之间的数据流

信息系统还可以通过添加或改进相同或不同流程中活动之间的数据流来改进流程。例如，考虑比萨饼店用于流程的 Web 站点。如果订单数据实时流向配送车辆中的 GPS 显示，那么来自订单流程的数据可用于改进配送流程。利用这些即将到来的配送数据，配送员可以更好地计划什么时候停下来加油，或者什么时候等一个比萨做好再去送货。

在医院，通过改进数据流，可以改进配药流程。当医生开具处方时，可以将处方数据发送到当地药房，这样当患者到达药房时，处方已准备好了。处方数据从开具处方流程流向药房的配药流程。数据是自动传输的，而不是由患者手动携带。数据流不仅减少了配药过程中的等待时间，而且与手写处方相比，电子处方的错误会更少。

改进活动的控制

信息系统改进流程的第三种方法是改进流程中活动的控制。一般来说，控制(control)限制了行为。一个流程就像一条河流；控制就像水坝和边墙，限制了河流的行为。你的生活中也有一些控制，可以帮助你限制自己的行为，如图 7-11 所示。你的闹钟限制你的睡眠时间，你汽车上的巡航控制系统限制车辆速度，你的手机密码限制谁可以使用你的手机，你的社交媒体隐私设置限制谁可以看到你的帖子，你的 ATM PIN 限制谁可以执行银行交易。在关于安全性的第 6 章中，我们指出了安全保障就是减少终端用户自由的控制，从而限制了最终用户的行为。

控 制	限 制	控 制	限 制
闹钟	睡眠时间	社交媒体隐私设置	谁可以看到你的帖子
巡航控制系统	车辆速度	ATM PIN	谁可以执行银行交易
手机密码	谁可以使用你的手机		

图 7-11　常见控制

在流程世界中，控制有助于限制活动中的广泛变化，从而使流程运行得更加一致和平稳。换句话说，通过限制活动的行为，控制有助于流程提供一致的结果。想想看，缺乏控制是如何导致巨大的差异，甚至灾难的——Enron、World-Comm、Freddie Mac 的金融崩溃都被归咎于缺乏控制。如果你能提出改进业务流程控制的方法，那么你将成为流程中至关重要的"一环"。对于许多流程来说，信息系统是改善控制的最可靠方式。

在商业中，管理者花费大量时间来应对异常（exception）情况。异常情况是需要执行的流程中出现的意外的或不受欢迎的结果——部件没有到位，员工表现不佳，预算超支。控制可以帮助减少这些异常情况出现的频率和它们引起的麻烦。

比萨店的控制可以使每个比萨的大小都一样，使烤箱保持一致的温度，并且只允许经理才能在收银机上取消订单。信息系统控制的一个例子是用于比萨店内订单流程的新计算机。现在，服务员在新计算机上输入订单，而不是在纸条上手写订单。这个过程的一个控制是软件检查不完整的订单，如果订单不完整，就不会将其发送到厨房。例如，如果一个服务员没有为一个有三配料的比萨输入三配料，或者没有为一份沙拉指定一种调味料，那么计算机就会提醒服务员输入缺失的数据。厨房要等到服务员纠正后才会收到订单。这种控制有助于减少配送时间上的变化，以及客户订购的和为客户提供的产品之间的差异。

在医院，一个反复出现的问题是预约不上医生。为了更好地控制这些患者，医院现在会向患者的手机发送语音和短信预约提醒。此外，医院已将患者的医疗保健记录转换为电子形式，以改善对记录的控制，并限制可以查看这些记录的人员。

使用自动化

信息系统改进流程的第四个方法是使用自动化。自动化（automation）是指计算机完成曾经由人完成的活动或活动的一部分。计算机既可以是机器人，也可以是 AI 程序。AI 和机器人已经在第 5 章讨论了。一个典型的使用自动化的例子是 ATM，它取代了银行出纳员的一些活动；另一个例子是电子商务网站，它可以从事销售人员的多种活动。最近的一个例子是 Google 无人驾驶汽车，这是一款旨在改善驾驶和减少事故的自动驾驶车辆，如图 7-12 所示。

图 7-12　自动化示例——Google 无人驾驶汽车（来源：Martial Red/Shutterstock）

使用自动化的另一个例子是比萨店的 Tweet Customer 流程，如图 7-13 所示。图中的上部显示了自动化之前的 Tweet Customer 流程。其中的活动基本都是由一个人完成的。Sarah 列出了 5~10 条推文，然后用电子邮件发给 Pizzi。Pizzi 编辑并批准了这份清单，然后用电子邮件回复给 Sarah，最后由 Sarah 安排最佳的发送时间。每次约定的时间一到，Sarah 就登录 Twitter 并发送这条推文。一种使活动自动化的方法是使用 Twitter 服务在预定的时间自动发送推文，这样 Sarah 就不需要登录和发送，如图 7-13 的下部所示。

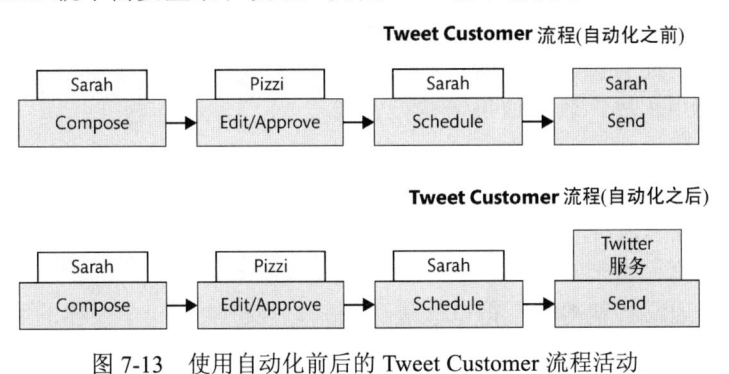

Tweet Customer 流程(自动化之前)

| Sarah | → | Pizzi | → | Sarah | → | Sarah |
| Compose | | Edit/Approve | | Schedule | | Send |

Tweet Customer 流程(自动化之后)

| Sarah | → | Pizzi | → | Sarah | → | Twitter 服务 |
| Compose | | Edit/Approve | | Schedule | | Send |

图 7-13　使用自动化前后的 Tweet Customer 流程活动

在医院，自动化可以改善许多流程。自动化可以发现欺诈性的医疗保健账单，使医院的账单流程更加高效。自动电话系统可以将呼叫者连接到正确的办公室。监控患者健康状况的自动化系统可以使康复过程更加有效。医院可以使用服务机器人在医院内移动餐食、设备和床单，以改善多个患者的护理流程。

自动化的决策可能具有挑战性。显然，计算机有许多优点——生产率高、速度快、质量好、规模大、一致性好和减少人员伤害。它们不用去度假，也不会早早下班去参加孩子的球类比赛，它们非常稳定，易于控制。对一个活动的控制可以通过自动化来改进——计算机每次都以完全相同的方式执行活动，没有变化。但是人类也有自己的优势：更低的开发成本，更好的安全性，更少的前期成本，更大的灵活性，以及在不确定性中做出判断的能力。如果这些优势的比较并不能回答自动化问题，那么继续提问："应该由一个人或计算机参与者来做这项活动吗？"然后考虑参与者需要做出的判断。自动化的参与者在低级判断的情境中更有能力，在这种情境中执行的是众所周知的、可重复的活动，比如在装配线上对输入计时，保持飞机高度，或者检查表单上的每一项是否已经完成。但计算机也会出现意外故障，需要维护，若只影响到在 Twitter 上发布折扣信息，这只会对比萨店造成麻烦；若它关闭了烤箱，就会是一个大问题。此外，人类具有独特的能力来处理具有不确定性或模糊性的高级判断活动，比如疾病的诊断和治疗，风险评估，以及人类的交流、互动和学习。

使用自动化的决定甚至更令人烦恼，因为这个决定从来都不是最终决定。技术的不断进步将要求商业人士不断地重新评估自动化决策。自动化活动可能会随着新技术的开发或成本的降低而改变。

改进程序

在我们讨论信息系统的程序如何改进流程之前，重要的是理解信息系统和流程是如何相互关联的。在第 2 章中，我们首先介绍了流程、信息系统及它们之间的关系。我们解释了每个流程可以依赖于 0 个、一个或多个信息系统，而一个信息系统可以支持一个或多个流程。

在图 7-14 中，我们展示了一个信息系统(IS)，即智能手机 IS 支持的两个 Go To Movie 流程。

如图 7-14 所示，流程将信息系统锚定在程序上。信息系统对流程的每个应用都有一个独特的程序。例如，你的智能手机同时支持两个 Go To Movie 流程，但每个流程都有自己的程序。当你执行 With Friends 流程时，你可以在决定看电影之前用手机和朋友一起看预告片。这个程序会把你带到一个电影应用程序，然后通过一些搜索转到你想看的电影的预告片。当你执行 Alone 流程时，手机只会提供放映时间。

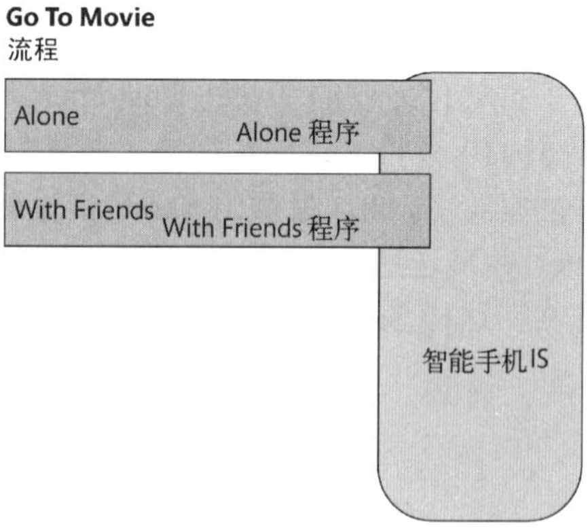

图 7-14 两个 Go To Movie 流程和智能手机 IS

然而，程序往往是流程和信息系统之间的薄弱环节。Pinterest 或 Netflix 的新用户需要掌握程序，才能享受流程带来的结果。

改进一个程序通常会使得流程得以改进。例如，你可能有一个很棒的手机，但电影流程很糟糕，因为你从来没有学会如何搜索附近的影院的放映时间或评论。你的程序拖了后腿；修复这些问题，你的电影流程就会变得更好。

大学里的比萨店也陷入了同样的困境。几年来，这所大学允许当地餐馆使用学生证作为签账卡。最近，Pizzi 先生注意到只有少数比萨是通过学生证售出的。为了改进支付流程，他询问了一些收银员。原来，他们不确定是否可以用学生证进行销售，也不知道如何在收银机上输入学生证号码。Pizzi 先生在一名收银员的帮助下重写了支付流程，并培训了其他收银员，很快支付流程就运行得更好了。支付流程有一个人们不太了解的程序，因此阻碍了它的发展；一旦程序得到改进，支付流程就会执行得更好。

在医院，医疗保健专业人员必须使用新的医疗保健 IT 系统来遵守联邦平价医疗法案（Affordable Care Act）。然而，当切换到新的信息系统时，他们的办公流程受到了影响。医院管理者很快意识到，医院的流程仍然是适用的，但没有人知道新信息系统的程序。

医院的问题是一个常见的问题——一旦信息系统或流程发生变化，就应该改变程序。随着技术和流程的变化，业务中的程序需要不断完善。在你的职业生涯中，你会发现保持流程的与时俱进说起来容易，做起来难。

这些例子展示了利用信息系统改进流程的一些可能性。随着计算机硬件的价格不断下降，新技术和新想法不断进入商业世界，年轻的专业人士加入了劳动力大军，他们比以往任何一代都更能适应技术，利用信息系统改进流程的机会将继续增多。在最近十几年，最重要的用于改进业务流程的信息系统出现了。这些是价值数百万美元的 ERP 系统，旨在改善公司的各种流程。这些 ERP 系统将在第 8 章中描述。

虽然信息系统对流程性能有很大的影响，但还有其他方法可以实现流程改进。在过去的 50 年里，一个完整的流程管理行业应运而生。这一行业认可信息系统在流程改进中的作用，但也提出了广泛的技术和建议，以改善不依赖于信息系统的流程。

Q7-5 流程管理原则如何改进流程？

流程管理专家开发了一系列流程管理原则，可对流程进行改进。流程管理专家将这些改进原则命名为：系统工程、工作流/WfMc、业务流程建模（business process modeling）、业务流程再造（business process reengineering）、持续改进（continuous improvement）、xMatrix、Kata、5 Whys、Kaizen 和六西格玛（Six Sigma）。这些原则的共同目标是在组织中创造一种持续改进的文化。从这些不同的方法中，我们提炼出 6 种最常见的技术，如图 7-15 所示。

改进类别	比萨店示例
改进活动	改进停车活动
删除非生产性资源	减少司机
改进反馈	给 Pizzi 先生一份延迟配送的报告
消除瓶颈	增加服务员
重新设计	厨师专业化
外包活动	外包会计活动

图 7-15　使用流程管理原则来改进流程

虽然信息系统可以通过改进活动来改进流程，但这里的技术是在不涉及信息系统的情况下改进活动的方法。例如，比萨配送流程可以通过改进司机的停车活动或使用更好的保温比萨盒来改进。改进活动的一种常见方法是向其添加资源，例如为配送流程增加司机。

另一个简单的改进是从流程中删除非生产性资源。例如，如果分配到某个比萨店的司机不忙，那么可以培训他们去做其他工作，这样他们的工作就更有效率。

第三种技术是改进流程产生的反馈。反馈（feedback）指流程输出的一部分返回到输入，如图 7-16 所示。在教育行业，一个作业的评分会对你的学习活动产生反馈，而这种反馈可能会导致你这学期学习活动的变化。在体育运动中，教练可能反馈团队在上一场比赛中的表现，以作为下一场比赛的有效经验。教练可能会提醒球员，在上一场比赛中，球员学会了分享球。反馈实现了闭环。在比萨店，配送流程应该向 Pizzi 先生反馈每个司机配送的订单数量和延迟配送的订单数量。有了更丰富的反馈，流程管理专家和参与者可以识别问题，提出流程改进，并测试可行的解决方案。

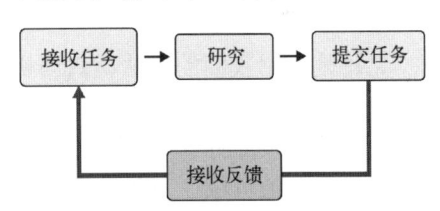

图 7-16　带反馈的流程

另一种技术是消除瓶颈（bottleneck）。当一个活动降低了整个流程的性能时，就会出现瓶颈。在比萨店，当一个服务员为太多的顾客服务时，就会出现瓶颈。同样，电梯也常常是进入宿舍流程中的瓶颈。流程管理专家会找出瓶颈，并建议其他员工在繁忙的夜晚充当服务员；大学宿舍可以允许更长的进入时间，以减少电梯需求高峰。

业务流程也可以通过重新设计（改变结构）来改进。改变结构仅仅意味着改变流程活动的设置或角色。在制作比萨流程中可以看到一个改变结构的例子。目前，每个厨师都要擀面团，添加配料，然后把自己的比萨放进烤箱，烤好后取出。在繁忙的夜晚，一个更好的流程结构可以使这些工作更加专业化。也就是说，一个厨师为所有的比萨擀面团，另一个厨师添加配料，第三个厨师将比萨放进烤箱并随后取出。这有助于减少延迟，也是制作比萨流程的一个目标。

重新设计流程的另一个原因是为了减少闲置时间（slack），即活动空闲的时间。在比萨店，如果服务员正忙着接待顾客，但食物已经准备好了，没人上菜，那么应该重新设计流程，以便让厨师把比萨端上餐桌。这将减少比萨服务活动的闲置时间。

还有一种改进流程的方法是将某个活动外包，也就是让供应商、客户或业务合作方在流程中执行其中的一项活动。客户似乎愿意自己刷信用卡、修改密码、加油、结账、安排行程以及在机场办理登机手续。客户不应该是外包的唯一考虑对象；其他业务也应该考虑，例如

169

比萨店可以外包其会计活动。

无论是使用流程管理原则还是本章中列出的其他改进流程的方法，大多数业务人员都可以提出自己的改进流程的方法。问题在于这样做是否值得，这些改进是否有助于更好地实现公司的战略。例如，比萨店总是可以增加更多的司机或使用 Twitter 来接受订单，但经理必须判断这些改进是否比其他可能更廉价或更耗时的选择更好，从而更好地实现战略。

在制造业中，常见的流程改进方法称为六西格玛。六西格玛旨在通过消除缺陷的原因和最小化流程中的可变性来改进流程输出。每一个六西格玛项目遵循一个非常结构化的、量化财务措施的步骤序列。六西格玛得名于其 99.999 66% 的过程输出无缺陷的目标。六西格玛的支持者认为，如果没有这样高质量的流程，我们每周将有 10 分钟没有电，每月将有 810 架商用飞机坠毁，每天将有 50 个新生儿出生后被医生放弃。

为了使你能够在当今的商业环境中有所作为，请提高自己评估业务流程的能力。也就是说，一旦你考虑一个特定的流程，请确定其目标，评估其 KPI 的质量，并确定信息系统或流程管理原则是否可以改进该流程。本章旨在帮助你像开篇的小插曲中的 Sue 那样提出一系列问题，以便更好地理解流程并提出改进建议。

Q7-6　流程团队如何绘制流程改进图？

无论是使用我们的方法、六西格玛，还是其他技术，大中型组织的流程改进总是需要团队的参与。通常，团队包括作为流程参与者的用户、负责流程的经理、IT 分析师和业务分析师。除非流程非常简单，比如制作比萨，否则为了团队成员理解流程并确定必须更改的活动，通常需要绘制流程图。对于重设计团队来说，有必要理解当前流程是如何工作的，以及预期流程应该是什么样的。当前流程的关系图通常称为"原样"关系图（as-is diagram），而建议改进的关系图称为"应当"关系图（ought-to-be diagram）。图可以有多种形式，但正如第 2 章提到的，我们将使用当前的黄金标准——BPMN。

为了更好地理解流程改进团队如何使用 BPMN 图，我们考虑比萨店采用的"选择新供应商"流程。这是比萨特许经营商想要采用的流程。公司必须找到并选择新鲜比萨配料、清洁用品、办公用品和负责垃圾清运的供应商。这一管理性流程的目标是在合理的时间内找到优质的供应商。这些目标的 KPI 如图 7-17 所示。

"选择新供应商"流程如图 7-18 所示。它开始于特许经营商向供应商发出提案请求（RFP）。该活动由仓库经理完成，他将发现潜在的供应商，对其产品进行粗略的调查，并联系供应商的销售办公室。如果供应商积极响应，下一步是"接收供应商提案"活动。在这项活动中，供应商提供地址和合同数据，以及

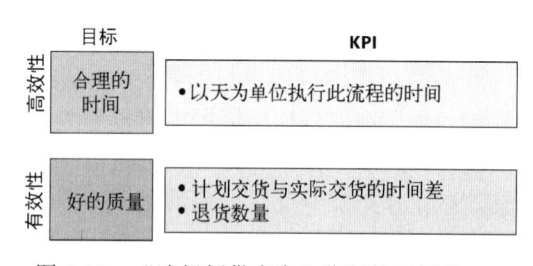

	目标	KPI
高效性	合理的时间	·以天为单位执行此流程的时间
有效性	好的质量	·计划交货与实际交货的时间差 ·退货数量

图 7-17　"选择新供应商"流程的目标和 KPI

将向特许经营商销售的产品列表。这些应用程序数据和产品数据作为新的供应商数据被插入标记为"仓库数据库"的资源中。一旦这个活动完成，仓库经理将评估供应商的产品列表，以确定可能合适的产品。在进行此项活动的同时，会计也在"评估供应商信用政策"活动中进行评估。生成的关于供应商信用政策的数据存储在会计数据库中。这些数据稍后将由会计部门在支付流程中使用。会计部门还收集供应商的其他数据，以便对供应商做出批准/不批准的决定。这个活动称

为"评估供应商的财务实力"。如果会计批准了供应商，将启动一个"完成应用程序"活动，该活动指定要订购的产品。最后，在一个月之后，还有一个活动，即"评估供应商绩效"。

我们的目标是让你了解流程团队如何使用像 BPMN 图这样的形式化工具来描述流程改进。本书扩展 3 是对组织用于改进流程的行动顺序的更完整的解释，这也是一个改进流程的流程。

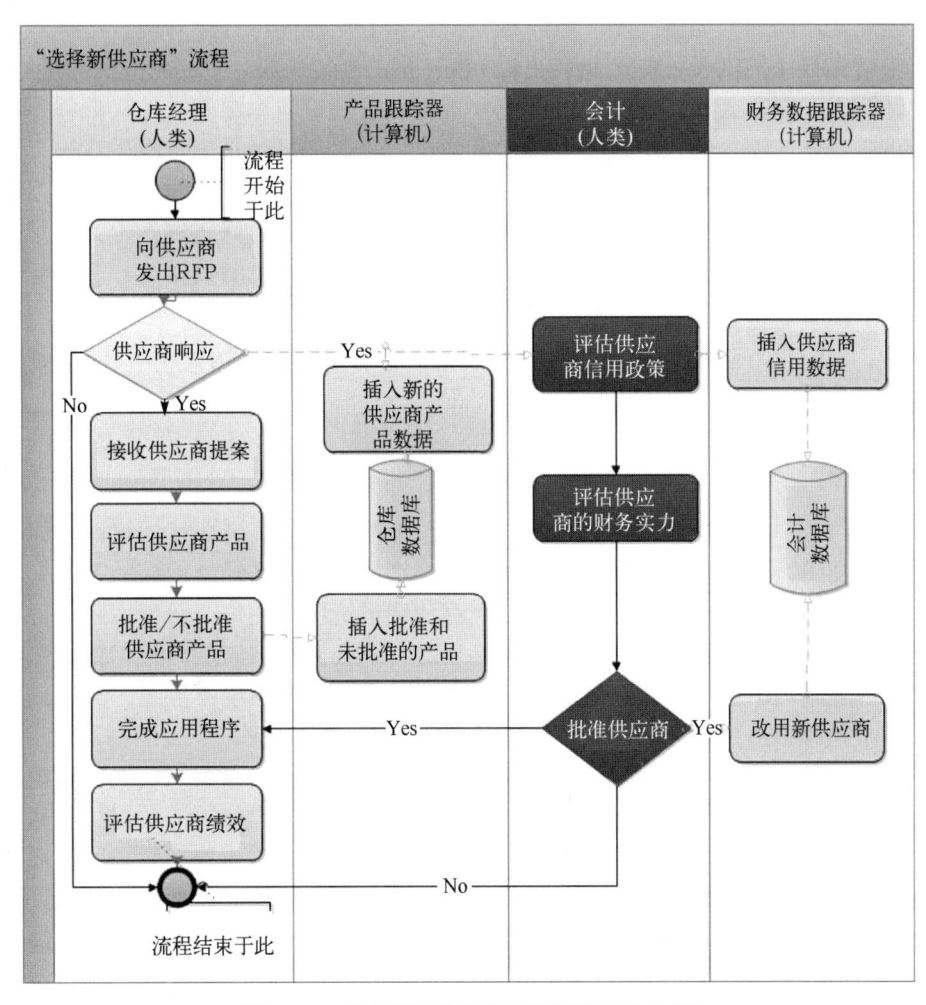

图 7-18 "选择新供应商"流程的 BPMN 图

Q7-7 信息系统如何阻碍流程？

信息系统通常支持并改进流程，其中一种方法是改进活动之间的数据流。然而，信息系统并不总是对流程有利，有时它们会阻碍流程。如果信息系统阻止或限制数据流，那么可能就会阻碍流程。这种情况称为信息孤岛（information silo）——流程活动所需的数据不可用，因为将其存储在一个隔离的、分离的信息系统中。例如，如果你的平板电脑或手机没有与你的 iTunes 账户同步，那么你的音乐就会被困在 iTunes "信息孤岛"里。让我们考虑一些信息孤岛的商业例子，如何纠正信息孤岛，以及它们存在的原因。

请注意,"选择新供应商"流程的目标是在合理的时间内选择信誉良好的供应商。"选择新供应商"流程的最后一个活动是"评估供应商绩效"。为了评估新供应商,分析人员必须获得新供应商向比萨店送货的数据。优质供应商的一个关键指标是交货的及时性——计划交货和实际交货之间的时间差。遗憾的是,计划交货时间存储在特许经营商的信息系统中,而实际交货时间存储在不同比萨店的电子表格中。这些电子表格就是信息孤岛。更糟糕的是,不同比萨店的配送时间的数据格式不一致,这使得数据更难流向特许经营商。

另一个信息孤岛的例子可能离我们更近,就是你的智能手机。你智能手机上可能有音乐、电子邮件、聊天、联系人和其他数据,而这些数据很难与笔记本电脑上的类似程序同步。如果你想改进听音乐的流程或日历更新流程,有两个信息孤岛可能是一个障碍。

信息孤岛不仅困扰着企业,在医疗保健和政府机构中也很常见。医院正在努力使其患者的电子医疗记录更容易被其他医疗保健机构获取。解决信息孤岛问题的一个方法是复制数据——复制隔离的数据,并使其对需要它的流程可用。但是,当复制数据时,若只对一组数据进行更改,数据可能很快变得不一致。消除信息孤岛的完整方法是在共享数据库中存储数据的单一副本,并将业务流程连接到该数据库。单副本数据库解决方案是ERP系统的一个特性,我们将在接下来的三章中讨论。

为什么会存在信息孤岛?

比萨特许经营中的信息孤岛部分是由门店与总部的物理分离造成的。然而,即使所有数据都在同一屋檐下,也会出现这种信息孤岛问题。例如,在特许经营门店的办公室,一个数据库存储销售数据,而另一个数据库则跟踪库存和配送情况。在每个数据库中,每天闭店时都会整理数据,并与其他数据库共享。这种延迟通常不会影响门店的日常工作;然而,一年中会有好几次促销活动,这种延迟会导致门店里的商品断货或出现不需要的配送。如果所有数据都在一个系统中,那么这些问题就可以避免。

既然信息孤岛的问题如此明显,为什么这个问题还会出现?组织将数据存储在单独的数据库中有几个原因。如果可以选择,组织的部门更愿意控制他们使用的数据。例如,会计人员比任何人都更了解如何使用会计数据库,因此他们很自然地想要管理数据库设置、数据类型、以及如何更新数据库。而且,一个部门的目标可能与组织的其他部门的不同。这些目标可能是最小化库存或服务客户。对于部门来说,支持关键目标的部门系统(即使它是一个信息孤岛)可能比不支持该目标的企业系统更好。

一个部门使用自己的系统还有其他原因。一些流程使用了不能与其他流程共享的敏感数据,如会计流程中的税务数据和人力资源部门的医疗索赔数据。此外,购买和实现部门系统比实现大多数企业解决方案都要容易。最后,部门系统的费用不高;企业系统的成本可能是单个部门系统的 10~50 倍。这一点在新开的比萨店中很明显,该门店将保留本店的学生 Twitter 数据。在其他门店,通过 Twitter 发布折扣信息的流程可能很有效,但重组 TPS 来记录这个新门店数据的成本可能并不值得。

过去,由于跨部门的信息系统很少,因此选择一个部门的信息系统来支持部门流程。20多年以前,部门系统是唯一的出路,因为企业系统只存在于梦想中。如今,人们的期望是尽量减少信息孤岛,促进各部门之间的数据流动,不仅仅是在比萨店中,而且是在全球企业之间。这是我们将在接下来的几章中继续讨论的主题。

课堂练习

改进纸飞机的制作流程

本课堂练习的目的是演示流程的概念。在这个练习中，学生将组成装配线来制作纸飞机。每条装配线将具有相同的四个活动，每个活动都被称为工作中心（Work Center，WC），如图 7-19 所示。原材料是一叠普通纸，成品是折好的纸飞机，WIP（Work In Progress）是指装配流程的工作，这是前一个 WIP 的 WC 输出。

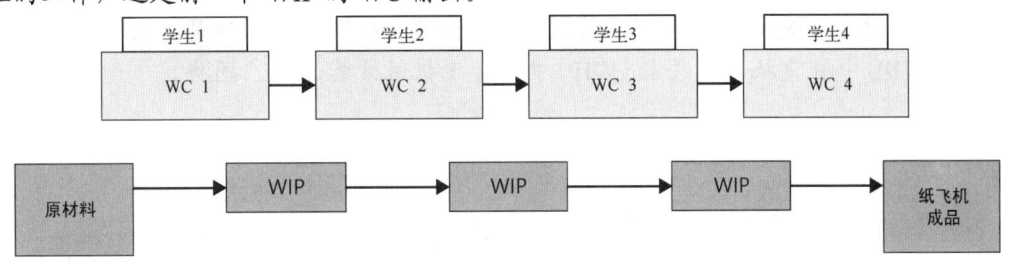

图 7-19 装配线设置

在装配线的四个车间中，每个车间分配一个学生。学生 1（在 WC 1 中）进行第一次折叠，如图 7-20 顶部所示。位于 WC 2 的学生 2 折叠边角，图中也显示了学生 3 和学生 4 的位置与组装说明。除折纸飞机的四名学生外，其他七名学生使用图 7-21 中的三种形式观察、计时和记录每条装配线，如下所示：

观察者 1：使用 Form 1，记录 WC 1 的任务时间。
观察者 2：使用 Form 1，记录 WC 2 的任务时间。
观察者 3：使用 Form 1，记录 WC 3 的任务时间。

来源：dotshock/Shutterstock

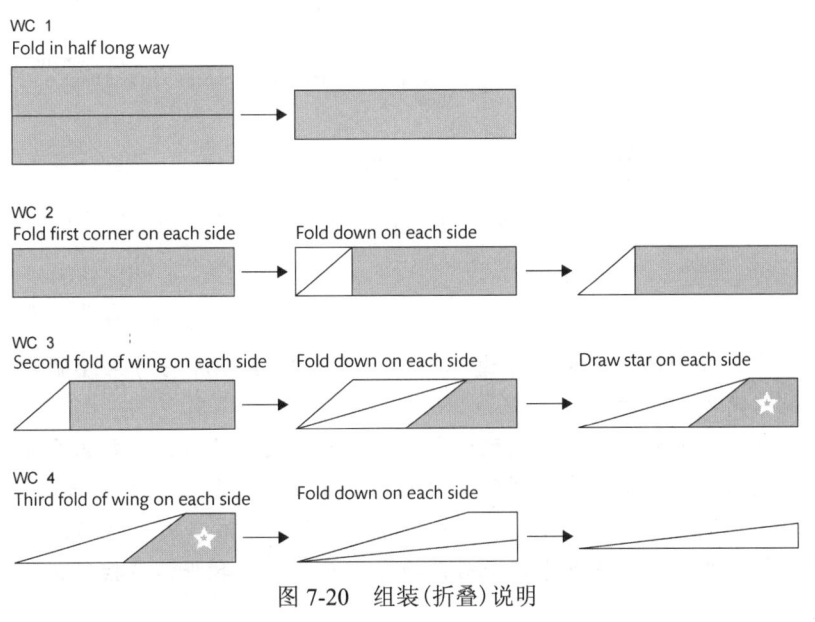

WC 1
Fold in half long way

WC 2
Fold first corner on each side   Fold down on each side

WC 3
Second fold of wing on each side   Fold down on each side   Draw star on each side

WC 4
Third fold of wing on each side   Fold down on each side

图 7-20 组装（折叠）说明

观察者 4：使用 Form 1，记录 WC 4 的任务时间。
观察者 5：使用 Form 2，在行末尾记录一次制作周期的时间。
观察者 6：使用 Form 3，记录彩色纸飞机的生产时间。
观察者 7：在每次装配流程结束时清点在制品数量。

每条装配线可制作 20 架飞机。在这个过程开始之前，每条线将试运行 4~5 架飞机的制作过程。然后从零开始，开始计时，制作 20 架飞机。每个 WC 持续工作，直到第 20 架飞机完成。流程大约运行一半的时候，老师会插入一张彩纸作为原材料。每个学生以自己的节奏进行组装工作。这不是一场产量最大化的竞赛，而是质量的竞赛。

第一次装配流程完成后，再进行第二次，再制作 20 架飞机。但是，每个学生只有在其收件箱（WIP）中有飞机而发件箱（WIP）中没有飞机时才能工作。同样，中途老师会插入一张彩纸。

Work Center _____ (1, 2, 3, or 4)

Unit	Run 1 (seconds)	Run 2 (seconds)
1		
2		
3		
4		
5		
6		
7		
8		
9		
10		
11		
12		
13		
14		
15		
16		
17		
18		
19		
20		
Sum		
Average		

Form 1: Airplane manufacturing task time. Observers 1, 2, 3, and 4 use this form to record assembly times for each Work Center.

System	Throughput Time for 20 Sheets Run 1	Throughput Time for 20 Sheets Run 2
Start time		
Finish time		
Total time		

Form 2: Airplane manufacturing cycle time for 20 airplanes. Observer 5 uses this form to record start and finish time for entire run of 20 planes.

System	Throughput Time for Colored Sheets Run 1	Throughput Time for Colored Sheets Run 2
Start time		
Finish time		
Total time		

Form 3: Paper airplane manufacturing color sheet throughput time. Observer 6 uses this form to record start and finish time for colored sheet.

图 7-21 折叠记录表

问题：

1. 在团队中，使用诸如角色、泳道、活动和决策等 BPMN 符号来绘制装配流程图。命名分配给角色的资源。
2. 使用本章的思想来改进这个装配流程。讨论装配线的目标。如果你负责这样一条装配线，你认为你的目标是高效性还是效性？指定用于监控实现目标进度的 KPI。
3. 假设 WC 的折叠由四台机器完成。在这种情况下，第二次运行与第一次运行使用不同的软件。这个新的信息系统是否改善了一个活动、数据流、控制、自动化或程序？

4. 在第一次或第二次运行时，信息孤岛中是否有任何数据？
5. 从第一次运行到第二次运行，哪个 KPI 变化最显著？你预料到了吗？其他流程和其他 KPI 是否也会随着信息的微小变化而发生变化？
6. 装配流程中有任何控制吗？信息系统可以通过改进控制来改进这个流程吗？这些改进将出现在哪些 KPI 上？

道德指南

自动化的伦理

本章主要讨论改进业务流程对组织成功至关重要的观点。然而，如果改进过程需要付出道德代价，那该怎么办呢？在这里，我们通过考察就业和安全两个方面来关注这一伦理挑战。

前面我们将自动化描述为曾经由人完成的一项活动改为由计算机执行。在第 5 章中，我们还讨论了自动化，并将人工智能定义为像我们一样思考的计算机，而将机器人定义为像我们一样行动或移动的计算机。

背景 1：就业

自动化将影响就业——对于每一份自动化工作，都有人需要一份新工作或接受再培训。制造业、银行、快餐店、电话营销、税务筹划、数据录入和保险业的自动化将导致更少的工作岗位。一个很有说服力的例子是，在一家麦当劳餐厅，一小群员工管理着一组机器人。

在快餐业

1. 假设你现在是麦当劳的 CEO。如果你用绝对命令来做决定，你会倾向于在你的餐厅多一点自动化还是少一点自动化？
2. 你还是 CEO，但现在使用功利主义。这会改变你对第一个问题的答案吗？为什么？
3. 作为一名快餐店顾客，你会不太愿意去使用机器人的餐厅吗？
4. 同样，作为一个顾客，如果产品的价格更高，你会愿意购买"纯手工制作"的产品吗？

来源：SasinTipchai/Shutterstock, Josefkubes/ Shutterstock and Tatiana Shepeleva/Shutterstock

在社会上

自动化还将要求社会和政府做出合乎道德的决定。一些人认为，随着自动化的发展，被解雇的工人需要补偿。他们主张对公司征收机器人税——对于他们"雇用"的每一个机器人，都应该向雇主征税，以帮助补偿那些失业的人。这些人相信，自动化的未来可以产生足够的税收，为所有公民提供有保障的收入。

5. 企业使用机器人应该被征税吗？如果是这样的话，这个税应该如何计算——根据机器人的数量，根据机器人的工作时间，根据机器人的产值？请解释一下。

背景2：安全

自动化活动在很多方面影响公共安全。无人驾驶汽车、无人机、无人飞机、自动警察监控，甚至还有机器人警察和消防员，等等。

大多数专家认为，最终所有的交通工具都将在没有人类驾驶员或飞行员的情况下自动驾驶或飞行。政府和社会如何从这种现状到那种现状充满了伦理考量。

1. 当无人驾驶汽车的安全记录优于人类驾驶员的时，政府应该如何取消人类驾驶？还是两种兼有？是否会将这个日期提前或推迟？是否建议将日期提前或推迟？

2. 上述这种转变应该如何进行？应该在某个特定日期之后宣布所有道路都为无人驾驶，还是应该先宣布高速公路为无人驾驶？或者，在某个特定日期后出售的所有车辆都应该是无人驾驶的？

3. 自动驾驶程序的编程也有道德方面的考虑。例如，如果一个行人走在你的车前，你的自动驾驶系统应该避让到什么程度？它是否应该被设定为永远不与人接触，即使这会威胁到车内乘客的生命？使用功利主义或绝对命令作为编程的基础是否会让行人有更好的生存机会？

4. 你希望什么时候乘坐一架没有飞行员的飞机？请指定某一年。假设每家航空公司都有飞行员在机载自动化的支持下远程驾驶飞机。

主动复习

Q7-1　组织中流程的重要特征是什么？

解释一下流程中的一个小改变是如何带来巨大的经济回报的。定义业务流程和描述业务流程的关键术语：活动、资源、角色和参与者。命名一个术语，它可以由人类或计算机来完成。解释流程的四个特征。列出流程的范围分类并解释。给出每个类别中的流程示例。定义有效性和高效性。什么事情是高效的和有效的？

Q7-2　常见业务流程的例子有哪些？

解释价值链中每一个主要活动的流程。具体说明这个流程是操作性的、管理性的还是战略性的，并解释为什么要这样分类。解释支持活动。描述一个采购流程及一个销售和营销流程。描述如何使用流程特征的概念。

Q7-3 管理如何改进流程？

流程改进这个术语意味着什么？解释流程的管理者应负责什么。描述理想的流程目标。解释度量和 KPI，并讨论 KPI 难以制定的原因。给出合理、准确、一致的 KPI 的例子。关于 KPI，管理者应该避免什么？

Q7-4 如何使用信息系统改进流程？

解释信息系统可以用来改进特定流程的五种方式。指定一个流程，并解释信息系统如何改进该流程。为流程指定目标和 KPI。给出一个可以使用信息系统改进活动的流程示例。描述数据流如何改进流程。解释为什么控制对业务流程很重要，以及它们对异常情况的影响。描述一个信息系统改进流程控制的例子。给出一个自动化活动改进流程的例子。是什么让自动化决策具有挑战性？说明流程、信息系统和程序之间的关系。给出一个执行糟糕的程序如何影响流程性能的例子。

Q7-5 流程管理原则如何改进流程？

解释流程管理原则如何改进流程。描述反馈及为什么它很重要。解释重新设计流程的两个原因，给出示例，并解释要改进的流程目标。解释闲置时间及为什么它对流程改进很重要。陈述六西格玛的目标。

Q7-6 流程团队如何绘制流程改进图？

确定流程改进团队中的共同参与者。描述两种类型的 BPMN 图。解释新供应商的流程及其角色、资源和活动。

Q7-7 信息系统如何阻碍流程？

描述一个公司的信息系统配置如何阻碍一个流程并限制其改进。描述一个信息孤岛。解释信息孤岛对流程目标的影响。解释孤岛问题最常见的解决方法。描述为什么部门喜欢控制他们使用的系统。解释为什么一个部门可以合法地将其数据保存在多个数据库中。

关键术语和概念

活动	"应当"关系图	销售流程
参与者	控制	服务
"原样"关系图	有效性	六西格玛
自动化	高效性	人力资源流程
瓶颈	异常	入库物流流程
业务流程	主管支持系统(ESS)	信息孤岛
管理信息系统(MIS)	反馈	基础设施流程
管理性流程	出库物流流程	关键性能指标(KPI)
测量	流程改进	闲置时间
度量	采购	战略性流程

目标	资源	技术开发流程
操作性流程	角色	事务处理系统(TPS)

课后习题

7-1 对于以下每个流程，建议信息系统如何改进该流程。说明改进是由于改进活动、改进数据流、改进控制、实施自动化还是改进程序而实现的。
   a. 毕业后找工作的流程
   b. 计划和执行婚礼或葬礼的流程
   c. 拍照并将照片上传到 Facebook 的流程
   d. 度假的流程

7-2 对于每个流程，指定一个支持该流程的信息系统，以及将信息系统链接到该流程的过程的前三个步骤。

7-3 对于每个流程，建议如何通过非信息系统的手段改进它们；也就是说，通过管理和流程管理原则。

7-4 当你去一家餐厅时，该餐厅必须执行几个操作性流程。将本章中的概念应用到这几个流程中。这些流程可能包括就座、点餐、烹饪、传菜和付款。

7-5 你的大学如何利用信息系统使其流程更好？如何利用智能手机和社交媒体等新的信息系统工具来改善大学教学流程？明确这些信息系统帮助改进的目标和度量。对于其中的两个流程，请描述其程序。你的大学有信息孤岛吗？哪些部门保存部门外流程所需的数据？

7-6 当你在麦当劳点餐时，该数据存储在企业信息系统中，以供各种流程使用。列出你购买快乐儿童餐的麦当劳流程。可以参考 Q7-2 节中讨论的价值链流程。

7-7 应用流程改进步骤来加强本课程的学习。登录一个学习网站并创建一个账户。假设这个网站允许学生与同一所学校同一门课程的其他学生分享闪卡。它应该有助于改进你的学习流程。要了解信息系统如何改进你的学习流程，首先确定学习流程的目标和 KPI——也许一个目标是把你的成绩提高到 A，而 KPI 是考试和小测验的分数。完成以下问题：
   a. 你的学习流程的目标属于有效的还是高效的？
   b. 哪些 KPI 最适合你的学习流程？这些 KPI 是否合理、准确且一致？如果没有，为什么？
   c. 在改善学习流程的五种方法中，学习网站是否提高了你的学习流程？解释一下。

7-8 假设你要飞往一个度假胜地。创建一个 BPMN 图，描述在将行李箱送到目的地的流程中的 5~7 个关键活动。明确这个流程的目标和度量。

7-9 创建一个 BPMN 图，用于订购零件、组装和运输自行车，如开篇的小插曲所述。假设有一个中心 IS，并且至少包括 6 个活动和 3 个角色。

协作练习

祝贺你。你的公司赢得了在州立大学新足球场销售特许权的合同。你们将售卖各种各样的糖果、饮料、薯片、爆米花及酒精饮料。学校希望贵公司提供两种类型的摊位：一种是为普通客户提供标准服务的摊位，另一种是为高端客户提供特色服务的摊位，这些精英客户向学校额外支付套房费用或做出重大贡献。基本的流程——订购、分发食品、计算费用、收取付款是两者共同拥有的。你们面临着许多与流程相关的设计问题。

1. 第一个问题是摊位的数量。仅考虑标准服务，列出拥有较少摊位和拥有较多摊位的优点与缺点。确保你的清单符合你为标准服务流程设定的目标——包括有效性和高效性目标。另外，指定将使用的KPI。
2. 第二个问题与标准服务摊位的运作方式有关。一种选择是接收客户的订单，分发物品，计算费用，并由一名员工收款。第二种方法是为每个角色都分配几名员工。第三种选择是让顾客自助服务（没有订购或分发活动），然后向一名员工付款。这三个流程的优点和缺点是什么？
3. 第三个问题是摊位的配置。一种选择是单站式摊位——所有活动都在一个地点完成。相比之下，在多个站点中，客户在一个站点下单，员工在一个站点分发，然后移动到一个收银台去付款。这种配置的优点和缺点是什么？
4. 最后，一个服务于高端客户的流程应该如何工作？同样，从目标和KPI开始。这些客户与大学有长期的财务联系，这为费用计算和支付方式提供了新的选择。具体来说，学校已经记录了这些客户的借记卡或信用卡账户。对于这类客户，为学校提供三种选项；至少其中一种必须使用新技术。跳出定性思维，让这个群体与众不同。
5. 信息系统如何改进你的流程？为图7-10中的五种方法描述一个示例，说明信息系统如何使你的流程变得更好。

案例研究

Alexa，和我说话

"嘿，Alexa，我该怎么写钓鱼邮件？"

这是一个无害的IT安全课程交流，还是黑客攻击的第一步？

人类喜欢说话，像Alexa这样的智能语音助手也是如此。当我们与Alexa或Siri、Google Assistant或Microsoft Cortana等其他设备交谈时，我们的交流比在屏幕上输入指令要更拟人化。我们倾向于与它们交流，而不仅仅是把它们当作工具。这些助手们的声音使我们觉得这些程序非常人性化。声音创造了一点亲密感。因此，语音助手迅速变得非常流行。事实上，声控界面正在成为历史上应用速度最快的技术。

Google、Amazon和Apple将这些语音助手视为他们公司的代表。他们试图在设备声音中体现出聪明、谦逊和有趣的特色，从而建立信任感。

在某些方面，与助手交谈相比与人交谈更容易。我们想要分享情感，但有时不想与他人分享这些情感。当与别人交流时，我们都试图控制或管理自己给别人留下的印象，但这需要付出努力，不过我们与助手交流时则不需要这样做。所以我们更坦诚地分享情感。这可能会导致更多的人在

来源：Charles Brutlag/Shutterstock

抑郁、愤怒管理或其他挑战方面寻求帮助。

除了易于交谈，智能语音助手还帮助我们处理日常生活中的许多不同流程——它们让事情变得更容易。这通常被描述为"无摩擦"（frictionless）。语音助手可以让一些活动变得更简单，比如口述文本信息或在开车时打免提电话。它们还可以通过在日历上添加会议和设置提醒来帮助你避免错过事件。它们可以识别正在播放的音乐、启动应用程序、查找和阅读电子邮件、转换计量单位、根据地图报告距离、做笔记、查找附近体育赛事和电影的时间，所有这些都让我们的生活变得更美好。

但是，它们并不完美。助手不擅长语境，沟通依赖于语境理解。助手从来都不擅长捕捉环境中的细微变化。例如，如果你问，"Sarah 的生日是什么时候？"你的助手不知道哪个是 Sarah，尽管你刚刚还在谈论她。你肯定不希望 Siri 在你的联系人列表中列出十个 Sarah 的十个生日。

在使我们的流程更有效率的同时，这项技术，就像所有的技术一样，可能是一把双刃剑。声控系统正被用于机器人通话，可以窃听谈话，还可能在未经许可的情况下识别说话的人。

在使用这些设备的过程中，我们不清楚是否所有的对话都被记录或保存。Amazon 和 Apple 试图让用户放心，只有以"Alexa"或"Siri"开头的对话才会被录音。你也可以通过 Amazon 或 Apple 账户查看录制的内容。然而，助手们总是在听，总是留意着它们的名字。在某些情况下，这些助手会被其他词语错误地唤醒，并记录下谈话内容，或者在谈话结束后继续听下去。在一个案例中，Alexa 误听了唤醒词和语句"发送信息"，并向第三方发送了一条信息，即一条之前的交易记录。

问题：

1. 问问你的智能手机或智能语音助手，"使用声控系统最流行的十种方式是什么？"看一下清单，记录你目前没有使用的方式。
2. 你对使用声控系统的程序了解多少？你多久尝试一次新方法？你最近学过什么新的程序？
3. 图 7-10 给出了信息系统改进流程的选项。这五种方法中的三种提供了声控系统如何改进个人流程的示例。指出你可以看到改进的流程和度量。
4. 声控系统仍然很难理解英语中的某些语句。你的声控系统在哪些方面无法理解你的命令？它为什么不能理解这些命令？
5. 一些人担心这些系统的安全性和隐私性，认为它们总是在监听、录音和泄露私人对话。Apple、Google、Amazon 和 Microsoft 能采取哪些措施让用户放心，保证他们的隐私不会受到这些系统的威胁？

第 8 章

使用 ERP 系统支持流程

一个安静的早晨，在 CBI 的办公室里，Megan 和 Heidi 试图掩饰自己的焦虑。

Heidi 打破了紧张的气氛。"自从我结婚那天以来，我再没有这么紧张过。上线后的第一个早晨，世界似乎还在运转。"Heidi 指的是一小时前 CBI 新成立的滑板车部门初始的 ERP 系统被替换了，该系统是 CBI 的 IT 主体。新的 ERP 系统的实施为越南的组装厂提供了支持，并取代了 Silver Saddle 的旧系统。经过一年的计划和数千个小时的劳动，这一目标最终得以实现。

Megan 回答说："你的婚礼办得很好，这个也是。这不会像我昨天读到的发生在英国的 ERP 灾难那么糟糕。我认为他们在经历了 10 年的问题之后，将会终止这个计划。"

Heidi 也不甘示弱："如果要举一些灾难性的例子，我印象最深的是 Hershey Chocolate。有一年万圣节前夕，他们试图转换系统。结果是他们为此付出了数百万美元的代价，IT 部门的人员也为此付出了惨重的代价。"

"如果让你猜的话，你认为我们最大的问题会在哪里？"

"嗯……我认为我们最大的问题将是越南的组装厂；我们以前从未有过国际合作伙伴。我肯定我们问的问题还不够多。越南是一个不同的国家。"海蒂的冷幽默打破了一些紧张气氛。

电话响了，Megan 和 Heidi 偷偷地交换了一下眼神。

"也许是有人打电话来说这个系统有多棒。"Heidi 说。

"我很怀疑。"Megan 回答。

Megan 接了电话。"你说卡车司机打电话找不到仓库？"她对 Heidi 说："Heidi，查一下新系统中 Miami Bikes 的仓库地址。"

"主街 123 号。"Heidi 回答。

"卡车司机在哪里？East Wooster 路 573 号？"

"那是 Miami Bikes 销售处的地址。我想司机是去了商店，而不是仓库。"

"我们会更新系统,并着手寻找其他地址错误,谢谢。"Megan 说着挂断了电话。

"在我们的配置会议上,我们难道没有提过这个问题吗……我想有时可能是细节太多了,但天哪,我希望不是所有的卡车都开去商店,而不是仓库。"

就在这时,Mark 从销售部走了过来。"刚接到来自费城自行车公司的电话。他们说刚收到我们的 12 个水瓶,但他们订购了 12 盒,每盒应该有 10 个水瓶。"

电话又响了起来,听起来像一声枪响。"Megan,我们这里有个问题,"在镇对面的新滑板车仓库的 Walt 说。"我在河内的供应商那里买不到车架。我在系统里找不到其他供应商的名字。也许有人没有把所有的供应商加载到系统中。"

第一天,随着办公室紧张气氛的升温,Megan 开始怀疑,这是 ERP 教材中一个令人悲伤的案例研究的开始,还是一个会很快解决的普通问题。她希望自己的计划和 ERP 知识足以挽救局面。与此同时,她也一直在质疑:也许是我们对销售人员的培训不够好,也许是把一切功能都夸大了,也许是我们没有提出正确的问题。

本章概述

Q8-1 ERP 系统能解决什么问题?
Q8-2 ERP 系统的要素是什么?
Q8-3 ERP 实施是如何完成的?
Q8-4 ERP 系统的好处是什么?
Q8-5 实施 ERP 系统的挑战是什么?
Q8-6 什么类型的组织使用 ERP 系统?
Q8-7 谁是主要的 ERP 供应商?
Q8-8 SAP 与其他 ERP 产品有什么不同?

本章预览

Heidi 和 Megan 都很紧张,这是有原因的。安装新的功能和更新像 ERP 系统这样复杂的软件是一个重大的挑战。一次升级可能需要数年时间才能实现,成本可能高达数百万美元。这些系统还要求组织在工作方式上做出艰难的改变。CBI 必须做好这方面的工作,才能在行业中保持竞争力,但与此同时,升级工作也面临着挑战。

在第 7 章中,我们从流程的角度研究了业务,并研究了如何使流程更高效和更有效。在这一章,我们从信息系统的角度来讨论信息系统和业务流程改进的相同问题。更具体地说,我们研究了一种类型的信息系统(如 CBI 实施的大型 ERP 系统)如何能改进整个组织的流程,并帮助流程更好地协同工作。为此,我们将研究 ERP 系统的组成部分,以及实施 ERP 系统的好处和挑战。有了 ERP 系统的基础知识,我们将在第 9 章和第 10 章研究 ERP 系统是如何支持采购和销售这两个主要流程的。首先,我们回顾第 7 章中的信息孤岛问题。

Q8-1 ERP 系统能解决什么问题?

要了解 ERP 系统在今天的普及程度,请考虑一下企业在引入 ERP 系统之前是如何运作的。业务功能和业务部门使用自己的信息系统和数据库运行自己的流程。信息孤岛无处不在。回顾第 7 章，信息孤岛是存储在独立信息系统中的独立数据。通过信息孤岛，一个流程所需的数据存储在另一个流程设计和使用的信息系统中。由于信息孤岛彼此独立存在，它们还创建了自动化孤岛，可能会降低流程的性能，并使流程整合变得困难。

你可能在医疗保健行业经历过信息孤岛。如果你做过手术，你的医疗记录可能存在于多个地方——你的初级保健医生、外科医生、理疗师和保险公司。医疗改革的目标之一就是解决使这种类型的信息孤岛。想象一下，如果你的所有记录都保存在一个系统中，这将会节省你的时间，从而使你得到更好的照顾。

在商业中，信息孤岛问题是由 ERP 系统解决的。ERP 系统是非常大的企业信息系统，它将数据整合到一个大数据库中，并帮助企业改进其流程。

ERP 系统这个主题，可能看起来在技术上让人觉得很困难，你可能会问自己，"为什么学习这个？"虽然你不需要知道所有的技术细节，但你需要知道如何使用 ERP 系统。就像 Microsoft Office 一样，你的公司需要你熟练使用它。此外，你将与公司的技术人员合作，使你的 ERP 系统支持销售、供应链或会计活动，因此你需要了解这些系统的术语、选项和挑战。这些系统既昂贵又必不可少；你的公司需要受过良好教育的用户来帮助这些系统取得成功。

ERP 系统是一种通过整合数据来整合流程的信息系统。ERP 系统出现在 20 多年前，当时网络速度和数据存储方面的进步，使得开发出覆盖整个公司的大型、集中式、连接良好的数据库成为可能。

ERP 系统是一个具有两个关键特征的信息系统，如图 8-1 所示。首先，如图的顶部所示，ERP 系统创建一个单一的数据库。通过整合数据，公司可以避免同一事物有多个版本的问题——例如，将客户数据存储在两个信息孤岛中，而不知道哪个客户数据是正确的。

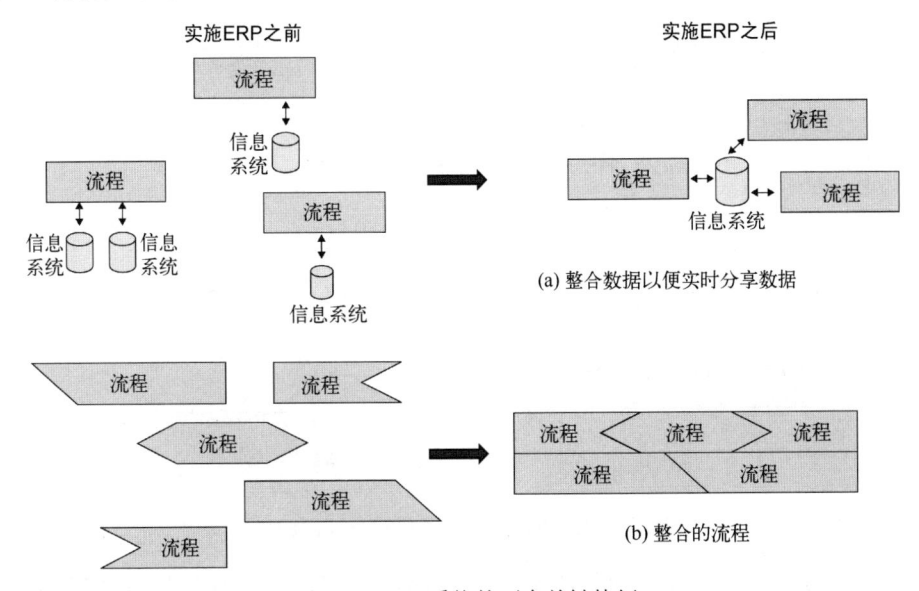

图 8-1 ERP 系统的两个关键特征

有了这个的真实来源——单一的数据库，ERP 系统就具有了第二个关键特征。如图 8-1 所示，ERP 系统提供了一套行业领先的流程，这些流程彼此很好地整合在一起。流程整合有着巨大的好处。ERP 流程整合允许"组织的左手知道右手在做什么"。例如，新的销售数据立即被发送到数据库，新数据提升了生产和原材料采购的速度。

你可能已经在你的大学里使用了一种 ERP：学习管理系统（比如 Canvas 和 Blackboard）。所有数据——评分、讨论板帖子和电子邮件——都存储在一个地方，以支持各种各样的流程，包括评分、课程管理、交流、学生协作和课程安排。

ERP 实施：之前和之后示例

为了更好地理解 ERP 系统的影响，我们将检查两个组织实施 ERP 之前和之后的流程。第一个组织是大学，第二个是 CBI。

在本节中，我们比较了实施 ERP 之前和之后的组织，以便对 ERP 系统的好处有一个清晰的认识，避免让企业依然纠结于好处是否大于风险。如今，几乎所有的大公司都已经实施了 ERP 系统。现在的挑战包括更新和扩展，而不是最初的实施。

示例 1：单个流程——大学采购

对比一所大学在实施 ERP 之前和之后的采购流程，如图 8-2 所示。在图中上半部分，大学的每个部门都与自己的采购代理合作，从三个不同的供应商那里购买商品和服务。在下半部分，每个部门的采购代理通过一个集中的大学采购代理，由该代理分别从三个供应商采购。通过将所有采购活动整合到一个中心办公室，学校能够更好地规范其采购流程，更有效地管理它，并获得与供应商讨价还价的能力。

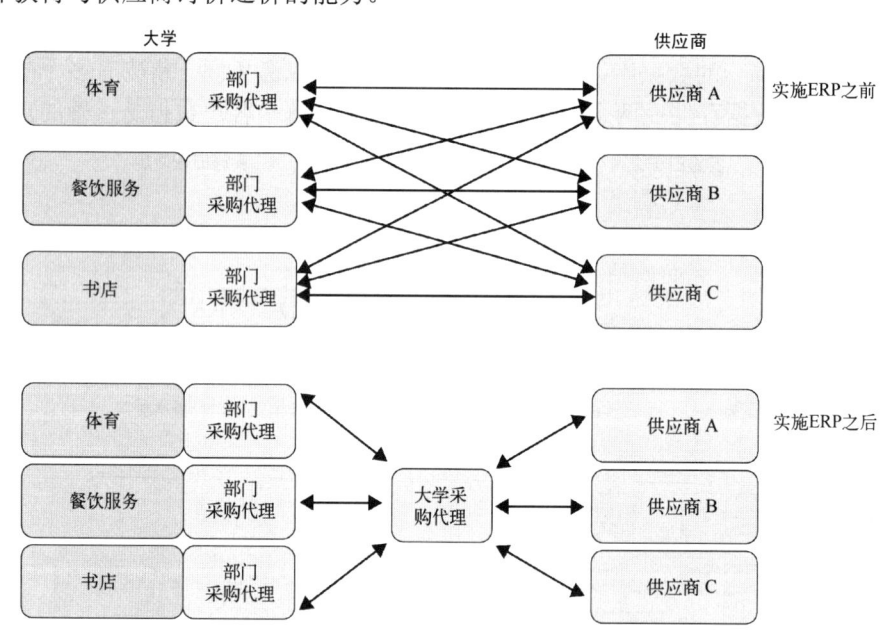

图 8-2 实施 ERP 之前和之后的高校部门采购

ERP 系统对大学的影响如图 8-2 所示。ERP 系统对部门的影响如图 8-3 中的 BPMN 图所示。图中上半部分显示了实施 ERP 之前的活动，下半部分显示了实施之后的活动。在实施之前，每个部门的采购流程有三个主要活动——创建采购订单、接收货物和会计活动。这些流程是充当部门采购代理角色的参与者发起的。

采购代理通过完成一个采购订单（PO）开启流程，如图 8-3 左上方所示。一个 PO 的示例可能是为夏令营订购 500 件 T 恤。第二个活动是接收货物。当 T 恤到达校园的体育仓库时，仓库经理签收了货物，并把它们放在了货架上。之后，体育部门的会计人员会从T恤供应商那里拿到一张账单并付款。(体育部门的采购记录在部门数据库中，为简便起见，这里没有显示)。大学的每个部门都有自己的采购数据库，因此形成了信息孤岛。

体育部门在这一流程中的目标是使用可靠的供应商，他们将按时交付货物，并且价格合理。体育部门还有一个未明示的目标，那就是选择其他也可以提供服务的供应商。这些目标的KPI从未被指定。

实施ERP之后，各个部门使用ERP供应商提供的新的采购流程。新流程如图8-3所示。现在由部门采购代理创建采购申请(采购申请即等待批准的采购订单)。随后由大学采购代理批准采购申请，即流程中的第二项活动。此流程中的其他活动保持不变。

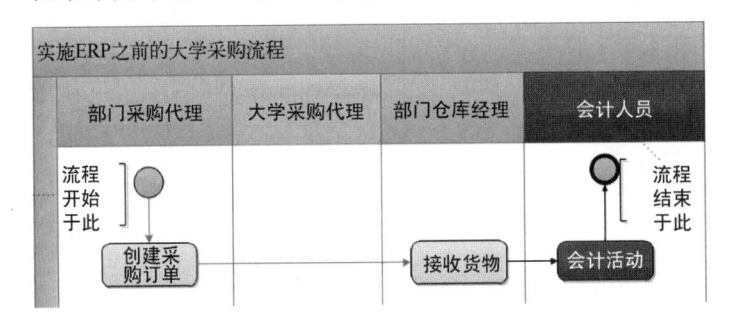

实施ERP之前	
目标	KPI
使用可靠的供应商	未指定
使用其他供应商(不明确)	未指定

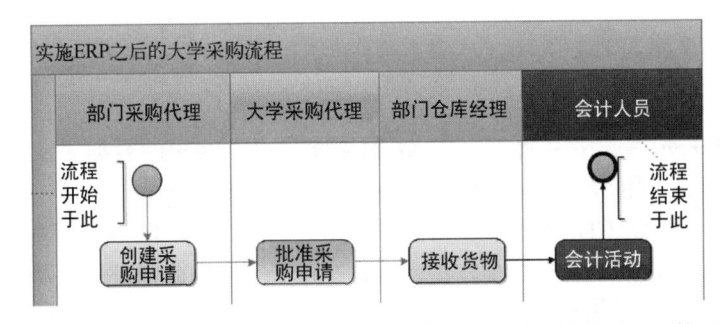

实施ERP之后	
目标	KPI
降低成本	成本

图8-3 ERP系统对部门的影响

新的ERP流程不是将数据存储在部门的信息孤岛中，而是将不同部门的所有采购数据合并到一个中央数据库中。现在，当采购代理要求购买T恤时，他的订单就会发送给T恤供应商，该供应商每年已经为大学的书店提供了数千件服装。因为大学从这个供应商那里大量采购，所以大学能以更低的价格买到体育部门需要的T恤。

现在，大学采购办公室正在协调整个流程，为整个流程制定了具体而明确的目标和KPI，并与所有采购代理共享。这所大学采用新流程的目标是降低成本、提高效率。

虽然了解ERP系统如何改进单个流程(如大学采购)是有帮助的，但理解ERP系统如何改进整个组织的流程可能更重要。为了分析这些更有作用的影响，我们来看CBI的例子。

示例2：多项流程——CBI

图8-4显示了实施ERP之前CBI的一些主要流程。该图说明了CBI的许多流程是如何在一起协同工作的，价值链的主要活动列在顶部。

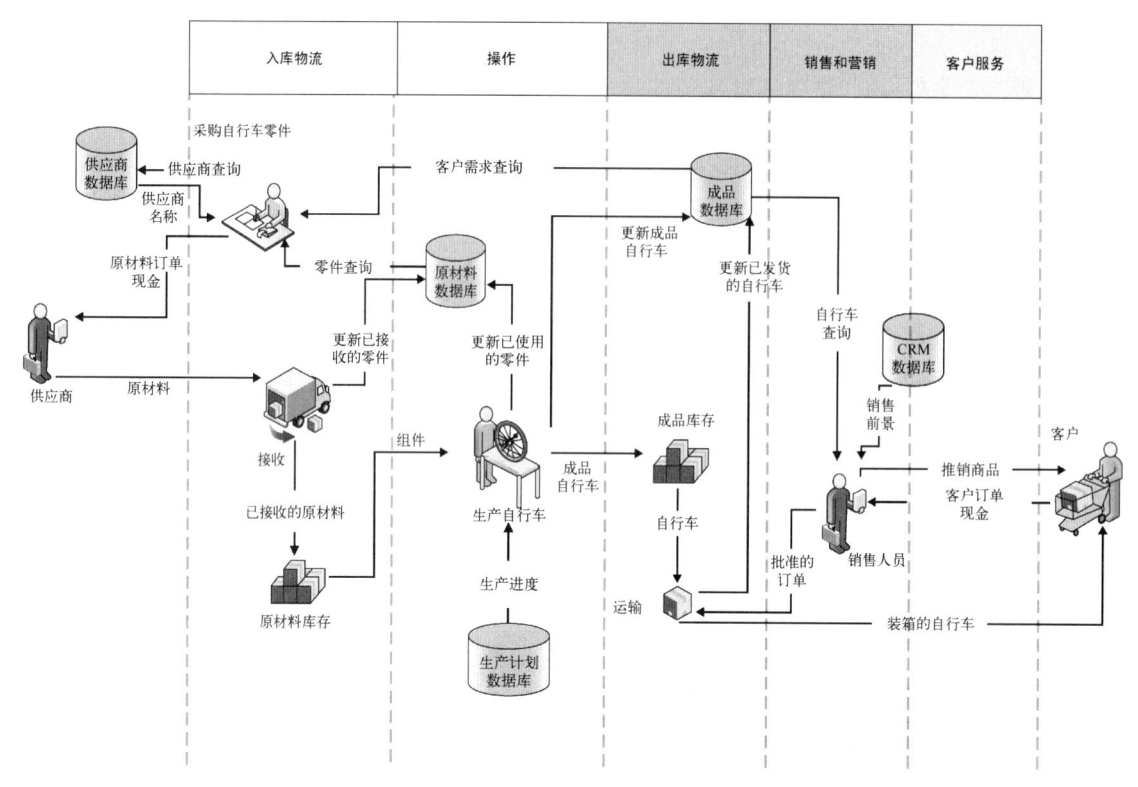

图 8-4 实施 ERP 之前 CBI 的信息系统

注意显示为圆柱体的五个数据库——供应商数据库、原材料数据库、生产计划数据库、成品数据库和 CRM 数据库。CRM 表示客户关系管理，CRM 数据库记录了客户的数据。这五个数据库都是信息孤岛，它们支持不同的流程，因此彼此分离。

由于没有将数据整合到一个地方，因此 CBI 在需要实时共享数据时面临困难。例如，如果销售部门有一个意想不到的机会可以销售 1000 辆自行车，那么销售经理必须知道公司是否能及时生产这些自行车以保证交付。遗憾的是，销售经理没有他需要的所有数据，因为这些数据存储在公司的独立数据库中。销售经理不知道成品数据库中成品自行车的当前数据，也不知道原材料数据库中自行车零件的数据。由于数据分散在公司的各个部门，潜在的销售处于危险之中。

再来看图 8-5 中的 ERP 系统，其中 CBI 的所有流程都由 ERP 系统支持，数据被整合到一个集中的 ERP 数据库中。当销售经理有机会销售 1000 辆自行车时，他可以随时在 ERP 系统中确认订单所需的数据。销售经理可以看到有多少自行车已经组装完成并准备出售，以及有多少辆自行车将在未来几天生产。此外，ERP 系统还可以提示销售经理，如果目前的库存不够，那么公司可以在下周加倍生产，但自行车的成本将上升 40%。

如果销售经理决定继续进行销售且必须加倍生产，那么 ERP 系统将通知入库物流、操作与出库物流的经理调整供应和生产进度。通过将数据整合到一个地方，销售的情况可以与所有受影响的流程实时共享。

正如这两个示例所示，ERP 系统将数据整合在一个地方，这使得数据共享更加容易，因此可以实现更好的流程整合。虽然单一的数据库和整合的流程是 ERP 系统最精彩的"魔术"，但 ERP 系统的其他组件也在 ERP 系统的成败中发挥着作用。接下来我们将考虑这些组件和 ERP 流程。

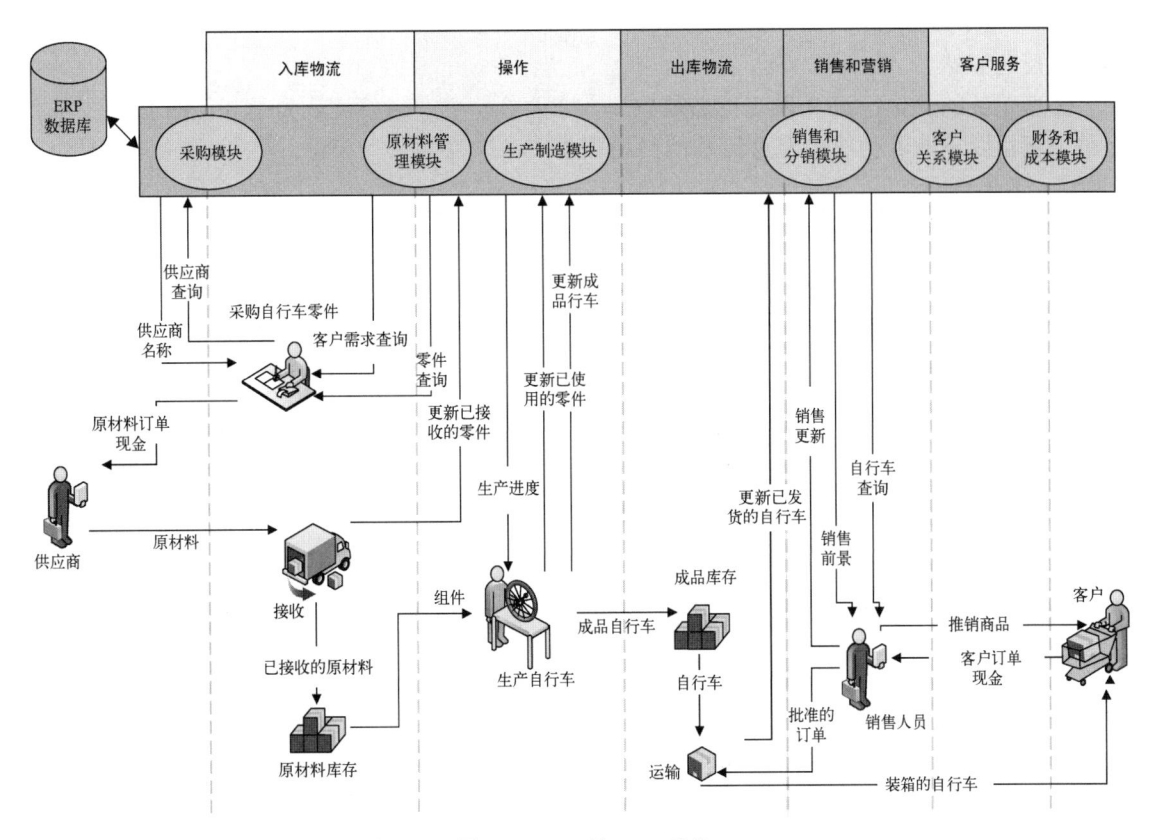

图 8-5　CBI 的 ERP 系统

Q8-2　ERP 系统的要素是什么？

为了更好地理解当前 ERP 系统的组成部分，我们来讨论一下 ERP 的演变历史。目前的 ERP 系统在最初开发它的领域的作用尤其强大，如制造和供应流程。

尽管 ERP 这个术语相对较新，但企业使用信息系统来支持他们的流程已经有 50 多年的历史了，远远早于 Internet。在 20 世纪 60 年代，企业可以使用专用电话线、计算机读卡器和穿孔卡向供应商发送库存订单。到了 20 世纪 70 年代，企业开始购买自己的大型计算机，制造公司开始使用称为物料需求计划(MRP)的软件来有效地管理库存、生产和劳动力。随着计算成本变得更低，制造资源计划(MRPII)被开发出来，从而增加了财务跟踪能力，并有机会安排设备和设施。

随着准时交付(JIT)机制的出现，商业环境继续发展。JIT 集成了制造和供应——制造在原材料到达时发生。为了执行 JIT，需要紧密的供应商关系。这些关系依赖于合作伙伴之间畅通无阻的数据流动。正当这种商业需求出现时，Internet 技术在 20 世纪 90 年代使供应链和客户市场得以全球化。

企业开始把新兴的 ERP 解决方案视为一种综合的方式，以解决他们日益增长的供应链需求，确保迫在眉睫的 Y2Y(千禧年千年虫)问题得到解决，并去除他们的信息孤岛。不久之后，新的法规，如 Sarbanes-Oxley Act(SOX)要求公司对其财务流程进行更严格的控制，ERP 系统满足了这一新的要求。综上所述，业务和信息系统是共同发展的；一方进步并对另一方产生影响，反之亦然。

随着业务的变化，ERP 系统也必须改变。今天，一个产品要被认为是真正的 ERP 产品，它必须包括以下业务功能中整合流程的应用程序：

- 供应链管理(SCM；采购、销售订单处理、库存管理、供应商管理及相关活动)
- 制造(制造计划、产能计划、质量控制、物料清单及相关活动)
- 客户关系管理(CRM；销售拓展、客户管理、市场营销、客户支持、呼叫中心支持)
- 人力资源(工资、考勤、人力资源管理、佣金计算、福利管理及相关活动)
- 会计(总账、应收账款、应付账款、现金管理、固定资产)

尽管 ERP 解决方案可以整合这些流程，但组织通常只购买和实施整个 ERP 软件的一部分。例如，一个设备承包商可能只依赖 SCM 和制造流程，而一所大学可能只安装人力资源和会计功能。最常见的部分实现是支持促销、销售和服务流程的 CRM，或为整合供应链流程并促进与供应链合作伙伴的数据共享的 SCM。

ERP 系统的五个组件：软件、硬件、数据、程序和人员

如图 8-6 左上方所示，ERP 系统供应商提供了一套整合的流程，以及信息系统的五个组件中的两个——软件和一个空的数据库。ERP 供应商销售的产品与公司在实施后使用的 ERP 系统并不是一回事，如图 8-6 右侧所示。公司实施 ERP 系统是将 ERP 产品的软件和数据库安装在公司的硬件上，再编写程序，并对员工进行培训，如图 8-6 左下方所示。下面分析每个组件。

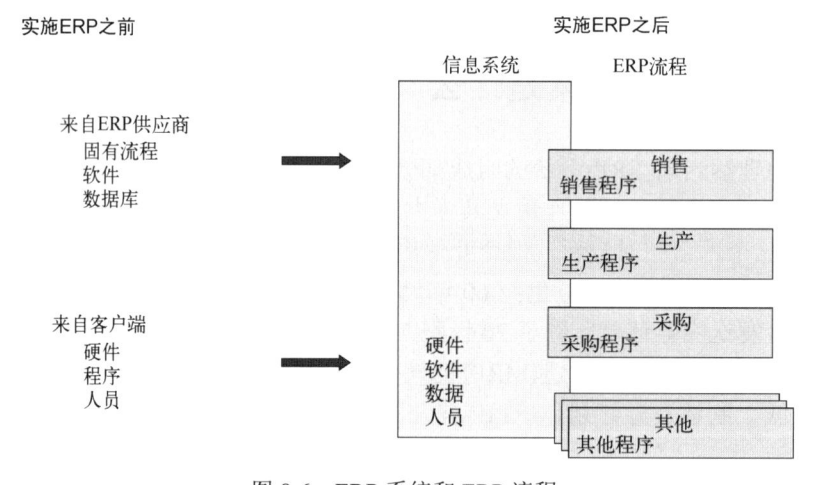

图 8-6 ERP 系统和 ERP 流程

软件

尽管云实现越来越流行，但是 ERP 软件通常驻留在公司客户端的服务器上。该软件可以在不改变程序代码的情况下定制，以满足客户要求。这种定制称为配置(configuration)。

配置软件的流程类似于配置一台新的智能手机的流程。在使用手机之前，你必须指定运营商、电子邮件地址和一系列其他要求。你和你的手机销售人员协作解决每个需求。

同样，像 CBI 这样的公司将做出超过 8000 个配置决策来定制 ERP 系统以满足其需求。这些决策包括标准工作周的小时数、CBI 认可的假期、不同工作类别的小时工资、加班和假期工作的工资调整、水瓶的计量单位及每个部门的支出限制。

当然，可以进行的配置数量是有限的。如果一个新的 ERP 客户的需求无法通过配置来满足，那么客户要么调整其业务以适应软件的功能，要么编写应用程序代码以满足其需求。编写新的代码来补充 ERP 系统的功能称为定制（customization）。

例如，CBI 通过在一年中的不同时间提供特制的自行车和设备来赞助一支有竞争力的自行车比赛队伍。CBI 希望将这笔费用计入全球营销成本，但无法配置 ERP 系统以这种方式记录这些异常支出。最后，CBI 不得不自己编写代码，或者聘请另一家公司来编写代码，并将其添加到 ERP 系统中。代码可以使用特定的应用程序语言（如 Java）编写，并添加到任意的 ERP 实施中。

数据

一个 ERP 解决方案包括一个庞大但大部分未填充的数据库、一个数据库设计和初始配置数据。当然，其中并不包含该公司的实际运营数据。运营数据将在开发和使用期间输入。

ERP 系统依赖 DBMS 来处理和管理 ERP 数据库。第 4 章讨论了创建和维护数据库的 DBMS 和数据库本身的差异。这种关系如图 8-7 所示。ERP 系统常用的 DBMS 产品包括 IBM DB2、Oracle Database、Microsoft SQL Server。ERP 软件与 DBMS 交互以更新数据库中的数据。

在 ERP 数据库中，有几种不同类型的数据。事务性数据（transactional data）是与诸如购买或学生注册等事件相关的数据。对于 CBI，事务性数据的示例包括购买、支付和工资支出的数据。主数据（master data）也称为引用数据，是组织中使用的不随每个事务变化的数据。主数据包括供应商名称和地址、项目名称和度量单位及员工数据。ERP 系统还指定了组织性数据（organizational data），即有关企业的数据，如仓库的位置、企业的邮寄地址和财务账户的信息。

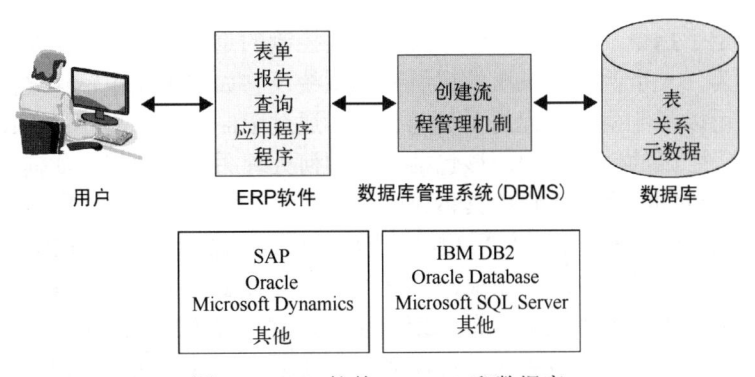

图 8-7 ERP 软件、DBMS 和数据库

硬件

每个 ERP 实现都需要各种各样的硬件，包括磁盘存储、服务器、客户端计算机、打印机、扫描仪、网络设备和电缆。为了确定每个硬件设备的必要级别，组织首先估计用户数量、支

持的流程和系统的数据量。通过这些估计，就可以确定硬件的标准。

如前所述，云正成为越来越受欢迎的选择。有了云，可以以更低的前期成本租用 ERP 系统，并按使用情况付费。

程序

程序是一个人在操作信息系统时要遵循的一套指令。ERP 系统与流程的关系如图 8-8 所示。在图的左边是两个流程——招聘和生产，它们通流程与 ERP 系统相连。采购流程和其他流程及其程序显示在右边。

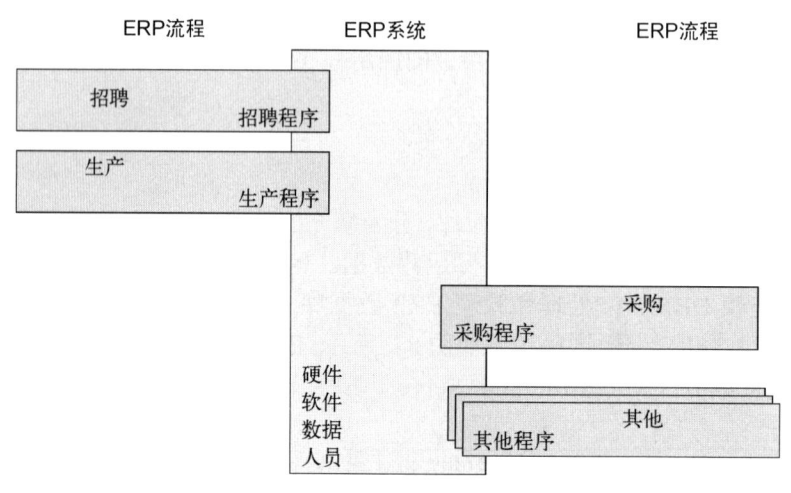

图 8-8 ERP 流程、ERP 系统和程序示例

在安装 ERP 时都要求公司选择 ERP 流程,然后指定这些流程将如何在 ERP 软件上执行。这些规范和程序是该公司特有的。例如，在 CBI 选择销售流程之后，它必须编写一个程序供其员工在执行该流程时使用。这些程序告诉用户单击哪个按钮，在用户名和密码等对话框中输入什么文本。

程序不仅指定了指令，它们也是组织改进流程控制的重要机会。在第 7 章中，我们将控制定义为限制行为，一个例子是汽车的巡航控制系统及它如何限制车辆速度的变化。为流程编写的良好程序可以限制执行流程的人员的行为。通过限制行为，程序将帮助流程提供一致的结果。例如，一个好的销售流程应该包括关于如何处理丢失的数据、如何处理没有 ID 号的客户及如何处理过期的客户账户的具体说明。

制定程序是第一步，培训员工使用程序是第二步。培训员工如何与 ERP 系统交互是一项耗时且昂贵的操作。为了支持这一需求，ERP 供应商开发了各种培训课程，让用户能够学习 ERP 系统。ERP 供应商通常在实施之前、期间和之后进行现场培训。为了减少开支，供应商有时会培训组织的用户，使其成为内部培训师。即使采用这种方法，培训费用也非常高昂；公司可以将实施总成本的三分之一用于培训和咨询费用。

人员

ERP 系统涉及的人员一般分为三类。用户是实施系统的公司员工。IT 分析师，也称为系统分析师，也是员工。IT 分析师接受过专门的培训或教育，这使得他们在实施 ERP 之后能够支持、维护和调整系统。许多分析师都具有管理信息系统或IT方面的教育背景。在开篇的小插曲中，Heidi和Megan是CBI的IT分析师。第三个角色是顾问。顾问为ERP供应商或其他称为第三方的公司工作，帮助预算、计划、培训、配置和实施系统。这些顾问可以在实施之前、期间和之后的一段时间内在公司工作。

图8-9列出了最常见的ERP职位，并提供了薪金估算，可以看出，不同职位的薪酬因经验和地点而差异明显。就像越来越多的IT工作一样，在这些职位上取得成功除了需要相关的技术技能，更多的是对流程的理解和与人合作的能力。根据美国劳工统计局（Bureau of Labor Statistics）的数据，从2012年到2022年，ERP和信息系统的就业机会增长近25%。

职位名称	工作描述	年薪（美元）
顾问	为实施公司或ERP供应商工作，可以在实施流程中提供以下任何角色的服务	70 000～110 000
系统分析师	了解ERP的技术方面；协助计划、配置和实施公司使用的ERP系统	70 000～90 000
开发人员	在需要实施的地方编写ERP系统的额外代码	76 000～92 000
项目经理	定义目标；组织、计划和领导团队实施ERP解决方案	80 000～120 000
商业分析师	理解流程方面；协助计划、配置和实施公司使用的ERP系统	75 000～95 000
架构师	组织IS的高级架构师；确保技术的兼容性，指导技术实现战略目标	90 000～130 000
培训师	培训最终用户如何使用ERP系统，解释他们的角色任务，并培训其他培训师	65 000～78 000

图8-9 ERP职位名称、工作描述和薪金估算

固有流程

如前所述，ERP系统不仅仅是一个信息系统。它们还指定了称为固有流程（inherent process）或流程蓝图（process blueprint）的流程。固有流程是ERP供应商为客户公司设计的优化业务流程。对于客户公司来说，从现有流程到固有流程的一些更改很小，也很难被注意到，但有些更改很重要。实施ERP系统的公司必须适应预定义的固有流程或设计新流程。在后一种情况下，新流程的设计可能需要对软件和数据库结构进行更改，所有这些都意味着巨大的开销！

在图8-3中，我们已经看到了一个固有流程的示例。图中显示了大学采用了ERP供应商的固有采购流程。另一个例子是Canvas的固有评分流程改变了教授记录分数及与学生分享数据的方式。

Q8-3 ERP实施是如何完成的？

现在，我们已经讨论了ERP系统的各个部分，再来看看公司如何将这些组成部分组合在一起，从而创建一个有效的ERP系统。ERP实施本身就是一个流程——这个实施流程的简化版本如图8-10所示。我们将首先描述一个ERP系统的初步实施。在这之后，我们将解释ERP升级的实施流程。图8-10中的活动适用于初步实施，也适用于升级。

初步实施

实施的第一步是公司的高层管理者重新审视他们的战略，使ERP系统有明确的目标。接

下来，他们进行差异分析（gap analysis），这是一项强调战略规划和 ERP 系统能力之间的业务需求差异的研究。然后，ERP 实施团队将执行开发流程和配置 ERP 软件。在最后的步骤中，公司的 IT 人员编写程序、培训用户并测试系统。

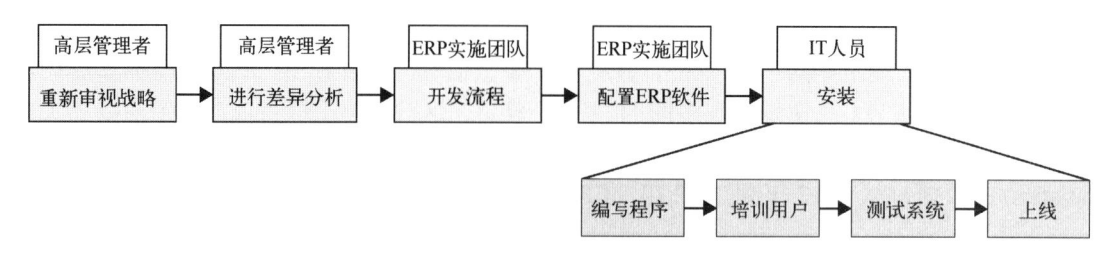

图 8-10 ERP 系统的实施流程

最后阶段的测试以两种方式进行。首先，功能测试（functional test）评估为公司配置的系统是否满足公司的需求，简而言之，就是它的行为是否符合期望。此外，性能测试（performance test）或压力/负载测试确保系统能够以有效的方式适应预期的工作负载和事务。

对于大公司来说，这个初步实施流程可能需要一年到 18 个月的时间。现在，这种初步实施流程已经比较少见了，几乎所有的大型组织都已具备某种类型的 ERP 系统。

开篇的小插曲提供了一个很好的初步实施示例。CBI 最近收购了 Silver Saddle，并正在对该部门的 ERP 系统进行初步实施。这一初步实施旨在取代 Silver Saddle 过时的 ERP 系统，将 Silver Saddle 的设备与越南的新生产设施合并，并将 Silver Saddle 与 CBI 的 SAP 系统整合。

CBI 首先重新审视了他们的总体战略。他们使用 Porter 的五力模型来确定其行业结构，如图 8-11 所示。CBI 认为自行车和滑板车批发行业竞争激烈，客户的转换成本较低。由于转换成本低，自行车或滑板车零售商可以很容易地从一个批发商转换到另一个批发商。为了在这种行业中生存和发展，CBI 决定追求一种竞争战略，专注于高端自行车和滑板车，并对零售商的响应采用差异化战略。这种竞争策略如图 8-12(b) 右下角的象限所示。高端自行车/滑板车行业包括生产轻型的赛车和旅游自行车（配有复合车架和复杂换挡系统），以及设计更加时尚的滑板车。响应能力高意味着零售商的订单迅速完成，而且零售商可以订购各种各样的产品，新的热销产品也会出现。

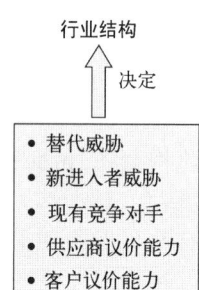

图 8-11 使用五力模型确定行业结构

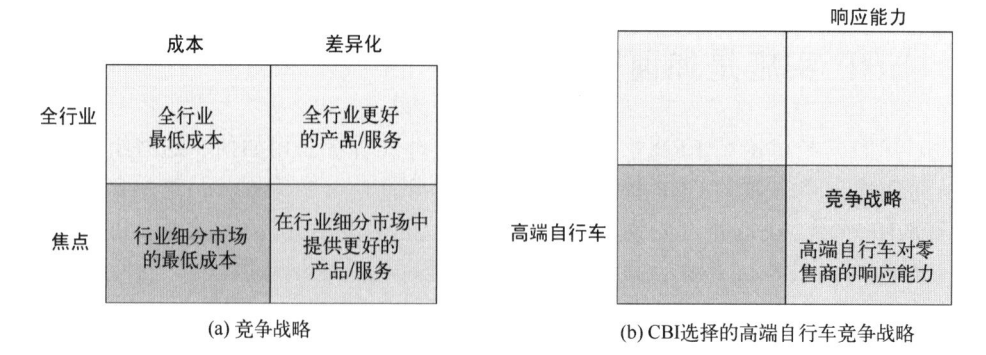

图 8-12 四种竞争战略选择和 CBI 的竞争战略

(a) 竞争战略

(b) CBI 选择的高端自行车竞争战略

接下来，CBI 考虑 ERP 供应商。CBI 有一个选择：继续使用 SAP，或者利用这个机会转移到 Oracle 或其他系统。最后，他们决定留在 SAP，并花费接下来的几个月进行差异分析，确定他们的流程预期和 SAP 功能的差异。最显著的差异出现在 CBI 希望对其最新客户采用的一些促销活动中。其中一个例子是，CBI 希望对前 6 个月销售额超过 25 万美元的新自行车和滑板车零售商给予价格折扣。

一旦完成差异分析，CBI 管理层为每个 CBI 流程制定了具体的目标和 KPI。他们配置了 ERP 系统，并在整个公司内安装了这个系统。

ERP 系统升级

ERP 系统升级是一种重复发生的活动，旨在改进 IT 系统或改进功能。升级可能和初步实施一样具有挑战性。图 8-13 列出了三种主要的升级类型。第一种类型是较小升级，即技术升级，中等升级是功能升级，重大升级是全系统升级。

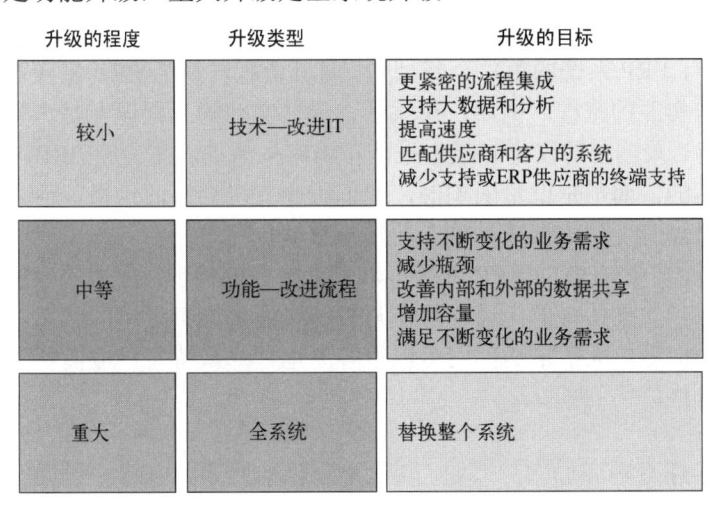

升级的程度	升级类型	升级的目标
较小	技术—改进IT	更紧密的流程集成 支持大数据和分析 提高速度 匹配供应商和客户的系统 减少支持或ERP供应商的终端支持
中等	功能—改进流程	支持不断变化的业务需求 减少瓶颈 改善内部和外部的数据共享 增加容量 满足不断变化的业务需求
重大	全系统	替换整个系统

图 8-13　ERP 系统的升级类型

重大升级的实施与初步实施类似。当替换现有的 ERP 系统时，就是全系统升级。技术升级相对简单，不需要图 8-10 中的前两个步骤，即战略和差异分析。功能升级比初步实施更简单，因为只考虑新流程及与现有流程的整合，而不像初步实施中要处理所有的流程。

CBI 升级案例

同样，CBI 提供了一个很好的案例，可以用来描述每种升级类型。如果 CBI 想要升级到最新的技术系统 SAP S/4 HANA，则需要进行技术升级。新系统将更快，并提供嵌入所有主要流程的实时分析，以便各级决策者可以使用先进的分析工具去处理当前数据。

如果 CBI 决定改变他们销售商品的方式，那么就会出现功能升级。目前，他们将产品卖给零售商。如果他们寻求改变，直接向客户销售，那么将使用一套完全不同的销售流程，需要功能升级。

最后，如果 CBI 决定改用 Oracle 系统，那么将会进行完整的全系统升级。CBI 完成 ERP 系统重大升级所需的步骤与初步实施流程相似。

Q8-4　ERP 系统的好处是什么？

作为一个整体，ERP 系统为组织提供了许多好处，如图 8-14 所示。请注意，ERP 系统的两个关键特征——整合数据以实现实时共享和整合固有流程——是这一系列好处的主要体现。

- 数据实时共享
- 整合实施行业最佳流程
- 更多的管理者看到更多的数据，带来更好的监督
- 解决了信息孤岛问题
- 更好地整合供应链合作伙伴
- 并购后创造规模经济的机会

图 8-14　ERP 系统的好处

ERP 系统的第一个好处是，数据实时共享可以让管理者看到公司的变化趋势，并做出适当的回应。例如，大学的采购办公室可以看到每个部门最新的采购量。因此，如果食品价格大幅上涨，采购办公室可以帮助餐饮服务调拨资金，或更改采购订单。类似地，如果一个系某个班的招生数量接近某门课程的人数上限，ERP 系统可以通知系主任。

对于组织而言，ERP 系统的第二个好处是，将其流程转换为 ERP 供应商提供的整合良好的、固有的、最佳实践的流程。例如，在大学，最佳实践的流程现在是大学采购流程的一部分，包括批量采购、采购前的议价和集中采购申请审批活动。在实施 ERP 之前，大学的各个部门都是单独采购的，而不是批量采购的，他们很少有机会协商价格，而且如果交货延迟或质量差，他们几乎没有受到培训或具备专业知识来解决问题。

第三个好处是，一个有效的 ERP 系统可以带来更好的管理，因为更多的管理者可以看到更多的数据。例如，如果体育部门经理想在与教练会面前检查订单的状态，那么只需几秒钟就能得到数据。类似地，大学采购部门可以很容易地计算从特定供应商购买的所有产品的总数，并重新协商价格。

课堂练习

Google 高尔夫

ERP 系统创建了庞大的数据库；因此，能够搜索大型数据库正成为一项至关重要但却被忽视的技能。虽然 Google 的数据不是一个 ERP 数据库，但它确实提供了一个有价值的设置，在其中可以"磨练"你的搜索技能。花点时间在 Internet 上搜索并阅读 Google 搜索技巧，然后使用这些新知识在两到三个学生为一组的团队中玩 Google 高尔夫。

以下是游戏的玩法和得分。高尔夫球洞是一个问题，对于每个问题，你的团队的目标是在 Google 搜索栏中输入最少数量的关键字，以便问题的答案尽早出现在 Google 提供的搜索结果中——在前三个链接之一。如果你用了五个单词，答案出现在前三个链接中，则你的那个洞的得分是 5。如果你需要搜索三次，你的得分是所有三个搜索项的总和。首字母缩写类的也算一个单词。

你将打前九个洞，并与全班同学比较答案和分数。在班级中，确定每个洞的最佳搜索词。在讨论之后，与队友合作来改进你的搜索。然后再打九个洞，问题来自班上的其他团队。所有团队提交一份课堂问题清单，由老师从中选出最后的九个问题。得到答案很容易；这个游戏旨在帮助你学习如何减少你的搜索用词。

将搜索中使用的单词数放在左边，问题的答案放在右边。

1. 你们学校本学年秋季本科招生人数是多少？_____
2. 今天 50 比索折合成美元是多少？_____
3. furtive 这个词是什么意思？_____
4. 展示 LeBron James 最近的推文。_____
5. 在 Lincoln 发表演讲之前，谁在 Gettysburg 发表了演说？_____
6. 哪所大学的别名是"食蚁兽"（Anteater）？_____
7. 纽约市离帝国大厦最近的电影院叫什么名字？_____
8. 计算机鼠标是在哪里发明的？_____
9. 除了马萨诸塞州，还有哪三个州有一个叫波士顿（Boston）的城市？_____

为了帮助管理人员发现趋势和变化，ERP 系统可以为他们提供商业智能仪表板 (dashboard)，其界面易于阅读且十分简洁，可以实时显示流程的 KPI。就像汽车仪表盘显示速度和油量读数一样，流程仪表板将显示今天的销售额、生产机器的产量或当月的支出汇总。在今天的大数据时代（见第 12 章），ERP 系统存储数据用于以后的分析，这是一个潜在的信息金矿。

正如前面所讨论的，ERP 系统的另一个重要好处是解决了信息孤岛问题。这意味着在大学里，不同的部门不再创建和维护自己的采购数据库。

ERP 系统使得与供应链合作伙伴交换数据变得更加容易。在整个供应链中共享数据可以降低成本，并为供应链中的每个企业创造效率。出于这个原因，一些客户和供应商将不再希望与不使用 ERP 系统的组织做生意。

最后，ERP 系统的一个好处是它可以创造规模经济，特别是在合并或收购公司后尤其有用。通过在合并后的新公司中共享数据和通用流程，组织可以通过将所有交易集中在一个屋檐下来降低成本并获得规模经济。

显然，ERP 系统的好处是显著的。然而，这些好处来之不易——下面将讨论实施 ERP 系统的许多挑战。

Q8-5　实施 ERP 系统的挑战是什么？

将图 8-4 中所示的组织转换为图 8-5 中所示的 ERP 支持的组织的过程是非常困难且昂贵的。在开篇的小插曲中，CBI 的 Heidi 和 Megan 对悬而未决的 ERP 切换感到焦虑是可以理解的。一些人将 ERP 实施称为公司的大脑移植或 9 个月的根管治疗。如果做得不好，损失往往是非常严重的。例如，美国空军最近取消了为期 10 年的 ERP 实施计划，而这个计划已经花费了 10 亿美元。像 Kmart 和 Hershey's 这样的知名公司在实施 ERP 系统时损失了超过 1 亿美元。在另一场灾难中，英国废弃了一个用于支持电子医疗记录的 ERP 系统，该系统设计了 10 年，耗资 180 亿美元。图 8-15 列出了近期其他著名的失败案例。这类失败在新闻中屡见不鲜，许多较小的失败更是时时刻刻都在发生。据估计，30% 的初步实施和 20% 的升级都是失败的。

年 份	客 户	成 本	供 应 商
2019	Revlon	亏损 5300 万美元	SAP
2016	Miller Coors	1 亿美元的项目失败	SAP
2013	UK Healthcare	180 亿美元，项目终止，未能交付	CSC
2013	Avon	1.25 亿美元的项目失败	SAP
2012	美国空军	10 亿美元的成本，未实现系统	Oracle
2011	蒙特克莱尔州立大学	超过 2000 万美元的项目失败	Oracle

图 8-15　ERP 实施失败案例

下面，我们描述了两类广泛的实施挑战——决策挑战和人的挑战。

决策挑战

图 8-16 列出了 ERP 实施中常见的决策挑战。大多数实施都会遇到这些挑战。

ERP 供应商选择

对于客户公司来说，最具挑战性的决策之一就是选择合适的 ERP 供应商。客户公司有独特的需求，而 ERP 供应商有各种优势和弱点。

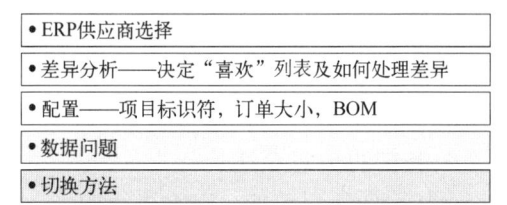

- ERP供应商选择
- 差异分析——决定"喜欢"列表及如何处理差异
- 配置——项目标识符，订单大小，BOM
- 数据问题
- 切换方法

图 8-16　ERP 实施中常见的决策挑战

选择合适的供应商是一个重要的挑战，因为这将影响双方能否建立长期的合作关系，这种关系也将影响 ERP 系统在合同期限内的有效性。

差异分析

一旦选择了供应商，第二个挑战就出现了。正如前面提到的，组织进行差异分析，以确定战略规划产生的业务需求与所选择的 ERP 系统能力之间的差异。第一个艰难的决策是决定公司希望 ERP 系统做什么。一长串"喜欢"列表将导致一系列的差异和困难的实现。高层管理者应该确保采用一个重点明确的、易于理解的、简短的"喜欢"列表。第二个决策是如何处理这些差异。公司可以编写自定义代码，寻找 ERP 之外的解决方案，或者暂时接受这一差异。

一个相关的差异分析决策即是否将现有的信息系统与新的 ERP 系统集成。许多现有的信息系统将被 ERP 系统取代，但那些仍然存在的信息系统可能需要与 ERP 系统集成。例如，巴西的制造公司需要为每一辆运输卡车生成文件，以表明该卡车已获得使用高速公路的许可。这不是 ERP 系统的当前功能，但是公司需要弄清楚如何使打印这些文件的现有的信息系统与新的 ERP 系统兼容。使现有的信息系统与新的 ERP 兼容是一项挑战，但是实施的关键在于这些细节。

配置

第三组具有挑战性的决策发生在配置流程中。如前所述，公司可能需要做出多达 8000 个的配置决策。更具挑战性的是，许多最重要的决策需要对公司和 ERP 系统有广泛的了解。本章前面介绍了关于工资和假期的配置决策。

- 我们选择什么作为项目标识符？
- 我们的订单大小是多少？
- 我们应该使用哪种BOM结构？
- 谁批准客户信用(如何批准)？
- 谁批准产能(如何批准)？
- 时间表和条款由谁批准(如何批准)？
- 如果客户修改订单，需要采取什么行动？
- 高层管理者如何监督销售活动？

图 8-17　配置决策示例

图 8-17 列出了实施团队必须做出的其他类型的配置决策示例。为了简单起见，我们只考虑前三个——项目标识符、订单大小和原材料清单(BOM)——让你对总体挑战有一个大致的了解。

其中一个配置决策是确定项目标识符。公司是否想要识别或跟踪进出库货物中的每一项或一组货物，还是仅为整单货物？此外，公司希望在组装时跟踪原材料，还是仅在完成时跟踪原材料？

另一组问题是订单大小——组织必须按照标准指定项目的数量。在开篇的小插曲中，Megan 和 Heidi 发现，水瓶是 10 个一盒销售的，不是单个出售的，但这发现得太晚了。

此外还要确定 BOM 结构。BOM 就像一个食谱，它规定了制造最终产品所需的原材料、数量和组件。大多数大型组织在生产产品时都有各种各样的 BOM 结构。确定一种 BOM 标准可能是具有挑战性的，特别是当组织在不同的部门生产不同类型的产品时。

对于每一个配置决策，实施团队必须首先确定 ERP 供应商提供的任何配置选择是否合适。如果不合适，那么团队必须权衡使用定制软件的利弊。配置 ERP 系统就像进行有 8000 个问题的选择题测试，对于每个问题，都可以使用"以上皆非"的答案——采用定制方案。

数据问题

回到图 8-16 中的决策挑战列表，必须对 ERP 系统中的数据做出第四组决策。其中一个问题是数据格式；例如，销售部门使用五位数字的客户 ID 号，而服务部门使用四位数字的号码。在过去，每个部门维护自己的数据，并在编号系统的基础上建立流程。致力于一种数字格式可能是一种挑战，至少会让一个部门抓狂。其他数据决策包括如何避免重复，以及决定谁可以输入和编辑数据。

切换方法

第五组具有挑战性的决策发生在从当前的工作方式到新的 ERP 系统的转换或切换过程中。这些切换决策在任何新的信息系统中都很常见，在本书扩展 3 中进行了更多的讨论。在这一点上，只需认识到切换就像我们决定使用哪种方式来克服一些不良嗜好。对于像 Heidi 和 Megan 这样的实施团队成员来说，他们的挑战就是在系统切换的压力下做出正确的决定。

人的挑战

除了做出好的决策的挑战，客户公司中人的行动和态度也会使实施变得更加具有挑战性。这个挑战可以用一句话来概括："我们所有的问题都与人有关。"虽然这可能忽略了 ERP 在技术上的挑战，但这句话明智地指出了成功实施的最大挑战——人。与人相关的常见问题如图 8-18 所示。这些挑战可以分为高层管理者、团队和个人。

高层管理者过早离开

当高层管理者认为实施流程中最困难的部分是执行决策时，就会出现一个常见的问题。高层管理者通常认为，一旦做出了决策，他们就可以离开了。相反，他们需要参与其中，监督实施过程，投入资源，编写好的程序，并进行全面的培训。

高层管理者
·过早离开
·遇到过分吹嘘系统功能的情况
·未能预见到文化阻力
·缺乏项目管理技能

团队
·协作失败

个人
·用户感到痛苦，却没有收获
·软件使用困难

图 8-18 实施中人的挑战

高层管理者遇到过分吹嘘系统功能的情况

高层管理者经常会遇到过分吹嘘系统功能的情况。高层管理者往往会被承诺的系统带来的好处所蒙蔽，而没有仔细审视承诺背后的假设。这可能会导致高层管理者购买比实际需要的更多的特性。当"宏大的解决方案"遇到不可避免的实施问题时，那些更熟悉假设和必要改变的员工可能很快就会感到厌倦。设定期望是困难的，在大多数情况下，高层管理者和普通员工的期望是不一致的，这会在切换过程中造成意想不到的问题。

高层管理者未能预见到文化阻力

实施 ERP 系统将会改变企业文化。文化是员工认为理所当然的日常工作习惯和做法。文化既难以看到，也难以改变。当实施 ERP 系统时，工作的方式会发生改变，企业文化通常会产生反作用。改变文化可能会导致员工的抗拒，因为工作习惯的改变可能会威胁到自我效能感（self-efficacy），这是一个人认为自己可以在工作上取得成功的信念。

高层管理者缺乏项目管理技能

ERP 项目是非常庞大的，许多组织都很难找到具备项目管理技能的管理者，以使这些项目成功。如果项目管理不善且运行时间较长，组织将面临一个糟糕的选择——匆忙完成并因此出现各种错误，或者减少培训时间和资金，并面临最终用户没有得到适当培训所产生的一系列后果。

团队协作失败

实施 ERP 系统需要广泛而有效的协作；当协作失败时，实施就会受到影响。来自供应商的顾问、来自客户公司的 IT 分析师和最终用户都知道其他人不知道的事情：这些缺失的知识只有通过协作才能学到。例如，在 CBI，一个协作团队包括 Heidi、一个 ERP 顾问和一个供应链经理。如果 Heidi 没有询问集团客户仓库和存储地址是否不同，系统将被配置成只有一个地址。

用户感到痛苦，却没有收获

如前所述，系统实施改变了人们所做的工作，然而，工作发生变化的人往往没有从变化中得到任何好处；他们得到了痛苦，但没有收获。这些好处只对组织有效。例如，在实施 ERP 系统后，CBI 的销售工作并没有变得更容易，但组织却受益于这一变化。因此，员工可能需要得到额外的激励来做出改变以适应新系统。正如一位经验丰富的顾问所说，"没有什么比赞扬或现金更给力，尤其是现金。"直接为变革支付薪酬是一种"贿赂"，但员工或团队之间的现金奖励竞赛可以非常有效地推动变革。

软件使用困难

最后一个挑战是如何让公司的员工学习和使用不是特别友好的 ERP 软件。ERP 系统的界面肯定不如智能手机上的应用程序那样吸引人且方便好用。培训最终用户还是会面临挑战。ERP 屏幕上充斥着各种术语，也难以解释。

在实施 ERP 系统时有很多挑战，每一个都可能会对成本、时间或系统性能造成影响。实施 ERP 系统或重大升级对任何组织来说都是一件非常重要的事情。幸运的是，组织在这方面做得越来越好，原因之一可能是他们已经学会了预测这些挑战，现在你也学会了。

ERP 系统升级

今天,许多公司已经从最初的系统实施中"幸存"下来,并正在对其原始系统进行第二次或第三次升级。这些升级通常涉及向系统添加新功能。通常,公司首先会在一个部门或功能上实施小规模的 ERP 系统,然后再进行扩展。

积极进取的客户公司每 2~3 年就会升级他们的 ERP 系统,而不积极进取的公司每 5~6 年才会升级一次。通常,当 ERP 供应商的服务发生变更或者供应商的服务支持费用大幅增加时,升级是合理的。公司还通过升级来应用最新的信息技术,并更好地整合其流程。

在经历了最初的实施后,大多数公司已经学会了如何处理刚才讨论的许多问题。然而,上述挑战将在升级阶段再次出现,而且会导致延迟和成本超支。与初步实施相比,升级也有独特的挑战,如图 8-19 所示。

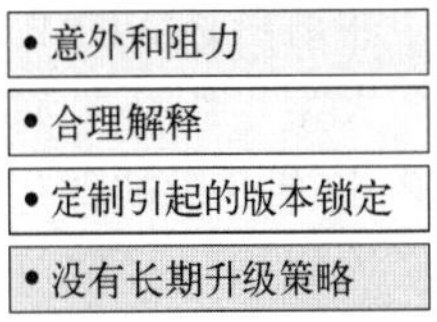

首先,关于升级的讨论可能要在初步实施后的一两年内进行。这可能会让公司中的一些人感到失望和意外,这让升级过程有了一个糟糕的开始。如果人们相信升级将像初步实施一样具有破坏性,那么升级阻力可能会很大。

- 意外和阻力
- 合理解释
- 定制引起的版本锁定
- 没有长期升级策略

图 8-19 ERP 系统升级的挑战

其次,与初步实施相比,升级可能更具挑战性。初步实施创造了独特的机会,新的 ERP 系统与旧的非 ERP 系统的对比既鲜明又令人鼓舞。随着升级,这些机会和对比就不那么明显了。

升级的第三个问题有时被称为版本锁定(version lock)。当客户公司对 ERP 软件进行了定制,以至于无法升级到新的 ERP 软件版本时,就会出现版本锁定。当公司定制 ERP 软件时,它通常与新的 ERP 软件版本不兼容。在实施过程中,客户公司可能会决定编写定制软件,以使系统能够执行针对该客户公司的特有操作。一些公司选择大量定制——他们试图在 ERP 流程中构建自己独特的做事方式。然而,当 ERP 供应商将系统升级到一个新版本时,新的 ERP 软件可能与客户公司的定制版本不兼容。对于那些很少进行定制的公司来说,升级相对而言是没有困难的。相比之下,选择大量定制的公司基本上把自己锁定在 ERP 软件的一个特定版本中,因此升级更加困难。

最后,如果客户公司没有制定 ERP 系统的长期升级策略,那么升级是具有挑战性的。该策略将详细说明升级不同业务功能的计划,并应分配足够的资金和人力,以确保未来的升级能顺利执行。尽管具有这些挑战,但是许多客户公司克服了困难,并且能够有效地使用和升级 ERP 系统。下面,我们来分析这些客户公司的特征。

Q8-6 什么类型的组织使用 ERP 系统?

许多组织都使用 ERP 系统。系统的使用取决于诸多因素,下面将分析其中的两个因素:组织的行业和组织的规模。

按行业划分 ERP

第一批 ERP 客户主要是航空航天、汽车、工业设备和其他行业的大型制造商。在这些行业中,ERP 的使用非常广泛,而且通常非常有效。鉴于制造业的成功,ERP 供应商很自然地会走到供应链的上游,将 ERP 解决方案销售给那些为制造商提供产品的企业,如分销商、原材料提取和加工企业及石油企业。与此同时，医疗保健行业变得更加复杂，医院从服务转向利润导向，并开始采用 ERP 解决方案。

随着时间的推移，ERP 的应用已扩展到其他行业的公司和组织，如图 8-20 所示。今天，ERP 系统已用于政府部门和公共事业、零售行业和教育行业。然而，在 ERP 使用较少的行业，实施可能不那么顺利。

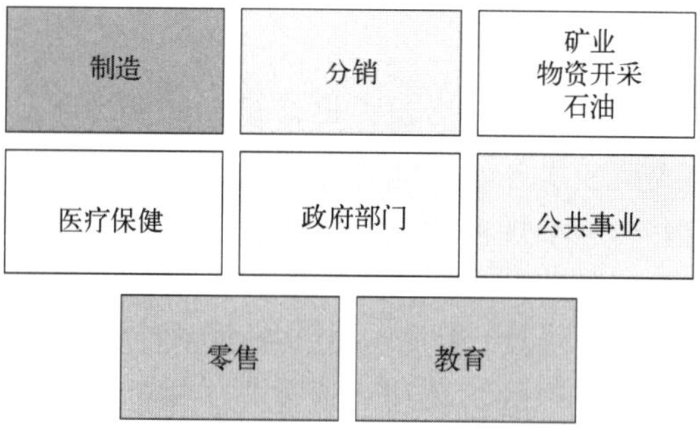

图 8-20 按行业划分 ERP

按组织规模划分 ERP

如前所述，ERP 最初被大型制造商采用，他们有复杂的流程问题，需要 ERP 解决方案。这些大型组织还拥有完成和管理 ERP 实施所需的资源和有技能的人员。随着时间的推移，ERP 实施不断被改进，其他较小的组织也能够实施 ERP 系统。今天，84%拥有 100～1000 名员工的组织已经实施了 ERP 系统。近年来，使用 ERP 系统在年收入约为 500 万美元的公司中越来越普遍。

小型和大型组织的价值链和基本业务流程在性质上没有区别。用 F. Scott Fitzgerald 的话来说，"富人和你我没有什么不同，他们只是拥有更多的钱。"在 Amazon 网站上处理订单所需的检查信用、验证产品可用性和批准条款的步骤与 Phil's Muffler Shop 中的没有什么不同。一个卓越的销售流程若对百万美元规模的公司有用，那么它对中型公司同样非常有帮助。它们的规模不同，但性质却没有什么不同。

然而，不同规模的组织有一个非常重要的差异，这个差异对 ERP 有非常重要的影响，即熟练的业务和 IT 分析师的可用性。小型组织只雇一到两位 IT 分析师，他们不仅管理 ERP 系统，还管理整个信息系统部门。他们的工作非常分散，在 ERP 实施过程中，他们经常不知所措。更小、更简单的 ERP 解决方案在这些组织中很常见。

中等规模的组织可能会将 IT 部门从一名员工扩充到几名员工，但是这些员工通常很少与高层管理者交流。这种分离会造成误解和不信任。由于 ERP 项目的费用、组织层面的问题和时间跨度，高层管理者必须致力于关注 ERP 解决方案。但是当 IT 管理被分离时，很难获得管理层的重视。这个问题非常严重，以至于许多 ERP 顾问表示，这些组织在最初实施或升级时的第一步是获得高层管理者对项目的承诺。

大型组织有一个完整的 IT 团队，由首席信息官（CIO）领导。CIO 是一位业务和 IT 方面的专家，并且积极参与组织战略规划。ERP 实施将是战略性流程的一部分，一旦开始实施，将得到整个管理层的全力支持。

跨国公司和 ERP

大型组织与小型组织的需求不同，其中一个原因是国际化。大多数十亿美元规模的公司会在许多国家运营，ERP 应用程序必须支持多种语言和货币。

ERP 一旦实施，将给跨国公司带来巨大的利益。跨国 ERP 解决方案旨在处理多种货币的交易，管理库存货物的国际运输，并有效地与国际供应链合作。更重要的是，跨国 ERP 解决方案及时提供了全球范围内的财务报表整合结果。因此，ERP 系统可以编制一套财务报表，更好地分析哪些地方可以节省成本，并确定哪些地方可以优化生产。

虽然对于这些跨国公司来说，将所有的业务整合到一个大型 ERP[称为单一实例(single instance)]中是有利的，但有些公司也会维护多个实例(multiple instances)，或为每个国家、每个业务单元或地区维护一个 ERP。对于这些公司来说，维护一套数据、单一的财务系统和全球范围内统一流程标准的优势被整合的成本或部门之间的差异所抵消。

Q8-7　谁是主要的 ERP 供应商？

尽管有 100 多家供应商宣传 ERP 产品，但许多供应商只针对一两个业务功能进行设计，如客户关系管理、制造、供应链或会计。与之相对应的是综合的 ERP 系统，它支持公司中的大多数主要流程。如图 8-21 所示，在这个综合性的 ERP 行业中，一小部分供应商占据了最大的市场份额。SAP AG 拥有最大的市场份额和最悠久的历史，而 Oracle 和其他公司在过去十几年几乎都落后于 SAP AG。这些顶级公司通常被称为一级 ERP 供应商，他们的产品约占 ERP 总市场份额的一半。

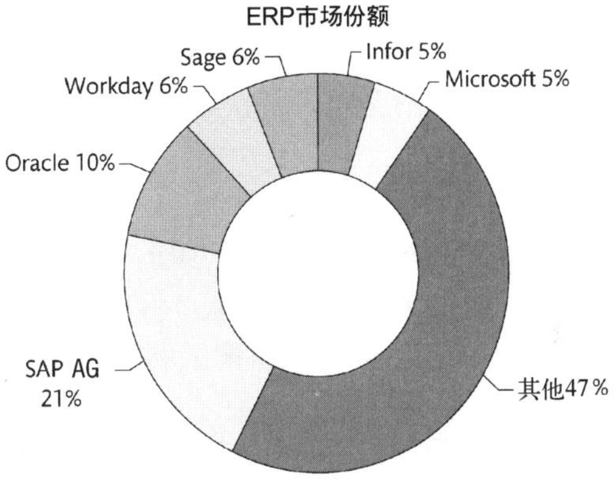

在过去的几年中，随着小型供应商和云服务的改善，SAP AG 的市场份额略有下降。这些变化中的大部分可以归因于中小型市场的增长和大型组织中 ERP 系统的成熟。

图 8-21　ERP 供应商和市场份额

大型 ERP 供应商的目标

一级 ERP 供应商正试图使其 ERP 系统的使用更简单、更安全，并具有基于云的选项，如图 8-22 所示。他们还试图让终端用户成为自己的数据分析师。在过去，想要分析公司数据的会计人员需要与 IT 分析师合作，后者可以利用软件来获得所需的数据。现在，ERP 供应商希望通过使系统更容易使用，而使会计人员可以直接使用 ERP 数据，进而消除对 IT 分析师的依赖。

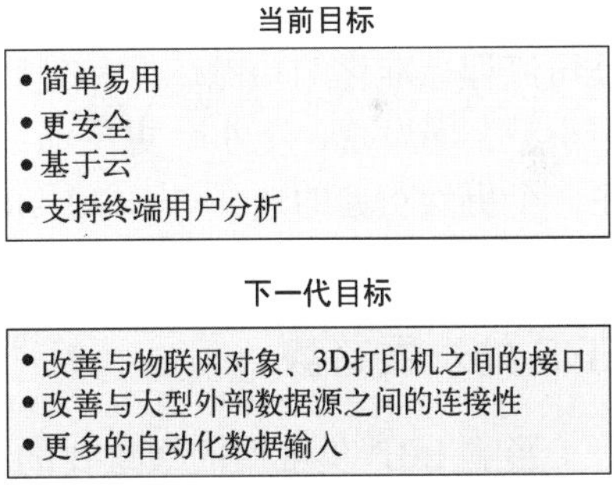

当前目标
- 简单易用
- 更安全
- 基于云
- 支持终端用户分析

下一代目标
- 改善与物联网对象、3D打印机之间的接口
- 改善与大型外部数据源之间的连接性
- 更多的自动化数据输入

图 8-22　大型 ERP 供应商的目标

这些目标对于一级 ERP 供应商来说是很常见的，对于他们的下一个 ERP 软件版本来说也是如此。下一代目标是改善 ERP 系统、物联网对象和 3D 打印机之间的接口。另一个目标是提高 ERP 系统数据与大型外部数据源之间的连接性。例如，Walgreens 希望自己的 ERP 系统能够与天气预报数据相连接，以便在预测到危险天气时，调整店内瓶装水等必需品的供应。最后，供应商正在努力减少人员的手工输入，并允许将更多的自动化数据输入系统。

ERP 产品

Microsoft Dynamics

Microsoft Dynamics 由各种 ERP 产品组成，全部通过收购获得，每个产品都适用于不同的业务功能。与 Oracle 和 SAP AG 的产品相比，Dynamics 的实施通常在规模和功能上更小，因此实施的成本和时间也更低。这些产品中没有一个能与 Microsoft Office 实现很好的集成，也没有一个能与 Microsoft 的开发语言集成。事实上，Microsoft 的 ERP 方向很难确定。

Oracle 的 ERP 产品

Oracle 是一家拥有深厚的技术基础和高素质的技术人员的、具有很强竞争力的公司。Oracle 的一些 ERP 产品是自己开发的，并通过收购 PeopleSoft(高质量的人力资源产品)和 Siebel(高质量的 CRM 产品)来补充这些产品。Oracle 承诺将继续支持这些收购的 ERP 系统。Oracle 还把不同的系统黏合起来，允许它们进行互操作。因此，与其他 ERP 供应商相比，Oracle 通过独立的、协调的子系统提供了一种更综合的 ERP 方法。从它的第一个 DBMS 产品发布开始，Oracle 就以生产功能齐全、性能优越的产品而闻名。Oracle 为各种大型国际组织提供基于云的综合财务报表解决方案。

SAP

SAP AG 公司的 SAP 是 ERP 产品的"黄金标准"。SAP 被中型和大型组织使用，并且提供了最广泛的 ERP 产品系列。在 Q8-7 节中，我们将更详细地介绍 SAP，因为我们将在接下来的两章中使用 SAP 来讲解采购和销售流程，以及 ERP 系统如何改进这些流程。

其他产品

近年来，Workday、Sage 和 Infor 的市场份额有所增加。Workday 是第一个完全驻留在云端的顶级 ERP 系统。英国科技公司 Sage 的产品是小企业的首选。Infor 通过收购其他 30 家公司而发展壮大，现在其面临的挑战是如何为使用 Infor 众多产品的客户提供支持。虽然全公司流程标准化的功能广度和健壮性，使得大公司都会选择一级 ERP 供应商的产品，但许多中小型公司发现，更小、更灵活或基于云的解决方案的破坏性更小、风险更低。我们可以关注一个更受欢迎的选择——Salesforce，一个 CRM 云服务的行业领导者，刚刚收购了数据可视化的行业领导者 Tableau。

ERP 的发展趋势

影响 ERP 供应商的最重要的技术是云，可以为他们的客户提供在云上运行 ERP 系统的机会。云对他们的客户很有吸引力，因为它降低了成本，使数据更易于访问。截至 2020 年，40%的 ERP 支出都花在了云服务上。在 2017 年至 2018 年期间，云 ERP 系统的市场份额从 6%增长到 21%，这是一个显著的增长。随着 5G 通信使更多的物联网设备能够向 ERP 系统发送数据，这种增长将继续下去。云提高了 ERP 系统在移动设备上的可访问性。使用云 ERP 系统的公司能够更好地支持其用户的移动性。Microsoft、Oracle 和 Workday 在云技术方面遥遥领先，可能会在未来几年出现更好的基于云的 ERP 选项。

第 5 章讨论的人工智能(AI)也将在 ERP 系统中发挥更大的作用。一些专家估计，60%的新 ERP 开发都基于人工智能。公司开始对聊天机器人驱动的订单处理、无人驾驶的配送车辆和日常任务的自动化表现出兴趣。人工智能在 ERP 中的其他优势包括更好地规划生产、自动化会计和财务规划工作、改进招聘流程和加强客户关系。

在本章末尾，我们将更深入地了解 SAP。虽然我们将在第 9 章和第 10 章末尾使用 SAP

教程来练习 SAP 软件，但深入讲解 SAP 对于所有人更好地理解行业领导者的一些背景知识及 SAP 软件的一些特性是有帮助的，这些特性是所有 ERP 产品所共有的。

Q8-8　SAP 与其他 ERP 产品有什么不同？

SAP 是德国公司 SAP AG 的产品，它的发音是"S-A-P"，而不是单词 SAP，这三个字母是 System、Applications、Products 的缩写（在德语中是 Systeme、Anwendungen、Produkte）。SAP AG 于 1972 年由 5 名前 IBM 员工创立，现已成长为全球第三大软件公司，在 100 多个国家拥有约 5 万名员工、10 万名客户和 1000 万名用户。SAP AG 的核心业务是销售软件解决方案和相关服务的许可或云接入。此外，它还为其软件解决方案提供咨询、培训和其他服务。SAP 软件的既定目标是帮助企业使他们的业务流程更加高效和敏捷。为此，SAP 软件基于一个包含 25 000 多张表的数据库。

超过 80%的世界 500 强公司使用 SAP，包括 Coke、Caterpillar、Exxon Mobile、Procter & Gamble、IBM、Marathon Oil、General Motors、Nike 和 General Electric。如今要安装 SAP，这类公司可能要花费 1 亿美元甚至更多。在总成本中，硬件可能占 20%~25%，软件占 20%~25%，而"人力"培训、咨询和实施占 50%~60%。SAP 产品的培训、咨询和实施已经成为许多 IT 从业人员的职业，这样很容易理解为什么公司需要那些了解业务和业务流程并能让 SAP 为其工作的技术人员。

上面提到的 SAP 的价格各不相同，因为 SAP 在不同公司中的安装和运行是不一样的——在某些情况下，这个过程可能需要数年。一个耗时的过程是回答前面提到的 8000 个甚至更多的配置决策。为了加快配置流程，SAP AG 生产和销售行业特定的平台（industry-specific platform）。一个行业特定的平台就像一套西装，它是量身定做的，是一个适用于行业特定（如零售、制造或医疗保健）的预配置平台。所有 SAP 实施都从 SAP 行业特定的平台开始，并根据前面提到的配置选择而进一步配置到特定的公司。第二个漫长而昂贵的过程是培训各级员工如何使用该系统。

通常，将 SAP 视为相互连接和相互依赖的模块的集合，图 8-23 中列出了其中的一些模块。模块是独立的流程

SAP 模块			
QM	Quality Management	PP*	Production Planning
FI	Financial Accounting	CO	Controlling
PM	Plant Maintenance	SD**	Sales and Distribution
PS	Project Systems	BI	Business Intelligence
HR	Human Resource	MM***	Materials Management

*PP 包含操作，并且是附录 A 的主题。
**SD 包含销售流程，并且是第 10 章的主题。
***MM 包含采购流程，并且是第 9 章的主题。

图 8-23　SAP 模块

逻辑分组。例如 SD，即销售和分销模块，是由市场营销部门监管的流程集合。这些流程记录客户数据、销售数据和定价数据。在 SAP 的每次安装中，并不是每个模块都要实现。安装 SAP 的公司会选择需要的模块来都要实现，并且在升级系统时添加模块。

SAP 输入和输出

SAP 界面示例如图 8-24 所示。当首次加载时，SAP 界面基本上是空的。在空白界面上，采购代理按照 CBI 的程序，在编号为 1 的区域中输入供应商编号，在编号为 2 的区域中输入原材料。单击更新屏幕图标后，SAP 将在屏幕上显示有关公司、支付选项和代理定价选择的

数据。当在特定组织中实现和配置 SAP 时，此界面仅对每个部门中已批准的采购代理可用。根据组织中的不同角色，人们能够访问不同的界面和不同的数据；会计人员可以访问他们部门的界面，仓库人员可以访问本部门的界面，等等。虽然很难从这个例子中看出，但是采购代理在保存了采购订单之后，SAP 并没有提供永久删除订单的选项。SAP 旨在防止删除已保存的记录。这种控制使得对交易的审计和监督更加完善，降低了舞弊的风险。其他控制也会限制销售人员可以输入的数据。例如，出售的商品必须已经在库存中，邮政编码必须与城市匹配，并且必须指定到某个仓库的交货地点。

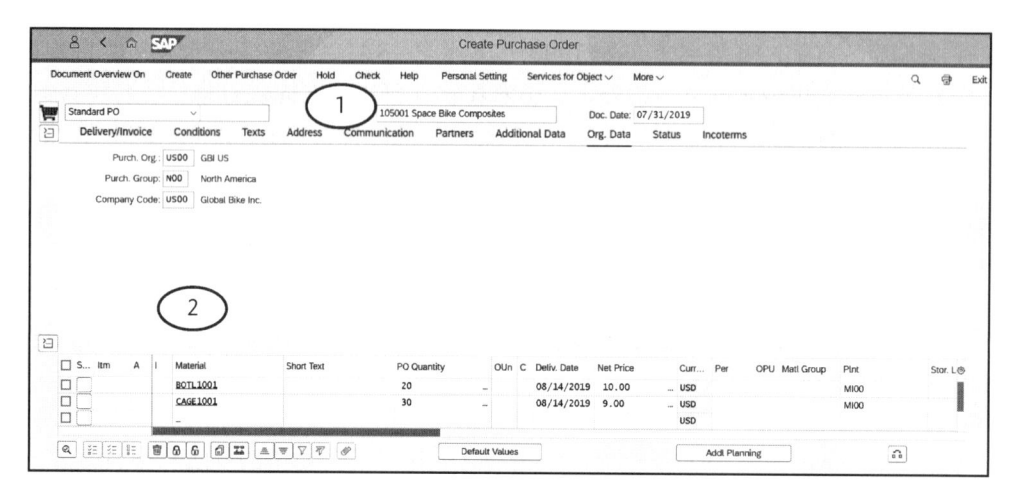

图 8-24　SAP 采购流程界面示例（来源：©2020 SAP SE. All rights reserved.）

SAP 软件

最常用的 SAP 版本称为 R/3。R/3 程序（R 意为"实时"）是第一个真正的集成系统，能够支持组织的大多数主要的操作流程。R/3 平台建于 20 世纪 90 年代，采用客户端-服务器架构。它在 20 世纪 90 年代经历了飞速增长，并在 1.7 万个组织中设立。SAP R/3 使用经典的本地应用程序、客户端-服务器架构，而不是基于浏览器的方法，但是后者更容易在各种设备上使用，比如智能手机和其他瘦客户端。

像其他科技公司的产品一样，SAP 必须不断适应与调整。其中一个调整是云，在这个领域，SAP 正面临着与其他 ERP 公司的激烈竞争，大家都想成为向客户提供云服务的行业领导者。另一个调整是关于核心平台的。SAP 正在向客户提供一种名为 S/4 HANA 的新系统。S/4 HANA 的两个主要优势是运行速度快得多的内存处理器，以及引入了名为 Fiori 的新终端用户界面。Fiori 界面如图 8-25 所示。它显然比图 8-24 所示的界面简单得多，更容易使用，并且可以为每个客户公司量身定制。这样一来，成千上万的 R/3 界面最终需要更换，这一流程将需要数年时间。

这个新的平台还可以让客户调整其营销和产品重点，从以客户流程的高效性为目标，转向强调客户流程的有效性目标。SAP 的客户可以利用存储在 ERP 系统中的公司数据来创造出新的竞争优势。SAP 希望其客户将他们的 ERP 系统视为一个生态系统，在这个生态系统中，应用程序可以在 ERP 数据的推动下成长——通过 S/4 HANA 内置的新的分析能力对数据进行分析。这代表着销售流程的高效性向有效性的转变。

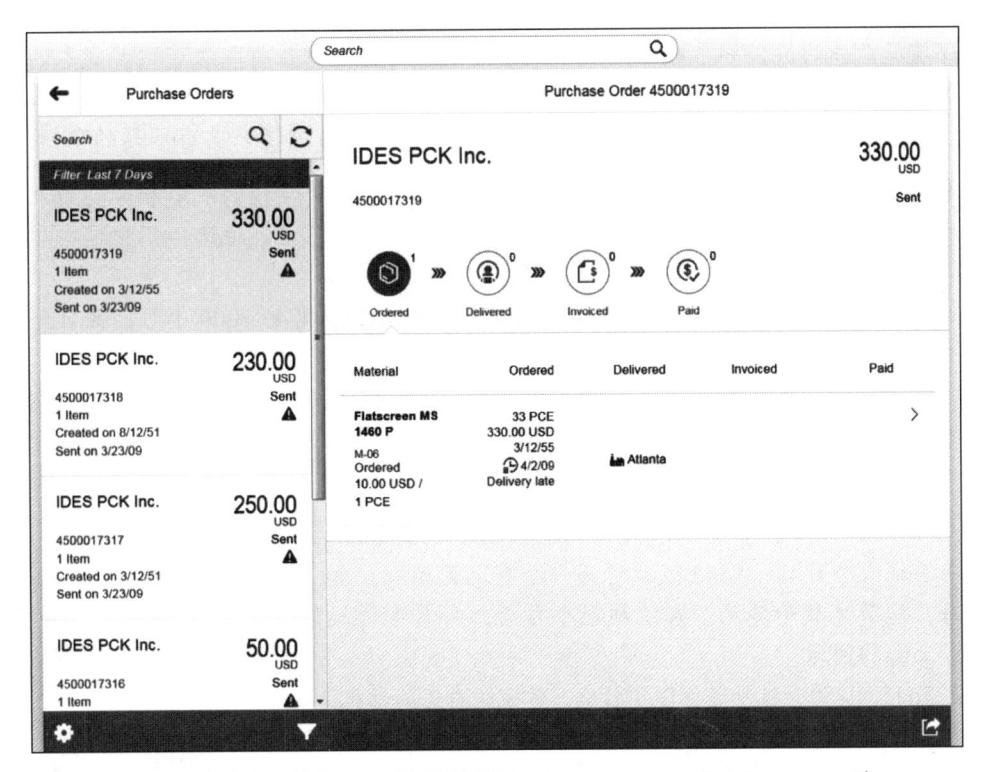

图 8-25　采购订单的 Fiori 界面（来源：©2020 SAP SE. All rights reserved.）

此外，还需要调整 SAP 的收入模式。多年来，客户系统的初步实施为 SAP 产品带来了可观的收入。目前，这种初步实施需求要少得多，因为大多数大型组织都有一个正常运行的 ERP 系统。因此，越来越多的收入来自安装系统的服务合同，SAP 系统实施的收入已少于升级租赁的收入。作为回应，SAP 宣布在未来将停止对 R/3 的支持，希望以此刺激 S/4 HANA 的销售。

帮助你未来的公司明智地使用 ERP 系统将是你在职业生涯中面临的挑战之一。一开始，公司会根据你的经验和教育背景将你聘用到一个部门，但所有的公司都想要整合的流程，因此需要你使用 ERP 系统来改进你所在部门的流程，并将它们与公司的其他流程进行整合。

这将需要第 1 章中提到的一些技能：实验、协作、系统思维、抽象推理。公司也在寻找掌握 ERP 系统的专业人员。所以，花点时间来掌握下面几章的内容。我们在第 9 章和第 10 章将学习采购和销售流程，以及 ERP 系统如何支持这些流程。如果你可以访问 SAP，请在接下来的两章结束时完成 SAP 练习。

道德指南

ERP 预算

在实施 ERP 系统时，Todd Douglas Jones 是一所大学的 IT 主管。他是 ERP 系统的大力倡导者，因为他在其他地方看到过这样的系统，并确信它在大学里会很好地工作。

Todd 负责确定新系统的成本和收益。在对这个主题进行了一些初步研究之后，他认为成本主要应该以产品的价格和系统用户的培训小时数来衡量。收益将取决于运营成本的减少。

为了帮助大学校长和工作人员认识到购买和实施 ERP 解决方案的好处大于成本，Todd 掩盖了一些事实，以便让 ERP 的选择看起来更有希望。Todd 做了一些有问题的事情：

a. 他研究了 10 所实施过类似系统的学校。他可以用 10 所学校的成本和劳动力来估算他的学校。然而，在他看来，其中三所学校的实施管理不当，他选择不把这些学校的信息包含在他的估算中，这导致他的成本估算较低。

b. 他提出最终用户培训将为 750 小时，虽然他预计至少需要 1000 小时。他计划从明年的 IT 培训预算中拿出另外 250 个小时。

c. 为了计算节省的成本，Todd 选择了与 a 部分不同的 10 所学校。他认为这 10 所学校在规模上更接近他自己的学校，更具代表性，这样使节省的成本看起来比最初 10 所学校的更多。

成功实施六个月后，Todd 被称赞为一个有远见的人。这所大学每月能节省数千美元。在实施七个月后，一名审计人员发现了上面的问题。

你是 Todd。你的老板知道你做了什么。你审视自己的动机，问心无愧地告诉自己：我没有说谎。我知道这个系统会取得巨大的成功，如果我不帮助老板认识到这一点，我就会错过一个大好机会。我这么做对大多数人有利。我没有直接从中获利。如果我是老板，我也会希望我的 IT 主管帮助我得出正确的结论。看看结果如何——单是这一点就说明我做了正确的事。

来源：Orange Line Media/Shutterstock

讨论题

1. Todd 的行为合乎道德吗？在你的答案中同时使用绝对命令和功利主义的概念。
2. 在 Todd 的行为中，哪一个是最不道德的？
3. 如果你是 Todd 的老板，你会怎么做？这对你未来对 Todd 的管理有什么影响？
4. 不恰当的合理化和正当理由之间的区别是什么？
5. 你怎么知道你的合理解释是不恰当的？
6. 你同意 Todd 最后的说法吗？好的结果是否总是表示好的流程或一个好的决定？

主动复习

Q8-1　ERP 系统能解决什么问题？

解释公司在使用 ERP 系统之前是如何使用信息系统(IS)的。确定公司系统解决的问题。解释信息孤岛。描述 ERP 系统的两个关键特征。

Q8-2　ERP 系统的要素是什么？

解释在 Internet 出现之前，公司是如何使用计算机进行库存管理的。解释 MRP 和 MRPII

的区别。解释企业和 IS 是如何共同发展的。列举几个由 ERP 集成的业务功能。ERP 产品和公司实施的 ERP 系统有什么区别？描述配置。解释为什么一个公司可能会为 ERP 的实施创建一个定制程序。描述 ERP 系统和数据库之间的关系。区分三种类型的 ERP 数据。解释两个 ERP 硬件问题。描述程序如何改进对流程的控制。解释几个 ERP 工作。描述固有流程。

Q8-3 ERP 实施是如何完成的？

描述实施流程和参与每项活动的人员。解释差异分析，它产生了什么问题，以及 CBI 公司发现的一个差异。这两个主要测试有何不同？描述 CBI 的行业结构分析，以及竞争战略的选择。解释 ERP 升级和三种类型的升级。

Q8-4 ERP 系统的好处是什么？

解释为什么说 ERP 系统改进现有流程是不准确的。描述 ERP 系统提供实时数据的优点。解释 ERP 系统是怎样有利于管理的。描述仪表板的内容和用途。

Q8-5 实施 ERP 系统的挑战是什么？

为什么选择正确的 ERP 供应商是一个重要的决定？在差异分析中，为什么公司应该避免创建一个冗长的"喜欢"列表，列出它希望 ERP 系统做的事情？给出几个公司配置 ERP 系统时必须做出的决策示例。解释实施团队对于每个决策的一般选项。解释在 ERP 中使用定制软件的缺点。是什么使旧系统向新系统的切换成为一种挑战？解释个人的实施挑战。描述企业文化及其对 ERP 实施的重要性。ERP 升级特有的问题是什么？

Q8-6 什么类型的组织使用 ERP 系统？

解释使用 ERP 的组织类型如何随着时间的推移发生变化。组织的规模如何影响 ERP 的成功？大型组织对 ERP 的独特需求是什么？描述 ERP 系统对跨国公司的独特好处。

Q8-7 谁是主要的 ERP 供应商？

一级 ERP 供应商的特征是什么？列出几家成功的供应商，并解释其独特之处。解释一级 ERP 供应商当前和下一代的共同目标。确定每种 ERP 产品的相对市场份额。解释哪些 ERP 供应商服务于中小型组织，哪些服务于大型组织。

Q8-8 SAP 与其他 ERP 产品有什么不同？

介绍 SAP AG。解析实施 SAP 所需的费用，定义模块并给出 SAP 模块示例。解释如何控制对 SAP 界面的访问，以及 SAP 如何限制或控制数据输入。SAP 的 S/4 HANA 和 R/3 版本有何不同？描述 SAP 是如何适应与调整的。

关键术语和概念

原材料清单（BOM）	固有流程	流程蓝图
配置	准时交付（JIT）	R/3
文化	制造资源计划（MRPII）	SAP AG

定制化	主数据	SOX
仪表板	物料需求计划(MRP)	自我效能感
ERP 系统	Microsoft Dynamics	单一实例
ERP 升级	模块	培训师的培训
功能测试	多个实例	事务性数据
差异分析	组织性数据	版本锁定
行业特定的平台	性能测试	

课后习题

8-1 如果明年秋季新生人数比今年多 20%，将会出现什么问题？哪些校园组织需要提前知道这些数据？你认为你的大学有办法有效地分享这些数据吗？

8-2 ERP 可以创建显示重要统计数据和 KPI 的数字仪表板。如果你是体育部门经理，你希望仪表板上有什么数据？它们都是流程目标的度量吗？如果你是大学校长，你需要什么数据？学校里还有谁需要使用仪表板？

8-3 MIS 专业与其他专业有什么不同？也许作业不同，也许老师做的事情不同。如果一个大学的教学 ERP 系统的固有流程忽略了这些差异，那会怎么样呢？这会使学校的教学流程更高效和有效吗？你如何衡量这种进步？这样做值得吗？

8-4 如果你的学校采用了一种新的类似 ERP 的系统来改进课程设置、采购和人力资源功能，图 8-18 中实施人员面临的哪些挑战可能在大学环境中尤其困难？

8-5 体育部门经理从一个实施良好 ERP 系统的供应商那里购买运动器材。你的学校从有 ERP 系统的供应商那里购买有什么好处？你可能会看到该供应商的广告声明，比如"我们满足客户订单的时间比行业平均时间少 20%。"创建一份清单，列出你希望从 EPR 系统得到的 2~3 个 KPI，以及 ERP 系统可能无法改进的 2~3 个 KPI。

8-6 要想拥有一个成功的 ERP 系统，运动器材供应商必须做出各种良好的配置决策。举例说明你认为该公司应具有的商品标识符和订单规模。另外，你认为谁会批准客户信用和产能？如果客户修改订单，需要采取什么行动？

8-7 假设一个运动器材供应商选择了 SAP。该供应商是一个器材批发商，并不生产卖给大学的设备。作为批发商，供应商可能不会从 SAP 购买哪个模块（见图 8-23）？

8-8 图 8-4 显示了学校目前使用的采购流程及体育部门使用的目标和 KPI。如果你是餐饮服务采购代理，购买校园食堂供应的所有食物，你的采购流程的目标和 KPI 是什么？

8-9 查看 SAP 提供的免费在线课程，你最感兴趣的是哪一门课？

8-10 在开篇的小插曲中，Megan 和 Heidi 面临着系统切换的压力。基于图 8-16 和图 8-18 中列出的挑战，终端用户可以做哪两件事来帮助降低系统切换的压力？

8-11 访问 Reddit 的 ERP 子版块。对于工作、失败、实施或其他主题，什么主题让你感到意外？

8-12 使用搜索引擎，找到有帮助的、目前最好的 ERP 认证的资料。SAP、Oracle 和其他平台推荐哪些认证？

协作练习

此练习的目的是检查一个常见的业务语境：识别改进流程所需的数据。你的团队的同学负责升级学校的校园参观流程。每年都有数百名学生和其家庭成员来到校园参观。你的大学想要展示高科技方面，并希望你弄清楚如何让参观流程成为一个高科技演示流程。

作为一个团队，请完成以下步骤。

第 1 步：确定校园参观过程中的一系列活动。与你的团队一起创建一个图表，显示你希望在高科技之旅中进行的一系列活动。还要确认流程的目标和 KPI。

第 2 步：指定流程中每个活动所需的数据。数据可能不在学校里；例如，你可能希望来访学生通过 Twitter 或其他社交媒体平台找到大学里他们所在高中的校友。相关资料可能尚未收集，例如，你可能需要询问来访学生的食物偏好，并在访问结束后重复使用这些数据，向每个学生发送一张餐券。

第 3 步：提交一份关于你所建议的校园参观流程的报告。包括流程中活动的图表及流程的目标和 KPI。对于流程中的每个活动，指定执行该活动所需的数据。

我们的目的是让你了解重要的业务流程(如校园参观流程)，需要许多方面的数据。学校的这些数据可能存在于许多信息孤岛中。一个类似 ERP 的系统可以将所有重要的数据整合在一起，这会使创建新流程变得更加容易。

案例研究

Epic 软件：Silicon Pasture 中的成功

Epic Systems Corporation 提供电子健康记录(EHR)软件、服务和培训。Epic 公司是一家医疗保健 ERP 供应商，就像 SAP AG 和 Oracle 是企业 ERP 供应商一样。

2018 年，Epic 实现营收 27 亿美元，成为美国第七大 EHR 供应商，获得了 54%的美国医院许可，并对 2.5 亿患者产生影响。医院工作人员、医生和患者使用 Epic 软件执行住院、专科护理、开具处方、计费、保险估算、出院、转诊、门诊预约等流程，医生、医院工作人员和患者之间可以使用 Epic 软件发送消息，此外还可以通过 Epic 软件与其他医疗保健系统建立连接。图 8-26 显示了 2019 年的 Epic 患者门户网址。

1979 年，Judy Faulkner 在亲友的投资下，用 7 万美元创建了 Epic 公司。从那时起，Epic 就没有接受过任何风险投资或其他外部投资，而是完全从公司内部发展起来，也从未收购过其他公司。像大多数初创公司一样，Epic 起步时很低调，最初是在 2020 University Avenue 的一间地下室里起家的，Pleasant Rowland 就是在那栋楼里创办了 American Girl doll 的特许经营项目。

众所周知，Faulkner 女士非常关心她的顾客和患者，并为其提供最高质量的服务。2018 年，Forbes 将她列为全球第四富有的白手起家女性。截至 2019 年 11 月，她的净资产估计为 37 亿美元。她很有社会意识，把家里 99%的钱捐给了一个非营利基金会。

Epic 公司以严格筛选求职者而闻名。该公司聘用有抱负的、聪明的、年轻的、不要求经验的候选人，并用自己的程序和方法培训新员工。Epic 为员工提供世界级的工作环境；每个员工都有一间私人办公室，在公共空间装饰着艺术品、雕塑，并摆放着富有想象力的家具。Epic 以补贴价格为员工提供美食。它还提供了一个慷慨的股票计划。之后，员工被要求搬到位于 Afton 的 1979 Milky Way Drive（实际地址）的总部。

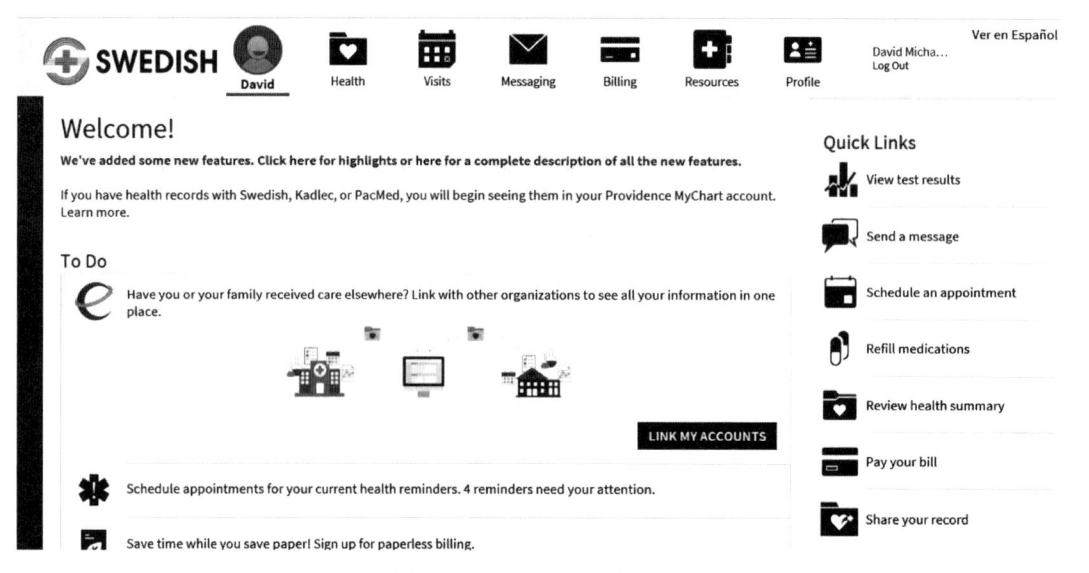

图 8-26　Epic 患者门户网站

事实上，1979 Milky Way Drive 这个地址以前是一个奶牛农场。Epic 的成功为该地区带来了成千上万勤劳、聪明、知识丰富的员工。除了 Epic 的持续扩张，Afton 的经济增长得益于越来越多的医疗保健业务，比如服务 Epic 客户的咨询公司 Nordic。Greater Madison Chamber 商会主席 Zack Brandon 认为，有了 Epic 的帮助，Madison 可以成为类似 Seattle 或 Austin 的科技中心。

Epic 几乎完全依靠口碑推荐，几乎不做任何市场营销。就其规模而言，它的销售队伍很小。Epic 的增长尤其令人印象深刻，因为 Epic 是最昂贵的 EHR 解决方案。Epic 的成功不仅仅在于软件；还有 Epic 员工告诉客户如何执行任务的方法论，包括何时执行每个步骤。据报道，这种做法很少出现执行失败的情况。

一位首席信息官表示："这很好理解，一次实施上的失败不仅会让我失去工作，还会让我的职业生涯结束。Epic 的价格表面上要贵两倍，但基本上是有保障的，我需要一个保障。我无法承受失败的后果；我知道，我周围的人也都知道。"

据 KLAS Research 称，Epic 的实施策略确实奏效，因为还没有哪家公司主动停止使用 Epic。除了少数客户被迫进入其他系统，Epic 从未失去过任何客户。

医疗保健行业多样且复杂。一些医疗保健供应商（如 Kaiser Permanente）有他们自己的护士和医生，并且在 Epic 中很容易完成医疗保健数据的交换。大多数转诊信息和其他消息都存放在他们的医疗保健系统内。然而，其他医院和供应商在不同的 EHR 系统中使用和存储患者数据，或者在小规模实践中使用非 ERP 系统。

2008 年，美国国会通过了《2008 年 HITECH 法案》（HITECH Act of 2008），不仅在该法案中加大了保护患者数据隐私的强制执行力度，还鼓励所有的医疗从业人员改用某种形式的电子健康记录系统。此外，HITECH 法案还为小型企业向电子系统转型提供财政援助。

到了 2017 年，86%的办公室医生和 96%的非联邦医院已经改用某种形式的 EHR。所有这些电子数据都存储在许多不同的软件系统中。由于预见到这一问题，HITECH 法案包含了 EHR 供应商应满足的数据共享标准，即"Meaningful Use Requirement"。

最初，Epic 被认为是一个封闭的系统，这意味着从其他 EHR 系统提取数据和将数据输入 Epic 都很困难。Epic 通过创建一个名为 Care Everywhere 的 Epic 子系统，作为对 HITECH 建议及行业压力的回应。根据 Judy Faulkner 的说法，Epic 对 Care Everywhere 进行了改造，并将其安装在每一个 Epic 软件中，为客户提供免费服务。

问题

1. Epic 在哪些方面与本章中的 ERP 系统相似，又在哪些方面与之不同？
2. 根据 Porter 的竞争战略模型，Epic 是如何定位自己的？
3. 列出并简要解释你认为促使 Epic 成功的 3 个因素。
4. Epic 从未失去过客户，这令人印象深刻，但这是否令人惊讶？为什么？列出并简要描述 5~7 个 ERP 系统很难改变的因素。
5. 众所周知，Faulkner 严格把控着 Epic 公司的运营，并且她已经接近 80 岁了。
   a. 如果你的公司正在考虑采用 Epic，这个事实会影响你的决定吗？为什么？
   b. Epic 可能采取哪些措施来缓解客户的担忧？
6. 利用 Internet，调查 Epic 的就业机会，访问相关的招聘网站。
   a. 描述一个你可能感兴趣的工作。
   b. 列出你认为想要获得 Epic 的工作所需具备的五个关键品质。
   c. 根据 b 部分评估你的经验、技能和能力。

第 9 章

使用 SAP 支持采购流程

一个炎热的夏日早晨，在 Dallas 仓库的会议室，来自 CBI 总部的供应链总监 Jamie 正在与 Dallas 工厂的领导们会面。挫折似乎无处不在。

Jamie 站起来，带着勇敢的微笑，开始说："如你所知，一个月前，我们启用了新的 ERP 系统。我们收购了滑板车公司，他们急需一个成熟的 ERP；与此同时，我们升级了公司其他部门的 ERP 主干。技术人员告诉我们一切都很顺利，这意味着如果出了问题，他们不想承担任何责任。"

她继续说："但是在整个公司系统上线后，我们开始看到相互矛盾的数字，尤其是滑板车方面——仓库的库存太低，客户的订单无法被满足，而大量的滑板车在越南工厂堆积如山。我被派来解决这个问题。希望新的系统能够帮助我们实现公司当前的两个目标，即减少管理时间，以及对零售商做出更积极的响应。到目前为止，我们在这两方面都失败了。"

"Jamie，我们都很高兴现在从事滑板车业务，但我们这里最主要的问题是越南工厂没有履行我们的生产订单，"仓库经理 Wally 说道。

"我们下单，我们从无人理解的系统接收消息，但什么都没有显示。我已经安排人员入库轮班，以接收订单，但是当没有任何数据显示时，我就不得不让他们无薪休假。不知道什么时候会发生什么事情，这让我们很痛苦。"

另一位仓库经理 Daniel 补充说："Jamie，我们可以看到那里的产能和库存正在堆积，但是当我们试图在一周内订购几批货物时，新系统就只会呆坐在那里。我们以为它在工作，但我们得到的只是每周一次的默认订单。我不认为我们做错了什么。"

Daniel 继续说道，"也许越南人不讲英语？也许他们不希望这一切成功。我们在 San Diego

和 Miami 的仓库拿到他们的新订单了吗？还是只有我们没拿到？"

"不，实际上更糟。出于某种原因，他们甚至没有拿到你们仍然得到的每周一次的默认订单。"

Wally 说，"所以，如果不是技术人员的错，也不是我们或其他仓库的错，那一定是越南工厂的错。也许他们不知道如何使用这个系统。"

"Jamie，上周 Heidi 和两个来自 Silver Saddle 的人员过去了。她对这个系统有足够的了解，并声称不存在问题。他们在那边没有看到任何新订单。"

"你确定你正确使用了 SAP 吗？"Jamie 仔细地问。

"Jamie，我们不是新来的。我们已经使用该系统八年了；这不是我们的第一个竞技表演。"

"但新系统确实改变了一些事情。我们不仅引入了新的滑板车部门，我们确实同时升级到了 S/4。"Jamie 回答。

Wally 继续说："我们被告知这些变化都很小，大部分是表面上的变化。我们必须升级，因为 SAP 不会为旧系统提供服务。"

"这只是部分事实。很多变化都很小，但有些东西是完全不同的。如果你知道如何使用这个系统，你就可以看到更多的数据，并进行一些有用的实时分析，这是以前做不到的。"

Wally 回答："我们还没有尝试过分析的功能。如果没有任何交付，那分析也就没有意义了。我们被告知一切都没有改变。我们被告知要保持安静，不动声色。我们没有得到任何培训——只是有一些新的卡片，供我们在使用新系统时参考。"

"我们以为你们都接受了两个小时的培训。"

"没有，我们从来没有参加过培训。"

"我听说随着上线日期的临近，这个项目的时间和资金都越来越紧张。一定是有人忽略了培训。让我们从这里开始吧。"

本章概述

Q9-1 采购流程的基本原理是什么？
Q9-2 没有 SAP 的 CBI 采购流程将如何工作？
Q9-3 使用 SAP 的 CBI 采购流程将如何工作？
Q9-4 SAP 如何改进 CBI 的供应链流程？
Q9-5 SAP 的使用如何改变员工技能？
Q9-6 2031 年有哪些新的信息系统会影响采购流程？

本章预览

在本章中，我们将了解 SAP 支持的采购流程，采购对于所有组织来说都是一个至关重要的流程，因为组织拥有的大部分东西都是采购而来的，而它销售的所有东西都包含采购的部分。我们感兴趣的是 SAP 如何使采购流程变得更好。

在前两章中，我们介绍了流程和 ERP 系统。在本章和第 10 章，我们将展示如何将流程和 ERP 系统的一般思想应用于两种常见的业务流程中。在本章，我们将看到 ERP 的好处

——整合数据和使用整合良好的固有流程,这可以改进采购流程。在第10章,我们将研究销售流程。作为一名商科学生,你对这些基本流程的运作理解得越透彻,你就越有价值。如果你知道 ERP 系统如何支持这些流程,以及如何解决像 CBI 的 Jamie、Daniel 和 Wally 所面临的问题,那么你将是成功的。

我们首先考虑采购流程的基本原理,然后考虑 SAP 如何改进 CBI 的采购流程。虽然这一章的大部分内容都是关于采购流程的,但是在这一章的最后,我们将把讨论范围扩大到 CBI 供应链中的其他流程。虽然采购流程可以通过 SAP 加以改进,但 SAP 对与采购相关的流程组的积极影响甚至更为显著。

Q9-1 采购流程的基本原理是什么?

采购是企业供应链中至关重要的环节。供应链是一个由人、组织、资源和流程组成的网络,这些流程创造并分发一个特定的产品,从供应商交付原材料到最终将产品交付给消费者。供应链管理是一个常见的商科专业,学生将学习如何协调组织内部和组织之间的物资流动。供应链工作包括仓库操作管理、需求预测、物流管理和原材料计划。

在供应链中,采购是获取商品和服务的过程,如原材料、机器备件和自助餐厅服务。采购是一个在大型组织中每天执行数百或数千次的操作过程。三个主要的采购活动是下单(Order)、接收(Receive)和支付(Pay),如图9-1所示。这三种活动由不同部门的参与者执行,在第7章以大学采购为例进行了简要介绍。

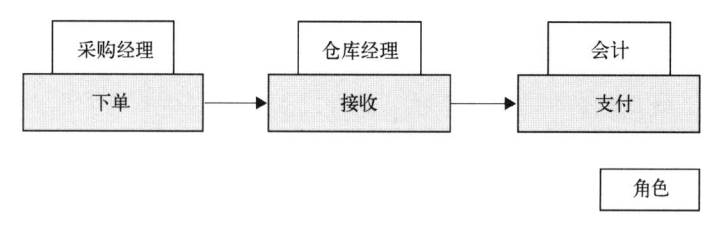

图 9-1 采购流程的主要活动和角色

采购流程是最常见的组织性流程。从只有一名员工的初创企业到 Walmart,从县政府到市政府,每个组织都依赖其采购流程。对于生产产品的企业来说,采购是一个至关重要的流程,因为必须首先采购所有的原材料,即用于制造产品的基本材料。即使是提供服务的公司也依赖于采购。例如,医院需要成千上万种医疗保健产品,而大学需要食物、设备、景观美化服务和吉祥物。看看你的周围,你所看到的每一件人造物品都至少经过了一个采购流程,而在街道上行驶的 Camry 汽车所使用的零件都是由数百家供应商采购的,每个供应商都有自己的采购流程。

大学生也会采购商品:你在网上订购书籍和电影,你会购买衣服和食物。你所拥有的一切都是通过某种方式获得的。而且,就像一个组织的采购流程一样,你的采购流程也有目标——你不想买到劣质的商品,你不想浪费时间或金钱。

许多组织都有类似的采购目标,最常见的是节省时间和金钱。据估计,一个管理良好的采购流程只需一个管理不善的采购流程的一半费用来获得同样的商品。宾夕法尼亚州政府通过调整采购流程,每年节省了3.6亿美元;其他州则节省了10%~25%的采购预算。

其他采购的有效性目标包括寻找可靠的、优质的供应商;与现有供应商保持良好关系;

并支持组织中的其他流程,如销售和运营。采购流程也力求高效——成本更低,产生的故障(如缺货、错误和需要退回供应商的产品)更少。

在本章中,我们考虑在价值链中支持入库物流活动的采购流程。采购流程在价值链中获取生产流程所需的原材料和半成品,如图 9-2 所示。其他价值链活动也开发和执行采购流程以获得原材料以外的东西,如法律服务、机器零件、咨询、计算机系统、设施和运输服务。

主要活动	描述	流程和章节
入库物流	接收、存储和分发产品投入	采购,第 9 章
操作	将投入转化为最终产品	生产,附录 A
出库物流	收集、存储产品并配送给买家	
销售和营销	引导买家购买产品,并为他们提供购买途径	销售,第 10 章
客户服务	协助客户使用产品,从而维护和提升产品价值	

图 9-2 CBI 价值链中的采购流程

CBI 采购流程的活动如图 9-3 所示。为了更好地理解图 9-3 中的活动,考虑一下 CBI 是如何获取其自行车轮胎的。第一项活动是寻找合格的轮胎供应商。一旦某些公司被确定为潜在的供应商,CBI 将要求每个供应商详细说明每种轮胎的价格和订单数量。使用这个价格数据,CBI 创建一个采购订单(Purchase Order,PO),这是一个书面文档,要求交付特定数量的产品或服务,之后用于财务支付。在 CBI,采购订单指定供应商、轮胎零件号、轮胎数量和交付日期。然后 CBI 的一个仓库从供应商那里接收轮胎。仓库也是一种工厂。在 ERP 系统中,工厂是一个用于生产、服务活动或货物存储的独立的实际物理位置。一旦收到轮胎,CBI 将更新其原材料库存。之后,来自供应商的账单到达,CBI 将钱款支付给供应商。采购流程也被称为采购到付款(P2P)流程或采购到付款周期。

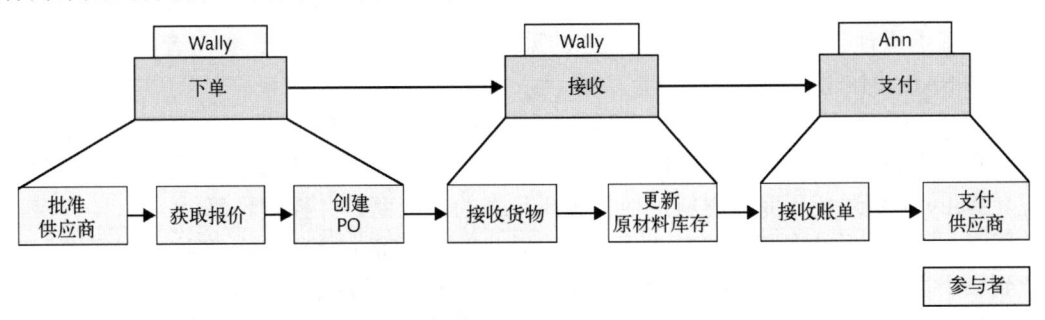

图 9-3 CBI 采购流程的主要活动、子活动和参与者

采购流程中的一个关键内容是称为库存的资源。CBI 维护两种类型的库存,如图 9-4 所示。图中的上部是采购流程,用于获取原材料;图中的下部是生产流程,用于将原材料转化为成品。原材料库存将存放从供应商采购的零件,如自行车轮胎和其他货物。为了在生产过程中进行装配操作,这些原材料必须"随手可用",CBI 的原材料库存包括自行车车架、轮胎和车座。成品库存将存放等待交付给客户的成品,CBI 的成品库存包括组装好的自行车和配件。

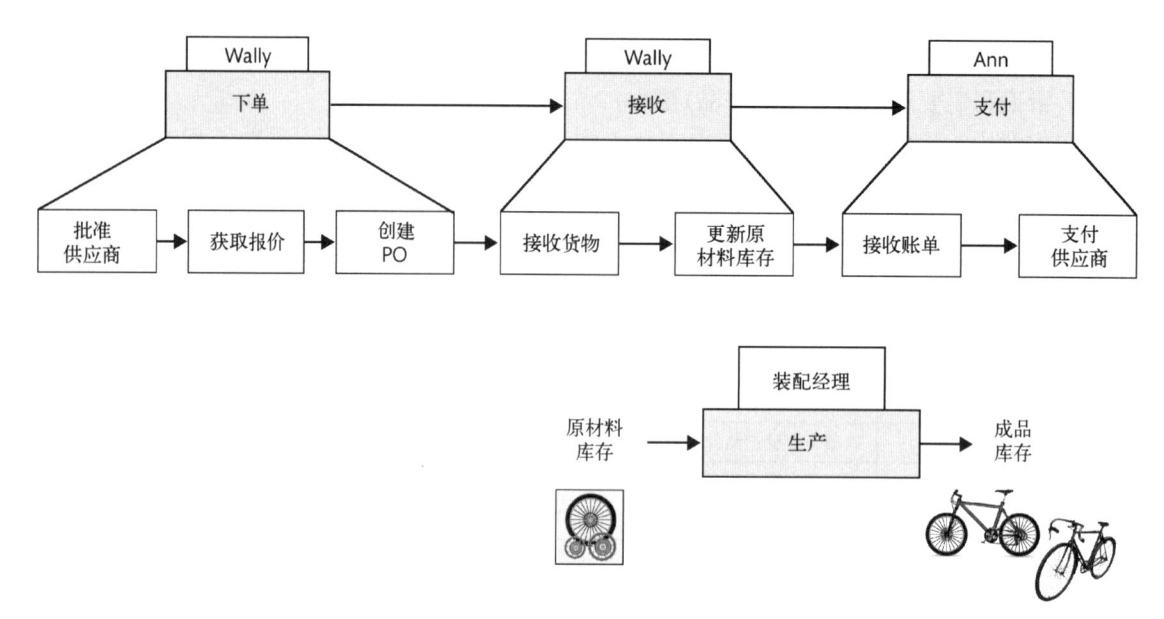

```
┌─────────┐          ┌─────────┐          ┌─────────┐
│  Wally  │          │  Wally  │          │   Ann   │
│  下单   │─────────▶│  接收   │─────────▶│  支付   │
└─────────┘          └─────────┘          └─────────┘
  ┌────┐  ┌────┐  ┌────┐   ┌────┐  ┌──────┐    ┌──────┐  ┌──────┐
  │批准│─▶│获取│─▶│创建│   │接收│─▶│ 更新 │    │ 接收 │─▶│ 支付 │
  │供应│  │报价│  │ PO │   │货物│  │原材料│    │ 账单 │  │供应商│
  │ 商 │  │    │  │    │   │    │  │ 库存 │    │      │  │      │
  └────┘  └────┘  └────┘   └────┘  └──────┘    └──────┘  └──────┘
```

```
                       ┌──────────┐
                       │ 装配经理 │
     原材料    ───────▶│   生产   │───────▶   成品
      库存             └──────────┘           库存
```

图 9-4 CBI 采购流程的主要活动、子活动、生产流程和库存

采购的基本原理对大多数组织来说是通用的。为了更好地理解 SAP 对采购流程的作用，我们考虑在 CBI 中使用 SAP。我们首先分析没有 SAP 的采购流程，然后讨论使用 SAP 的采购流程。通过对比有无 SAP 的不同情形，可以直观地看出 SAP 给 CBI 带来的好处。通过实施 SAP 前后的比较，可以对 SAP 能够解决的采购问题的类型有一个清晰的认识。

Q9-2 没有 SAP 的 CBI 采购流程将如何工作？

在这个问题中，我们将在没有 SAP 的情况下，详细分析 CBI 的采购流程，以便更好地理解采购的基本原理。我们将详细描述 CBI 的采购流程——流程活动、参与者、角色和目标，然后讲解 SAP 的作用。

如图 9-5 所示，采购流程从第三列开始，我们的参与者 Wally 扮演仓库经理的角色。Wally 负责采购和接收原材料。当原材料库存较少时他就下单，到货时他就接收货物，并跟踪库存情况。Wally 尽量避免用完原材料，他会选择可靠的供应商，并控制预算。

图 9-5 所示流程中的第一个活动是"预购活动"（Pre-Order Action）。在这个步骤中，Wally 注意到一个货物数量低于它的再采购标准，他查看该货物之前的购买情况，然后找到一个优质的供应商，并确定采购数量。如果他决定采购，那么将启动"创建采购订单"（Create Purchase Order）活动，该活动将产生如图 9-6 所示的采购订单。在这个例子中，Wally 从 Space Bike Composites 采购了 20 个水瓶和 30 个水瓶架。

供应商交付订单所需的时间称为交货期。当订单货物到达仓库并发生接收货物活动时，交货期结束。在这个活动中，仓库工人打开箱子，清点货物，并更新仓库数据库中的原材料库存数量。

几天后，CBI 从供应商那里收到一张发票或分项清单，如图 9-5 中第 5 列最后的活动所示。发票上的数据——金额和该发票的采购订单编号——被输入会计数据库中。Ann 扮演会计的角色，在支付账单之前，她要确保发票上的数据与采购订单和货物收据中的数据相匹配，这一活动称为三方匹配。在图 9-7 中，给出了物品的发票、采购订单和收据的表单示例，如果三方匹配中的数据一致，就会进行支付操作。

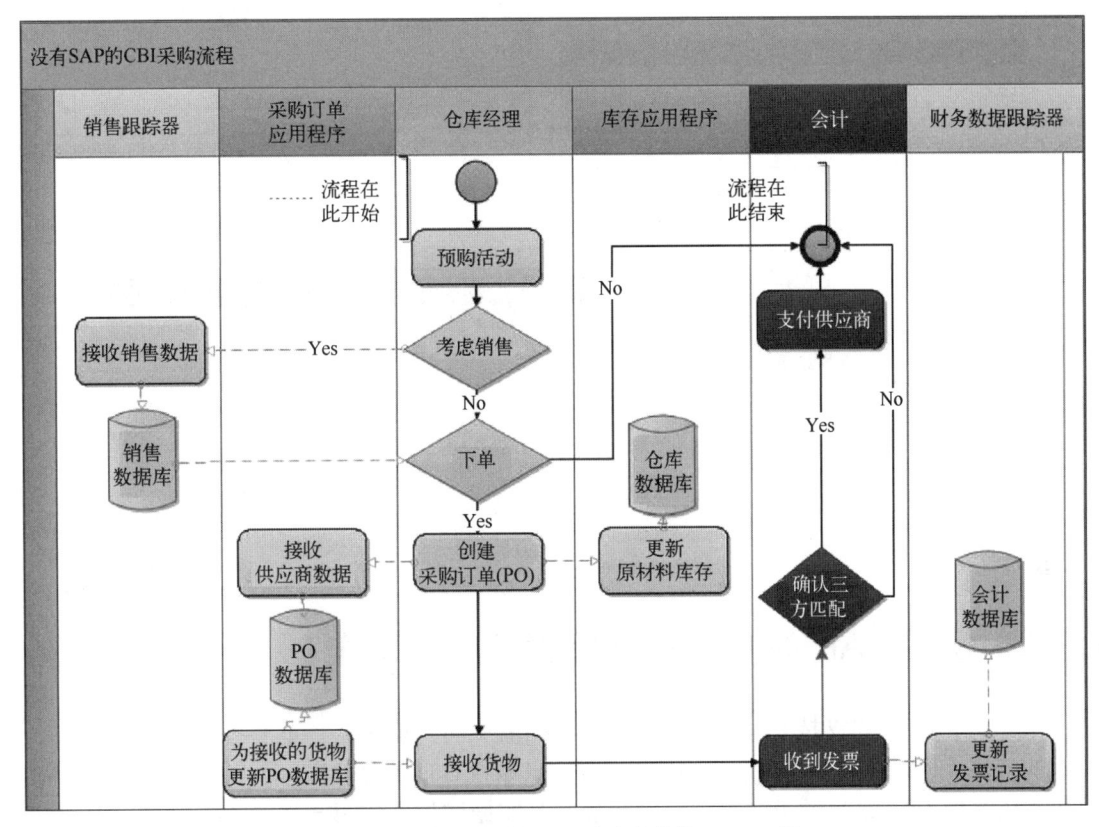

图 9-5　没有 SAP 的 CBI 采购流程的 BPMN 图

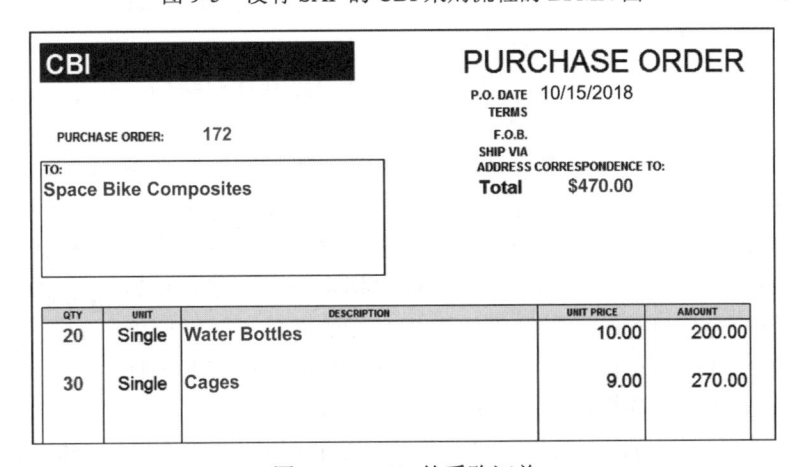

图 9-6　Wally 的采购订单

综上所述，采购流程的两个主要的参与者是 Wally 和 Ann，他们分别扮演仓库经理和会计的角色。Wally 订购并接收货物，Ann 接收发票，检查三方匹配，并向供应商付款。流程中使用了四个数据库，一个用于销售，两个用于仓库，还有一个用于会计工作。存储在这些信息孤岛中的数据很难共享。

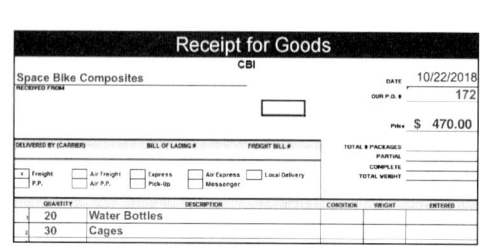

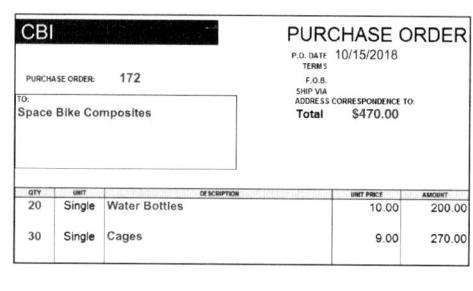

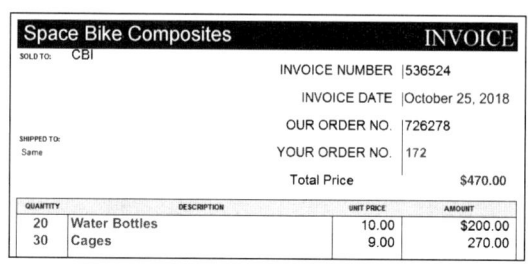

图 9-7 三方匹配

Q9-3 使用 SAP 的 CBI 采购流程将如何工作？

在考虑 SAP 如何支持 CBI 的采购之前，我们需要简要地讨论一下 CBI 的战略。回顾第 1 章，战略应该在部署信息系统(IS)之前确定。同样，在关于 ERP 系统的第 8 章中，确定战略是实施过程中的第一项活动。简单来说，CBI 的战略就是实现采购流程的目标和 KPI，SAP 的贡献可以根据这些目标和 KPI 来衡量。

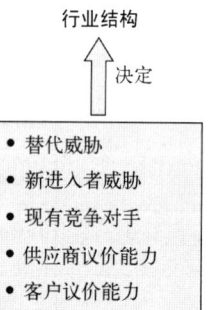

如第 8 章所述，CBI 采用 Porter 的五力模型来决定其行业结构，如图 9-8 所示。CBI 认为自行车和滑板车批发行业竞争激烈，客户的转换成本低，自行车零售商可以很容易地从一个自行车批发商转换到另一个。在这样一个行业，CBI 决定推行一项专注于高端自行车和滑板车的竞争战略，以及一项零售商的响应差异化战略。这种竞争策略如图 9-9(b)的右下象限所示。高端自行车行业包括生产配有复合车架和复杂换挡系统的轻型自行车，以及设计更加时尚的滑板车。响应能力高不仅表示零售商的订单能够迅速完成，而且零售商可以订购各种各样的产品，此外还会为其提供新的热销产品。

图 9-8 用五力模型决定行业结构

接下来，目标和 KPI 的制定如图 9-10 所示。Wally 的团队确定了一个提高效率的目标：减少管理时间。它决定通过跟踪完成每一个耗时活动所花费的平均时间来衡量这个目标，这些活动包括创建采购订单(PO)、接收货物和支付供应商。在高效性方面，团队还确定了一个目标：对客户的响应。为了衡量采购的响应能力，团队选择了平均客户交付期、产品销售数量及新款、热销产品(如滑板车)的库存等信息作为参考。实现有效性目标的最终目的是让自行车做好销售准备，以便 CBI 能够快速响应不断变化的客户需求。

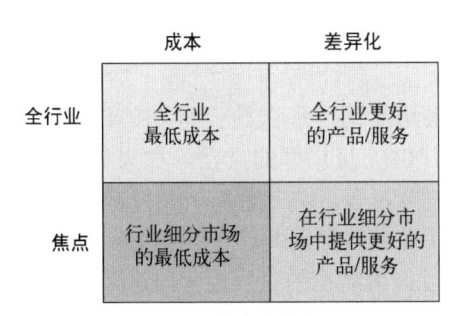

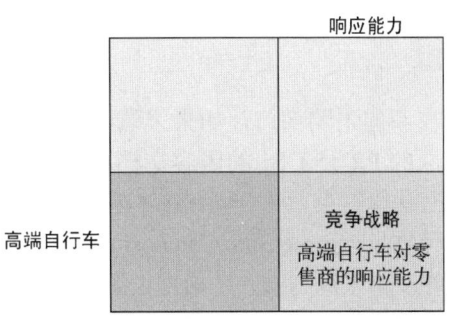

图 9-9 四种竞争战略选择和 CBI 的竞争战略

现在让我们考虑一下 SAP 支持的采购流程是什么样的。基于 SAP 的采购流程的 BPMN 图如图 9-11 所示。新采购流程中的下单活动从"创建采购申请"（Create Purchase Requisition）活动开始。采购申请（PR）是用于发出采购申请的公司内部文件。在 CBI，这个活动是由计算机自动执行的。例如，当原材料库存数量低于再采购标准时，SAP 将自动生成一个 PR。在后面的例子中，PR 用于订购 20 个水瓶和 30 个水瓶架。在"创建采购申请"活动之后，下一个活动是"创建采购订单"（Create Purchase Order），这是由采购经理完成的。

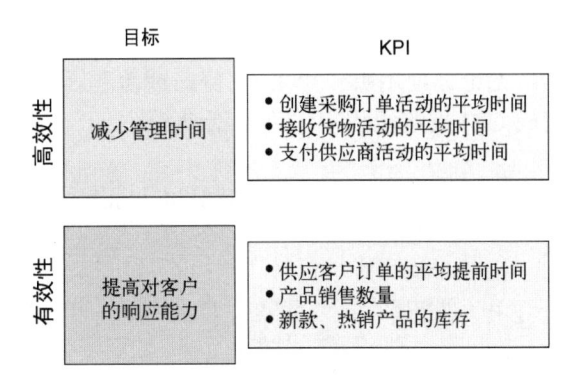

图 9-10 采购流程的目标和 KPI

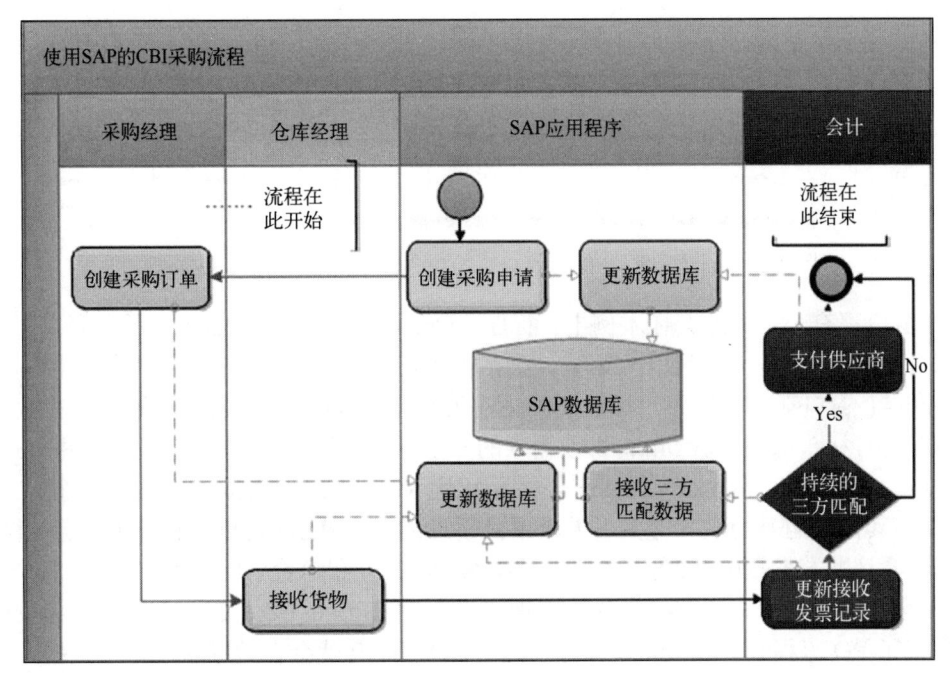

图 9-11 使用 SAP 的 CBI 采购流程

219

采购

在新的采购部门,如果采购经理 Maria 批准了采购活动,那么她会将 PR 转换为 PO。自动生成的 PR 是 CBI 的内容文档,而 PO 是 CBI 与其供应商共享的文档,如果得到批准,则是具有法律约束力的合同。在本例中,当 PO 完成并被接收后,供应商 Space Bike Composites 同意交付物品。Space Bike Composites 是一家此前由 CBI 批准的供应商。所有被批准的供应商都会出现在一个来源列表中。根据来源列表,CBI 可以通过约束潜在的供应商来改进采购控制。

为了执行这个活动,Maria 遵循"创建采购订单"流程:她登录 SAP 并导航至其中一个窗口,即 Create Purchase Order 窗口,如图 9-12 所示。SAP 中有成千上万个这样的窗口,因此了解其中的全部细节并没有太大的价值。我们鼓励你花些时间来研究某些细节,了解 SAP 窗口反复出现的特性、员工如何输入数据及采购活动如何从一个窗口跳转到另一个窗口。无论你使用哪一个 ERP 窗口或流程,这些技能都将对你非常有用。在附录 9 中,你将完成 CBI 采购流程中的许多活动。

图 9-12 创建采购订单(来源:© 2020 SAP SE. All rights reserved.)

每个窗口都有一个标题。在本例中,标题"Create Purchase Order"显示在窗口顶部的功能区上。标题的左边是一系列用于导航、保存和获取帮助的图标。这些菜单项和图标对于绝大多数的 SAP 窗口都是相同的。标题下面是标头部分,Maria 必须在其中输入一些数据。

在本例中,标头部分包含 Maria 必须输入的三个标识数据项,其中的三个文本框——Purch. Org.,Purch. Group 和 Company Code——用于识别 Maria 的办公室。其他输入将确定 CBI 的其他部门和其他采购办公室。标头下方是项目信息部分,Maria 可以为该 PO 指定货物(水瓶和水瓶架)、订购数量(20 和 30)、交货日期(08/14/2019)和净价(10.00 和 9.00)。每个 PO 可以有许多这样的项目行。通过在屏幕上方指定 105001 Space Bike Composites 作为供应商,Maria 完成了 PO 流程。一旦 Maria 保存了这个 PO,SAP 就会在数据库中记录数据。这时,Maria 可能会继续输入另一个 PO 或退出系统。在保存每个 PO 之后,SAP 将完成其他几个任务。SAP 将创建一个唯一的 PO 编号，并在 Maria 机器的 SAP 窗口上显示这个编号。SAP 通过电子邮件、Web 服务或电子消息将 PO 的详细信息告知 Space Bike Composites。

仓库

一旦 PO 被保存并传送给 Space Bike Composites，CBI 的下一个活动就是在货物到达时接收货物。"接收货物"（Receive Goods）活动显示在图 9-11 中的仓库经理泳道中；这里 Wally 扮演了仓库经理的角色。几天之后，水瓶和水瓶架已被装箱送到了 Wally 的仓库。在箱子的外面，Space Bike Composites 已经打印了 PO 编号和箱子里的货物信息。Wally 记下 PO 编号，打开箱子，清点并检查里面的货物。然后他进入计算机，执行接收货物程序。首先，他登录 SAP，转到"货物收据"（Goods Receipt）窗口，如图 9-13 所示。

这个窗口的标题是 Goods Receipt。标头部分包括文档日期（07/31/2019）、供应商（Space Bike Composites）和采购订单（4500000002）等数据。Wally 清点了箱子里的水瓶和水瓶架的数量，发现运送了 20 个水瓶和 30 个水瓶架。Wally 移到项目部分，输入 20 和 30 作为交付的数量。对于较大的订单，可能需要多个货物收据。在本例中，每一个 PO 都有一个货物收据。Wally 最后输入的是 Trading Goods，作为这些水瓶和水瓶架的存放地点。一旦 Wally 保存了货物收据，SAP 将为这个特定的货物收据创建一个文档编号。此外，SAP 更新了数据库中原材料库存表中的记录，表示添加了这些新的水瓶和水瓶架。因为 CBI 现在拥有这批货物，所以 SAP 将借记到原材料库存账户。最后，在 PO 数据库中做一项记录，以表示与该 PO 相对应的货物收到了。

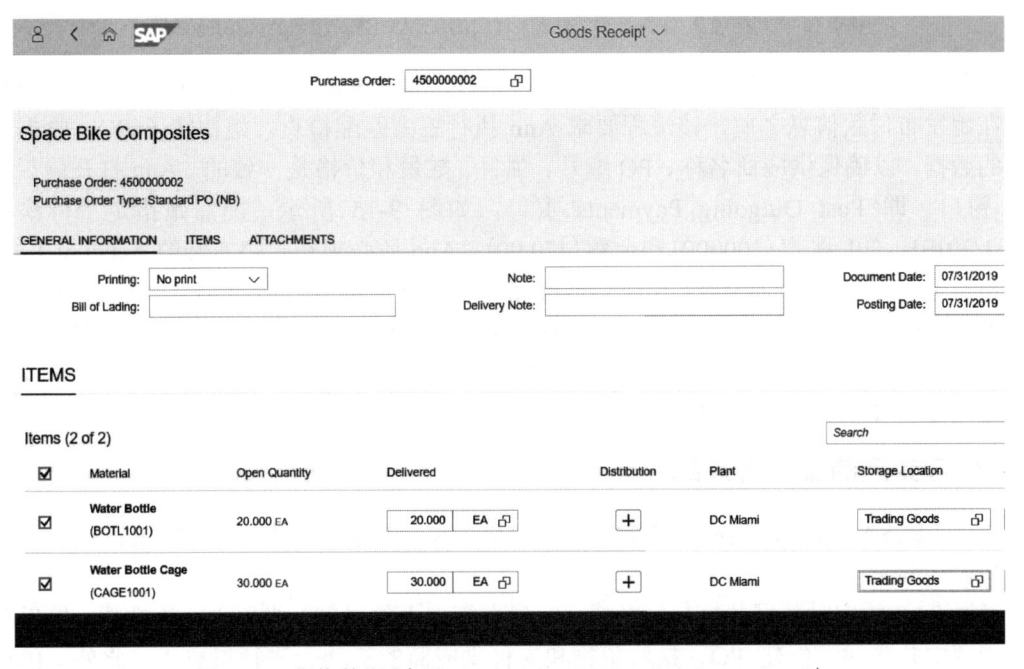

图 9-13　货物数据（来源：© 2020 SAP SE. All rights reserved.）

会计工作

下一个活动是"接收发票"（Receive Invoice），发生在 Space Bike Composites 向 CBI 发

送货物发票时。Ann 扮演会计的角色，为了记录收到的发票，她执行了"输入发票"(Enter Incoming Invoice)程序。Ann 打开 SAP 并进入 Enter Incoming Invoice 窗口，如图 9-14 所示。在标头部分，她输入发票日期(07/31/2019)、金额(470.00)和 PO 编号(4500000002)等数据。在输入这些数据之后，系统会找到关于 PO 的其他数据，并将其显示在窗口中，其中包括供应商名称和地址及订购的两种货物。当 Ann 保存此数据时，SAP 将记录发票，显示一个新的发票文档编号，并更新会计数据记录以表示已经收到发票。

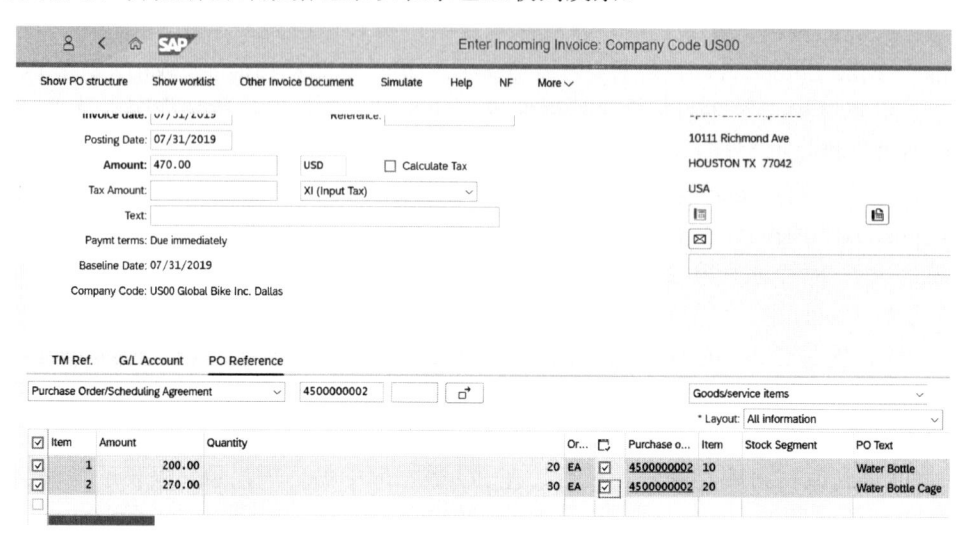

图 9-14 "接收发票"活动(来源：© 2020 SAP SE. All rights reserved.)

最后一个活动是"支付供应商"(Pay Supplier)，即向 Space Bike Composites 支付一笔货款。在她发布付款信息之前，该流程要求 Ann 执行三方匹配检查。她比较了 PO、收据和发票上的数据，以确保供应商名称、PO 编号、项目、数量和价格是一致的。Ann 打开最后一个 SAP 窗口，即 Post Outgoing Payments 窗口，如图 9-15 所示，随后她指定了付款日期 (07/31/2019)、G/L 账户(100000)和金额(470.00)。Ann 还必须在窗口右侧的 Account Type 文本框中指定现有的供应商(Space Bike Composites 的供应商编号为 105001)。输入完成之后，Ann 单击窗口右下方的 Post 按钮，然后保存交易。这将再次创建一个文档编号，并更新会计数据库以表示对外付款。正如你所看到的，每个参与者——Maria、Wally 和 Ann——使用不同的窗口与 SAP 交互，CBI 为每个活动创建了程序。

SAP 给 CBI 采购流程带来的好处

CBI 实施 SAP 以追求其特定的战略。图 9-16 显示了支持这一战略的采购流程目标和 SAP 的优势。

通过 SAP 的实时数据共享，可以减少花费在管理上的时间。当输入一次数据，然后在之后的步骤中共享时，创建 PO、接收货物和支付供应商的活动会进行得更快。此外，由于数据只输入到一个数据库中，减少了输入错误，因此也减少了三方匹配错误。例如，在使用 SAP 之前，Wally 必须在 PO 数据库和库存数据库中输入供应商数据。如果他在任何一个系统中输入了错误的数据，那么这个错误将很难发现。

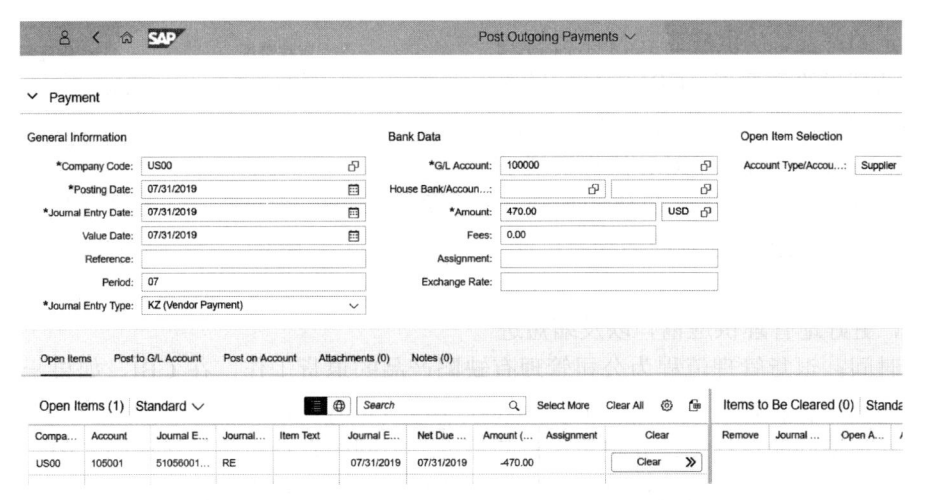

图 9-15 "支付供应商"活动(来源：© 2020 SAP SE. All rights reserved.)

除了数据共享，SAP 还集成了 CBI 的流程，从而及时响应客户的需求。没有 SAP，CBI 的采购和销售流程是独立的，并且使用来自不同数据库的数据。通过 SAP，销售和采购的整合可以让 Wally 更好地了解哪些产品是畅销品，并调整他的订单，避免缺货。当销售人员看到最新的采购数据并了解自行车和滑板车的库存情况时，他们可以对客户做出更积极的响应。

SAP 对于 CBI 还有其他的好处，其中很多已经在讲解 ERP 的章节中讨论过了。这里我们讨论两种改进——改进会计的汇总时间和改进内部控制。

有了 SAP，Ann 就有了最新的会计数据，不必等到月底才将会计交易汇总成财务报表。随着

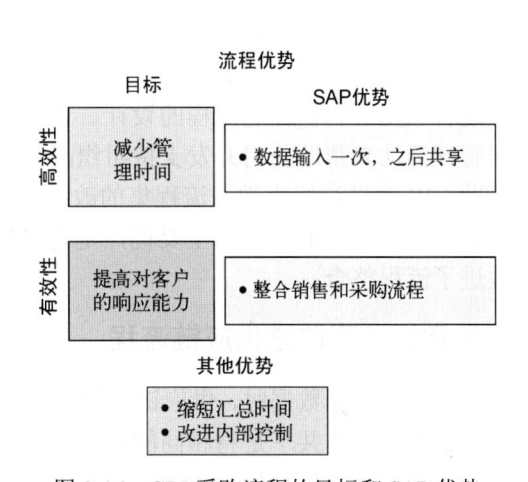

图 9-16 CBI 采购流程的目标和 SAP 优势

实时财务数据为财务主管提供了更多信息，他们现在要求获得更多的财务报表，并更频繁地使用这些报表，从而改进了对采购活动的审查。这种改进是内部控制的一个例子。内部控制可以系统地限制内部员工、流程和系统的行动与行为，以保护资产并实现目标。这些内部控制也是第 7 章提到的活动控制的一个例子。在 CBI 和其他公司，ERP 系统通常能极大地改善内部控制。

Q9-4　SAP 如何改进 CBI 的供应链流程？

为了简单起见，我们只讨论了一个采购流程。然而，没有一个组织只将 ERP 系统用于一个流程。只有在检查一组流程时，真正的回报才会显著。因此，我们将讨论的重点从单一的采购流程及 SAP 如何改进该流程转移到 SAP 如何改进一系列流程。下面，我们考虑 SAP 如何改进与采购相关的流程集，即供应链流程。

供应链流程

之前我们将供应链定义为一个由人、组织、资源和流程组成的网络，这些流程创造并分

发一个特定的产品，从供应商交付原材料到最终将产品交付给消费者。CBI 的供应链流程如图 9-17 所示。供应商关系管理(supplier relationship management，SRM)流程实现了各种供应链流程的自动化、简化和加速。SRM 比单一的采购流程涉及的活动更广泛，它可以帮助公司降低采购成本，建立合作供应商关系，更好地管理供应商，以及缩短进入市场的时间。退货管理流程为公司管理有缺陷产品的退货工作。在 CBI，如果一辆自行车被退回给一个零售商客户，比如 Philly Bikes，那么 Philly Bikes 可能会向消费者提供一辆新自行车，标记退回的自行车，并记录客户的投诉。退回的自行车将被运送回 CBI，以确定具体的问题。退货管理流程的目标是有效地将有缺陷商品退回相应的供应商，并向供应链中的每个公司收取合适的费用。供应商评估流程确定选择供应商的标准，并从已批准的供应商列表中添加和删除供应商。

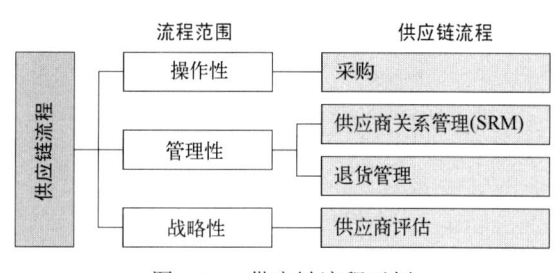

图 9-17 供应链流程示例

供应链流程的管理称为供应链管理(supply chain management，SCM)。更具体地说，供应链管理是所有供应链流程的设计、计划、执行和整合。供应链管理使用一系列工具、技术和管理活动来帮助公司开发支持组织战略的集成供应链。SAP 提供了 SCM 功能，并且可以帮助 CBI 改进这组流程。流程集的改进可以归结于流程之间实时的数据共享和整合的改进。回顾第 8 章，ERP 系统的主要优点是它将数据整合到一个地方，这样就可以共享数据，并且改进了流程整合。

通过数据共享改进供应链流程

当流程共享数据时，供应链流程就会得到改进，如图 9-18 所示，采用数据共享的方式改进了流程。数据共享是将相同的数据分发给多个进程的实践。例如，退货管理流程中关于有缺陷的自行车零件的数据应与供应商评估流程共享，以确保缺陷率很高的供应商从已批准的供应商名单中删除。

如果没有 ERP 系统和方便的数据共享，CBI 的原材料库存将会非常大。例如，CBI 将需要持有大量的轮胎和其他原材料，以满足其生产线。如果没有 ERP 系统，那么原材料的采购可能需要数周时间，因此原材料用完可能会导致生产停工数天。通过 SAP，CBI 与供应商实时共享销售数据。这样，供应商可以预测 CBI 的订单，并适时生产原材料，从而缩短了交货期。通过快速共享更多的数据，CBI 的原材料库存可能会减少。但由于供应商能够更好地了解 CBI 的销售变化，因此对 CBI 的订单做出了更积极的响应。随着越来越多的数据被共享，相应地减少了库存，提高了客户响应能力。

CBI 采购和供应商销售流程之间的这种联系可以扩展到供应链中的所有公司。图 9-19 展示了一系列供应商的销售流程与客户的采购流程的整合。还要注意，在这个供应链中，当原材料从左到右移动时，数据是从右到左共享的。例如，在 CBI 的 ERP 系统中收集到的 CBI 客户的销售数据将与 CBI 的供应商共享。通过这种方式，CBI 的 ERP 系统与其供应商的 ERP 系统进行对话。总体来说，数据移动得越多，所需的库存就越少，流程的效率就越高。

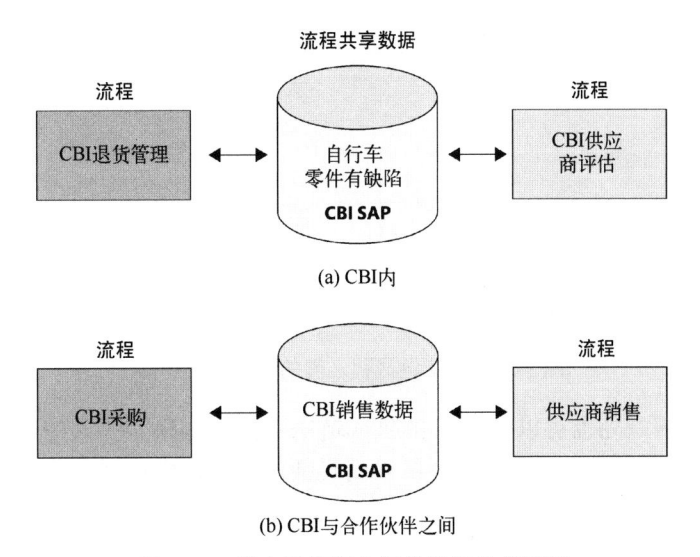

图 9-18　供应链流程之间的数据共享示例

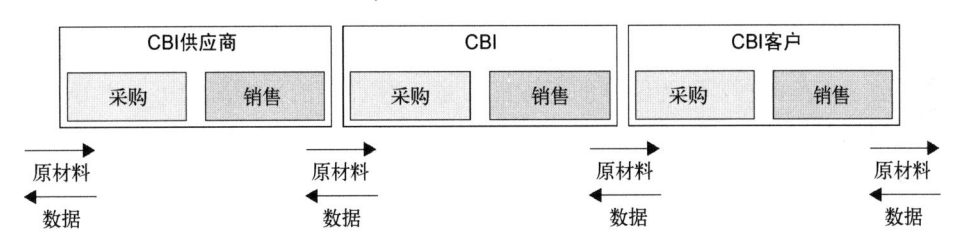

图 9-19　供应链中的采购流程、原材料和数据流

数据共享不仅减少了 CBI 的原材料库存，还有助于减少供应链中的牛鞭效应(bullwhip effect)。当公司由于需求的突然变化而订购超过所需的供应时，就会出现牛鞭效应。例如，如果在没有 ERP 系统的情况下出现销售高峰，CBI 将向供应商增加订单。然而，供应商可能在销售高峰之后的几天才收到订单。这时，如果销售高峰持续，CBI 可能会面临严重的原材料短缺，其订单将会增加。这种类型的订单延期也是 CBI 的供应商，即车架制造商经常遇到的问题。车架制造商正在等待供应商提供的零件，这时 CBI 可能会增加更多的需求。如果车架制造商受到 CBI 和其他经销商的供应压力，他可能也会向其供应商增加订单。等到上游供应商提高新车架零件的供应时，客户的需求可能会减少，导致车架制造商或 CBI 持有无法出售的额外库存。可以通过供应链中合作公司之间销售订单数据的实时共享来减少这种影响。

通过整合改进供应链流程

ERP 的第二个特点是流程整合，可以改进 CBI 的供应链流程集。到目前为止，我们还没有明确流程整合的概念。更准确地说，整合发生在流程相互支持的时候；也就是当一个流程完成得很好时，另一个流程的目标也会实现。你可以把购物和银行业务整合在一起，可以在一次旅行中同时完成。CBI 供应链流程之间的整合示例如图 9-20 所示。

流程整合的一个例子发生在 CBI 的退货管理流程和生产流程之间。生产的目标之一是减少有缺陷的自行车。退货管理流程从 CBI 的自行车和配件零售商收集有缺陷的退货数据。退货管理流程的最后一步是分析如何改进生产流程，以减少产生的缺陷，从而减少退货。当退货管理流程完成得很好时，生产流程的目标就得到了支持。

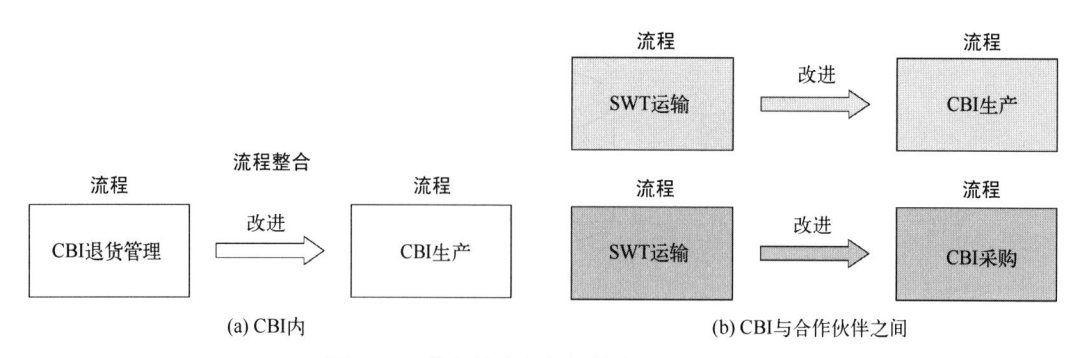

图 9-20 供应链流程之间的流程整合示例

SAP 流程整合的好处也可以从 CBI 的供应链中看出。如果零售商的需求突然发生变化，那么 CBI 及其供应商可以迅速调整生产线以满足新的需求。CBI 及其供应商选择 SWT 公司运送原材料。在没有 ERP 系统和流程整合的情况下，SWT 没有能力支持从供应商到 CBI 再到零售商的额外运输。SWT 造成了一个瓶颈。当有限的资源大大减少了一系列整合活动或流程的输出时，就会出现瓶颈。SWT 决定通过保持可用的过剩产能来改善其运输流程。这样，CBI 的生产流程得到了改进，因为其目标之一是响应客户的需求。这不仅改进了 CBI 的生产流程，也改进了采购流程，因为额外的运输能力意味着 CBI 的采购流程可以更好地实现其对客户做出更积极响应的目标。

改进供应链之外的 CBI 流程

我们不仅了解了 SAP 如何改进一个采购流程，也了解了 SAP 如何改进供应链管理中的一组流程。许多公司最初使用 SAP 只是为了改进公司的某一方面，比如供应链。不过，一些像 CBI 这样的公司使用 SAP 来改进整个公司的流程，如图 9-21 所示。最常见的做法是在会计、采购、生产和销售流程中使用 SAP。

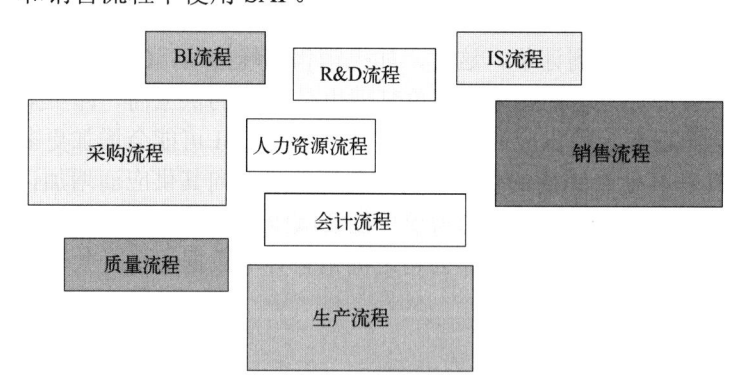

图 9-21 使用 SAP 可以改进公司范围的业务流程

课堂练习

自行车供应链游戏

本课堂练习的目的是让你更好地理解信息系统如何影响供应链。在这个游戏中，班级将形成供应链，并试图成为最高效的供应商。

226

供应链上的四个环节是零售商、分销商、批发商和车架制造商。游戏时间为 50 周。每周，供应链中的四个团队都从其供应商那里订购自行车，每个团队都履行其客户的订单。硬币代表了供应链中唯一的商品——自行车，饮水杯用来在站点之间运送硬币，便利贴用于下单。

我们的目标是让供应链中的每一个供应商都拥有最高效的采购流程；也就是说，尽量减少库存和延期订单。

来源：Vitaly Titov/Shutterstock

根据需要建立尽可能详细的供应链，如图 9-22 所示。注意，构建供应链时考虑了自行车订购和到货之间的延期。每个供应商是由 1~3 名学生组成的团队。每个供应商在图 9-23 所示的表格中记录其订单、库存和积压数据。

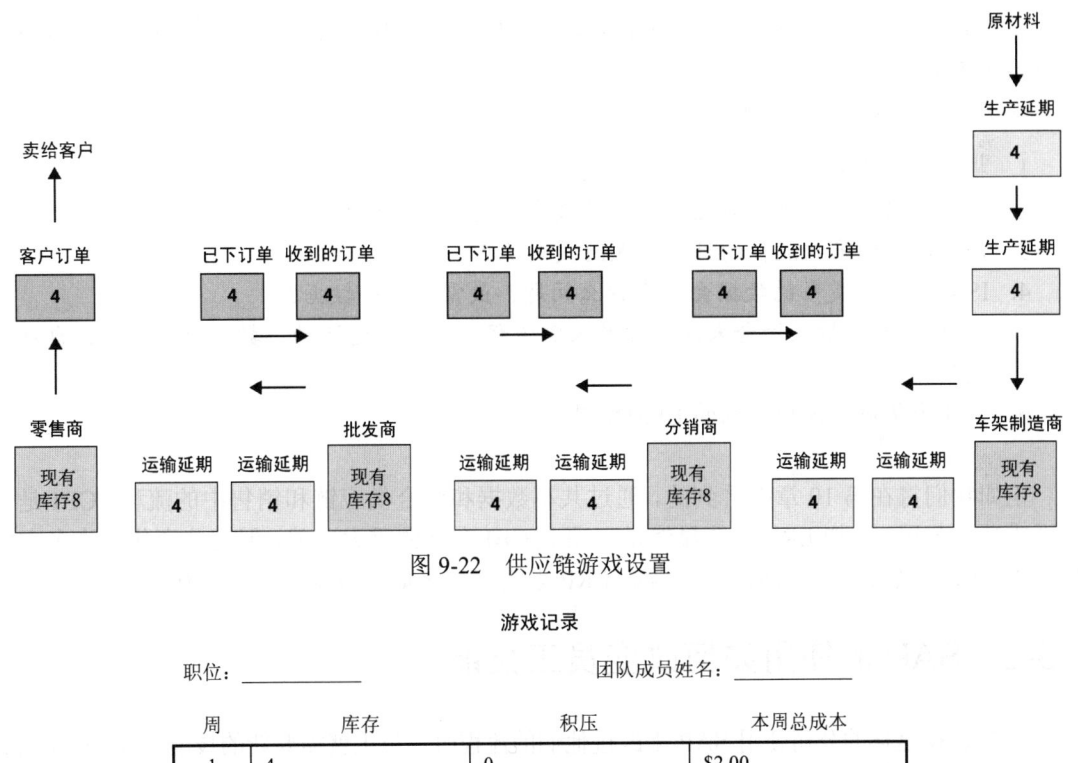

图 9-22 供应链游戏设置

游戏记录

职位：_____   团队成员姓名：_____

周	库存	积压	本周总成本
1	4	0	$2.00
2			
3			
4			
5			

图 9-23 供应链游戏记录表

零售商执行的操作与其他组的相同，不同的是他们的订单来自一叠卡片，这些卡片包含预录订单，指定了 50 周内的客户需求。在开始游戏之前，学生不可以查看新订单、预录订单或供应，只可以查看当周的订单和供应。

每周都按照同样的流程进行以下五项活动：

1. 接收库存并提前告知运输延期。
2. 接收新订单并提前告知生产延期。
3. 填写订单。
4. 记录库存或积压数据。
5. 下单并记录。

当游戏进行时，按照教师的指导进行这些活动，以便每个团队在其他团队进行下一项活动前完成每个活动。游戏开始时，每个现有订单的成本是 4 美分，每个杯子装货的的成本是 4 美分，每个供应商的库存成本最初为 8 美分。

在游戏结束时，每个供应商计算其总成本。

$$总成本 = 0.50(库存) + 1.00(积压)$$

当订单无法完成时，就会出现积压现象。这种积压每周累积，直到其完全售出。得分最低的供应商为赢家。

在游戏结束时，讨论以下内容：

1. 描述每周从客户到零售商的订单模式。
2. 为什么供应链中供应商之间的订购模式会演变成这样？
3. 每个团队的采购流程的目标和 KPI 是什么？
4. IS 在哪里？更多的数据会带来什么问题？最需要哪些数据？
5. 如果在 IS 上投入资金来改进你的采购流程，它会改进活动、数据流、控制、自动化或程序吗？
6. 创建团队每周采购流程的 BPMN 图。

正如我们将在第 10 章中看到的，通过共享数据和整合供应链和销售中的流程，CBI 是一个更成功的公司。添加 ERP 系统显然是一项对 CBI 有利的重大成就，但这些变化在许多方面影响了 CBI 及其员工。下面，我们考虑 ERP 系统下一步如何改变员工的工作。

Q9-5　SAP 的使用如何改变员工技能？

当像 CBI 这样的公司使用 SAP 来改进他们的流程时，员工就需要新的技能。Wally 和他的同事们在 CBI 的供应链中工作，他们的技能与之前员工的不同。图 9-24 列出了一些新技能。可以肯定的是，这些技能一直都很有用，但是像 SAP 这样的 ERP 系统让它们变得更加重要。

ERP 系统产生大量的数据。在供应链中工作的员工可以访问这些数据，但其需要数据技能来将这些数据转化为有用的信息。例如，供应链员工需要利用数据来发现哪些库存的交货期最长，哪些工厂的效率最高，以及哪些分销网络的退货率最低。回答这些问题需要员工能够找到新的数据来源，分析数据，并分享见解。

CBI 期望员工具有的另一项技能是关注流程，即理解流程及如何改进它们的能力。供应链员工需要能够看到和理解公司内部和合作伙伴之间的输入、流程

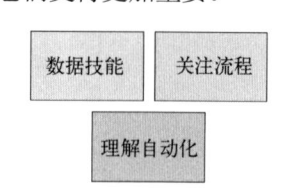

图 9-24　新的员工技能

活动和输出。在开篇的小插曲中，Jamie、Daniel 和 Wally 展现了流程意识，以及如何解决供应链流程的问题。为了利用 ERP 流程整合的优势，员工还需要了解其他业务流程，如销售、会计和生产，并知道供应链流程如何与其相互协作。此外，员工还需要分析业务合作伙伴的流程，以便与他们有效地共享数据。

最后，ERP 系统将越来越依赖于有效的自动化。Wally 和他的同事需要精通自动化的技术方面——无人驾驶叉车、存储机器人、传送带上的分拣机制、能够读取发票的机器人，以及流程方面——如何通过自动化改进流程。供应链员工将评估自动化任务是否正常执行，测试和排除故障，并预测自动化将如何应对日常业务中不可避免的中断现象。

现在就请你培养这些技能，即使你不打算在供应链工作。数据、流程和自动化方面的技能在商业中无处不在。利用你的在校时间练习数据处理。请你在各种专业课程中学习不同的流程，了解跨业务的各种流程是如何一起工作的。ERP 系统已经改变了商业游戏规则，请你准备好比赛吧。

Q9-6 2031 年有哪些新的信息系统会影响采购流程？

我们已经了解了 SAP 对采购流程产生了积极的影响。其他刚刚出现的 IS 可能会在未来 10 年也对采购流程产生重大影响。这些技术的影响将因公司和行业而异，但图 9-25 所列的这些 IS 技术肯定会推动下一代采购流程的改进。

图 9-25 未来将影响供应链流程的 IS

分析

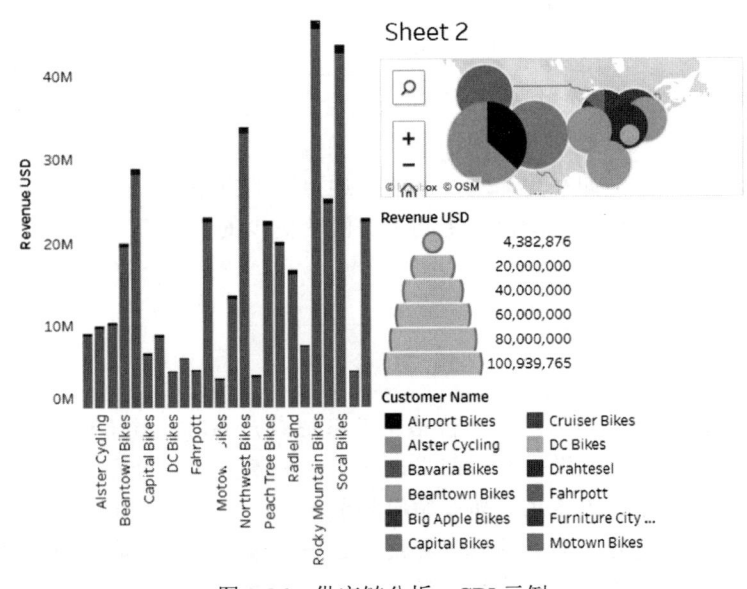

分析即使用数据来发现模式并告知决策者。分析将越来越多地用于供应链，以创建更准确的预测、识别风险、优化库存水平、评估供应商信用、降低成本并发现欺诈。随着采购和供应链数据的增长，分析的作用将继续增大。供应链数据的新来源包括物联网(IoT)、社交媒体、公共数据和业务伙伴数据。供应链分析的可视化示例如图 9-26 所示。

图 9-26 供应链分析，CBI 示例

AI 和机器人

AI 和机器人将帮助企业做出明智的、敏捷的决策，即并预测供应链问题。McKinsey 预测，未来几年，AI 和供应链中的机器人将创造近 2 万亿美元的价值。AI 和机器人技术将通过聊天机器人改善客户支持，利用实时交通数据来提高路线规划效率，并在仓库和造船厂使用无人驾驶车辆。如图 9-27 所示，分拣和运输设备使用机器人搬运包裹。机器人还可以在卸货、存储和拣选活动中移动库存货物。机器人还将使用无人驾驶车辆和无人机在仓库与仓库之间运送库存货物，并将货物转移到消费者手中。

3D 打印

三维(3D)打印技术也称为增材制造技术，即使用连续材料逐层制作固态物体，如图 9-28 所示。就像目前的打印机在二维空间中沉积墨水一样，3D 打印在三维空间中沉积材料，逐层累积成立体物品。到 2027 年，3D 打印有望成为年收入 500 亿美元的产业。3D 打印机经常为机器和设计原型制造零件。通用电气公司计划制造超过 10 万个的 3D 打印零件，医院利用这一技术打印人体骨骼、助听器、牙科耗材及定制矫正器，越来越多的食物将通过 3D 打印制作出来，以满足个人的饮食需求。

图 9-27　仓库中移动库存货物的机器人
（来源：MAX BLENDER 3D/Shutterstock）

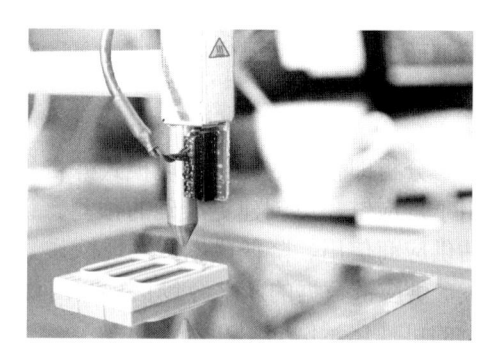

图 9-28　3D 打印机
（来源：Alexander Kirch/Shutterstock）

3D 打印技术也将影响供应链流程。公司可能会选择打印一些原材料，或者在机器零件出现故障时使用 3D 打印来制造零件，而不是依赖供应商提供所有的原材料。一些专家预测，未来将出现更分散的生产，即在更靠近产品消费地点的地方生产产品，而不是依赖集中的大规模生产设施。他们希望创造更绿色、更高效、浪费更少的供应链。

道德指南

预 算 伦 理

当一个公司同意以低于项目所需的价格生产系统或产品时，就出现了"买进"(buy-in)现象。CBI 的一个例子是，如果一个顾问提议支付 1.5 万美元来购买一些软件代码，而专业的评估人员表明这需要 3.5 万美元，那么顾问将承担额外的费用。如果该合同带来的其他商业机会值得多支出 2 万美元，那么顾问就会使用这一策略。买进总是包含欺骗。大多数人都会同意，买进并计划让客户在以后承担全部成本是错误的。

那么对于内部项目呢？如果是内部软件团队在做这项工作，道德规范是否会发生变化？如果团队成员知道预算中只有 1.5 万美元，并且他们相信项目的真实成本是 3.5 万美元，他们是否应该开始这个项目？如果他们真开始了，在某种程度上，高级管理人员将不得不承认错误并取消亏损的项目，或者找补额外的 2 万美元。项目发起人可以为这样的买进陈述各种各样的理由：例如"我知道公司需要这个系统。如果管理层没有意识到这一点，并为其提供适当的资金，那么我们就会迫使其采取行动。"

其他的买进则更为微妙。假设你是一个令人兴奋的新项目的项目经理，这个项目可能会成就你的职业生涯。你非常忙，一周工作 6 天，每天工作很长时间。你的团队提出这个项目的预算为 5 万美元。你脑海中有一个声音在说，也许项目某些方面的成本没有计入预算中。你想要跟进你的想法，但是你日程中更紧迫的事情要优先处理。很快你就会发现自己站在了管理层面前，提出了 5 万美元的估价。你也许应该找出时间来研究这个预算，但你没有。这里有道德问题吗？

或者假设你向一位高级经理倾诉你的困扰。"我想可能还有其他成本，但我知道我们只有 5 万美元。我该怎么办？"假设高级经理说，"好吧，让我们继续下去。你并不知道其他成本，如果有必要，我们可以从其他地方找到更多的预算。"你该如何回应？

讨论题

1. 从绝对命令和功利主义两个角度给出购买一个成本-原材料项目的预算伦理。
2. 假设你通过小道消息得知你在一个竞标中的对手买进了一份合同。这会改变你对讨论题 1 的回答吗？
3. 假设你是一个项目经理，正在准备一个系统开发项目的提案。你能做些什么来防止买进呢？
4. 从绝对命令和功利主义的角度给出买进一个内部项目的预算伦理。是否存在会改变你的道德评价的情况？如果有，说明它们是什么，以及为什么它们会改变你的想法。
5. 假设你按照道德指南中的描述向一位高级经理寻求建议。经理的回应是否免除了你的道德责任？假设你询问了经理，然后没有听从他的指导。这会导致什么问题？
6. 解释你如何能按计划买进及相关成本。

主动复习

Q9-1 采购流程的基本原理是什么？

定义采购并解释采购的三个主要活动。解释采购流程可能的目标。请说出本章的采购流程所涉及的价值链活动的名称。解释采购流程中常见的子活动。解释原材料和成品库存的差异。

Q9-2 没有 SAP 的 CBI 采购流程将如何工作？

在没有 SAP 的情况下，解释 CBI 的采购流程。描述预定活动，特别是与销售数据库有关的活动。描述哪些数据存储在四个不同的数据库中。解释一下发票是什么，谁签发的，收到发票时需要做什么。描述哪些数据必须进行三方匹配。

Q9-3 使用SAP的CBI采购流程将如何工作？？

解释CBI的行业结构和竞争战略。描述CBI为采购选择的目标和KPI。解释采购申请和采购订单之间的区别。解释新采购流程中的三个角色，以及扮演每个角色的CBI员工的名字。描述SAP窗口的主要组成部分。说明在保存采购订单和保存货物收据后自动发生的操作。描述SAP对CBI采购流程的好处。

Q9-4 SAP如何改进CBI的供应链流程？

描述供应商关系管理（SRM）、退货管理和供应商评估的流程。定义供应链管理（SCM），并解释有效的供应链管理的好处。解释数据共享和流程整合如何改进供应链流程。解释牛鞭效应和瓶颈，并解释它们是如何发生的。同时描述ERP系统如何应对这些情况。除了供应链和销售，企业的哪些方面对于企业范围的ERP实施是通用的？

Q9-5 SAP的使用如何改变员工技能？

解释实施SAP之后CBI需要的一些新的数据技能。为什么需要这些新的数据技能？描述为什么CBI在实施SAP之后变得更加注重流程。SAP如何使CBI与供应商和客户共享更多的数据？解释外包的好处。解释具备这些技能对你职业生涯的影响。

Q9-6 2031年有哪些新的信息系统会影响采购流程？

解释AI及如何使用它来支持采购流程。机器人将如何影响采购流程？3D打印的另一个名称是什么，3D打印如何改善采购流程？

关键术语和概念

3D打印技术	瓶颈	牛鞭效应
买入	数据共享	成品库存
内部控制	发票	交货期
工厂	采购到付款（P2P）	采购
采购订单（PO）	采购申请（PR）	原材料
原材料库存	退货管理流程	供应商关系管理（SRM）
来源列表	供应商评估流程	供应链
供应链管理（SCM）	三方匹配	

课后习题

9-1 本章介绍了两个供应链流程：退货管理和供应商评估。
  a. 创建每个流程的BPMN图。
  b. 指定每个流程的高效性和有效性目标，并确定适合CBI的KPI。
  c. 根据b部分的KPI，CBI可以使用哪些新的信息系统技术来改进这些流程？AR、RFID或3D打印可以用来改善这些流程吗？

9-2 在第1章中提到的四种技能（即抽象推理、系统思维、协作和实验）中，你将用哪一种来回答前面的问题？

9-3　习题 9-2 中的四种技能的哪一种对 Wally 来说最重要?

9-4　本章的采购流程是一个操作性入库物流流程。列举 CBI 的另外两个操作性流程。描述两个管理性入库物流流程和两个战略性流程。

9-5　如果仓库工作人员打开一个箱子,里面的东西被打破了,那么这些物品将被退还给供应商。将此活动添加到采购流程的 BPMN 图中(见图 9-11)。

9-6　对于实施 SAP 后的采购流程,触发活动的事件是什么?例如,是什么事件或动作触发了创建 PO 活动?

9-7　Wally、Maria 和 Ann 会犯哪些没有被 SAP 捕捉到的错误?一个例子是,Wally 可能收到了 20 个水瓶和 30 个水瓶架,但错误地输入了 20 个水瓶架和 30 个水瓶。描述每个人可能犯的错误,以及如何改变流程来防止这个错误。

9-8　第 7 章首先描述了控制。在本章中,内部控制被定义为系统地限制组织内员工、流程和 IS 的行动与行为,以保护资产和实现目标。在 Wally 的选择中,你看到了哪些内部控制?

9-9　3D 打印对企业有很多好处。提议三种 CBI 可以自行打印的产品,而不是用传统的方式购买的,以及三种你的大学可自行打印的产品。3D 打印支持哪些采购目标?

9-10　机器人已经对采购流程产生了重大影响。无人机将首先在哪个供应链流程中使用?为什么?

协作练习

在第 8 章中,一所大学实施了 SAP 系统。其中的一个变化是,大多数采购现在必须由一个新的大学采购办公室批准。体育部门经理担心,将采购集中在大学层面,会给体育部门带来困难。

1. 图 9-10 列出了 CBI 的管理者为采购流程确定的目标和 KPI。你对学校的目标和关键绩效指标有什么建议?你希望体育部门经理提出什么样的目标和KPI(不要使用第 7 章中的目标和 KPI)?
2. SAP 对组织的影响如图 8-14 所示。哪些影响会在体育部门出现?
3. 对于图 9-25 中列出的三个 IS,解释大学如何使用它们;具体说明各自支持的流程。
4. 第 1 章解释了四种技能:抽象推理、系统思维、协作和实验。解释在 CBI 实施新的采购流程时,需要 SAP 实施团队成员具备哪些技能。

案例研究

SAP 采购教程

SAP 采购教程列在本章的附录中。该教程指导学生使用采购流程,订购、接收 20 个水瓶和 30 个水瓶架并支付货款。完成教程的学习后,学生应回答下列问题。

问题

1. 请描述你对 SAP 的第一印象。
2. 使用这个系统需要哪些技能?

3. 创建 SAP 窗口并截图保存。在图片下方，提供以下问题的答案：
   a. 这个窗口出现在哪个活动中？
   b. 这个窗口的名称是什么？
   c. 在它之前的窗口名称是什么？之后是什么窗口？
   d. 哪个参与者完成了这个活动？
   e. 描述这个参与者可能在窗口上做出的一个错误操作，以及 SAP 如何阻止错误的发生。
4. 制作一个有四个主要角色的非正式图表，包括供应商（Space Bike Composites）、采购人员（Maria）、仓库经理（Wally）和会计（Ann）。绘制箭头，显示这个过程中在参与者之间流动的数据。给出箭头编号，并在每个箭头上标出消息中包含的数据。
5. 使用上述的四个主要角色，这次用箭头显示配件（水瓶和水瓶架）如何移动。
6. 企业面临的一个问题是欺诈。一种欺诈手段是与虚假供应商合作。企业内部的共谋者接收根本不存在的货物的发票。为了让这个骗局生效，CBI 的哪位员工必须参与？SAP 流程如何减少这种类型的欺诈？
7. 选择采购流程中的任意活动或子活动。
   a. 什么事件触发了这个活动？
   b. 这个活动之后是什么活动？
   c. 如果该活动的一个数据项是错误的，那么在流程的其余部分会发生什么？
   d. 对于该活动的数据应该进行哪些限制（控制），以防止出现 c 部分描述的错误？

附录 9 SAP 采购教程

本教程遵循的采购流程如图 9A-1 所示。图 9A-1 的上部类似图 9-3，其中显示了三个主要的采购活动——下单、接收和支付，以及它们的子活动（批准供应商等）。在图 9A-1 的底部，我们添加了在采购流程中完成的 6 个 SAP 窗口。本教程将指导你完成每个窗口的操作。选择这 6 个窗口是为了保持本教程的简单性。为了进一步简化流程，我们从图 9A-4 的 Create Purchase Order（创建采购订单）窗口开始。如图 9A-1 所示，你将扮演 Wally 和 Ann。

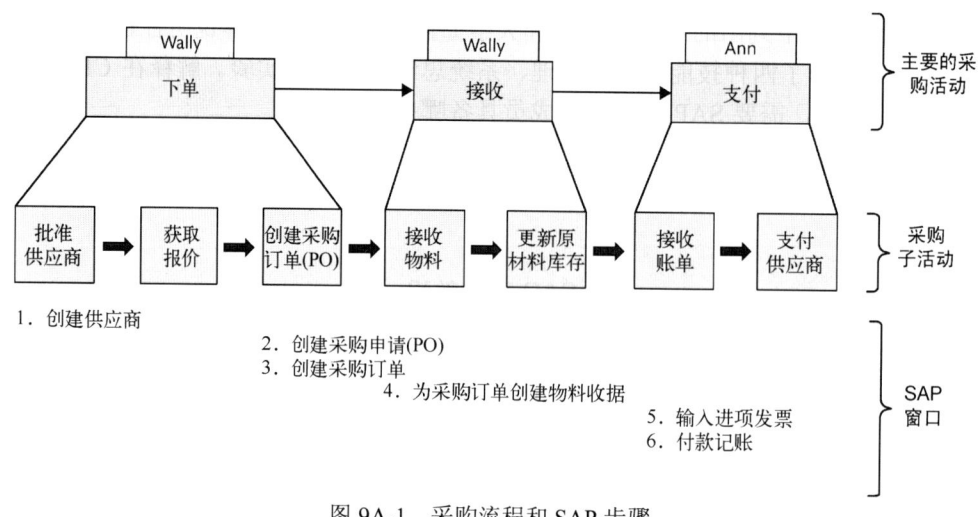

图 9A-1 采购流程和 SAP 步骤

进入 SAP 欢迎窗口（见图 9A-2）。你的窗口可能看起来不同，但它需要相同的三个输入。

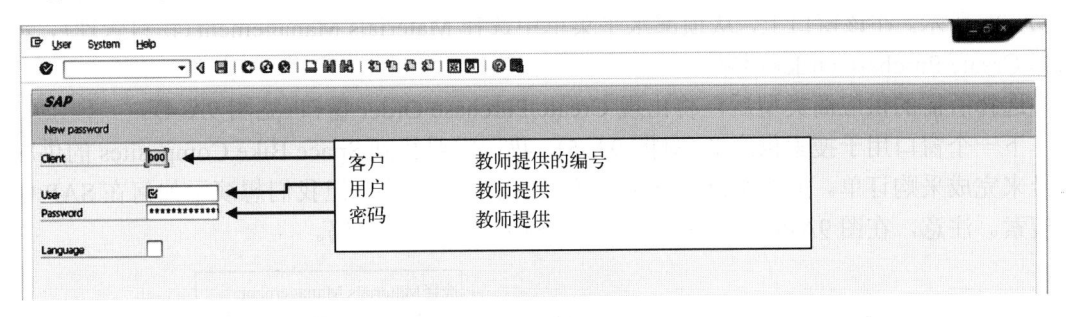

图 9A-2　SAP 欢迎窗口（来源：© 2020 SAP SE. All rights reserved.）

第一个练习

在这个练习中，我们将从现有的供应商 Space Bike Composites 购买 20 个水瓶和 30 个水瓶架。水瓶的单价是 10 美元，水瓶架的单价是 9 美元。在本教程中，我们的公司是 Global Bike Inc.（GBI），员工 Wally 和 Ann 及我们的采购流程都来自 CBI。在本练习中将使用用户 ID 末尾的三位数字。例如，如果用户 ID 是 LEARN-123，那么 123 就是你的用户代码。在本练习中使用 001 作为用户代码。

1．创建供应商（跳过——不适用于第一个练习）

2．创建采购申请（跳过——不适用于第一个练习）

3．创建采购订单

当供应商接收一个采购订单时，就在买卖双方之间建立了一个具有法律约束力的合同。作为 Wally 这样的仓库经理，要操作的第一个窗口是 Create Purchase Order 窗口。使用以下操作，从 SAP Easy Access 窗口（见图 9A-3a）导航到 Create Purchase Order 窗口。如果你还有其他类型的主窗口，则可以跳过图 9A-3a 的操作，请参考窗口 9A-3b 的说明。

Logistics > Materials Management > Purchasing > Purchase Order > Create > Vendor/Supplying Plant Known

图 9A-3a　SAP Easy Access 窗口（来源：© 2020 SAP SE. All rights reserved.）

可以在 Fiori 主菜单中选择一个适当的磁贴(tile)来访问 Create Purchase Order 窗口，如图 9A-3b 所示。在该窗口上，从顶部水平菜单中选择 Materials Management（物料管理），然后选择 Create Purchase Order 磁贴。

选择所需的供应商类型后，将出现 Create Purchase Order 窗口（见图 9A-4）。

下一个窗口用于搜索供应商（见图 9A-5）。我们需要找到 Space Bike Composites 的供应商编号来完成采购订单。虽然 Wally 可能已经记住了这个数字，但我们想演示如何在 SAP 中进行搜索。注意，在图 9A-5 中出现 001 的地方输入你的用户号码。

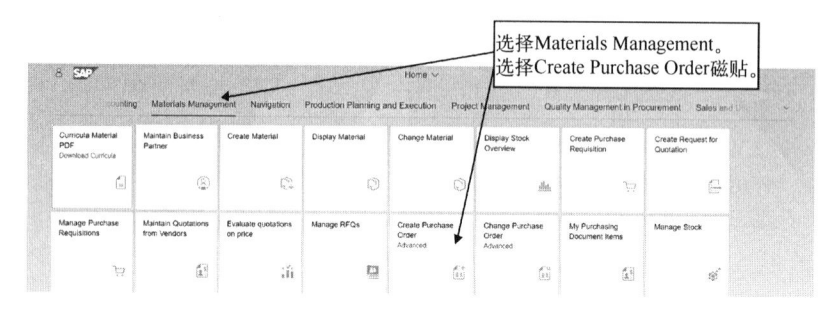

图 9A-3b　SAP Fiori 主菜单（来源：© 2020 SAP SE. All rights reserved.）

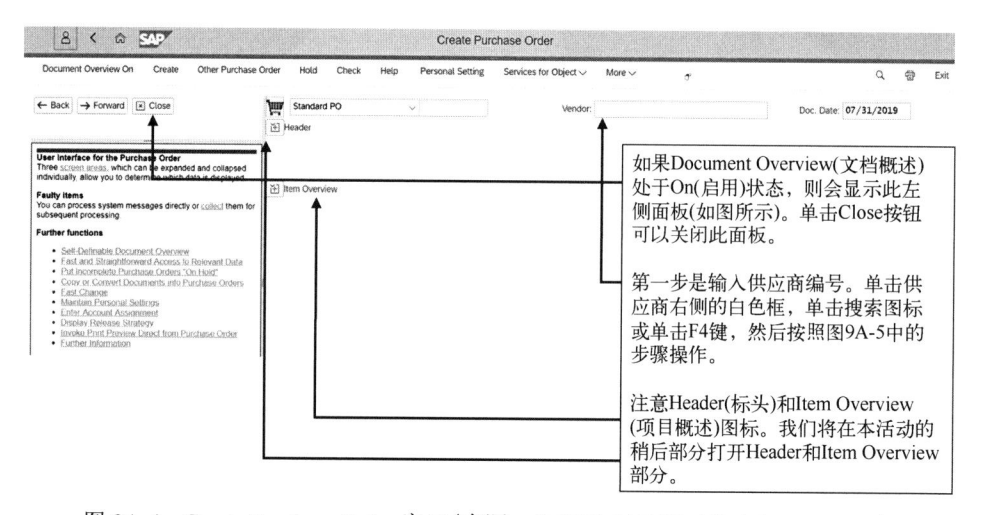

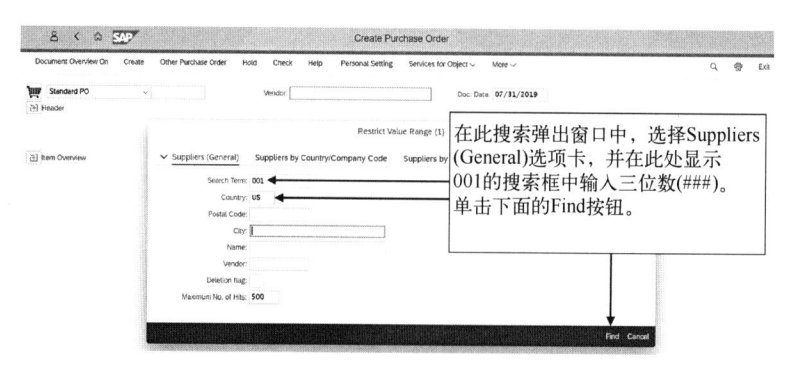

图 9A-4　Create Purchase Order 窗口（来源：© 2020 SAP SE. All rights reserved.）

图 9A-5　在 Create Purchase Order 窗口搜索供应商（来源：© 2020 SAP SE. All rights reserved.）

现在开始加载供应商列表窗口（见图9A-6）。

双击SPACE BIKE COMPOSITES项后，系统返回到Create Purchase Order窗口，如图9A-7所示。可能需要点击Header图标（见图9-4中的Header图标）。在这个窗口上（见图9A-7），将为采购订单输入三项：Purch. Org.（Purchasing Organization），Purch. Group（Purchasing Group），Company Code。每个输入项的最后两位数字都是"0"，而不是字母"O"。这三个输入项指定了GBI中的哪个部门正在执行订单操作。

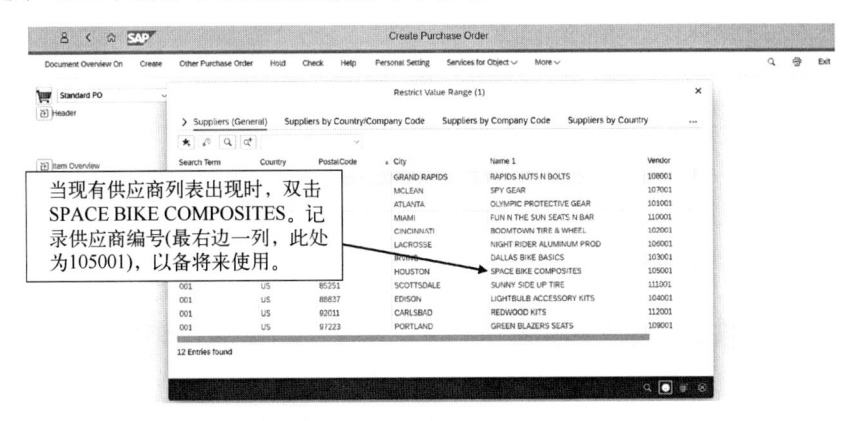

图9A-6 供应商列表窗口（来源：© 2020 SAP SE. All rights reserved.）

图9A-7 在供应商窗口创建采购订单（来源：© 2020 SAP SE. All rights reserved.）

单击 Enter 键后，系统将在窗口上加载更多的数据。接下来，我们将输入正在购买的Material（水瓶和水瓶架）数据（见图9A-8到图9A-11）。如果窗口看起来不像图9A-8，那么可能需要点击Document Overview On图标（见图9A-4）。

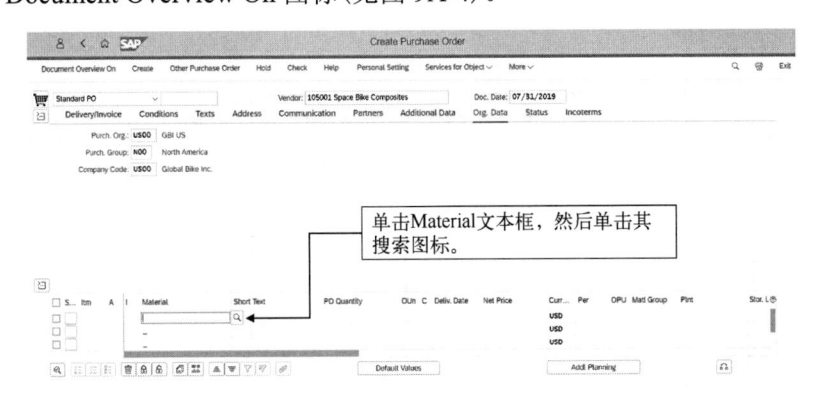

图9A-8 在 Create Purchase Order 窗口中查找产品（来源：© 2020 SAP SE. All rights reserved.）

接下来将加载物料搜索窗口（见图9A-9），我们可以找到采购订单所需的物料编号。

HAWA 是 SAP 用来识别交易商品的代码。下一个窗口(见图 9A-10)将显示可以订购的商品。

当选择 WATER BOTTLE 项后返回 Create Purchase Order 窗口时，需要完成如下输入(见图 9A-11)。在第二行可以搜索水瓶架，或者简单地输入 Cagel#(#是用户号码)。在图 9A-11 中还将输入日期(即交货日期)。在输入日期数据时，可以使用日期输入框右侧的简便搜索按钮。注意，这里的工厂(窗口上的 Plant 项)是 MI00，而不是 M100。

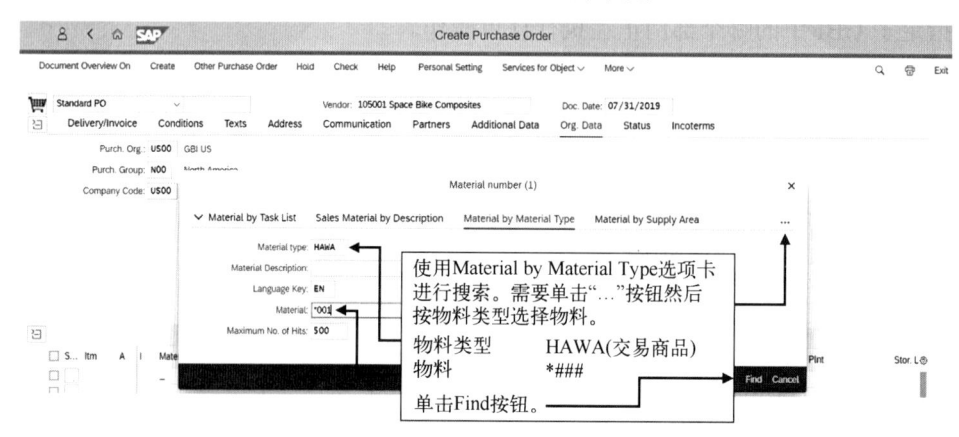

图 9A-9　物料搜索窗口(来源：© 2020 SAP SE. All rights reserved.)

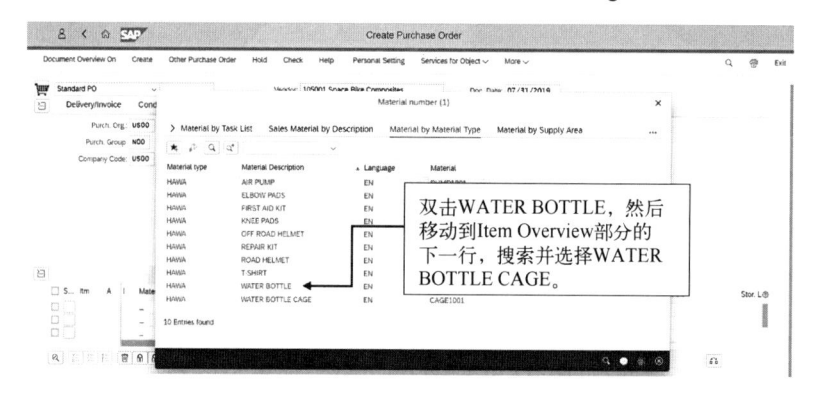

图 9A-10　物料列表窗口(来源：© 2020 SAP SE. All rights reserved.)

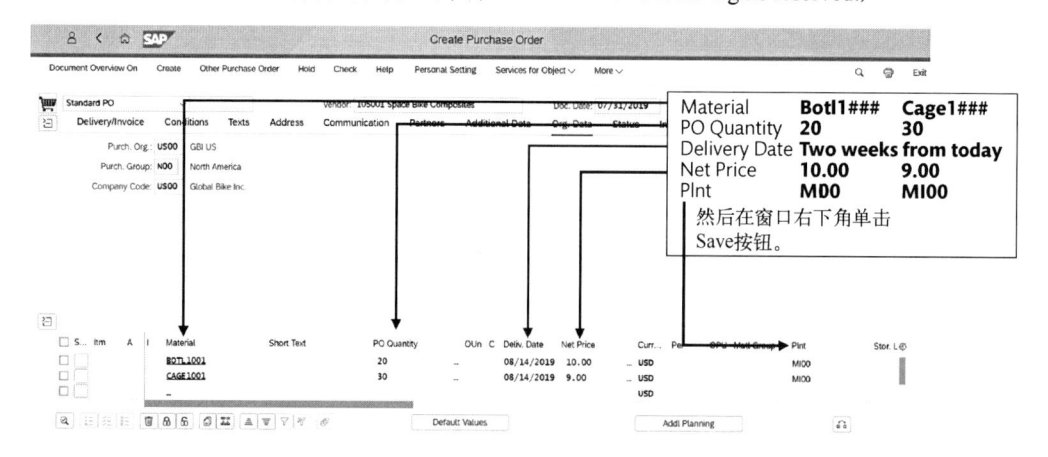

图 9A-11　输入 Material 数据后的 Create Purchase Order 窗口(来源：© 2020 SAP SE. All rights reserved.)

单击 Save 按钮。现在更新 SAP 数据库。更新完成后，重新出现采购订单窗口，窗口底部如图 9A-12 所示。

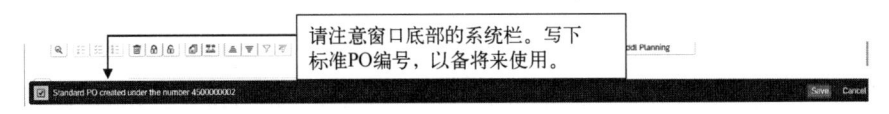

图 9A-12　输入 PO 编号（来源：© 2020 SAP SE. All rights reserved.）

单击窗口顶部的"＜"图标，返回 SAP Easy Access 窗口。

4．为采购订单创建物料收据

下一个要操作的窗口是 Goods Receipt（物料收据）窗口。当水瓶和水瓶架到达仓库时，Wally 将完成这个窗口的操作。使用以下操作，从 SAP Easy Access 窗口导航到 Goods Receipt 窗口：

Logistics > Materials Management > Inventory Management > Goods Movement > Goods Receipt > For Purchase Order > GR for Purchase Order（MIGO）

如果使用的是 Fiori 磁贴，请选择顶部水平菜单上的 Materials Management，并选择 Post Goods Receipt For Purchase Order 磁贴。

一旦 Wally 在此步骤中创建了物料收据，那么这些商品的库存就会增加，应付账款也会增加（见图 9A-13）。

图 9A-13　Goods Receipt 窗口（来源：© 2020 SAP SE. All rights reserved.）

系统从采购订单加载数据，如图 9A-14 所示。这时需要指定存储位置。

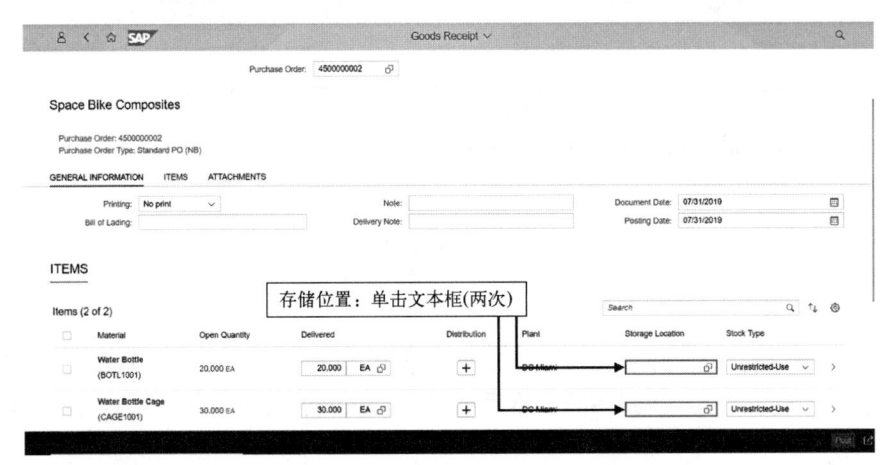

图 9A-14　提供详细信息的 Goods Receipt 窗口（来源：© 2020 SAP SE. All rights reserved.）

通过检查勾选项，可以确认 20 个水瓶和 30 个水瓶架已经发货，如图 9A-15 所示。如果没有勾选项，则直接输入已发货的数量即可。当在 Goods Receipt 窗口完成操作并保存后，将创建一个物料文档(见图9A-16)。

单击OK按钮,然后单击窗口顶部的"<"图标,返回SAP Easy Access菜单。

5. 输入进项发票

像Ann这样的会计将操作本示例的最后两个窗口:Enter Incoming Invoice(输入进项发票)和Post Outgoing Payment(付款记账)。通过以下操作,可以从SAP Easy Access窗口导航到Enter Incoming Invoice窗口:

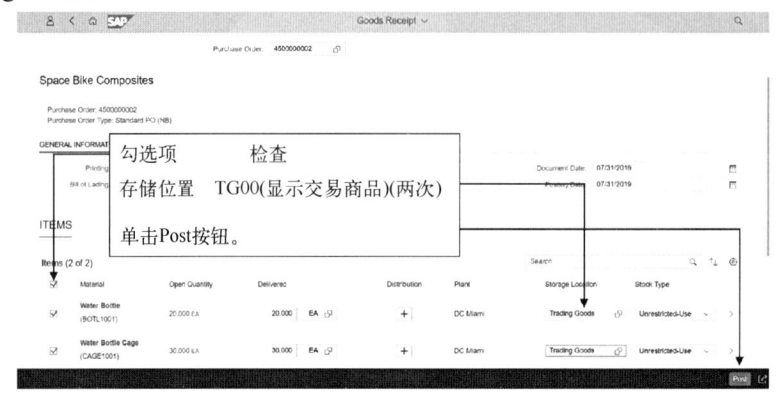

图9A-15 带有详细信息的Goods Receipt窗口(来源:© 2020 SAP SE. All rights reserved.)

图9A-16 已创建物料文档的Goods Receipt窗口(来源:© 2020 SAP SE. All rights reserved.)

Logistics > Materials Management > Logistics Invoice Verification > Document Entry > Enter Invoice

如果使用的是Fiori磁贴,请选择Create Supplier Invoice Advanced磁贴。

货物到达后不久,供应商给我们寄来了一张470.00美元的水瓶和水瓶架发票,我们将这张发票记录在系统中。

当加载Enter Incoming Invoice窗口时,首先弹出Enter Invoice Company Code(输入发票公司代码)窗口,输入公司代码US00,然后单击Continue按钮。在图9A-17的窗口中,我们输入发票日期和金额。

除了发票日期和金额,我们还输入了PO编号,如图9A-18所示,这是在步骤3结束时生成的。

系统加载供应商数据,并显示更新后的Enter Incoming Invoice窗口(见图9A-19)。

如果操作没有错误,那么在窗口底部会生成一个发票文档编号(见图9A-20)。

图 9A-17　Enter Incoming Invoice 窗口（来源：© 2020 SAP SE. All rights reserved.）

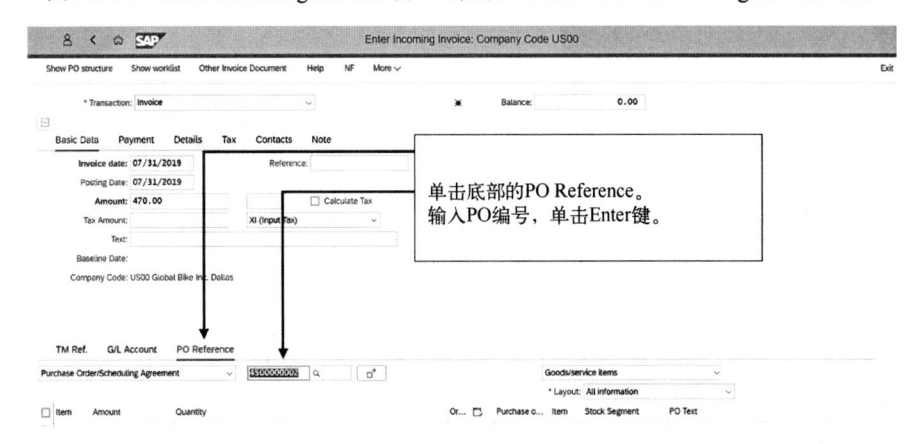

图 9A-18　在 Enter Incoming Invoice 窗口输入 PO 编号（来源：© 2020 SAP SE. All rights reserved.）

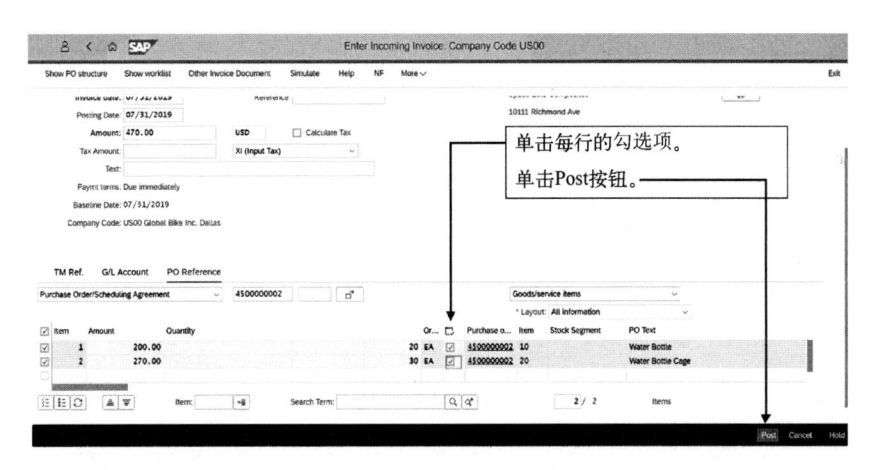

图 9A-19　更新后的 Enter Incoming Invoice 窗口（来源：© 2020 SAP SE. All rights reserved.）

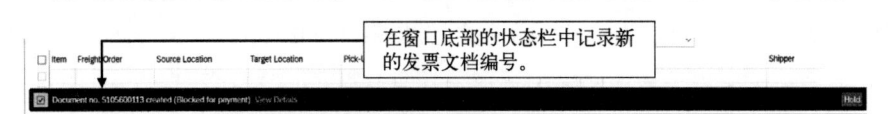

图 9A-20　发票文档编号（来源：© 2020 SAP SE. All rights reserved.）

单击窗口顶部的"<"图标，返回 SAP Easy Access 窗口。

6. 付款记账

当给供应商付款时，就完成了最后的窗口操作。通过以下操作，从 SAP Easy Access 窗口导航到 Post Outgoing Payment 窗口：

Accounting > Financial Accounting > Accounts Payable > Document Entry > Outgoing Payment > Post

如果使用的是 Fiori 磁贴，请选择 Post Outgoing Payment 磁贴。

在这次活动中，我们记录了支付给供应商的 470.00 美元（见图 9A-21）。在本例中，为减少应付账款而做日记账分录。

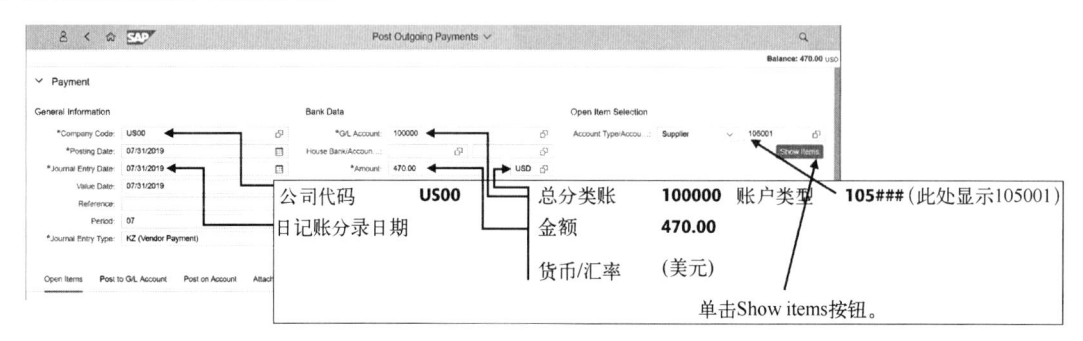

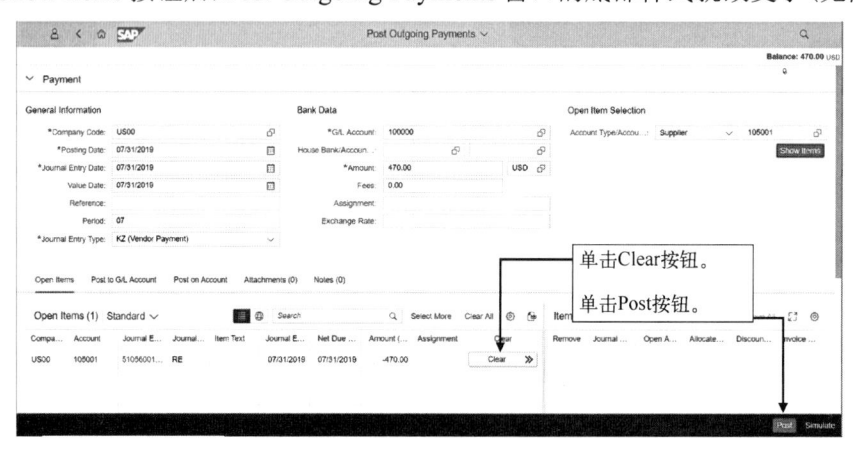

图 9A-21　Post Outgoing Payment 窗口（来源：© 2020 SAP SE. All rights reserved.）

如果需要在 Account Type/Accout…（账户类型/账户）文本框中搜索供应商代码，则选择 Supplier 右侧的文本框，并单击搜索图标。在弹出的窗口的 Suppliers(General)选项卡中，使用三位数字的用户代码作为关键字进行搜索。

单击 Show items 按钮后，Post Outgoing Payments 窗口的底部样式就改变了（见图 9A-22）。

图 9A-22　最终的 Post Outgoing Payment 窗口（来源：© 2020 SAP SE. All rights reserved.）

SAP 数据库再次更新，出现创建文档编号的 Post Outgoing Payments 窗口（见图 9A-23）。记录日记账分录编号。回到初始菜单。这样，我们就完成了第一个练习。

问题

1．步骤 3～6 中的哪些是 Wally 在仓库完成的，哪些是 Ann 在会计部门完成的？
2．水瓶的总成本是多少，水瓶架的总成本是多少？
3．如果 Wally 打开 Philly Bikes 公司的包装盒，只发现了 15 个瓶子，他应该怎么做？

图 9A-23　创建文档编号的 Post Outgoing Payments 窗口（来源：© 2020 SAP SE. All rights reserved.）

尝试一下

请从不同厂家（Rapids Nuts N Bolts）购买以下三种原材料：

> **5** Air Pumps $14.00 each
> **10** Elbow Pads $37.50 each
> **15** First Aid Kits $20.00 each

要求在 2 周内交货。把 Miami 作为工厂。总额是 745 美元。

创建采购订单

> Vendor **108###**（Your Rapids Nuts N Bolts vendor number uses your User Number）
> Purch. Org. **US00**
> Purch. Group **N00**
> Company Code **US00**
> Material **PUMP1###, EPAD1###, FAID1###**（These are Trading Goods）
> Quantity **5, 10, 15**
> Delivery Date **Two weeks from today**
> Net Price **14.00, 37.50, 20.00**
> Currency **USD**
> Plnt **MI00**
> **SAVE**

为采购订单创建物料收据

> Gr Goods Receipt **101**
> Purchase Order **From previous screen**
> Click on Enter
> OK **Three check marks**
> SLoc **TG00**（Trading Goods）
> **SAVE**

输入进项发票

> Invoice Date **Today's date**
> Amount **745.00**
> Tax Amount **XI**（Input Tax）
> Purchase Order **Your PO number**
> **ENTER**
> Pull the slider under the items to the right and enter **TX0000000** for Jurisd. Code.

付款记账

Document Date **Today's date**
Company Code **US00** (automatic)
Currency/Rate **USD** (automatic)
Account **100000** (Bank account number)
Amount **745.00**
Account **108###** (Rapids Nuts N Bolts vendor number is your User Number)
CLICK Process Open Items button

第10章

使用 SAP 支持销售流程

Sue 是 CBI 的一名经验丰富的销售人员,她正在给她的新客户 Tony 打电话。这是她的第一个滑板车大订单客户,这也是数周来来回回讨论价格和服务细节的最后一次通话。

"你们是 5 月 1 日想要那 4500 辆滑板车吗?"

"不,Sue,这个夏天我们总共要 4500 辆。我们每个月要 1500 辆,先是 6 月,然后是 7 月,接着是 8 月。"

"这不是问题,即使我们分散发货,我们仍然可以给你这个价格折扣。现在让我在系统中输入销售信息,这样您就可以在系统中看到了。"

Sue 导航到她认为可行的日期,但系统不接受 7 月和 8 月的日期。她急忙试了两次,但无济于事。她给 Tony 回电话时试图掩饰自己的沮丧。

"Tony,我们会帮你弄到那些滑板车的。我的系统现在没有响应,但我知道我们有滑板车。我明天再打给你。"

Tony 很担心,"Sue,我们必须得到那些滑板车。我们正在整个州进行推广。如果你要将订单推迟到明年,请马上告诉我。还有其他公司会喜欢这项业务。"

两个小时后,Sue 和销售总监 Colleen 一起在计算机上演示她遇到的问题。

"Colleen,这是到目前为止我们最畅销的产品。我为这事忙了好几个月。我查了库存,系统告诉我可以订 4500 辆,但却不能连续三个月订 1500 辆。如果我今天不把滑板车的订单输入我们的系统,我想 Tony 很快就会找到另一个合作伙伴了。如果我们失去这个客户……他们是俄亥俄州最大的零售商,我们整个冬天都不能达到销售目标。我们必须要让订单生效,就是现在!"

"Sue,我明白了,我明白了。告诉我你把它存入系统时发生了什么?"

"Tony 打电话的时候,我试了第一次。挂断电话后,我又试了一次。两次都是一样的结果。第二个月和第三个月不允许我再用同样的订单,所以我尝试了不同的订单,并尝试了所

有的技能，但都失败了。所以我打电话给技术支持部门的 NOT help 服务台，他们说正在处理。但在来这里之前，我又给他们打电话，被告知他们正在忙着解决上个月出现的问题，让我必须要有耐心。Colleen，如果我们今天不能解决这个问题，你想让我怎么做？答应 Tony 把滑板车送过去，并希望我们能交付，还是让他们把大生意交给别人？"

"Sue，我会给 SAP 团队的 Mike 打电话。我认识他很多年了。"

第二天，在与 Mike 打了无数通电话之后，Colleen 走进了 Sue 的办公室。

"Sue，Mike 认为他们可能知道发生了什么。这可能与订单的日期有关。他们安装的时候可能没有设置好。他们认为已经解决了问题，所以我们现在就试试，这样你就可以给 Tony 打电话了。"

Sue 焦急地浏览系统，输入订单，令她沮丧的是，屏幕上弹出了一个新的信息。

"Colleen，这是什么？我都不知道我们有没有下单。我现在该按什么按钮？天呐，现在我都不知道订单是否在系统里！"

她环顾四周，但 Colleen 已经起身向门口走去。"我会再打电话给 Mike。打电话给 Tony，向他们保证他们想知道的一切。别把订单弄丢了！"

本章概述

Q10-1 销售流程的基本原理是什么？
Q10-2 没有 SAP 的 CBI 销售流程将如何工作？
Q10-3 使用 SAP 的 CBI 销售流程将如何工作？
Q10-4 SAP 如何改进 CBI 的 CRM 流程？
Q10-5 电子商务如何改进一个行业的流程？
Q10-6 2031 年有哪些新的信息系统会影响销售流程？

本章预览

在这一章中，我们将研究销售流程和 SAP，正如我们将看到的，SAP 给销售流程带来了很多好处，但它也有可能引起冲突，例如像 Sue 遇到的那种问题。我们的目标是帮助你了解其好处，并能够解决问题。

为了实现这一点，我们将研究在第 9 章讨论采购流程时使用的相同问题。我们将讨论使用 SAP 和没有 SAP 的 CBI 销售流程。本章使用的方法与第 9 章的相同，这并不是一个巧合。分析流程时最有价值的一个方面是它的经验教训是可重用的——其中的许多经验教训可以应用于其他业务流程。

我们首先检查没有 SAP 的 CBI 销售流程，然后了解 SAP 最终是如何改进它的。

最后，我们分析客户的其他流程，以及如何使用 SAP 和信息系统(IS)来改进这些流程。与采购流程的讨论一样，我们很容易迷失在细节中。请记住，销售流程是企业中最重要的流程之一，ERP 系统起着关键作用。

Q10-1 销售流程的基本原理是什么？

销售是每一个企业的命脉。看看你面前的那本书。如果要印刷一本书，印刷公司必须购买油墨、胶水、纸张、印刷机器，以及准备办公空间、广告方案和计算机用于运营。如果你正在使用电子阅读器，有没有想过各种供应商会把软件、组件和设备内的所有部件卖给这家设备制造商。销售流程太常见了，可以计算一下你今天或这周参与了多少个销售事件。你有没有想过它们背后的销售流程？

销售流程是市场营销的一部分。根据美国市场营销协会的说法，市场营销是创造、沟通、交付和交换对客户、合作伙伴和整个社会都有价值的产品的活动、一整套机制与流程。在市场营销中，客户关系管理(CRM)是面向客户的客户流程(如销售流程)和数据的管理。如图 10-1 所示，销售流程、CRM 和市场营销之间的关系类似于第 9 章中讨论的采购流程、SCM 和供应链之间的关系。

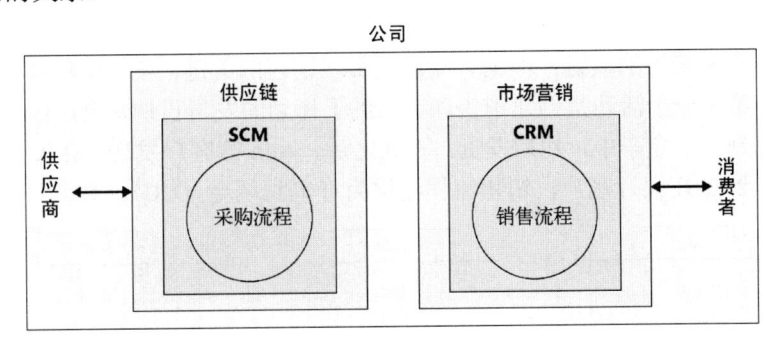

图 10-1　市场营销和供应链组成部分

为了解释 ERP 如何帮助 CBI 进行销售，我们首先考虑销售的基本要素。商业上对销售的定义是用商品或服务换取金钱。更准确地说，销售是通过交付商品或提供服务而获得收入，可以用现金或其他补偿方式支付。销售流程是一个包含三个主要活动——销售(Sell)、发货(Ship)和支付(Payment)的操作性流程，如图 10-2 所示。销售、发货和支付活动是由扮演销售代表、仓库经理和会计角色的参与者完成的。销售流程与图 10-3 所示的价值链中的主要活动销售和营销相关。

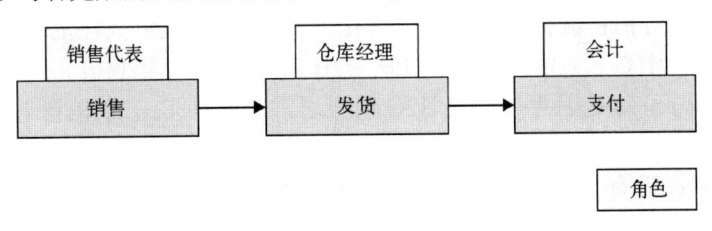

图 10-2　销售流程的主要活动和角色

对于企业来说，销售是最重要的流程之一。没有销售，就没人会得到报酬，企业也会倒闭。虽然销售是一个复杂而困难的流程，但它也受到一个简单而重要的原则的支配，即满足客户需求。现代管理理论之父 Peter Drucker 曾经说过，在公司内部，唯一重要的结果是客户满意。

主要活动	描述	流程和章节
入库物流	接收、存储和分发产品投入	采购，第 9 章
操作	将投入转化为最终产品	生产，附录 A
出库物流	收集、存储产品并配送给买家	
销售和营销	引导买家购买产品，并为他们提供购买途径	销售，第 10 章
客户服务	协助客户使用产品，从而维护和提升产品价值	

图 10-3　CBI 价值链中的销售流程

通过在线销售鲜花案例，可以很好地概括销售流程。网上花店利用有效的销售流程与客户建立长期的、互惠互利的关系。例如，当你在母亲生日送花给她并附上生日祝福时，花店会跟踪这一交易，并在母亲下一个生日的前几天给你发送一封提醒邮件或短信。如果你经常给某个特定的人送花，但后来没送，花店也可能会再次提醒："你已经两个月没给 Debbie 送花了。"花店也可能给你一些特别的建议，或给你一个折扣价格，让你成为他们的常客。

花店想要留住优质客户，因为获得新客户的成本可能是留住现有客户的 5~10 倍。为了留住客户，花店需要了解客户的情况，比如购买偏好、重要日期，以及如何称呼客户——Daniel Smith 喜欢别人叫他 Mr. Smith、Dr. Smith、Dan，Danny，还是 Daniel？公司对客户和他们的需求了解得越多，就越有可能让客户满意。

虽然理解客户是销售的关键，但销售流程是实现销售的关键。图 10-4 显示了主要的销售活动和子活动。第一个子活动是创建销售订单，到了计划的发货日期，仓库经理 Wally 将拣选货物并将其打包到一个盒子中，然后发货。不久之后，Ann 给客户发送一张发票，当付款到账时，她将付款转到 CBI 银行账户。销售流程也称为订单到现金(O2C)流程或订单到现金周期。

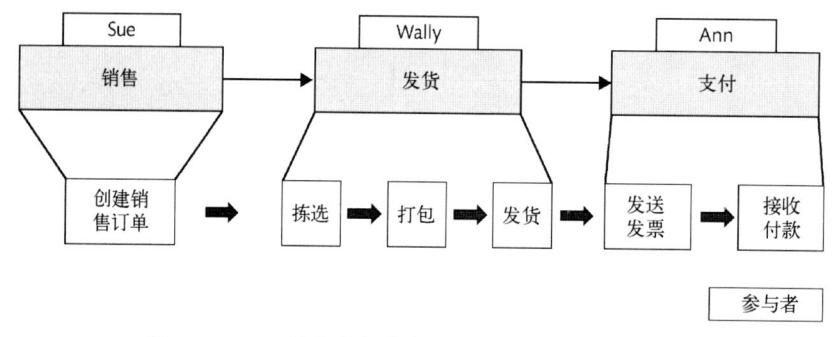

图 10-4　CBI 销售流程的主要活动、子活动和参与者

在本章中，我们对销售流程进行了两个简化处理。首先，我们关注的是企业对企业(B2B)销售，而不是企业对消费者(B2C)销售。这些 B2B 销售比 B2C 销售要常见得多，比如前面提到的网上花店的例子。这是因为每一次 B2C 销售通常需要许多 B2B 销售来获取和组装产品，然后才能将产品销售给客户。第二个简化是，本章主要讨论产品的销售，而不是服务。

我们首先研究在没有 SAP 的情况下销售流程是如何工作的，然后我们将讨论 CBI 的销售流程是如何与 SAP 一起工作的。我们比较没有 SAP 和使用 SAP 的情况，并讨论了 CBI 使用 SAP 的好处。这时，公司不再处于判断收益是否大于风险的前期阶段。如今，几乎所有的大型甚至中型企业都已在 ERP 系统中实现了 CRM 组件。

Q10-2　没有 SAP 的 CBI 销售流程将如何工作？

没有 SAP 的 CBI 销售流程如图 10-5 所示。这个流程有 6 个角色，其中 3 个由真人扮演，即 Sue、Wally 和 Ann，其余 3 个由计算机扮演。每个计算机角色都由自己的数据库提供服务，因而出现了 3 个信息孤岛。

图 10-5 中的第一个活动是售前操作。在这个活动中，Sue 和其他销售代表联系客户，给出报价，确认产品是否有货，检查特殊条款，并确定交货方式。报价，或更正式的报价单，是在特定日期以特定价格向客户销售产品的具有约束力的协议。如果客户决定订购，那么下一个活

动就是创建销售订单(SO)，如图 10-6 所示。在所示的例子中，Sue 以每辆 3000 美元的价格向客户 Philly Bikes 出售 5 辆旅游自行车，总价格为 15 000 美元。

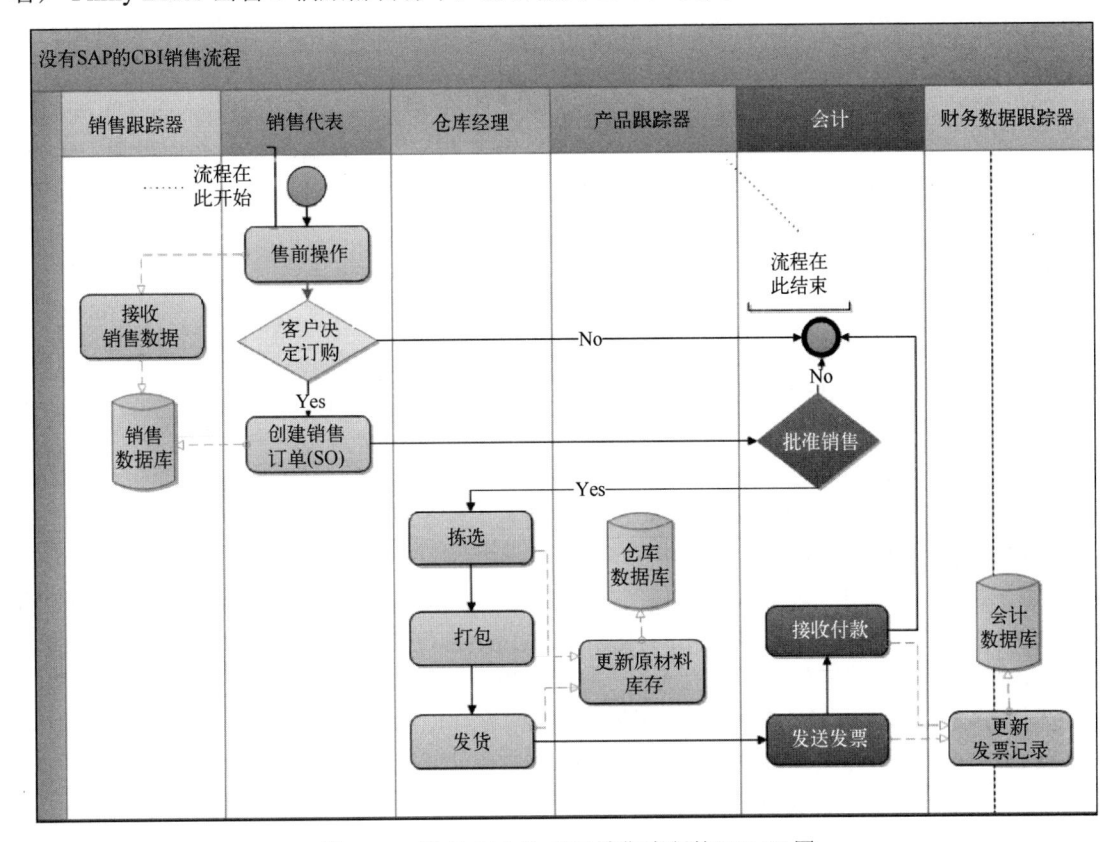

图 10-5　没有 SAP 的 CBI 销售流程的 BPMN 图

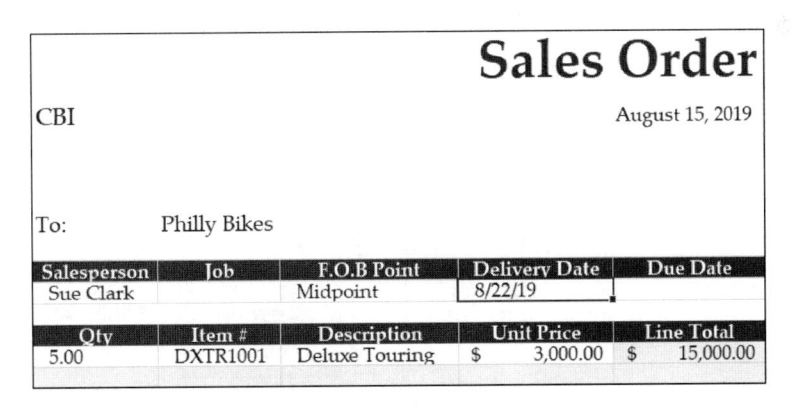

图 10-6　Sue 的销售订单

如图 10-5 所示，SO 完成后，将其发送给会计审批。为了批准 SO，会计部门的 Ann 从销售数据库中获取价格数据，从会计数据库中获取客户数据，从仓库数据库中获取库存数据。她还看到了当天早些时候出售和批准的产品。为了简化起见，图 10-5 中没有显示流向 Ann 的数据流。对于现有客户，Ann 使用会计数据库中的数据来确定客户 Philly Bikes 的付款历史，在本例中是在批准销售之前。如果该销售针对的是一个新客户，那么会计数据库中就没有客户数据，Ann 将把这个新客户添加到数据库中，并确定向该客户销售的风险。

在这个活动中，Ann 还访问了仓库数据库中的数据，以确保有足够的库存出售。如果没有足够的库存，销售通常不被批准。当这种情况发生时，Ann 会打电话给仓库，询问是否可以预估未来的交货，以及时补充库存。

如果得到了会计部门的批准，那么 SO 会被传递到仓库，Wally 和他的员工会在正确的日期收集(或"拣选")、打包自行车并发货，如图 10-5 所示。一旦自行车由仓库发货，Wally 就会通知会计，货物已经运出，这样会计就会把发票发送给 Philly Bikes。最后一个活动"接收付款"发生在 Philly Bike 向 CBI 付款时。

正如你所看到的，CBI 的销售流程就像大多数组织在使用 ERP 系统之前的销售流程一样，涉及多个部门的不同人员。为了使流程正常工作，这些人员需要共享数据并整合他们的活动。

Q10-3 使用 SAP 的 CBI 销售流程将如何工作？

在我们考虑 SAP 如何支持 CBI 的销售之前，需要简单地讨论一下 CBI 战略。回顾第 1 章，战略是在考虑 IT 之前创建的。战略审查的结果将是采购流程的目标和 KPI，使用 SAP 的获益可以根据这些目标来衡量。

在 CBI 致力于 SAP 解决方案之前，它对基于云的 CRM 系统的领先供应商 Salesforce 的报价很感兴趣。Salesforce 专门研究 ERP 中的 CRM 部分，它提供易于使用的软件和简化的实施过程，使客户能够快速启动和运行系统。虽然 CBI 出于这些原因喜欢与 Salesforce 合作，但它选择 SAP 是为了更好地与供应商的流程和数据整合，而不是仅仅专注于客户端。

然后，管理层重新审查了 CBI 的战略，并致力于一项竞争战略，该战略专注于一个特定的细分行业——高端自行车和滑板车，以及对零售商的差异化响应。销售经理确定了一个高效性目标和两个有效性目标，如图 10-7 所示。

CBI 认为，提高销售效率的一个方法是鼓励销售人员进行更大规模的单笔销售。每一次销售都需要时间和运输成本，所以不频繁但更大规模的销售可以提高销售效率。在开篇的小插曲中，Sue 努力完成向新滑板车客户的销售就是这个目标的一个例子。因此，CBI 确定了高效性目标应该是更大的销售额，可以通过平均销售额来衡量。

第一个有效性目标——更快的客户响应——将通过客户交货期(从创建销售订单到订购产品到达的时间)来衡量。第二个 KPI 是第一年产品销售额的百分比。CBI 根据客户的需求提供新的自行车和配件。如果零售商购买了这些新产品，这表明 CBI 对客户的要求做出了良好的响应。第二个有效性目标是减少高端客户取消的订单。当低收入销售与高收入销售发生冲突时，CBI 希望保留取消低收入销售的权利。

基于这 3 个目标，CBI 从 SAP 的固有流程中选择了一个最能支持这些目标的销售流程。

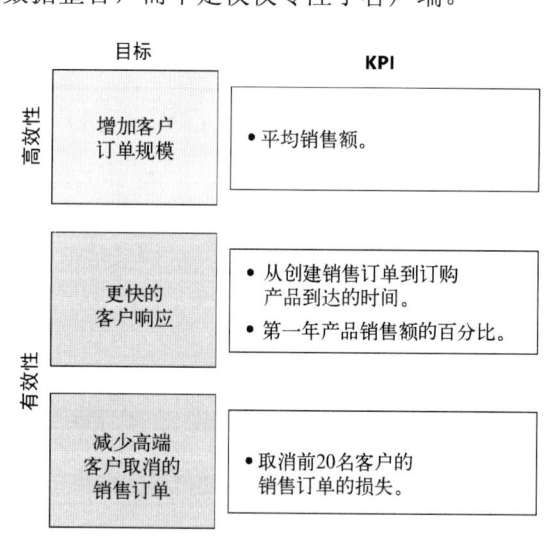

图 10-7 新销售流程的目标和 KPI

然后他们组织 ERP 分析师团队配置系统，开发适合 CBI 员工使用的程序，并培训员工完成实施过程。图 10-8 显示了在 CBI 中实现的 SAP 固有的销售流程。注意，SAP 只需要 4 个角色，如 4 个泳道所示。而图 10-5 显示了在没有 SAP 的情况下需要 6 个角色。回顾了战略、流程目标和 KPI 后，我们准备继续分析销售流程。我们将考虑 SAP 支持的销售流程如何影响销售、仓库和会计工作。

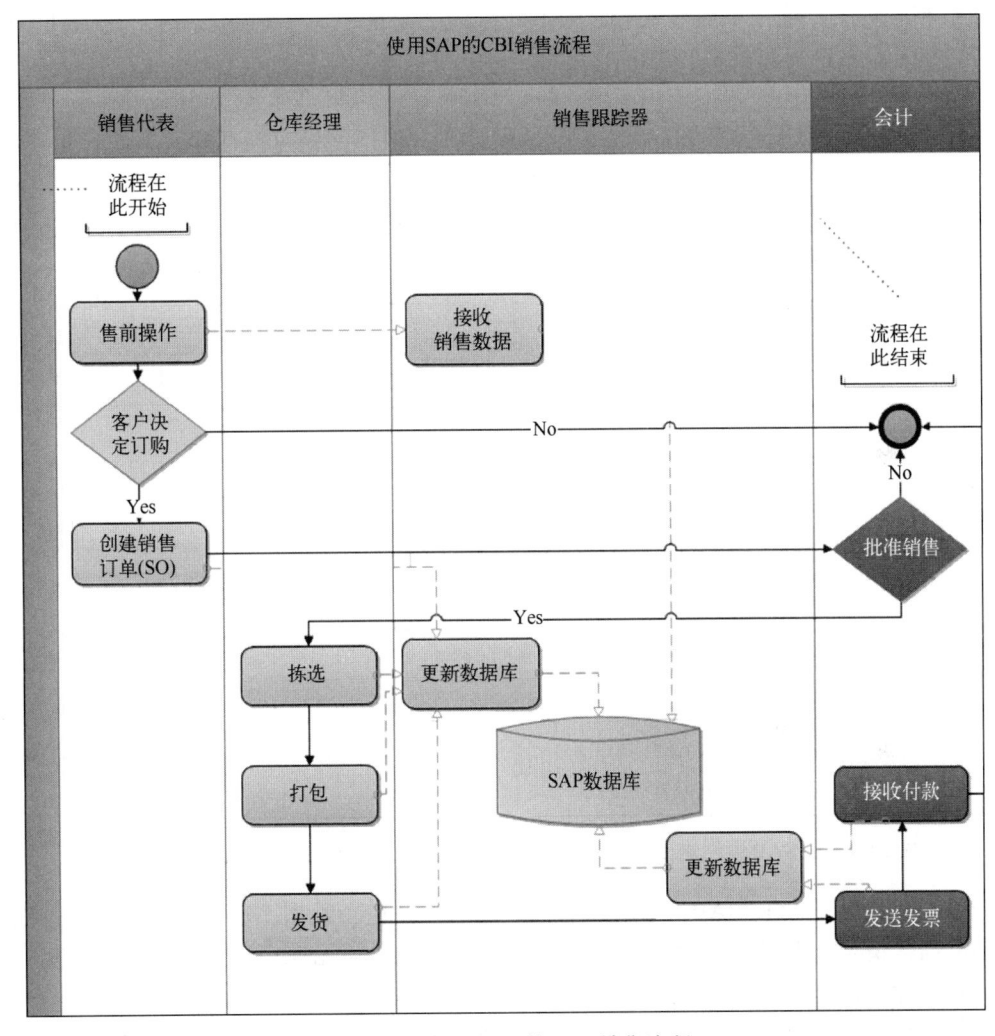

图 10-8 使用 SAP 的 CBI 销售流程

销售

新的销售流程与之前的销售流程具有相同的 3 个角色——Sue、Wally 和 Ann 充当的角色。另外 3 个计算机角色被简化为跟踪所有销售数据的单一 SAP 系统。为了说明 SAP 如何支持销售流程，我们将使用前面提到的向 Philly Bikes 销售 5 辆自行车的例子。本章末尾的 SAP 教程中也使用了这个销售示例。

当我们开始 Sue 的故事时，她刚刚完成了一笔销售，正坐在办公室里，在"创建销售订单"(Create Sales Order)活动中将销售数据输入 SAP 中。她通过登录 SAP 来启动创建销售订

251

单的过程，她的销售订单窗口如图 10-9 所示。

销售订单窗口与第 9 章的采购订单窗口有许多相同的功能。在本例中，位于窗口顶部的标题是"Create Standard Order: Overview"（创建标准订单：概述）。在标头部分，Sue 输入 Philly Bikes 的客户代码（Sold-To Party：3001）、交易日期（Cust. Ref. Day：08/15/2019）和交易编号（Cust. Reference：65430）。Philly Bikes 的订单日期是 CBI 的销售日期——销售完成的日期。一旦 Sue 输入了这 3 个数据元素，SAP 将检索客户的名称和地址。在窗口下方的项目细节部分，Sue 输入自行车的材料编号（DXTR1001）和下单数量（Order Quantity：5），然后保存数据，进入另一个销售窗口或退出系统。

图 10-9 中没有显示 Sue 的价格选项。如果客户有保证，她可以选择输入实时价格折扣。实时价格折扣是基于当前市场和客户因素向特定客户提供的折扣，通常用于较大的订单或重要客户。SAP 支持这种类型的折扣，因为它允许 Sue 查看 CBI 是否有足够的可用库存或生产情况。在本章开篇的小插曲中，Sue 想给她的新客户提供实时价格折扣。

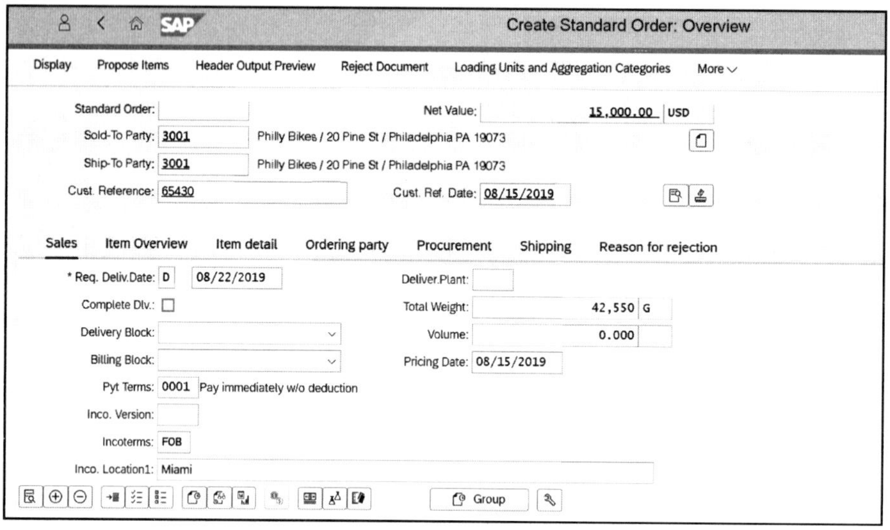

图 10-9　在 SAP 中创建销售订单（SO）（来源：©2020 SAP SE. All rights reserved.）

一旦 Sue 保存了 SO，SAP 将创建一个 SO 编号，并更新数据库中的库存表，以反映 5 辆自行车的销售情况。此外，还将创建一个新的 SO 记录，该记录将在仓库拣选、打包自行车和发货时进行更新。

除了更新数据，SAP 还会触发其他一些自动操作。首先，执行可用性检查——SAP 确定在承诺的交付日期前是否能够满足承诺的交付数量。将所有 CBI 数据存储在一个地方，使得可用性检查变得简单和高效。如果没有 ERP 系统，这一步骤通常需要时间，而且不能保证准确性。这项检查也被称为"承诺可用"（Available to Promise）。其次，向会计部门发送消息，由其决定是否批准销售。最后，更新 CBI 的装配时间表。在本例中，SAP 认识到，随着这 5 辆自行车的销售，CBI 的库存已经低于自动重新订购下限，因此创建一个新的生产计划来组装新的旅游自行车。

仓库

一旦该销售获得批准，SAP 将向仓库中的 Wally 发送一条消息，以便让他在预定日期运送自行车。在指定的那一天，Wally 从成品库存中取出自行车，把它们装进一个板条箱中，并将板条箱放到卡车装载区。一旦自行车被拣选和打包，Wally 就会登录 SAP，在输入 SO 编号后，他会看到如图 10-10 所示的 Pick Outbound Delivery（选择出库发货）窗口。Wally 确认 SAP 在窗口的标头和项目细节部分提供的数据是正确的。如果没有选择销售中指定的数量（在本例中为 5），Wally 将重写出现在底部拣选数量列中的默认值。

一旦 Wally 保存了这些数据，库存表就会更新，销售记录也会被编辑，以反映现在已经拣选和打包了自行车。

"发货"（Ship Goods）活动发生在运输卡车装载货物离开仓库时。Wally 再次在系统中输入 SO 编号，由于这个 SO 现在已经被拣选和打包，因此出现的是 Outbound Deliveries（出库发货）窗口，如图 10-11 所示。Wally 通过单击屏幕右下方的 Post GI（1）按钮来执行"发货过账"（Post Goods Issue）程序。"过账"意味着材料的合法所有权发生了变化。这些自行车不再属于 CBI，它们现在是 Philly Bikes 的财产。在本例中，过账发生在自行车发货时。

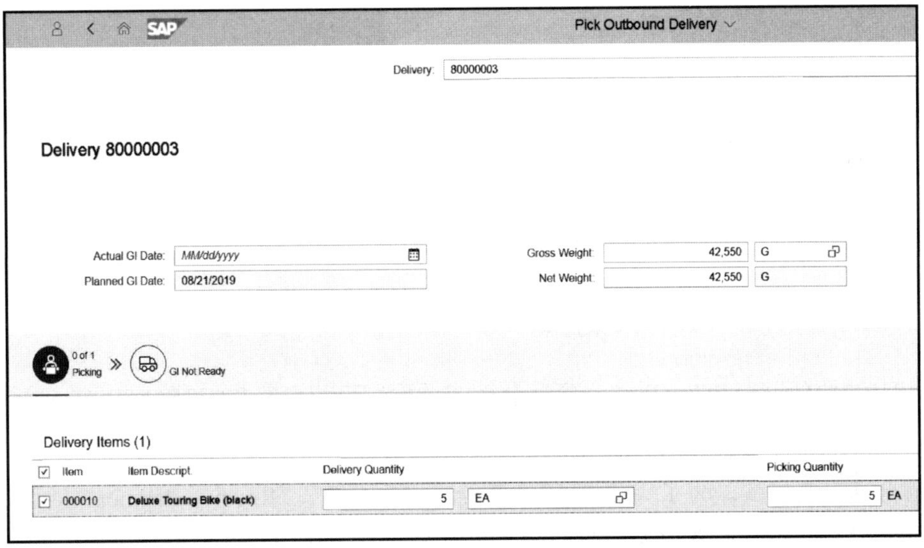

图 10-10　SAP 中的 Pick Outbound Delivery 窗口（来源：©2020 SAP SE. All rights reserved.）

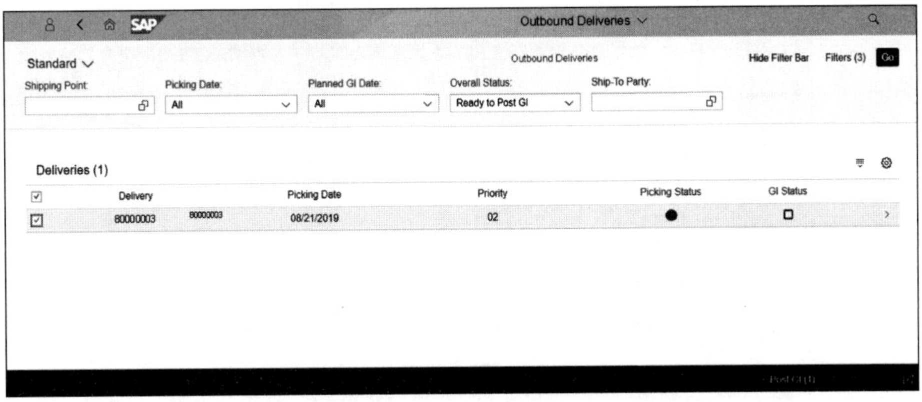

图 10-11　SAP 中的 Outbound Deliveries 窗口（来源：©2020 SAP SE. All rights reserved.）

会计工作

在 Wally 完成发货过账且自行车的所有权发生变化后，会计部门的 Ann 收到了一个消息，她可以为这 5 辆自行车向 Philly Bikes 开具发票。Ann 登录到 SAP，并开始"发送发票"（Send Invoice）活动，随后打开 Maintain Billing Due List（维护账单到期列表）窗口，如图 10-12 所示。Wally 在 Sold-To Party 文本框中输入 Philly Bikes 的客户代码（3001），并单击窗口右下方的 Display BillList 按钮。在接下来出现的窗口（未显示）中，Ann 从销售订单列表中选择 Philly Bikes，增加 5 辆自行车的销售订单，然后单击 Save 按钮保存操作。

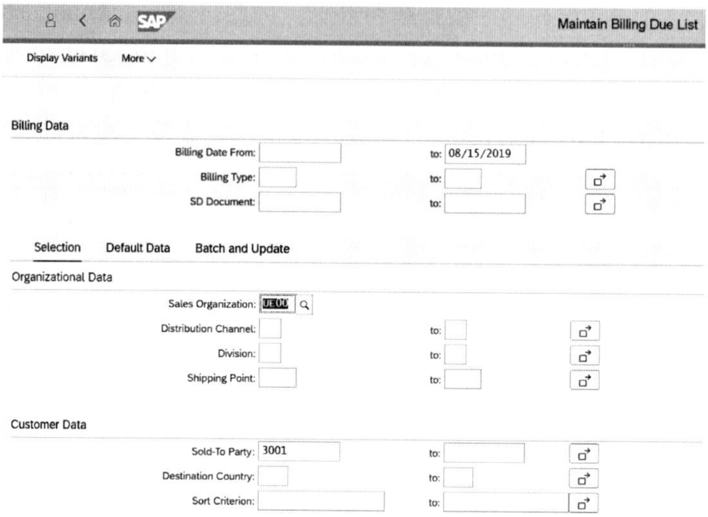

图 10-12　SAP 中的 Maintain Billing Due List 窗口，执行"发送发票"活动（来源：©2020 SAP SE. All rights reserved.）

上述操作将触发 SAP 向 Philly Bikes 发送 5 辆自行车的账单（即发票）。一周后，Ann 收到了 5 辆自行车的付款。为了完成图 10-8 中的"接收付款"（Receive Payment）活动，Sue 导航到如图 10-13 所示的 Post Incoming Payments（记账付款）窗口。在这里，她确认 Philly Bikes 已经支付了 15 000 美元，并且这笔钱已经存入编号为 100000 的总分类账（G/L）中。一旦 Ann 保存了文档，SAP 就会更新销售记录，并做适当的会计分录。

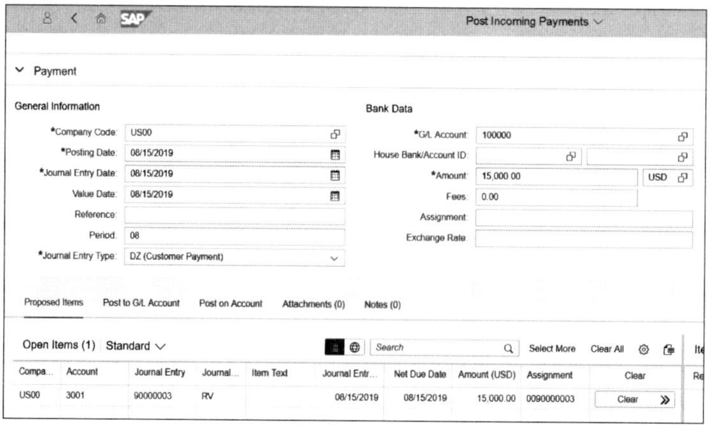

图 10-13　SAP 中的 Post Incoming Payments 窗口（来源：©2020 SAP SE. All rights reserved.）

SAP 给 CBI 销售流程带来的好处

如前所述，CBI 实施 SAP 以追求其特定的战略。图 10-14 显示了支持这一策略的销售流程目标及 SAP 优势。

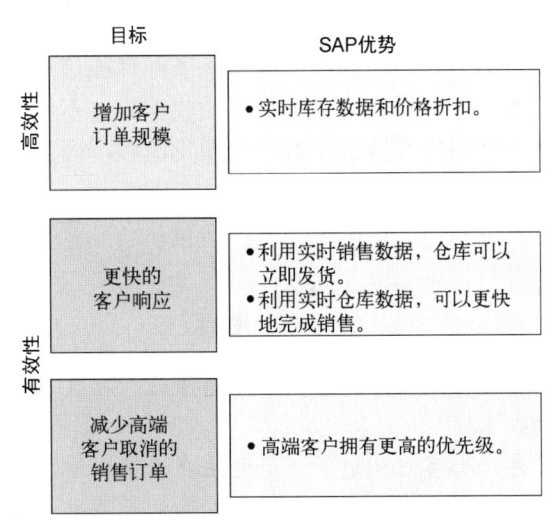

图 10-14 CBI 销售流程的目标和 SAP 优势

有了 SAP 关于大订单的库存和价格折扣选项的实时数据，可以实现高效性目标。SAP 也支持有效性目标。有了 SAP，仓库可以在销售流程完成后立即发货。使用 SAP，销售代表可以在销售期间查看实时的仓库库存和生产计划，因此客户的订单不必等待仓库的响应。第二个有效性目标——减少高端客户取消的销售订单也实现了。SAP 的固有流程允许会计部门在产品数量有限的情况下优先考虑更好的客户。在分析了 SAP 对销售流程的好处之后，我们现在扩展讨论一下 SAP 对 CRM 流程的影响。

Q10-4　SAP 如何改进 CBI 的 CRM 流程？

销售流程只是 SAP 可以支持的众多 CRM 流程之一，这些流程如图 10-15 所示。促销流程旨在增加销售，刺激需求，或改善产品在预定的有限时间内的可用性。前面定义的销售流程是用商品或服务交换金钱。服务流程已在第 7 章讨论过了，它提供售后支持，以提升或维护产品的价值。

正如供应链流程通过数据共享和整合得到改进一样，CRM 流程也是如此。回顾第 8 章，ERP 系统的主要优点是它将数据整合到一个地方，以便数据可以共享，并且它改进了流程整合。

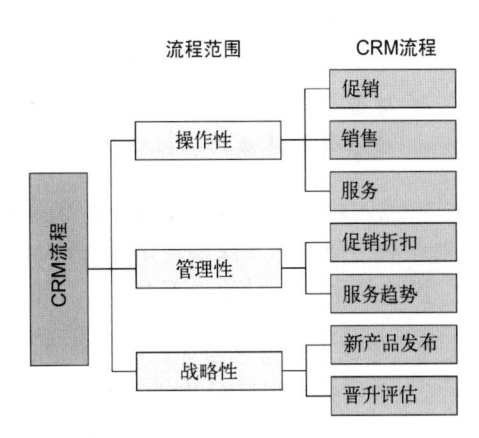

图 10-15 CRM 流程示例

通过数据共享改进CRM流程

当流程共享数据时，CRM流程将得到改进。我们来考虑将有问题的商品返还给零售商的流程。如果你有收据，退货会更容易些。如果这张收据是用电子邮件发送给你的，那么它可能比打印的纸质收据更容易找到。通过使用电子收据，零售商的销售流程使你的退货流程更容易实现。许多零售商通过向客户的智能手机发送电子邮件或信息，以电子方式与客户共享收据数据，而不是出具成本更高、更容易丢失的纸质收据。这不仅降低了销售成本，也是零售商销售流程的一个目标，同时它还改进了客户的退货流程，因为客户可以更容易找到他们的收据。

课堂练习

建立一个模型

此练习的目的是让学生参与满足外部客户需求的流程。在这个练习中，学生团队将构建一个他们看不到的模型的副本。

在上课之前，教师，即外部客户构建了一个无法在教室中看到的模型。学生团队的目标是构建一个与该模型相同的模型。模型就放在教室外面的走廊里。班级被分成不同的团队，团队中的每个人被分配4个角色中的一个。每个团队由4~6名学生组成，他们的角色如下。

- **观察者**：观察者查看教师的模型，并留在走廊上。观察者不会写下任何内容。观察者向信使解释如何组装模型。
- **信使**：信使听取观察者的描述。信使将这些口头描述转达给教室里的建造者。在组装过程中，信使既不能查看教师的模型，也不能查看教室里团队的模型。
- **反馈者**：反馈者可以查看教师的模型和团队的模型。反馈者只能回答"是"或者对其他团队成员提出的问题说"不"。
- **建造者**：团队的其他成员都是建造者。建造者构建教师的模型的副本。他们从供应所有团队的供应商那里获得部件。

来源：Andresr/Shutterstock

游戏开始时，走廊里的每一个观察者都会向他们的信使提供一组初始指示。继续游戏，直到最后一个团队已经创建了模型的副本。

游戏结束后，讨论以下内容。

1. 游戏中的角色与务流程的角色是否对应？
2. 描述你的团队的建模过程及其目标。画出团队建模流程的BPMN图。将观察者–信使沟通作为第一个活动，将组装部件作为最后一个活动。
3. 从流程的第一次迭代到最后一次迭代，你的流程是如何演变的？你是如何学会从反馈者获得信息的？如果将反馈者作为一个简单的IS，那么这个IS如何使流程得到改进？

4. 词汇是有效沟通所必需的。观察者、信使和建造者使用相同的词汇来描述模型部件吗?
5. 在建模过程中,数据共享情况如何?
6. 在这个游戏中没有(计算机)IS。如果你的团队有一些资金可以花在 IS 上,你会购买什么?在第 7 章中,我们讨论了 IS 改进流程的五种方法。对于你购买的 IS,哪一种方法更好地描述了 IS 将如何改进流程?
7. 使用 IS 之后,哪个角色的工作会改变?一个新的 IS 和工作变化之间的关系是什么?
8. 如果在游戏结束时使用这个流程,那么构建下一个模型需要多少时间?

CBI 通过共享数据来改善流程的示例如图 10-16 所示。当共享客户的数据时,销售和服务都得到了改善。通过访问客户销售数据,CBI 服务得到了改进。例如,当客户就特定发货的问题请求服务时,CBI 的服务代表知道这次发货的数据和关于该客户的所有发货数据。通过获得销售数据,服务代表就可以更好地了解客户的情况。同样,销售流程也通过客户服务呼叫数据得到了改进。销售代表可以在发起销售电话之前查看客户的服务数据。通过这种方式,销售代表可以向客户提供不同于服务电话主题的产品。

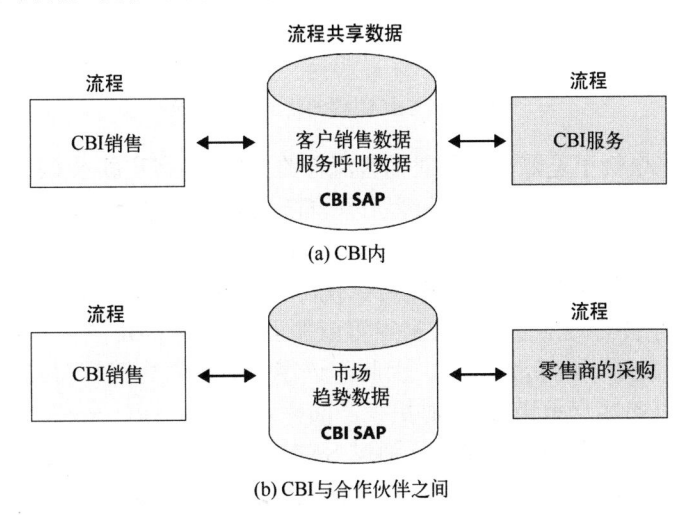

图 10-16 CRM 流程之间的数据共享示例

通过共享数据,可以改善 CBI 的销售流程和零售商客户的采购流程。例如,CBI 向许多小网点销售产品。这些小型零售商没有资源来收集市场趋势数据,但 CBI 有。CBI 可以与零售商共享其市场趋势数据,零售商可以就从 CBI 购买哪种自行车做出更好的采购决策。当 CBI 的销售流程和零售商的采购流程共享这个市场趋势数据时,两家公司是共赢的,因为他们都销售了更多的自行车。

通过整合改进 CRM 流程

改进 CRM 流程的第二种方法是加强它们的整合,或它们的协同作用。当流程相互支持时,流程协同就会发生——当一个流程完成得很好时,另一个流程的目标就得到了支持。销售和采购之间的协同作用在你的个人生活中是显而易见的。Amazon 认识到了它的销售流程和你的个人采购流程之间的协同作用。当人们想买东西的时候,他们想要快速完成。因此,可以说人们在采购流程中有一个不浪费时间的目标。Amazon发现，加载时间每减少0.1秒，在线销售收入就会增加1%。因此，Amazon将减少加载时间作为其销售流程的一个目标，并且这个销售流程与你的个人采购流程相互支持。

CBI流程的协同增强示例如图10-17所示。在CBI中，生产流程可以支持销售流程的目标。如果生产流程的时间是一致的，自行车的组装是准时的，那么销售订单的交货就很少推迟。因此，客户就会感到满意，也就增加了未来的销售机会。销售流程的目标——回头客——是由生产流程支持的。

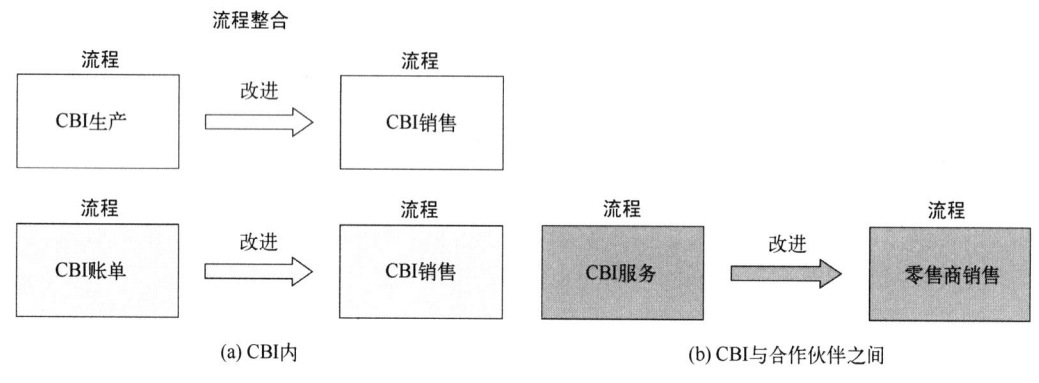

图 10-17　CBI 流程的协同增强示例

流程协同的第二个例子是账单流程对销售流程的支持。当客户联系CBI的会计或会计联系客户以确认账单时，账单流程要求会计与客户共享产品的当前定价。更具体地说，如果新价格比发票上的价格更优惠，会计就会与客户分享产品的新价格，这反过来又会促成未来的销售。

为了改善与零售商的流程协同，CBI可以使用其服务流程来支持其客户零售商的销售流程。例如，当一辆有缺陷的自行车从某家零售商那里退回给CBI时，CBI服务流程就会在24小时内向零售商发送一辆新自行车。因此，该零售商的销售流程得到了改进，因为CBI的每个零售商都可以向客户承诺24小时更换产品。

在本章和第9章中，我们已经看到，通过SAP，CBI可以与供应商和客户共享数据并整合流程。虽然我们已经很快地认同了这种更紧密设置的优点，但也背上了一个"诅咒"。ERP系统是一个技术难度高且昂贵的必需品，在当今科技发达的环境中，客户对卖家提出了很高的技术要求。像Philly Bikes这样的零售商只希望从拥有最先进的ERP系统支持其销售和服务的自行车批发商那里购买产品。对于CBI和其他批发商来说，这种预期诅咒增加了成本的压力，只有这样才能保持ERP系统的及时更新。

挑战

虽然SAP可以帮助改进一系列CRM流程是显而易见的，但是改进CRM流程或任何一组流程也会带来挑战，如图10-18所示。

首先，专注于单个流程要比试图同时实现多个流程的目标更容易。试图改进所有的CRM流程可能会分散销售代表的注意力，他们认为销售流程值得全身心投入。这些代表可能认为他们的工作就是与客户建立关系。他们可能会把花在技

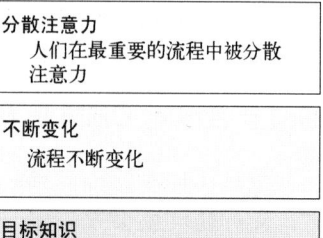

分散注意力
人们在最重要的流程中被分散注意力

不断变化
流程不断变化

目标知识
人们必须知道其他流程的目标

图 10-18　改进一组流程的挑战

术上的时间或花在与销售相关的流程上的时间用于改善这些重要的客户关系。Sue 在开篇的小插曲中证实了这种分心的情况。

其次，所有流程都处于变化状态。正如我们在前面章节中提到的，技术、战略、人员和产品的变化会导致流程发生变化。当所有这些流程都发生变化时，要使它们一起协同工作是很困难的。

最后，只有当业务人员理解业务的其他部分时，才能实现一组流程的目标。为了使 CRM 的所有流程顺利执行，销售代表需要了解他们公司的服务流程，以及在会计活动中是如何处理订单支付的。顺便说一下，这次挑战对你来说是一次机会。为了让流程在你未来的公司发挥作用，你要尽可能多地学习公司中的不同职能，这样就可以让你的流程与公司的其他流程协同工作。

综上所述，改善 CRM 流程需要数据共享和流程整合。这可能是一个挑战，但 SAP 是这场战斗的盟友，还有其他的 IS 可以帮助流程更好地协同工作。

在结束这一节的讨论之前，我们考虑一个观点：如果你在商业领域开始你的职业生涯，请记住，公司是靠收入运营的，而所有收入的获取都是从销售开始的。无论你在公司的角色是什么，请了解你的产品或服务是如何销售的，并请支持这个流程；销售流程是公司最重要的流程之一。本章的目标是帮助你更好地理解像 SAP 这样的 ERP 系统是如何在公司中扮演重要角色的。

Q10-5　电子商务如何改进一个行业的流程？

在之前的两章中，我们讨论了 CBI 和它的合作伙伴之间的买卖过程，以及 SAP 如何使双方的流程变得更好。然而，ERP 系统并不是改善组织间流程的唯一方法。另一种方法是利用电子商务。电子商务不仅支持供应链上的采购和销售，它还支持将产品销售给最终客户。下面，我们分析电子商务的一些关键方面，这将对你未来的工作有所帮助。

从形式上讲，电子商务是一个使用 Internet 技术的多公司购买及销售商品和服务的过程。虽然流行的 B2C 电子商务是通过诸如 Amazon 和 Apple 这样的公司提供的网站完成的，但大多数 B2B 电子商务使用私人网络及公司或行业特定的软件。

CBI 参与 B2B 电子商务的场景如图 10-19 所示。从图 10-19 的左端开始，作为自行车车架原材料的复合材料是由 Carbon Fibers Inc.生产的。制造商 Southern Frames 购买这些复合材料，用于制造自行车车架。这些车架再卖给车架批发商 Space Bike Composites，然后由其完成车架装饰。CBI 负责组装自行车，然后把成品卖给像 Philly Bikes 这样的零售商，后者再将产品卖给最终客户。

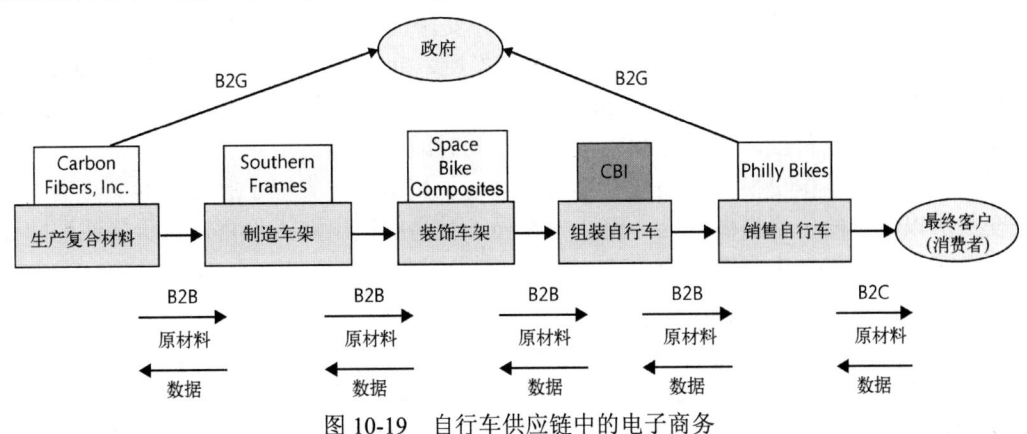

图 10-19　自行车供应链中的电子商务

如前所述，电子商务既包括多家公司的买卖过程，也包括支持它的基于 Internet 的信息系统。ERP 系统可以支持电子商务，就像 IS 可以支持资金转账、库存管理和交易处理系统一样。这些系统通常被称为跨组织的信息系统，即由不止一家公司使用的信息系统。

图 10-20 列出了参与电子商务的公司类别。发布电子商务活动统计数据的美国人口普查局(U.S. Census Bureau)将商业公司(merchant company)定义为拥有其所售商品的公司，他们购买商品再转售；将非商业公司(nonmerchant company)定义为那些安排商品的购买和销售，但从未拥有或取得这些商品的所有权的公司。对于服务，商业公司出售他们提供的服务；非商业公司出售由他人提供的服务。当然，一家公司既可以是商业公司，也可以是非商业公司。

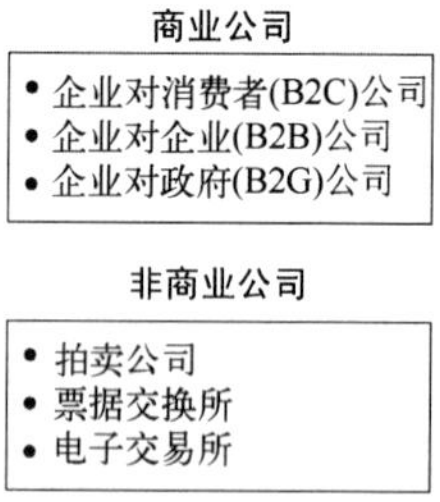

商业公司
- 企业对消费者(B2C)公司
- 企业对企业(B2B)公司
- 企业对政府(B2G)公司

非商业公司
- 拍卖公司
- 票据交换所
- 电子交易所

图 10-20　参与电子商务的商业公司和非商业公司

商业公司

商业公司有三种主要类型：直接面向消费者销售的公司(B2C 公司)、面向企业销售的公司(B2B 公司)和面向政府销售的公司(B2G 公司)。每家公司在经营过程中使用的信息系统略有不同。B2C 电子商务关注供应商和零售客户(消费者)之间的销售。网上商店是典型的支持 B2C 销售流程的 IS，公司客户利用它来输入和管理他们的订单。Amazon、REI 和 LLBean 就是使用网上商店的公司。

B2B 电子商务指的是企业之间的销售。如图 10-19 所示，原材料供应商和其他企业使用类似 ERP 系统的跨组织 IS 来整合 B2B 供应链。B2G 公司，即企业对政府的商业公司，将产品或服务卖给政府组织。在图 10-19 中，复合材料供应商和自行车零售商可能向政府机构出售他们的产品。

非商业公司

最常见的非商业性电子商务公司是拍卖公司和票据交换所。拍卖公司通过使用标准拍卖的 IS 版本来匹配买家和卖家。该应用程序使拍卖公司能够提供商品进行出售，并支持竞争性的拍卖过程。最著名的拍卖公司是 eBay，但还有很多其他的拍卖公司，许多公司服务于特定行业。

票据交换所以规定的价格提供商品和服务，并安排货物的运送，但它们并不拥有所有权。例如，Amazon 的一个部门是一个非商业票据交换所，允许个人或二手书店在 Amazon 网站上销售二手图书。作为票据交换所，Amazon 使用它的网站作为一个 IS 来匹配卖方和买方，然后从买方那里收取付款，再将付款转给卖方，同时减去佣金。

另一种类型的票据交换所是撮合买卖双方的电子交易所，类似于股票交易所。卖方通过电子交易所以给定的价格提供商品，而买方在同一交易所提出购买价格。若价格匹配即促成交易，电子交易所将从中收取佣金。

电子商务如何提高市场效率？

电子商务，无论是流程还是支持它们的跨组织的 IS，通过许多不同的方式提高了市场效率，如图 10-21 所示。首先，电子商务实现了去中介化(disintermediation)，即消除分销和供应商的中间层。你可以从常见的"实体"零售商(如 Philly Bikes)那里购买自行车,也可以通过 CBI 的网站直接从 CBI 购买自行车。如果你选择后一种方式,就会淘汰实体零售商,产品将直接从 CBI 的成品仓库存发货给你。这样你就消除了零售商的存货持有成本,也消除了运输开销和处理活动。由于零售商和相关的库存已成为不必要的浪费,因此去中介化提高了市场效率。

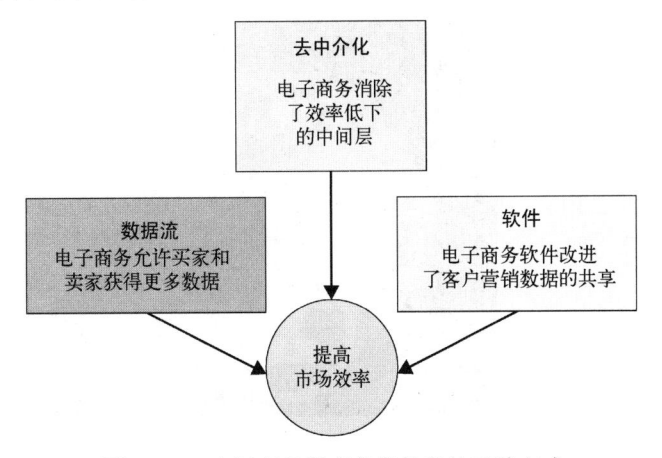

图 10-21 电子商务提高市场效率的三种方式

电子商务还改善了价格数据的流动性。作为消费者,你可以访问任意的提供产品价格比较的网站。你可以搜索你想要的自行车,并根据价格和供应商声誉对结果进行排序。你可以找到避免你所在州消费税的供应商,或者免运费的供应商。价格和条款数据的分布的改进,使你能够支付尽可能低的成本,并最终消除效率低下的供应商。市场作为一个整体变得更有效率。

电子商务提高市场效率的第三种方式是共享客户营销数据。Google 提供了两个改善消费者数据共享的例子:AdWords 和 Analytics。Google 凭借其 AdWords 软件开创了搜索广告的先机。

AdWords 是 Google 备受欢迎的按点击付费的广告产品。通过 AdWords,公司为特定的搜索词支付预定的价格。例如,Oracle 可能同意支付 2 美元购买 "software" 和 "business" 这两个单词。当用户使用 Google 搜索这些单词时,Google 将显示一个到 Oracle 网站的链接。如果用户点击了该链接(且只点击了该链接,不考虑接下来的操作),那么 Google 会向 Oracle 收取 2 美元的费用。如果用户不点击,则 Oracle 不会支付任何费用。

免费的 Google Analytics 软件也改善了客户数据共享,该软件使网站所有者能够收集网络流量数据。这些数据包括客户来自哪里(来自一个搜索引擎、另一个网站等)、客户访问了网站的哪些子板块,以及转化率,即最终购买的客户数量除以访问的客户数量的比率。分析师可以分析这类数据,并以增加销售额为目标对网站进行修改。Google Analytics 已安装在超过 50 万个受欢迎的网站上,通过改进客户数据的收集和共享,提高了市场效率。

Q10-6 2031 年有哪些新的信息系统会影响销售流程?

SAP 和电子商务将在未来几年继续对销售流程产生重大影响。然而,其他新兴的 IS 也可能有助于改进销售流程。这些 IS 如图 10-22 所示,包括社交 CRM、暗网、智能手机支付和服务增长。

社交 CRM

如前所述，改善客户流程的一种方法是通过数据共享。社交客户关系管理(CRM)是一个帮助企业从社交媒体收集客户数据并在 CRM 流程中共享的 IS，如图 10-23 所示。

图 10-22　到了 2031 年，这些 IS 将影响供应链流程

图 10-23　社交 CRM

企业使用社交媒体提供许多不同的客户接触点，客户通过这些接触点与企业进行互动。社交 CRM 数据来自 Facebook、Twitter、Snapchat、Pinterest、博客、评论网站和其他社交媒体上的用户互动。社交 CRM 系统收集这些数据并将其分发到各种 CRM 流程中。

暗网

暗网(darknet)是你经常使用的，位于 Internet 或表层网络之下的网络。暗网是深网(deep web)的一部分，深网是一种扩展的 Internet，其地址不被搜索引擎索引，如学术资源网站、会员制网站、用户访问一个网站时创建的动态页面、政府机构网站，以及公司内部网络。据估计，这个深网比表层网络大 100 倍。

暗网被有意隐藏，传统搜索引擎无法访问。访问暗网需要使用特殊的浏览器。这款浏览器的设计目的是寻找并连接到带有诸如"onion"等暗网扩展名的网站，并保持用户的匿名性。

智能手机支付

越来越多的消费者使用智能手机购物。在星巴克，顾客用手机购买咖啡和其他产品已经很常见了。当他们去星巴克时，将付款二维码显示在手机上，让收银员扫描即可支付。咖啡并不是人们用智能手机购买的唯一东西。在地铁的海报上，一家连锁超市展示了商品的图片及每件商品的二维码。购物者使用智能手机扫描二维码来登记购买，当天晚些时候，食品杂货就会被送到他们的家中。智能手机支付已经变得越来越普遍，到了 2031 年，这种类型的支付将主导消费者的购买。现在，在中国的主要城市，大多数年轻人已经不带现金或信用卡，只带智能手机即可支付。图 10-24 展示了常见的二维码扫描场景。

服务增长

在本章中，我们主要讨论的是自行车和滑板车生产商；然而，未来几年的销售增长是在服务领域，而不是在商品领域。经济体中的服务部门包括公共事业、交通、信息、会计、金融、专业和技术服务、租赁、教育、医疗保健、政府、娱乐和酒店。服务业将是大多数新就业岗位的来源。美国劳工统计局（Bureau of Labor Statistics）预测，从 2014 年到 2024 年，将近 95%的新增就业岗位出现在服务领域。

图 10-24　智能手机支付（来源：Nirat.pix/Shutterstock）

随着服务业的发展，新技术将成为主流。区块链等新技术将支持金融服务，聊天机器人将支持更多的客户服务和自助服务选项，服务分析将带来流程改进。不过，支持医疗保健的技术可能会引领潮流。支持医疗保健服务销售的技术范围将从类似 ERP 的系统（如第 8 章描述的 Epic），扩展到通过智能手机提供的医疗保健及远程医疗。在医疗保健行业之外，Apple 是一个很好的例子，说明了这种趋势是如何影响企业的。长期以来，Apple 一直是智能手机、笔记本电脑的非常成功的生产商。如今，Apple 正从生产商转向提供流媒体视频、新闻订阅和视频游戏订阅的数字服务提供商。随着这种服务持续增长，技术和技术性工作将越来越集中于服务领域。

2031 年的流程整合与你

技术可以帮助企业整合销售流程，你也可以。这本教材的目标之一是帮助你熟悉流程，并开始了解它们如何协同工作。我们首先解释了流程，然后讨论了一组流程如何在一个公司的供应链和 CRM 中协同工作。我们还将整合的概念应用于公司之间的流程。我们的目标一直是得出以下结论：流程必须很好地在一起协同工作。

在你从事的每一份工作中，在每一家大大小小的公司里，你都将在许多流程中发挥作用。如果你是一名会计，你的会计课程将帮助你做好扮演这类角色的准备；如果你像 Sue 一样从事销售工作，你的市场营销课程将帮助你做好成为一名销售人员的准备。但是，在你做的每一份工作和扮演的每一个角色中，如果你着眼于流程必须协同工作的全局，则你的工作将会变得更有效率。

在第 1 章中，我们提出了对你的职业生涯有价值的四种技能：抽象推理、系统思维、协作和实验。回想一下在那一章中，系统思考者是理解流程的输入和输出如何关联的人。这里我们可以用更具体的方式来表述，系统思考者就是流程思考者，优秀的系统思考者会考虑一个流程输出的变化将如何影响其他流程。

哪里有业务流程，哪里就可能有 ERP 系统。无论你是会计、供应链、市场营销还是金融专业的学生，毕业后的第一份工作都有可能使用 SAP 或其他 ERP 系统。你将希望能够像 Sue

在开篇的小插曲中那样解决问题，你将希望能够排除 Sue 遇到的问题。作为一名会计，你将负责付款并配置 SAP，以允许使用不同的付款方式并创建自动价格折扣。作为一名销售人员，你可以在 CRM 模块中记录每一个客户的交易，发布和编辑销售信息，并创建新的报告，这将有助于你的公司识别新的趋势和机会。这些活动将影响办公室之外的其他流程。如果你在开始之前已经掌握了 SAP 的一些技能，从而可以预测这些影响，那么你和你的老板将会很高兴。所以，利用一些时间来掌握这些章节中的词汇；学习如何导航到不同的窗口，并在屏幕内移动；思考流程及 ERP 系统如何改变和改进流程。

道德指南

我的道德可以出售吗？

假设你是 CBI 的一名销售人员。你的老板说这个季度所有销售人员的业绩都不佳。这太糟糕了，事实上，销售副总裁已经授权，新订单可以打八折。唯一的规定是，客户必须在季度结束前提货，以便会计部门可以登记订单。"开始打电话催账吧，"她说，"尽你所能。表现出你的创造力来。"

使用 CBI 的 CRM 系统，你可以确定你的高端客户，并向他们提供折扣优惠。第一位顾客不愿增加库存："我觉得我们卖不了那么多。"

"好吧，"你回答说，"如果我们同意下个季度收回你们没有售出的库存，怎么样？"（如果这样做，你就可以提高当前的销售额和提成，也帮助你的公司完成了季度销售计划。额外的产品可能在下个季度被退回，但你会想，"嘿，那是那时，现在是现在。"）

"好吧，"她说，"但我希望你在订单上明确规定退货的权利。"

你知道你不能把这些写在采购订单上，因为如果你这样做，会计部门就不会登记所有的订单。所以你告诉她，你会给她发一封电子邮件。这样既增加了订单，会计也会记录全部金额。

对于另一个客户，你尝试第二种策略。你没有提供折扣，而是以全价提供产品，但同意在下个季度支付 20% 的信用折扣。这样你现在就可以按全价预售了。你可以这样说："我们的市场营销部门使用新系统分析了过去的销售情况，我们确信增加广告会带来额外的销售。所以，如果你现在订购更多的产品，下个季度我们会退还你 20% 的订单金额作为广告费用。"

事实上，并不能确定客户是否会把钱花在广告上。相反，他们只会把功劳算在自己身上，坐拥更多的库存。这将导致你下个季度的销量下降，但你会在那时解决这个问题。

即使有了这些额外的订单，你仍未达到销售目标。在绝望中，你决定把产品卖给一个虚构公司，并找一个熟人假扮公司负责人。你建立了一个新账户，当会计打电话给你的熟人要求进行信用检查时，他会配合你的计划。然后，你向虚构公司出售价值 4 万美元的产品，并将产品运送到熟人的车库。会计核算了这个季度的收入，你终于完成了销售目标。下个季度的第一周，熟人就会把商品退回来。

与此同时，你不知道的是，CBI 的 SAP 系统正在调度自行车装配。装配时间表反映了你的活动（以及其他销售人员的活动）销售情况，并发现产品需求急剧增加。因此，它生成了一个计划，该计划要求大幅增加装配，并安排工人生产。接着，生产系统利用库存应用程序计划原材料需求，从而增加原材料采购以满足新增的生产计划。

讨论题

1. 考虑你写的同意收回未售出产品的邮件:
   a. 你的行为是否符合绝对命令的观点?
   b. 你的行为是否符合功利主义的道德标准?
   c. 如果那封邮件后来被曝光,你认为你的老板会怎么说?
2. 关于你提供的"广告"折扣:
   a. 你的行为是否符合绝对命令的观点?
   b. 你的行为是否符合功利主义的道德标准?
   c. 折扣对公司的资产负债表有什么影响?
3. 关于向虚构公司发货:
   a. 你的行为是否符合绝对命令的观点?
   b. 你的行为是否符合功利主义的道德标准?
   c. 你的行为合法吗?
4. 描述你的活动对下个季度库存的影响。

主动复习

Q10-1 销售流程的基本原理是什么?

描述销售流程、客户关系管理(CRM)和市场营销之间的关系。定义销售并解释销售流程中的活动和子活动。解释销售的首要原则。在价值链中定位销售流程。

Q10-2 没有 SAP 的 CBI 销售流程将如何工作?

确定 SAP 之前 CBI 的销售流程中由人扮演的三个角色,以及三个数据库。解释 CBI 在没有 SAP 的情况下销售流程中的主要活动,并确定完成每个活动的参与者及使用了哪些数据。描述一个报价。

Q10-3 使用 SAP 的 CBI 销售流程将如何工作?

阐述 CBI 的竞争战略。描述高效性目标及其 KPI。确定两个有效性目标和用于评估它们的 KPI。描述 CBI 如何使用实时价格折扣。用 SAP 解释销售流程中的主要活动。说明每个参与者为每个活动提供什么数据,以及每个参与者在屏幕上保存数据时 SAP 会做什么。描述 SAP 的销售流程如何帮助 CBI 实现其销售目标。

Q10-4 SAP 如何改进 CBI 的 CRM 流程?

解释数据共享和流程整合如何改进 CRM 流程。为什么试图改进一系列流程(如 CRM 流程)是一项挑战?

Q10-5 电子商务如何改进一个行业的流程?

定义电子商务。描述一个跨组织的 IS。商业公司和非商业公司有什么不同?解释三种类型的非商业公司。描述电子商务如何提高市场效率。解释 Google AdWords 和 Analytics 如何支持电子商务。

Q10-6　2031 年有哪些新的信息系统会影响销售流程？

描述社交 CRM 中使用的数据。描述深网和暗网，以及它们的区别。解释如何使用二维码和智能手机进行支付。列出服务领域中的几个行业。描述一下 Apple 向服务型经济的转型。解释流程整合如何影响你的业务未来。

关键术语和概念

拍卖　　　　　　　　　　可用性检查　　　　　　　　企业对企业（B2B）
企业对消费者（B2C）　　　企业对政府（B2G）　　　　　票据交换所
客户关系管理（CRM）　　　暗网　　　　　　　　　　　深网
去中介化　　　　　　　　电子商务　　　　　　　　　电子交换
跨组织 IS　　　　　　　　市场营销　　　　　　　　　商业公司
非商业公司　　　　　　　订单到现金（O2C）　　　　　报价
实时价格折扣　　　　　　销售　　　　　　　　　　　社交 CRM
网上商店

课后习题

10-1　本章介绍了服务流程和促销流程：
　　　a. 用 BPMN 绘制每个流程的示意图。
　　　b. 对于每个流程，指定 CBI 适用的高效性和有效性目标与 KPI。
　　　c. CBI 可以使用哪些新的 IS 技术来改进这些流程，如你在 b 部分中的 KPI 所指定的？

10-2　在第 1 章讨论的四种技能（抽象推理、系统思维、协作或实验）中，你将使用哪一种来完成习题 10-1？

10-3　即使实现了 SAP，仍可能出现输入错误。Wally、Sue 和 Ann 还会犯什么样的错误？描述每个人都可能犯的一个严重的错误，以及如何改变流程来防止这个错误。

10-4　想想你从哪家公司购买产品或服务。指定与该公司共享数据的时间和地点。你认为这家公司在收集这些信息方面做得好吗？

10-5　试想一下你从另一家公司购买了一种产品，却感到失望。识别可能存在问题的 CRM 流程。具体说明如何改进这个流程。

10-6　以快餐店或咖啡店为例，找出三个必须很好整合才能顺利执行的流程。指定流程必须共享哪些数据，或者哪些流程可以支持其他流程的目标。举一个例子，说明作为客户的你如何清楚地看到没有很好地整合的流程。

10-7　本章主要讨论产品销售，但是服务销售流程也很有用。以当地医院的门诊手术流程为例。

a. 使用 BPMN 绘制门诊手术流程图。
b. 当患者接受门诊手术服务时，他还会参与医院的哪些其他流程？
c. 流程之间应该交换哪些数据，如何实现与这些流程之间的协同作用？

10-8 描述一个你经常购买的服务(食物、健身、医疗、银行、软件、网络)，以及一个公司执行的流程(例如，餐厅服务流程、账单支付流程)。如图 10-4 所示，指定 3 个角色及 3~4 个活动。为每个角色和活动指定一个高效性目标、一个有效性目标和一个 KPI。

协作练习

团购网站 Groupon 通过其网站提供"每日交易"。Groupon 于 2008 年起源于芝加哥，并迅速蔓延至北美其他城市，随后遍及全球。Groupon 在其地理区域内提供每日交易服务。如果接受该交易的客户达到指定的最低数量，那么该交易将对所有签约的客户开放。每笔交易的优惠券可在交易公布的第二天提供给参与的客户。如果未能满足最低客户数量，交易将全部取消。

例如，一个受欢迎的水疗中心可能会通过 Groupon 为一个 125 美元的周末优惠券提供 50 美元的折扣。如果将最小客户数量设置为 500，并且就本例而言，有 800 名客户接受该报价，那么将通知这 800 名客户"交易开始了"。Groupon 从每位客户的信用卡上收取 75 美元。Groupon 存储客户的信用卡数据，这样客户就可以接受并参与交易，而不会有太多麻烦。通过向每个客户的信用卡收费，Groupon 可以预先获得资金。第二天，购买了 Groupon 折扣后的 800 名客户都可以登录到 Groupon 网站，浏览自己的 Groupon 列表，并打印 125 美元的优惠券。客户拿着优惠券去水疗中心，可以随时兑换项目。

参与其中的公司，比如水疗中心，并不需要预先向 Groupon 支付费用。团购网站 Groupon 从每笔 75 美元的交易中抽取一定比例的佣金，然后将剩下的部分支付给水疗中心。访问 Groupon 网站，了解更多有关其 CRM 流程的信息。

作为一个团队，请完成以下任务。

1. 创建流程图来显示 Groupon 的销售流程。首先，绘制一个类似图 10-2 的简单图例，只包含主要活动，然后绘制第二个类似图 10-5 的 BPMN 图。
2. 为水疗中心创建一个流程的 BPMN 图，其中显示了从第一次联系 Groupon 到水疗中心促销结束的活动。
3. 任务 1 和 2 中流程的目标是什么？将每一个目标标记为有效性或高效性目标。
4. 两家公司应该使用什么 KPI 来评估确定的目标的完成情况？
5. 描述 Groupon 收集的数据。哪些数据应该与水疗中心共享，哪些不应该，为什么？
6. Groupon 的采购流程整合了水疗中心的销售流程。这种整合是如何完成的？
7. Groupon 的销售流程整合了客户的采购流程。这种整合是如何完成的？
8. 图 10-22 中列出的哪些 IS 可以用来改善其促销或销售流程？解释公司将如何使用新的 IS。

> 案例研究

SAP 销售教程

本章的附录中给出了 SAP 销售教程。该教程指导学生使用销售流程，向一个客户 Philly Bikes 销售 5 辆自行车。完成教程的学习后，学生应回答下列问题。

问题

1. 如果你学习了第 9 章的 SAP 采购教程，那么 SAP 销售流程与 SAP 采购流程有何相似之处？它们有哪些重要的不同之处？
2. 创建 SAP 窗口并截图保存。在图片下方，提供以下问题的答案：
    a. 这个窗口出现在哪些活动中？
    b. 这个窗口名称是什么？
    c. 在它之前的窗口名称是什么？之后是什么窗口？
    d. 哪个参与者完成了这个活动？
    e. 描述这个参与者可能在窗口上做出的错误操作，以及 SAP 如何阻止错误的发生。
3. 制作有 4 个主要角色的非正式图表，包括客户（Philly Bikes）、销售人员（Sue）、仓库经理（Wally）和会计（Ann）。绘制箭头，显示这个流程中在参与者之间流动的数据。给出箭头编号，并在每个箭头上标出消息中包含的数据。
4. 使用上述 4 个主要角色，这次用箭头显示产品（自行车）是如何移动的。
5. 企业面临的一个问题是欺诈。一种欺诈手段是与虚假供应商合作。企业内部的共谋者接收根本不存在的货物的发票。为了让这个骗局生效，CBI 的哪位员工必须参与？SAP 流程如何减少这种类型的欺诈？
6. 选择采购流程中的任意活动或子活动。
    a. 什么事件触发了这个活动？
    b. 这个活动之后是什么活动？
    c. 如果该活动的一个数据项是错误的，那么在流程的其余部分会发生什么？
    d. 对于该活动的数据应该进行哪些限制（控制），以防止出现 c 部分描述的错误？
7. 学习了这些教程后，请就以下目标提出建议：
    a. SAP 可以使其软件更易于使用。
    b. 改进教程，以帮助新学生学习流程和 SAP。

附录 10　SAP 销售教程

本教程遵循图 10A-1 所示的销售流程[①]。图 10A-1 的上部类似图 10-4，显示了 3 个主要的销售活动——销售、发货和支付，以及它们的子活动（创建销售订单等）。在图 10A-1 的底部，我们添加了在销售流程中完成的 8 个 SAP 窗口。本教程将指导你完成每个窗口的操作。

---

① 本书的所有教程使用了 UCC 产品：SAP Intro to S/4 HANA with GBI 3.2。Fiori 界面可能会有所不同。

选择这 8 个窗口是为了保持本教程的简单性。为了进一步简化流程，我们从"创建销售订单"活动开始。如图 10A-1 所示，你将扮演 Sue、Wally 和 Ann 的角色。

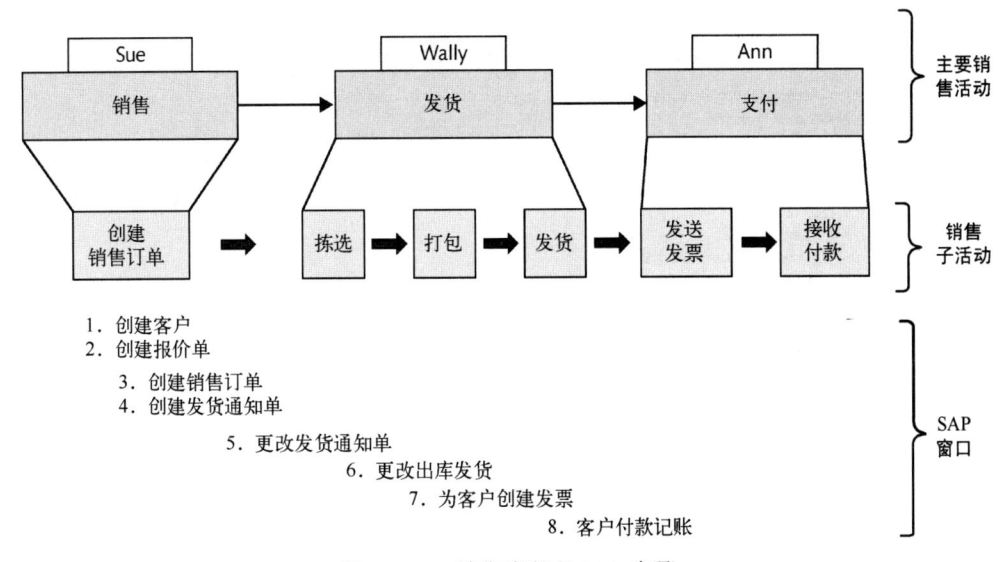

图 10A-1　销售流程和 SAP 步骤

第一个练习

在本教程中，我们将向 Philly Bikes 出售 5 辆黑色旅游自行车。此教程中我们的公司是 Global Bike Inc.。

1. 创建客户（跳过——不适用于第一个练习）

2. 创建报价单（跳过——不适用于第一个练习）

3. 创建销售订单

第一个活动（创建销售订单）是由销售人员完成的。这项工作由 CBI 的 Sue 负责。通过以下选择，从 SAP Easy Access 窗口（见图 10A-2a）导航到 Create Sales Order 窗口：

Logistics > Sales and distribution > Sales > Order > Create

还可以通过 Fiori 磁贴来访问 Create Sales Order 窗口，如图 10A-2b 所示。在 Fiori 主菜单上，从顶部水平菜单中选择 Sales and Distribution（销售和分销），然后选择 Create Sales Order 磁贴。

然后弹出 Create Sales Document 窗口（见图 10A-3）。在该窗口的相应项中输入 OR（Standard Order）、UE00（US East）、WH（Wholesale）和 BI（Bicycles）。就像第 9 章的教程一样，图 10A-3 中 Sales Organization 文本框的最后两位是数字"0"而不是字母"O"。

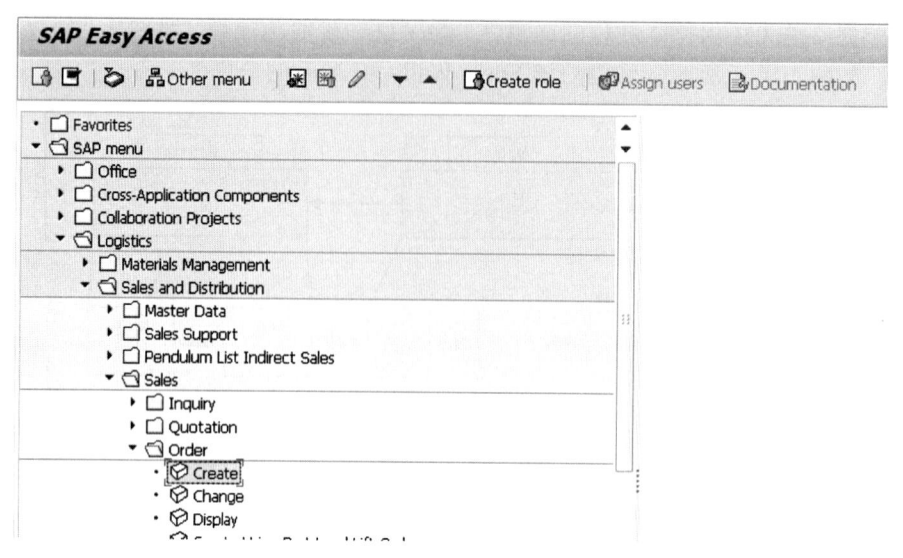

图 10A-2a　SAP Easy Access 窗口（来源：© 2020 SAP SE. All rights reserved.）

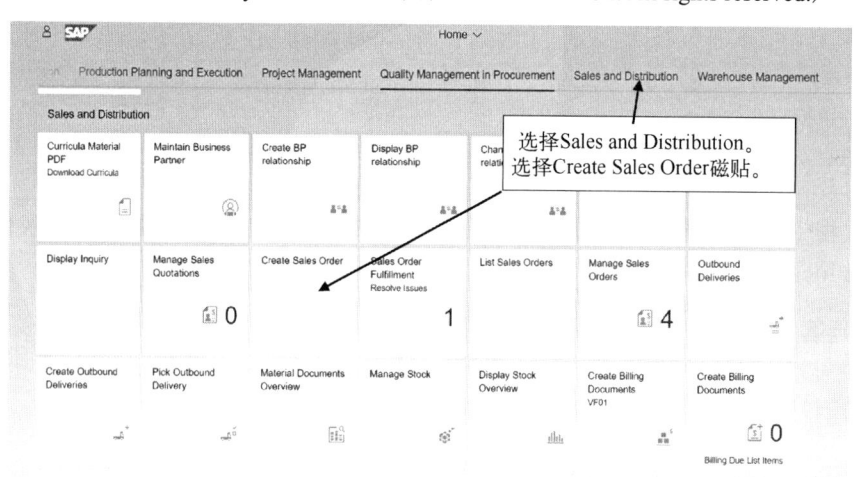

图 10A-2b　SAP Fiori 磁贴（来源：© 2020 SAP SE. All rights reserved.）

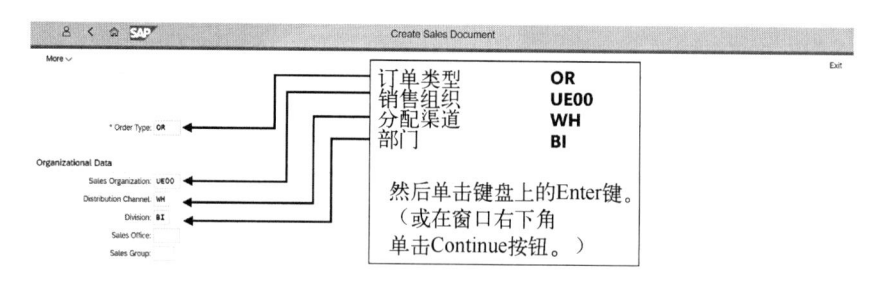

图 10A-3　创建销售文档窗口（来源：© 2020 SAP SE. All rights reserved.）

接下来出现的是 Create Standard Order: Overview（创建标准订单：概览）窗口（见图 10A-4）。

图 10A-4　Create Standard Order: Overview 窗口（来源：© 2020 SAP SE. All rights reserved.）

之后将弹出以下的搜索窗口（见图 10A-5）。

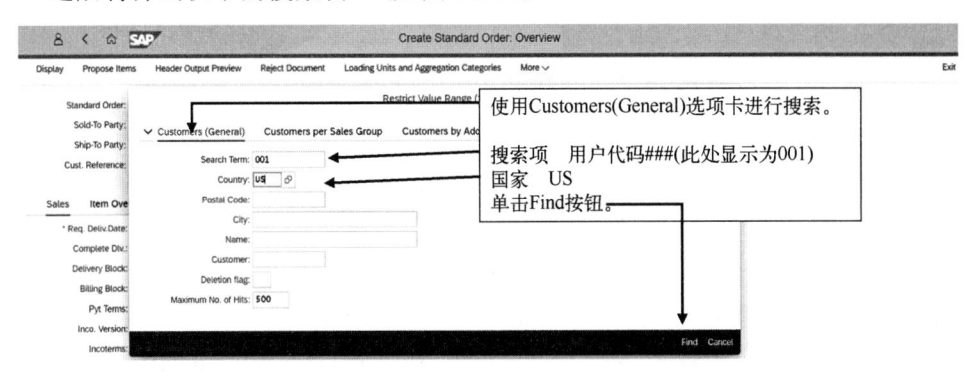

图 10A-5　搜索窗口（来源：© 2020 SAP SE. All rights reserved.）

搜索结果如图 10A-6 所示。

图 10A-6　客户列表（来源：© 2020 SAP SE. All rights reserved.）

选择 Philly Bikes（窗口中显示为大写形式）后，系统返回 Create Standard Order: Overview 窗口（见图 10A-7）。请注意，Philly Bikes 代码出现在 Sold-To Party 文本框中。PO 编号（本教程中的 65430）由 Philly Bikes 指定，也出现在销售订单中，这样他们的采购订单和我们的销售订单就建立了连接。

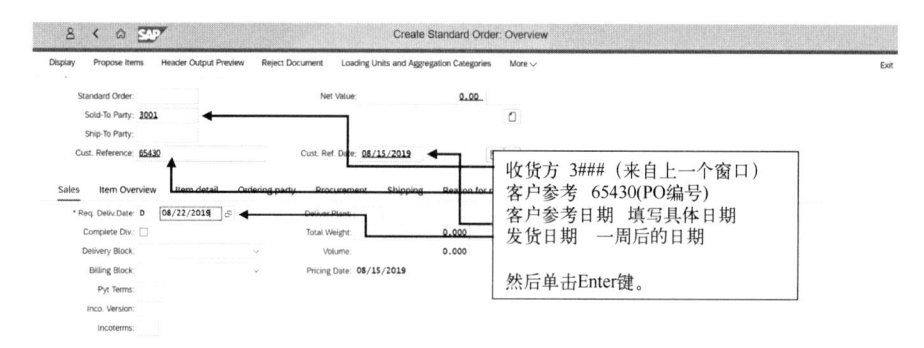

图 10A-7　返回 Create Standard Order: Overview 窗口（来源：© 2020 SAP SE. All rights reserved.）

然后单击 Enter 键，弹出一个警告窗口（见图 10A-8）。

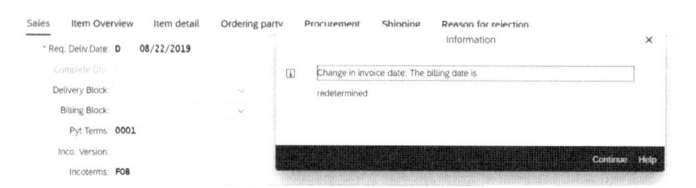

图 10A-8　弹出的警告窗口（来源：© 2020 SAP SE. All rights reserved.）

单击 Continue 按钮。系统检索关于客户 Philly Bikes 的数据，并显示一个更新的 Create Standard Order: Overview 窗口（见图 10A-9）。在这个窗口上，现在需要输入我们正在销售的产品。

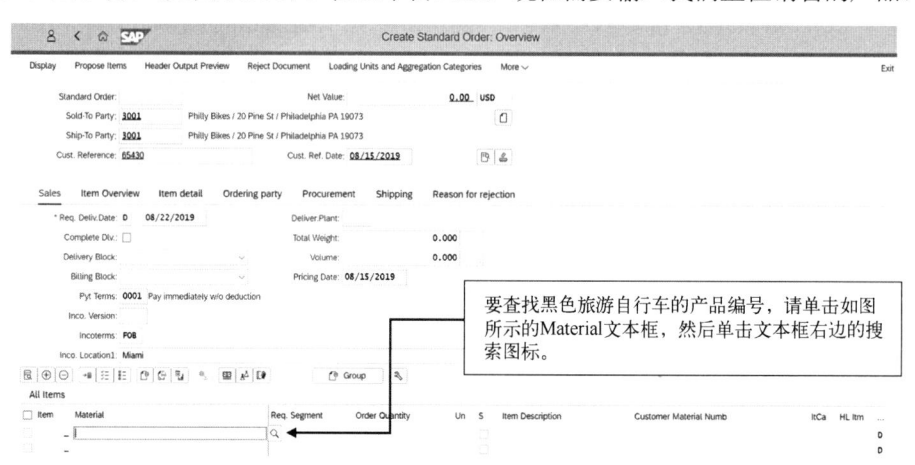

图 10A-9　更新的 Create Standard Order: Overview 窗口（来源：© 2020 SAP SE. All rights reserved.）

单击搜索图标后，将将弹出产品搜索窗口（见图 10A-10）。

图 10A-10　产品搜索窗口（来源：© 2020 SAP SE. All rights reserved.）

然后将重新加载一个新的产品搜索窗口(见图 10A-11)。如图 10A-11 所示。

图 10A-11　加载一个新的产品搜索窗口(来源：© 2020 SAP SE. All rights reserved.)

这时将会显示可以销售的产品(见图 10A-12)，选择 DELUXE TOURING BIKE(BLACK)。

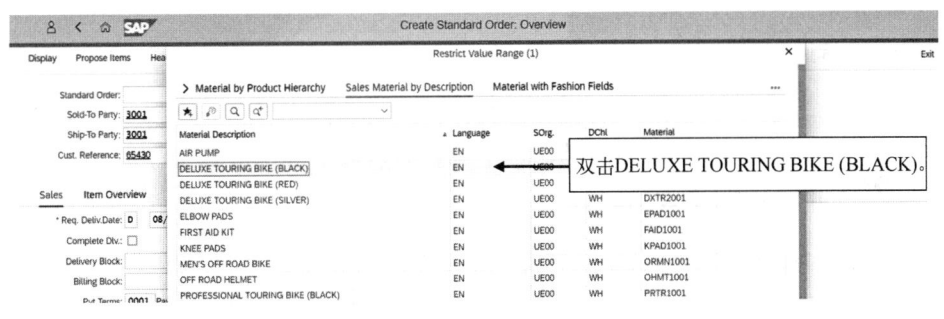

图 10A-12　选择可以销售的材料(来源：© 2020 SAP SE. All rights reserved.)

然后返回到 Create Standard Order: Overview 窗口，这时 DELUXE TOURING BIKE(BLACK)的产品编号显示在 Material 区域(见图 10A-13)。

系统将检查可用性，并检索产品编号、总质量、净价和其他数据，如图 10A-14 所示。
现在就创建完了销售订单。单击窗口左上角的"<"图标，返回 SAP 主窗口。

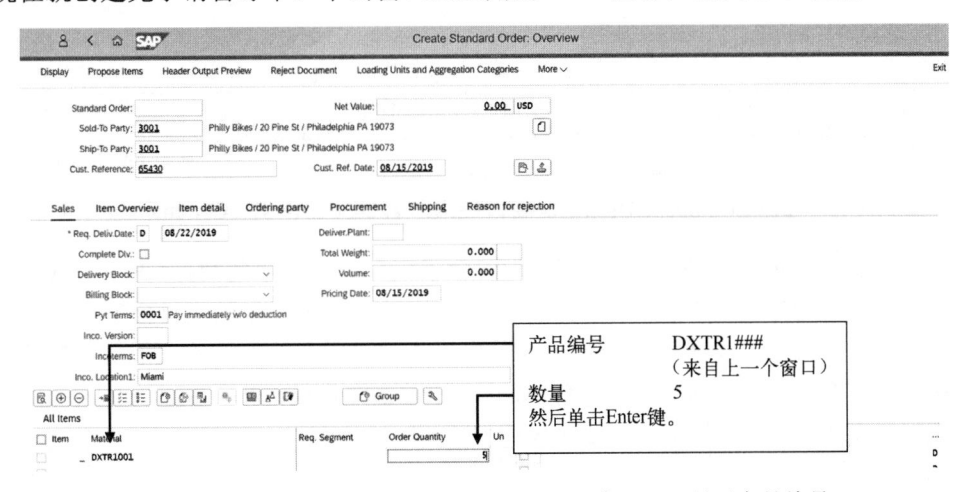

图 10A-13　Create Standard Order: Overview 窗口——显示产品编号
(来源：© 2020 SAP SE. All rights reserved.)

273

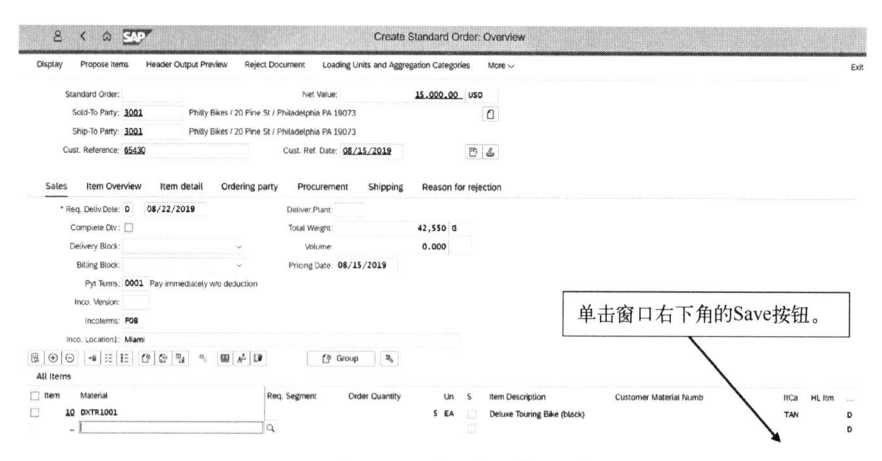

图 10A-14　Create Standard Order: Overview 窗口——确认产品数据（来源：© 2020 SAP SE. All rights reserved.）

4．创建发货通知单

要启动一系列仓库活动，例如拣选、打包和发货，必须首先创建一个"出库发货"（Outbound Delivery）活动，这也是销售人员负责的一项工作。通过以下操作，从 SAP Easy Access 窗口导航到 Create Outbound Delivery 窗口：

Logistics > Sales and Distribution > Shipping and Transportation > Outbound Delivery > Create > Single Document > With Reference to Sales Order

如果使用的是 Fiori 磁贴，请选择 Create Outbound Deliveries 磁贴。

当 Create Outbound Deliveries 窗口出现时（见图 10A-15），应该自动加载销售订单编号，它应该与你刚刚在"创建销售订单"活动中创建的编号相对应。请注意，发货地点是我们的 Miami 工厂。此外，销售订单编号不是你的客户代码。

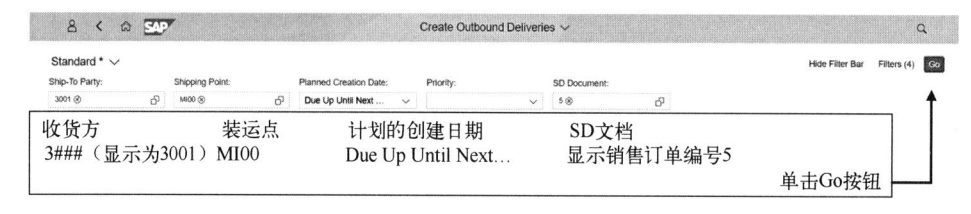

图 10A-15　Create Outbound Deliveries 窗口（来源：© 2020 SAP SE. All rights reserved.）

这时，Create Outbound Deliveries 窗口中包含了来自销售订单的数据（见图 10A-16）。

通过创建发货通知单，SAP 系统确保产品可用，并能满足指定的交付日期。SAP 系统为这个发货通知单分配了一个唯一的编号，并且可以将其显示在状态栏的左下角。在某些情况下，你将看到一个弹出框，显示"Log Created"而不是发货通知单编号。

单击窗口左上角的"<"图标，返回 SAP 主窗口。

5．更改发货通知单

Logistics > Sales and Distribution > Shipping and Transportation > Outbound Delivery > Change > Single Document

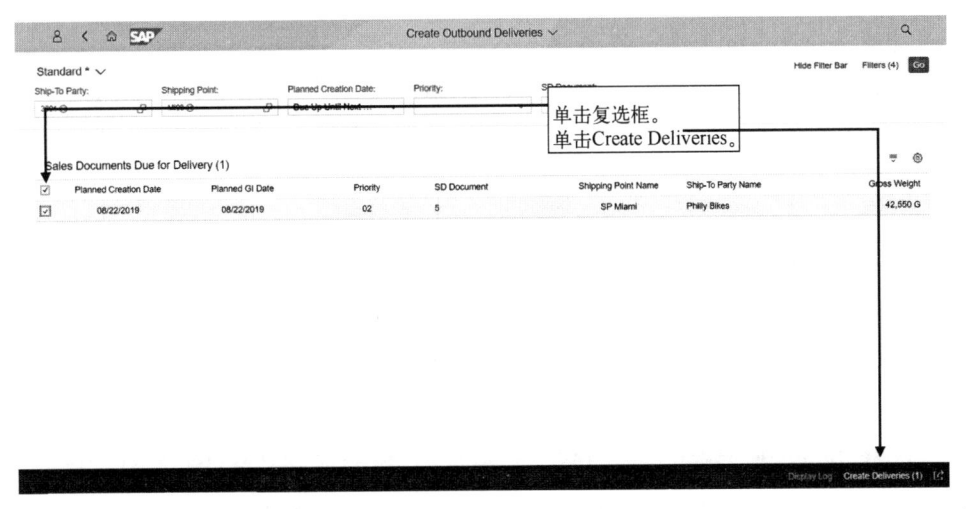

图 10A-16　Create Outbound Deliveries 窗口中的数据（来源：© 2020 SAP SE. All rights reserved.）

如果使用的是 Fiori 磁贴，请选择 Pick Outbound Delivery 磁贴。

当拣选一个销售订单的产品时，产品将从它的存储位置移动到打包区域。产品的拣选活动，以及接下来的两个活动——打包和发货，都是由仓库经理完成的，也就是 CBI 的 Wally。为此，我们必须更改发货通知单。这个活动中第一个要操作的是图 10A-17 的 Pick Outbound Delivery（拣选出库发货）窗口。

图 10A-17　Pick Outbound Delivery 窗口（来源：© 2020 SAP SE. All rights reserved.）

通过搜索条件查找发货通知单，如图 10A-18 所示。

如果之前没有显示发货通知单编号，那么现在可以在 Delivery 列看到。

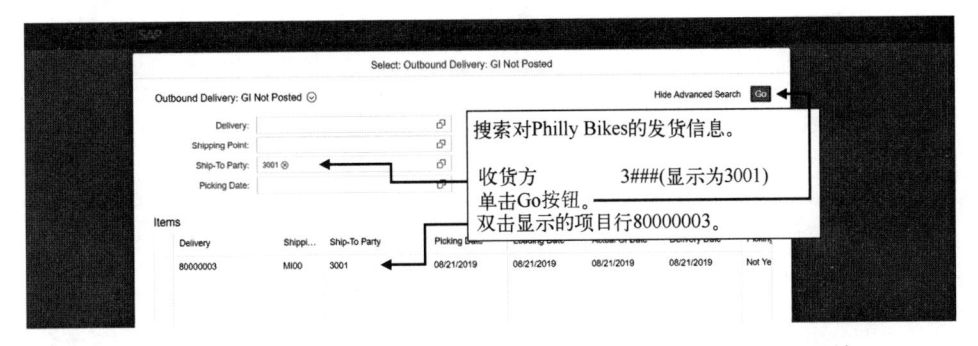

图 10A-18　查找发货通知单（来源：© 2020 SAP SE. All rights reserved.）

Pick Outbound Delivery 窗口现在如图 10A-19 所示。

输入提货数量，展开 Delivery Item 项，可以看到存储位置的详细信息，如图 10A-20 所示。

单击 OK 按钮，返回 Pick Outbound Delivery 窗口，单击 Save 按钮保存发货通知单（见图 10A-21）。

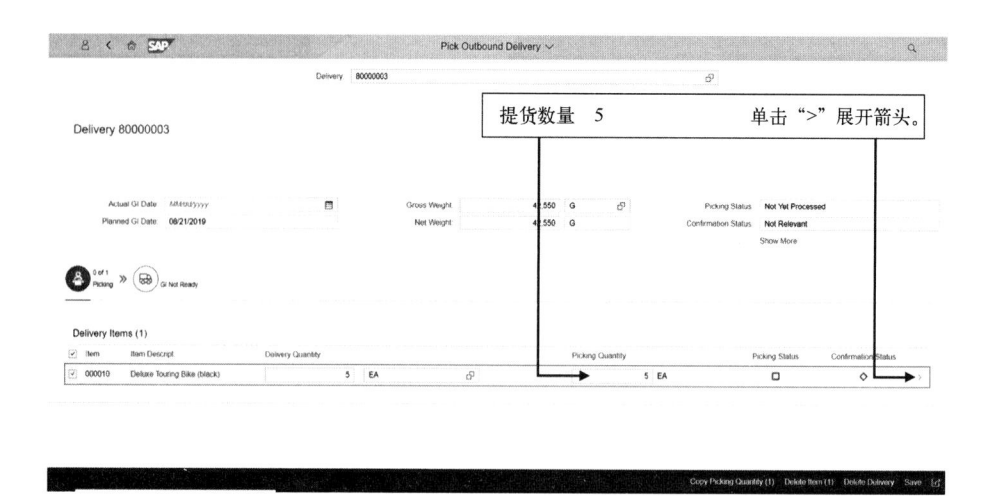

图 10A-19　更新后的 Pick Outbound Delivery 窗口（来源：© 2020 SAP SE. All rights reserved.）

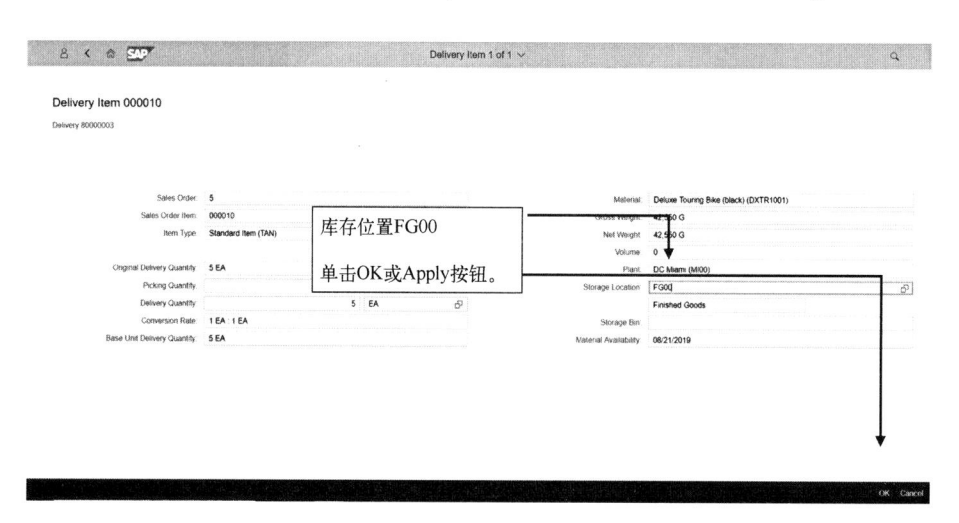

图 10A-20　查看库存位置（来源：© 2020 SAP SE. All rights reserved.）

图 10A-21　保存发货通知单（来源：© 2020 SAP SE. All rights reserved.）

这时，状态栏中可能会出现一条消息，确认后再次保存发货通知单。该通知单编号与第4步中创建的通知单编号相同。单击窗口左上角的"<"图标，返回 SAP 主窗口。

6．更改出库发货

Logistics > Sales and Distribution > Shipping and Transportation > Outbound Delivery > Change > Single Document

如果使用的是 Fiori 磁贴，请选择 Manage Outbound Deliveries 磁贴。

拣选活动结束后，由 Wally 完成打包活动。打包活动并不需要使用 SAP 窗口。接下来是投递（posting）活动，也称为发货（shipping）。当发生投递活动时，产品从 GBI 转移到 Philly Bikes，并且 GBI 的库存减少。这些产品的合法所有权也会转手。在该活动中，首先进入 Outbound Deliveries（出库发货）窗口，如图 10A-22 所示。

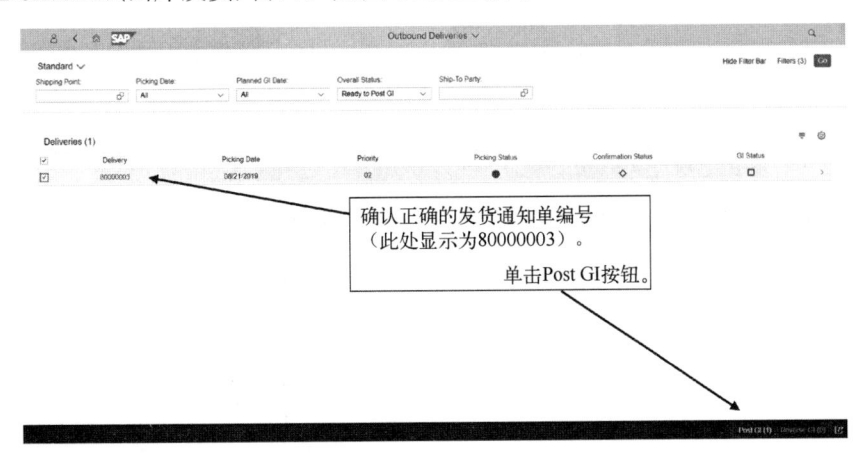

图 10A-22　Outbound Deliveries 窗口（来源：© 2020 SAP SE. All rights reserved.）

如果在窗口的下半部分没有出现发货通知单编号，则进行搜索。在窗口上方的 Ship-To Party 文本框中输入 3###，然后点击 Go 按钮。

单击 Post GI 按钮后，可能会弹出一个窗口要求输入日期，使用当天的日期即可。

单击窗口左上角的"<"图标，返回 SAP 主窗口。

7．为客户创建发票

此活动为已发货的自行车创建发票。这张发票将发送给客户。发送发票和收款是会计的工作，也就是由 CBI 的 Ann 完成。

Logistics > Sales and distribution > Billing > Billing Document > Process Billing Due List

如果使用的是 Fiori 磁贴，请选择 Create Billing Documents VFO1 磁贴。

在该活动中，首先进入 Create Billing Document（创建账单文档）窗口，如图 10A-23 所示。

然后出现 Maintain Billing Due List（维护账单到期列表）窗口，如图 10A-24 所示。

在图 10A-25 的 Maintain Billing Due List 窗口中单击 Individual Bill Document（个人账单文档）按钮。

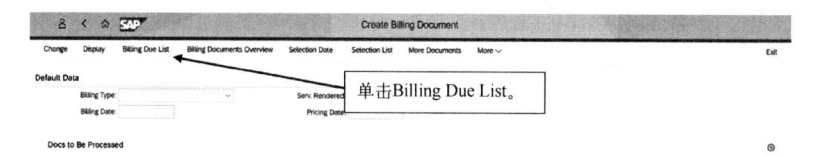

图 10A-23　Create Billing Document 窗口（来源：© 2020 SAP SE. All rights reserved.）

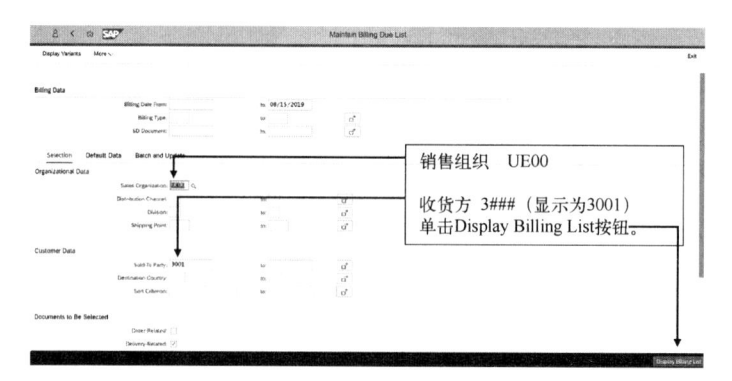

图 10A-24　Maintain Billing Due List 窗口（来源：© 2020 SAP SE. All rights reserved.）

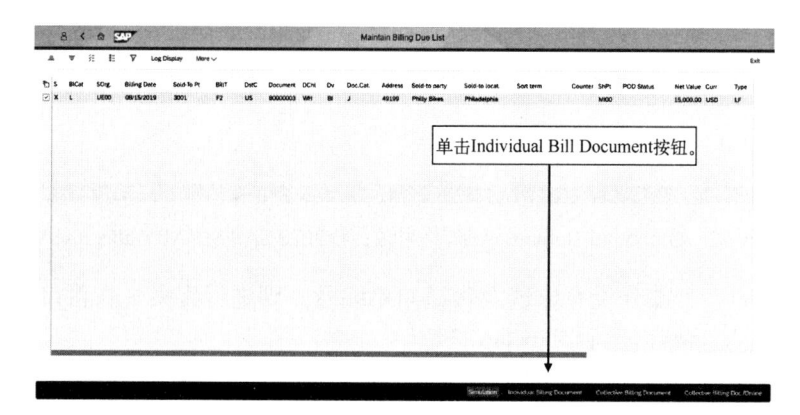

图 10A-25　单击 Individual Bill Document 按钮（来源：© 2020 SAP SE. All rights reserved.）

我们在图 10A-26 中创建了一张发票。

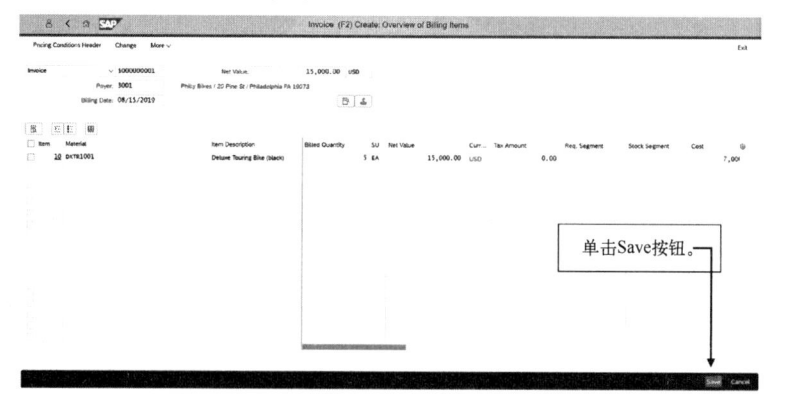

图 10A-26　创建发票（来源：© 2020 SAP SE. All rights reserved.）

这样就完成了发票的创建。随后返回 SAP 主窗口。

8. 客户付款记账

Accounting > Financial Accounting > Accountants Receivable > Document Entry > Incoming Payments

如果使用的是 Fiori 磁贴，请选择 Post Incoming Payments 磁贴。

在前面的活动中，我们向 Philly Bikes 发送了一个账单。Philly Bikes 现在已经向我们支付了 15 000 美元。在下面的活动中，我们记录收到的付款。在该活动中，首先进入 Post Incoming Payments（记账付款）窗口，如图 10A-27 所示。

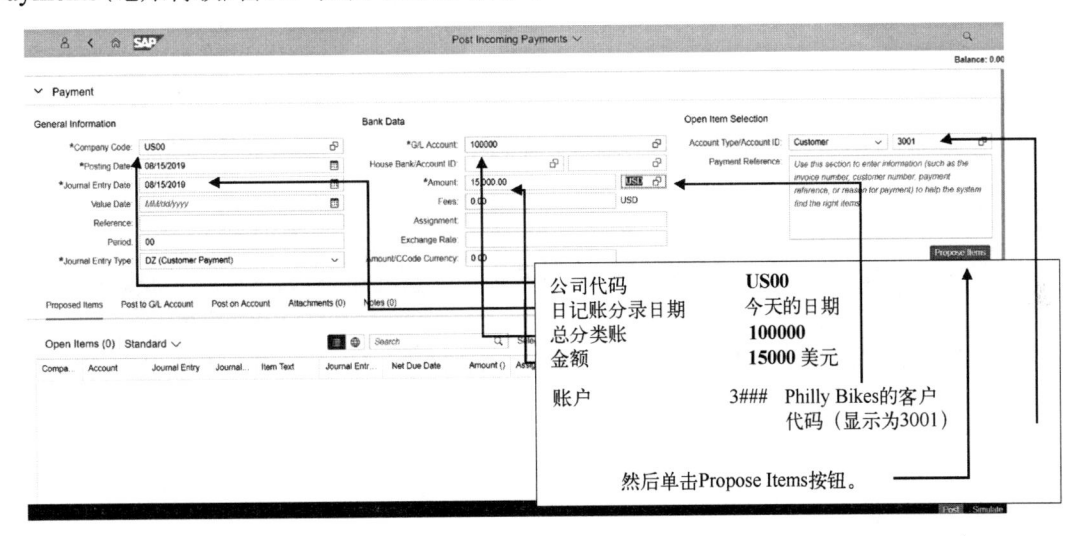

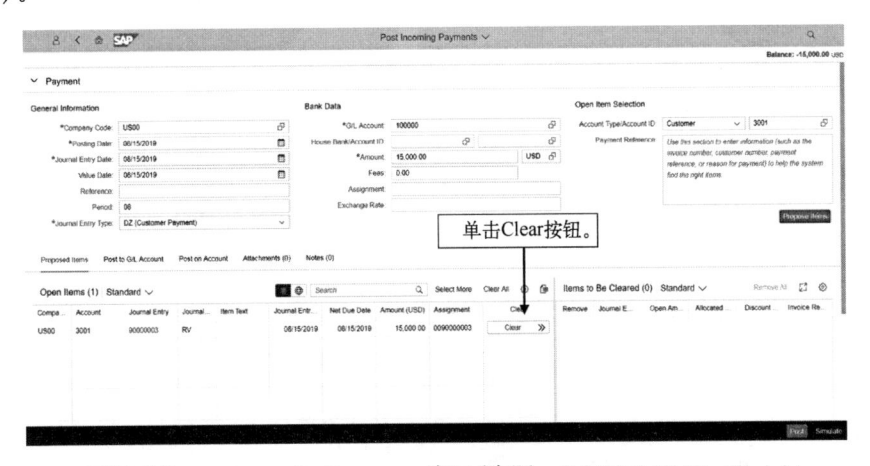

图 10A-27　Post Incoming Payments 窗口（来源：© 2020 SAP SE. All rights reserved.）

SAP 将找到与该客户对应的 Open Items，并将更新 Post Incoming Payments 窗口的信息（见图 10A-28）。

图 10A-28　更新后的 Post Incoming Payments 窗口（来源：© 2020 SAP SE. All rights reserved.）

单击 Clear 按钮，这会将打开的要复制的项目移动到右侧的 Items to Be Cleared 区域（见图 10A-29）。然后单击 Post 按钮。

这样就成功实现了客户付款记账，如图 10A-30 所示。

可以单击 Display 按钮来查看日记账分录，如图 10A-31 所示。

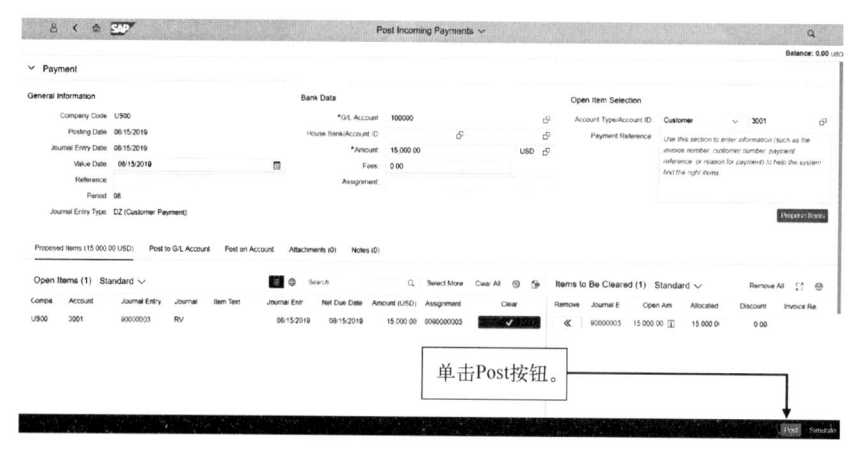

图 10A-29　客户付款记账（来源：© 2020 SAP SE. All rights reserved.）

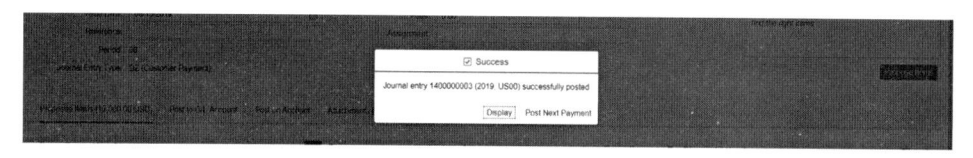

图 10A-30　成功完成客户付款记账后的提示（来源：© 2020 SAP SE. All rights reserved.）

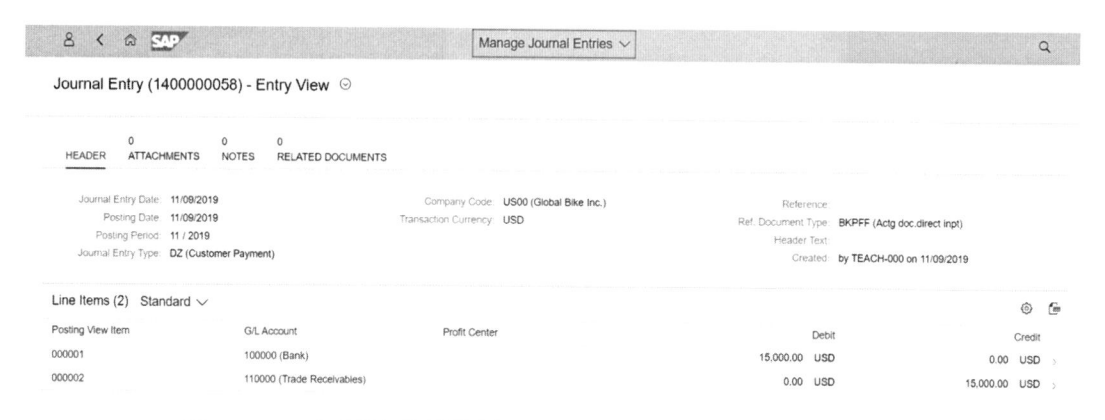

图 10A-31　查看日记账分录（来源：© 2020 SAP SE. All rights reserved.）

记录日记账分录编号，然后返回 SAP 主窗口。这个教程的学习就完成了。

问题

1. 本教程的销售流程与第 9 章的采购流程有什么不同？
2. 什么是成品？还有哪些其他类型的库存地点？（利用 Internet。）
3. 欺诈是企业面临的主要风险。欺诈的一种类型是创造一个虚构的供应商，然后向他们支付从未收到的货物的款项。ERP 系统如何使这类欺诈更难发生？

尝试一下

你将向 Philly Bikes 出售 10 辆自行车。

使用编号为 65431 的 PO，PO 日期选为当天的日期，要求的交付日期是从当天开始的一周内。

一周内发货，把 Miami 作为发货地点。货物总价是 32 000 美元。

创建销售订单

在 Create Sales Order 窗口中输入以下数据。

> Order Type **OR**
> Sales Organization **UE00**
> Distribution Channel **WH**
> Division **BI**
> **ENTER**
> Enter the next four items on the Create Standard Order: Overview screen.
> Sold-To Party **3###** Your customer number for Philly Bikes
> PO Number **65431**
> PO date **Today's date**
> Req. delv.date **One week from today**
> Enter the material data:
> Material **PRTR1###**
> Order Quantity **10**
> **SAVE**

出库发货

> Shipping point **MI00**
> Selection date **One week from today**
> Order **Your sales order number** (automatic, from the previous step)
> **SAVE**

更改出库发货

单击 Enter 键。在 Outbound Delivery Change: Overview 窗口输入以下数据。
记得先单击 Picking 选项卡。

> SLoc **FG00**
> Picked Qty **10**
> **SAVE**

确认文档编号无误后，单击 Post Goods Issue 按钮。

维护到期账单到期列表

在 Maintain Billing Due List 窗口中输入以下数据。

> Sales Organization **UE00**
> Sold-To Party **3###** Your customer number for Philly Bikes
> **CLICK ON** DisplayBillList button and the Collective Billing Document button

客户付款记账

在 Post Incoming Payments 窗口中输入以下数据。

> Document Date **Today's date**
> Company Code **US00**
> Currency/Rate **USD**
> Account **100000**
> Amount **32000**
> Account **3###** Your customer number for Philly Bikes
> **CLICK ON** Process Open Items button then SAVE

第四部分

动态流程与信息系统

在第三部分的第 7 章～第 10 章中，我们讨论了结构化的操作性流程及支持它们的信息系统。第四部分的两章将继续讨论流程和信息系统，不过关注的是结构化程度较低、动态性较高的流程。这些章节从三个方面讨论了信息系统，即协作、社交媒体和分析，以及动态（业务）流程。这些动态流程不像你在第 9 章和第 10 章学习的采购和销售流程；动态流程既不是预先定义的，也不是固定不变的。然而，这并不意味着它们是非结构化的。动态流程有一个结构，但它们的结构通常是动态创建的，其中的活动是流动的，经常更改并与其他流程混合，它们通常包括大量回溯和迭代。例如，当你和你的朋友就去哪里吃饭进行商议（协作）时，你执行的就是一个动态流程——主题是临时提议的，变化很快，当有人否决了一个选择或时间时，你会原路径返回并重新开始这个流程。

诸如协作、社交媒体和分析等动态流程主要用于支持其他业务流程。在你和你的朋友一起商量去哪里吃饭的例子中，目的是选地点吃饭，而不是进行协作。在这些章节中，我们将研究这三个动态流程如何支持业务流程，如项目管理、促销和决策制定等。

尽管对于动态流程和结构化的操作性流程而言，指定目标和度量一样重要，但是动态流程通常只有较少被广泛接受的目标和度量。目标不能被广泛接受，是因为它们往往是动态的，随着参与者、输出和情况的变化而变化。此外，虽然动态流程有实现特定目标的活动，但实现这些目标的手段却大不相同。与结构化流程的另一个区别是，动态流程通常不使用 BPMN 等技术绘制图表。正如你将要看到的，当我们使用这些技术时，活动将变得更通用，例如"分析数据"活动就很实用。

为了帮助你理解这三个动态流程及其支持的业务流程，接下来的每一章都遵循类似的内容结构。首先，我们在第 11 章讨论协作和社交媒体流程，在第 12 章讨论分析流程；然后，我们解释支持该流程活动的信息系统；最后，我们讨论了信息系统如何在实际业务流程中支持这些活动。这三个动态流程的概述如图 P4 所示。

在我们开始学习之前，请记住每一章的标题——"协作、社交媒体"及"分析"，都可用于命名相关的流程和支持它们的信息系统。不过，人们经常将流程与支持它们的信息系统相混淆，所以当他们不区分这两者时请不要感到惊讶。

动态流程	目标	关键活动	信息系统示例	包含活动的业务流程
协作 第 11 章	成功的输出 团队能力的增长 有意义和令人满意的体验	沟通 迭代	SharePoint Google Drive 电子邮件	项目管理 工作流
社交媒体 第 11 章	对于人——归属感 对于企业——支持策略 对于应用程序提供商——市场份额	创建内容 分享内容	Facebook Twitter LinkedIn	促销 客户服务
分析 第 12 章	评估通知 预测通知	获取 分析 发布	Excel SAP Business Objects Tableau	决策 下一个最佳购物建议 反恐

图 P4　第四部分的三个动态流程

第 11 章

协作、社交媒体和信息系统

"你的滑板车是个危险的东西。它差点要了我的命！！！"

CBI 的首席财务官 Bob Rohrs 正在读一条推文，这条推文马上从他的手机被发送给销售总监 Collin Newton。

Bob 显然很担心，"Collin，我们怎么删除这个用户？这个家伙可能不会操作烤面包机！！"

收到 Bob 的电话后，Collin 回答说："我现在看到了，还有很多其他用户的后续推文。看看这条：你们的滑板车让我的通勤变成了一场噩梦。这里有一个原创的东西，'滑板车杀死的人比鳄鱼杀死的还多。'你看到这个视频了吗，一个家伙开着滑板车撞到树上？哎哟。"

"谢谢你，Collin，这些我都没看到，这让我感觉好多了。但为什么第一次的谩骂会没完没了呢？如今，一次咆哮还不够吗？"

"我认为他希望我们在某个时刻倾听并做出回应。他还在 TikTok 上发表了有趣的吐槽。"

Bob 正在寻找一种让自己平静下来的方法："这种事情每天都在发生，对吧，所以也许没有人会注意到。"

"可能吧，老板。但我认为我们不应该只抱着希望。"

"我们可以删除这些帖子吗？"

"不行的，帖子已经存在了。如果我们这样做，会显得傲慢和不屑。所以，让我们谈谈我们自己的观点。"

"我们是怎么看待这件事的？"

"我们可以声称，投诉很少，而且这款滑板车已经被一些使用者评为高安全级别，但我认为我们会输掉这场争论。我们会显得很保守，就好像我们不在乎一样。"

"那我们该怎么办呢？Collin，我们必须做点什么，否则，这些推文就会源源不断地出现，我们的声誉就会受损。"

"关键是重新赢回信任。所以，让我们为你录制一段关于安全的个人承诺视频，并在发帖时强调这一点。"

Collin继续说："未来，我们可以设置这样的功能，当我们在推文中被提及时，营销人员会立即收到通知，以便他们能够迅速做出回应。我们需要的是一个一致的程序，以便合适的人员得到通知，他们有预先批准的应对方案。"

Bob还在考虑这个主意的时候，Collin继续说了下去。

"我们还可以利用社交媒体来传达一些积极的事情，讲述我们的正面故事——滑板车如何节省燃料、减少全球变暖、使交通更方便，诸如此类的事情。这就是我们所做的，这也有助于提升员工的士气。每个人都喜欢被称赞，他们从事的是一个帮助他人的行业。"

"Collin，去组织我们的应对计划，安排我去拍安全视频。"

"好的，老板。如果你不介意的话，我们会给你写一个脚本，这样你就可以很好地为这个视频定调了。"

本章概述

Q11-1 什么是协作，协作流程的目标是什么？
Q11-2 协作信息系统的关键组件是什么？
Q11-3 协作信息系统如何支持沟通和迭代活动？
Q11-4 协作信息系统如何支持业务流程？
Q11-5 什么是社交媒体，社交媒体的目标是什么？
Q11-6 社交媒体信息系统的关键组件是什么？
Q11-7 社交媒体信息系统如何支持创建和分享活动？
Q11-8 社交媒体信息系统如何支持业务流程？
Q11-9 企业如何管理社交媒体的风险？
Q11-10 信息系统如何将协作和社交媒体结合起来支持业务流程？

本章预览

我们人类是群居动物。为了工作，为了娱乐，为了生活的意义，我们彼此分享、关心、交流和倾听。在本章中，我们将研究两种强调沟通的信息系统(IS)——协作和社交媒体信息系统，每一种都有90%的成年人在使用。我们在书中讨论了协作和社交媒体信息系统的原理：信息系统的五个组件、流程活动及信息系统如何支持业务流程。我们将协作和社交媒体流程视为动态流程及流动和不断变化的过程，其中的信息系统程序是支持性的。

我们从动态协作流程和协作中使用的信息系统开始讨论。接下来，我们将讨论协作信息系统如何支持特定的协作活动，然后讨论协作信息系统如何支持实际业务流程中的协作活动。你的许多工作都需要某种形式的协作，如果将这些知识应用到协作中，那么将提高工作质量。然后，我们使用同样的方法来解释社交媒体。我们首先分析社交媒体信息系统的组成部分，然后讨论社交媒体活动，最后分析社交媒体信息系统如何在实际业务流程中支持社交媒体活动。我们相信，企业使用社交媒体背后的一个关键原则是信任。

在本章的最后，我们简要介绍了几项既有协作性又有社交性的技术——Reddit、WhatsApp、Uber和Airbnb，以及企业可以从这些技术中学到什么。

协作和社交媒体一直都很受欢迎。此外，COVID-19 病毒的流行及由此产生的远程工作和通信需求，导致这些信息系统的使用显著增加。

Q11-1 什么是协作，协作流程的目标是什么？

商业就是协作，它是一种社会活动，一种团队运动。协作团队完成为客户创造价值的工作；它是把一个组织凝聚在一起的黏合剂。虽然协作在商业中变得越来越普遍，但它的回报却不成正比。就在 20 多年前的航空业中，飞机机舱中的"国王"是机长（大多数机长为男性），副驾驶和飞行工程师被要求保持沉默，否则可能会失去工作。而空乘人员则与机长保持距离，协作意味着给机长倒咖啡。如今，机舱中的协作大大增强，这不仅关乎于飞行，也关乎于乘客的需求。Sullenberger 机长曾将他那架受损的空客飞机安全地降落在 Hudson 河上。他表示在过去 20 年里，这种更好的协作使航空事故显著减少。采用许多相同的协作理念，由医生、护士和其他专业人员组成的医疗保健团队在患者的诊断和治疗方面变得更加协作，其结果是医疗事故显著减少。正如在第 1 章中提到的，有效的协作是一种越来越普遍的商业技能。

当你阅读关于协作和支持协作的信息系统的重要概念时，最好的学习成果出现在你将这些经验应用到自己的团队以提高协作技能时。也许你已经进行协作并使用协作信息系统，但当你阅读本书时，可以问问自己，什么做得好，什么做得不好，是否可以使用这些想法来改善你的协作。如果在学术团队中使用这些想法，那么不仅能提高你的协作能力，还能让你为面试官提出的问题做好准备，例如"你为什么认为自己具有团队精神？"或者"你能告诉我一个你需要管理具有挑战性的团队的例子吗？"

首先，我们需要区分合作和协作这两个术语。合作（cooperation）是一群人一起工作的过程，所有人都做本质上相同类型的工作，以完成一项工作。四名油漆工组成一组，在同一个房间里各自粉刷一面不同的墙，他们在一起合作。类似地，杂货店的一群收银员或邮局的职员也在合作为顾客服务。一个合作的团队可以比一个人单独工作更快地完成给定的任务，但在质量上，合作的结果通常并不比一个人单独工作的结果更好。

协作的两个关键活动

在本书中，我们将协作（collaboration）定义为一个动态流程：一群人通过沟通和迭代一起努力，以实现共同的目标。一个人会提出一些东西，比如一份文件的草稿，并将草稿传达给另一个人，后者将审查草稿并交流反馈。根据反馈，原作者或其他人将修改初稿以生成第二稿。这项工作在一系列的阶段或迭代中进行，在这些阶段中产生一些东西，成员创建反馈，然后产生另一个版本。通过迭代和沟通，团队产生的结果可能比任何一个人单独产生的结果更好。这是可能的，因为不同的团队成员提供不同的视角。"哦，我从来没有这样想过"是协作成功的典型信号。

许多，也许是大多数学生团队依赖合作而不是协作。教师给出一项作业，五名学生组成一个小组，将作业分成五部分，各自独立完成，然后将独立完成的作业合并，交给教师评分。这种过程将使项目能够更快地完成，任何一个人的工作量都会减少，但不会比学生单独工作的结果更好。

相比之下，当学生协作工作时，他们会提出一个初步的想法或工作成果，然后就这些想法或成果相互交流并反馈意见，接着根据反馈意见进行修改。这样一个过程可以产生的结果远远优于任何学生单独工作所产生的结果。

有效的批评性反馈的重要性

团队沟通的一个关键方面是反馈——为了使协作成功，成员必须提供并接受批评性反馈。在协作流程中，团队成员相互学习，如果没有人愿意表达不同的、甚至不受欢迎的想法，那么就很难相互学习。

警告！

如果你和大多数商学院的本科生一样，尤其是大一、大二的学生，那么你的生活经历有可能让你无法欣赏协作的价值。到目前为止，几乎每个你认识的人都有和你一样的经历，也和你想的一样。大多数情况下，你的团队包含了与你年龄、经验和教育背景相似的其他人。那么，为什么要协作而不是单纯的合作呢？你可能会觉得团队里的每个人都是这么想的。

协作流程目标

与大多数业务流程一样，理解协作流程的关键是理解其目标。正如在第2章中提到的，像协作这样的动态流程通常强调有效性而不是高效性。在这里，我们概述了三个有效性目标，同时认识到协作也有一个潜在的高效性目标：满足时间和成本限制。这些目标如图11-1所示。

有效性
产品目标：成功输出
团队目标：团队能力的增长
个人目标：有意义且令人满意的体验
高效性
满足时间和成本限制

图 11-1　协作流程目标

产品目标：成功输出

协作的输出是交付物——学生团队的家庭作业、商业团队的预算计划或新产品。大多数学生主要关注的是这个目标，即完成一个成功的交付物。无论预期的输出是什么，第一个目标是"我们完成了吗？"

团队目标：团队能力的增长

团队目标和个人目标看中过程而不是输出，强调团队合作的良好程度而不是他们交付的产品。在商业中，团队合作通常会持续数月或数年，因此有必要问，"团队变得更好了吗？"如果你是一个足球迷，你肯定听到过大学的教练说过："随着赛季的推进，我们真进步了。"如果团队是永久性的，比如一个客户支持人员组成的团队，那么团队成长的好处就更大了。

一个团队如何变得更好？首先，它开发了更好的工作流程，其中的活动被合并或取消，沟通得到改善，个人的工作效率也得到提高。这种改进的一部分是学习曲线；当一个人反复做某件事时，他会做得越来越好。但是团队成员也会传授任务技巧，互相传授知识，并提供其他团队成员需要的视角。

个人目标：有意义且令人满意的体验

团队成功的第三个目标是团队成员有一个有意义且令人满意的体验。如果一个人的工作被认为是重要的，做这项工作的人也会被认为是重要的，那么这个经历就会被认为是有意义的。团队满意度的另一个度量标准是友情。商业人士和学生一样，当他们感觉自己是一个群体的一部分时，他们会充满活力；每个人都在做自己的工作，并共同努力来完成一些有价值的事情，这比任何人单独做都要好。

正如前面提到的，动态流程的目标往往不如结构化流程的目标容易被接受。如果你问团队成员，"团队的目标是什么——一个成功的结果，能力的增长，还是一个令人满意的经历？"你可能会从每个团队成员那里听到不同的答案。目标不仅因团队成员而异，而且在团队的整个生命周期中也会有所不同；在不同的时间点，不同的目标有更高的优先级。所以，一句明智的话是：不要期望团队中的每个人都在同一频率上或有相同的目标。

现在我们已经解释了协作流程及其目标，接下来我们将关注本章的重点——协作信息系统在支持的业务流程中的作用。图 11-2 描述了协作信息系统、协作活动和业务流程之间的关系。协作信息系统的五个组件将在 Q11-2 节中讨论，然后在 Q11-3 节中将描述两个协作活动——沟通和迭代。在 Q11-4 节中，我们将描述协作信息系统如何支持业务流程中包含的协作活动。在图 11-2 中，从左到右，协作信息系统支持业务流程中包含的各项协作活动。为简单起见，我们将业务流程表示为矩形符号，这种表示方式其实更适合结构化流程；实际上，这些动态流程不适合采用传统的流程图表示方式。在描述完协作之后，我们将在本章的后面使用类似的图和这个相同的内容结构来描述社交媒体。

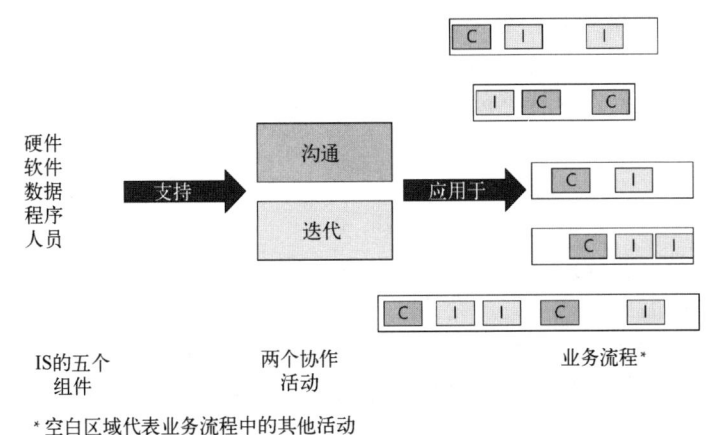

图 11-2 协作 IS 的组成部分和业务流程

Q11-2 协作信息系统的关键组件是什么？

一些在商业中使用的协作信息系统与你在个人生活中使用的很相似，比如 Skype 和 FaceTime。为了更好地理解这些系统和企业中使用的其他系统，考虑它们的五个组件——硬件、软件、数据、程序和人员，如图 11-3 所示。我们的目标是帮助你了解协作 IS 与其他信息系统（如 ERP 或社交媒体 IS）的不同之处，以便你能够明智地使用它们。

IS 的五个组件	协作 IS
硬件	云服务器，客户端的各种设备
软件	多种多样：电子邮件，Google Drive，Microsoft SharePoint
数据	项目数据和项目元数据
程序	必要的，但通常是隐式的或假设的
人员	人们在不同的时间和地点进行协作 人们使用协作 IS 的能力和动机各不相同

图 11-3 协作 IS 的五个组件

协作 IS 的五个组件

硬件

关于硬件，大多数协作 IS 托管在组织服务器上或云端，我们在第 3 章讨论过。在本章的讨论中，我们将忽略这个部分。你只需知道正在使用的工具和共享的数据是由某处的计算机硬件支持的。当服务器在云端时，用户通过客户端设备与协作 IS 交互。这些设备可以是移动平台、笔记本电脑，甚至是智能手机。

软件

协作软件是支持协作活动的应用程序，如电子邮件或文本消息发送程序。在本章中，我们将讨论各种协作软件，如电子邮件、Google Drive、Microsoft Teams 和 SharePoint 等。最流行的商业协作软件如图 11-4 所示。这个列表很长，因为人员、产品、会议安排和业务环境的组合范围很广。作为一名学生，关键是要练习使用这些软件，这样你就可以了解它们的优点和缺点，并在适当的时候有效地使用它们。

协作软件
Email
Google+ Hangouts
FaceTime
GotoMeeting
SurveyMonkey
Mind Meister
Prezi
Yammer
SharePoint
Wikis
Google Drive, Docs

图 11-4　协作软件示例

数据

协作涉及两种类型的数据。项目数据(project data)是协作工作产品的一部分。例如，对于一个正在设计新产品的团队来说，设计文档就是项目数据的例子。描述建议的解决方案的文档是用于问题求解项目的项目数据。项目元数据(project metadata)则是用于管理项目的数据。进度表、任务、预算和其他管理数据都是项目元数据的例子。项目元数据的另一个例子是文档的版本号。如果 Alice、Bruce 和 Charlie 更新一个文档，则会存储文档的每个版本，同时还存储了一段元数据——版本号。

程序

程序指定了标准、策略和技术，用于执行团队的协作活动。一个程序例子是在线审查文档或其他工作产品的过程。为了减少混乱和增强控制，团队可能会创建一个程序，指定谁将审查文件、以什么顺序审查文档。关于谁可以对哪些数据做什么的规则也被编入程序中。协作 IS 的程序通常是隐式的。没有人会严格遵循阅读电子邮件的程序，也没有必要这么做，因为这项操作很简单。但是，团队需要确定共享文档、存储会议记录、更新团队任务列表和执行其他活动的过程。团队通常对程序不够重视——团队成员经常认为其他人遵循的程序与自己使用的相同。因此，除非你提出使用相同程序，否则你也可以认为不同的人会遵循不同的程序。

人员

协作 IS 的最后一个组件当然是人员。我们在 Q11-1 节中讨论了沟通的重要性。但是，人们还会以其他方式影响协作 IS。协作是在面对面的会议中实现，还是在参与者不在一起的一段时间内实现？另一个问题是，参与者是在同一地点还是位于不同的地理位置。最后，团队成员使用协作 IS 的能力和动机各不相同。一些人知道使用协作 IS 所需的许多程序，但大多数人只掌握了最简单的程序。

协作 IS 的关键属性

协作 IS 有许多关键属性，这些属性将它们与其他信息系统区分开来。一个基本属性是协作 IS 有各种各样的软件可供选择。这种多样性是由各种各样的人员、产品、团队时间表和业务设置所驱动的。因此，成功使用协作 IS 的关键是基于目标和人员选择正确的软件。程序经常被漫不经心地使用，人们在使用协作工具的能力和动机上存在差异。

理解协作 IS 的组件很重要，但更重要的是了解它们如何共同支持团队的协作活动。接下来，我们将探讨它们如何支持沟通和迭代活动。

Q11-3 协作信息系统如何支持沟通和迭代活动？

信息系统以多种方式支持协作活动。首先，我们考虑协作 IS 如何支持沟通，然后是协作 IS 如何支持迭代。此外，我们还将介绍一些流行的商业协作 IS。

协作 IS 对沟通活动的支持

图 11-5 展示了基于团队成员的沟通方式和地点，以及协作 IS 支持的沟通。如图所示，团队沟通的"方式和地点"（how and where）有三种组合：同步单一地点、同步多个地点和异步。

同步		异步
单一地点	多个地点	单一或多个地点
面对面会议	虚拟会议	
IS: Microsoft Office Whiteboard	IS: Conference Calls Group messaging Screen sharing Videoconferencing Webinars Microsoft Teams	IS: Email Discussion forums Team surveys Slack, Microsoft Teams, SharePoint

虚拟会议

图 11-5　三种类型的沟通及协作 IS

同步单一地点

同步沟通（synchronous communication）发生在所有团队成员同时开会的时候，例如电话会议或面对面（F2F）会议。当团队成员不在同一时间会面时，就会发生异步沟通（asynchronous communication）。在同一地点从事不同班次工作的员工或在世界各地不同时区工作的团队成员可以选择异步会面。

对于大多数 F2F 会议，标准的 Office 应用程序或类似的产品就足够了。然而，研究表明，F2F 会议可以从共享的在线工作空间中受益，例如图 11-6 所示的白板（Whiteboard）。使用白板，团队成员可以同时写字和画图，这使得在给定的时间内可以提出更多的想法，而不是团队成员必须依次等待以口头方式表达想法。

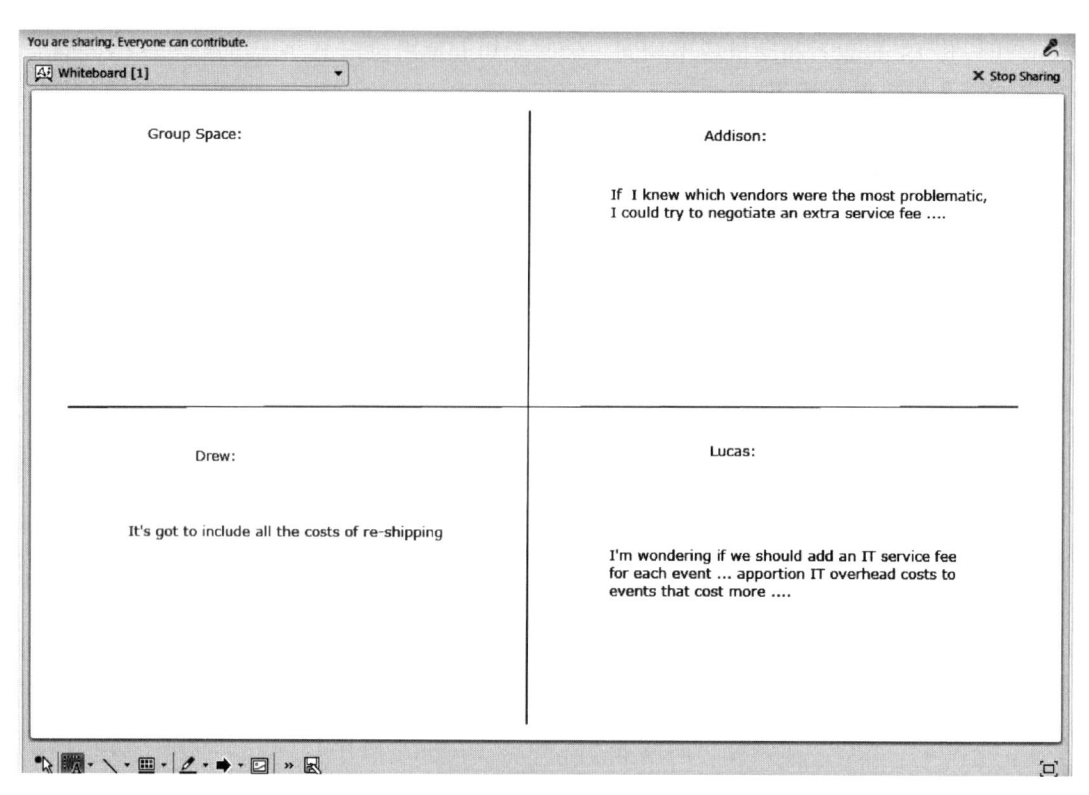

图 11-6　白板示例

同步多个地点

然而，考虑到今天的通信技术，虚拟会议正变得越来越流行。虚拟会议是指与会者不在同一地点，也可能不在同一时间召开的会议。F2F 会议通常很难安排，当虚拟会议产生相同的结果，但实现更容易时，这种 F2F 麻烦就不值得了。

如果你的虚拟会议是同步的，需要来自多个地点的所有与会者同时开会（如图 11-5 的中栏所示），那么可以使用电话会议、群组消息会议、屏幕共享会议、视频会议、网络研讨会等多种会议方式。像 WhatsApp 这样的群组消息应用程序是经常使用的，屏幕共享应用程序使虚拟会议成员可以查看相同的白板、应用程序或其他显示。

视频会议对这些团队来说也很常见。2020 年 COVID-19 病毒流行期间，随着许多专业人士学会在家有效工作，视频会议得到了发展。现有的视频会议系统——Skype、FaceTime 和 Webex 得到了广泛的应用，还有许多新的选择，如 Zoom、Duo 和 Houseparty。Zoom 是本章结尾的案例主题。在急于将在家办公的员工联系起来的过程中，企业最初忽视了新平台在安全性和可靠性方面的限制。在此期间，网络研讨会也变得更受欢迎。网络研讨会是一种特殊类型的视频会议，与会者可以在其中查看某位与会者的计算机屏幕，以便进行更正式、更有组织性的演示。

最近，Microsoft 推出了 Teams 工具来支持虚拟团队的沟通。Teams 被设计为一个专业级的一体化工具，支持消息传递、文本输出、文件存储，以及与 Office 365 的集成。它还具有 Skype for Business 和其他对团队有用的软件产品的功能。

异步沟通

在某些情况下，不可能安排同步会议，甚至是虚拟会议。当团队必须异步会面时，大多数学生都尝试通过电子邮件进行沟通。电子邮件的问题在于它太自由了。并非所有人都会参与，因为电子邮件很容易被隐藏，使得讨论线程变得混乱和脱节。事后，很难找到特定的电子邮件、评论或附件。

论坛是另一种选择。在这里，一个组成员发布一个条目，可能是一个想法、一个评论或一个问题，其他组成员进行响应。小组调查是另一种形式的通信技术。通过小组调查，一个团队成员创建一个问题列表，其他团队成员进行响应。调查是获得团队意见的有效途径；它们通常很容易完成，所以大多数团队成员都会参与其中。一次小组调查的结果如图 11-7 所示。异步沟通团队也使用 Slack、Google Chat、Teams 和 SharePoint 等工具。

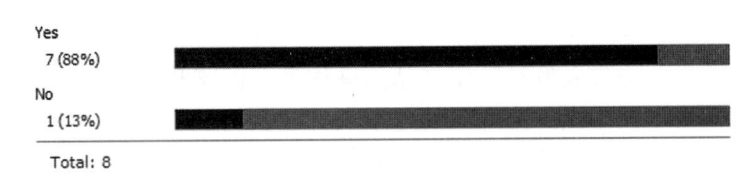

1. Have you read the Project 3 and 4 instructions from the power point slides? (Check box if yes)
Yes
7 (88%)
No
1 (13%)
Total: 8

2. Do you understand the requirements for Project 3?
Yes
6 (75%)
No
2 (25%)
Total: 8

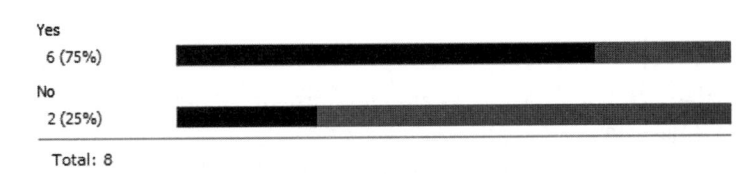

3. Do you understand the requirements for Project 4?
Yes
7 (88%)
No
1 (13%)
Total: 8

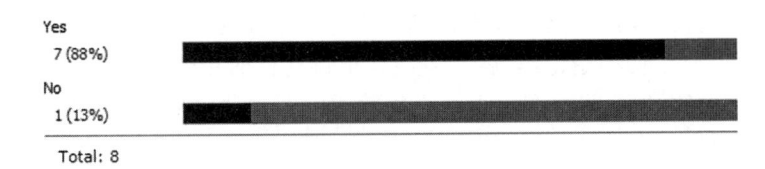

4. What confusions (if any) do you have in regards to Project 3?
Is it to be a research project? Are we supposed to find information on collaboration and post it?
1 (14%)
None.

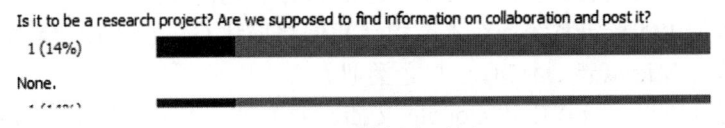

图 11-7　调查报告示例

综上所述，在一个团队中有三种类型的沟通方式，每种沟通方式都有非常适合它的协作 IS。团队之间的差异不仅体现在他们的沟通方式上，还体现在如何迭代他们的工作产品上，这是我们的下一个主题。

信息系统对迭代活动的支持

如前所述，协作团队通常生成一个工作产品——一个图表、一个新流程、一个预算、一个患者的医疗保健记录。当团队迭代时，它会产生工作产品的一个新版本。但是，不仅工作产品会迭代，支持文档、插图、电子表格、PowerPoint 演示文稿、视频和其他数据也会迭代。图 11-8 列出了管理内容迭代的三个选项：无迭代控制、迭代管理和迭代控制。接下来，我们分析每个选项和支持每个选项的信息系统。

迭代内容的可选方式		
无迭代控制	迭代管理	迭代控制
带附件的邮件 服务器上共享的文件	Google Drive Microsoft OneDrive	Microsoft SharePoint

增长的内容的控制程度

图 11-8　迭代内容的协作工具

无迭代控制

无迭代控制意味着团队成员对工作产品的操作没有限制和约束。通过电子邮件附件迭代内容的团队就体现了这一点。团队中的每个人都会获得一个文档，并且可以编辑和保存该文档。但是，如果三个用户都以电子邮件附件的形式获得相同的文档，每个用户都修改它，并且每个用户都通过电子邮件发送回修改后的文档，那么不同的、不兼容的文档版本就会到处出现。

另一种不受控制的迭代内容的方法是将其放在共享文件服务器上，这只是一台存储文件的计算机，就像本地计算机中的磁盘一样。在服务器上存储文档比使用电子邮件附件要好，因为文档只有一个存储位置。

然而，如果没有任何额外的控制，团队成员之间可能会相互干扰他人的工作。例如，假设团队成员 A 和 B 下载了一个文档并编辑它，但是不知道其他人的编辑结果。A 将自己的版本存储回服务器，然后 B 将自己的版本存储回服务器。在这种情况下，A 的更改将会丢失。

此外，如果没有任何迭代控制，就不可能知道谁在何时更改了文档。无论是 A 还是 B 都不知道服务器上的文档是谁的版本。为了避免此类问题，建议采用某种形式的迭代管理。

迭代管理

迭代管理跟踪对文档的更改，并提供相应的特性和功能以适应并行工作。实现这一目标的方法取决于所使用的特定系统。在本节中，我们将描述 Google Drive 是如何使用的，另一个流行的协作软件 Microsoft OneDrive 与之类似。

你可以通过几种网站方式创建 Google 文档。一个简单的方法是登录 Google 文档网站。在 Google 文档上选择要创建的文档类型。例如选择"Docs"，再选择"Go to Google Docs"，则将显示如图 11-9 所示的界面。在使用 Google Drive 时，你可以通过输入他人的电子邮件地址或 Gmail 账户而使文档对他人可用。这些用户会通过电子邮件得知文档已创建的通知，并获得一个可以访问该文档的链接。

这些文档存储在 Google 服务器上。用户可以通过 Google 访问文档，同时查看和编辑文档。在后台，Google 将用户的活动记录到一个文档中。你将收到通知，在你编辑文档的同时，另一个用户正在与你同时编辑文档。Google 将跟踪文档修订，并简要总结所做的更改。

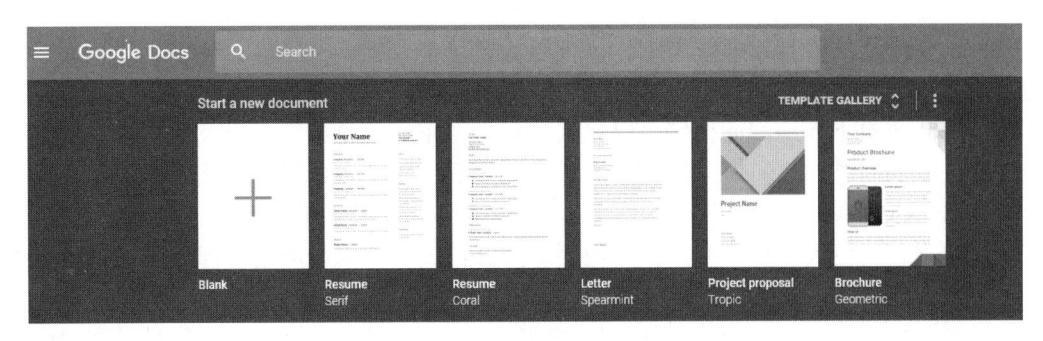

图 11-9 在 Google Drive 上新建文档

迭代控制

迭代控制将限制甚至指导用户活动。迭代控制提供了权限、文档签出和版本历史记录。通过权限，每个团队成员都被赋予一个账户，该账户具有一组权限，如只读、编辑和删除。可以为每个文档分配这些权限。签出功能要求成员在修改文档之前签出文档。文档签出后，其他成员不能签出该文档进行编辑。文档签入后，其他成员就可以获得该文档进行编辑。使用版本历史记录，所有更改及签出和签入都会被记录和存储。团队成员也可以选择保存自己的版本记录。

Microsoft SharePoint 提供了迭代控制。SharePoint 是一个文档管理和存储系统，它为团队提供了一个控制工作文档的机会。就像在大学里学习 Canvas 和 Blackboard 等管理系统一样，SharePoint 允许团队领导设置日历、共享文档和编辑这些文档的权限，并存储所有相关文档，以便团队成员可以随时查看。

无论产品是什么，团队都应该根据他们需要的迭代控制类型及将要使用的沟通类型来选择协作 IS，就像在前面的问题中讨论的那样。

Q11-4 协作信息系统如何支持业务流程？

在描述了通用的协作流程中的两个活动及协作 IS 如何支持这些活动之后，我们现在考虑协作 IS 如何支持实际业务流程。有大量的业务流程依赖于协作活动，如图 11-10 所示。事实上，几乎所有重要的业务流程都依赖于某种协作。信息系统对协作的依赖与日俱增，远程医疗流程已经变得更加普遍。

为了证明协作 IS 的有效性，我们研究两个已建立的流程——项目管理和工作流(workflow)，以及其他由协作 IS 支持的新流程。

项目管理流程

包含协作活动的一个常见业务流程是项目管理流程。项目管理(project management)是应用规范和技术来计划、组织和监控临时工作的过程。项目是为了创造或生产某种东西而形成的；因此，它们有一个明确的开始和结束。期望的结果可能是一个营销计划、一

协作 IS 支持的业务流程
解决问题
决策
远程医疗
新产品/地点选择
战略规划
销售
头脑风暴
培训
促销
医疗保健
金融服务
项目管理
工作流

图 11-10 协作 IS 支持的业务流程

个新工厂或新产品的设计，或年度审计。项目团队可能包括两三个人，或多达几百人。项目管理活动各不相同，但大多数都包括设置里程碑、跟踪进度和分配资金。

项目团队成员不断地沟通他们已经完成的任务，下一个里程碑，以及他们正在遇到的可能会打乱进度的问题。他们使用的沟通类型是 F2F 和虚拟会议的混合形式，他们也使用同步和异步沟通。他们制作并迭代各种工作产品，如里程碑图表、待处理活动流程图及预算文件。这些产品通常使用迭代管理控制，但其他团队产品，如会议议程和电子邮件通信，可能在迭代时没有太多控制。

项目团队使用本章中讨论的各种协作 IS 来进行沟通和迭代活动。大型项目通常也会使用特殊的项目管理软件，如 Microsoft Project 和 Oracle Primavera。这类软件在组织团队活动和管理任务列表方面特别有用。使用 Microsoft Project 显示团队里程碑的流程图示例如图 11-11 所示。

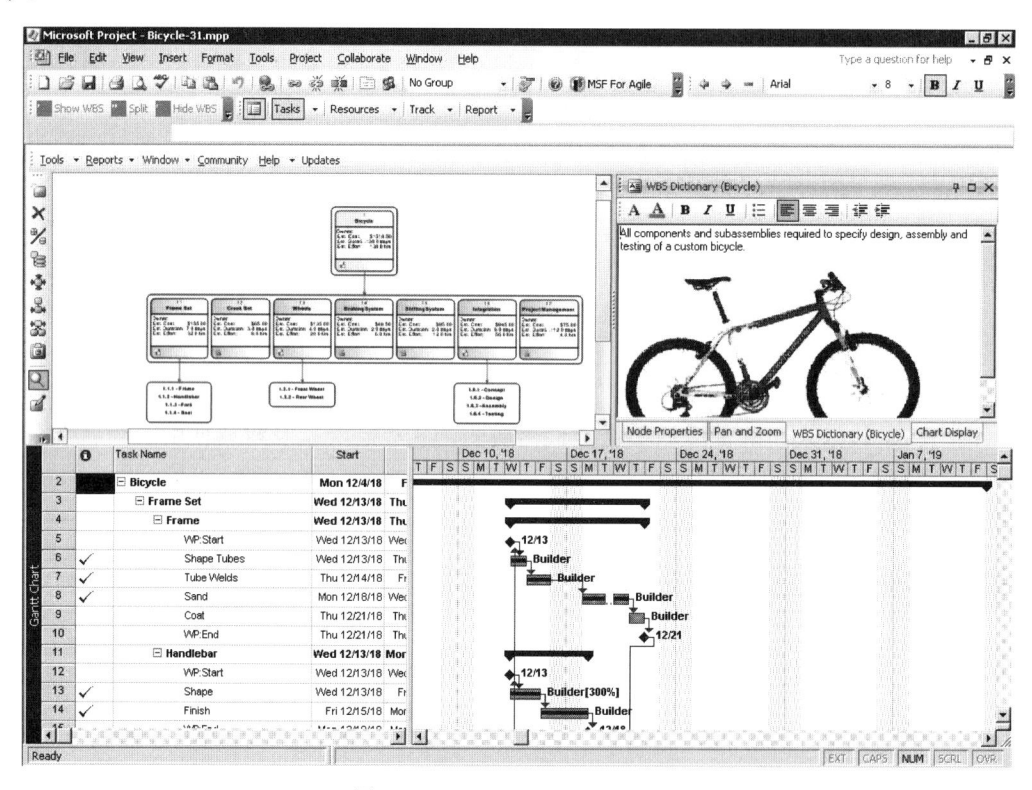

图 11-11　Microsoft Project 示例

商业项目管理软件也支持团队成员之间的沟通。电子邮件和文本可以从软件内部发送，查看或编辑流程图和任务列表的权限将受到严格控制，以前的版本也会自动存档。

工作流流程

工作流流程是一系列活动，通过这些活动创建了原始内容，并由组织内的其他人进行后续操作。工作流的一个例子是一家公司用来确保其员工了解新的安全程序的流程。在这家公司，每年都会要求员工从他们的主管那里听取安全更新。该项目的 IT 总监负责在培训时将更新和记录通知给组织内的所有 411 名主管。在每一个项目示例中，都要执行一个工作流——首先创建初始内容，然后由组织中的许多人对内容进行操作。与前面描述的简单协作不同，工作流通常包括团队之外的参与者。

SharePoint 通过使许多活动自动化来支持工作流，它有助于涉及文档、列表的活动和工作流中其他类型活动的自动化。SharePoint 提供了几个内置工作流，下面我们将说明其中之一。

为了演示一个简单的工作流，假设 Jerry 只需要两个人来审查提交到特定 SharePoint 文档库的所有求职者履历，该文档库是 SharePoint 中一个命名的文档集合。每当一个文档被添加到文档库时，它都应该首先由 Joseph Schumpeter 评审，然后由 Adam Smith 评审。这样的安排称为顺序工作流(sequential workflow)，因为评审活动是按顺序进行的。在并行工作流(parallel workflow)中，评审将同时进行。

使用协作 IS 支持新流程

在结束组织性流程和协作 IS 这一主题之前，我们需要指出协作 IS 也支持其他类型的新流程。协作 IS 帮助实现了新的在线培训流程、知识存储流程和寻找专家流程。协作 IS 支持的在线培训正在迅速增长，其更大的版本被称为大规模公开在线课程(MOOC)，由 Coursera、Udacity 等公司提供。知识存储流程使用协作 IS (如 wikis)来存储公司知识，就像维基百科(Wikipedia)存储通用知识一样。最后，协作 IS 可以实现一个新的"寻找专家"的流程。这个流程的目的是在公司内部收集和分享专业知识。例如，当软件工程师加入像 Microsoft 这样的公司时，他们会在一系列的"Ask Me About"界面上输入自己的知识领域，在那里他们可以表明自己精通 SQL Server 或 SharePoint，或者精通希腊语。之后，当 Microsoft 需要找一位会说希腊语的 SharePoint 专家来帮助希腊的一家公司完成一个项目时，协作 IS 会帮助找到合适的人。

Q11-5 什么是社交媒体，社交媒体的目标是什么？

在描述了协作和协作 IS 之后，我们现在转向另一个依赖于沟通的主题——社交媒体(social media)。如前所述，我们将继续从目标、信息系统的五个组件及活动和业务流程等方面来讨论。

20 世纪 90 年代末，随着 Facebook 和 Twitter 的出现，"社交媒体"一词应运而生。社交媒体支持用户生成内容(user-generated content)的创建和分享。用户生成内容是由最终用户创建的公开可用的内容。社交媒体信息系统(social media information system)支持社交媒体流程中的两种活动：创建和分享用户生成的内容。

当用户通过在 Instagram 上发帖、更新 LinkedIn 履历或参与其他创造性活动来创建内容时，社交媒体流程就开始了。然后，这些内容会被 Instagram、Facebook 或 YouTube 等社交媒体应用程序提供商收集并分享给其他用户。

社交媒体对商业有很大的影响，并且在不断发展。目前，全球有 38 亿人平均每天在社交媒体上花费 2.5 小时。图 11-12 给出了社交媒体影响力的统计信息。Facebook 在各种年龄群体的规模和影响力方面继续占据主导地位，而 Instagram 和 TikTok 最近也有所增长，并吸引了不少企业的兴趣。社交媒体平台可以提供更多的新闻，以及更多的网站购物选项，并尝试使用了虚拟现实技术。大多数员工希望他们的公司使用社交媒体来推广公司和服务客户，同时也将公司塑造成社会公益活动的参与者。例如，在开篇的小插曲中，CBI 正在创建一系列的社交帖子，强调滑板车如何节约能源、减少全球变暖现象并改善了交通。

随着社交媒体使用的持续增长和变化，组织使用这些技术来改进其流程的机会也在增加。为了在社交媒体上吸引客户参与进来，企业更加依赖于社交媒体应用程序提供商。图 11-13 列出了一些流行的社交媒体应用程序。

虽然你可能有使用图 11-13 中的许多应用程序的个人经验，但在本章中，我们将重点关注社交媒体的商业使用。作为一名未来的商业人士，想想企业如何使用一款应用程序，而不是你个人喜欢或不喜欢它。当你毕业后开始第一份工作时，你可能会被提问，你的新公司如何利用社交媒体来支持他们的业务流程。我们通过考虑社交媒体流程的目标来开始社交媒体的讨论。

- 社交媒体活跃用户有 38 亿人，每年增长 10%。
- 成年人平均每天在社交媒体上花费 2.5 小时，使用 8.6 个平台。
- 96%的小公司使用社交媒体营销。
- 92%的人同意"社交媒体营销对我的业务很重要"。
- 99%的社交媒体使用移动设备。
- 71%拥有良好社交媒体服务经验的人会与他人分享。
- 90%的成年人同时使用短信和社交媒体。
- 78%通过 Twitter 抱怨的人希望在 1 小时内得到回复。

图 11-12　社交媒体行业趋势

应用程序提供商	描述	2020年的月度活跃用户	2020年的商业应用占比
Facebook	常见功能, 视频, 博客, 应用	2 500 000 000	94%
YouTube	视频	2 000 000 000	55%
WeChat	文本消息, 各种常见功能	1 100 000 000	*
Instagram	照片和视频分享	1 000 000 000	76%
TikTok/Douyin	短视频	800 000 000	5%
Twitter	常见功能, 微博, RSS	650 000 000	53%
Reddit	论坛	430 000 000	*
Snapchat	图像	382 000 000	8%
LinkedIn	商业和专业网络	200 000 000	59%

*未知

图 11-13　一些流行的社交媒体应用程序（根据维基百科）

社交媒体流程的目标是什么？

任何企业要想成功地使用社交媒体，其管理者都需要了解社交媒体流程的目标。然而，像其他动态流程一样，社交媒体流程也有一些被广泛接受的目标。例如，人们使用社交媒体进行沟通、分享、提供支持和娱乐，而企业的目标可能是提高销售或回应客户投诉。

与本书中的其他流程不同，社交媒体流程不受企业控制。企业必须与其他参与者（如Facebook 和 Instagram 等应用程序提供商）及用户共享社交媒体流程的控制权。因为企业不能控制该流程，所以他们不能改变它或决定它的目标。对于控制狂来说，这种排他控制的缺乏会让他们感到不安；对于其他人来说，这让游戏变得更有趣。

企业、应用程序提供商和用户在社交媒体流程中都扮演着不同的角色，他们都有自己的目标。这些目标如图 11-14 所示，包括有效性目标和高效性目标。虽然有时这些目标是一致的，但有时它们也是冲突的。

有效性
用户——归属感，沟通
企业——支持战略
应用程序提供商——市场份额，收益
高效性
时间和成本

图 11-14　社交媒体参与者与社交媒体流程的目标

有效性目标

首先，我们将讨论三个参与者（用户、企业和应用程序提供商）的有效性目标。这些有效性目标反映了每个参与者的需求或目标。

用户

加入社区是用户一种深层次的情感需求，这种需求体现在第一个目标上，即归属感。属于可能比自己更重要的群体可以培养一种自尊心。虽然归属感是一个常见的目标，但社交媒体社区的新颖之处在于，它提供了令人惊叹的各种归属于社区的机会，并且加入社区也很便利。除了归属感，用户也喜欢有机会表达自己和与他人沟通。人类是一种特别善于沟通的动物，社交媒体满足了人们的需求。

企业

企业的主要目标是利用社交媒体来支持战略。例如，一个服务差异化的企业会利用社交媒体来改善服务；一个追求低成本的领导者利用社交媒体来减少开支和提高效率。这些通用策略提供了更具体的目标，比如获得客户反馈、建立信任和品牌辨识度、了解潜在员工、开发销售线索和评估新产品。为了实现这些不同的目标，企业在内部与员工之间及外部与客户之间都使用社交媒体。

应用程序提供商

大多数应用程序提供商要么追求市场份额，要么追求收益。早期，大多数供应商都关注于提高新应用程序的市场份额，而当应用程序进入发展期时，他们的目标就变成了盈利和解决困扰的问题："我们该如何利用这款应用程序赚钱？"许多应用程序提供商未能实现从市场份额到收益的转变。

高效性目标

用户、企业和应用程序提供商通常都有一个共同的高效性目标：在时间和成本约束下运营。用户想要的是不用花多少时间就能掌握的免费应用程序；企业试图限制他们的劳动力成本；应用程序提供商利用这一目标来限制他们的开发成本。

接下来，我们将转向讨论社交媒体的重要方面：社交媒体 IS 如何支持业务流程。图 11-15 描述了社交媒体 IS、社交媒体活动和业务流程之间的关系，与前面的协作关系基本相同。

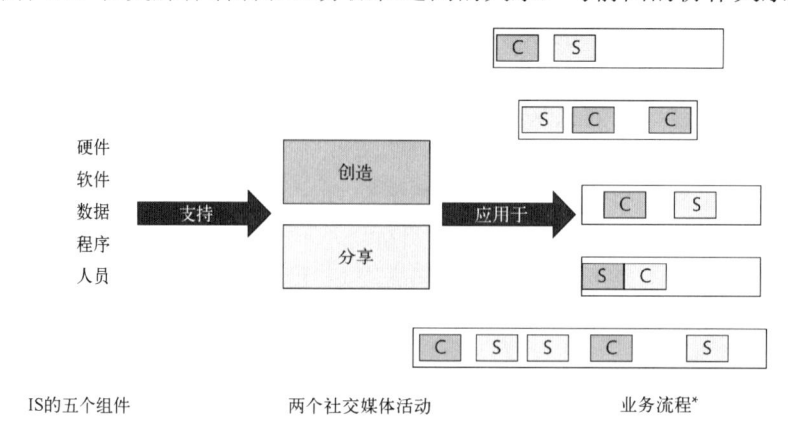

*空白区域代表业务流程中的其他活动

图 11-15　社交媒体 IS 的组成部分和业务流程

Q11-6　社交媒体信息系统的关键组件是什么？

通常情况下，社交媒体可以指应用程序、应用程序的使用或行业。这种术语的模糊性是相当普遍的。当你使用社交媒体这个术语时，请试着弄清楚你指的是一个流程，一个信息系统，还是仅仅指一种软件。

如前所述，社交媒体 IS 支持用户生成内容的创建和共享。这个定义意味着，智能手机上的 Twitter 或 Instagram 应用程序本身并不是社交媒体，它们只是技术：硬件和软件。作为商业人士，掌握信息系统的其他组成部分——数据、程序和人员也是至关重要的。

社交媒体 IS 的五个组件

这五个组件如图 11-16 所示。在介绍了社交媒体 IS 的五个组件之后，我们将总结其中的要点，然后讨论它们在社交媒体活动中如何使用。

硬件

用户和应用程序提供商使用的硬件是不同的。用户主要通过移动设备、笔记本电脑和桌面系统与社交媒体互动。在服务器端，大多数社交媒体应用程序提供商使用云服务器。

IS 的五个组件	社交媒体 IS
硬件	云服务器；各种各样的设备，越来越多的移动设备
软件	免费、有趣、频繁变化、种类繁多，商业投入很少
数据	内容和连接数据都很有价值
程序	对于用户来说是非正式的，受企业社交媒体政策的约束
人员	用户自由，用户寻求归属感和沟通机会，企业用户应遵守既定的社交媒体政策

图 11-16　社交媒体 IS 的五个组件

软件

对用户来说，社交媒体应用程序是免费的，使用起来很有趣，可以立即得到回报，而且频繁变化。社交媒体应用程序上的大部分功能都是免费提供给用户的(尽管高级功能可能需要付费)。软件也经常更新，很少通知用户。对于一家使用社交媒体的企业来说，免费、有趣和频繁变化的软件属性也同样适用。然而，与企业使用的其他软件不同，企业对社交媒体软件的特性投入很少。最后，应用程序提供商提供了商业数据分析软件，可用于分析社交媒体数据。许多社交媒体应用程序提供商通常使用 NoSQL 数据库管理系统来处理他们的数据，有时也使用传统的关系 DBMS 产品。

数据

社交媒体数据分为两类：内容数据和连接数据。内容数据是用户生成的内容，以及其他用户对该内容的响应。你为你的 Instagram 账户提供内容数据，你的朋友将对这些内容进行评论、标记以进行回应。内容数据还包括元数据，如照片的位置、日期和时间及版权数据。现在，内容数据越来越多地由视频组成，大多数应用程序支持创建和分享视频内容。

连接数据是关于关系的数据。例如，在 Facebook 上，你与好友的关系就是连接数据。你喜欢特定的组织也是连接数据。连接数据是一个不太常用的术语，大多数社交媒体网站都使用另一个替代的术语——社交地图(social graph)，它是一种描绘有联系的人之间关系的地图。

社交媒体数据的一个独特特征是标签。标签是由数据的创建者赋予数据的关键字或术语。hashtag 是用户创建的标记，它将前缀#添加到单词中。hashtag 是一种标签，不过 Facebook 照片中的人物名字和点赞记录、YouTube 视频中的关键词、pin 描述中的 Pinterest 成员的名字，以及 wikis 中的超链接也都属于标签。标签是突出显示用户定义的主题的元数据，使搜索引擎更容易找到它们。标签还有助于对内容进行分类和归纳。大众分类法(folksonomy)是一种新兴的分类术语——从许多用户的输入中产生的一种内容结构。最流行的大众分类法应用是 Reddit。

企业对度量社交媒体流程对其客户的影响很感兴趣。营销人员已经开发了两类度量，如图 11-17 所示。被动度量关注的是受众的规模，这种类型的度量包括关注者数量、浏览量、访问量或流量计数。主动度量考虑受众的行为，如在网站上停留的在线时间、点击(链接)、转发、分享、评论和评分。

被动	主动
• 关注者数量	• 在线时间
• 浏览量	• 点击
• 访问量	• 转发
• 流量计数	• 分享
	• 评论
	• 评分

图 11-17 社交媒体流程度量

程序

当你把照片上传到 Snapchat、转发照片或在 Pinterest 上钉(pin)照片时，你正在遵循一个程序。社交媒体程序通常是简单的、非正式的、不断发展的、面向社交的。社交媒体应用程序被设计成易于学习和使用，因此对应的程序很容易遵循。

虽然非正式性让社交媒体的使用变得容易，但它也会给用户带来意想不到的后果。最令人不安的是容易泄露用户隐私。许多人已经学会了不要在照片中透露门牌号、地点或其他与个人隐私有关的数据。

对于使用社交媒体的企业来说，程序不可能如此非正式和简单。在社交媒体出现之前，组织必须为用户开发程序，以便用户创建内容、管理用户响应，并从内容中提取有价值的信息。以后者为例，建立一个社交媒体 IS 来收集关于产品问题的数据是一种浪费，除非存在从社交媒体数据中提取有用信息的程序。组织还需要开发程序来管理如开篇的小插曲和 Q11-8 节中所述的令人反感的内容。

人员

社交媒体的用户根据他们的目标和个性做他们想做的事。他们以特定的方式行动，并观察其后果。这可能会也可能不会导致他们改变自己的行为。

对于使用社交媒体的企业来说，用户的这种行为自由既让人兴奋，又令人不安。企业依靠用户尝试社交媒体——他们愿意点击这里或那里，写下他们的第一个产品评论。然而，这种实验在"秘密泄露"后也很难加以限制。

虽然企业对用户几乎没有控制，但它们可以控制在社交媒体网站上代表企业发表评论的员工。代表企业的员工应该接受关于社交媒体 IS 用户程序及社交媒体政策的培训。

社交媒体 IS 的关键属性

社交媒体信息系统有许多关键属性。首先，社交媒体的客户端硬件越来越多地使用移动设备。其次，社交媒体应用程序是为个人使用设计的，而不是为了商业用途。因此，企业对硬件或软件功能的投入很少，也无法控制大部分数据；企业也是"聚会中的客人"。第三，参与者之间的关系数据是关键属性：如果你发布了一张宣传企业产品的图片，那么对一个企业来说，关键属性是你的关系，还有你的连接数据——你有多少朋友被联系上了。最后，社交媒体现象是基于人们的归属感和沟通的需求。

Q11-7 社交媒体信息系统如何支持创造和分享活动？

社交媒体 IS 支持两种社交媒体活动：创造和分享。在这里，我们只关注影响商业应用的创造和分享方面，如图 11-18 所示。

创造
用户创造的内容
学会奖励用户。
关注用户使用的各种平台。
对不可预测的病毒式传播内容保持警惕。
为用户提供方便的内容创建过程。
企业创造的内容
关注用户的需求，而不是产品的特性。
使用不同的账号，在关键应用程序上有不同的操作结果。
分享
了解你的用户是如何搜索的。
使用应用程序来衡量你的内容、话题的影响力。
在新的互动内容中寻找机会。

图 11-18 创造和分享

创造

关于内容创造的第一个问题是,虽然用户在没有任何商业激励的情况下创造内容,但当他们获得奖励时,他们通常会创造更多内容。如果企业想要鼓励用户创造和传播有关企业的内容,就需要了解奖励的机制。

用户创造各种各样的内容,这些内容可能是企业感兴趣的;他们创建推文、帖子、评论、简历、照片、图片和地理位置数据。对于企业来说,这种多样性意味着用户会在各种各样的社交媒体应用程序上谈论企业的产品或服务。为了了解用户在谈论什么,企业还必须通过各种各样的社交媒体应用程序来"倾听"。

虽然大多数内容都是常规内容,但偶尔也会爆发并进行病毒式传播——在短时间内变得非常受欢迎。病毒式传播内容对于一个企业来说可能是非常好的消息,如果它展示了企业积极的一面。然而,病毒式传播内容也有风险——星巴克希望为员工的朋友和家人提供免费的冰咖啡,但当这一消息在网上疯传时,它不得不终止了这项服务。重要的是,病毒式传播事件对商业的影响是很难预测的。

在讨论了用户创造的内容之后,让我们转向社交媒体上企业创造的内容。当企业创造内容时,他们的目标应该是与用户建立更紧密的联系。因此,他们的内容应该少一些关于产品和服务的,而多一些关于他们的用户的。使用社交媒体的一条指导原则是,企业用不到10%的内容来讨论自己的产品和服务。相反,企业应该发布关于产品如何在社会中发挥积极作用的内容,包括企业的社会活动或志愿活动,用户用来解决他们问题的有趣的信息,有吸引力或幽默的图片,温暖用户的故事,或对用户问题的深思熟虑的回答。

分享

对于企业来说,理解分享的诀窍是了解他们的用户是如何搜索的。搜索对于社交媒体应用程序来说至关重要,因为所有成功的应用程序都有一个庞大的内容数据库可供分享。这些应用程序成功的一个原因是,用户可以很快学会如何搜索,找到他们朋友的照片和他们最喜欢的猫咪的视频。Instagram 易于使用的搜索功能帮助用户找到匹配标签的图片,并查看他们的朋友喜欢哪些图片。一个企业要想在社交媒体上取得成功,就必须了解如何进行搜索——它需要了解用户如何搜索推文,用户如何使用标签,以及用户如何根据地理位置找到内容。

当企业创造内容时,他们特别感兴趣的是影响力——当内容被分享时所产生的轰动效用。如果他们的推文被转发,如果他们的"赞"带来了其他的"赞",或者如果他们在 LinkedIn 上的招聘广告被广泛分享,影响力就会增加。Hootsuite 和 Buffer 等许多第三方应用程序帮助企业衡量其社交媒体内容的影响力。

Q11-8 社交媒体信息系统如何支持业务流程?

许多重要的业务流程都依赖于社交媒体 IS,包括促销、客户服务、产品设计、知识管理、销售机会管理、招聘等流程,如图 11-19 所示。这是有原因的,超过 90%的使用社交媒体 IS 的大公司都报告了至少一项可计算的商业效益。下面,我们展示了一个企业使用社交媒体技术的流程和一些技术的示例。虽然这些具体例子很快就会过时,但关于社交媒体 IS 如何支持业务流程的原则是不变的。

注意，企业依赖于社交媒体可以建立信任这一原则。建立信任的一种方法是让企业对用户保持真实性。最近，"个人就是一项新职业"这句话变得越来越流行，它揭示了企业如何利用个人与社交媒体的接触来获得信任并产生职业成就。

社交媒体 IS 支持的业务流程
解决问题
决策
远程医疗
新产品/地点选择
战略规划
销售
头脑风暴
培训
促销
医疗保健
金融服务
项目管理
工作流

图 11-19　社交媒体 IS 支持的业务流程

促销流程

也许社交媒体 IS 帮助企业最常见的方式就是支持促销流程。促销（promotion）是分享产品或服务数据的过程，目的是提高知名度和销量。传统上，企业通过向广大客户传递精心制作的广告信息来进行促销；然而，有了社交媒体，现在的促销还包括在较小的客户群体中发送非正式的信息。

社交媒体通过帮助企业找到他们的客户——他们的目标受众来支持促销流程。社交媒体应用程序提供商可以获得潜在客户的数据，并为企业提供目标受众；Facebook 知道你的兴趣，以及你搜索的项目和你点击的广告。因此，企业可以在 Facebook 中投放广告并找到他们的受众。社交媒体应用程序提供商还可以通过提供诸如点击率（click-through rate）（广告的点击数除以广告的显示次数）及转化率[执行某种期望操作（如下单）的用户百分比]等指标，帮助企业实现促销目标。有了这些措施，企业可以了解有多少潜在客户被他们的不同广告吸引，并相应地调整他们的促销活动。

涉及消费者的社交媒体促销有两个重要特征。一个是网络效应，如果一个消费者网络正在谈论一个产品，那么网络本身就会吸引更大的人群，因为没有什么比人群更能吸引人群的了。另一个重要特征是信任。比起做生意，消费者更信任他们的朋友。最近的一项研究发现，超过 80% 的消费者信任朋友的推荐，而只有不到 40% 的人相信网络促销。此外，年龄在 18～29 岁的消费者中，近 60% 的人更容易受到社交媒体评论而不是电视或网络广告的影响。提供顾客评论的网站如 Amazon、Angie's List 和 TripAdvisor 正在不断扩大规模。Yelp 的用户一个月输入了超过 9000 万条的评论，超过 90% 的消费者在购买前会阅读在线评论。

图 11-20 给出了一个促销流程的目标和可能的 KPI。下面给出的示例介绍了促销的产品种类、企业使用的技术、如何衡量促销的结果及最近的趋势。

流程	示例	目标	可能的 KPI
促销	See Jane Work Corona outreach Wendy's Tropicana	参与，达到	关注者数量，浏览量，访问量，点击量，转发量，分享量
客户服务	Amazon Hospital care Xbox Zappos	更快的回电，更多的沟通	回复时间，联系人数量
众包	Frito-Lay Coach shoes	便于用户使用，保质保量输入	输入所需的时间，接受的想法的数量

图 11-20　业务流程的目标与 KPI 示例

- See Jane Work 是一家为女性上班族提供办公用品的公司。他们在自己的 Instagram 账户上设置了网购通道。账户页面的右上角有一个指示购物链接的白色购物袋图标记，这样访问者就可以在 Instagram 上购买商品。
- 美国几个主要城市使用 TikTok 宣传 COVID-19 病毒的危险。Minneapolis 市拥有 4000 多名粉丝，TikTok 创建了一个推广活动，通过娱乐且有趣的方式向粉丝宣传病毒的危险。
- Wendy's 在社交媒体上的出色表现为其赢得了超过 300 万的粉丝，因为其独特地将俏皮、时髦和善良的元素融合在了一起。该品牌利用其平台来改进菜单，提供免费食物，并收集客户的反馈。
- 生产果汁饮料的 Tropicana 在社交媒体上创造了一些关于饮料的有趣故事。这些故事介绍了果汁混合说明和相关的食谱。用户可以通过在页面上向上滑动来查看更多内容，这使得 Tropicana 的广告召回量增加了近 20%。

客户服务流程

社交媒体支持的第二个常见流程是客户服务流程。客户服务是指在销售前、销售中或销售后以提高客户满意度为目标的一系列活动。社交媒体为企业改善客户服务提供了许多新的选择。图 11-20 给出了客户服务流程的各种目标及一些可能的 KPI。请注意示例中的社交媒体可以支持的各种组织、它们的技术和服务类型。客户对优质服务的期望很高——近 80%的客户在 Twitter 上抱怨服务不好，他们希望在一小时内得到回复。67%的客户使用社交媒体请求服务。

- Amazon 为客户提供的一项关键服务是一系列产品评论。为了给新产品提供评论，Amazon 要求其最信任的评论者在产品向公众开放购买之前创建评论。
- 医院帮助患者家属和受邀的朋友分享患者的最新医疗信息。一个例子是名为 CarePages 的社交媒体平台，另一个是 CaringBridge。两者都允许患者家属创建免费的私人页面，他们可以在上面发布患者的最新情况，并阅读来自朋友的鼓励帖子。
- Xbox 不仅在 Facebook 上拥有 2300 万粉丝，而且 Xbox 的客户服务也为其赢得了 Twitter 上响应最迅速的品牌之一的认可。Xbox 对即时玩家问题的响应时间平均为 2 分 42 秒，是平均首次响应时间最快的公司之一。
- 在线鞋类和服装零售商 Zappos 以其卓越的客户服务而自豪，其客户平均响应时间不到 20 分钟。对社交媒体的长期有效利用为 Zappos 带来了许多行业奖项和免费宣传，也帮助 Zappos 在 6 年内实现了 600%的营收增长。由于对客户服务的重视，75%的 Zappos 订单都来自回头客，43%的新客户声称他们是通过口碑而了解 Zappos 的。

社交资本流程

社交媒体 IS 还支持建立社交资本的流程，这对组织和个人都很重要。商业文献定义了三种类型的资本(capital)。传统资本指的是对工厂、机器、制造设备等资源的投资。人力资本是对人的知识和技能的投资，以获得未来的利润。通过学习 MIS 这门课程，你等于是在投资自己的人力资本。你投入了你的金钱和时间来获取知识，你希望这些知识能让你脱颖而出，并最终让你在工作中获得更高的工资。

社交资本(social capital)是对社会关系的投资，它期望在市场上获得回报。当你参加一个商业活动的目的是与人见面和加强关系时，你是在投资你的社交资本。同样，当你加入LinkedIn或为Facebook做贡献时，你就是(或可能是)在投资你的社交资本。

建立社交资本是一个由社交媒体IS支持的流程。社交资本流程是由人们代表他们的组织执行的，但它也给参与的个人带来了红利。大多数成功的社交资本流程都有三个目标：增加社交网络中的关系的数量，增加这些关系的强度，并与那些拥有更多资源的人取得联系。

使用社交媒体来增加关系的数量

下面给出一个社交媒体增加了关系的数量的例子。比如，CBI正在举办一场慈善自行车比赛。图11-21显示了CBI与其社交媒体网站、赞助商和捐助者之间的关系。CBI想要吸引更多的潜在赞助商和捐助者，以筹集资金为总体目标。

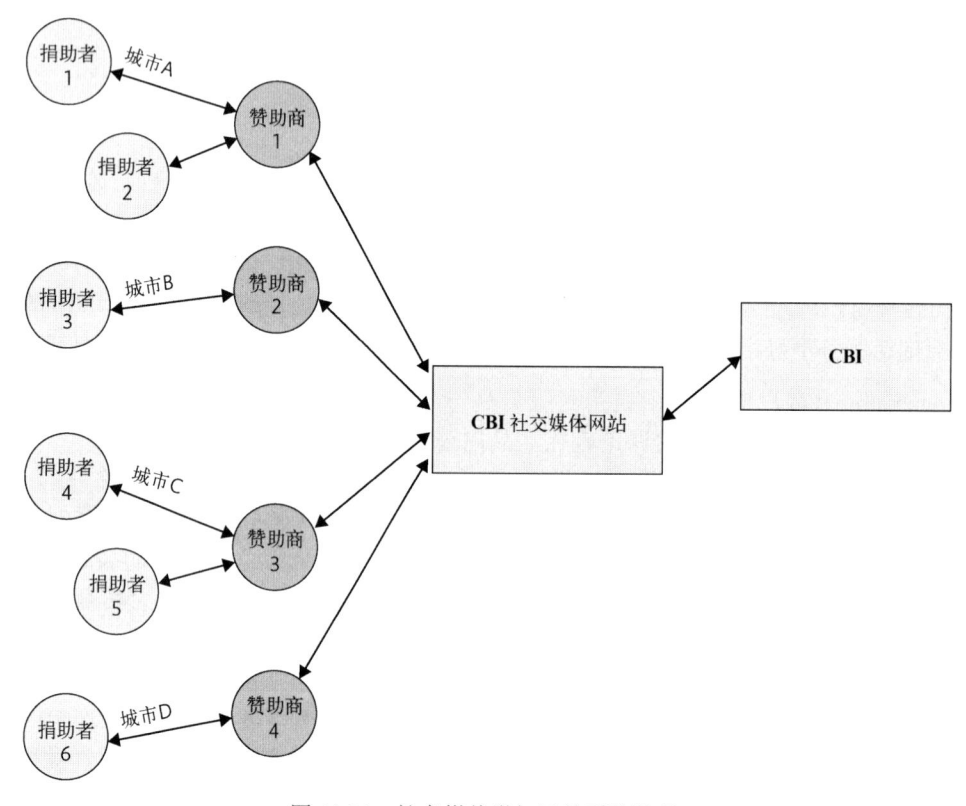

图 11-21 社交媒体增加了关系的数量

图11-21显示了CBI和前四个赞助商之间的关系如何可能带来更多的捐助者。本例中的赞助商1~4与CBI社交媒体网站有直接关系，过去也参加过这类活动。如果CBI能找到一种方法使得四个赞助商与慈善比赛建立联系，那么赞助商可能会把这些活动的信息传播给他们的朋友——捐助者1~6，捐助者可能又会把信息传播给他们的朋友。如果计划成功，与CBI有关系的捐助者数量将迅速增加。

使用社交媒体来增加关系的强度

对于一个组织来说，关系的强度是关系中的实体(个人或其他组织)将做一些有益于组织的事情的可能性。如果你购买了一个组织的产品，写下对它的正面评价，发布你使用产品的照片，等等，那么这个组织就和你有很强的关系。牢固的关系建立在信任的基础上。

在 Benjamin Franklin 的自传中，他提供了一个关键的见解。Franklin 说，如果你想加强与掌权者的关系，就请他或她帮你一个忙。从这个意义上说，组织已经认识到，他们可以通过请你帮忙来加强与你的关系。当你提供帮助时，就加强了你与组织的关系，信任就建立起来。

每一次互动都能加强人际关系，从而增加了社交资本。你和组织之间的互动越多，你的承诺和信任等级就越高。

使用社交媒体与拥有更多资产的个人或组织建立联系

社交资本的第三个目标是与拥有更多资产的个人或组织建立联系。因此，一个组织的社交资本流程的成功，在一定程度上取决于与之相关的社交资本的功能。最关键的衡量标准是关系的数量。一个拥有 1000 个 Twitter 忠实粉丝的人通常比一个拥有 10 个粉丝的人在商业方面更有价值。但计算结果时比这要微妙得多，如果这 1000 个粉丝是大学生，而该组织的产品是成人纸尿裤，那么这种关系对于关注者的价值就很低。这时，与 10 个在养老院的 Twitter 粉丝建立关系会更有价值。

使用社交媒体 IS 支持新流程

我们已经研究了社交媒体 IS 如何改进现有的流程。然而，社交媒体也可以支持组织内新流程的出现。企业已经利用社交媒体创建了一些新的流程。这里我们将讨论一个流程：众包（crowdsourcing）。

众包是指将一项任务外包给大量用户，就像美国联邦调查局（FBI）征集信息以找到 Boston 马拉松爆炸案的始作俑者一样。传统上，外包的任务是产品设计或重新设计，但现在社交媒体的众包有着各种各样的方式，如图 11-20 和下面的例子所示。

- Frito-Lay 开发了一款 Facebook 应用，允许粉丝为乐事薯片创造一种新的口味组合。该活动邀请了明星作为代言人，并对获胜者给予 100 万美元的奖励。人们总共提交了 380 万种口味，公司增加了 220 万 Facebook 粉丝，在活动期间销售额增长了 12%，是历史平均水平的两倍多。
- Coach Shoes 邀请参与者在 Instagram 上传自拍照，并附上#CoachFromAbove 的标签。获胜者的照片将在 Coach 的主页画廊出现，不过没有现金奖励。该活动使在线转化率提高了 6%，平均订单量提高了 2%。

Q11-9 企业如何管理社交媒体的风险？

最近，一个小型巡回乐队的歌手兼吉他手 Dave Carroll 带着他的乐队从 Chicago 前往 Omaha。乐队刚刚登上美国联合航空公司的航班，他们朝窗外瞥了一眼，惊恐地发现正在上飞机的地勤人员似乎在玩着他们的乐器。当他们到达目的地时，Dave 价值 2500 美元的 Taylor 吉他已经破损了。在试图解决这个问题的几个月后，Dave 创作并录制了他最热门的歌曲 *United Breaks Guitars*，这首幽默的民谣在 YouTube 上疯传。在 3 天内浏览量达到 50 万后，航空公司联系了 Dave，并商议该如何补救。

航空公司通过惨痛的教训认识到，社交媒体已经改变了企业与客户沟通的方式。这种新型的沟通方式也伴随着风险。下面，我们将考虑管理风险、员工沟通风险和用户生成内容的风险。

管理风险

最重要的管理风险如下：

- 低估了劳动力成本
- 缺乏可靠的投资回报
- 客户隐私

社交媒体应用程序的管理挑战之一是它们的劳动需求难以估计。与任何新技术一样，几乎没有可用的指导方针来估计有效使用它们所需的时间。

另一个挑战是建立有用的成本和收益的衡量标准。衡量成本和收益的最传统的方法是计算投资回报率(ROI)，它是获得的收益相对投资的占比。例如，如果 200 美元的投资回报是 50 美元，那么 ROI 将是 50/200 或 25%。

虽然近年来社交媒体在衡量 ROI 方面的手段越来越复杂且准确度不断提高，但是社交媒体的 ROI 通常很难用财务指标来衡量。虽然有大量的社交媒体指标和 KPI，如点赞、转发和评论的数量，但这些指标和财务指标之间的关系往往是不明确的、不精确的或不一致的。

社交媒体的另一组问题与客户隐私有关。第 6 章将数据隐私定义为适当收集与处理的个人数据。社交媒体依赖于个体的个人数据，因此个人数据的不当使用是一个重大的管理风险。如果隐私受到威胁，那么社交媒体所必需的信任就会受到威胁。

员工沟通风险

似乎每周都有职业运动员在社交媒体上发一些令人尴尬的东西。体育特许经营商非常重视让运动员向粉丝发布推文的营销价值，但当与运动员沟通不当时，这往往会变成一场公关噩梦。

对于体育特许经营商或任何组织来说，限制员工风险的关键是制定和宣传一项社交媒体政策(social media policy)，这是一份界定员工权利和责任的声明。对于企业来说，社交媒体政策是一个很受欢迎的机制，可以在一个几乎无法进行控制的媒体上引入一些控制或限制行为。社交媒体政策的简短属性列表如图 11-22 所示。

披露	及时——指定响应时间目标。 透明——使用真实姓名和雇主名。 诚实——如果你有既得利益，就要指出来。 做你自己——坚持你的专长，写你知道的东西。
保护	不要泄露秘密。 不要抨击竞争对手。 不要过度分享。
运用常识	增加价值——让你的贡献物有所值。 保持冷静——不要激怒或回应每一个批评。 犯错——坦诚并迅速改正。

图 11-22 社交媒体政策的属性

该策略的第二个方面是指定响应客户投诉的目标度量——客户平均需要等待多长时间才能得到响应。客户对社交媒体响应时间的期望正在迅速上升。超过一半的Twitter用户希望在发布客户服务问题后的1小时内得到回复，而超过一半的Facebook用户希望客户服务问题能在24小时内得到回复。社交媒体政策必须满足客户的期望。

用户生成内容的风险

用户生成内容是社交媒体关系的基础。然而，这些内容可能是不恰当的，或在语气上过于消极或有其他问题；我们都遇到过恶意评论的帖子。CBI在开篇的小插曲中描述了一场负面的推文风暴。在参与社交媒体之前，组织需要确定他们将如何处理负面内容。

用户生成内容问题的主要来源如下：

- 垃圾内容
- 错误概念——虚假陈述或假新闻
- 负面评论
- 叛变运动

别有用心的人可能会利用这个网站来表达自己对不相关话题的看法，比如UFO、怪异的阴谋论等。由于可能出现这样的内容，托管业务的员工必须定期监控网站，并立即删除令人反感的内容。

虚假陈述或有关组织的假新闻也充斥着网络，社交媒体上的许多评论都是不正确的。然而，从更严重的错误中区分出那些应该被忽视的无害错误，需要平台和受众的判断与经验。未来几年，社交媒体平台将制定新的程序和监管方式，以限制出于对社会现象的担忧而发布的假新闻和虚假陈述。

负面评论是另一个风险。研究表明，精明的消费者都知道，很少有完美的产品。大多数客户在购买一件产品之前都想知道产品的缺点，这样就可以确定这些缺点对他们的应用是否重要。

"叛变运动"（mutinous movement）是不良评论的延伸，消费者以破坏性的方式使用一个组织的网站。叛变运动的一个例子是，一个心怀不满的患者试图攻击医院的Facebook页面，并换作另一家医院的页面。

管理社交媒体的首要任务是了解潜在问题的来源，并监控网站中存在问题的内容。然而，一旦发现这样的内容，组织必须制定一个创建响应的计划。我们接下来会考虑这些选项。

对用户生成内容问题的响应

社交媒体活动就像一次聚会。在聚会进行时，主人必须知道如何处理客人的不当行为。这种响应要迅速，但要照顾每位客人的情绪。这同样适用于社交媒体活动，应该如何处理有问题的内容？有三种方式：

- 留下它
- 回应它
- 删除它

如果有问题的内容是对组织产品或服务的合理批评，那么最好保留。这种评论属于正常的用户生成内容。

第二种方式是对有问题的内容做出响应。然而，这种响应是危险的。如果这些响应被认为是对内容贡献者的侮辱，那么该响应可能会激怒用户社区，并产生强烈的反应。

对于某些心怀不轨的人发布的不实内容，或是严重的无道德底线的内容应立即删除。尽管也会遭到一些用户强烈的反应或不满，但组织应有信心处理这类小概率事件。

Q11-10 信息系统如何将协作和社交媒体结合起来支持业务流程？

一些信息系统融合了协作和社交媒体的元素。这些信息系统——Reddit、群组消息应用程序（如WhatsApp和WeChat）及共享经济应用程序（如Uber和Airbnb）的使用越来越多，下面将介绍它们对业务流程的影响。

Reddit

Reddit是一个非常受欢迎的社会新闻网站，建立在群众投票和匿名发帖的基础上。Reddit的注册用户和大多数匿名用户创建内容并在网站上分享，这些内容以Reddit子版块的形成组织起来。一旦在Reddit子版块上发布内容，Reddit就允许其他用户对其进行投票，根据这些投票，帖子的突出度和位置会被提升或降低。

Reddit支持近百万个话题的各种讨论。许多用户被Reddit的爆料能力所吸引，因为匿名提交者没有传统新闻提供者那么谨慎。

企业和产品可以在Reddit上进行推广。许多受欢迎的电视节目、电子游戏、娱乐公司和运动队都受益于基于粉丝的Reddit子版块。此外，企业可以通过特定的交易或在Reddit上的比赛来促进销售。

WhatsApp

WhatsApp是世界上最受欢迎的智能手机社交媒体应用程序之一。这个易于使用的跨平台应用程序为用户提供了打电话、分享视频和文本信息、向群组中的其他人显示自己的位置，以及在加密平台上分享文件和图片的机会。WeChat和Facebook Messenger等其他流行的群组消息应用程序也有类似功能。

企业可以使用社交媒体应用程序来支持许多流程。他们可以发布一个操作视频、常见问题列表、实时视频帮助及支持客户服务的实时帮助。他们可以创建一个客户群，用于以后分享促销活动、特殊嘉宾的实时动态、音乐活动、产品演示和促销赠品。一些企业的社交媒体应用程序可以帮助客户安排约会、收到延误通知、联系技术支持、通知警察、寻找公交车和预订餐厅。

共享经济

在本章的结尾，我们考虑了共享经济公司（如Uber、Lyft和Airbnb）提供的技术。这些共享经济公司允许用户创建和共享资产或服务。最近，Uber的市值已超过了800亿美元，Airbnb的市值也超过了300亿美元。

Uber、Lyft 和 Airbnb 是共享经济中最知名的三家公司。共享经济指的是通过在线社区实现点对点交易，个人可以通过在线社区租用资产或获得他人提供的服务。其他类似的公司包括 eBay、Zipcar、Kickstarter 等，如图 11-23 所示。这些公司就像社交媒体应用程序提供商——他们把创建个人资料和共享资源的同行联系起来。

共享经济公司使协作消费（collaborative consumption）、相互获取产品和服务成为可能，而不是考虑个人和专属的所有权。协作消费的基本前提是资源的未充分利用——平均每辆汽车有 92% 的时间是闲置的。协作消费的另一个特点是其灵活性且可控制，参与者可以控制自己的时间和资源——如果他们今天想在下班回家的路上当一名 Uber 司机，他们可以随心所欲地加入 Uber 系统，并且随时可以退出。当协作消费发挥作用时，其结果可能是对某种产品或服务的需求大大增加。Uber 和 Lyft 将旧金山的出租车出行需求从每年 1.3 亿次增加到超过 5 亿次。

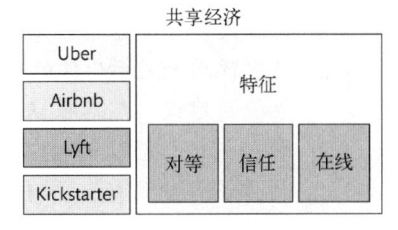

图 11-23 共享经济公司及其特征

共享经济公司为参与者提供在线信息系统，使买卖双方都能够信任交易。信任至关重要，因为在共享经济中，转换成本通常很低。最后，除了信息系统和信任，共享经济的成功还取决于获得所需资源的途径。Uber 要想成功，就必须与大量的乘客和司机建立联系。

信任随着可靠、信心和信念而增长。为了获得信任，共享经济公司依赖于他们的信息系统。信息系统必须允许各方收集正在共享的服务和另一方的数据。通常，另一方的数据包括照片、关于客户的详细信息和评级。拥有一个正面评价是很重要的，因为据此可以获得对方的信任。这种对评级的重视也导致了更好的服务行为——Uber 司机很有礼貌，Airbnb 的旅客会挂好毛巾。

课堂练习

在这个练习中，你和你的队友将制定一份优先级清单，列出在登月失败后生存所需的物品。（教师可以通过 Google 找到 NASA 的 "Survival on the Moon" 练习来获得 NASA 认可的清单。我们给出的场景是凄凉的：你和你的团队距离会合点 200 英里，因为你的飞船在月球上坠毁了。你有表格中列出的 15 件物品要随身携带。你意识到你的生存取决于到达前哨站，找到保护自己的方法直到有人能够接应你，或者在你的着陆点和前哨站之间的某个地方遇到救援队伍。这里晚上非常冷，白天非常热。月球基本上没有大气层或电磁层来保护你免受太空辐射。月球上的重力只有地球的六分之一。月球表面的大部分是由陨石坑组成的。首先，请你对这些物品的优先级进行排序，在表格最右侧的排名列中将最重要的物品标为 1，将最不重要的物品标为 15，其他物品的排名以此类推。然后，和你的团队讨论你的想法，重新对这些物品进行排序。团队中的每个人都有自己确定的排名结果。最后，请你将物品的排序再迭代两次，也就是找到一件物品，将其排名升高或降低，这样重复做两次，并将新的排名填入排名列中。

在教师公布答案之后，即可计算你的的得分。请写下每一件物品的排名和答案之间的差值，例如，如果你将物品"降落伞"标为 7，但正确答案是 5，那么差值就为 2。最终的得分即为这些物品差值的总和。

1. 你的答案在与队友协作之后，还是之前更准确？如果之前的成绩更好，这是否意味着你应该更自信、更坦诚或更挑剔？团队中是否有足够的反馈？你的团队中是否有人的得分更高？如果有，这对你意味着什么？

2. 在迭代周期之后，你的团队列表是否得到了改进？回顾一下，是否有人提出了一些被忽视的建议，然后被认可的清单就可以显示出更好的结果？为什么它被忽视了？
3. 你如何评估团队的信任度？
4. 协作流程的目标如图 11-1 所示，其中包括个人目标、团队目标、产品目标及高效性目标。这些目标中的哪些实现了，哪些没有实现，原因是什么？

道德指南

道德、社会营销和夸大其词

没有人认为你会在 Instagram 上发布自己最丑的照片，但你应该在多大程度上创造一个积极的印象呢？如果你和一个在你的圈子里很受欢迎的人一起参加了一个活动，那么发布一些暗示你们每天见面的照片是不是不道德的？

只要这一切都发生在你用于私人关系的 Instagram 或 Facebook 账户上，其实也没有多大的问题，但如果扩大到商业领域呢？请考虑商业领域中的社交网络帖子所产生的道德问题。

讨论题

1. 假设一家漂流公司在一个社交媒体网站上创建了一个团队，以推广漂流旅行。一名15岁的高中生 Graham 想要使自己显得更成熟一些，他上传了一张22岁英俊男子的照片作为自己的头像。他还在网站上对漂流旅行发表了有趣的评论，声称自己会弹吉他。假设某人决定去漂流旅行的部分原因是 Graham 的帖子。但是后来他对 Graham 的真实情况感到失望。
   a. Graham 的行为合乎道德吗？考虑绝对命令和功利主义的观点。
   b. 根据任何一种伦理观点，漂流公司是否有道德责任退还这个人的漂流费用？
2. 假设你拥有并管理这家漂流公司。
   a. 你鼓励员工给公司写正面评价是否不道德？同时使用绝对命令和功利主义的观点。
   b. 如果你要求员工使用非工作用的电子邮件地址注册网站并发表评论，你的答案是否会改变？同时使用绝对命令和功利主义的观点。
3. 同样，假设你拥有并管理这家漂流公司，你对员工带来客户进行奖励，而不限定具体的带来客户的方式。一名员工邀请他的 Facebook 好友参加一个派对，在派对上他会展示之前漂流旅行的照片。在去聚会的路上，这名好友出了车祸。他的配偶起诉了你的公司。
   a. 你的公司应该被追究责任吗？
   b. 你是否知道派对上的展示活动与公司被追责有关系吗？你鼓励员工用各种方式拓展客户与公司被追责有关系吗？
4. 假设你的漂流公司有一个客户评论网站。尽管你在营地清洁方面做了最大的努力，但有一次你的员工不小心提供了变质食物，所有参与漂流旅行的人都因为食物中毒而生病。一个客户因为那次经历写了一篇很差的评论。从你的网站上删除该评论合乎道德吗？再一次，考虑绝对主义和功利主义的观点。

5. 假设你不是这个漂流公司的老板，而是曾经受雇于这个漂流公司，你认为自己不应该被解雇。为了报复，你利用 Facebook 向你的朋友们（其中很多人是漂流导游）散布关于该公司旅行安全的谣言。

    a. 你的行为合法吗？
    b. 你的行为合乎道德吗？考虑绝对命令和功利主义的观点。
    c. 你认为这种情况和讨论 4 中的情况有什么伦理上的区别？

6. 根据你在讨论题 1~5 中的回答，制定将社交媒体用于商业目的的道德原则。制定出于商业目的创建或使用用户生成内容的道德原则。

主动复习

Q11-1　什么是协作，协作流程的目标是什么？

区分合作型团队和协作型团队，并分别举例说明。解释沟通和迭代的重要性。团队沟通的哪些方面对协作至关重要？请解释为什么商科专业的本科生低估了协作的价值。描述动态流程的目标与结构化流程有何不同。解释典型协作流程的有效性目标和高效性目标。描述协作信息系统如何支持协作活动和业务流程。

Q11-2　协作信息系统的关键组件是什么？

描述协作信息系统中的客户端和服务器硬件。解释协作软件的种类。描述两种类型的协作信息系统数据，并分别给出一个示例。解释为什么协作信息系统的程序经常是不明确的。描述使用协作信息系统的人员的重要属性。总结协作信息系统的关键属性。

Q11-3　协作信息系统如何支持沟通和迭代活动？

描述三种类型的沟通，并分别给出一个示例。解释为支持这三种类型的团队沟通而设计的协作信息系统的类型。解释管理内容迭代的三个选项。对于每个选项，描述一种能够支持团队迭代活动的协作技术。

Q11-4　协作信息系统如何支持业务流程？

描述项目管理流程，并说明其一般活动。有哪些协作信息系统可用于支持项目管理流程？描述工作流流程，并解释工作流流程的迭代与典型的协作团队的迭代的不同之处。解释协作信息系统支持的新流程。

Q11-5　什么是社交媒体，社交媒体的目标是什么？

解释用户生成内容并给出一个例子。描述当前的社交媒体环境。解释社交媒体流程中的两种活动。描述一下社交媒体的独特之处。解释用户在社交媒体流程中的两个目标。解释企业和应用程序提供商的目标。描述社交媒体的有效性目标。

Q11-6　社交媒体信息系统的关键组件是什么？

解释社交媒体信息系统的几个关键属性。区分内容数据和连接数据，并给出每个数据的示例。描述非正式社交媒体程序产生的结果。解释那些对企业来说既让人兴奋又让人不安的人的特征。

Q11-7　社交媒体信息系统如何支持创造和分享活动？

解释病毒式传播的概念，以及为什么它对商业很重要。描述一个企业应该多久介绍一次自己产品的一般规则。解释为什么理解用户的搜索行为对企业有帮助。

Q11-8　社交媒体信息系统如何支持业务流程？

给出几个由社交媒体信息系统支持的业务流程的例子。描述促销流程，包括其目标。定义点击率和转化率，并比较两者。解释与客户相关的社交媒体促销活动的两个重要特征。描述客户服务流程及其目标。解释资本并描述三种类型的资本。确定并解释构建社交资本流程的三个目标。举例说明社交媒体如何支持这三个目标。解释众包及企业如何应用它。

Q11-9　企业如何管理社交媒体的风险？

解释几个使用社交媒体的风险。描述一个好的社交媒体政策的属性。解释用户生成内容问题的来源，以及应对用户生成内容问题时的选择。

Q11-10　信息系统如何将协作和社交媒体结合起来支持业务流程？

描述 Reddit 及它是如何工作的。解释 Reddit 子版块。描述企业如何使用 Reddit 来支持促销流程和客户服务流程。解释 WhatsApp 的功能。请描述企业如何使用 WhatsApp。列出并描述共享经济的主要特征。解释协作消费及其与共享经济的关系。请描述信任，以及它在共享经济中的变化。

关键术语和概念

异步沟通	资本	点击率
协同消费	协作	合作
内容数据	连接数据	文档库
大众分类法	标签	迭代控制
迭代管理	Microsoft Teams	Microsoft SharePoint
叛变运动	并行工作流	项目管理
项目数据	项目元数据	推广
Reddit	顺序工作流	社交资本
社交地图	社交媒体	社交媒体信息系统
社交媒体政策	关系强度	同步沟通
用户生成内容	视频会议	虚拟会议
工作流		

课后习题

11-1 如果 F2F 会议变得越来越少,你认为会对旅游业产生什么影响?

11-2 回顾你在之前的课程中获得的团队协作的经验。你的团队协作程度如何?是否包含沟通和迭代?若包含沟通和迭代,是怎样的?是否提供了关键的反馈?你是如何使用协作信息系统的?如果你没有使用协作信息系统,请描述你认为这样的系统如何改进你的工作方法和结果。如果你确实使用了协作信息系统,根据你从本章中获得的知识,说明你如何改进这种应用。

11-3 请你练习使用 Google Drive。需要两个 Google 账户来完成这个练习。如果你有两个不同的电子邮件地址,那么就用这些地址建立两个 Google 账户。

　　a. 使用 Word 软件,给自己写一份备忘录。在备忘录中,解释沟通与协作。使用 Google Drive 上传你的备忘录。保存上传的文档,并在第二个 Google 账户的电子邮件中共享你的文档。退出第一个 Google 账户。(可以在这个练习中同时使用两台计算机。通过使用两台计算机,你将看到 Google Drive 的更多功能。如果你有两台计算机,请不要注销你的 Google 账户。在第二台计算机上执行步骤 b 和第二个账户的所有操作。如果你使用两台计算机,请忽略以下步骤中关于注销 Google 账户的说明。)

　　b. 在浏览器中打开一个新窗口,使用第二个 Google 账户登录。打开在步骤 a 中共享的文档。

　　c. 修改备忘录,增加内容管理驱动程序的简短描述。保存第二个账户中的文档。如果只使用一台计算机,请从第二个账户注销。

　　d. 登录第一个账户。打开备忘录的最新版本,并添加版本历史记录角色的描述。保存文档。(如果你使用两台计算机,请注意 Google 是如何警告你另一个用户正在同时编辑文档的。点击 Refresh 按钮查看发生了什么。)如果你只使用一台计算机,请退出你的第一个账户。

　　e. 登录你的第二个账户。重新打开共享文档。从 File 菜单中,将文档保存为 Word 文档。描述 Google 如何处理对文档的更改。

11-4 访问 Reddit 网站,阅读各种讨论。列出三个和你专业相同的人毕业后会关注的有价值的讨论。

11-5 访问维基百科网站。阅读"关于维基百科"(About Wikipedia)页面和"协作写作"(Collaborative Writing)页面。制作一个图表,显示创建和更新维基百科页面的过程。页面创建和编辑是一个具有有效性目标或高效性目标的流程吗?可以使用什么方式来评估流程中的改进?

11-6 访问 Airbnb 网站并创建个人资料。找到你最喜欢的度假地点的两个列表。解释所列酒店的特色和价格与同一地区的酒店相比如何。

11-7 在 Instagram 上,找到三个使用该平台支持招聘流程的公司例子。在 Reddit、Facebook 和 Twitter 上做同样的事情。对于每一种信息来源,描述一家公司在招聘过程中如何最有效地利用这些资源。

11-8 评估你自己的社交资本存量。校园里有哪些活动可以帮助你增加社交资本?你可以使用哪些社交媒体应用程序来增加你的社交资本？

11-9 通过查看 Facebook 对你的分类来了解它对你的看法。使用你的智能手机登录 Facebook，进入 Setting > Account Setting > Ads > Your Information >Review and Manage Your Categories >。这些对你的分类合理吗？为什么？

协作练习

与一组学生协作回答问题。kata 是你刻意练习的结构化活动，并让其运行模式成为一种习惯。一些流程改进专家使用 kata 进行学习，从而以一种一致的、结构化的方式来观察和响应常见的流程问题。这种结构化方式包括以下活动。

1. 从公司领导那里获得方向或挑战(计划 1)，而不是一个目标。
2. 掌握现状(计划 2)；识别问题。
3. 确立你的下一个目标(计划 3)；具体说明日期和措施。
4. 进行实验达到目标(执行 1)；在下一个循环中继续进行这个步骤。

例如，大学城的一家餐厅期望将其服务的学生顾客人数增加一倍(1—挑战)。经理和员工进行协作，确定过去阻碍餐厅达到这一水平的问题，以及他们目前可用于增加学生顾客总数的选择与机会(2—把握)。他们的第一个目标是，到本月底前，将销售额提高 25%(3—目标)。他们决定进行第一个实验，将提供的优惠券数量翻倍(4—实验)。在月底，他们确定第一个实验的结果，讨论其他可能的实验，并选择下一个实验。重复活动 2、3 和 4，直到完成挑战。

1. 协作对于 kata 来说显然是必不可少的。但是，迭代到底是什么，是由反馈团队产生的东西？
2. kata 是什么类型的流程：结构化的还是动态的？
3. 可以使用什么样的协作信息系统来支持餐厅的这一流程？
4. 练习 kata。作为一个团队，把 20 页纸翻过来，再打乱。当计时开始时，将纸一页一页地翻过来，并按数字顺序将把相同的纸堆在一起。你的挑战是在 20 秒内完成这项任务。完成练习后，回答下面的问题。
   a. 你的第一个目标是什么？
   b. 这个流程进行了多少次迭代？
   c. 你的实验活动重复了多次。当你和他人协作选择一个实验时，你的团队获得了怎样的反馈？你们的协作是否具有图 11-1 中的元素？ 你们的协作是否坦诚，是否包括了谨慎的批评？
   d. 团队成员之间的信任是否增强？为什么？
   e. 你的团队是否达到了图 11-1 所示的有效性和高效性协作目标？

案例研究

Zoom

WebEx 提供了最早的面向商业的视频会议应用程序之一。虽然 WebEx 被用于许多类型的商务会议，但它在视频销售电话方面尤其成功。这本教材的早期版本就是通过WebEx卖给教授们的。

2009年，Cisco Systems收购了WebEx，曾领导WebEx开发团队的Eric Yuan离开了WebEx，并于2011年创立了Zoom。当时，业内权威人士认为，在产品众多的市场上推出新产品是不明智的。除了Cisco，Microsoft、Google、Apple和其他公司的产品也很受欢迎，占据了视频会议市场的大部分份额。

尽管存在质疑，Zoom还是取得了成功，截至2018财年，该公司实现了1.215亿美元的收入，2019财年为3.305亿美元，2020财年为6.227亿美元。该公司于2019年4月首次公开发行股票，其股价从IPO前的36美元升至146美元，2020年3月的市值为6.227亿美元。

Zoom取得成功的两个主要原因是：其产品易于使用；Zoom提供了一个简单的入口，可以免费下载其基本产品。Zoom的收入来自商业产品的升级。

Zoom在2019年取得了成功，并且在2020年初COVID-19病毒流行时，其增长速度令人疯狂。2019年12月，Zoom拥有1900万的峰值用户，但到2020年2月，Zoom的峰值用户增至2亿多，到2020年3月增至3亿多。2020年1月，Zoom产品的日下载量为5.6万次。截至当年3月，每日下载量为213万次。这种增长在很大程度上是由于许多大学、公立学校、书友团体、朋友和家人在实施居家工作时选择了Zoom。

可以肯定的是，其他供应商的销量也有了显著增长。例如，Microsoft Teams在2020年3月和2020年4月分别拥有4400万用户和7700万用户，当时，Teams只是一个商业产品，因此没有像Zoom那样在学校和家庭使用中看到同样的增长。然而，Microsoft、Google和其他公司并没有沉默。到2020年5月，两家公司在观察到Zoom的增长后，都宣布了未来的个人和家庭使用的产品。

Zoom是如何支持这种增长的？

在继续讨论之前，我们先来分析Zoom在4个月的时间里从1900万用户增长到3亿多用户，这意味着它的用户数量每个月都要翻一番。在云供应商和虚拟化出现之前，这样的增长是不可能的。Zoom每个月的处理能力都要翻倍，这意味着需要购买或租赁数千台计算机，以及容纳它们的空间，并获得运行它们的电力和空调设备。他们需要安装软件，与供应商谈判，至少要将数据传输能力提高一倍，并获得和培训员工来运行数据中心。没有一家公司能够实现这样的基础设施增长。

虽然Zoom确实有自己的一些计算基础设施，但它的大部分工作是由Amazon网络服务（AWS）处理的。AWS的业务支持客户需求的巨大变化（想想AWS在假日期间为Amazon做了什么），并且由于虚拟化，它能够支持Zoom每月翻番的处理需求而没有出现重大问题。

像AWS这样的云供应商提供三种资产：计算机处理、数据存储和数据传输。考虑到Zoom这样的视频会议应用程序的主要工作是在人群中协调和发布视频流。这种工作负载需要适度的处理能力，例如在会议中添加和删除用户，并在他们之间协调视频显示，并不需要太多的计算需求。类似地，数据存储要求也很低。所需的大部分存储都是在用户的计算机上完成的。然而，从一个参与者向其他参与者实时发送视频流显然需要大量的数据传输。

进入Oracle云

从外部来看，AWS很好地支持了Zoom在处理需求方面的天文数字增长。因此，当Zoom

宣布它将与 Oracle 达成一项提供云服务的协议时，许多人都感到惊讶。Oracle 在数据库和数据库应用市场上是一家强大的公司，但在云市场，它的实力相对较弱。2019 年，排名前四的云公司是 AWS、Microsoft Azure、Google Cloud 和 IBM，Oracle 云排名第五。

Duckbill Group 自称为云经济学家的 Corey Quinn 提供了一种解释。路透社的文章称，Zoom 每天处理 700 万 GB 的数据。根据这个数据，Quinn 计算出 Zoom 每月传输 217 000 TB 的数据。Zoom 每月向 AWS 支付 1110 万美元的数据传输费用，而每月向 Oracle 支付的用于数据传输的费用为 180 万美元。Quinn 认为与 Oracle 签订合同是为了节省成本。

目前，这一声明并不意味着 Oracle 将处理 Zoom 的所有工作负载，AWS 将继续成为 Zoom 的供应商。此外，将 Zoom 应用程序从 AWS 服务器迁移到 Oracle Cloud 服务器可能是一个昂贵且有风险的项目。难点在于 Zoom 应用程序的架构，这在公司外部是未知的。

可持续吗？

就用户数量而言，Zoom 是视频会议领域无可争议的市场领导者。但这种地位能持续下去吗？Zoom 能否在正常社会发展的情况下保持增长？如果未来的商务出差减少，许多商务会议仍将继续采用视频会议。然而，在家里，社交视频会议可能会变得罕见，因为人们认为手机可以替代这类工作。

此外，Zoom 能够在竞争中脱颖而出吗？视频会议的转换成本很低，特别是对于个人使用，快速的应用程序下载很容易实现。新的视频会议的进入壁垒很高，不过像 Microsoft 和 Google 这样的公司财力雄厚。因为有了云，这些成本比过去要低得多。

Zoom 的未来是什么？

问题

1. 什么类型的用户是 Zoom 在 2020 年第一季度急剧增长的主要来源？使用 Internet 来获取本案例之外的其他数据。
2. 解释虚拟化是如何让 AWS 满足 Zoom 每月翻番的工作负载的。
3. 什么原因可能会影响 Zoom 决定不选择 Microsoft Azure 或 Google 云，转而选择了 Oracle 云？
4. 个人、家庭和社会对视频会议的使用在 COVID-19 病毒流行之后"幸存下来了"吗？地理位置分散的朋友和家人是否继续使用视频会议？在 COVID-19 病毒流行期间使用的 Zoom 是否让消费者认为这是他们继续享受的一种新的通信方式？或者视频会议的社交应用只是对特定情况的"昙花一现"？
5. 你们学校使用哪种视频会议软件进行在线教育？使用 Zoom 吗？如果没有，为什么？如果有，为什么？如何使用它？
6. Zoom 目前的主要竞争对手是哪些公司？Microsoft 和 Google 产品是否在抢占 Zoom 的市场份额中取得了实质性的进展？为什么？
7. 所有的信息系统都有五个组件，请描述 Zoom 的五个组件。
8. 详细说明你参与过的一个协作项目；使用图 11-1 描述你的协作目标。Zoom 是如何帮助你的团队完成这些目标的？
9. 你是否应该在 2020 年 5 月 4 日买入或卖出 Zoom 的股票？你今天应该买入或卖出 Zoom 的股票吗？

第 12 章

分析和信息系统

在 CBI 总部深处一间没有窗户的办公室里，顶级销售人员 Sue 和 IT 分析师 Cody 正聚精会神地看着屏幕。Cody 正在向 Sue 展示有关滑板车的交通数据。CBI 在 Columbus 市的市中心放置了 250 辆滑板车用于测试，以确定其滑板车的受欢迎程度。

Cody 指着自己的屏幕说："当客户使用手机应用租用一辆滑板车时，我们就会在那一刻捕捉到他们当时的 ID 和位置；然后，当他们放下滑板车时，我们会再次获取他们的 ID 和位置。我们也知道他们用的是哪辆滑板车——但可能没人在乎这个！我们还了解到，在他们打开应用程序后，他们需要走多远才能得到一辆滑板车，以及他们是否放弃了租用滑板车。"

Sue 很感兴趣："那么，我在 Columbus 地图上看到的是什么？"

"这是一个 viz(可视化结果)，按位置显示所有 250 辆滑板车的表格。让我来打开当前的活动地图。红色的热点是滑板车最多的地方，蓝色的热点是没有滑板车的地方，蓝点是用户打开应用程序寻找滑板车时所在的位置。绿线是移动的滑板车；看起来现在大约有 8 辆正在移动。"

"当他们打开应用程序时，我们会得到什么数据？"

"我们得到了用户名、位置、手机类型、他们上次租车的支付方式，以及他们租赁滑板车的整个历史数据。"

"嗯，那很好。但是我们能用它做什么呢？"

Cody 微笑着说："仅仅使用这种类型的数据，我们就可以预测未来的需求，这样我们就可以知道要把滑板车放在哪里。我们可以将数据出售给那些可能希望提供按量付费交通方式的城市。我们可以出售的另一种数据是，有多少年轻通勤者在餐馆或酒吧附近下车，以及什么时候是高峰用车时间。测试结束后，我们将使用这些数据来证明与 Columbus 商家的另一份合同是合理的。我们还可以确切地说，有多少通勤者不在路上，他们在人行道上、停车场上或其他糟糕的选择上，不过，我们不必分享这些信息。"

Cody 很高兴："我们想把这些数据卖给商业地产商,他们需要实际的人流量数据。我们可以估计人们在哪里工作和生活,他们通勤的频率,以及其他类似的情况。"

Cody 继续说:"我们可以对这些数据进行分析,这可能会让我们比出租滑板车更赚钱。在这个行业,或者在 Columbus,没有人有这样的数据;城里所有的商家都会排着队从我们这里购买。我们会有交通流量,人口统计数据,我们还会有时间数据。我们可以分析节省的时间,因为我们知道正常通勤需要多长时间。分析会一直持续下去!"

"还有,Sue,我刚刚想到了一点。不如我们给用户提供常客里程,以及他们可以在我们合作的餐馆使用的电子优惠券。真正酷的是,我们可以将客户的付款方式与其他数据进行匹配。我们可以购买人们的各种数据,通过匹配他们的支付方式,我们可以看到他们购买的其他东西,并估计收入。我们可以购买商业数据,并将其与信用卡进行匹配,从而确定我们想要瞄准的客户。这会很棒的!"

"我们也可以出售我们的财务数据;其他公司喜欢我们的年轻人和移动设备——我的意思是真正的移动设备,他们到处移动,愿意尝试新事物,比如滑板车。"

对 Cody 提供的这一大堆数据,Sue 有些困惑,她选择了最简单的问题:"有些事情是不是有点见不得人?"

"为什么?这在很多地方都很常见,"Cody 说。"如果我们允许用户选择退出系统,我认为这是合理的。"Sue 答道。

"他们可以选择退出,只是不太容易找到退出路径。看看这个,只有2%的人选择退出。他们希望我们拥有他们的数据!"Cody 不屑地说。

"也许为了降低风险,我们只需在每次租车时保留匿名身份,而不是真实的用户姓名。我们仍然可以进行分析,因为我们不需要知道人们的名字,只需要了解他们的人口统计数据和以前的租车情况。"。

"谁会抱怨呢?我们会给他们打折,并确保他们在需要时随时随地都能租到滑板车。如果我们收集了一些我们需要的匿名数据,并出售这些数据,对我来说,这似乎是一笔公平的交易。"

本章概述

Q12-1　什么是分析?为什么它对商业如此重要?
Q12-2　分析流程的目标是什么?
Q12-3　分析信息系统的关键组件是什么?
Q12-4　分析信息系统如何支持分析活动?
Q12-5　分析信息系统如何支持业务流程?
Q12-6　什么是大数据分析信息系统,它是如何使用的?
Q12-7　企业如何管理分析信息系统的风险?
Q12-8　SAP 是如何进行分析的?
Q12-9　2031 年有哪些新的信息系统将影响分析流程?

本章预览

第9章和第10章描述的销售和采购流程产生了大量的数据。此外,第11章中与协作和社交媒体相关的动态流程也会衍生出大量数据。但这些只是一个组织中产生数据的众多流程中的一小部分。Cody 和 Sue 正在研究另一种数据来源——由他们的滑板车应用程序生成的定位数据。所有这些数据包括有用的模式、关系和见解，但它们都是隐藏的。找到这些有用的模式是分析的目标。在之前的章节中，我们讨论了技术和流程，所以我们知道了需要进行数据分析的原因；在本书的最后，我们将研究如何进行分析。本章将讨论分析和支持分析的信息系统。

作为一名未来的商业人士，你分析数据的能力将是一项关键技能。我们可以参考 SAS 的创始人 Jim Goodnight 的观点："如果你想在商业上取得成功，那么请确保你对分析学有一定的了解，并知道何时使用它们。"能够使用分析技术(如数据挖掘和预测)将原始数据转化为更好的商业决策的人才的需求从未像现在这样旺盛。在所有关于"大数据"的讨论中，各行各业的组织都需要懂得如何使用分析技术来理解这一切的人。

在本章中，我们调查了像 CBI 这样的公司是如何使用分析信息系统来支持他们的流程的。我们的讲解方法与第 11 章类似——首先讨论分析信息系统的五个组件，然后讲解分析活动，最后讨论依赖于分析的业务流程。下面我们先讨论分析对商业及其目标的重要性。

Q12-1　什么是分析？为什么它对商业如此重要？

海量的数据充斥着整个世界。Facebook 每天处理超过 500 TB 的数据，Google 每天处理 24 000 TB 的数据。Google 首席执行官 Eric Schmidt 表示，我们每周创建的数据量相当于出现人类文明以来到 2003 年的数据量的总和。YouTube 每 4 分钟增长 1 TB 的数据；欧洲核子研究中心的强子粒子加速器每秒产生 1000 TB 的数据。纵观全球：2009 年大约有 0.8 ZB 的数据，2011 年有 1.8 ZB，2019 年估计有 35 ZB 的数据。

虽然这些数字的增长速度令人惊讶，但数据的主要来源仍保持不变。数据增长的五种来源如图 12-1 所示。第一个来源是每天发生的数十亿笔金融交易的金融数据。其次，人类基因组图谱和全球气候等科学进展正在产生数据。第三个来源是我们的沟通——帖子、点击、点赞、电子邮件、评论、照片和搜索。第四，像血液检测、核磁共振成像和医院就诊这种医疗保健服务每天产生数十亿条的记录。但第五种数据可能会让前四种数据显得微不足道。很快，将有数万亿的数据生成设备与我们一起生活在这个星球上；数千亿的移动设备和传感器已经出现在这里，它们将很快与几代新设备结合在一起。这些设备将在未来很多年里为数据的增长提供动力。

随着数据量的增长，数据在商业世界的地位也在增长。在过去近 20 年里，用于商业数据分析的支出增加了两倍。正如 *The Wall Street Journal* 所总结的那样，这是"下一个大事件"。每年都有数百篇文章出现在备受瞩目的商业媒体上，呼吁企业以数据驱动(data driven)——依靠证据和数据而不是直觉或个人经验来进行商业决策。

数据分析这个职业领域可能会找到你，据麦肯锡估计，2024 年仅美国经济体就可能有 25 万个数据分析职位的空缺。从事这份工作的人有时被称为数据科学家，数据分析也曾被 *Harvard Business Review* 誉为 21 世纪最有潜力的工作之一。商业中需要数据科学家，但他们也将在医疗保健、科学、体育、执法部门和政府组织中找到一席之地。而商业领域中的各类流程经理也可以与数据分析师一起工作，并将对数据的洞察转化为对业务流程的改进。许多未来的数据分析师将从会计师、市场营销人员和供应链专业人员开始他们的职业生涯，并将通过积累工作经验而慢慢培养自己的数据分析能力。也许有一天，这就是你的职业生涯。

分析(analytics)是一种获取、分析和发布数据的流程，其目的是发现或揭示数据中的模式，从而为个人提供信息。分析流程如图 12-2 所示，分析信息系统是支持这三种分析活动的信息系统。

图 12-1　数据增长的五种来源

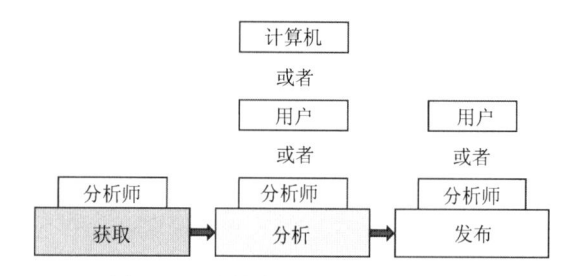

图 12-2　分析流程的主要活动和角色

当阅读本章中关于分析的内容时，你会想起第 5 章关于 AI 的讨论中类似的主题。随着最近数据、数据存储和网络容量的爆炸性增长，AI 和分析的用处迅速增加。在 AI 和分析这两类技术中，数据都是通过算法获取和分析的，关键的区别在于图 12-2 中分析师的角色。在 AI 中，计算机或机器人会完成大部分的分析，然后对其采取行动；而在分析流程中，人类分析师扮演分析和发布数据的角色。

分析示例

分析信息系统之所以有价值，是因为它们支持业务流程。分析信息系统支持业务流程，就像 Facebook 支持你的流程一样。Facebook 已经获得了数据，你可以通过分析这些数据改善你的个人流程。当你使用 Facebook 的数据来发现朋友之间发生的事情，发现人与人之间关系的展示模式，注意到人们生活中的趋势，并预测一些戏剧性事件将如何展开时，你就改进了你的个人流程。按照类似的方式，你可以分析 Google 的数据来查找 Web 站点和地图位置，并呈现趋势主题。同样，公司分析数据以改进其流程——考虑图 12-3 中列出的分析示例。

公　司	行　业	流　程	目　标	分析类型
Target	零售	向新客户推广	改进对怀孕事件的识别和描述	描述性
Netflix	电影租赁	电影推荐	更好地预测下一部电影	预测性
Google	无人驾驶汽车	驾驶	安全	规范性

图 12-3　分析示例

Target 的营销人员意识到，获得新客户的关键是在他们的家庭情况发生变化时让他们到店里来。Target 已经认识到，购物习惯根深蒂固；家庭成员在同一家商店购买相同的商品，直到他们的家庭情况发生了重大变化。这些家庭情况的变化包括生孩子、找到一份新工作或搬到一个新的城市。这些事件颠覆了根深蒂固的购买模式，为商家提供了难得的机会来招揽客户。Target 抓住了这一点，开发了一种统计分析方法，可以精确地描述潜在客户怀孕的时间。然后 Target 会给准妈妈发送维生素、孕妇服和婴儿家具的优惠券。

拥有 10 亿条用户电影评论的 Netflix 利用分析来改进其电影推荐流程。Netflix 使用电影属性，如 MPAA 评级、明星价值、类型和特效，根据你过去选择的电影中的这些属性值来预测你会喜欢哪些电影。如果 Netflix 在电影推荐方面比它的竞争对手做得更好，那么你通过 Netflix 看的电影可能会比通过它的竞争对手的要多。如果其他有线电视或基于网络的电影服务不能帮你筛选成千上万的电影选择，也不能像 Netflix 一样成功地预测你可能喜欢的电影，那你为什么还要去使用它们呢？

第三个分析的例子是无人驾驶汽车。Google Waymo 使用分析来帮助它选择最佳选项。Waymo 必须根据周围的车辆来选择何时开始刹车或转向，以及以多快的速度加速和改变车道来超过另一辆车。

这些都是当前的分析例子，也被称为商业智能(BI)。BI 是比较狭义的术语，即为商业目的获取、分析和发布数据，正如 Cody 在开篇的小插曲中所描述的那样。很长一段时间以来，企业一直在寻找数据中的模式。"分析学"一词可以追溯到 9 世纪。用于分析商业数据的信息系统在 20 世纪 70 年代开始流行，后来被称为决策支持系统(decision support systems，DSS)。DSS 是一种支持决策的信息系统，我们认为 DSS 是分析的一个子集。

综上所述，商业世界正日益充斥着数据，而分析信息系统在帮助组织识别数据中的重要模式方面的能力也在不断增长。为了让你胜任一个经常依靠分析的工作，我们从分析流程的目标开始这一章的学习。

Q12-2　分析流程的目标是什么？

和任何流程一样，理解流程的关键是理解它的目标。如图 12-4 所示，分析流程的目标是告知，即一个有效性目标；同时保持在时间和成本限制范围内，即一个高效性目标。

分析流程的目标是告知企业中的某些人。例如，一个业务人员可能正在评估一个特定的模式或关系，例如查看销售额是增加还是减少。相比之下，分析流程也可以用于浏览数据，并带有更无导向的目标，比如询问"我们做得怎么样？"或"有什么新鲜事吗？"

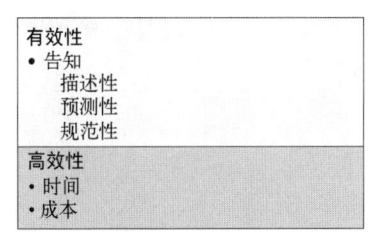

有效性
• 告知
描述性
预测性
规范性
高效性
• 时间
• 成本

图 12-4　分析流程的目标

"告知"是一个相当笼统的术语，所以我们经常使用具体的术语：描述性、预测性和规范性。这三个术语也称为分析类型，如图 12-3 所示。在本章的后面，我们将对每一种类型进行更完整的描述。

描述性告知或评估是指了解当前状况。预测性是指告知未来事件发生的可能性。规范性意味着告知要采取的最佳行动方案。例如，在开篇的小插曲中，CBI 的 Cody 和 Sue 正在试图描述他们的滑板车的使用频率，滑板车将被使用的可能性，以及 CBI 放置滑板车的最佳位置。描述性分析通常会问这样的问题，"需要采取什么行动？""发生了什么事？""东西在哪里？"或者"谁在做什么？"有了预测性分析，问题就变成了"可能发生的下一个最好的事情是什么？""如果我们改变这个会怎样呢？""接下来会发生什么？""他们以某种方式做出反应的可能性有多大？"规范性分析通常会问："我们应该做什么？""如果发生这种情况，我们最好的决定是什么？"

分析流程也追求高效性目标：时间和成本约束。例如，Target 为其员工制定了孕期预测算法的时间和成本。虽然应该满足时间和成本目标似乎是显而易见的，但通常没有明确指定。因为许多分析项目都是一次性的，或者是以前没有尝试过的特殊项目，所以很难确定时间和成本目标。一次性事件比重复事件更难指定具体的成本和时间目标，因为没有指定时间和成本目标的优先次序。因此，分析流程的高效性目标经常根据最终结果的进展而改变。例如，我们可以想象一个针对 Target 的一次性分析项目——构建一个模型来预测潜在的新客户何时会搬到 Target 一家商店附近的区域。分析团队可能在 3 个月、投入 30 万美元后发现，他们取得了有限但有前途的进展；如果给予更多的时间，他们认为可以将模型的准确性提高一倍。然后在 6 个多月和投入更多的现金之后，他们声称，如果能购买一个新的数据集，他们肯定会有一个更有用的模型。就这样继续下去？

在解释了分析流程的目标之后，我们转向本章的重点内容：分析信息系统如何支持业务流程。图 12-5 描述了分析信息系统、分析活动和业务流程之间的关系。分析信息系统的五个组件将在接下来的 Q12-3 节中讨论。然后在 Q12-4 节中描述三个分析活动——获取、分析和发布。在 Q12-5 节中，我们将描述分析信息系统如何支持实际业务流程中的分析活动。如第 11 章所述，我们在图 12-5 中将这些业务流程表示为一个矩形符号，就像一个结构化流程；但实际上，这些动态流程不能用传统的流程图精确表示。

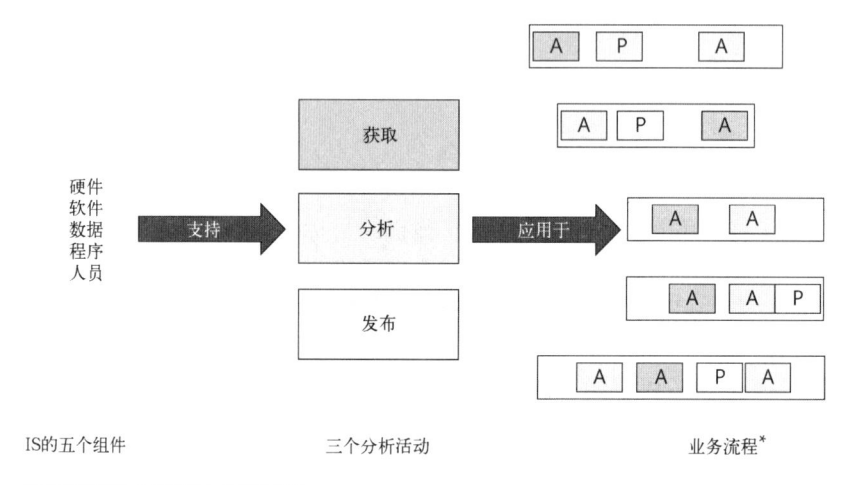

*空白区域代表业务流程中的其他活动

图 12-5　分析 IS 的组成部分和业务流程

Q12-3　分析信息系统的关键组件是什么？

正如我们在前两章所做的那样，这里我们回顾一下信息系统的五个组件。我们希望你能够更好地使用这些分析 IS，也该关注它们与其他信息系统的不同之处。

分析 IS 的五个组件

与任何其他成功的信息系统一样，图 12-6 所示的分析 IS 的五个组件中的每一个都必须单独有效，才能使系统有效。

IS 的五个组件	分析 IS
硬件	服务器必须是可扩展的，可以提供控制选项，通常是基于云的
软件	因活动而不同；分析和发布软件越来越容易使用
数据	来源于业务操作或来自外部；存储在数据仓库中的数据
程序	获取活动需要技术培训；分析和发布活动越来越多为自助服务分析而设计
人员	根据知识、教育和经验的不同而告知差异；差异促进协作

图 12-6　分析 IS 的五个组件

硬件

分析系统的关键硬件是分析服务器。分析人员使用分析服务器来分析数据并产生输出。分析服务器可以提供各种格式的输出，例如.docx、.xlsx、PDF、XML、仪表板和其他格式。例如，Netflix的分析服务器可以将电影推荐算法的结果推送到笔记本电脑或任何移动设备上。分析服务器还可以控制访问权限，只有经过授权的人才能与不同的数据元素进行交互或查看已发布的输出。

分析IS的一个关键特征是，它需要随着数据库的增长而增长，它应是可扩展的。为了实现可扩展性，分析服务器是模块化的；也就是说，随着系统的增长，可以很容易地添加服务器。这种对可扩展性的需求使云计算很具有吸引力，因为云的最佳特性之一是扩展服务的能力。

软件

各种分析软件支持分析流程中的三个活动：获取、分析和发布。虽然有些软件产品（如Excel）可以支持其中的几个活动，但很少有软件产品支持其中的每一个步骤。SAP、Oracle和Microsoft提供了一套全面的分析软件产品，支持中型到大型组织的每一项活动。

近年来，随着分析软件变得越来越容易使用，最终用户越来越多地在不需要分析师帮助的情况下进行分析和发布活动。用户自行分析也称为自助服务分析（self-service analytics）。除了易于使用，分析软件还需要与其他软件兼容，因为有许多不同类型的数据需要获取，需要运行统计分析软件，还需要发布不同类型的输出。

在分析IS中有两种常见的编程语言——Python和R。Python是一种面向对象的语言，其代码强调可读性。R语言是一种开源的、免费的软件，它也是业界领先的分析编程语言。

数据

分析系统可以通过两种方式收集数据。首先，数据可能来自一个操作性数据库（operational database），该数据库包含来自公司操作性流程的数据。其次，数据可能来自外部，然后与操作性流程的数据相结合。无论哪种情况，一旦数据被收集，就会将其存储在数据仓库（data warehouse）中，这也是组织分析数据的存储库。数据仓库是专门为高效地排序和检索大量数据而设计的。相比之下，操作性数据库的设计目的是提高数据输入和更新的效率。在分析领域，操作性数据库通常被称为在线事务处理（online transactional processing，OLTP）系统，而数据仓库则被称为在线分析处理（online analytical processing，OLAP）系统。

程序

分析流程的用户和分析师遵循各种各样的程序来获取、分析和发布数据。这些交互方法取决于具体的活动与分析师的知识和经验。例如，获取数据和将数据装入仓库的大多数程序都是高度技术性的，需要大量的培训。虽然这些"后端"结构化流程总是由分析师完成，但"前端"活动（如分析和发布）越来越多地由经过培训的最终用户遵循简单而直观的程序来完成。一般来说，这些前端分析程序往往是灵活的和交互式的，支持用户从事动态的、非常规的工作。

人员

如果没有人员，那么也就没有分析，没有信息。两个组织可能拥有非常相似的数据、硬件、软件和程序，但如果雇用不同的人员，可能会得到截然不同的分析结果。一个关键的区别是人们给信息活动带来的知识。如果一名火箭专家和一名高中生去大型公共图书馆寻找有关推进技术最新进展的文章，那么火箭专家就会比学生更了解情况，从而更快地找到答案。虽然我们并不指望大学教育能让你成为每一个商业主题上的火箭专家，但是你在学校学到的商业知识将显著影响你在工作中运用分析技术的能力。

有两种不同类型的人员使用分析技术，即终端用户和 BI 分析师。在本章开篇的小插曲中，Sue 是一个用户，Cody 是一个分析师。用户与输出交互，以找到数据中的模式；分析 IS 旨在帮助他们获得信息。分析师通过创建有用的输出和开发供用户遵循的合理程序来协助这个流程。然而，分析师通常不具备关于用户主题的商业知识，必须依靠用户提出好的问题来查询数据。这里的关键是用户和分析师要有效协作。

目前有两个趋势正在影响着分析 IS，即移动设备和低成本传感器的发展。移动平台上的分析终端用户越来越多，移动设备也可以成为分析的数据来源。例如，终端用户的移动设备可以生成关于位置、产品库存和运输及健康状况的数据。正如第 3 章所讨论的，作为物联网的一部分，数据也越来越多地由低成本传感器收集。

分析 IS 的关键属性

分析 IS 的关键属性包括可扩展的系统。首先，分析从一小组数据开始，如果分析前景明朗，则扩展数据。这种规模化的需求使得云选项特别有吸引力。其次，分析软件越来越易于使用，为更多的自助服务分析创造了机会。第三，大多数分析应用程序依赖于数据仓库，因此组织必须学会以不同于传统事务性数据库的方式获取和存储数据。最后，信息通知（告知）受到用户知识和协作技能的限制。

Q12-4　分析信息系统如何支持分析活动？

分析信息系统支持如图 12-7 所示的三个主要的分析活动：获取、分析和发布数据。我们在这里强调三种分析类型，即描述性分析、预测性分析和规范性分析。

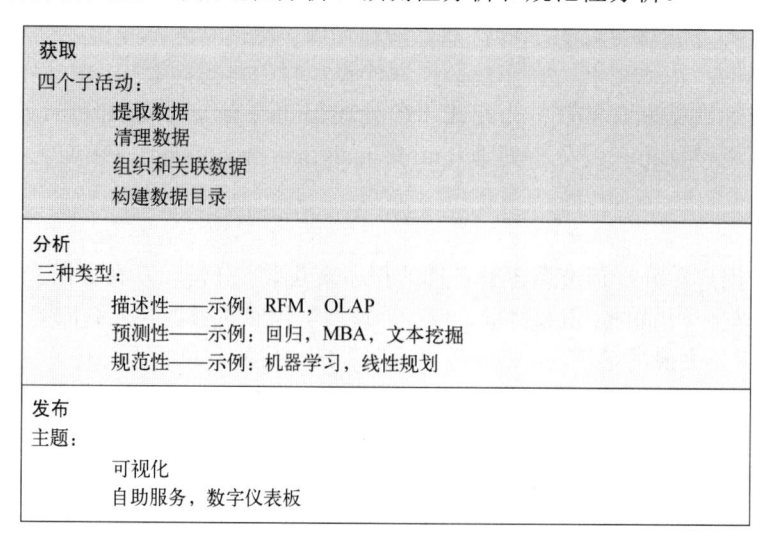

```
获取
四个子活动：
    提取数据
    清理数据
    组织和关联数据
    构建数据目录

分析
三种类型：
    描述性——示例：RFM, OLAP
    预测性——示例：回归, MBA, 文本挖掘
    规范性——示例：机器学习, 线性规划

发布
主题：
    可视化
    自助服务, 数字仪表板
```

图 12-7　三个主要的分析活动

获取

第一步是获取数据，意味着获得对数据的访问权，提取数据，并将其放入数据仓库。虽然可以在事务性数据库中分析数据，但通常不推荐这种活动。如果分析师犯了一个错误，那么这个错误可能会对公司的运营造成严重的破坏。此外，操作性数据是结构化的，以实现快速和可靠的事务处理。但是这类数据并不能直接用于支持分析流程。最后，分析可能需要大量的处理，在操作性服务器上放置分析应用程序会极大地降低系统性能。

由于这些原因，大多数组织提取操作性数据用于分析处理。对于小型组织，提取数据可能像使用 Access 中的一些 SQL 语句一样简单。然而，较大的组织通常会创建并配备一组管理和运行数据仓库的人员。

对于拥有专业 ERP 系统的公司来说，各种操作性数据已经整合起来，并可以将其提取到数据仓库，以便使用一套完善的程序进行分析。ERP 系统的价值不仅在于集成流程，还在于为以后的改进和分析创建一个"数据金矿"。SAP 将 ERP 系统中的数据称为记录系统，而将进行数据分析的工具称为智能系统。

获取活动有以下四个子活动：

- 提取数据
- 清理数据
- 组织和关联数据
- 构建数据目录

分析师从多个数据源为数据仓库提取数据，如图 12-8 所示。程序读取生产数据和其他数据，然后提取、清理这些数据并准备进行分析。准备好的数据使用数据仓库 DBMS 存储在数据仓库中，数据仓库 DBMS 可能不同于组织的操作性 DBMS。例如，一个组织可能使用 Oracle 作为其操作性数据库，但使用 SQL Server 作为其数据仓库。清理、组织数据和构建数据目录可能需要花费相当多的时间和精力，但如果做得不好，分析活动就会变成垃圾输入和垃圾输出的练习。

如图 12-8 所示，数据仓库包括从外部购买的数据。从隐私的角度来看，购买其他公司的数据比较常见，但是公司可能会选择从数据供应商（如 Acxiom Corporation）购买个人消费者数据（例如，婚姻状况）。图 12-9 列出了一些可以随时购买的消费者数据，可获得的数据量惊人。

有时，组织在数据仓库中创建和使用数据集市（data mart），如图 12-8 所示。数据集市是数据仓库中只读数据的子集，可以将其打包，用于公司内特定客户的后续分析。CBI 可能创建多个数据集市——一个用于存储和分析客户的数据，一个用于存储和分析供应商的数据，另一个用于存储和分析财务数据。数据集市创建了不与其他数据连接的信息孤岛，这违反了共享和集成数据的原则。然而，一些组织发现数据集市的好处（如更低的成本和更强的客户控制），因此忽略了这个一般原则。

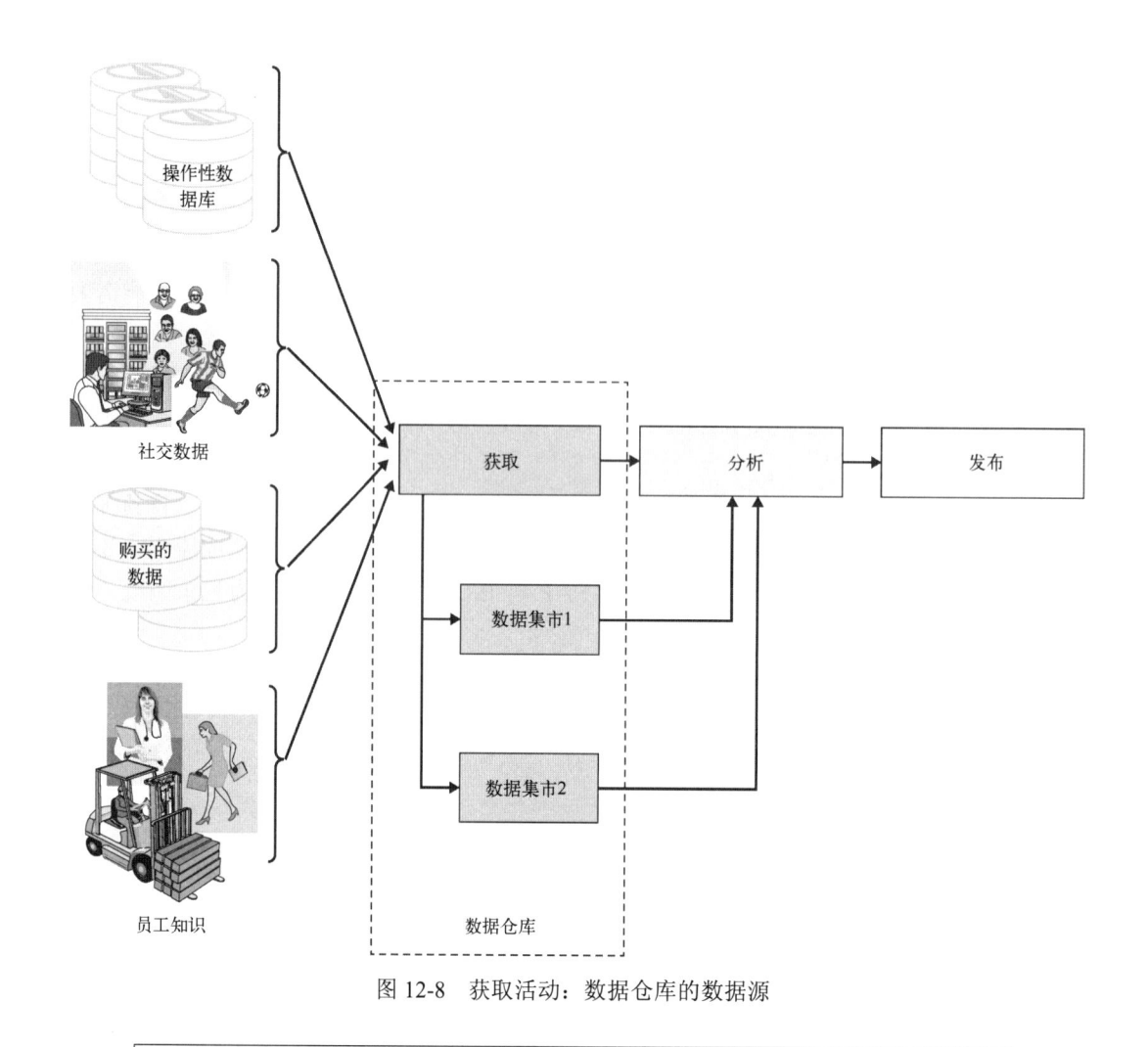

图 12-8 获取活动：数据仓库的数据源

- Name, address, phone
- Age
- Gender
- Ethnicity
- Religion
- Income
- Education
- Voter registration
- Home ownership
- Vehicles
- Magazine subscriptions
- Hobbies
- Catalog orders
- Marital status, life stage
- Height, weight, hair and eye color
- Spouse name, birth date
- Children's names and birth dates

图 12-9 可购买的消费者数据

分析

一旦获得了数据，就需要对其进行分析。掌握音符是一回事，创作音乐是另一回事。分析是系统地把一件事物分解，检查其细节，以便发现或揭示其基本特征。用于分析的数据库会将数据分解，以寻找细节中的模式。虽然计算机，更具体地说是人工智能，可以在分析数据中发挥作用，但这里我们关注的是个人——终端用户和分析师——如何分析数据。如果你对计算机如何分析数据感兴趣，请参阅第 5 章关于人工智能的讨论。

在这里，我们将分析分为三种主要类型——描述性、预测性和规范性，它们的差异在

图 12-10 中列出。实际上这三种类型相互之间又有交叉，例如，病毒流行期间对医院床位分配的规范性分析还包括对当前患者负荷的描述和对病毒传播的预测。

分析类型	图 12-3 中的公司	常见的分析	分析技术的类型
描述性	Target	简单的求和，总计	非交互式——RFM 交互式——OLAP
预测性	Netflix	高级统计学	回归 MBA 分类 因果关系 聚类
规范性	Google	数学建模	机器学习 线性规划 仿真分析 灵敏度分析

图 12-10 分析的三种主要类型：描述性，预测性，规范性

描述性分析

描述性分析（descriptive analytics）应用简单的操作来揭示数据中的模式。这种数据分析是适度的：对数据进行排序和分组，并使用排序、分组及求和等操作计算简单的总数和平均数。描述性分析的目标通常是改进对正在发生的事情的描述。

描述性分析使用四种基本操作：

- 排序
- 筛选
- 分组
- 计算

这些操作都不是特别复杂，它们都可以使用 SQL 和基本的 HTML 或一个简单的报告编写工具来完成。有时，单个操作就代表分析活动；其他时候，这些操作像菜谱中的配料一样组合在一起，为最终用户创建特定形式的分析。我们在这里介绍两种流行的方式——RFM 分析及 OLAP 切片和切块。

RFM 分析 RFM 用于根据客户的购买模式对其进行分析和排序。RFM 分析考虑客户最近一次(R)购买的日期、购买的频率(F)，以及客户花费的金额(M)。目标是评估谁是最好的客户。例如，Best Buy 发现，7%的客户贡献了 43%的销售额。

为了生成如图 12-11 所示的 RFM 评分，RFM 报告工具首先按照客户最近一次购买的日期(R)对客户的购买记录进行排序。在这种分析的常见形式中，该工具将客户分成五组，并给每组的客户打 1~5 分。拥有最近订单的 20%客户的 R 得分为 1，拥有较早订单的 20%客户的 R 得分为 2，以此类推，直到最后 20%客户的 R 得分为 5。

图 12-11 CBI 的 RFM 分析示例

然后，该工具根据客户购买的频率对他们进行重

新分类。订单最频繁的 20%客户的 F 得分为 1,接下来的订单次频繁的 20%客户的 F 值为 2,以此类推,订单最不频繁的 20%客户的 F 得分为 5。

最后,该工具根据客户在订单上花费的金额再次对客户进行分类。订购最昂贵商品的 20%客户的 M 得分为 1,接下来的 20%客户的 M 得分为 2,以此类推,花费最少的 20%客户的 M 得分为 5。

OLAP 切片和切块 OLAP 切片和切块(slicing and dicing)使用相同的基本分析操作,如排序、分组、筛选和计算等,并且这些操作通常是重复的。这种分析允许用户以交互方式执行这些操作;也就是说,用户或分析师可以实验一个操作,评估输出,然后返回并重新分析数据。虽然 OLAP 切片和切块是分析数据的常用方法,但是分析师也经常使用它来探索一组新数据。

OLAP 切片和切块也称为 OLAP 信息多维数据集切片和切块,因为被切片和切块的数据存储在一个称为信息多维数据集的 OLAP 数据库结构中。图 12-12(a)显示了 CBI 的信息多维数据集(立方体),其中包含三个维度——客户、产品和年份,以及一个度量——收入。维度(dimension)是一种特征或属性,而度量(measure)是一种感兴趣的数据项,可以对其求和、取平均值或进行其他处理。在 CBI 中,还有其他维度(如部门、仓库和销售人员)可用于 OLAP 分析,但在 3D 世界里不可能将它们全部包含进来。

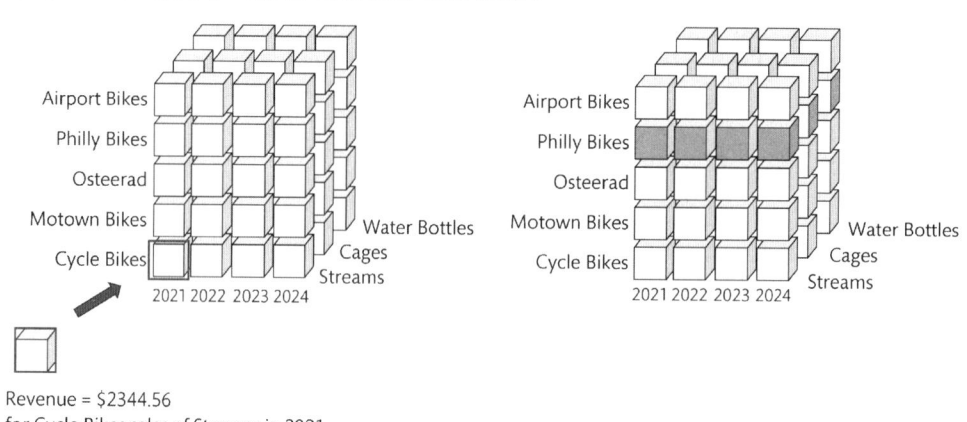

(a)考虑收益度量的三维OLAP立方体　　(b) Philly Bikes的切片的OLAP立方体

图 12-12　OLAP 切片

切片将删除一个维度。图 12-12(b)中的切片操作选择了客户 Philly Bikes,并用深色小立方体标记。切片操作就像使用一个筛选器,可以过滤掉其他客户。

切块操作类似于切片操作,只不过不是切掉一行或一列,而是切掉一个小立方体。如图 12-13 所示,原来的立方体被切块成只剩下 2 年(2022 和 2023)、一个客户(Airport Bikes)及三种产品。这里的分析师只是在调查原始数据的一部分。

与切片和切块操作相关的还有两种技术——下钻(drill down)和上卷(roll up)。当进行下钻操作时,将隔离较大数据集中的一个数据集并分析其数据。图 12-14(a)显示了最初的立方体,然后图 12-14(b)给出了一个用于扩展分析的小立方体,显示了 2021 年销售给 Cycle Bikes 的 Streams 产品的季度收入。上卷操作与下钻操作相反——详细信息像分组操作一样组合在一起。

(a) 考虑收益度量的三维OLAP立方体　　　　　(b) OLAP立方体被切块

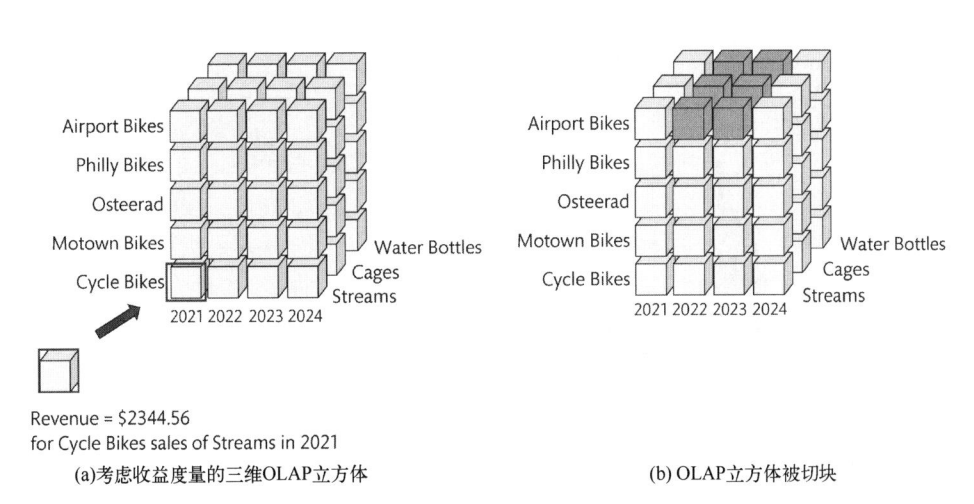

图 12-13　OLAP 切块

(a) 考虑收益度量的三维OLAP立方体　　　　　(b) 2021年销售给Cycle Bikes的Streams产品的季度收入

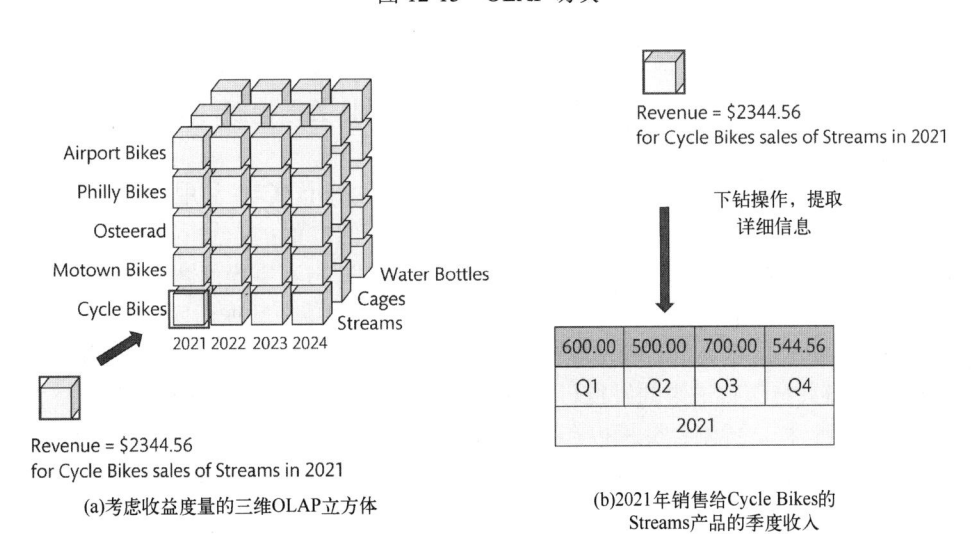

图 12-14　OLAP 下钻

可以使用 Microsoft Power BI 对大量的电子表格数据进行切片和切块操作。使用 Power BI(一种自助服务式的、易于使用的分析工具)还可以进行排序、分组、筛选和计算。图 12-15 展示了对 CBI 数据进行的 Power BI 分析——显示了 CBI 在四个客户上的收入。另外，可以在图中的一些下拉列表中进行选择，如选择 Customer Name、Revenue 和 Year，从而进一步切割数据。图的右侧是用于分析的 Power BI 数据字段列表，字段左边的区域是分析师可以拖动这些字段来创建图表的区域。你可以在附录 12 中使用 Power BI 进行练习。

预测性分析

预测性分析(predictive analytics)与描述性分析具有相同的活动。然而，在数据挖掘中使用的统计数据要复杂得多，其目标是实现更好的预测。预测性分析不仅预测一个特定的事件，更多的是预测各种结果的可能性。例如，Netflix 使用的数据挖掘技术可以对用户喜欢所推荐电影的可能性进行预测。另一个预测性分析的例子是预测那些倾向于一起购买的产品。在 Amazon，当客户选择一种产品时，数据挖掘算法会被激活，并显示其他客户随该产品一起购买的产品。

331

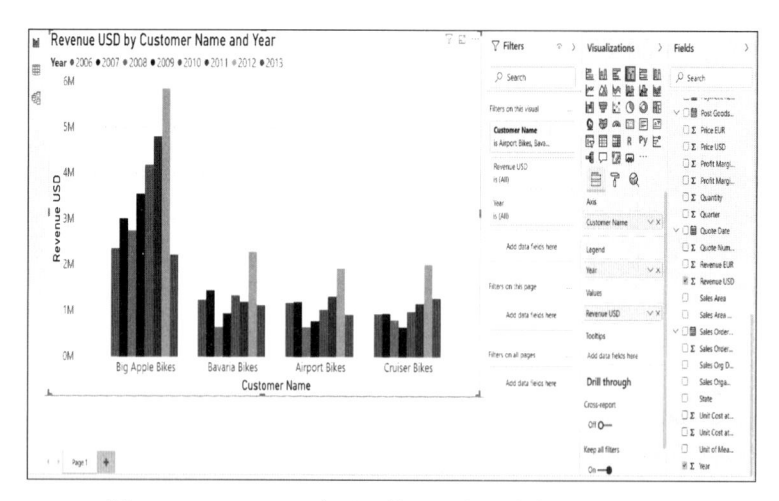

图 12-15 Power BI 中显示的 CBI 在四个客户上的收入

预测性分析已被应用于各种各样的数据分析。在线约会网站使用分析来预测合适的对象，网络安全应用程序寻找数字信号来预测黑客攻击，社交媒体数据挖掘可以预测企业的新客户，Google 搜索使用分析来预测将满足你的搜索的链接。

CBI 实现 SAP 分析组件的一个原因是为了进行预测性分析。CBI 利用预测性分析改善了出库发货流程。CBI 为其运输车队配备了传感器，以跟踪卡车的位置，并分析数据，预测智能路线，以避开建筑、交通拥堵和信号灯。在另一个应用程序中，CBI 与其零售商客户合作，以获取他们的销售数据。分析流程将来自各个零售网点的客户数据整合到单个数据仓库中。一旦整合，就会用先进的统计技术分析这些数据，以发现整个行业中不同寻常的购买模式。这些预测性购买模式可以帮助 CBI 销售人员调整未来的发货日期和发货选择，从而为零售商和 CBI 节省资金。

与描述性分析一样，预测性分析也有多种技术，这里讨论三种技术——回归、MBA 和文本挖掘，以便你更好地了解数据挖掘是如何实现的。其他预测性分析技术包括分类、关联和聚类。

回归 回归分析（regression analysis）衡量一组变量对另一组变量的影响。对 CBI 进行回归分析的结果如下：

明年的净销售额 = 300 万美元 +（20 × GDP 增长率）100 万美元 + 今年的净销售额

利用这个公式，CBI 的分析师可以对明年的净销售额做出预测。如果今年的 GDP 增长率为 2%，净销售额为 1000 万美元，那么明年的净销售额将达到 1340 万美元。

回归工具将创建一个公式，如上式所示。这个公式是否能很好地预测未来的净销售额取决于统计因素，如 t 值、置信区间和相关的统计技术。回归分析的另一个常见的例子是预测一个学生是否会继续留在大学深造。这将使用回归模型来确定，一些变量，比如平均绩点（GPA）、上课时间和离家的距离，都是最具预测性的。

MBA（购物篮分析） 在 CBI，Sue 是众所周知的对客户进行交叉销售（cross-selling）的最佳销售人员，也就是除了销售客户需要的产品，Sue 还向客户推销其他产品。CBI 的任何销售人员都可以完成客户的订单，但 Sue 尤其擅长预测客户可能还会购买哪些产品。她对此进行了解释。

"很简单，"她说："我只是问自己，他们下一个想买的产品是什么。如果一家小自行车零售店开始购买我们更昂贵的旅游自行车,我意识到他们的客户很快也会想要购买我们更昂贵的自行车轮胎打气筒和车把胶带。"

购物篮分析(market basket analysis,MBA)是一种关联分析,可以预测交叉销售的机会。购物篮分析给出了消费者倾向于一起购买的产品。有关 MBA 的更多信息,请参见应用练习 12-2。

文本挖掘　术语"文本挖掘"(text mining)是指从非结构化数据源(通常是文本文档)中提取见解的分析技术。文本挖掘数据来自 PDF 文件、电子邮件、XML 文件、Word 文档等,而不是通过回归、MBA 和其他预测分析技术分析的数字和结构化数据。文本挖掘通常用于医学、法律、生物学和客户服务应用程序,也被用于识别网络钓鱼者使用的电子邮件中的欺骗行为。使用人工智能的自动文本挖掘可以读取招聘启事,以揭示一些细微的偏见。

文本挖掘在商业中的另一个用途是生成情感分析(sentiment analysis),这是对客户或市场"声音"的衡量。情感分析将对关于组织、产品或服务的观点进行分类,通常分为积极和消极两类。客户情感分析对大量客户的文本数据意见进行分类。例如,一个供应商向 CBI 提供了关于零售自行车产品的市场情绪分析得分。最近,CBI 注意到,人们对电子辅助自行车的关注越来越多。通过分析文本评论和它们在社交媒体上出现的频率,情感分析也被用来评估广告在 NFL 转播期间的营销影响。

规范性分析

第三种分析类型是规范性分析。规范性分析具有与描述性和预测性分析相同的活动,但其目标不同。规范性分析(prescriptive analytics)帮助决策者理解正在发生的事情,最有可能发生的结果是什么,然后做出最好的决定或采取最好的行动。简单地说,就是帮助决策者最大限度地利用情况。规范性分析也称为标准分析,也就是说,它告诉决策者应该采取的最佳行动;而描述性和预测性分析不是规范的——它们只解释一种情况。历史上,在规范性分析中使用的分析程序和技术被称为管理科学或运筹学,如今这些术语仍在使用。当使用规范性分析时,描述性和预测性分析是必要的——描述性分析有助于理解正在发生的事情,预测性分析有助于预测不同结果的可能性。

一份规范性分析可能会向石油公司建议在未来四个月内提炼无铅石油、优质石油或柴油等产品的最佳组合。汽车公司可以用它来确定汽车的最佳价格,医院可以用它来安排手术室和医生。在每种情况下,决策者都需要知道选项,不同结果的可能性,以及最佳的行动或决定。

规范性分析使用先进的数学和建模程序与算法来评估最佳行动方案。这里简要介绍两种方法:机器学习和线性规划。其他方法包括仿真分析和灵敏度分析,如图 12-10 所示。

机器学习　第 5 章描述的机器学习算法发现数据中的模式并评估它们自己的性能。一个旨在阻止垃圾邮件的机器学习程序将观察用户从杂乱的垃圾邮件文件夹中抢救哪些邮件。通过分析这些数据,程序计算出一个模式,一边在接收到新电子邮件时能够理解新电子邮件的关键特性,估计最终用户将其从垃圾邮件文件夹中取回的可能性,并采取最佳行动——将其放入垃圾邮件文件夹或收件箱。通过机器学习,垃圾邮件过滤器继续从日常使用中学习。

线性规划 线性规划(linear programming，LP)是一种数学建模技术，即当变量为线性时，寻找最佳的行动方案。一个线性变量，比如石油产品的成本，可以在图形或方程上用直线形式表示。例如，下周的柴油价格为每加仑 2.00 美元，成本和燃料加仑数之间为线性关系。对于石油公司来说，一个线性规划模型将使用这个方程，以及其他与产品成本、炼油厂的产能和每种产品的利润有关的方程。有了这些输入，LP 将产生产品组合的最佳解决方案。

在 CBI 中，规范性分析被用来确定仓库中的最佳库存规模，也被用来设定自行车和滑板车的生产计划。最近，它被用来解决如何将组装好的滑板车运送到美国仓库的问题。更具体地说，在每批跨太平洋的运输中，每种类型的滑板车应该有多少辆，一旦进入美国港口，如何最好地将产品转移到 CBI 仓库。在每种情况下，规范性分析帮助 CBI 的决策者对未来的选择进行建模，并选择最佳决策。

规范性分析的目标是做出最佳决策。在这些例子中，规范性分析帮助决策者理解正在发生的事情，最有可能产生的结果，以及应该采用的选择。

发布

在前面的讨论中，我们说明了描述性、预测性和规范性分析的作用与效用。但是为了让分析具有可操作性，为了让它能够提供信息，它必须在正确的时间发布给正确的用户。在发布活动中，将显示分析活动的结果。可以发布各种各样的演示文稿，从简单的文本到图表和表格，再到更复杂的可视化结果。发布选项还包括各种媒体。有些输出是打印在纸上的；其他输出可以 PDF 文件等格式生成，这些格式的文件可以打印或以电子方式查看。输出还可以传送到计算机屏幕和智能手机上。

简单来说，可视化(visualization)是指一个图像或图表以一种高度可读的形式传达数据模式。常见的可视化例子包括信息图表和股票交易数据显示，其中用一种颜色表示上涨的股票，用另一种颜色表示下跌的股票。越来越多的数据分析师为最终用户创建 viz 来筛选数据、下钻数据或以其他方式与数据交互。这些交互式可视化也称为动态可视化，以便与终端用户无法更改的静态可视化进行对比。交互性方面的这些进步促进了终端用户自助服务的发展，并使用户更容易地告知自己。

一个非常流行的交互式可视化软件是 Tableau，如图 12-16 所示，其中显示了 CBI 在 8 年内关于 12 个客户的销售收入。每一行都代表一家公司，用户可以点击某一行来查看公司的更多细节。图的右边有一个 Customer Name 筛选器，允许用户只显示选定的公司的数据。Tableau 最近还为用户提供了一段博客或网站的 HTML 代码片段来分享他们的输出，就像 YouTube 提供了一段代码可以由用户将视频嵌入其他网站一样。使用这个功能，你可以发布关于你的梦幻运动队的 viz，并将其发布到博客上，你的朋友可以点击它，重新分析数据，并发布他们自己的输出。当你在 Tableau 服务器上更新你的数据时，你所有朋友的可视化都将被更新。

可视化的一种类型是数字仪表板(dashboard)，或者简称仪表板，这是针对特定用户而定制的。这些服务的用户可以定义他们想要的内容——例如本地天气预报、股票价格列表或新闻源列表，而供应商则为每个用户构造定制的显示输出。图 12-17 给出了一个仪表板示例，用户可以从中选择一个国家或地区，查看人口平均寿命和人均收入等信息。仪表板经常用于监视业务流程，并以明确的标志(如红灯或仪表数据)指示异常情况。

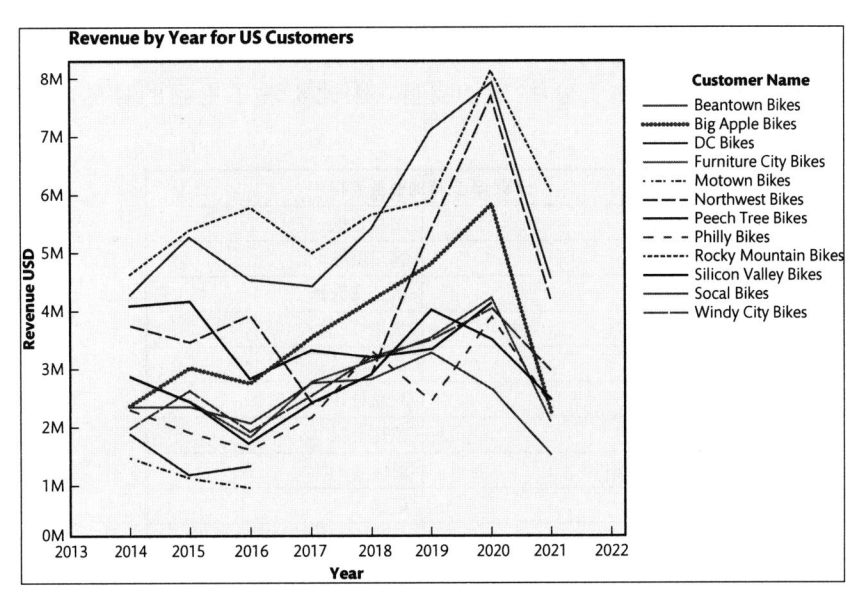

图 12-16 Tableau 的可视化

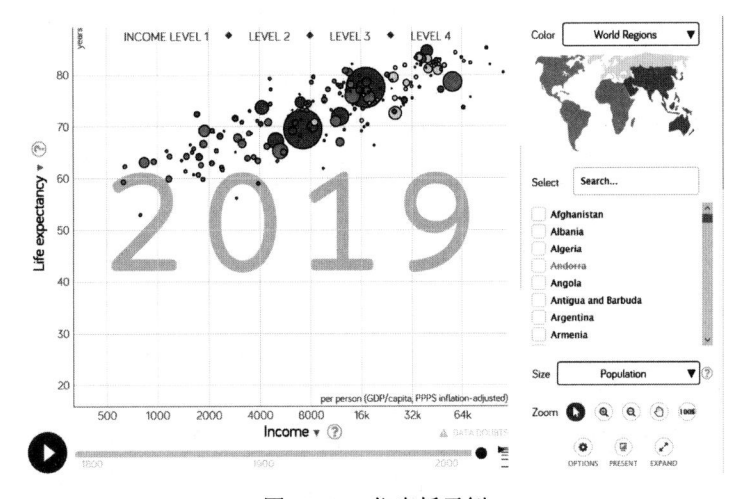

图 12-17 仪表板示例

Q12-5 分析信息系统如何支持业务流程？

在考虑了分析流程的一般活动及分析 IS 如何支持这些活动之后，这里我们考虑依赖于分析 IS 的特定业务流程。在本章的开头，我们给出了三个使用分析的流程示例：Target 的新客户推广流程、Netflix 的电影推荐流程和 Google Waymo 的驾驶流程。下面我们对这个列表进行扩展。图 12-18 列出了分析 IS 支持的各种业务流程。

使用分析 IS 支持现有流程

为了深入了解分析业务流程的价值，我们选择图 12-18 中的四个流程来详细讨论，如图 12-19 所示。在学习的过程中，请注意分析支持的各种流程及由此带来的好处。虽然这些流程的目标不同，但由于分析 IS 的支持，因此实现了更高的目标，或者以更低的成本实现目标。

分析 IS 支持的业务流程	
市场决策	站点定位
机器保养	客户服务
次优报价	供应商选择
在线销售	优化
网络安全	品牌创建
项目管理	产品设计
健康计划	欺诈检测
运动员评估	通信
知识管理	运输
保险	Internet搜索

图 12-18　分析 IS 支持的业务流程

业务流程	示例	流程目标	分析类型	数据获取
机器保养	喷气发动机	故障少，效率高	预测性	发动机转速，声音，机油成分
健康计划	COVID-19	更好的规划和护理	预测性	检测地点，阳性检测结果，治疗的成功率
在线销售	B2C 网站	更高的转化率	预测性	点击、查看、交易
Internet 搜索	Google 即时搜索	更快，更准确	规范性	Google 的网站索引，关键字

图 12-19　分析 IS 支持的流程示例

机器保养

机器会发生故障。在某些行业，机器的故障可能是致命的，比如喷气发动机、核动力冷却系统、医院的发电机和船用发动机。在其他行业，机器故障没有那么严重，但代价往往很高。依赖这些高可靠性机器的公司可以通过分析 IS 获取、分析和发布数据，帮助他们预测机器故障并高效运行。喷气发动机就是一个很好的例子。每当一架商用飞机着陆时，从传感器、仪表、录音及发动机机油测试中下载的数据量就会达到 TB 级。通过分析这些数据，航空公司可以对发动机故障做出非常准确的预测，以便进行预防性维修。在过去的几十年里，对喷气发动机数据的分析使得发动机故障显著减少。分析还可以帮助航空公司确定最佳的发动机功率设置，从而将燃油消耗降至最低。通过分析发动机数据，美国西南航空每年可以节省超过 1 亿美元的燃油费用。在你未来的工作中，机器维护可能不会拯救生命，但你的机器数据将被获取和分析，以确保机器安全、高效的运行。

健康计划

最著名的预测性分析例子之一是预测 COVID-19 病毒的影响。在美国，医院、州政府和联邦政府机构使用了几种分析模型来估计感染、住院和死亡人数，以及对个人防护设备、呼吸机、ICU 病床和其他资源的需求。这些分析模型支持了有效规划病毒影响和优化患者护理的目标。预测模型使用的数据包括检测地点的数量、阳性检测结果的数量、其他国家的病患增长率、治疗的成功率及感染者的位置数据。这些模型需要几个假设，如社交距离的影响、无症状病毒携带者的数量等。不同的分析模型对这些假设使用不同的权值，这导致了各种各样的预测结果。虽然在病毒传播的早期，人们预测的差异很大，但随着可获得的数据越来越多、越来越好，预测的准确性及医院和政府有效规划的能力都有所提高。

在线销售

零售商可以通过分析改进他们的在线销售流程。在线销售流程的一个关键活动是获取客户数据。这些数据可能包括访问者使用的浏览器、访问者的 IP 地址及客户最终是否从该站点购买。在进行分析之前，B2C 公司必须自己编写代码来获取和分析这类数据。Google Analytics 是一个功能强大的分析软件，为网站所有者存储和分析网站流量数据。这些数据包括前面提到的数据及客户来自哪里（例如，来自一个搜索引擎或其他网站），正在使用的设备类型，客户访问的网站版块，以及转化率（conversion rate），这是最终顾客购买的数量除以访问数量的比率。销售分析人员可以分析这种类型的数据，并预测对网站有用的改进，以提高转化率。一种分析技术是 A/B 测试（A/B testing），也称为拆分测试。使用这种技术，站点开发人员可以构建两个相同的页面，比如两个购物车页面。页面 A 在顶部显示了一个导航菜单，而在页面 B 中，相同的菜单位于屏幕的左边框。当访问者访问网站时，他们会被随机地分配到页面 A 或页面 B，然后再分析这两个页面的转换率，以确定哪个页面更好。

Internet 搜索

读者经常会使用搜索引擎如 Google 来搜索 Internet。搜索引擎执行规范性分析，为你提供选项，以便你可以选择最佳的行动方案。Google 为数十亿页面创建了链接和关键字，存储在一个称为索引的数据库中。当你在 Google 搜索框中输入关键字时，搜索字符串会被分析并与索引数据进行比较，推荐的术语会被发布出来以供你选择。一旦选择了推荐的术语，Google 就会执行规范性分析，并提供最接近的结果。

使用分析 IS 支持新流程

正如我们在前几章中的做法，我们也会研究分析 IS 支持的新流程。如果没有现代分析，这些流程是不可能存在的。电影 *Moneyball* 中描述的职业运动员的球员评估流程就是一个例子。下面我们考虑三个新流程，如图 12-20 所示。

新流程	示例	流程目标	分析类型	数据获取
节能	房屋	增加节约的成本	描述性	用电情况
飞机 ETA 预测	航空公司	更准确的到达时间	预测性	提前到达 GPS
市场预测	Google	改进投资决策	规范性	收益，Google 元价格

图 12-20 分析 IS 支持的新流程示例

节能

公共事业公司也在利用分析 IS 来帮助房主减少能源消耗。在 Dubuque，1200 户家庭自愿参加了由该市及其分析合作伙伴 IBM 赞助的一个试点项目。IBM 设计的电表安装在洗碗机、吹风机、热水器和其他家用设备上，以实时显示每个设备的能源成本。过去，居民只有在月底才会得到能源使用数据。现在，数据会持续发布，通过实时描述能源成本，房主可以减少能源消耗，进而帮助Dubuque成为一个可持续发展的城市。

飞机ETA预测

飞机到达时间(ETA)预测对航空公司非常重要。航空公司需要预测飞机到达登机口的准确时间，如果航班延误，地勤人员会浪费时间等待，航空公司也不能使用这个登机口。过去，ETA预测的流程基于飞行员的估计——飞行员会使用飞机的无线电，并在登机口通报他们估计的到达时间。现在，PASSUR航空公司提供一种名为RightETA的服务。PASSUR收集了所有主要机场每条跑道数年来的飞机到达数据，包括GPS定位数据、天气、风向、地面交通拥堵及其他因素。通过分析这些数据，RightETA可以根据飞机当前的位置，不断地调整预测的到达时间，结果非常准确。据估计，主要的机场每年可因此节省数百万美元。

市场预测

Google做了很多实验，有些实验结果很棒。为了更好地预测哪些实验和项目值得继续投资，Google进行了其他实验——建立一个评估实验的预测市场。预测市场就像股票市场，但其对象不是股票，参与者将买卖未来事件的结果，如技术项目实验、销售增长的预测或竞争对手的行动。在Google，员工使用Google元在预测市场上购买和出售Google汽车和其他实验的不同结果。可以购买的结果范围从一个无利可图的发明到产生数十亿美元利润的项目，中间也有多种选择。Google知道，如果一项实验的Google元的价格下跌，那么许多精通技术的员工都在打赌，这个项目将会出现一个糟糕的结果。Google可以利用Google元的实验价格来帮助其了解可能发生的事情，并帮助Google做出最佳的决定，哪些实验应该继续，哪些应该停止。

在本节中，我们想强调分析在各种业务流程中的核心作用。我们有意地选择以新颖的方式使用分析IS的流程。当你在一个组织中工作时，你将看到分析IS支持流程的其他方法。

Q12-6 什么是大数据分析信息系统，它是如何使用的？

早些时候，我们曾提及，企业用于获取和分析的数据库的规模正在增长。在美国经济体的几乎所有行业中，拥有1000名以上员工的公司拥有200 TB的数据。人们将分析活动应用于被称为"大数据"的大型数据集，起初这是一个年产值50亿美元的行业，到了2020年已超过2000亿美元。商业并不是大数据分析的唯一增长点，政府也用它来发现逃税现象和打击恐怖主义，医疗机构用它来更好地了解疾病，科学家用它来分析人类基因组。下面，我们研究大数据分析IS的特点，所用的技术，以及它们支持的业务流程。

大数据(Big Data)这个词用来描述数据集的特点，即量大、速度快、种类繁多：

- 大数据的数据集通常为数百TB量级，或者更大。
- 大数据被快速生成或被快速访问。
- 大数据包括结构化数据、自由格式的文本、日志文件，可能还包括图形、音频和视频。

容量(volume)指的是数据库的大小，通常为PB量级或更大量级。大数据系统的规模可达PB级。如果要理解这些量级的规模，可以类比以秒、百万秒和兆秒为单位的这些数值。

一百万秒或 1 000 000 秒是 11 天，十亿秒为 32 年，一兆秒相当于 32 000 年，一千兆秒相当于 3200 万年。

数据的速度(velocity)是指创建或访问数据的速率。为了让 Google 搜索有用，必须非常迅速地将用户输入的搜索词应用到数据仓库，并且必须自动、快速地生成响应。信用卡公司致力于提高即刻发现异常信用卡使用的能力。在医学领域，智能手术刀可以对癌细胞进行实时分析，这样外科医生就可以确保在手术过程中将所有可见的癌细胞移除。

最后，数据的多样性(variety)解决了数据的差异性。例如，在许多大型数据集中，通常以不同的格式定义日期，对缺失的数据值有不同的规则，还包括自由格式的文本、音频、视频和图形数据。这种类型的数据称为非结构化数据。

与普通规模的数据库相比，大数据分析 IS 不仅在数据类型上有所不同，在应用软件上也有所不同。大数据应用中的分析软件通常必须将数据和处理步骤划分为许多较小的任务，并将这些任务分配给不同的服务器。因此，分析软件必须善于平衡它在硬件上的负载。

我们简单介绍一下大数据的历史。大约 20 年前，Amazon 认为关系数据库技术无法满足其需求，于是开发了一个名为 Dynamo 的非关系数据库。同时，出于许多相同的原因，Google 开发了一个名为 Bigtable 的非关系数据库。Facebook 借鉴了这两个系统的概念，开发了第三个非关系数据库 Cassandra，这是第一个大规模的 NoSQL 应用程序。此后，其他供应商也开发了各种技术，以帮助应对大数据带来的挑战。在这里，我们将它们分为五类——数据挖掘、NoSQL 数据库、MapReduce、Hadoop 和内存系统，如图 12-21 所示，并在下面对它们逐一进行描述。

技　　术	IS 的主要组成	关键属性
数据挖掘	数据库、程序	高级程序
NoSQL 数据库	数据库	非关系数据库
MapReduce	软件	多个处理器
Hadoop	软件	生态系统支持其他技术
内存系统	硬件	大量 RAM

图 12-21　大数据解决方案

数据挖掘

数据挖掘(data mining)是对大数据集的分析，其目标与分析相同——发现或揭示数据中的模式。数据挖掘是对大数据进行的分析，它是各学科融合的结果。数据挖掘程序起源于统计学和数学，以及计算机科学中的人工智能和机器学习领域。

NoSQL 数据库

如第 4 章所述，NoSQL 数据库是一种非关系数据库，旨在对多台服务器上复制的、相对简单和非结构化的数据实现极高的处理速度。这些数据库比关系 DBMS 的处理速度更快、可伸缩性更强，但由于它们将数据分散到许多服务器上，因此具有数据冗余，控制更少，并且需要编程技能。NoSQL 数据库与普通数据库的关键区别是其数据库的结构与 SQL 无关，是一种非关系数据库。

MapReduce

因为大数据的体量太大了，所以不能采用传统的技术来处理。MapReduce 是一种软件技术，用于分析并行工作的数千台计算机上的大量数据。其基本思想是，将一批数据分解成若干片段，然后由数千个独立的处理器在这些片段中搜索感兴趣的东西。这个过程被称为 Map 阶段。例如，在图 12-22 中，正在分析包含数百万个单词的搜索日志，以便列出每个单词及其使用频率。搜索日志被划分为 10 000 个片段，每个片段被映射到一台服务器，在其上进行搜索和统计单词。图 12-22 只显示了一小部分数据，可以看到以 h 开头的关键字的一部分。当处理器的工作完成时，MapReduce 软件在 Reduce 阶段将结果整合起来。最终的结果是一个包含所有项和每个项的计数的列表。

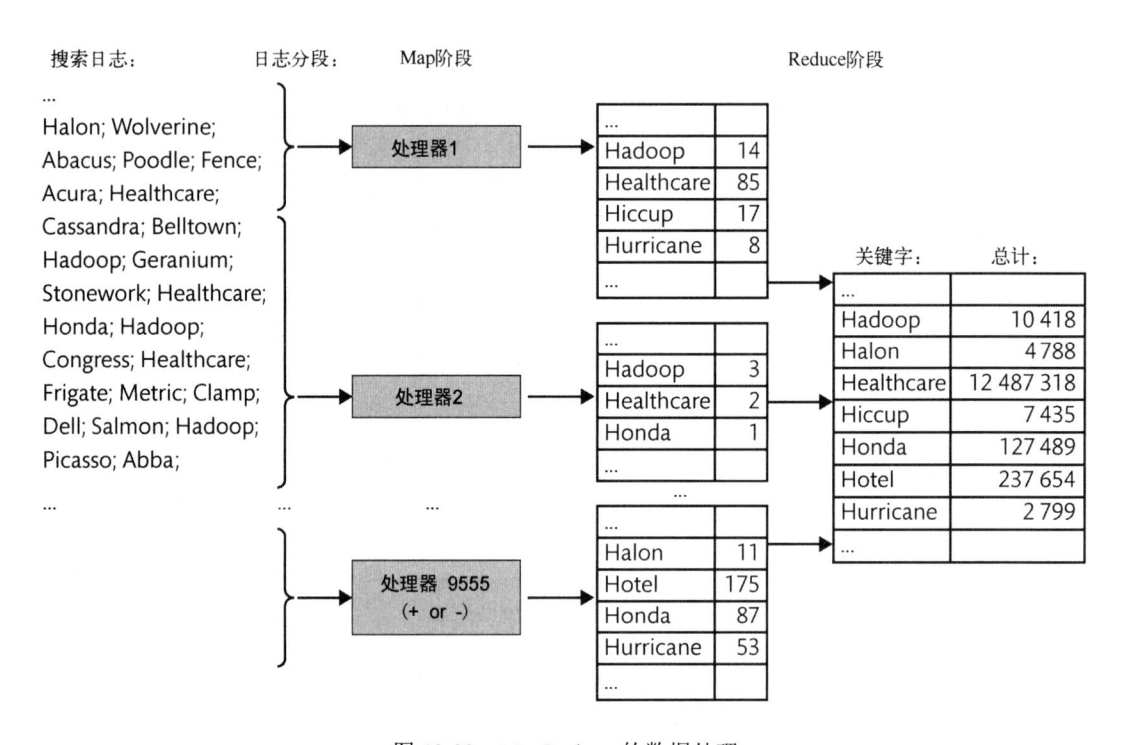

搜索日志:	日志分段:	Map阶段		Reduce阶段			关键字:	总计:
...				...			...	
Halon; Wolverine; Abacus; Poodle; Fence; Acura; Healthcare;		处理器1	→	Hadoop	14		Hadoop	10 418
				Healthcare	85		Halon	4 788
				Hiccup	17		Healthcare	12 487 318
				Hurricane	8		Hiccup	7 435
Cassandra; Belltown; Hadoop; Geranium; Stonework; Healthcare; Honda; Hadoop; Congress; Healthcare; Frigate; Metric; Clamp; Dell; Salmon; Hadoop; Picasso; Abba;		处理器2	→	...			Honda	127 489
				Hadoop	3		Hotel	237 654
				Healthcare	2		Hurricane	2 799
				Honda	1		...	
...	...	...		...				
		处理器 9555 (+ or -)	→	Halon	11			
				Hotel	175			
				Honda	87			
				Hurricane	53			
				...				

图 12-22　MapReduce 的数据处理

Hadoop

Hadoop 是一个可扩展的开源软件框架，由 Apache 基金会支持，实现了在分布式计算机上存储和分析大数据。Hadoop 系统使用 HDFS（Hadoop distributed file system，Hadoop 分布式文件系统）将数据存储在多台服务器上的非结构化 NoSQL 数据库中，也经常使用 MapReduce 软件进行处理。Hadoop 通常被安装成一个生态系统，而不是单个应用程序。Hadoop 实现包括 Hadoop 特有的 HDFS、硬件、作业跟踪器、查询编写器、Web 工具和编程语言。

Hadoop 系统的一个常见类比是数据湖（data lake）。一家公司建立了一个"大坝"——一个 Hadoop 集群，允许水——数据流入。然后，用户开始以各种方式使用这些数据，就像将湖里的水被用于饮用、灌溉和发电一样。与数据仓库中所有的水都经过清洗然后装瓶不同，湖里的水(比瓶子里的水多得多)在需要喝的时候才会被清洗，因为也可能将其用于不需要清洗处理的其他领域。Amazon 和其他大型云供应商使用 Hadoop 来支持他们的云服务。

SAP HANA 和内存数据库系统

Hadoop 将数据分布在大量的服务器上，而 SAP HANA 通过在单个计算机系统中存储和分析数据来解决大数据的挑战。传统的数据库系统和 Hadoop 将数据保存在二级存储中，必须访问这些存储的数据才能处理数据。但是，这些往返于二级存储的行程会降低数据库的操作速度。SAP 构建了 HANA 以消除这些行程，并将整个数据库保存在内存中。HANA 既是存储和检索数据的 RAM，又是为系统编写应用程序的软件开发平台。HANA 可用于结构化关系数据库，也可用于非结构化 NoSQL 数据库。HANA 的设计不仅支持分析，还可以存储来自 SAP ERP 实现的数据。其他 ERP 供应商也开始提供他们自己的内存数据系统。Oracle 提供了类似的内存数据库系统 TimesTen，其他较小的供应商也开始提供类似产品。

在实践中，这四种应对大数据挑战的解决方案往往是混合使用的。我们可以建立一个 Hadoop 生态系统，将数据和分析分布在多台服务器上，并使用 MapReduce 对存储在 NoSQL 数据库中的数据进行分析。或者，这个 Hadoop 生态系统还可以添加一个内存设备来提高一些数据密集型应用程序的性能。

大数据分析 IS 支持的业务流程

与传统的分析 IS 一样，大数据分析 IS 支持各种各样的业务流程。在这里，我们将简要介绍如图 12-23 所示的几个流程。

业务流程	示例	流程目标	分析类型	数据获取
连续审计	审计事务所	减少欺诈，加快审计	描述性	所有事务
城市服务	巴塞罗那	提高安全，减少排放	描述性	车辆和交通传感器及信号灯
反恐	政府	恐怖行为的准确预测	预测性	政府的个人数据
癌症治疗	医疗	更成功的治疗方案	规范性	患者和癌症的 DNA 基因组

图 12-23 大数据分析 IS 支持的业务流程

连续审计

审计流程(auditing process)对一个组织的财务账目进行正式、公正的检查。传统上，为了执行审计，审计小组会选择最近一段时间的财务交易样本，并检查这些交易是否有异常活动。有了大数据技术，这个流程不再需要对交易的子集进行抽样，它可以检查每一笔交易。审计流程不仅可以对所有的交易进行评估，而且可以在交易发生时实时进行审计，而不是在月末或年底统一处理。如果发生了差异，实时评估可以识别它们。此外，有了大数据，分析可以更加复杂；可以评估的异常模式的数量和种类比以前多得多。

城市服务

世界各地的许多城市都提供了城市服务，如公共交通服务、交通控制和废弃物管理等。许多城市正在利用大数据的先进技术来提供服务，以改善交通安全和减少车辆尾气排放。西班牙的巴塞罗那一度曾是世界上交通状况最差的城市。该市政府聘请 Cisco 在城市各地安装记录设备,以测量车辆和行人的交通状况,智能交通灯对当前的交通状况做出响应,人行道上的停车传感器可识别开放的停车位。此外安装的垃圾箱传感器可以监控垃圾箱的装载情况。利用这些数据,垃圾车只会清空满载的垃圾箱,人们可以很快找到开放的停车位,公交线路可以多运载 30%的乘客,司机还能获得整个城市的实时交通状况。通过出售停车位数据,该市的交通流量减少了 20%,年收入增加了 5000 万美元。巴塞罗那利用商业智能成为世界上最聪明的城市之一。

反恐

本书给出的大多数例子都是关于商业组织的,但是政府机构也有分析 IS 支持的流程。政府机构使用和商业组织一样的分析 IS 来向公民收费(纳税)、分析网络安全、预测收入和成本、改善服务,并加快响应速度。政府机构中也具有大数据系统支持的独特流程,如执法、投票和反恐。在大数据技术的支持下,反恐流程有助于将不同政府机构储存的信息孤岛中的数据连接起来。其结果是对数据进行更快、更全面的分析,以发现预测可能的恐怖活动的模式。

癌症治疗

大数据技术可以改善某些癌症的治疗。最近,被诊断为癌症的患者可以进行 DNA 检测,收集并分析患者的 DNA 数据和癌细胞基因组数据。然后,可以将这些数据与之前被诊断出患有类似癌症的其他患者的数据进行比较。如果找到接近的匹配,可以将成功的治疗手段用于新患者。这将有助于医生为他们的患者做出最好的治疗决定,不仅可以改善治疗流程,而且可以更早地开启治疗流程。过去,创建患者的基因图谱需要 2 天的时间,但现在有了大数据系统,20 分钟就可以完成同样的工作。

随着越来越多的企业学会如何利用大数据来增强他们的流程,大数据还将继续发展下去。我们也可以预见,今天的大数据将成为明天的常规数据,明天的大数据体量将是现在的几十万倍。但是,尽管数据的规模将继续增长,但基本的观念仍然不变:信息系统改善了业务流程。数据规模的增长不会改变已有的观念,也不会改变根本的挑战。

Q12-7 企业如何管理分析信息系统的风险?

虽然本章的讨论更关注于使用分析信息系统的好处,但它的一些问题也是不能忽视的。每个分析组件都可能存在问题,下面我们关注两个最具挑战性的问题:数据问题和人的问题。

数据问题

遗憾的是,大多数操作性数据和购买的数据都存在问题,这些问题阻碍了它们对商业智能的有效性。常见的数据问题如图 12-24 所示。

脏数据和缺失数据

有问题的数据被称为脏数据(dirty data)。例如,在图 12-24 中,客户性别值为 B,客户年龄值为 213。这些值对于分析而言是有问题的。此外,购买的数据通常包含缺失的元素。大多数数据供应商都会说明他们出售的数据中每个属性缺失值的百分比。一个组织购买这样的数据，是因为对于某些用途来说，有一些数据总比没有数据要好。对于难以获得其值的数据项尤其如此，如家庭中的成人人数、家庭收入、居住房屋类型和主要收入赚取者的教育程度等。然而，对于分析应用程序来说，一些丢失或错误的数据可能比没有数据更糟糕，因为它们会使分析产生偏差。

ID	Last Name	Street	Zip Code	Cell Number
101	Smith	123 Elm	80840	419-398-9876
102	Jones	34	80840	(654)8769876
103	Baez	65 Ash	80865	(543) 543-9321
104	Baez	65 Ash	80865	(543) 543-9321

重复数据　　　　　　缺失数据　　　　　不同的格式

- 脏数据和缺失数据
  重复，缺失，不同的格式
- 数据孤岛，数据未整合
- 错误的粒度

图 12-24　分析 IS 中常见的数据问题

数据未整合——信息孤岛

另一个问题是数据未集成。特定的分析可能需要来自 ERP 系统、电子商务系统和社交网络应用程序的数据。分析师可能希望将该组织的数据与消费者数据集成在一起。这样的数据集很可能具有不完整的主键/外键关系。数据仓库技术人员的职责就是以某种方式集成这些数据。

未整合的数据也可能来自组织内的信息孤岛。如图 12-25 所示，一个信息孤岛可能有流程 1 的分析数据，另一个信息孤岛可能有流程 2 的分析数据。在这种情况下，分析师和用户必须学会使用不同的数据库，以便进行分析。通过将分析数据整合到一个位置，每个分析流程都可以更高效，如图 12-25 的下部所示。

错误的粒度

最后，数据的粒度(granularity)也可能是错误的。粒度是数据的详细程度，它可能太细(详细)也可能太粗(笼统)。对于前者，假设我们想要分析订单输入 Web 页面上图形和控件的位置。可以在所谓的点击流数据(clickstream data)中捕获用户的点击行为。在点击流数据中包括新闻、电子邮件、即时聊天和天气的点击数据。虽然所有这些数据可能对研究用户的计算机操作有用，但如果我们只想知道用户对屏幕上不同位置的广告有何反应，那么很难得出结论。为了继续工作，数据分析师必须扔掉数以百万计的点击量数据。数据有时也可能过于笼统。例如，订单总数文件不能用于购物篮分析(MBA)。对于 MBA，我们需要知道哪些商品是与哪些商品一起购买的。一般来说，粒度过细比粒度过粗要好。如果粒度太细，可以通过求和和分组使数据变得更粗。但是，如果粒度太粗，就无法将数据分割成多个组成部分。

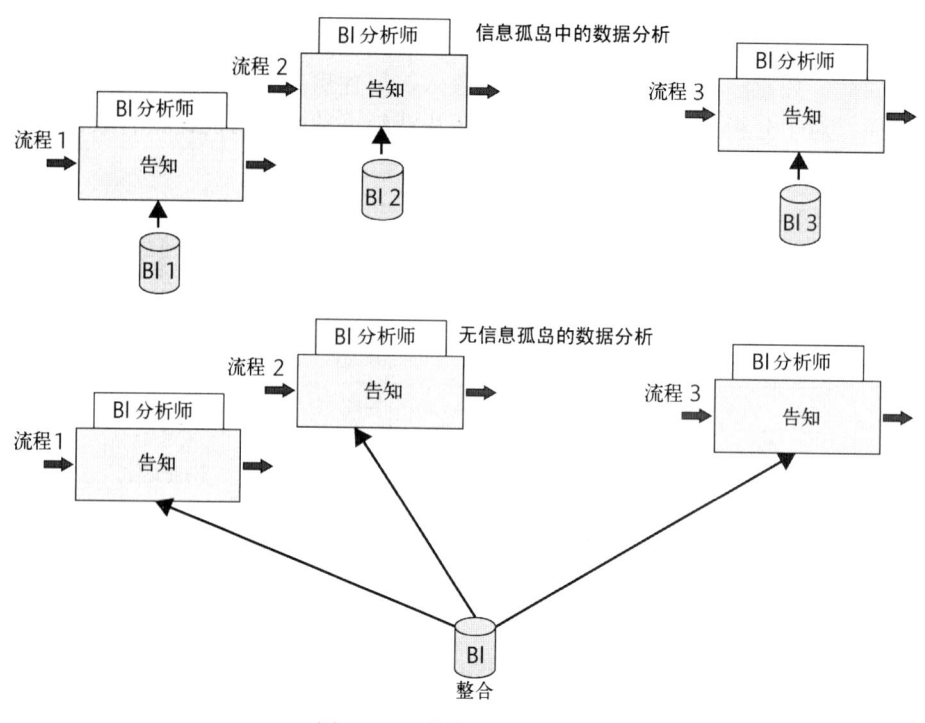

图 12-25 整合分析数据

人的问题

可以将人的问题分为三类人的问题，即用户、分析师和领导者，如图 12-26 所示。每一组人都面临着独特的挑战。

用户

用户抗拒是所有信息系统的常见问题，分析 IS 也不例外。用户抗拒分析 IS 的原因有很多——分析 IS 可能会改变他们的工作，需要用户应用不熟悉的知识，或者让他们从主要工作中分心。第二个问题是，用户可能会被复杂的 viz 所吸引，而没有意识到底层数据是没有意义的。

第三个问题是，用户可能低估了生成分析报告的成本。准确地确定与分析项目相关的所有成本是困难的。因此，一或两个用户可能会占用分析师太多的时间。他们可能认为特定的仪表板或分析是必不可少的，但如果有准确的成本数据，他们可能又会改变主意。

用户
· 抗拒
· 复杂的viz可能隐藏无意义的结果
· 低估报告成本
· 无意和故意的错误
· 对结果的不同解释
分析师
· 没有终止点
· 提出错误的问题
· 缺乏与用户的合作
· 过于相信分析，而没有怀疑
· 分析中的偏见
领导者
· 没有指定明确的目标
· 资金不足
· 有限的统计理解
· 夸大结果

图 12-26 人的问题：用户、分析师和领导者

当用户不理解在分析活动中所做的统计操作时，问题也会悄悄出现。有些错误是无意的，反映出对数据或统计数据及其背后的假设缺乏理解。但有些错误可能是故意的，因为用户和分析师试图歪曲分析以支持他们的结论。他们在分析之前就决定数据应该说明什么，他们歪

曲数据，直到得出他们想要的结果。

最后一个与用户相关的问题是，用户对结果的解释与分析师的预期不同。分析师经常忘记这个解释步骤。通常，用户的解释与分析师的解释不同，有时他们的解释比分析师的要好，有时则不然。

分析师

分析师也有自己的问题。许多分析项目没有明显的或易于设定的终止点。相反，分析师可能会想，"只要再用这个数据实验一周，或者再用这个新模型运行一次，我就能得到结果了。"在参与这个项目的过程中，我们很难知道这个项目最终会变成一个"资源黑洞"还是一个"信息圣杯"。

分析师的另一个问题是提出错误的问题。很明显，在开篇的小插曲中提出的一些关于CBI工人生产力的问题并不是好问题。通常情况下，提出这类问题是由于分析师缺乏对流程的理解。虽然这类问题可能会导致糟糕的结果，但每一次成功的分析都基于提出有价值的问题。一位智者曾经说过，问题比答案更重要。将来你会因为提出好的问题而得到回报，所以请趁你还在学校的时候抓住每一个机会练习这项技能。

第三个问题发生在分析师没有与终端用户充分合作以发现终端用户需要什么或理解他们的确切问题的情况下。分析师们急于进行分析——他们最喜欢的工作——而没有仔细倾听用户的意见。

分析师，甚至是终端用户普遍存在的第四个问题是，过于相信数据或分析的有效性。正如新闻来源的爆炸式增长导致了"假新闻"越来越多一样，随着分析的爆炸式增长，"假分析"也越来越频繁出现，对于两者，都需要持有一定程度的怀疑。有效的怀疑不是要确定一个分析是真还是假，而是要判断它的假设是否合理。每一项分析都依赖于经常被忽略的假设。优秀的分析师和最终用户一定不要忘记质疑假设。他们应该问这样的问题："为什么要使用这个 KPI？""还有其他可行的措施吗？""为什么措施表示这个意思？""为什么措施意味着我们应该那样做？""还有其他合理的解释吗？"请学会怀疑，因为并非所有的假设都是有效的。

最后，分析师和终端用户都有可能产生分析中的偏见。这些偏见不是关于食品口感或运动队喜好的偏见，而是影响推理的偏见，甚至是影响专家推理的偏见。通过对行为决策的研究，我们发现了偏见。当我们检查数据时，偏见会影响我们。一种偏见是过度自信——我们对自己的判断过于自信。另一个是可获得性——我们认为如果某件事更容易记住，那么它就会发生得更频繁。第三个是信念的坚持——即使具有说服力的数据摆在我们面前，我们也会异常地坚持早先的信念。

领导者

我们在这里考虑的最后一组人是组织的领导者。领导者可能没有为分析项目提供足够明确的目标，他们可能没有提供足够的资金支持，也没有提供足够的人员配备。另一个问题是，他们可能不理解分析中使用的统计数据或分析师必须做出的假设，导致领导者曲解或夸大结果。领导者有时会过度推崇分析 IS 的潜力来推动分析工作。分析通常不会带来令人震惊的结果，更常见的情况是，分析证实了直觉，并支持流程的稳步改进，比如更有效地打包装车，重新安排机器人叉车，以及调整定价算法。

总之，分析 IS 的大部分风险可以归因于数据或人。虽然本章的大部分内容都指出了使用分析 IS 的优点，但了解风险可能对你更有价值。

课堂练习

我想我知道

为以下 10 个问题设置一个下限和上限。例如，如果问题是"XXX 总统的年纪？"你可能会认为答案是 45，所以你会设置下限为 40，上限为 50。请设置合理的下限和上限，确保范围足够宽，这样就能答对更多的问题。

下限　　上限　　问题
1. _____ _____ 帝国大厦有多高？
2. _____ _____ 前总统里根是哪一年出生的？
3. _____ _____ 世界上最长的陆地隧道有多长？
4. _____ _____ 《华尔街日报》目前在美国的发行量是多少？
5. _____ _____ 澳大利亚的人口有多少？
6. _____ _____ 亚特兰大和达拉斯之间的距离是多少？
7. _____ _____ 美国国会图书馆有多少本书？
8. _____ _____ 世界上有多少个国家？
9. _____ _____ 华盛顿纪念碑有多少阶台阶？
10. _____ _____ 罗马帝国的开创者 Caesar 死于哪一年？

来源：Sergeis Rahunoks/123RF

在课堂上讨论以下问题：
1. 为什么要设定上限和下限？
2. 你在这个课堂练习中的得分是多少？
3. 哪种告知流程(描述性、预测性、规范性)会改进你的答案？

Q12-8　SAP 是如何进行分析的？

各种各样的供应商提供支持分析活动的软件。图 12-27 的顶部显示了支持所有三种分析活动的主要供应商；仅支持分析和/或发布活动的产品显示在底部。

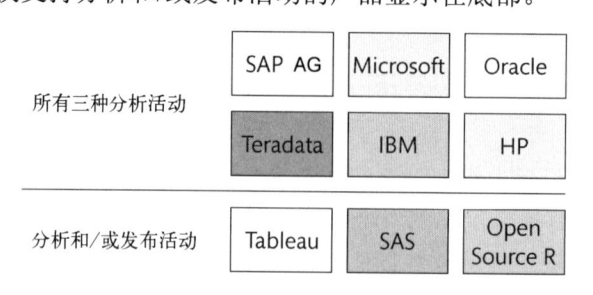

所有三种分析活动	SAP AG	Microsoft	Oracle
	Teradata	IBM	HP
分析和/或发布活动	Tableau	SAS	Open Source R

图 12-27　分析 IS 的主要供应商和产品

如图 12-27 所示，SAP AG 提供了支持所有三种活动的信息系统。多年来，SAP AG 收购了很多软件公司，并试图将其整合在一起，以及使用他们的 ERP 平台。其中的分析产品包括 Crystal Reports、Web Intelligence、Lumira 和 Predictive Analytics。与所有 ERP 系统一样，SAP 将操作数据整合到 OLTP 数据库中。可以提取来自 OLTP 或其他来源的数据并将其放入 SAP OLAP 数据库中，SAP 将这种数据库称为数据仓库或商业仓库(BW)。一旦进入数据仓库，数据就会形成如图 12-12 所示的信息多维数据集。

实施 SAP 的公司也可以选择编写程序代码来完成 SAP 没有提供的特定分析任务。大约 95%的程序代码用于创建公司特定的分析报告。

SAP 和其他 ERP 产品也可以使用其他公司的软件来分析数据。一种常见的方法是将数据从 SAP 数据仓库下载到 Excel 文件中，然后使用 Excel 分析数据。在本书最后的应用练习 8-1 中，我们提供了 CBI 的数据用于 Excel 分析。

如果 CBI 的 Ann 想要分析 SAP 数据库中的财务交易，她一般有三个选择。如前所述，Ann 可以将数据下载到 Excel 中，然后自己进行分析。她还可以使用 Lumira 分析数据，或者可以向 Cody 和 IT 部门申请一个特定的报告或仪表板，对她指定的数据进行归纳和整理。

Q12-9 2031 年有哪些新的信息系统将影响分析流程？

随着显示技术的改进和大数据的成熟，分析 IS 的应用将继续扩大。我们相信，有三个变化将影响这种增长，即增强分析、数字孪生和隐私问题。

增强分析

增强分析融合了人工智能和分析。Gartner 表示，增强分析是分析师对机器学习、自然语言理解和人工智能其他方面等技术的使用。通过使用机器学习，分析师可以要求增强分析应用程序以找到数据中的模式，而无须具体说明要寻找哪些特定的模式。分析师可以使用自然语言与应用程序进行交互，应用程序可以使用其自然语言处理能力来挖掘文本和非结构化数据以获取数据的模式。在本章的开头，我们提到利用人工智能和分析学都能够获取和分析数据。增强分析是分析师和人工智能之间的中间点。

数字孪生

"数字孪生"(digital twin)或"影子"是一个物体的数字复制形式，使用的是实时数据，即真实事物的数字对应物。数字孪生的典型应用是飞机发动机。数字孪生引擎可以帮助航空公司预测和管理发动机的维护与更换。对于正在运行的喷气发动机，很难直接收集相关的数据。通过制作一个数字孪生，分析师可以观察它，并从中创建数据进行分析。当分析师检查数字孪生对象时，他可以看到实际对象在现实世界中是如何运行与活动的。虽然这个术语比较新，但创建虚拟对等物的概念却早已出现。物联网的发展带来了新的变化，它可以创建实时数据和更好的算法，更准确地预测数字世界的变化，以及如何在现实世界中发挥作用。

另一个数字孪生的例子是新加坡。新加坡的规划者创建了一个数字孪生城市，并用它来测试和模拟对灾难的危机响应，并评估假设的新建筑对行人交通的影响。人的数字孪生也已经被构建，从而为医疗保健提供更多选择。数字孪生可以不断从多个来源提供的数据中学习，并更新自己。

隐私问题

第 6 章介绍的数据隐私，是指正确地获取和分析个人数据。在第 11 章中，我们讨论了隐私和社交媒体冲突；通过分析，我们可以看到隐私问题超出了社交媒体可以管控的范畴，隐私问题可能会影响许多使用客户数据的业务流程。在开篇的小插曲中，CBI 的 Sue 和 Cody 在没有告知客户的情况下窥探他们的滑板车应用程序以获得个人数据。

随着分析技术的发展和改进，它将更好地预测人类行为，特别是当它可以利用个人数据的时候。然而，这种改进总是需要在隐私方面进行权衡。在接下来的几年里，隐私和分析之间的这种取舍将出现在很多领域。

前面我们讨论了分析对 Target 的 New Customer 流程的好处。然而，在这个项目成功实施了大约一年之后，一名男子走进 Target 商店，向经理抱怨说，他的女儿拿到了 Target 婴儿衣服和婴儿床的优惠券。据这位父亲说，他的女儿当时并没有怀孕，他对 Target 公司侵犯她的隐私感到不满。经理深表歉意，对这个明显的疏忽表示遗憾。几天后，那人又打来电话，事实上，他的女儿已经怀孕了。许多人不希望商业公司比他们的父母和朋友更多地了解他们的行为和好恶。

在大学里，隐私和分析也存在冲突。大学会收集数据，试图减少在毕业前离校的学生数量。为了帮助更多的学生留在学校，学校越来越多地使用学生的个人数据。学校知道，个人数据可以帮助评估和预测人的孤独感、社交孤立情况、脱离联系情况和缺乏归属感，所有这些因素都会导致学生提前离校。但是如果为了帮助你和你的同学留在学校，你的大学要求你允许其监控你在社交媒体上的私人数据，你会怎么想？如果他们承诺不会监视特定的消息，只监视消息的出现频率和种类，你会放心吗？如今，大多数学生都反对这种以隐私换取支持的做法，但如果这种监控能被证明有助于改善心理健康、提高学习水平或减少暴力，那么未来的学生还会对隐私有同样的担忧吗？

道德指南

看不见的网络狗仔（Cyberazzi）

数据代理（data broker）或数据聚合商是一家从公共记录、零售商、Internet cookie 供应商、社交媒体跟踪器和其他来源获取及购买消费者数据和其他数据的公司，并使用这些数据创建商业智能，然后出售给需要的公司和政府。

那么，这类公司是如何处理这些数据的呢？如果周五晚上你因为有促销活动而在网上买比萨，那么数据代理（或代理的客户）会在下周五早上给你发送一张比萨优惠券。如果你在当地的杂货店使用会员卡，并经常购买大袋薯片，那么数据代理或其客户就会给你寄优惠券，用于购买更多的薯片或其他零食产品。

然而，令人担忧的是对这些数据的未知处理方式。这些公司采用了什么样的分析技术？这些技术的准确性和可靠性如何？如果数据代理错误预测了你会在周五晚上买比萨，那么谁会在乎？

讨论题

1. 将分析消费者购买的数据用于定向营销似乎没什么害处。是这样的吗？使用绝对命令和功利主义的观点，评判以下道德现象：

   有些人，无论是由于遗传因素、习惯，或是其他因素，都容易过量食用垃圾食品。通过将垃圾食品的销售集中在这个细分市场，数据代理或他们的客户正在推广减肥产品。他们的行为合乎道德吗？

2. 如果你的所有行为都是合乎道德的，那么根据绝对命令，你愿意把你的人生故事发布在 Facebook 上。因此，你不必担心为你创建的数据和分析。但是，请考虑以下几点：

   a. 假设你是俱乐部中资历最浅的会员，你需要为俱乐部双月一次的啤酒节购买啤酒。为了从供应商那里获得较大的折扣，你可以使用会员卡购买这些商品。一家数据聚合商会获取你的购买历史，并将你归类为酗酒者。你可能不知道，数据聚合商会将其分类通知给你的医疗保险公司。你的保险费增加了，但你永远不知道为什么。使用绝对命令或功利主义，这种情况是否存在道德问题？

   来源：Sergey Nivens/Shutterstock

   b. 你认为应该做些什么来减少 a 部分的情况发生的可能性？

   c. 假设你有个人健康问题，希望保密。你的病情要求你从药房购买一套特定产品。一家数据聚合商观察你的购买模式，推断出你的问题，并向你发送优惠券和其他对应你的状况的促销产品，并且你的室友也不经意间发现了你的健康问题。根据绝对命令或功利主义，这里有道德问题吗？

   d. 你认为应该做些什么来减少 c 部分的情况发生的可能性？

3. 假设很快就会对数据聚合商的行为设定法规。明确应该禁止的两种行为，并指出这两种行为的正面和负面后果。

主动复习

Q12-1 什么是分析？为什么它对商业如此重要？

描述当今商业环境中的数据量及其五个主要来源。解释分析流程及其主要活动。对比分析和 AI 的异同。描述 Target、Netflix 和 Google 是如何使用分析的。

Q12-2 分析流程的目标是什么？

描述分析流程的通用有效性目标和三个具体目标。解释分析流程的高效性目标。

Q12-3 分析信息系统的关键组件是什么？

解释分析服务器的功能及其关键特性。描述分析软件最近的变化。解释数据仓库中存储的内容及 OLTP 和 OLAP 数据库之间的区别。描述获取活动的程序与分析和发布活动的不同之处。解释信息是如何依赖于人的，并描述使用分析信息系统的两种类型的人。

Q12-4 分析信息系统如何支持分析活动？

解释为什么操作性数据通常不用于分析。描述数据仓库中的数据源。描述一个数据集市，并解释为什么要使用它。解释三种类型的分析（描述性、预测性和规范性）有何不同。说明在描述性分析中对数据执行的操作类型。解释两个描述性分析的例子。用你自己的语言描述切片、切块、下钻和上卷。解释回归、MBA 分析和文本挖掘，并提供一个示例。描述线性规划。定义发布和数字仪表板，并解释仪表板如何与业务流程一起使用。

Q12-5 分析信息系统如何支持业务流程？

列出分析信息系统支持的几个业务流程。解释如何通过分析来改善机器维护。描述在线销售流程的目标。解释 Google Analytics 如何支持在线销售流程。描述分析信息系统支持的三个新流程。

Q12-6 什么是大数据分析信息系统，它是如何使用的？

说出大数据分析 IS 与常规数据系统的三种不同之处。简要解释大数据分析 IS 的历史。描述数据挖掘、NoSQL 数据库、MapReduce、Hadoop 和内存系统如何处理大型数据集。解释大数据分析 IS 如何支持多个流程，并给出几个新流程。

Q12-7 企业如何管理分析信息系统的风险？

解释脏数据和缺失数据。解释未整合的数据如何导致问题。定义粒度，解释对于分析，什么样的粒度是不正确的。列举四个与终端用户相关的分析问题，并给出一个例子。描述归因于分析师的问题类型。解释一个组织的领导者是如何产生分析问题的。

Q12-8 SAP 是如何进行分析的？

列举 SAP 中可用的分析应用程序。解释 SAP 程序代码的主要用途。描述用户分析 SAP 数据的三个选项。

Q12-9 2031 年有哪些新的信息系统将影响分析流程？

描述未来 10 年将影响分析增长的三个因素。解释手机应用程序将如何影响分析。给出一个分析中的非结构化数据的例子。描述物联网及其包含的设备。定义隐私并解释它将如何影响分析。

关键术语和概念

A/B 测试	分析	分析师
分析信息系统	审计流程	大数据
点击流数据	转化率	交叉销售
仪表板	数据代理	数据驱动
数据挖掘	数据集市	数据仓库
决策支持系统(DSS)	描述性分析	数字孪生

维度	脏数据	粒度
Hadoop	线性规划(LP)	MapReduce
购物篮分析(MBA)	度量	NoSQL 数据库
在线分析处理(OLAP)	在线事务处理(OLTP)	操作性数据库
预测性分析	规范性分析	回归分析
RFM	SAP HANA	自助服务分析
情感分析	切片和切块	文本挖掘
可视化	下钻	

课后习题

12-1 重读本章开头 Target、Netflix 和 Google 的三个例子。具体说明每个公司使用分析改进的流程和分析可以支持的第二个流程。给出使用分析提高流程的有效性或高效性的措施。

12-2 创建一个可以由告知流程支持的管理流程的 BPMN 图。如习题 12-1 所述，具体说明管理流程的目标和措施，并解释告知流程将如何改进这些措施。

12-3 思考描述性分析、预测性分析和规范性分析之间的差异。它们有什么相似之处和不同之处？它们的成本有何不同？每一种都有什么好处？一个组织如何在这三者之间进行选择呢？

12-4 登录 Tableau 网站，下载免费试用的可视化软件。使用 Tableau 的训练视频和示例数据集来创建一个可视化结果。在你看来，一个好的可视化结果的三个特征或属性是什么？

12-5 假设你是学生活动的负责人。最近，一些学生指责你们系资源分配不当。他们声称这种分配是基于过时的学生偏好。资金拨给了很少有学生觉得有吸引力的活动，而用于学生确实想参加的新活动的资金不足。描述你如何使用描述性、预测性和规范性分析来评估这个声明。访问 Airbnb 网站并输入个人资料。找到你最喜欢的度假地点的两个列表。解释酒店的功能和价格如何与同一地点的酒店的数据相比较。

12-6 在这一章中，我们说问题比答案更重要。查看图 12-12、图 12-13 和图 12-14，写下可能揭示这些图中的数据模式的问题。

12-7 重读开篇的小插曲。你认为 CBI 应该把滑板车应用程序获得的数据卖给其他公司吗？对于使用应用程序数据的限制或规则是什么？

12-8 以下关于数据和信息的说法在商业中经常被用来传达一个重要的想法。当你阅读这些内容时，选择其中的三个，并写下如何用它们来表达本章的观点。

"如果你想要一套绿色的西装，那就打开绿灯。"

"你不能通过称体重来让猪变胖。"

"不是所有有价值的东西都能被计算，也不是所有能被计算的东西都有价值。"

"统计数字不能代替判断……反之亦然。"

"若没有数据，你只是一个有意见的人。"

"让我们陷入麻烦的并不是我们知道的事情，而是我们知道的事情并不是这样。"

12-9 登录 Google Trends 网站，输入 Big Data、BigData、NoSQL、MapReduce、Hadoop 和 in-memory systems 等术语，看看它们是如何流行起来的。

协作练习

在这个练习中，你的团队将提出一个分析议题并调查，请进行分析并展示你的结果。议题是引发分析并得出结论的问题或争议。

一旦确定了一个议题，就执行分析流程。分析改变了一种看法或信念。议题并没有说明为什么听者会接受它，这时就需要分析。分析是为什么我们应该改变看法或信念，接受议题的结论。它为听者相信结论的准确性提供了基础。由于分析，这个结论得以被听者接受。

糟糕的分析不在于它是错误的，而在于它无法说服听者。糟糕的分析即分析不支持结论；大多数情况下，它会支持另一个结论。一个糟糕的分析并不会使"指针"指向结论，只会让听者不服气。

好的分析是严谨的。它采用了一种公认的统计方法，非常适合于议题和结论。好的分析能够预见并驳斥反对意见和误解。

结论只是用一种特定的感知或信念重申的议题。这是你希望听者改变的信念或看法。这一分析为相信结论的准确性提供了依据。一个糟糕的结论就是一个与议题或分析无关的结论。

作为一个团队：
1. 选择一个议题。
2. 通过搜索 Internet 找到一个公共数据集。
3. 使用 Excel、Power BI 或 Tableau 对该数据集进行分析，至少包括两个可视化示例。
4. 得出结论。

案例研究

政府分析

我们的大部分讨论和示例都涉及分析在商业中的应用。但非商业组织，如政府、医院、运动队和大学也使用分析来改进他们的流程、改进决策，并提供更好的服务。我们接下来简单介绍各种地方政府的举措，以了解政府机构使用分析的许多不同方式。每一种分析应用都能改善我们的生活——保持健康，更早毕业，减少污染，减少犯罪。

Miami 警方利用分析来减少街头犯罪，侦破悬案，并协助发展旅游业。Tacoma 的学校将历史上口碑不佳的高中毕业率从 55%提高到 83%。Toledo 市政府通过使用 GPS 数据来定位所有的下水道、沙井和公共事业线路，从而改进了建设项目规划，他们还使用预测分析来预测道路老化问题，并计划未来的道路项目。Seattle 警方利用分析手段打击犯罪，提高警察办案的透明度。New York 市政府使用分析 IS 跟踪枪支销售，并在 Brooklyn 地区分析图书馆图书和资源的使用。许多市政当局为房主实时显示电表能源使用情况，以使房屋更智能，减少能源浪费并阻止全球变暖。

在州政府层面上，Ohio 州的大学正在利用学生数据来提高大学留校率，并确定导致学生不回来的因素，从而及早干预。Michigan 州利用分析技术，在社区医疗方面节省了 2 亿多美元。Pennsylvania 州正在使用分析方法，通过匹配儿童与潜在家庭的特征来改善孤儿收养情况。Minnesota 州跟踪了污染法规的影响。

在国家层面，美国政府使用分析 IS 跟踪流感的传播，以改善治疗和疫苗的采购及分发。美国商务部利用分析来发现不寻常的进出口交易，从而确定和限制非法组织的资金流动。美国林务局使用分析 IS 来预测森林火灾。

在许多情况下，分析被用来预测即将发生的事件。分析可以帮助政府预测流感季节医院的使用情况、未来对公共设施的需求和犯罪水平。虽然这些例子涉及预测群体的行为，但最近使用的一种分析方法是预测单个个体的行为，以便在犯罪活动发生之前识别和预测它们。这个话题在以前一直是电影和科幻小说的主题，但今天，一些公司正在努力使这个设想成为现实。

Plantir 公司是这个领域的领军人物。Plantir 是 Peter Thiel 的智慧之作，Peter Thiel 在 PayPal 和 Facebook 的早期发展中发挥了至关重要的作用。一家公司可以请 Plantir 安装应用程序，收集电子邮件和浏览器历史记录数据、从公司发布的智能手机上收集 GPS 定位数据及电话通话记录，以收集员工的数据。Plantir 代表客户公司（通常是银行）分析这些数据，并在员工滥用设备或以可疑方式改变行为时提醒客户，以便人力分析师可以研究特定人员的数据，并确定此人是否存在风险。

Plantir 公司成立于 2004 年，最初是一家国防承包商，帮助识别敌方目标、路边炸弹、非法分子的资金流动等。这一早期的成功使 Plantir 获得了后续的政府合同，包括与美国卫生与公众服务部（Department of Health and Human Services）合作侦查医疗保险欺诈；与美国联邦调查局（FBI）合作进行刑事调查；与美国国土安全部（Department of Homeland Security）合作跟踪航空旅客和移民信息。许多大城市的警察使用 Plantir 软件来帮助打击人口贩卖。Los Angeles 警察局是最早采用这种方法的机构，它使用 Plantir 软件来阻止犯罪。该软件记录了惯犯的数据，他们的车辆、地址、外貌描述和邻居。如果一个惯犯的车辆被犯罪现场附近的摄像头记录下来，那么这些数据就有一定作用。

问题

1. 通过 Internet，阅读政府和医疗保健组织关于分析的其他用法。找到描述性分析、预测性分析和规范性分析的例子。请简要描述他们如何使用分析进行描述、预测，并说明章节中没有给出的规范性分析，以及它们支持的流程的目标。
2. 对于问题 1 中的一项应用，请描述需要获取的数据。
3. 对于问题 2 中描述的数据，最难获取的数据是什么？为什么？
4. 对于问题 2 中选择的例子，描述用户、分析师和领导者的问题。
5. 对于 Plantir 的预测分析应用来说，三个主要的分析活动——获取、分析和发布，哪一个对 Plantir 是最困难的，哪一个是最容易的，为什么？
6. 如问题 4 所述，描述 Plantir 项目中用户、分析师和领导者的问题。
7. 根据绝对命令和功利主义的道德准则，美国政府是否应该继续调查 Plantir 造成了分析结果的滥用？

附录 12　Power BI 分析教程

本教程可以帮助你练习使用 Microsoft Power BI 来分析数据集。Power BI 是一个专为非信息系统(IS)专业人员设计的应用程序，用于分析数据集并发布交互式图形可视化结果。虽然 Power BI 支持高级预测性和规范性分析，但本教程将使用 Power BI 的描述性分析操作，如排序、筛选、分组、计算和制图。

本教程不像第 9 章和第 10 章末尾的教程那样是一个介绍操作性流程的教程。相反，它展示了如何进行几种分析操作，然后要求你使用这些操作来回答一系列问题。

我们将使用的示例是来自 CBI 的销售交易数据集，这是一个包含 1000 笔交易的 Excel 文件。这些销售交易记录包括如收入和数量之类的度量，以及年份、客户名称和国家等维度。分析师使用这些数据来分析每年的收入趋势，计算每种材料的销售额，并获得其他问题的答案。

1. 打开 Power BI

2. 下载 Excel 数据

选择 Get Data 窗口的 Excel 项，然后单击 Connect 按钮，如图 12A-1 所示。

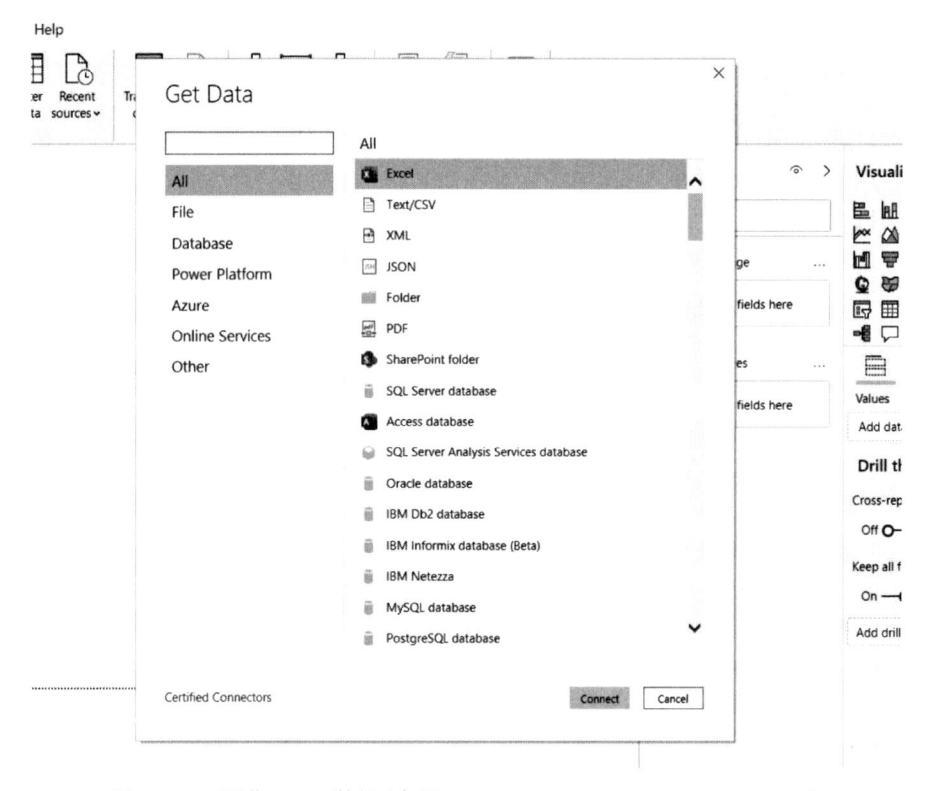

图 12A-1　下载 Excel 数据(来源：© 2020 SAP SE. All rights reserved.)

导航到数据文件 CBIDataSet.xlsx 并选择它(打开它)。这时将出现 Navigator 窗口。单击 2020-2022 旁边的复选框(这是 Excel 工作表的名称)，将出现图 12A-2 所示的窗口。请检查字段名和数据，完成后单击窗口底部的 Load 按钮。

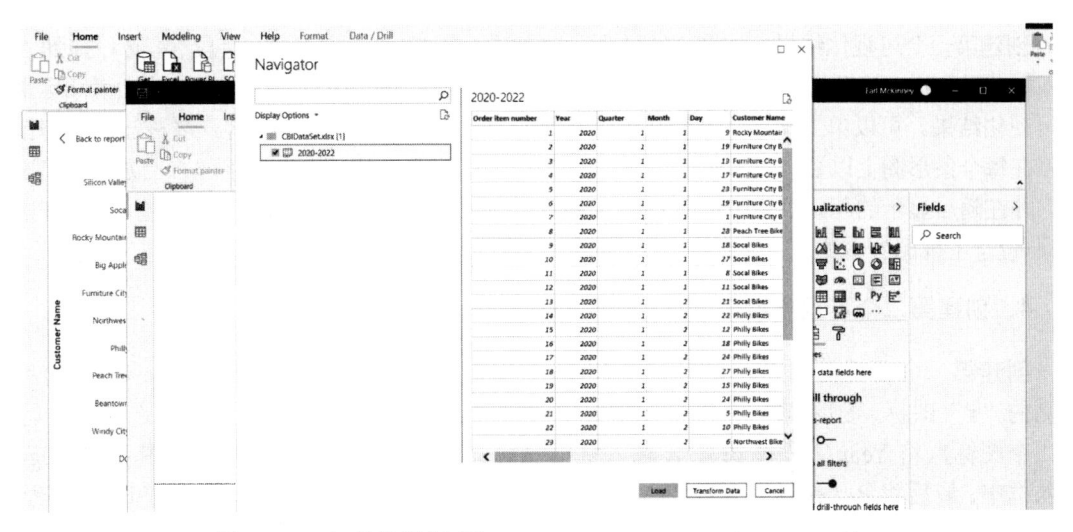

图 12A-2　加载数据（来源：© 2020 SAP SE. All rights reserved.）

3．创建第一个可视化结果

点击 Load 按钮后，进入 Power BI 桌面，如图 12A-3 所示。这里有五个重要的区域。
1) 字段
2) 可视化选项
3) 当前图表的 Axis（轴）和 Values（值）输入框
4) 筛选器
5) 当前可视化

区域 1 列出了可供选择进行分析的所有字段。区域 2 显示了可视化选项的缩略图图标；默认选项是左上角的堆叠条形图。区域 3 指定区域 5 中显示的可视化区域的数据。区域 4 允许分析师为可视化筛选数据。

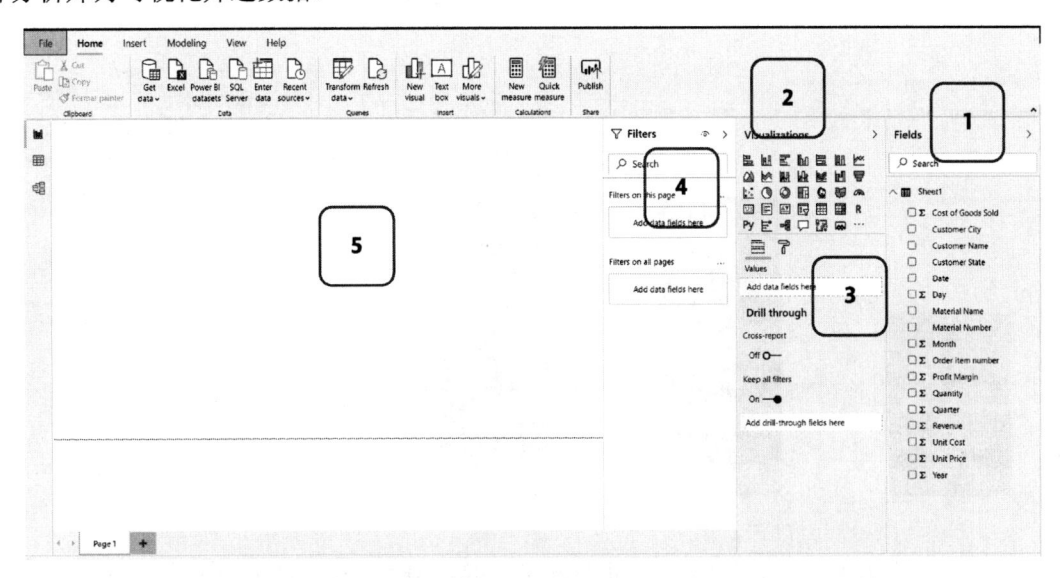

图 12A-3　Power BI 特性（来源：© 2020 SAP SE. All rights reserved.）

创建第一个可视化结果,如图 12A-4 所示。首先,将 Customer Name 字段(区域 1)拖到 Axis 输入框(区域 3),然后将 Revenue 字段拖到 Values 输入框。单击可视化选项中的放大镜图标来放大可视化结果。可以单击窗口上方漏斗图标右侧的"…"图标,更改为按客户名称排序。将鼠标悬停在每个条形图上以显示收入数值。还可以通过单击区域 3 中"Axis"字样右上方的滚筒刷图标,并在随后显示的下拉菜单中单击 Data labels,从而在可视化视图上显示数据标签。使用 Filters 选项(位于主视图的右侧)来选择仅查看数据的一个子集,例如几种配件(水瓶和修理工具包)。

4．创建第二个可视化结果

创建第二个可视化结果,如图 12A-5 所示。通过单击 Customer Name 和 Revenue 输入框右侧的"x"图标,删除第一个可视化结果中的字段。选择堆叠柱状图(可视化选项第一行的第二个图标)。将 Year 字段拖到 Axis 输入框中,然后将 Material Name 字段拖到其下的 Legend 输入框中。最后将 Revenue 字段拖到 Values 输入框中。将鼠标悬停在视图上以检查收入数值。

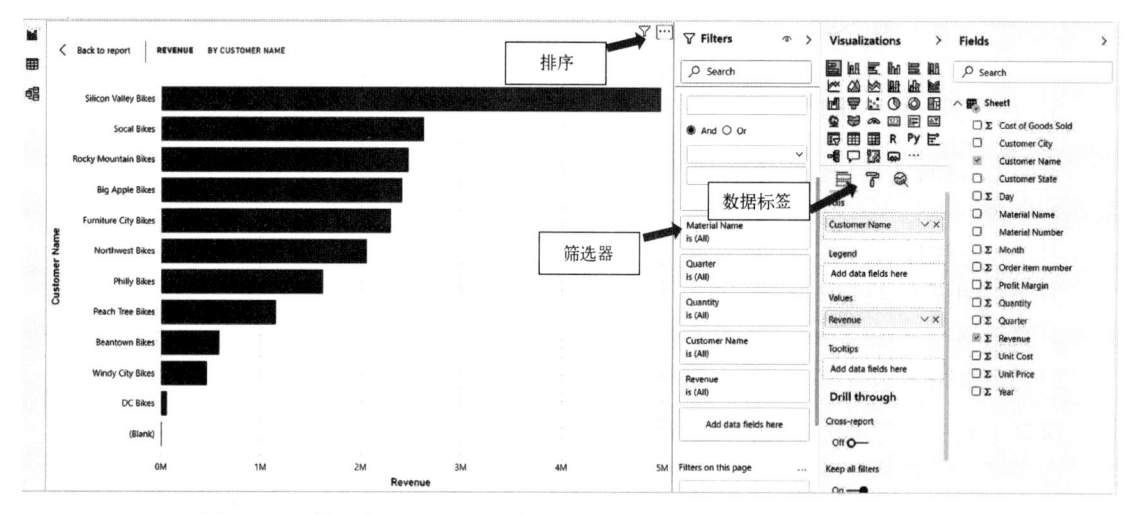

图 12A-4　第一个可视化结果(来源:© 2020 SAP SE. All rights reserved.)

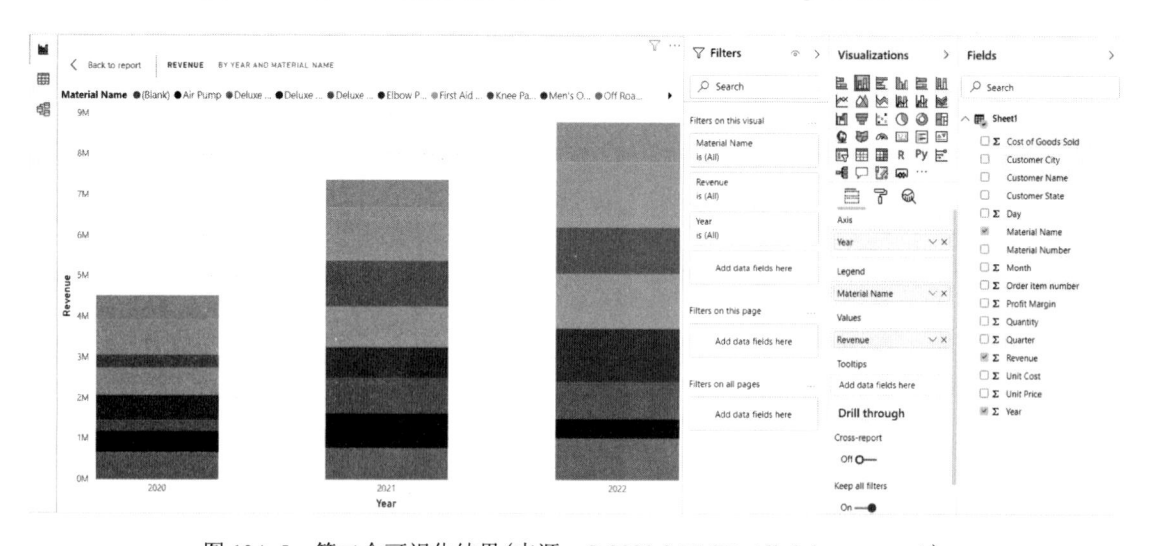

图 12A-5　第二个可视化结果(来源:© 2020 SAP SE. All rights reserved.)

5. 分析

练习上述简单操作,回答以下问题。下面列出了前5个问题的答案。

1) 图表年份(Axis)。收入(Values)。哪一年的收入最低? **2020**
2) 2020年的收入是多少? **4 520 450.41美元**
3) 2020年,Beantown公司获得了多少收入? **476 526.04美元**
4) 哪个客户贡献了最多的收入? **Silicon Valley Bikes**
5) 哪个季度的收入最低? **第四季度**
6) 哪一个月Beantown公司自行车的数量最多?
7) 哪一年的产品成本最高?
8) 哪种配件(配件名称)的收益最少?
9) 2022年Elbow Pads的利润是多少?
10) 使用配件名称和收入制作树图。哪种配件的收入最高?
11) 利用地图viz和客户城市的位置。Atlanta地区有多少收入?
12) 2022年第二季度,T恤的收入是多少?
13) T恤、Elbow Pads和水瓶,哪一种在6月份的销量比一年中其他时候要高得多?
14) 所有6种类型的自行车在第二季度的销量都比第一季度的多吗?

为了进行更多的练习,请其他学生编写问题并尝试回答他们的问题。为了练习制图,创建一个图表然后展示给同学;尝试制作其他学生展示的图表。

扩展 1

信息系统职业规划

你有想过从事和信息系统(IS)相关的工作吗？你可能会对 IS 的工作类型感到新奇，你的才能也会与你在 IS 领域开启职业生涯的工作相匹配。这里，我们试图通过描述为 IS 专业毕业生创造职业需求的经济因素，IS 相关工作所需的技能，IS 专业毕业生可选择的工作类型，以及 IS 工作的最佳方面，来解释你应该考虑这个问题。

在我们开始之前，有两个重要的说明：首先，在商业世界中，大多数为 IS 专业毕业生提供的工作都被贴上了"IT 工作"的标签。很少有专业人士被称为 IS 专业人士；相反，他们更常被称为 IT 专业人员。因此，许多学生没有意识到等待着 IT 专业毕业生的 IT 工作的多样性。其次，许多学生认为所有的 IT 工作都需要大量的编程或其他高级技术技能。计算机科学专业毕业生是熟练的程序员，他们学习了许多高级技术课程；IS 专业毕业生则是能将协作技能和商业知识应用于技术挑战的商科专业毕业生。更具体地说，IS 专业毕业生：

与业务伙伴合作，了解流程和需求以设计解决方案，解决实际的日常问题，并不断引领数字创新。然后，他们与计算机科学家和工程师协作，构建并实现解决方案和平台。

IS 课程不强调编程技能。计算机科学和 IS 教学之间的另一个主要区别是，IS 专业需要学习许多商学院的课程，以便 IS 专业毕业生能够有效地与销售、会计和供应链专业人员合作。而计算机科学专业毕业生需要学习许多计算机科学课程，以便能够面对技术挑战。

计算机科学和 IS 都属于 STEM(科学、技术、工程和数学)课程。这两种专业的毕业生都是企业所需要的。

QE1-1 IS 专业毕业生的就业环境如何？

在当今的信息经济中，信息技术的作用越来越大。因此，IS 专业毕业生的就业前景非常光明。社交媒体、大数据、人工智能、VR、3D 打印、物联网、无人机、无人驾驶汽车、云、大规模 ERP 系统等新技术的应用逐年增加。虽然这些新技术为 IS 专业毕业生创造了更多的职业需求，但这种增长也得益于更便宜的数据存储、低成本的云计算选择、越来越多的移动设备使用及前所未有的安全挑战。除了这些技术驱动因素，其他商业因素也推动了对 IS 专业毕业生的需求。由于对外包和离岸解决方案的不满，许多公司正在增加内部的 IT 人员，许多在千禧年繁荣期间被聘用的 IT 专业人员即将退休，许多公司在过去十年里的招聘人数不足，现在正在不断扩充人才储备。所有这些因素都为 IT 专业人员创造了一个非常有前途的就业形势，如图 CE1-1 所示，其中的数据显示了美国劳工统计局对计算机相关工作年增长 12%的预测。

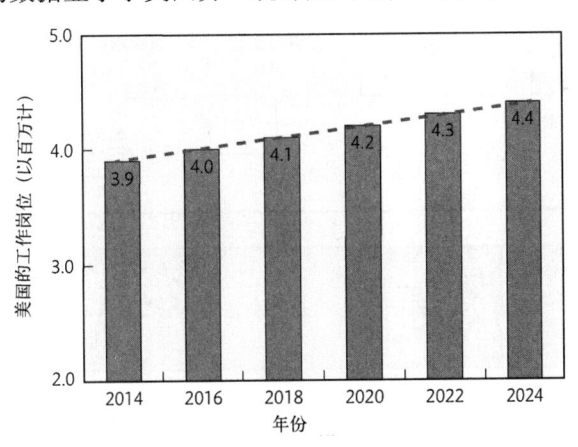

图 CE1-1 美国 IT 就业预测（2014—2024 年）

在这个充满希望的工作环境中，具备适当技能的 IS 专业毕业生将获得成功。要想在这个职业领域取得成功，毕业生需要展示在第 1 章中介绍的四种就业技能：抽象推理、系统思维、协作和实验。图 CE1-2 列出了这些技能及其在 IT 工作中的应用实例。

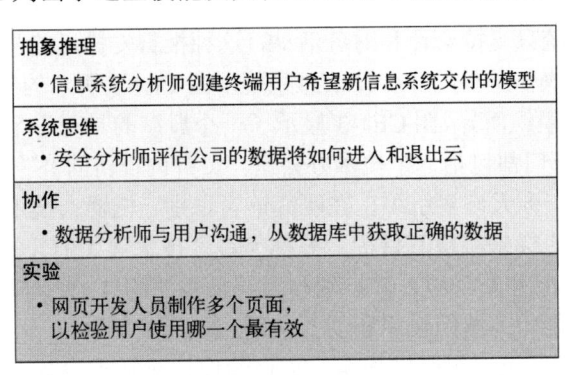

图 CE1-2 四种就业技能和 IS 任务

QE1-2 IT 工作的职责和头衔是什么？

在概述了一般的就业情况和 IT 工作所需的一些一般技能后，让我们更具体地介绍一下 IS 专业毕业生将面对的职责和工作头衔。为了研究 IS 专业毕业生的工作机会，我们考虑图 CE1-3 所示的典型的组织结构。

正如你将在管理课程中学到的，组织结构的变化取决于组织的规模、文化、竞争环境、行业和其他因素。具有独立部门的大型组织将有一组高层管理者，下图所示的每个部门都会有对应的高层管理者。较小的公司可能会合并其中的一些部门。

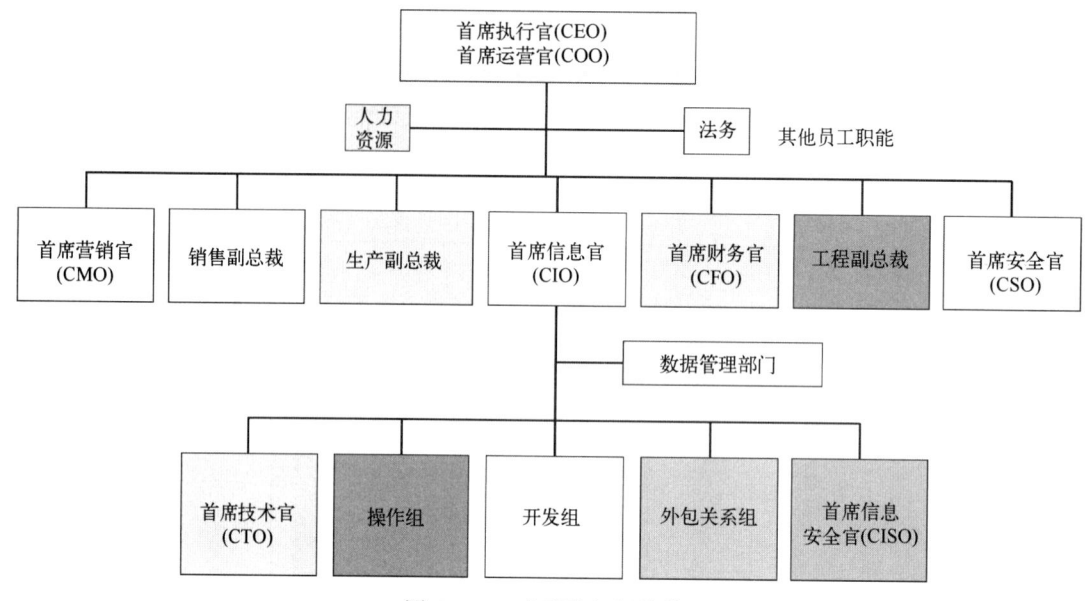

图 CE1-3 典型的组织结构

　　IS 部门高层管理者的头衔因组织而异，一个常见的头衔是首席信息官(CIO)。其他常见的头衔有信息服务副总裁，信息服务主管，以及不太常见的计算机服务主管。CIO 管理 IS 部门，与公司的执行团队就 IT 问题进行沟通，并且是高管团队的成员。

　　在图 CE1-3 中，CIO 与其他高层管理者一样，向首席执行官(CEO)报告，尽管有时这些管理者向首席运营官(COO)报告，而 COO 又向 CEO 报告。在一些公司，CIO 向首席财务官(CFO)报告。如果基本信息系统只支持会计和财务活动，这种报告安排可能是有意义的。在诸如制造业领域的组织中，需要操作重要的非会计信息系统，图 CE1-3 所示的安排更为常见且有效。

　　IS 部门的结构也因组织而异。图 CE1-3 显示了一个典型的具有五个组和一个数据管理部门的 IS 部门。大多数 IS 部门都包括一个技术办公室，负责调查新的 IS 技术，并确定组织如何从这些技术中获益。例如，今天许多组织正在研究语音识别、机器人技术和云带来的机遇，并计划如何更好地利用这些机会来实现其目标。被称为首席技术官(CTO)的人通常领导技术团队。CTO 评估新技术、新思想和新功能，并识别与组织最相关的技术。CTO 的工作需要对信息技术有深入的了解，并有能力为组织设想和创新应用。

　　图 CE1-3 中 IS 部门的第二组是操作组，负责管理计算基础设施，包括个人计算机、内部服务器场、网络和通信媒体。这个组包括系统管理人员和网络管理人员。正如你将了解到的，这个组的一个重要功能是监控用户体验并响应用户问题。

　　图 CE1-3 中 IS 部门的第三组为开发组。这个小组负责管理创建新 IS 和维护现有 IS 的流程。开发组的规模和结构取决于项目是否在内部开发。如果没有，那么这个部门将主要由业务和系统分析师组成，他们与用户、操作人员和供应商合作，获取和安装许可软件，并围绕该软件建立系统组件。如果由组织内部开发程序，那么这个部门将包括程序员、测试工程师、技术写手和其他开发人员。

　　图 CE1-3 中 IS 部门的第四个组为外包关系组。这个组存在于与其他公司协商外包协议以提供设备、应用程序或其他服务的组织中。

　　图 CE1-3 中 IS 部门的最后一个组为信息系统安全组。这个团队通常由首席信息安全官

(CISO)领导。CISO 设计并领导组织的信息安全计划,同时管理信息系统安全人员。信息安全程序保护信息系统的安全,并确保公司数据的机密性,同时也使安全数据可供特定的最终用户使用。

图 CE1-3 还包括数据管理部门。设立这个部门的目的是通过建立数据标准、数据管理实践和策略来保护数据和信息资产。

如图 CE1-3 所示,IS 部门的结构可以有多种变化。在较大的组织中,操作组本身可能由几个不同的部门组成,有时会有一个单独的商业智能组。

QE1-3 与信息系统相关的职位有哪些?

在讨论了组织中的 IT 工作及典型的大公司中 IS 部门的组织方式之后,现在让我们考虑一下 IS 专业毕业生在其职业生涯中所从事的具体工作。IS 专业毕业生的职位归纳在图 CE1-4 中。2019 年,计算机相关工作的平均年薪为 86 300 美元,而美国社会平均年薪为 38 640 美元。

头衔	职责	所需知识和技能	2019 年薪资范围 (10%~90%)
业务分析师	与业务领导和计划人员合作,开发实施战略和目标的流程与系统	计划、战略、流程管理和技术方面的知识,良好的人际交往和沟通能力	$50 000~$97 000
系统或 IT 分析师	与用户一起确定系统需求,设计和开发工作描述和测试计划	较强的协作能力,业务及技术知识,适应性强	$46 000~$94 000
安全分析师	计划和执行安全措施,以保护网络和计算机	沟通技巧,对意外事件的容忍,全面的攻击和防御知识	$47 000~$99 000
程序员	设计和编写计算机程序	逻辑思维和设计能力,掌握编程语言	$48 000~$94 000
技术文档工程师	编写程序文档、帮助文本、程序、工作描述、培训材料	学习能力强,写作能力强,沟通能力强	$41 000~$89 000
技术支持工程师	协助用户解决技术问题,进行培训	计算机产品知识,耐心,协作能力	$43 000~$93 000
网络管理人员	监控、维护、修复和调整计算机网络	具备诊断技能,了解网络技术	$37 000~$78 000
IT 顾问	多种多样:编程、数据库设计、网络、项目管理、安全、风险、社交媒体、规划	学习能力强,有创业精神,协作能力强,能承受工作压力,特殊的知识取决于工作	$42 000~$131 000
技术销售人员	销售软件、网络、通信和咨询服务	快速学习能力,产品知识,销售技巧	$37 000~$92 000
IT 项目经理	启动、管理、监控、计划和关闭项目	具有管理和协作能力,技术知识,组织能力强	$53 000~$131 000
IT 经理	管理技术人员,实施 IT 战略	协作和管理能力,批判性思维	$47 000~$133 000
数据库管理人员	设计、开发、实现和保护数据库	仿真技能,数据库技术知识	$39 000~$108 000
数据管理人员	确保数据的准确性,创建自动化的数据流,在整个业务中执行数据标准	较强的业务知识,数据库技术知识	$30 000~$63 000
商业智能分析	在项目中与用户协作,分析和发布数据	分析、数据库和可视化技能,与用户合作	$46 000~$98 000
数据科学家	存储、分析和解释大型数据集。创建终端用户可视化	较强的统计、协作和数据库技能	$66 000~$134 000
首席信息安全官 (CISO)	设计和领导信息系统安全计划;保护公司的信息系统和数据。管理 IS 安全人员	对威胁、安全维护和趋势有深入的了解,优秀的沟通和外交技巧	$104 000~$225 000
首席技术官 (CTO)	就新兴技术向 CIO 和业务经理提供建议	学习能力强,沟通能力强,深厚的业务和 IT 知识,创新能力	$87 000~$258 000
首席信息官 (CIO)	管理信息系统部门,与执行团队就信息系统问题进行沟通。高管团队成员	优秀的管理能力,商业和技术知识,协作能力,良好的判断力,镇定自若	$87 000~$249 000

图 CE1-4 IS 专业毕业生的职位

图CE1-4中许多职位的薪资范围都很广。较低的薪水适用于经验有限的专业人士，或那些在小公司或小项目工作的人。更高的薪水属于那些在大公司从事大型项目、拥有深厚知识和经验的人。不要期望在这些薪酬范围的高限开始你的职业生涯。

图 CE1-4 中列出的几个职位是综合了你可能遇到的、更具体的职位头衔的通用职位头衔。其中一些更具体的职位包括移动应用程序开发人员、社交媒体分析师和数据中心经理。

一般来说，中小型公司将图 CE1-4 中列出的几个职位合并为跨越多个职责的职位。这些职位可能非常有趣，因为这些员工在工作日会面临各种各样的任务挑战。这些中小企业雇用的 IT 专业毕业生数量与大企业的一样多。最后，许多中小型企业会为其产品或服务(如咨询、审计、取证和医疗保健)提供独特的 IT 工作。

这里列出的许多职位都是由获得认证的专业人士担任的。认证是一个人获得的一种称号，以确保他能够完成特定的工作或任务。IT 工作常用的认证包括 MCSE、CISSP、CCSP 和 TERP10。获得认证的一个好处是，有助于提高工资，据估计平均增长率约为 7%。

如果你有兴趣了解更多关于这些职业机会的信息，还可以访问 LinkedIn 网站，并使用图 CE1-4 中列出的职位名称搜索 IT 职位。你也可以向你的老师咨询。

最后一条建议：对于很多工作来说，商业知识可以增加你的市场竞争力。如果你有时间，在大学选修双学位是一个很好的选择。比较受欢迎的适合 IS 专业的学生选修的是会计、市场营销、管理、供应链或分析专业。

QE1-4　IT专业人士喜欢他们工作的哪些方面？

之前，我们概述了 IT 行业中各种不同类型的工作。尽管这一领域的差异很大，但当专业人士被问及他们喜欢自己工作的哪些方面时，他们经常提到这一领域的几个特点，如图 CE1-5 所示。许多专业人士喜欢具有挑战性和不断变化的工作，他们可以与人而不仅仅是与计算机一起工作，他们可以在职业生涯中受雇于各种各样的企业和组织，他们经常可以在家中工作或自己创业。他们还表示，他们喜欢扮演各种各样的角色，从专注于业务到专注于技术，以及介于两者之间的任何可能的角色。IT 专业人员享受为问题创建解决方案并帮助企业最大化收益的机会——有时他们会成为办公室的超级英雄。他们喜欢有机会对整个业务产生直接影响，从制定和实现公司战略到使每个业务功能运转良好。

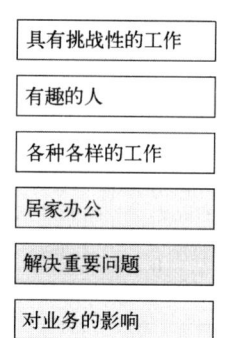

| 具有挑战性的工作 |
| 有趣的人 |
| 各种各样的工作 |
| 居家办公 |
| 解决重要问题 |
| 对业务的影响 |

图 CE1-5　IT 工作的几个特点

除了 IT 工作这些吸引人的方面，IT 专业人员在大学刚毕业后就得到了不错的薪酬，如图 CE1-6 所示。在对 2019 年毕业生的调查中，IT 专业本科生的薪酬比商学院本科生的平均薪酬高出 25%。此外，IS 专业毕业生的就业率比商学院毕业生的就业率高出 10% 以上。凭借良好的薪酬，以及之前列出的工作的许多积极方面，IS 学位被评为最理想的十个学位之一就不足为奇了。

最后，我们相信 IS 职业领域是一个很好的选择。在这里，我们想通过描述经济中为 IS 专业毕业生提供的积极就业前景，IS 相关工作所需的技能，IS 专业毕业生可获得的工作类型，以及 IT 工作的吸引力方面，与你分享我们的看法与经验。然而，我们想要传达的主要信息很简单，公司需要像你这样的人才，职业机会有很多。我们认为 IT 领域是迷人的，并将为你提供一个持续的、有益的挑战。我们希望你考虑在 IT 领域的未来。

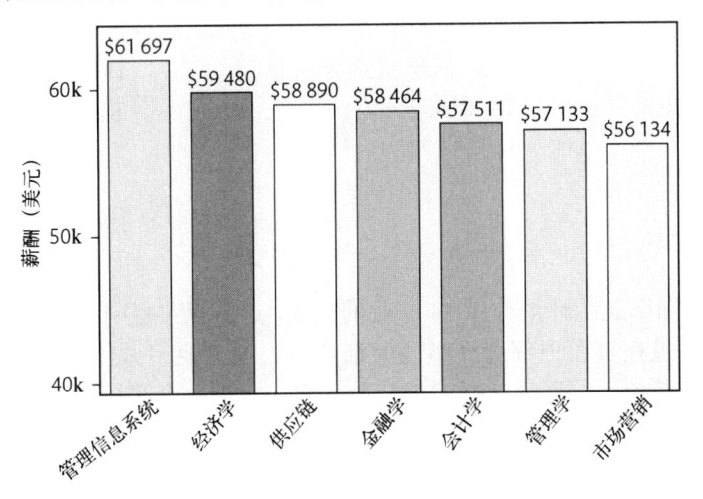

图 CE1-6　2019 年平均初始年薪

主动复习

QE1-1　IS 专业毕业生的就业环境如何？

列举几个有助于 IT 就业增长的新技术。请列举其他导致 IT 就业增长的技术因素。列举几个增加对 IT 专业人员需求的业务因素。描述四种关键的就业技能，并提供一个在 IT 工作中应用该技能的例子。

QE1-2　IT 工作的职责和头衔是什么？

解释影响组织结构的因素。描述 CIO 的角色和报告关系。解释一个典型的 IS 部门中五个小组的主要功能和责任。描述数据管理部门的功能。解释 CISO、CTO 和 CIO 的角色，以及他们职责的区别。

QE1-3　与信息系统相关的职位有哪些？

解释影响薪酬的因素。描述中小型组织的 IT 工作与大型组织的 IT 工作有何不同。解释认证，并列出几个与 IT 相关的认证。

QE1-4　IT 专业人士喜欢他们工作的哪些方面？

描述 IT 工作的几个优势。总结 IS 专业毕业生的薪酬和就业率与其他商学院毕业生的不同之处。

关键术语和概念

认证	首席信息安全官（CISO）	计算机科学专业毕业生
首席信息官（CIO）	IS 专业毕业生	首席技术官（CTO）
STEM		

课后习题

E1-1 访问美国劳工统计局介绍 IS 职业的页面。点击职业栏中列出的三个不同的职位名称。通过在页面顶部选择不同的选项卡，如"他们做什么""工作环境"和"如何成为其中一员"等，探索这三种工作。写出一个简短的描述：
    a. 职业
    b. （你认为）这份工作的优势
    c. 工作所需的教育程度
    d. 重要的工作技能

E1-2 对于你在习题 1 中找到的 IS 职业，描述图 CE1-2 中四个关键的就业技能是如何被该职业的专业人员使用的。

E1-3 使用搜索引擎进一步了解扩展 1 中介绍的三个 C 级职位的信息，即首席信息官（CIO）、首席技术官（CTO）和首席信息安全官（CISO）。解释这三个职位中的哪一个最适合你。也可以使用 LinkedIn 来寻找你所在大学拥有这些头衔的毕业生。描述他们在成为 CIO、CTO 或 CISO 之前所做的工作。

E1-4 进入一个职业介绍网站，在图 CE1-4 中列出的职位名称中搜索附近的工作。搜索三个不同的职位名称，并针对每个职位：
    a. 描述工作
    b. 解释职责和要求
    c. 列出相关工作

E1-5 查看图 CE1-5 列出的 IT 工作的几个特点。你认为 IT 工作还有哪些优势应该在图 CE1-5 中列出？根据你自己的职业目标，从最吸引你的到最不吸引你的，列出 IT 工作的优势。

E1-6 登录 isjobindex 网站，下载 IS 专业毕业生就业报告。关于 IS 专业毕业生的就业机会，哪三个事实让你感到惊讶？

知识运用

通常，我们讨论的 IS 部门即组织中的 IT 部门。然而，这个名字并不恰当，因为 IT 部门不仅管理技术，还管理系统。如果你听到 IT 部门这个词，不要认为这个部门的工作范围仅限于技术。

扩展 2

硬件和软件

你将在生活中的每一天使用计算机。这是好消息。坏消息是，你的计算机很快就会过时，计算机硬件和软件将继续改变和发展，就像以前一样。为了充分利用使用它们的时间，了解硬件和软件的基础知识是必不可少的。深入了解硬件和软件也会使你在第一份工作中更有效率。最后，具备良好的硬件和软件基础将帮助你了解它们的变化，以及企业如何将这些变化转化为机遇。

QE2-1 计算机硬件的主要组成部分是如何工作的？

在第 2 章中，硬件被定义为计算机的物理组件。这些组件包括输入、输出、存储设备和 CPU，如图 CE2-1 所示。下面，我们将讨论各种类型的硬件，如智能手机和笔记本电脑，以及它们存储和处理数据的能力。

各种各样的输入、输出和存储设备将数据存入计算机并从中取出。虽然人们通常认为是个人使用这些设备来创建输入且使用计算机来输出数据的，但计算机的大多数输入和输出其实就是其他计算机的输出和输入。

输入设备

输入设备向处理器输入数据和命令。常见的输入设备包括键盘、鼠标、触摸板、屏幕、指针和游戏控制器等。最近，个人智能语音助手变得越来越普遍，视频游戏中的体感设备和手机中的倾斜加速器也越来越常见。其他输入设备，如条形码扫描器、光学阅读器、数码相机和网络摄像头、自助销售点设备和智能卡阅读器都是自动运行的，并向处理器发送命令，而无须个人操作。随着与 Internet 相连的日常物品——物联网(IoT)的到来，自动化输入设备将很快得到极大扩展。

输出设备

输出设备允许用户看到或听到处理器的输出，或者形成其他计算设备的输入。常见的输出设备包括计算机或智能手机屏幕、打印机或绘图仪、音频播放器或图书阅读器。新的输出形式包括机器人动作、虚拟现实(VR)、语音助手的声音和 3D 打印的对象。3D 打印机通过连续铺设薄层材料的叠加过程，从数字文件中创建实体 3D 对象。

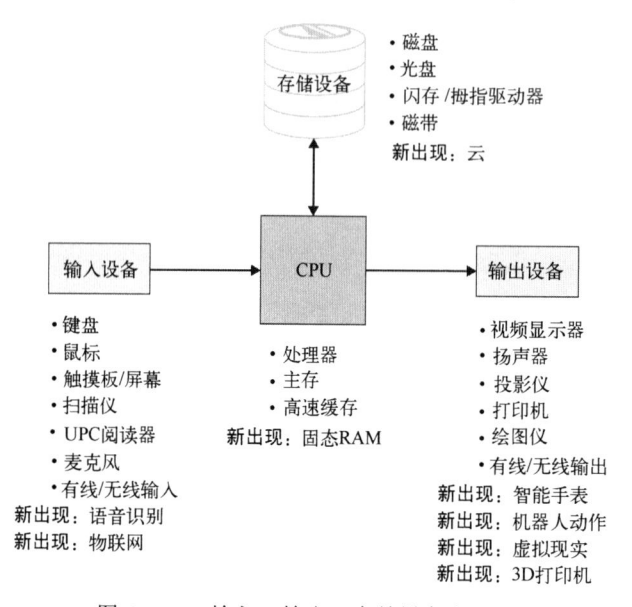

```
                    存储设备
                    • 磁盘
                    • 光盘
                    • 闪存/拇指驱动器
                    • 磁带
                    新出现：云
                       ↕
输入设备    →    CPU    →    输出设备
• 键盘                        • 视频显示器
• 鼠标          • 处理器      • 扬声器
• 触摸板/屏幕   • 主存        • 投影仪
• 扫描仪        • 高速缓存    • 打印机
• UPC阅读器    新出现：固态RAM • 绘图仪
• 麦克风                      • 有线/无线输出
• 有线/无线输入              新出现：智能手表
新出现：语音识别             新出现：机器人动作
新出现：物联网               新出现：虚拟现实
                             新出现：3D打印机
```

图 CE2-1　输入、输出、存储设备和 CPU

存储设备

二级存储用于存储数据，供用户长期使用。它们是非易失性的，这意味着当电源关断时，数据不会被清除。常见的二级存储包括内部磁盘驱动器、DVD、外部驱动器和固态驱动器(如 USB 驱动器)。除了本地机器，在网络驱动器或云中使用的存储也称为二级存储。而主存则是处理器的一部分，下面将对此进行讨论。许多专家认为，云存储很快就会淘汰本地机器上的存储设备。

中央处理单元(CPU)

每台计算机都有一个中央处理单元(CPU)，即执行软件中规定的指令的电子电路。CPU 有时被称为计算机的"大脑"。尽管 CPU 的设计与人类大脑的解剖结构没有任何共同之处，但这种描述也是有意义的，因为 CPU 确实具有机器的"智慧"。CPU 和处理器的其他部件如图 CE2-2 所示。

CPU 选择指令、处理指令、执行算术和逻辑比较，并将操作结果存储在内存中。有些计算机有两个或更多的 CPU。有两个 CPU 的计算机称为双处理器计算机，四处理器计算机则有 4 个 CPU。一些高端计算机有 16 个或更多的 CPU。

CPU 的运行速度、功能和成本各不相同。硬件供应商，如 Intel、Advanced Micro-Devices 和 National Semiconductor，都在不断提高 CPU 的速度和性能，同时降低 CPU 的成本(正如第

1章讨论的摩尔定律的观点)。你或你的部门是否需要最新的、性能最强大的CPU取决于你的工作性质。

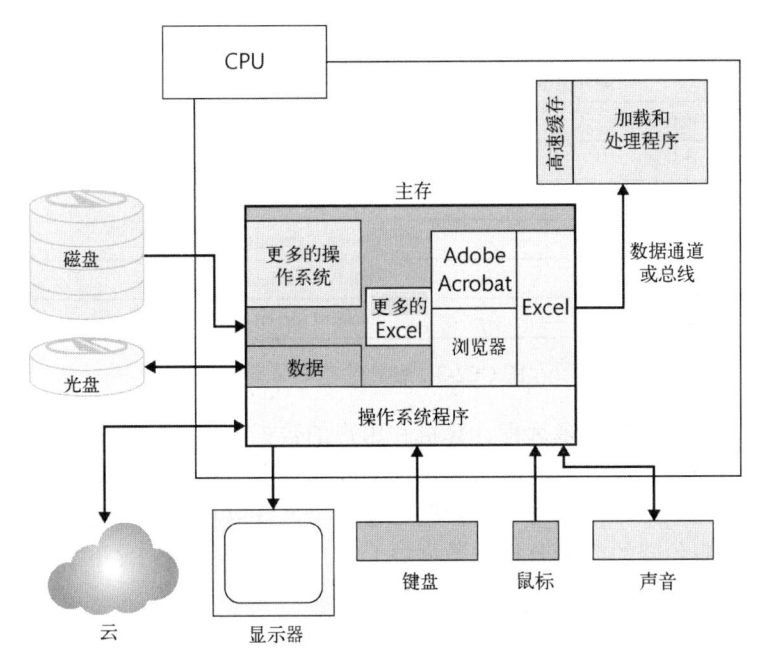

图 CE2-2 CPU和处理器的其他部件

CPU与两种类型的内存一起工作：主存和高速缓存。主存是CPU可以直接访问的临时存储位置。CPU从内存中读取数据和指令，并将计算结果存储在主存中。主存有时被称为RAM，即"随机访问存储器"。之所以被称为随机的，是因为内存中的任何字节都可以访问，而不需要先找到这部分之前或之后的字节。CPU还与高速缓存一起工作，高速缓存是CPU可以使用的、比RAM的访问速度更快的内存位置。主板连接CPU和RAM及其他部件和输入、输出设备。最近的一个发展是高性能计算机的RAM容量飞速提升。SAP通过一种称为HANA的设备提供了将近2 TB的RAM，通常将其称为内存处理设备。

最后一个提示：主存是易失性的，这意味着断电时它的内容会丢失。如果突然断电，那么内存中未保存的内容(比如刚修改的文件)就会丢失。因此，要养成经常(每隔几分钟)保存要更改的文件的习惯。

QE2-2 计算机硬件的类型和它们的性能是什么？

硬件由输入、处理、输出和存储数据的电子部件和相关小部件组成。如今的硬件有各种各样的类型，我们接下来讨论，然后解释硬件的容量——大小和速度。

硬件类型

硬件的基本类型如图CE2-3所示。可穿戴设备是穿戴在身体上的小型电子设备，常见的这类设备包括耳机、眼镜和手环。个人计算机(PC)是为个人使用而设计的经典计算设备，包括台式机和笔记本电脑。现代个人计算机的一个例子就是MacBook Pro。Apple公司推出了平板电脑,即一种带有触摸屏的移动计算机,并以 iPad 为卖点。现在,其他制造商也在推出平板电脑产品,如 Microsoft Surface 和 Google Pixel Slate。智能手机是具有处理能力的手机,iPhone 就是一个很好的例子。

硬件类型	示　例
可穿戴设备	Apple Watch, FitBit
个人计算机	Apple Mac Pro
平板电脑	iPad, Microsoft Surface, Kindle
智能手机	iPhone, Samsung Galaxy
服务器	Dell PowerEdge
服务器场(群)	Racks of servers

图 CE2-3　硬件的基本类型

服务器是用来支持来自许多远程计算机和用户的数据处理的计算机。Dell PowerEdge 服务器就是一个典型的例子。服务器场通常是数千台服务器的集合,一般放置在可以容纳 5000 台或更多服务器的大型卡车拖车中。连接服务器的个人计算机、平板电脑、智能手机等称为客户端。客户端和服务器的容量是根据数据单元指定的,这是我们接下要来讨论的内容。

计算机性能:数据存储容量和速度

计算机用二进制数表示数据,称为位或比特(bit)。位是一个具有二进制数 0 或 1 的最小数据单位。用位表示计算机数据是因为它们很容易用电子形式表示,如图 CE2-4 所示。位的一种表示形式是开关,即可以关闭或打开。位的另一种表示形式是磁场,即一个方向的磁性代表 0,相反方向的磁性代表 1。对于光学介质,在光盘表面烧有小凹坑,以便反射光线。在一个特定的位置,反射意味着 1,没有反射意味着 0。

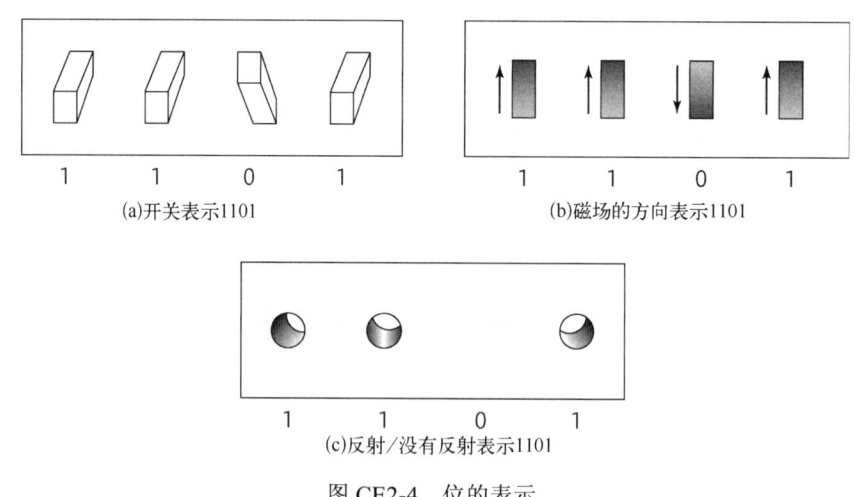

图 CE2-4　位的表示

计算机存储卷

位被分组成 8 位的块,称为字节(byte)。对于字符数据,例如人名中的字母,可以将一个字符放入一个字节中。因此,当你看到计算设备有 1 亿字节内存的说明时,就表示该设备

368

最多可以容纳 1 亿个字符。字节也用于测量非字符数据的大小。例如，有人可能会说，一张给定的图片的大小为 100 000 字节。这句话表示图片的位串长度是 100 000 字节。

主存、二级存储和其他设备的大小规格以字节表示。表示数据存储容量的缩写集合如图 CE2-5 所示。千字节(KB)是 1024 个字节的集合。兆字节(MB)等于 1024 千字节。吉字节(GB)等于 1024 兆字节。有时，这些定义被简化为 1 KB 等于 1000 字节，1 MB 等于 1000 KB，等等。虽然这种简化的结果并不精确，但确实方便了数学运算。

计算机的存储能力是根据它们所能包含的数据量来规定的。因此，一个 500 GB 的磁盘最多可以包含 500 GB 的数据和程序。

术 语	定 义	缩 写
字节	一组位，表示一个字符	B
千字节	1024 字节	KB
兆字节	1024 KB = 1 048 576 字节	MB
吉字节	1024 MB = 1 073 741 824 字节	GB
特字节	1024 GB = 1 099 511 627 776 字节	TB
拍字节	1024 TB = 1 125 899 906 842 624 字节	PB
艾字节	1024 PB = 1 152 921 504 606 846 976 字节	EB

图 CE2-5　数据存储容量的缩写集合

计算机速度

我们可以订购不同速度的 CPU。CPU 速度以赫兹(Hz)为单位来表示。2017 年，一台普通个人计算机(PC)的速度为 2.9 GHz。一台性能较高的个人计算机再加上四核处理器，其速度可达 4 GHz。正如摩尔定律所预测的那样，CPU 速度也在不断提高。内核或线程的数量也决定了速度。多核 CPU 可以同时执行多个程序或任务。

如今的 CPU 分为 32 位或 64 位。一般而言，32 位 CPU 比 64 位 CPU 的性能更差，也更便宜，后者可以寻址更多的主存。2016 年以后的大多数 CPU 都是 64 位的。

数据存储的速度和大小是计算机硬件的重要特征。当你购买一台新的平板电脑或台式机时，你肯定会了解到处理器的速度，例如 2.4~2.7 GHz，以及数据存储的大小，例如 256 GB 或 512 GB。你还将评估显示器大小、配件质量和电池的寿命。

理解前面讨论的硬件属性将对你的职业生涯有所帮助。这类硬件设备——平板电脑、智能手机和云设备——在 20 年前还很罕见，但企业的工作人员很快就学会了如何更好地使用它们。请你寻找未来 10 年硬件领域的其他颠覆性变化，帮助你的企业及与你共事的人学会使用它。变化就是机会，变化也会发生在我们接下来讨论的软件领域。

CE2-3　什么是操作系统软件？

在第 2 章中，我们将软件定义为计算机用来完成任务的、有组织的指令。软件可以分为操作系统或运行在操作系统上的应用程序。下面，我们将研究各种类型计算机的操作系统。

每台计算机都有一个操作系统(OS)，这是一个控制计算机资源的程序。操作系统的一些功能包括：读写数据、分配主存、交换内存、启动和停止程序、响应错误事件及方便备份和恢复。此外，操作系统还创建和管理用户界面，包括显示器、键盘、鼠标和其他设备。

虽然操作系统使计算机可用，但它完成的操作不同于特定的应用程序。如果你想查看天气或访问数据库，你需要 iPad 天气应用程序或 Oracle 的客户关系管理(CRM)软件。无论是客户端的计算机，还是服务器，都需要一个操作系统。

主要的操作系统

主要的操作系统如图 CE2-6 所示。

操作系统	用于	备注
非移动客户端		
Windows	PC	广泛用于商业领域
macOS	Mac PC	很容易使用
UNIX	工作站	用于科学/工程应用，难以使用
Linux	各行各业	UNIX 的开源版本，用于许多硬件类型
移动客户端		
Android	Samsung 设备，Google 设备	广泛用于商业领域
iOS	iPhone, iPad	与 macOS 共享功能
Windows	Surface Pro	Microsoft 试图统一不同硬件类型的操作系统
服务器		
Windows Server	服务器	使用 Microsoft 产品的企业
UNIX	服务器	淡出应用领域，被 Linux 取代
Linux	服务器	最受欢迎，由 IBM 推动

图 CE2-6　主要的操作系统

非移动客户端操作系统

非移动客户端操作系统用于个人计算机。最受欢迎的操作系统是 Microsoft Windows 系统。世界上超过 80%的台式机都使用 Windows 的某些版本，如果我们只考虑商业用户，这个数字就超过了 90%。

Apple 为 Mac PC 开发了自己的操作系统 MacOS。Apple 将其操作系统标榜为世界上最先进的客户端操作系统。现在 MacOS 和 Windows 10 在这个头衔上并驾齐驱。如今，Apple 已经允许在 Mac PC 上运行 Windows 操作系统。一些分析人士还认为，Apple 正在把重心从 Mac PC 转向利润更丰厚的 iPhone 产品。

UNIX 是贝尔实验室(Bell Labs)在 20 世纪 70 年代开发的一种操作系统，用于支持科学和工程应用。UNIX 通常被认为比 Windows 或 Mac OS 更难使用，因此很少在商业中应用。

Linux 是由开源社区开发的 UNIX 的一个版本(稍后将在本扩展中讨论)。这个社区是一群联系不紧密的程序员，他们大多自愿贡献自己的时间来开发和维护 Linux。开源社区拥有 Linux 所有权，使用它是免费的。Linux 可以在客户端的计算机上运行，但通常只有在预算是最重要的考虑因素时才会运行 Linux。Linux 是最流行的服务器操作系统。

移动客户端操作系统

图 CE2-6 还列出了三种主要的移动客户端操作系统。iOS 是 iPod Touch、iPhone 和 iPad

使用的操作系统。Android 是 Google 授权的移动客户端操作系统。Samsung 和 Google 手机及 Samsung、Google、Sony 和 Dell 生产的平板电脑都搭载了 Android 系统。Windows 10 是 Microsoft 的第一款同时支持移动和非移动平台的操作系统。

大多数行业观察人士都认为，Apple 在创造易于使用的界面方面走在了前沿，无论是 macOS 还是 iOS。当然，许多创新的想法首先出现在 Mac 或 iSomething 上，然后以这样或那样的形式被添加到 Android 或 Windows 系统中。很明显，触摸界面是所有客户端设备的未来。

服务器操作系统

图 CE2-6 的最后三行显示了三种最流行的服务器操作系统。Windows Server 是专门为服务器使用而设计和配置的 Windows 版本。与其他版本的 Windows 相比，它具有更严格和约束性更强的安全程序，在使用 Microsoft 产品的服务器上很受欢迎。

UNIX 也可以用于服务器，但它正在逐渐被 Linux 所取代。不管出于什么原因，有可能是成本因素，一些组织经常在服务器上使用 Linux。IBM 是 Linux 的主要支持者，过去曾将其作为与 Microsoft 竞争的手段。尽管 IBM 并不拥有 Linux，但 IBM 已经开发了许多使用 Linux 的业务系统解决方案。因为使用了 Linux，IBM 和它的客户都无须向 Microsoft 支付许可费用。

在结束操作系统部分的讨论之前，请你考虑一种称为实用软件(utility software)的软件类型。实用软件帮助优化和配置计算机，并为操作系统提供额外的功能。计算机制造商在工厂装载一些实用软件；消费者也可以在之后添加这类软件。实用软件支持计算机的基础设施，而不是支持用户的应用程序。实用软件的例子包括杀毒软件、屏幕保护软件、加密软件、卸载软件和压缩软件。

QE2-4　软件应用程序有哪些类型，组织如何获得它们？

软件应用程序执行一种服务或功能。有些应用程序是通用的，比如 Microsoft 的 Excel 或 Word。其他应用程序则提供特定的功能。例如，QuickBooks 是一款提供总账和其他记账功能的应用程序，FaceTime 则提供 iPhone 上的视频通话功能。我们首先描述应用程序的类型，然后描述它们的来源，如图 CE2-7 所示。图中还显示了应用程序的类型和来源的六种有效组合。

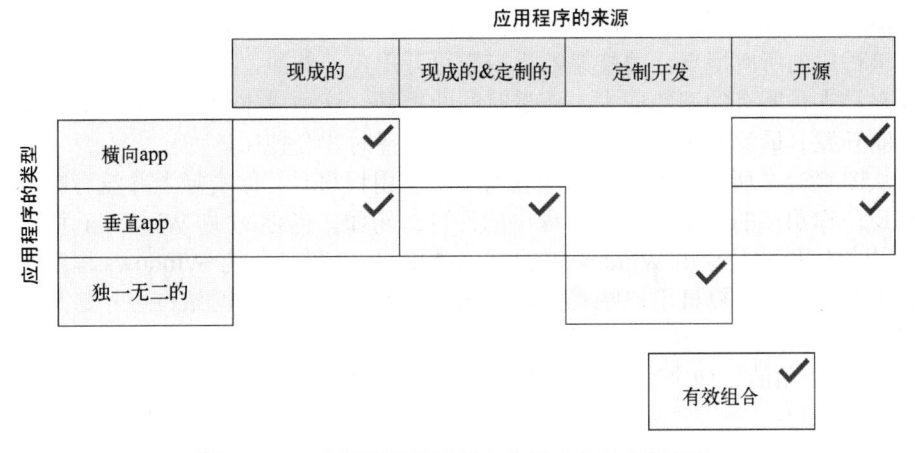

		应用程序的来源		
	现成的	现成的&定制的	定制开发	开源
横向app	✓			✓
垂直app	✓	✓		✓
独一无二的			✓	
			有效组合	✓

图 CE2-7　应用程序的类型和来源及六种有效组合

应用程序的类型

横向市场应用程序(horizontal-market app)提供了跨所有组织和行业的通用功能。文字处理器、图形程序、电子表格、电子邮件和短信都是横向市场的应用程序,例如 Microsoft Word、Excel、PowerPoint 和 Adobe 的 Acrobat。它们是现成的软件,通常不是定制的。

垂直市场应用程序(vertical-market app)服务于特定行业的需求。这类程序的例子包括:牙科诊所用来安排预约和给患者开账单的程序,汽车机械师用来跟踪客户数据和客户的汽车维修的程序,以及零件仓库用来跟踪库存、采购和销售的程序。垂直市场应用程序可以修改或定制。通常情况下,销售应用程序的公司会提供这类服务,或者向能够提供这种服务的合格顾问提供建议。

独一无二的应用程序(one-of-a-kind apps)是为特定的、独特的需求而开发的。例如,IRS 开发了这类软件,因为它有其他组织没有的特定需求。

应用程序的来源

在描述了构成图 CE2-7 中各行显示的三种类型的应用程序之后,考虑构成图中各列的四种应用程序的来源。

购买前三个应用程序的方式与购买一套新西装的方式完全相同。最快、风险最小的选择是购买现成的西装。有了这种方法,你马上就能买到西装,而且你确切地知道要花多少钱。然而,你可能觉得不合身,可以再改一改。但是这将花费更多的时间和更多的钱。

或者你可以雇一个裁缝为你定制一套西装。在这种情况下,你必须描述你的需求,可以多次试穿,并愿意支付多得多的钱。你可以按照完全相同的方式购买应用程序:现成的应用程序、现成的已修改应用程序,或者量身定做的应用程序。定制应用程序也被称为定制开发应用程序。

组织机构可以自己开发定制应用程序或雇用开发供应商。这种开发是在企业的需求非常独特、没有横向或垂直市场应用程序可用的情况下进行的。通过开发定制应用程序,组织可以调整其应用程序以适应其需求。

定制开发是困难的、有风险的。为应用程序开发配备人员和管理团队是一项挑战。管理应用程序项目可能是令人生畏的。许多组织已经开始实施应用程序开发项目,但却发现需要两倍或更长的时间来完成计划。成本超支 200%和 300%的情况并不少见。我们将在本书扩展 3 中进一步讨论此类风险。

每个应用程序都需要适应不断变化的需求和技术。横向和垂直市场应用程序的调整成本将分摊到该程序的所有用户,可能是数千或数百万用户。然而,对于定制应用程序,使用的组织必须自己支付所有的调整成本。随着时间的推移,这种成本负担是沉重的。由于风险和费用,定制开发是最后的选择,只有在没有其他选择时才会使用。

当你从图 CE2-7 所示的前三个来源获得一个应用程序时,你实际上并没有购买这个程序本身。相反,你购买的是使用该应用程序的许可。例如,当你购买 Windows 程序许可时,Microsoft 出售给你的是使用 Windows 的权利。Microsoft 继续拥有 Windows 程序的所有权。大型组织不会为每个计算机用户购买许可。相反,他们协商一个网站许可,这是一个固定的费用,授权该公司在公司的所有计算机或在一个特定网站的所有计算机上安装产品(操作系统或应用程序)。应用的第四个来源即使用开源代码。我们接下来将介绍开源。

开源

开源这个术语意味着程序的源代码对公众开放。在一个闭源的项目中,比如 Microsoft

Office，其源代码是高度受保护的，只对可信的员工和经过仔细审查的承包商开放。通过开源机制，任何人都可以从开源项目的网站获得源代码。

程序员根据自己的兴趣和目标对开源项目的源代码进行修改或添加新的内容。在大多数情况下，程序员可以将他们找到的代码合并到自己的项目中。开源的成功源于协作。程序员检查源代码并确定一个看起来有趣的需求或项目。然后程序员创建一个新功能，重新设计或重新编程一个现有的功能，或修复一个已知的问题。然后，这些代码会被发送给开源项目中的其他人，他们会评估这项工作的质量和优点，并在合适的情况下将其添加到产品中。

在一个开源项目中有很多取舍，并且有许多迭代和反馈的周期。由于这种迭代，一个管理良好的项目和能力很强的同行评审可以产生非常高质量的代码，就像在 Linux 中那样。

Internet 被证明是开源的巨大财富，许多开源项目都取得了成功，包括：

- LibreOffice（Microsoft 办公套件）
- Firefox（一种浏览器）
- MySQL（一个数据库管理系统，参见第 4 章）
- Apache（Web 服务器）
- Hadoop（大数据技术，参见第 4 章和第 12 章）
- Android（移动客户端操作系统）

那么，开源可行吗？答案取决于个别公司或企业及其需求。开源无疑已经变得合法了。据 *The Economist* 报道，"现在人们普遍认为，未来将是私有软件和开源软件的混合体。"在你的职业生涯中，开源可能会在软件领域扮演越来越重要的角色。然而，开源是否适用于特定情况取决于该情况的要求和限制。用于创建开源应用程序和闭源应用程序的代码被称为源代码。源代码是由人类编写和理解的计算机代码。图 CE2-8 显示了在 Android 手机上支持动画的计算机代码的一部分。源代码被编译成计算机处理的机器代码。一般来说，机器代码是人类无法理解和修改的。当你访问手机应用程序时，图 CE2-8 中程序的机器代码版本可以在计算机上运行。我们没有在图中显示机器代码，因为它看起来如下所示：

1101001010010111111001110111100100011100000111111011101111100111…

选择开源机制显然是公司节省费用的一种方式。我们的下一个软件主题——虚拟化也为公司节省了资金。

```
/// <summary>
/// Allows the page to draw itself.
/// </summary>
private void OnDraw(object sender, GameTimerEventArgs e)
{
    SharedGraphicsDeviceManager.Current.GraphicsDevice.Clear(Color.CornflowerBlue);

    SharedGraphicsDeviceManager.Current.GraphicsDevice.Clear(Color.Black);

    // Render the Silverlight controls using the UIElementRenderer.
    elementRenderer.Render();

    // Draw the sprite
    spriteBatch.Begin();

    // Draw the rectangle in its new position
    for (int i = 0; i < 3; i++)
    {
        spriteBatch.Draw(texture[i], bikeSpritePosition[i], Color.White);
    }

    // Using the texture from the UIElementRenderer,
    // draw the Silverlight controls to the screen.
    spriteBatch.Draw(elementRenderer.Texture, Vector2.Zero, Color.White);

    spriteBatch.End();
}
```

图 CE2-8　源代码示例

QE2-5 什么是虚拟化？

虚拟化(virtualization)是一台计算机托管多台计算机的过程。一个主机操作系统以应用程序的形式运行一个或多个操作系统。这些托管的操作系统称为虚拟机(VM)。每个虚拟机都有分配给它的磁盘空间和其他资源。主机操作系统控制它所托管的虚拟机的活动，以防止它们相互干扰。通过虚拟化，每个虚拟机都可以像在独立的非虚拟环境中一样运行。

虚拟化有三种类型：

- PC 虚拟化
- 服务器虚拟化
- 桌面虚拟化

通过 PC 虚拟化，PC(例如台式机或笔记本电脑)可以托管几种不同的操作系统。假设一个用户出于某种原因，需要在计算机上同时运行 Windows 和 Linux 操作系统。在这种情况下，用户可以安装一个虚拟主机操作系统，然后在其上安装 Windows 和 Linux。通过这种方式，用户可以在相同的硬件上同时拥有两个系统。VMWare Workstation 是一款流行的 PC 虚拟化产品，可以运行 Windows 和 Linux。

通过服务器虚拟化，一台服务器托管一台或多台其他的服务器。用户可以登录到虚拟机，它们将显示为正常的服务器。正如在第 3 章中讲解的，服务器虚拟化对于云供应商来说扮演着一个关键的角色。

PC 虚拟化很有趣，有时非常有用，服务器虚拟化则是云经济的关键。此外，桌面虚拟化具有革命性的潜力。借助桌面虚拟化，服务器可以托管多种版本的桌面操作系统。每个桌面都有一个完整的用户环境，对用户来说就像是另一台计算机。但是，用户可以从任何可操作的计算机上访问自己的计算机桌面。因此，你可以在机场使用机场的公用计算机访问你的虚拟桌面。之后，你也可以在酒店房间的公用计算机上实现同样的操作。虚拟化对用户隐藏了软件的位置，这是大多数用户不希望或不需要知道的细节。

QE2-6 什么是本地应用和网络应用，它们有何不同？

软件应用程序可以作为应用程序下载和运行，也可以无须下载，直接在网站上使用。在技术语言中，它们分别被称为本地应用和网络应用。下载的本地应用只能在一个操作系统上运行，网络应用则可以在许多不同操作系统的浏览器上运行。图 CE2-9 对比了本地应用和网络应用的重要特征。许多流行的应用程序都有本地应用和网络应用版本，如 Facebook 和 Microsoft Word。本地应用更常用于智能手机。流行的智能手机本地应用包括 Uber、Google Maps、Facebook 和 YouTube；网络应用包括 Google Docs、Skype 和 Google Search。

本地应用

本地应用是使用专业的编程语言开发的。macOS 和 iOS 应用程序都是用 Objective-C 或者 Swift 构建的。Linux(Android)应用程序使用 Java 构建，Windows 应用使用 C#、VB.Net、C++等构建。所有这些语言都是面向对象的，这意味着它们可以用来创建难度高、复杂的应用程序，如果使用得当，将产生高性能的代码，当需求改变时，这些代码也很容易更改。

	本地应用	网络应用
开发语言	Objective-C Java C#, VB.Net （面向对象语言）	HTML5 CSS3 JavaScript （脚本语言）
由……开发	仅限于专业程序员	专业的程序员和技术 面向 Web 开发人员和业务 专业人士
技术水平要求	高	从低到高
难度	高	从易到难，取决于应用程序的要求
开发人员专业	计算机科学	计算机科学 信息系统 图形设计
用户体验	可以是一流的，取决于编程质量	从简单到复杂，取决于程序的质量
可能的应用	只要你能付得起……	一些限制禁止使用非常复杂的应用程序
依赖性	iOS、Android、Windows	仅为浏览器差异
成本	高。工作难度大，员工薪酬高。需要多种版本	从低到中等。低薪员工的工作更容易，只需要多个浏览器文件。对于处理复杂的应用程序，可能需要较高的员工技能和薪酬
应用分发	通过应用程序商店（例如，Apple iTunes 商店）	通过网站
示例	领先的 iPad 应用程序（在 Apple iTunes 商店免费获取）	海鲜网站 Picozu 编辑

图 CE2-9　本地应用和网络应用的重要特征

　　面向对象语言的好处在于，它们让程序员能够严格控制计算设备的成本，并允许创建复杂的用户界面。如果程序编写得很好，那么它们执行起来就会很快，并且可以有效地使用内存，用户也会"感觉很好"。本地应用的限制通常是预算，而不是技术。

　　本地应用的缺点是它们太原生性了，只能在为其编程的操作系统上运行。一个 iOS 应用程序必须完全重新编码才能在 Android 上运行，然后再重新编码才能在 Windows 上运行。因此，为了覆盖所有用户，一个组织需要支持和维护同一个应用程序的三个不同版本。组织还需要管理三个不同的开发团队，并且这些团队还拥有三种不同的技能。

　　本地应用程序的一个例子是笔记本电脑上的 Microsoft Office 产品。Microsoft 已经花费了数百万美元来开发这个功能强大的应用程序，MacBook Air 和 Surface Pro 都有不同的版本。Microsoft 还推出了一个名为 Office Online 的 Office 版本。这个网络应用程序版本在功能较少的浏览器中运行，但仅有一个版本。接下来我们将讨论网络应用。

网络应用

　　网络应用在浏览器中运行，如 Firefox、Chrome、Opera、Safari、Internet Explorer（IE）和 Edge。浏览器处理操作系统和底层硬件的特性。在一个完美的世界里，一个组织可以开发一个应用程序，并让它在所有设备的所有浏览器上完美运行。遗憾的是，浏览器实现网络应用程序代码的方式存在一些差异，一些应用程序的功能在某些浏览器中无法实现。

如图 CE2-9 的第一行所示，网络应用程序开发语言是 HTML5、CSS3 和 JavaScript。这些都不是面向对象语言，因此更容易学习。HTML5 是 Html 的最新版本；CSS3 与 HTML5 一起使用，用于指定 HTML 编码内容的外观。JavaScript 是一种比面向对象语言更容易学习的脚本编程语言，用来提供应用程序的底层逻辑。

网络应用程序可以由专业程序员编写，不过也可以由面向技术的 Web 开发人员和业务人员开发。所需的入门级技术技能要求较低，简单的应用相对容易开发，复杂的用户体验的开发难度是比较高的。网络应用程序开发人员可能拥有计算机科学、信息系统或图形设计专业的学位。

网络应用提供的用户体验差异很大。有些只是没有互动的花哨的网络手册；有的相当复杂，比如 Microsoft Office。网络应用受到浏览器功能的限制，因此网络应用无法支持专业和复杂的应用程序，尽管这种情况每年都在减少。

因为网络应用程序可以由技能较低、收入较低的员工开发，并且只需要一个代码库和一个开发团队，所以开发网络应用比开发本机应用的成本要低得多。

哪个更好？你知道这个问题的答案。如何选择取决于你的策略、特定目标、应用需求、预算、日程安排、管理技术项目的容忍度、应用收益需求及其他因素。一般来说，网络应用的开发和维护成本较低，但它们可能缺乏令人印象深刻的特性。但是，多少"哇！"是值得的？你和你的组织必须自己决定！

在这个拓展中，我们展示了用于描述硬件和软件最重要方面的关键属性与术语。对它们的全面了解就像了解你在 Chipotle 或 Subway 的所有选择一样有价值。当你在 Chipotle 或 Subway 选择食物时，你会享受你所得到的一切，因为你知道所有的食材是什么。良好的硬件和软件基础还可以让你体会到关键的颠覆性技术，例如物联网或一个新的应用程序，并帮助你未来的业务适应这些变化。

主动复习

QE2-1 计算机硬件的主要组成部分是如何工作的？

四个主要的硬件组件是什么？计算机的大部分输入/输出从何而来？解释物联网。描述输入设备并提供三个示例。描述输出设备并提供示例。解释 3D 打印是如何完成的。二级存储与主存有何不同？描述三种存储方式，以及最常见的存储方式。解释 CPU 是做什么的，以及它使用的两种类型的内存。

QE2-2 计算机硬件的类型和它们的性能是什么？

描述三种类型的可穿戴计算机。术语个人计算机包括哪些类型的计算机？给出平板电脑的例子，并解释平板电脑的属性。解释什么是服务器及什么是服务器场。定义位和字节，并描述它们之间的关系。说明一个 CPU 的速度是如何表达的，以及一个典型 CPU 的速度范围。

QE2-3 什么是操作系统软件？

解释操作系统的作用和功能。描述四种非移动客户端操作系统及其区别。解释三种移动客户端操作系统及其主要特征。描述最常见的服务器操作系统。解释实用软件的功能。

QE2-4　软件应用程序有哪些类型，组织如何获得它们？

解释一下横向应用和垂直应用的区别，并举例说明。描述一个独一无二的应用程序。解释应用程序的四个来源。描述定制开发的挑战。解释许可和站点许可。定义开源软件并列举三个例子。对比机器代码和源代码之间的差异。

QE2-5　什么是虚拟化？

解释虚拟化的基本概念并列出三种类型。描述 PC 虚拟化并提供示例。解释服务器虚拟化和云之间的关系。描述桌面虚拟化及一所大学可能使用它的原因。

QE2-6　什么是本地应用和网络应用，它们有何不同？

描述本地应用，并比较本地应用和网络应用。解释本地应用和网络应用的至少三种不同之处，并举例说明。描述每种方式的优点。

关键术语和概念

Android	比特，位	字节
中央处理单元(CPU)	客户端	定制开发应用程序
桌面虚拟化	双核处理器	横向市场应用程序
iOS	Linux	macOS
机器代码	主存	Microsoft Windows
本地应用	现成应用程序	现成的已修改应用程序
独一无二的应用程序	操作系统(OS)	个人计算机虚拟化
个人计算机	RAM	服务器
服务器场	服务器虚拟化	站点许可
源代码	平板电脑	UNIX
实用软件	虚拟市场应用	虚拟机
可穿戴设备	网络应用	Windows 服务器
Windows 10		

课后习题

E2-1　Microsoft 向参与其 Imagine 项目（前身为 Dreamspark）的高校学生提供某些软件产品的免费许可。如果你所在的学院或大学参加了这个项目，你就有机会免费获得数百美元的软件。下面是部分列表：

| Microsoft Visual Studio | Visio | Project |
| OneNote | SQL Server | SharePoint Server |

　　a. 上网搜索，了解这些软件产品的功能。
　　b. 这些软件中的哪一个是操作系统？哪个是数据库程序？

c. 你应该下载并安装这些软件中的哪一个？

d. 对于你的学术专业或你选择的一个专业，描述从事该工作的专业人员如何使用其中的软件。

e. Imagine 项目是否为 Microsoft 提供了不公平的竞争优势？为什么？

E2-2 访问开源代码促进会的网站，总结这个非营利组织的使命。在这个网站上找到开源的定义，并用你自己的语言总结这个定义。解释该组织在开源许可方面的角色。总结获得 OSI 许可的过程。描述获得 OSI 许可的优势。

E2-3 在笔记本电脑或移动设备上访问你的学校或大学校友提供的网页。假设你是重新设计该页面的团队的领导者。列出你在决定学校是应该开发本地应用还是网络应用时会用到的五个标准，并解释。

E2-4 使用 Internet，购买你想在毕业时拥有的笔记本电脑。指定两个选项。对于每个选项，列出输入和输出选项、CPU 速度和 RAM 存储容量。同时列出每款笔记本电脑所附带的软件。还要指定质量、电池寿命和屏幕尺寸。找到两个用于比较的附加条件。

E2-5 Microsoft Office 和 Outlook 应用程序可以用作本地应用或网络应用。在使用网络应用版本时，什么时候需要使用这些本地应用的一些功能，以及网络应用减少了哪些功能？

扩展 3

流程管理与信息系统开发

今天的每个组织都需要适应新的技术和新的机会。不能适应的企业无法茁壮成长，甚至无法生存。组织可以通过更改其战略来适应这些变化，如果战略保持不变，则可以更新其流程或信息系统。作为商业人士，你将经常参与流程或系统的变更。

为了有助于你的组织适应这种变化，我们将经常讨论流程或系统的变更：业务流程管理，这是管理其他流程的流程；以及系统开发，这是创建和维护信息系统的流程。这两种流程都严重依赖分析师和最终用户之间的协作；作为未来的最终用户，你的帮助将是至关重要的。

QE3-1 业务流程管理的活动有哪些？

正如我们反复指出的，业务流程提供了业务完成工作的关键手段。正因为如此，企业使用流程来管理流程就不足为奇了。其中最重要的流程称为业务流程管理（BPM）。在本节中，我们将描述 BPM 流程的主要活动。BPM 及其原则不仅适用于拥有许多流程的大型组织，而且也被应用于非营利组织、政府机构和小型组织。我们也在第 7 章讨论了业务流程的相关主题。下面，我们将在一个广泛的、通用的框架中讨论业务流程的一般主题，这在非 MIS 教材中是很常见的。在第 7 章中，我们重点讨论了如何以本教材独有的方式改进使用 IS 的业务流程。

图 CE3-1 显示了 BPM 流程中的四个基本活动，BPM 是一个结构化的、周期性的流程，用于系统地监控、建模、创建和实现业务流程。在图 CE3-1 中，注意监控、建模流程、创建组件、实现流程的活动如何形成循环。每当一个活动完成时，它将结果提供给下一个活动。

高层管理者	分析师团队	分析师团队	分析师团队
监控	建模流程	创建组件	实现流程

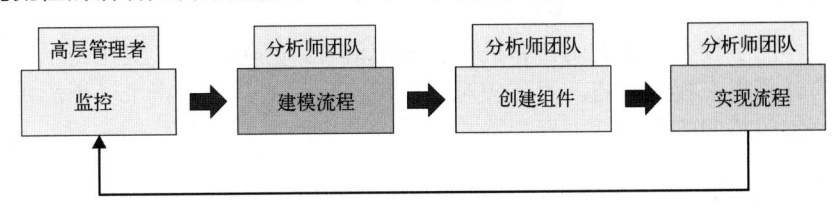

图 CE3-1　BPM 流程

在监控活动期间，管理人员根据其目标度量其流程，并响应业务环境中的变化。接下来，设计用于业务流程中的变更操作的模型和其他形式的需求。然后创建用于实现这些需求的组件，并实现流程的变更。该实现活动将导致下一个周期的监控活动。下面详细分析每一个活动。

BPM 监控活动

组织是动态的，组织中的流程需要调整。流程的变更需求来自两个方面：

- 流程本身——流程满足其目标的不一致性。
- 流程环境——技术或业务的变化。

管理人员可以了解到，流程需要以两种方式中的一种进行调整。他们可以忽略流程和可能的变更需求，直到问题出现；或者他们可以持续地监控流程，并在问题发生之前主动地进行变更。

从事流程管理的组织采用后一种方法。为此，他们为流程创建目标，并经常（有时是连续地）根据这些目标度量流程。

根据流程目标监控流程性能

正如你所了解的，流程目标要么是有效的，要么是高效的。有效性目标评估流程如何帮助组织实现其战略。例如，根据高质量服务进行区分的组织的发货部门将为准时发货的订单百分比、准确的订单百分比和发货到正确地址的订单百分比设置较高的目标。高效性目标的度量决定流程如何使用其资源。对于运输流程，高效性目标包括准备运输的平均成本、运送货物所需的卡车数量、每件包装的成本，等等。这些流程度量通常被称为关键性能指标(KPI)。KPI 是关键流程中活动的特殊重要性的度量。

监控环境变化

需要根据技术的变化来监控业务流程。例如，物联网、人工智能和无人驾驶汽车的应用将要求组织重新评估他们的流程。流程环境变化的第二个来源是业务本身。以下任何因素的重大变化都可能表明需要修改业务流程：

- 市场(例如新客户类别、客户特性的变化)
- 产品线
- 供应链
- 组织政策
- 组织结构(例如合并或收购)
- 国际化
- 商业环境

思考一下你的学校在晚上关闭计算机实验室的流程。环境的一个变化是附近一所学校的类似实验室的计算机在夜间被盗。为了应对这种情况，你的学校指定了一个流程分析小组来评估学校实验室的关闭流程。

BPM 建模流程活动

在某些情况下，由于流程没有达到其性能目标或者环境发生变化，因此需要更改流程。

在建模活动期间，通常需要记录流程当前的工作方式。为了实现这一点，具有专业知识并参与流程的业务用户(可能就是你!)调整并评估那些模型。流程分析团队构建一个原始模型，该模型记录当前情况，然后对该模型进行调整以解决流程问题。构造初始模型的一种常见方法是使用 BPMN 文档。在建模活动期间，分析团队还会评估新流程的短期和长期目标。要想了解更多关于如何调整和改进流程的信息，请阅读第 7 章，其中描述了如何使用 IS 来改进流程。回到计算机实验室关闭流程的示例，在建模流程步骤时，团队将构建学校当前采取的步骤的 BPMN——关闭机器、启动安全警报和确保门是锁上的。

BPM 创建组件活动

第三个主要的 BPM 活动是创建流程组件。在此活动中，团队对业务流程的更改进行设计，并确保更改的实现。这个流程的一个组件可能是一个信息系统(IS)，这时可以使用 QE3-2 节介绍的系统开发生命周期(SDLC)。除了 IS 组件，分析师团队还为不涉及 IS 的活动开发程序并组织人员培训。对于计算机实验室关闭流程，其中添加了如手动确保窗户已锁上等新活动，并对维护每个实验室门的密码的 IS 进行了更改。图图 CE3-2 给出了 BPM 流程中创建组件活动的 SDLC 流程。

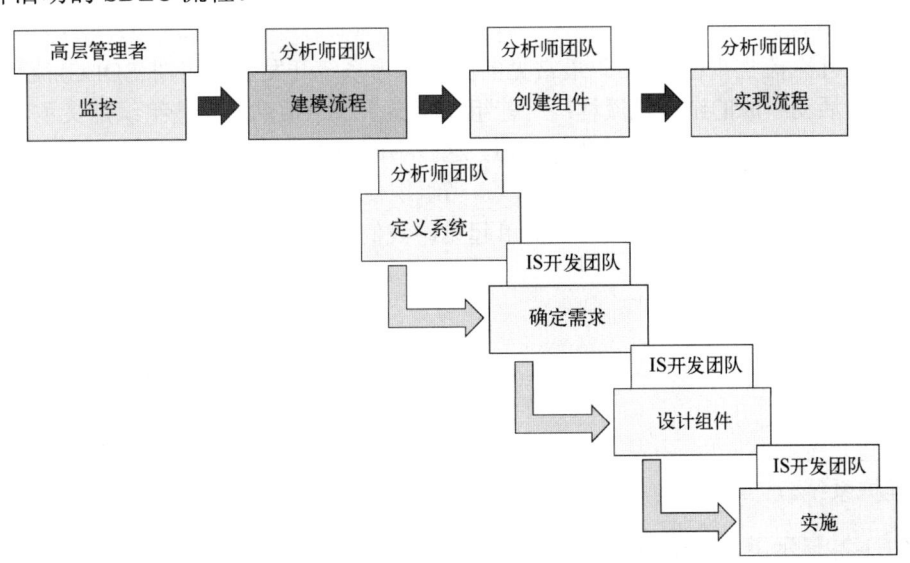

图 CE3-2　BPM 流程中创建组件活动的 SDLC 流程

BPM 实现流程活动

实现流程活动使流程更改可操作。在此活动期间，流程参与者将接受关于他们将执行的活动和他们将使用的 IS 流程的培训。这里要执行的活动类似于 SDLC 的实现活动。但是，对于流程，请注意如果新版本的业务流程涉及对员工工作的大量更改，则可能会出现对新系统的抵制情况。如果学校关闭实验室的流程需要两倍的活动，工作人员将不会那么热情。我们已在第 7 章～第 10 章中讨论了员工对变更的抵触情绪。然而，重要的是要记住解决变革阻力的必要性。

BPM 的四个活动是周期性的。一旦实现了流程更改，就会对其进行监控。如果它需要改进,那么就对它进行重构,并且创建和实现组件。许多大公司将这种持续的流程改进周期称为持续改进流程(CIP)。

如前所述,如果创建组件活动建议需要更改 IS,则执行图 CE3-2 中创建组件活动下面列出的四个活动。下面将讨论这些步骤。

QE3-2　系统开发生命周期(SDLC)流程的活动有哪些?

也许你使用的一些系统很棒且很容易使用——你的智能手机、无线耳机、Google Drive 等,但其他系统的应用可能是一场噩梦。这种差异通常源自产品的开发流程。下面,我们将研究信息系统是如何开发的,开发将是一个重大的挑战。

系统开发是创建和维护一个信息系统的流程。就像 BPM 流程一样,系统开发是一个结构化流程,在本书中,我们将描述它的每个活动。

如第 2 章所述,业务流程和信息系统之间的关系是多对多的。一个给定的业务流程可以使用一个或多个信息系统,而一个给定的信息系统可以被多个流程使用。正因为如此,组织可以从 BPM 开始,并在流程管理上下文中创建 IS。或者,组织可以从一个 IS 开始,然后回到将使用它的流程。

可以使用几个流程来创建 IS。最常见的流程称为系统开发生命周期(SDLC)流程。SDLC 流程是一个由活动组成的结构化流程;一些组织定义了 5 个活动,一些组织定义了 7 个活动,一些组织定义了更多活动,从而创建一个 IS。这些不同版本的活动或多或少是相同的,只是分组不同而已,其中一些步骤与 BPM 的类似。当组织使用 SDLC 流程来创建新系统时,SDLC 流程也可以用来改进现有的系统。为了简单起见,我们的大多数讨论都涉及创建一个新的 IS。

SDLC 流程有以下五项活动:

1. 定义系统。
2. 确定需求。
3. 设计组件。
4. 实施系统。
5. 维护系统。

图 CE3-2 显示了前四个活动是如何相互关联的;维护活动出现在最后,但为了简单起见没有显示。SDLC 流程开始于业务规划流程——确定对新系统的需求。下面讨论每一个 SDLC 活动。

定义系统

如图 CE3-3 所示,根据对新系统的需求,分析团队将定义新系统,评估其可行性,提出外包建议,并组成 IS 开发团队。

图 CE3-3　SDLC 流程的定义系统活动

定义系统目标和范围

如图 CE3-3 所示,第一步是确定新系统的目标和范围。新系统的目标是支持一个或两个流程，还是新系统的范围更广？团队必须指定新系统的范围，并确认谁将使用它，何时使用它，以及它将做什么。

评估可行性

鉴于新系统的目标和范围，下一步的任务是评估可行性。"这个项目有意义吗？"这样做的目的是在组建项目开发团队并投入大量劳动力之前消除不切实际的项目。不切实际的项目是指那些花费超过实际价值、技术上挑战性太大或者可能需要很长时间才能完成的项目。

一个项目的可行性有几个方面。成本可行性决定了新系统的收益是否大于开发它的成本。进度可行性评估项目是否能在预定日期前完成。技术可行性决定计划使用的技术是否可以达到项目交付的要求，以及公司是否有使用该技术的专业人员。

制定外包决策

在这个活动中，分析师团队和组织的高层管理者将需要决定系统是由内部的员工开发还是外包给另一个公司。外包是指从外部或国外供应商获得商品或服务。一个相关术语是"离岸外包"，指从国外供应商处获得货物或服务。由于印度有大量薪酬水平较低、受过良好教育、会说英语的专业人士，许多公司已经选择将系统开发的一些步骤转移到印度。外包和离岸外包不仅是系统开发的选择，公司可以外包所有类型的活动，如营销、客户支持和生产。图 CE3-4 列出了外包的优点和缺点。

外包的优点
- 降低成本
- 更强的责任心
- 关注核心竞争力
- 减少开销

外包的缺点
- 减少对控制
- 增加对其他公司的依赖性
- 敏感数据不安全

图 CE3-4　外包的优点和缺点

组建项目开发团队

下一步是组建 IS 开发团队。通常，团队由 IT 人员和用户代表组成。开发团队中的常见人员包括经理（或者大型项目的经理）、业务分析人员、IT 分析师、程序员、软件测试人员和用户。业务分析师是精通 Porter 模型、组织策略和相关模型（如 COBIT）的人，这些模型旨在使 IS 与策略和流程保持一致。

IT 分析师，也称为系统分析师，是既懂业务又懂技术的 IS 专业人士。它们在整个系统开发流程中都是活跃的，并且在项目的整个流程中扮演着关键的角色。系统分析师集成了程序员、测试人员和用户的工作。根据项目的性质，开发团队还可能包括硬件和通信专家、数据库设计人员和管理人员，以及其他 IT 专家。

在整个系统开发流程中，用户参与是至关重要的。用户将以许多不同的方式参与其中。用户帮助开发团队理解新系统的规范和需求，他们打算如何使用系统，以及新系统如何与组织内的其他流程和系统交互。

IS 开发团队的第一个主要任务是规划项目。团队成员指定要完成的任务，分配人员，确定任务依赖关系，并设置时间表。开发团队经常使用如图 CE3-5 所示的 Microsoft Project，以及活动规划工具，如甘特（Gantt）图、PERT 图和关键路径方法（CPM）。

确定需求

确定系统的需求是系统开发流程中最重要的活动。如果需求是错误的，则系统也会出错。

如果完全且正确地确定了需求，那么设计和实施就会更容易，也更有可能取得成功。

需求的例子包括 Web 页面的内容和格式，以及这些页面上按钮的功能，报告的结构和内容，或者数据输入表单中的字段和菜单选择。如图 CE3-6 所示，需求来源包括现有系统，以及新系统需要的 Web 页面、表单、报告、查询和应用程序特性与功能。安全性是需求的另一个重要类别。

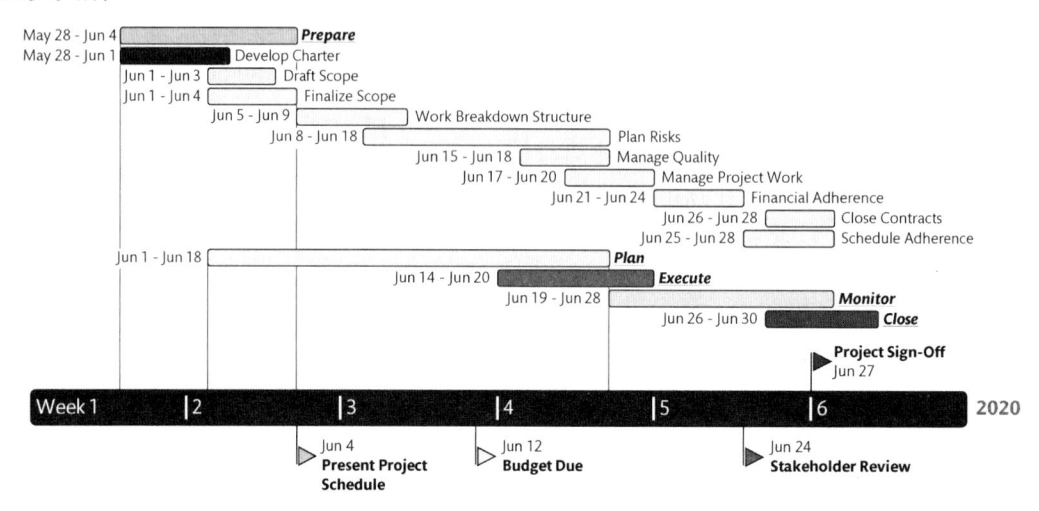

图 CE3-5　Microsoft Project 中的项目甘特图

有时，在确定需求时过于关注软件和数据组件，而忽略了其他组件。有经验的项目经理会确保考虑 IS 的五个组件的需求，而不仅仅是软件和数据。关于硬件，团队可能会问：对硬件有特殊的需求或限制吗？是否有一个组织标准来决定可以或不能使用哪种硬件？新系统必须使用现有硬件吗？通信和网络硬件有什么要求？

类似地，团队应该考虑程序和人员的需求：会计控制是否需要分离职责和权限的程序？是否需要限制某些行动只能由某些部门或特定人员执行？是否有政策要求或工会规则，可以限制某些类别的员工的活动？新系统是否需要连接来自其他公司和组织的 IS？简而言之，需要考虑到新系统的所有组件的需求。这些问题是在需求分析期间必须考虑的问题类型的示例。

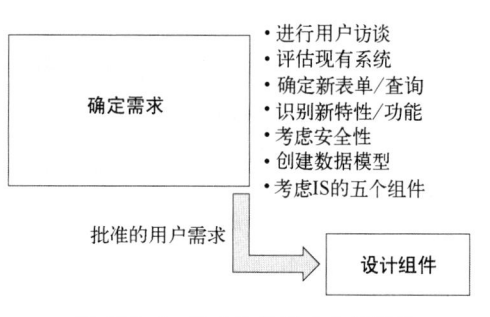

图 CE3-6　SDLC 的需求分析活动

因为需求很难指定，所以构建一个工作原型是非常有益的。原型是一个系统的缩小版，用来帮助评估一个系统。原型可以帮助分析师和用户在系统的初始或基本需求上进行协作。用户应该能够与原型交互，并告诉分析人员他们喜欢什么，不喜欢什么。尽管未来的系统用户常常难以理解，并将需求与文字描述和草图联系起来，但使用原型提供了一种更直接的体验。

为了支持原型的创建，开发团队可以使用多个应用程序来创建低成本、逼真的原型。图 CE3-7 显示了 SAP Build 界面，这是一个新的基于云的应用程序，使开发团队能够构建交互式原型，与最终用户共享，并收集反馈信息，所有这些操作都无须编写代码。图 CE3-7 中的示例给出了销售订单原型。

需求活动以签名结束。签名是用户的签名，表示对所述需求的批准。

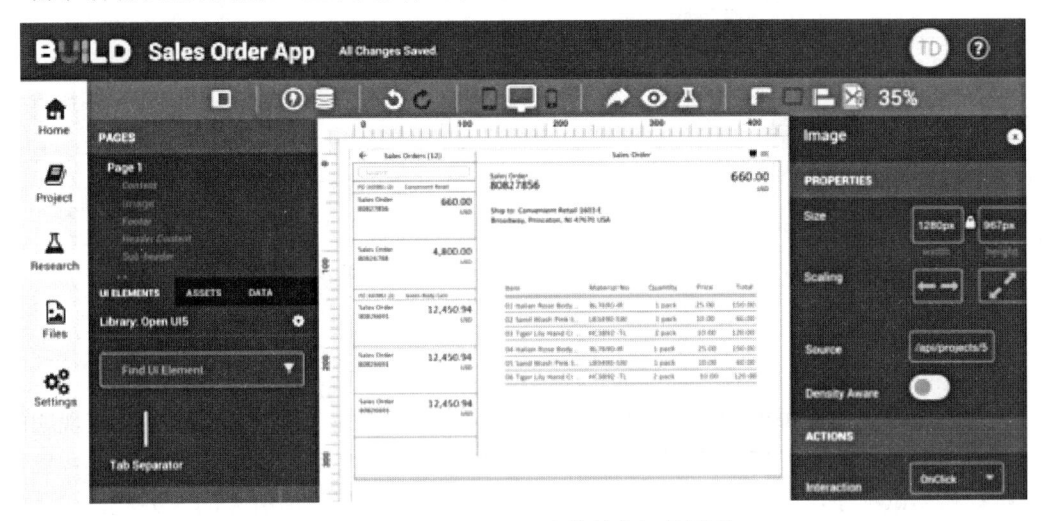

图 CE3-7　SAP Build 中的销售订单原型

设计组件

IS 的五个组件中的每一个都是在这个活动中设计和创建的。通常，团队通过开发替代方案来设计每个组件，根据需求评估每个替代方案，然后从这些替代方案中进行选择。准确的需求在这里至关重要；如果它们是不完整的或错误的，那么这将是糟糕的评估指南。

图 CE3-8 给出的设计任务分别属于 IS 的五个组件。对于硬件，团队确定它想要获取的硬件的规格。（该团队设计硬件的意义并不在于构建 CPU 或磁盘驱动器。）程序设计取决于程序的来源。对于现成的程序，团队必须确定候选产品，并根据需求对其进行评估。对于可修改的现成产品，团队在选择产品后确定需要修改的部分进行处理。对于定制开发的程序，团队会生成用于编写程序代码的设计文档。

如果项目包括构建数据库，那么在此流程中，数据库设计人员将使用第 4 章描述的技术将数据模型转换为数据库设计。如果项目涉及现成的程序，那么很少需要进行数据库设计，程序代码将与现有的数据库设计一起工作。

流程设计的不同取决于项目是 BPM 流程的一部分（流程优先）还是系统开发流程（系统优先）。如果是前者，那么业务流程已经设计好了，所要做的只是创建使用应用程序的流程。如果是后者，那么需要开发使用系统的流程，并且有可能也需要开发围绕系统的业务流程。

对于人员来说，设计工作包括创建任务描述，这些描述将详细说明职责、所需的技能、所需的培训，等等。

实施系统

实施一词有两层含义，它可以表示仅实施信息系统组件，也可以表示实施信息系统和使用信息系统的业务流程。在阅读以下任务描述时，请记住这些任务描述可以用于实施的两种解释。实施活动中的任务是构建和测试系统组件，并将用户的系统转换为新系统和任何新的业务流程（见图 CE3-9）。

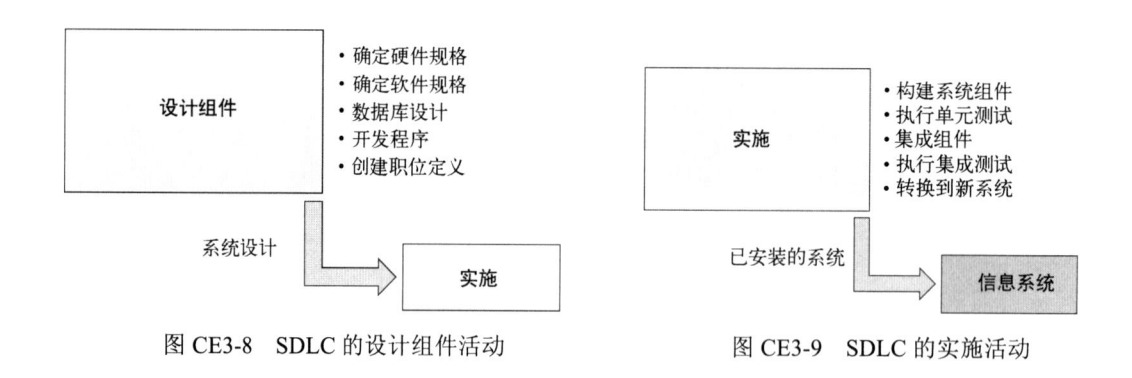

图 CE3-8 SDLC 的设计组件活动

图 CE3-9 SDLC 的实施活动

测试

开发人员独立构建每个组件。他们获取、安装和测试硬件,他们被授权并安装现成的程序,他们根据需要编写可修改的和定制的程序。他们构建一个数据库,并填入数据。他们记录、审查和测试程序,并制定培训计划。最后,组织将招聘和培训所需的人员。

系统测试非常重要,耗时且昂贵。这时需要编写一个测试计划,即系统对使用场景和误用场景的响应的正式描述。专业的测试工程师,也称为产品质量保证(PQA)测试工程师,受雇来完成这项任务。通常,专业测试工程师团队也会由用户的团队担任。

系统转换

一旦系统通过测试,组织将安装新系统。术语"系统转换"通常用于此活动,表示将业务活动从旧系统转换为新系统的流程。同样,可以只转换到新系统,也可以转换到包括新业务流程的新系统。

如图 CE3-10 所示,有四种类型的转换:试点转换、分阶段转换、平行转换和插入式转换。前三种方式中的任何一种都可能有效。在大多数情况下,公司应该避免采用第四种方式——"冒险"!

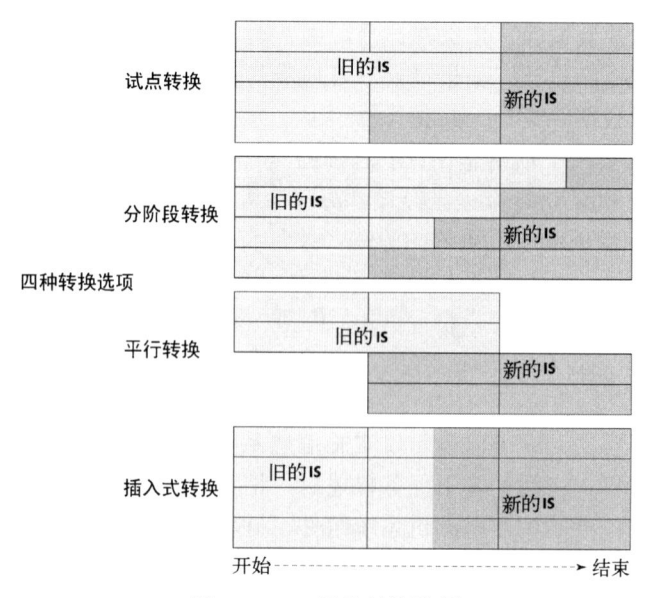

图 CE3-10 四种转换选项

通过试点安装,组织在有限的业务流程上实现整个系统/业务流程。例如,一所大学使用一种新的实验室锁门系统来保护它的一个计算机实验室。试点实施的优点是,如果系统失败,那么失败被控制在一个有限的范围内。

顾名思义,分阶段安装指新系统/业务流程在整个组织中是分阶段安装的。一旦给定的部分系统工作正常,组织就安装并测试系统的另一部分,直到整个系统安装完毕。有些系统是紧密集成的,不能分阶段安装。这样的系统必须使用其他技术来安装。

通过并行安装,新系统/业务流程将与旧系统并行运行,直到新系统经过测试并完全运行。并行安装是昂贵的,因为组织需要同时运行现有和新的系统/业务流程。如果你选择了并行安装,用户必须加倍工作才能运行这两个系统。然后需要做大量的工作来协调新旧结果。

最后一种转换方式是插入式安装(有时称为直接安装)。在转换之后,组织关闭旧系统,启动新系统。插入式安装的优势是,组织不必在安装活动期间维护两个系统。但是,如果新系统/流程失败,组织就会陷入麻烦:在修复新系统/流程或重新安装旧系统/流程之前,什么都不能做。由于存在风险,组织应该尽可能避免这种转换方式。唯一的例外是,如果新系统提供了一种新的功能,那么即使失败也不会破坏组织的运作。

任何实施的最后一个挑战都是管理新的 IS 的影响。每一个新的 IS 都影响着各种各样的流程和其他 IS,这些流程和系统又影响着其他流程和系统,进而形成连锁反应的影响。此外,往往不止一个 IS 在开发流程中发生变化,它们之间的相互影响难以预测。

并不是所有新的 IS 都能在实施活动中"存活"下来。有些系统的设计和管理非常糟糕,只有在尝试实施之后,它们的问题才会明显。在这种情况下,对于高层管理者来说,决定是否要花大价钱来维持实施的系统是一个非常困难的决定。灾难一开始就是需要面对的挑战。

图 CE3-11 总结了 IS 的五个组件在设计和实施活动期间的任务。可以用这个图来测试你对每个活动任务的理解程度和知识掌握情况。

	硬件	软件	数据	程序	人员
设计	确定硬件规格	选择现成的程序。根据需要设计和定制程序	设计数据库及相关结构	设计用户和操作程序	指定用户和操作人员的工作描述
实施	获取、安装和测试硬件	获得许可和安装现成的程序。编写可定制的程序。测试程序	创建数据库,填入数据。测试数据	程序归档。创建培训项目。审查和测试程序	招聘和培训人员
	对每个组件进行单元测试					

图 CE3-11 IS 的五个组件的设计与实施

维护系统

"维护"一词在这里并不是很合适,在维护活动期间所做的工作要么是修复系统,使其正确工作,要么使其适应需求的变化。

维护活动期间的任务如图 CE3-12 所示。首先,需要有一种方法来跟踪失败和增强请求,以满足新的需求。对于小型系统,组织可以使用文字处理程序记录失败和增强情况。

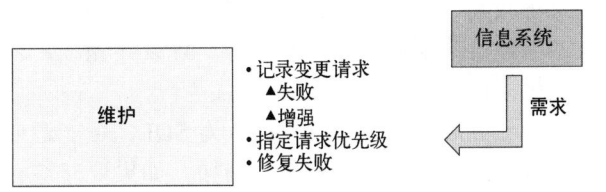

图 CE3-12 SDLC 的维护活动

然而，随着系统变得更大，失败和增强请求的数量增加，许多组织发现有必要开发一个跟踪数据库，其中包括失败或增强的描述。该数据库还记录谁报告了问题，谁将进行修复或增强，工作的状态是什么，修复或增强是否已经被发起者测试和验证等。

失败是系统所做的事情和它应该做的事情之间的差异。有时你会听到"bug"（故障）这个词而不是"失败"。作为未来的用户，不要列出 bug 列表，要列出失败列表；不要有未解决的 bug，而要有未解决的失败。用几个月的时间来管理一个正在应对严重失败的组织，你会发现这种差异的重要性。

因为增强是对新需求的调整，开发人员通常优先处理更新的请求。系统增强决策包括一个业务决策，即增强将产生可接受的回报率。一个组织需要一个配置控制流程，一种确保对新系统的所有变更都得到管理层批准的方法。

当为了维护系统而进行变更时，通常会先在沙盒中评估这些变更。沙盒是一种测试环境，它隔离新代码，同时复制足够多的代码，以查看新代码如何与现有代码一起工作。

如前所述，SDLC 流程类似于 QE3-1 节中描述的 BPM 流程。一个区别是 BPM 流程比 SDLC 流程出现的频率高得多；流程的变更比 IS 的变更更为常见。一个原因是 SDLC 流程通常需要比 BPM 流程更长的时间来完成。因为时间更长，所以通常更昂贵。缩短构建或更新 IS 流程的一种尝试是创建一个替代 SDLC 流程的新流程。其中一种新方法就是使用接下来要讨论的 scrum 流程。

QE3-3 敏捷开发和 scrum 流程（迭代式增量软件开发流程）如何克服 SDLC 的问题？

本节我们提出了另一种开发系统的流程，称为敏捷开发。我们解释了为什么需要它，敏捷开发的原则，以及 scrum 流程（敏捷开发的一个特别有用的版本）。我们通过强调 SDLC 和敏捷开发的挑战来结束扩展 3 的讨论。

为什么需要敏捷开发？

系统开发生命周期（SDLC）流程在系统开发领域中逐渐失宠。虽然它仍然用于大型项目，但很难快速执行，并且需求是模糊的，难以获得。随着对项目的了解越来越多，需求也经常发生变化，用户在使用系统的一部分后改变了他们最初的想法，业务需求也可能改变了，或者新技术提供了其他新的可能性。

然而，根据 SDLC，从需求到设计再到实施的流程是线性的。有时这被称为瀑布法，因为它假设一旦你完成了一项活动，你就再也不会回头，你将越过瀑布进入下一阶段的水池。需求分析结束后，你开始设计。等设计完成，就开始实施。然而，经验表明，这种方式有时是行不通的。

一开始，系统开发人员认为 SDLC 可能适用于信息系统的开发，因为像 SDLC 这样的流程可以用于构建实体对象。例如，如果要建造一条机场跑道，就要指定跑道的长度，最大承重，等等。然后你再设计它，并建造它。这样，瀑布式开发流程就是有用的。

然而，业务流程和信息系统不是实体对象；如前所述，它们是抽象的，由思想组成。当你建造一个像跑道或桥梁这样的实体物体时，你可以先构建一个模型或复制品，指出大部分的关键功能,并获得反馈;建立一个想法的副本是不可能的,所以获得反馈是困难的。信息系统也是社会性的;它们的存在是为了让人们了解自己,实现自己的目标。但人类和社会制度的可塑性是不可思议的,他们无时无刻不在变化与适应。这种特性使人类能够做出许多令人惊叹的事情,但这也意味着需求的不断变化,因此瀑布式开发流程不再起作用了。

SDLC 是有风险的,不仅是因为需求改变了,而且因为构建系统的人直到最后才看到他们发现的结果。如果最后出了问题,所有付出的金钱和时间可能就浪费了。此外,经常发生的情况是,如果项目在完成之前没有钱或时间该怎么办?

简而言之,SDLC 假设需求是明确的且不会改变,尽管这是开发项目的每一个人都知道的错误。

敏捷开发的原则是什么?

在过去的 40 多年里,人们提出了许多 SDLC 的替代方案,包括快速应用程序开发(rapid application development)、统一过程(unified process)、联合应用程序设计(joint application design)、极限编程(extreme programming)、Rational 统一过程(Rational Unified Process)、scrum 等。所有这些技术都解决了 SDLC 的问题,近年来,这些方案已经融合到被称为敏捷开发的方法中,这意味着开发流程要符合图 CE3-13 中的原则。scrum 是一个越来越流行的敏捷开发流程,它遵循了图 CE3-13 的这些原则。

- 期待,甚至欢迎需求的变化
- 频繁交付产品的工作版本
- 与客户密切合作
- 随需设计
- 随装随测
- 团队最清楚自己在做什么/如何改变
- 可用于业务流程、信息系统和应用程序开发

图 CE3-13 敏捷开发的原则

首先,scrum 和其他敏捷技术期待甚至欢迎改变。考虑到社会制度的本质,期待并不令人惊讶,但为什么会受欢迎呢?因为系统的创建是为了帮助组织和人们实现他们的战略,需求变化越多,他们就越接近实现战略。结果对用户和开发团队来说都是更好和更满意的。

其次,scrum 和其他敏捷开发流程的设计目的是频繁交付产品的某些部分的工作版本,通常意味着 1~8 周就提交新的版本。这一频率意味着,只有在这一时期所花费的成本和时间上才有管理风险。在这个阶段结束时,它会有一些可用的产品,至少对业务有一些价值。

因此,与 SDLC 不同的是,敏捷技术可以更早、更频繁地展示信息系统带来的好处。最初的好处可能很小,但它们是积极的,并在整个过程中不断增加。若使用 SDLC,直到最后信息系统才有可能对组织产生价值。考虑到时间的价值,仅这一特性就使敏捷技术更受欢迎。

图 CE3-13 中的第三个原则是开发团队将与客户密切合作,直到项目结束。了解业务需求的人必须能够为开发团队所用,并且必须清楚地表达和详细说明需求。此外,需要客户能够测试不断变化的工作产品,并就新特性的工作情况提供指导。

第四个原则是许多开发人员难以接受的。不是在一开始就设计完整的、整体的系统,而是只完成那些需要完成的当前工作的设计部分。有时这被称为即时设计。

如果团队要交付工作版本,那么显然随装随测是下一个工作原则。测试最初是在团队成

员之间进行的，但也包括业务客户。

开发团队知道他们做得有多好。你现在可以进入任何开发环境，询问团队的工作情况，一旦团队成员明白你不打算给他们强加新的管理程序，你就会发现他们非常清楚自己的优势、弱点、瓶颈和流程问题。在每个可交付成果出现时或实现其他里程碑后，团队开会评估这是如何实现的，以及如何改进。

敏捷开发方法是通用的。它们可以应用于业务流程和信息系统的创建。它们也适用于其他团队项目，但是这些主题超出了本书的讨论范围。

把敏捷开发看作一个动态流程可能便于理解，但它是结构化的。在每次敏捷开发中，活动都以相同的顺序发生。与结构化 SDLC 的关键区别在于，在敏捷开发中，活动要短得多。在接下来描述的 scrum 流程中可以明显地看出这些简短活动的固定结构。

什么是 scrum 流程？

在橄榄球比赛中，争球（scrum）是指球队在犯规或由于其他原因中断赛事后围成一圈重新开始比赛。你可以把 scrum 想象成橄榄球比赛中的一群人。如前所述，scrum 是一种敏捷开发流程，其特征如图 CE3-14 所示。首先，流程是由新系统的用户和业务发起者创建的需求优先级列表驱动的。scrum 的工作周期可能短至 1 周，但与所有敏捷开发流程一样，不会超过 8 周（建议 2～4 周）。在工作期间，团队都会选择其承诺交付的最高优先级的项目。

```
● 需求列表驱动过程
● 每个工作周期(1～8 周):
    - 选择需要考虑的需求
    - 确定要执行的任务,选择要交付的需求
    - 团队每天开会 15 分钟
        ● 我昨天做了什么
        ● 我今天要做的事
        ● 是什么阻碍了我
    - 经常测试
    - 结对工作
    - 较少的文档
    - 交付(一些)可以工作的东西
    - 在每个阶段末期评估团队的工作流程(并表示感谢)
● 如此反复,直到
    - 客户确认我们完成了工作
    - 超时
    - 没有资金
● 三个主要角色
    - 产品拥有者(商业人士)
    - scrum 专家
    - 团队成员(5～9 人)
```

图 CE3-14　scrum 特征

每个工作日都从一个 15 分钟的会议开始，每个团队成员在会议上发言：

- 我昨天做了什么
- 我今天要做的事
- 是什么阻碍了我

这个会议的目的是对团队成员进展的问责，并为阻碍因素进行公开讨论。通常，会有专家来帮助受阻的团队成员解决问题。

测试经常进行，可能每天多次。有时项目的所有者也会参与日常测试。在某些情况下，团队成员结对工作；例如，在结对编程中，两个团队成员共享同一台计算机并一起编写计算机程序。有时候，一个程序员会提供一个测试，而另一个程序员要么会证明代码通过了该测试，要么会修改代码使其通过测试。

只准备最少的文档。团队工作不是设计文档或其他文档，而是实现在 scrum 阶段开始时确定的需求的工作版本。

在 scrum 周期的最后，产品的工作版本会交付给客户，如果需要，客户可以直接使用，即使它还没有完全完成。产品交付后，团队开会评估自己的工作流程，并根据需要进行更改。图 CE3-15 总结了 scrum 流程。

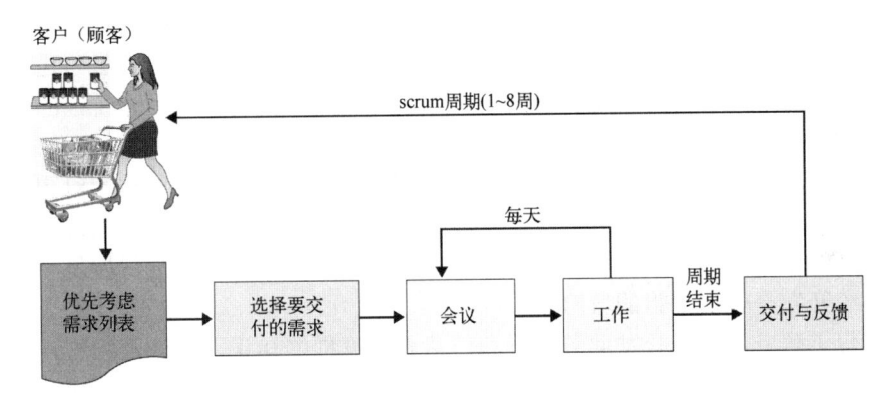

图 CE3-15 scrum 流程

在 scrum 周期重复进行工作，直到满足以下三个条件之一时停止：

- 客户对创建的产品感到满意，并决定接受产品，即使有些要求没有得到满足。
- 项目时间截止。
- 项目资金用尽。

与 SDLC 不同的是，如果 scrum 项目因为时间或预算限制而终止，那么客户也会得到一些有用的结果，虽然可能不是期望的完全功能的版本，但它可以为项目发起人提供一定的价值，前提是正确地定义需求并划分优先级。

scrum 的成功在于它改善了开发团队和最终用户之间的协作。正如在第 11 章中提到的，协作是带有反馈的迭代，而 scrum 在开发的迭代周期中创建反馈。创建一部分系统，即得到反馈，增加另一部分系统，再得到反馈，如此循环反复。相对于 SDLC，scrum 的主要优势在于这些迭代具有良好的反馈。然而，这种改进的协作需要用户和开发团队共同努力，这对于公司而言代价较大，而且会分散用户的精力。

SDLC 和敏捷开发面临的挑战

在结束扩展 3 的讲解之前，请考虑一下分析师开发新的 IS 所面临的挑战。虽然 SDLC、敏捷开发和 scrum 似乎能够创造出成功的项目，但系统开发的历史上却充斥着各种各样的失败项目，无论是大规模的还是小规模的，这些项目都让公司付出了数百万美元的代价，也让公司头疼不已。图 CE3-16 列出了其中一些挑战。

高层管理者
● 未能限制项目范围
● 启动后允许范围渐变
最终用户
● 未参与
● 抵制新系统
IS 开发团队
● 计划不周
● 与用户有限的合作

图 CE3-16　系统开发的挑战

忙碌的高层管理者不能给项目一个清晰的定义,或者不能将新的 IS 与公司战略或流程联系起来,而且他们在项目开始后允许项目范围不断扩展。当高层管理提高他们对一个项目的承诺时,这种渐变就会变得非常危险,因为把钱都变成了损失。用户没有参与进来——他们要么没有看到参与的价值,要么是糟糕的合作者。一些用户拒绝接受新系统,因为职业被改变了,实施做得也不好,或者流程并没有改变以更好地利用新系统。

开发团队制定计划是困难的,因为每个项目都是独特的,而且一些技术对团队中的许多人来说通常都是陌生的。因此,开发团队不能定义一个实际的时间表,不能协调项目活动,或者错过太多的里程碑。开发团队面临的第二个问题是未能与最终用户保持足够的合作。由此看来,系统开发是一项大胆的冒险。

如果你想了解更多关于开发业务流程和信息系统流程的知识,请选修系统开发方面的课程。但是当你展望未来,期望参与流程或 IS 开发时,就会意识到这些项目的成功在很大程度上取决于你与项目分析师合作的能力。更重要的是,有一天你可能想要领导这样一个变革项目。这项工作通常被称为项目管理,而且报酬丰厚,经常由具有一定技术背景的专业人士来承担。

主动复习

QE3-1　业务流程管理的活动有哪些?

描述对业务流程管理(BPM)的需求,并解释为什么它是一个周期。命名 BPM 流程的四个活动,并归纳每个活动中的任务。总结需要更改业务流程的两个原因,并给出每个原因的示例。

QE3-2　系统开发生命周期(SDLC)流程的活动有哪些?

说出五个基本的系统开发活动。描述定义、需求和设计组件活动所需的任务。解释业务分析师和 IT 分析师的角色。描述原型及使用它的原因。解释实施和维护系统所需的任务,并评估流程。描述四种类型的流程/系统转换。解释配置控制。

QE3-3　敏捷开发和 scrum 流程(迭代式增量软件开发流程)如何克服 SDLC 的问题?

请解释 SDLC 不再流行的三个原因。用你自己的语言解释图 CE3-13 中每个原则的意义和重要性。解释图 CE3-14 中的每个 scrum 特征是如何在图 CE3-15 所示的 scrum 流程中实现的。解释系统开发的挑战。

关键术语和概念

敏捷开发	业务分析师	业务流程管理(BPM)
配置控制	持续改进流程(CIP)	成本可行性
IT 分析师	维护	离岸外包
外包	结对编程	平行安装
分阶段安装	试点安装	插入式安装
原型	沙盒	计划可行性
签字	系统转换	系统开发
系统开发生命周期(SDLC)	技术可行性	测试计划

课后习题

E3-1 在搜索引擎中搜索"业务分析师"。调查你找到的几个链接,并回答以下问题:
  a. 业务分析师的主要工作职责是什么?
  b. 业务分析师需要具备哪些知识?
  c. 业务分析师需要什么样的技能/特质?
  d. 你对业务分析师这个职业感兴趣吗?解释原因。

E3-2 指定一个你经常使用的流行应用,比如 Uber、Canvas、Snapchat。把自己置于这个应用的 IS 开发团队,负责系统改进,并且面临一个必需的重大更新。回答下列 SDLC 活动中的问题:
  a. 定义系统:改进的系统的目标和范围是什么?
  b. 确定需求:什么是两个新特性和两个新输出(屏幕)?
  c. 设计组件:需要收集哪些新数据以实现新需求?
  d. 实施:建议使用四个系统转换选项中的哪一个,为什么?
  e. 维护:在一个配置控制流程中加入你将用于处理新系统中的变化的活动。

E3-3 SDLC 中的哪一步包含了最大的风险?解释你的答案。

E3-4 重新阅读实施阶段的系统转换部分。对于学校的新应用程序或改进的应用程序,或者你经常使用的应用程序,适合使用哪种系统转换方法?并解释。

E3-5 利用 Internet,找到 scrum 和敏捷开发流程的描述。关于这些开发流程,你想在扩展 3 中加入哪两个想法?为什么这两点对学生来说很重要?

扩展 4

基于位置的数据信息系统——移动设备和地理信息系统

位置很重要。位置决定了你的选择，你与之交互的人，你所服务的企业。你的地理位置几乎会影响你所有关于食物、旅行、娱乐和社交的决定。想想你在 Google 地图上查看你的位置的频率。企业对位置的使用也同样频繁。顾客的位置很重要，供应链中所有商品的位置也很重要。位置数据为每个企业"在哪里"的问题提供了答案。

基于位置的数据(location-based data，LBD)又称空间数据，即空间引用数据，标识了一个物体或人在地图或参考系统中的位置。在本扩展中，我们介绍两个使用 LBD 的 IS——移动设备和地理信息系统(GIS)，如图 CE4-1 所示。GIS 是最简单的捕捉、分析和呈现 LBD 的 IS。

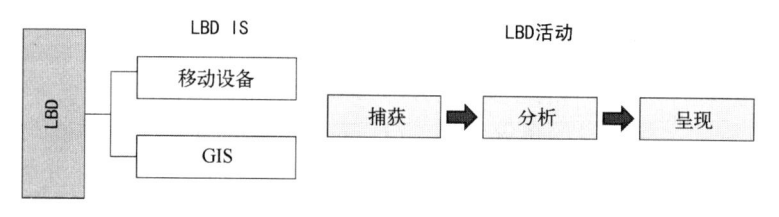

图 CE4-1 LBD 的两种类型和 LBD 活动

本扩展的目标是帮助你理解企业如何使用这两个 LBD IS 来支持他们的流程。我们首先研究了 LBD 活动——捕获、分析和呈现，以及两种类型的 LBD IS——移动设备和 GIS 是如何支持这些活动的，然后再讨论面临的挑战和限制。

有了智能手机，你已经心甘情愿地参与了定位过程。在该扩展中，我们希望你从一个商业人士，而不是一个学生的视角来理解呈现在移动设备和 GIS 面前的选择、机会和挑战，以及它们支持的各种各样的业务流程。

QE4-1 基于位置的数据增长有多快？

移动设备包括智能手机、平板电脑、智能手表和其他可穿戴设备。截至 2020 年，全球约有 35 亿部智能手机，每年购买超过 2 万亿美元的商品和服务。当你购买第一台智能手机时，你同样推动了历史上最快的技术普及热潮，其速度超过了电视、笔记本电脑或 Internet 的普及。

传统的移动设备和 GIS 已经创建和使用 LBD 很多年了。现在，新的移动设备也加入了这一行列。如今汽车可以创建并与其他汽车共享它们的位置数据，停车位可以与司机共享它们的位置数据，机器人可以与数据库共享仓库中货物的位置数据。在未来的几年里，物联网的发展将使更多的物品的位置数据可用，这些物品包括供应链中的产品、家庭中的食品容器，以及几乎所有在商场或杂货店出售的消费品。LBD 的增长如图 CE4-2 所示。

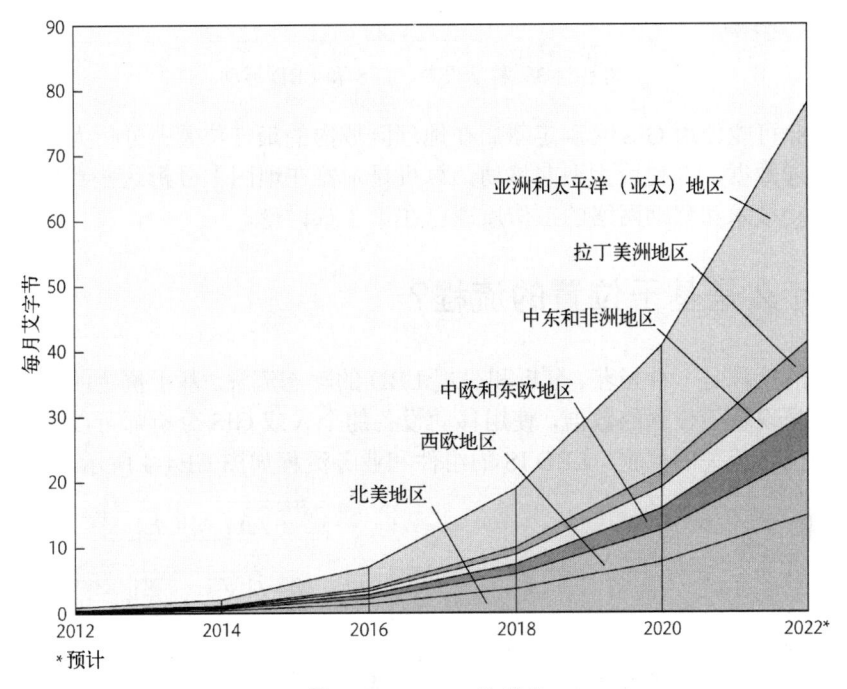

图 CE4-2 LBD 的增长

如图所示，LBD 正以每年 20% 的速度增长，这些收益将转化为可观的业务效率的提升。波士顿咨询公司预估，由于 LBD 在物流和营销方面发挥的关键作用，未来 5 年 LBD 将帮助全球创造 2.6 万亿美元的效率收益。企业获利，消费者也将获利；据估算，在 2020 年，LBD 为消费者节省了 6000 多亿美元。

QE4-2 移动设备与地理信息系统（GIS）有何不同？

两种 LBD IS 的对比如图 CE4-3 所示。我们首先描述移动设备，然后讲解 GIS。

如图 CE4-3 所示，在 LBD 各个流程的活动上，移动设备与 GIS 是不同的。移动设备捕捉到的数据是关于自身的，它创建关于自己位置的数据。携带该设备的个人会分析数据。设备所有者将分析设备本身呈现的数据。例如，可以用智能手机找到一家星巴克，你的设备能够确定并捕获它的位置，然后就可以分析自己相对于星巴克的位置；你可以在智能手机的小屏幕上完成这些操作。

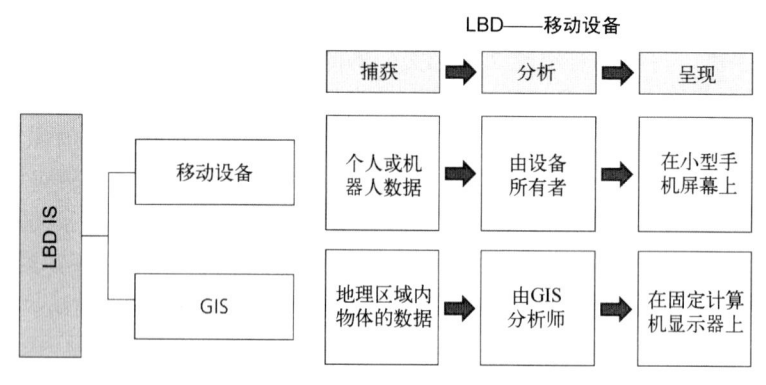

图 CE4-3 移动设备、GIS 和 LBD 活动

此外，企业可能使用 GIS 来确定新店在地理区域内的最佳位置。分析人员将获取附近道路上的车辆交通数据，并使用大型非移动计算机显示器在地图上分析这些数据。

说明：移动技术和移动网络的工作原理已在第 3 章讨论。

QE4-3 什么是基于位置的流程？

基于位置的流程是一种捕获、分析和呈现 LBD 的动态流程。基于位置的流程的目标通常是以一种方式呈现基于位置的数据，使用移动设备的个人或 GIS 分析师可以使用这种方式及时告知自己与位置相关的问题。LBD IS 的组件和业务流程如图 CE4-4 所示。

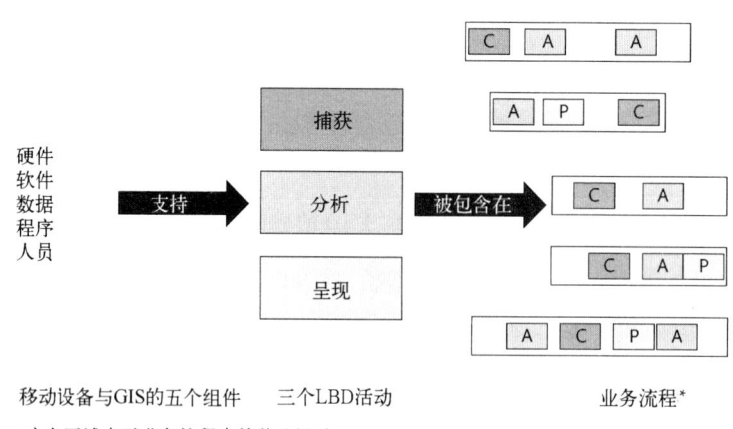

图 CE4-4 LBD IS 的组件和业务流程

该图描述了两个 LBD IS、三个 LBD 活动和业务流程之间的关系。图中，左边是 LBD IS 的组件，中间是基于位置的流程中的三个 LBD 活动，右边是包含 LBD 活动的业务流程。接下来，我们将更详细地分析这三个 LBD 活动，首先讨论移动设备的活动，然后考虑 GIS，接着讨论这些 LBD 活动支持的各种各样的业务流程。

虽然移动设备和 GIS 具有 IS 的五个组件，但它们使用的独特数据类型使它们有别于其他 IS。虽然使用位置数据是它们的重要特征，但是移动设备和 GIS 也使用非位置数据，如设备序列号、人名或产品编号。基于位置的 IS 的真正价值在于它结合了位置数据和非位置数据。例如，可以通过将离你最近的星巴克的位置数据与营业时间的非位置数据相结合来创造价值。

QE4-4　移动设备如何支持基于位置的流程？

在本节中，我们将讨论刚刚描述的基于位置的流程中的三个活动，以及移动设备如何支持它们。我们从捕获活动开始讨论。

捕获

在采集移动设备的 LBD 时，需要准备两个设备——移动设备和固定接收系统，如图 CE4-5 所示。图中还显示了设备和接收器之间的有用范围或距离，以及户外和室内使用的四种最常见的组合，下面将介绍它们。

移动设备	静态接收器	范围
户外		
智能手机	蜂窝信号塔	长达 5 英里
RFID 跟踪器	RFID 接收器	长达 700 米
室内		
智能手机	蓝牙接收器	长达 100 米
智能手机	NFC 接收器	长达 10 厘米

图 CE4-5　移动设备、接收器的 LBD 捕获组合和移动设备范围

最常见的户外设备组合是智能手机和蜂窝信号塔。当你拍照时，你的手机照片应用程序会请求你的手机通过询问附近固定的蜂窝信号塔来获得位置数据。使用当地的信号塔比使用 GPS 更快，耗电量更少，GPS 是你的手机可以用来确定位置的另一种方法。

第二种常见的户外组合使用人或移动物体上的射频识别（RFID）标签和 RFID 接收器。RFID 标签是一种由芯片和天线组成的小型电子标签，通过使用射频与 RFID 阅读器交换数据。这种组合通常比智能手机和手机信号塔更准确，因为它的接收器覆盖的区域更小。Disney 乐园使用射频识别技术来跟踪你在乐园里的活动。如图 CE4-6 所示，RFID 芯片位于你佩戴的 MagicBand 上，可以获得相关许可。MagicBand 与整个乐园的 RFID 接收器通信，并由接收器捕捉到连续的 LBD 流。类似地，Walmart 在供应链和仓库中使用 RFID 技术来跟踪库存，高速公路收费站在车辆经过收费站时跟踪携带 RFID 标签的车辆。

图 CE4-6　Disney 乐园的 MagicBand （来源：Design56/123RF）

在室内时，由于户外组合有局限性，其他两种组合更常用。智能手机加蜂窝信号塔组合在室内并没有什么帮助，因为它的定位不是很准确，而且会消耗大量的电池电量。RFID 标

签和RFID接收器组合解决了这些问题，但人们往往不希望自己在公共场所被跟踪。

一种常见的室内解决方案是第三种组合：智能手机加蓝牙接收器。蓝牙是短程无线连接的标准。虽然在定位准确性和节能上是有作用的，但这两者的结合需要移动的个体激活蓝牙设备或智能手机上的蓝牙选项。蓝牙通信通常用于将智能手机连接到汽车音响设备和无线耳机上。

第四种最新的组合使用了近场通信(near field communication，NFC)技术。NFC是非常近距离的设备之间通信的标准，通常距离小于10厘米。像蓝牙通信一样，配备NFC的智能手机可以通过NFC网络连接到NFC接收器。NFC不能定位移动设备的确切位置，只能知道它在接收器附近。由于NFC设备之间必须非常接近才能连接，因此需要的电量更少，安全性也得到了提高。NFC的一个常见应用是Apple Pay；另一种是酒店房间钥匙卡，当将其放在门锁上靠近读卡器的位置时，就可以打开门。

这四种组合通常用于人或小物体的定位与通信。更大的物体，如车辆或机器人，则使用车对车(V2V)系统共享数据，这是一个由车辆和路边单位组成的通信网络，可以向彼此提供有关自身位置、事故、道路拥堵、改道机会和天气状况的数据。V2V系统使用特殊的车载发射器，并通过使用802.11p新无线标准的Wi-Fi进行通信。

分析

一旦捕获了移动LBD，就可以对其进行分析。在本节中，我们将研究使用移动设备的个人如何分析他们的位置数据来告知自己与位置相关的问题。

人们在开车时使用他们的移动设备来分析路线选择、道路建设的影响，以及确定他们开车路线上的餐馆的距离和位置。人们还使用他们的设备来分析附近的电影选项、朋友的邻近程度，以及增强现实中发布的笔记，如图CE4-7所示。在这张图中，一名游客正用移动设备指向都灵一座有地理标记的教堂，屏幕下方会出现对教堂的简短描述。

人们还使用智能手机分析LBD生成的商业优惠和折扣。例如，餐厅老板正面临一个艰难的夜晚。天气非常寒冷，他的餐厅看上去空荡荡的，令人沮丧。看了看今晚的预订单，他更难过了。与其面对当天一定的经济损失，不

图 CE4-7 都灵教堂的增强现实图像
（来源：Prasit Rodphan/123RF）

如求助于地理营销应用。该应用可以分析顾客的位置数据，如果顾客目前距离餐厅在步行范围内、在附近开车或住在餐厅附近，就可以为他们提供折扣。如果折扣合适，很快就会有一群人上门，这个寒冷的夜晚似乎又变得温暖起来。所有这些都来自位置数据的分析。

虽然这些例子显示了分析人的位置数据的价值，但这对于移动的物体也是有价值的。例如，无人驾驶汽车在移动过程中会分析位置和距离数据，以避免碰撞；仓库机器人叉车在仓库中行走时，会分析托盘、库存和其他物体的位置数据。

呈现

移动设备的输出通常是地理显示结果或地图。图CE4-8中给出了一个示例，这是一个智能手机显示器，显示了在地图上叠加的许多带有地理标签的餐厅。

从图 CE4-8 的餐厅展示中可以看出移动位置呈现的几个关键特性，如图 CE4-9 所示。

图 QE4-8　智能手机显示屏上的餐厅位置呈现
（来源：ThomasDeco/Shutterstock）

图 CE4-9　在移动设备上进行有效呈现的关键特性

知道听众经常会分心

预测中断，很容易返回主屏幕

定位方式简单

优先考虑必需项

保持简单的任务

不需要其他屏幕

只需很少的输入

在手机这样的小屏幕上显示基于位置的数据是具有挑战性的，而在电子手表这样小的表面上显示则更加困难。分析这些显示结果的用户经常会分心或被打中断。他们需要迅速了解自己相对于其他兴趣点的位置。这些显示器必须按重要事项进行优先排序，保持任务简单，并且是独立的——不需要其他屏幕。最后，移动位置呈现必须尽量减少用户的输入。这些因素使得小屏幕呈现存在一些问题。

在讨论了移动设备如何支持基于位置的流程的三个活动之后，接下来我们将研究 GIS 如何支持每个活动。

QE4-5　GIS 如何支持基于位置的流程？

与最近的移动设备发展不同，传统 GIS 已经使用 LBD 将近 50 年了。GIS 刚问世时，它帮助分析师制作数字地图；随着移动设备产生的位置数据的激增，GIS 越来越多地将数字地图与移动设备产生的 LBD 合并到全尺寸屏幕或显示器上。在这里，我们研究 GIS 如何支持 LBD 的创建、分析和表示。

捕获

GIS 最常用的捕获 LBD 的方法是利用地图和摄影图像。首先，地图或图像被编译和格式化为数字形式，这个过程称为数字映射或数字制图。然后对数字地图进行地理标记。地理标记是向地图和地图上的对象分配定量位置度量（如经度和纬度）的过程。另一个常见的坐标系统是横轴墨卡托（universal transverse mercator，UTM），它将世界划分为一系列区域，并指定每个区域内的坐标。

此外，GIS 还可以将对象的位置数据分类为点、线和区域。图 CE4-10 显示了这三种数据类型的示例。点表示没有维度如设备或信号灯等的对象，线表示一维对象，如道路或围栏，而多边形区域表示二维对象，如州、邮政编码划分区域、乡村或建筑物。

除了地图和摄影图像，产生 LBD 的另一个来源是遥感。遥感测量地面上物体反射的能量，更准确地说是目标物体反射光的波长，例如大气扰动将产生独特的波长。卫星遥感系统的另一个应用示例是，帮助确定了 Erie 湖有毒藻类的生长。近年来，有毒藻类在夏季大量繁殖，严重影响了 Erie 湖的水质和生态环境。通过远程测量湖外的红外辐射，相关人员可以跟踪藻类的生长和处理工作，从而试图扭转这一趋势。

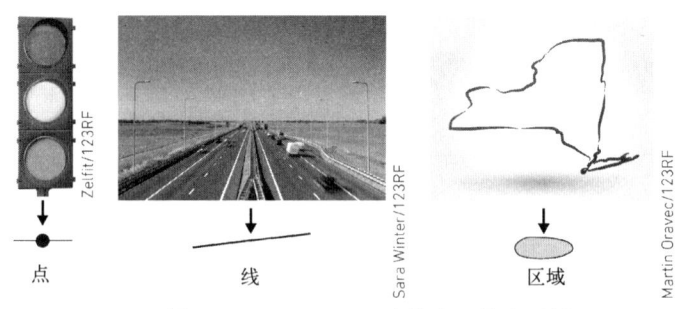

图 CE4-10　GIS 呈现中的点、线和区域

分析

移动设备的用户通常会分析自己相对于附近物体的位置。此外，GIS 分析人员通常会评估 LBD，以查看某一地理区域内物体或人群的移动模式。这种类型的分析也称为空间分析，通过叠加和其他分析技术来检查 LBD 表示的位置、属性和关系。

例如，空间分析可以给出与位置相关的主题，如一个社区的房地产价格趋势，森林火灾的大小和蔓延情况，或者潜在客户到一个新餐厅位置的距离。GIS 分析的另一个例子是跟踪客户的移动。前面提到的 Disney 乐园的 MagicBand 设备为乐园游客创建了 LBD，Disney 乐园的分析师可以对其进行整合与分析，以减少游客等待时间，更有效地使用乐园空间，增强安全性，并提高服务水平。GIS 也被政府机构用来改善对民众的服务。

呈现

与小屏幕移动呈现不同，在 GIS 上展示 LBD 是在全尺寸屏幕上进行的。这对创造一个有效的显示带来了不同的挑战。呈现设计人员必须决定包含和省略哪些内容，查看呈现的用户类型，确定呈现是独立的还是属于更大显示集的一部分，以及分析师或最终用户可能需要的交互类型。此外，设计人员必须选择一些符号来表示关键特征、数据如何分类及显示的分辨率。

在本节及上一节中，我们讨论了移动设备和 GIS 如何支持三个基于位置的活动，即创建、分析和呈现位置数据。虽然理解一般的基于位置的活动很有帮助，但认识到这些活动支持的各种业务流程也很重要。我们接下来将描述这些支持的流程。

QE4-6　LBD 支持哪些业务流程？

企业首次开始使用 LBD 源于 20 世纪 80 年代 GPS 卫星数据在商业的首次应用。近年来，随着智能手机、低成本传感器和物联网的出现，LBD 的测量和通信变得更加廉价和普及，LBD 的商业用途迅速扩大。之前，LBD IS 也支持各种各样的业务流程（见图 CE4-11）。

之前，我们提供了 Disney 乐园的例子，它的 MagicBand 可以帮助改善客户服务和乐园规划流程；以及一个餐厅促销的例子，可以利用 LBD 改善其营销流程。这些例子只是冰山一角。

行业	LBD 支持的业务流程	目标
移动 LBD		
营销	根据位置生成实时广告	增加销售
结账	开通手机自助结账功能	提高支付效率
停车	展示汽车的开放停车位	减少时间和燃料的使用
灾害预警	警告人们即将发生的危险	提高公共安全
娱乐	跟踪乐园内游客的移动	提高有限空间的利用率
穿戴	为移动中的人显示 LBD	增加相关知识
体育	分析球员的速度和动作	加强球员的训练和选拔
银行业	分析交易位置	改进欺诈分析
媒体/输入	将物理世界映射到虚拟世界	改进游戏体验
供应链	跟踪供应过程的天气影响	提高车队管理
公共交通	在手机应用程序上显示到达的车辆	减少客户等待时间
运输	在车辆之间共享交通和危险数据	减少拥堵,提高安全
打包	自动叉车运送仓库货物	减少冲突
静态 LBD		
零售	分析门店选址机会	改善新店选址
市场营销	跟踪人口生活方式	提高销售额
销售	在坏天气到来之前增加产量	提高销售额
911 调度	显示 911 呼叫者的 LBD	减少延迟
战争救援	跟踪物资和救援工作的位置	拯救生命
保险	确定灾难发生地点	增强索赔流程
房地产	确定房屋价值	增强投资流程
公共工程	监测森林、垃圾收集	更高的效率
农业	分段施肥	增加作物产量,减少施肥
公共事业	绘制地下电缆和管道地图	减少错误
气候	绘制气候变化	更好地意识到变化

图 CE4-11 LBD 支持的业务流程

Netflix 根据邮政编码收集了电影租赁数据。有趣的是,不同地区的人似乎喜欢不同的电影。这些地理差异被用来改进 Netflix 观众的电影推荐流程。

Walmart 利用 GIS 来预测即将到来的天气灾害路径上的产品销售。GIS 会在这些事件发生之前预测手电筒、水、啤酒和电池的销售高峰,这并不少见。值得注意的是,其他产品也会在一场确定性超过 700%的天气灾害中涨价。

移动支付选项,如 Square 和 Stripe(见图 CE4-12),使卖家可以通过移动设备接受客户支付。其他支付方式如 Apply Pay 和 Google Wallet 允许个人即时转账或收款。这些移动支付选项改善了娱乐、银行、零售和销售流程。

图 CE4-12 信用卡支付

政府和非商业组织也使用 LBD。执法机构使用位置数据向智能手机推送 Amber Alerts,并使用自动车牌读取器记录移动车辆的位置。农民逐段在土地施肥，以优化作物生长，节省化肥用量。安全部门可以利用无人机收集人群的 LBD 来提高安全性，利用 LBD 可以分析人群规模、位置和移动的数据，并在 GIS 上提出风险预测，以帮助安全主管制定应对计划。这里我们只描述了商业和政府机构使用 LBD 的多种方式中的几种。我们预计这个清单将在未来几年继续扩大。虽然我们对移动设备和 GIS 的增长持乐观态度，但它们也有局限性，接下来我们要考虑的就是这些挑战。

QE4-7　LBD 的局限性和挑战是什么？

虽然个人、企业和政府机构从移动设备和 GIS 获益很多，但目前仍有一些重大的问题和挑战限制了 LBD 更广泛的应用。我们在图 CE4-13 中列出了最重要的挑战。

技术

虽然 LBD 取得了巨大的技术进步，但仍存在许多挑战。一个挑战是 LBD 互操作性所需的技术标准仍处于初期，未曾更新。业界需要广泛接受的技术标准来克服 LBD 信息孤岛。有了足够的标准，LBD 就能更有效地在数据库、应用程序、设备和网络之间移动。第二个技术问题是 LBD 中的测量误差，源于将一个圆形的世界映射到二维平面坐标系及移动物体的测量精度。移动设备的电力需求也是一个挑战。最后，屏幕尺寸仍然是一个问题——在小屏幕上创造有意义的输出的挑战继续限制了 LBD 的应用。LBD 技术的挑战，就像其他快速出现的技术的挑战一样，需要时间来应对，但关于人的挑战将需要更长的时间来应对。

技术
• 标准滞后
• 电力消耗
• 测量误差
• 小屏幕
人
• 隐私
• 资金
• 数据安全

图 CE4-13　移动设备和 GIS 的挑战

人

使用关于人的数据的 LBD 流程总是会产生隐私问题。例如，一家企业可能会向附近的客户发送购物优惠券和折扣信息。虽然一些客户会喜欢这种形式，但其他人会认为这侵犯了他们的隐私。当企业使用 LBD 产生隐私问题时，政府机构使用 LBD 也会出现隐私问题。政府的一项 LBD 申请是监控缓刑罪犯的行动。一款新的移动 LBD 应用程序将使执法人员能够通过一种可穿戴设备跟踪罪犯的位置，这种设备会不断发送他们的位置。同样，挑战在于平衡个人隐私与公共应用程序的效率。

另一个挑战是 LBD 服务的资金来源。移动网络提供商可以从他们的用户那里获得收益，但他们是否应该与 LBD 应用开发者分享部分收益？换句话说,这些网络提供商是否应该向他们的用户征收定位服务的"税"，以筹集资金改善 LBD 服务，如 Amber Alert、天气警报和其他紧急事务服务？同样的问题也适用于遥感应用。政府机构和私营企业都依赖遥感数据，但是谁应该为它买单，如何为它提供资金？

LBD 的使用也带来了新的数据安全问题。你的智能手机、汽车导航系统和其他设备分享你的 LBD 的次数可能比你预期的要多。Facebook、Google、Amazon 和 Twitter 都使用了智能手机提供的位置数据。虽然这些知名公司对安全问题越来越敏感，但你的手机会通过你下载的应用程序将你的位置泄露给其他公司。此外，所有主要的美国运营商都向第三方出售客户LDB。甚至执法机构也在学习如何使用LBD，这让许多法律专家感到不安。

这些技术和以人为导向的挑战是相当大的。然而，企业将越来越依赖基于位置的流程及支持它们的移动设备和GIS。随着许多技术的发展，这些技术将继续改进，使用它们来捕获、分析和呈现LBD肯定会变得更加广泛。

主动复习

QE4-1 基于位置的数据增长有多快？

描述LBD和GIS。总结可作为移动设备的设备类型。解释产生和使用LBD的新型移动设备。描述一下LBD是如何快速增长的，以及它在两个行业中扮演着关键角色。

QE4-2 移动设备与地理信息系统(GIS)有何不同？

解释基于位置的流程中的三个主要活动。描述这些活动是如何首先使用移动设备，然后使用GIS完成的。

QE4-3 什么是基于位置的流程？

基于位置的流程是动态的还是静态的？描述基于位置的流程的目标。描述在基于位置的流程中使用的数据类型。

QE4-4 移动设备如何支持基于位置的流程？

描述一下智能手机和基站是如何产生LBD的。定义RFID标签并解释RFID标签如何创建LBD。描述蓝牙、它的常见用途，以及它创建的LBD类型。解释NFC，它的常见用途和类型，以及它创建的LBD类型。提供个人如何使用移动设备来分析LBD的例子。描述在小屏幕上进行有效呈现的必要元素。

QE4-5 GIS如何支持基于位置的流程？

解释数字地图。描述LBD是如何应用于数字地图的。解释GIS上的三种不同类型的对象。描述空间分析并提供几个例子。解释呈现设计师在创建LBD呈现时必须选择的类型。

QE4-6 LBD支持哪些业务流程？

给出LBD支持的业务流程的例子及它们的目标。描述政府和非商业组织如何使用LBD。

QE4-7 LBD的局限性和挑战是什么？

描述LBD面临的技术挑战。解释隐私如何影响LBD的使用。描述LBD服务的资金问题。解释LBD面临的安全挑战。

关键术语和概念

蓝牙	数字地图	地理信息系统(GIS)
地理标记	基于位置的数据(LBD)	近场通信(NFC)
射频识别(RFID)	遥感	空间分析
UTM	车对车(V2V)	

课后习题

E4-1 列出你使用 Google 地图找到的最常见的地点类型(例如,加油站、餐厅)。列出你认为其他学生使用 Google 地图找到的最常见的地点类型。

E4-2 对于图 CE4-11 中列出的两个业务流程,说明捕获了哪些数据,由谁分析这些数据,以及如何呈现这些数据。

E4-3 提供企业使用蓝牙和 NFC 设备的例子。提供一个本书中没有讲解的 RFID 标签的业务使用示例。

E4-4 根据在移动设备上进行有效呈现的关键特性(见图 CE4-9),评估一个使用 LBD 的流行移动应用呈现——该应用在哪些方面做得很好,它可以改进什么?

E4-5 使用你的智能手机,确定哪个应用程序正在使用你的位置数据。更改其中一两个应用程序,限制它们何时可以使用你的位置数据。在你的答案中,说明哪些应用程序正在跟踪你的位置,以及你更改了哪些应用程序的访问权限。

附录 A

SAP 生产教程

在本教程中，如图 A-1 所示，Chuck's Bikes Inc.(CBI) 通过执行 3 个主要活动来生产一批越野自行车，即计划(Plan)、生产(Produce)和存储(Store)。首先，CBI 创建了一个计划订单(Planned Order)——一个指定了在未来几个月预计销售多少辆自行车的计划。这个计划订单是由 Sally 创建的，她在公司总部担任供应链管理角色。一旦计划订单完成，Dallas 的仓库经理 Wally 将其转换为生产订单(Production Order)。在本教程中，我们只生产一批自行车。一旦我们的订单被生产出来，生产流程的执行就被确认了，成品自行车必须被转移到仓库。总而言之，主要的活动是计划、生产和存储。

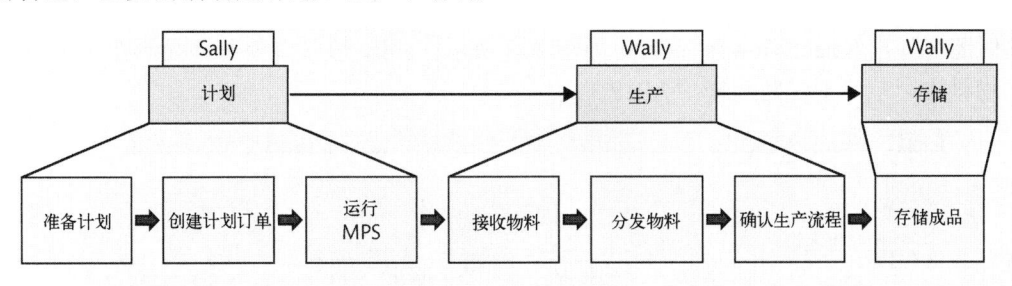

```
Sally                              Wally              Wally
计划                                生产                存储

准备计划 → 创建计划订单 → 运行MPS → 接收物料 → 分发物料 → 确认生产流程 → 存储成品
```

1. 变更物料主记录
2. 改变路径
3. 创建销售和生产计划
4. 将SOP传递给需求管理文档
5. 利用MRP执行MPS
6. 将计划订单转换为生产订单
7. 接收库存中的物料
8. 为生产订单分发物料
9. 确认生产完成
10. 接收成品

图 A-1　生产流程和 SAP 窗口

本教程遵循的生产流程如图 A-1 所示。图 A-1 的上部显示了 3 个主要的生产流程活动——计划、生产、储存及它们的子活动。在图 A-1 的下部，我们展示了生产流程涉及的 10 个 SAP 窗口。本教程将指导你完成每个窗口的操作。

1. 变更物料主记录

首先，Sally 是 CBI 的供应链专业人员，职位是生产经理，她决定为越野自行车创建一个新的计划订单。她已经为越野自行车创建了一个销售预测，但在她输入该订单之前，Sally 需要更新越野自行车的物料主记录（Material Master Record）。使用以下操作，从 SAP Easy Access 窗口导航到 Change Material 窗口：

Logistics > Production > Master Data > Material Master > Material > Change > Immediately

如果使用的是 Fiori 磁贴，可以选择 Production Planning and Execution 菜单及 Change Material 磁贴。随后出现的 Change Material（Initial Screen）窗口如图 A-2 所示。

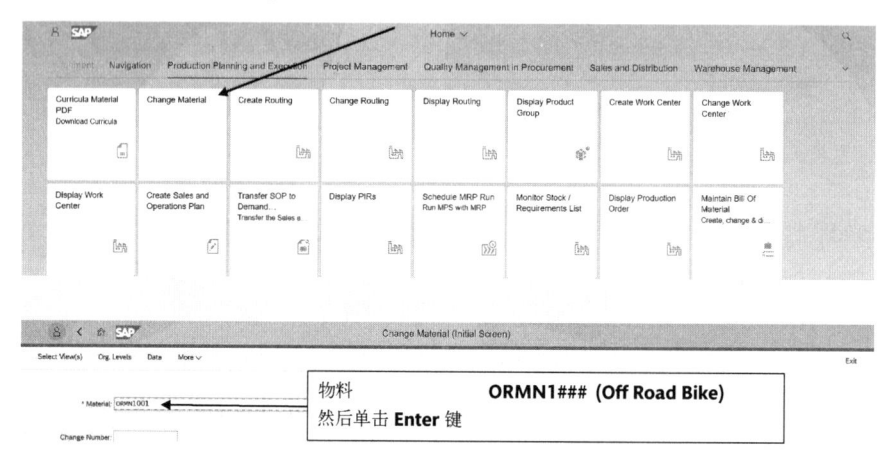

图 A-2　Change Material（Initial Screen）窗口（来源：© 2020 SAP SE. All rights reserved.）

这时还会弹出 Select View(s) 窗口，如图 A-3 所示。Sally 想要调整一些显示在 MRP 3 屏幕上的物料主记录，于是她选择了 MRP 3。

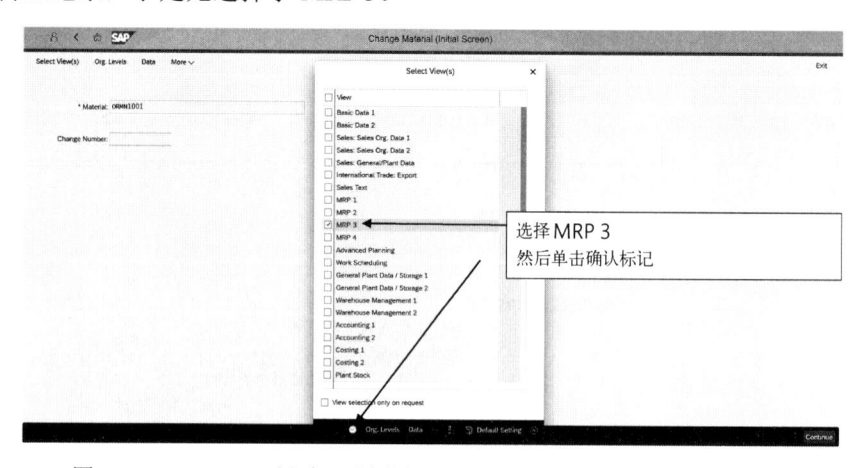

图 A-3　Select View(s) 窗口（来源：© 2020 SAP SE. All rights reserved.）

接着弹出 Organizational Levels 窗口，如图 A-4 所示。Sally 选中她想要更改的越野自行车的物料记录（这些自行车将在 Dallas 工厂生产），并且在生产之后，自行车将存储在 FG00 成品库中。

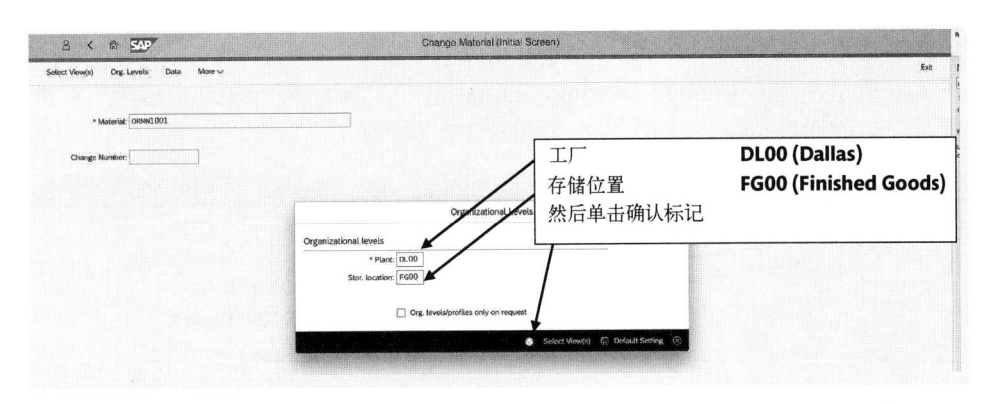

图 A-4 Organizational Levels 窗口（来源：© 2020 SAP SE. All rights reserved.）

现在进入 Change Material ORMN 窗口，如图 A-5 所示。在这个窗口上，Sally 更换了越野自行车的物料管理信息。她改变了规划策略、消耗模式和逆向消耗周期。规划策略中的"40"意味着 Sally 正在创建一个计划，该计划将生产全部组装而不是部分组装的完整自行车（不是仅组装车座和车架）。Consumption mode 文本框中的"1"和 Bwd.consumption per.文本框中的"30"意味着原材料将在预期销售日期之前被消耗。这意味着 CBI 希望在需求出现之前生产自行车，以便建立库存，而不是在有需求后才生产。

如果在窗口左下角收到一条消息"Check the consumption periods"，则请单击 Enter 键。当系统更新了越野自行车的物料管理记录后，点击"<"图标返回 SAP Easy Access 窗口。

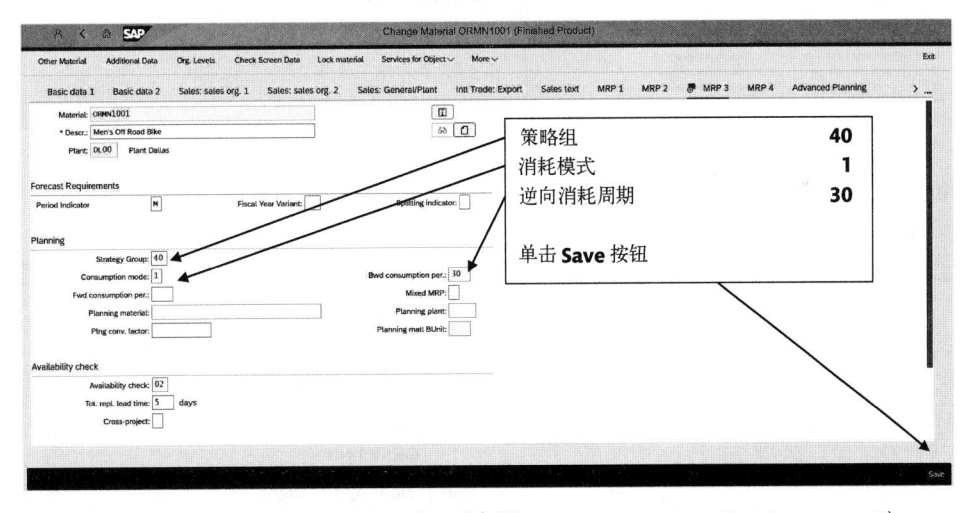

图 A-5 Change Material ORMN 窗口（来源：© 2020 SAP SE. All rights reserved.）

2. 改变路径

在这个活动中，Sally 将自行车零件（如车座和车轮）分配给组装活动（例如 Attach seat to frame 活动）。Sally 要将 10 个零件分配给 7 个活动。使用以下操作，从 SAP Easy Access 窗口导航到 Change Material 窗口：

Logistics > Production > Master Data > Routings > Routings > Standard　Routings > Change

如果使用的是 Fiori 磁贴，请选择 Production Planning and Execution 菜单（本教程中所有

407

的磁贴选择都使用该菜单)及 Change Routing 磁贴。

如图 A-6 所示，进入 Change Routings: Initial 窗口。Sally 再一次选中这个生产流程将使用的越野自行车的物料(这些自行车将在 Dallas 工厂生产)。

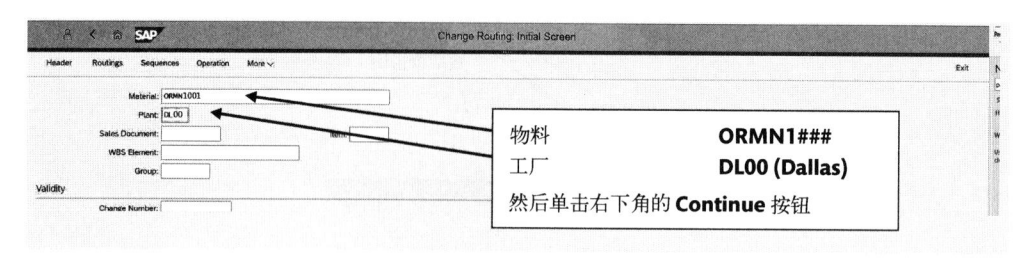

图 A-6　Change Routing: Initial 窗口(来源：© 2020 SAP SE. All rights reserved.)

SAP 显示生产越野自行车所需的活动列表，如图 A-7 所示。例如，第二行描述了 Attach seat to frame 活动。在此步骤中，Sally 需要给每个活动分配所需的零件。

首先，Sally 想为一个活动分配两个零件。如图 A-8 和图 A-9 所示，她选择了两个零件(车架和车座)，并将它们分配给活动 20。

图 A-7　Change Routing: Operation Overview 窗口(来源：© 2020 SAP SE. All rights reserved.)

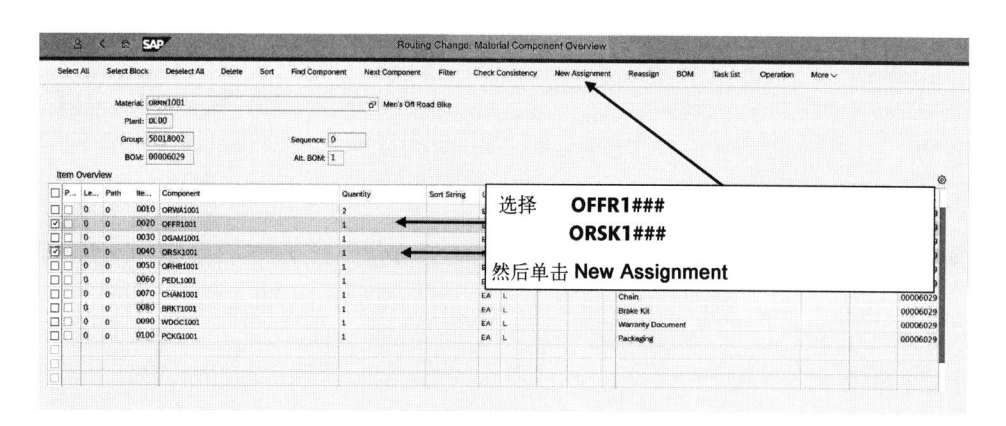

图 A-8　Routing Change: Material Component Overview 窗口(来源：© 2020 SAP SE. All rights reserved.)

如图 A-9 所示，这时弹出 New Assignment 窗口，Sally 可以将这两个零件分配给一个活动，即活动 20。

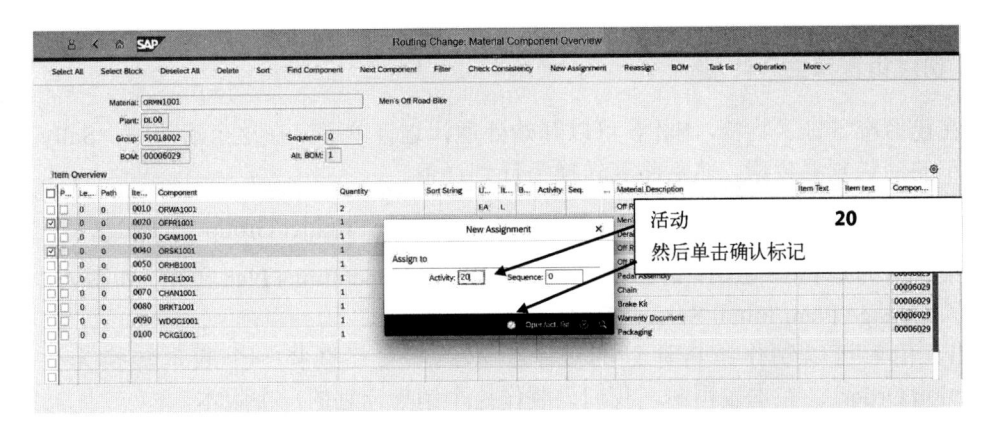

图 A-9　弹出的 New Assignment 窗口（来源：© 2020 SAP SE. All rights reserved.）

单击确认标记后，弹出的 New Assignment 窗口将消失，Sally 可以为下一个活动选择另一个零件（越野自行车车把）。Sally 按照下列清单重复了将其他零件分配给对应活动的过程。

项目	物料缩写	物料描述	活动
0050	ORHB1###	越野自行车车把	0030
0010	ORWA1###	越野铝制轮毂总成	0040
0030	DGAM1###	变速器齿轮总成	0040
0070	CHAN1###	链条	0050
0080	BRKT1###	制动套件	0060
0060	PEDL1###	踏板	0070
0090	WDOC1###	保修文档	0100
0100	PCKG1###	包装	0100

当完成最后的分配时，Routing Change: Material Component Overview 窗口如图 A-10 所示。注意，与图 A-9 相比，Activity 列现在是完整的。

单击 Save 按钮，然后返回 SAP Easy Access 窗口。

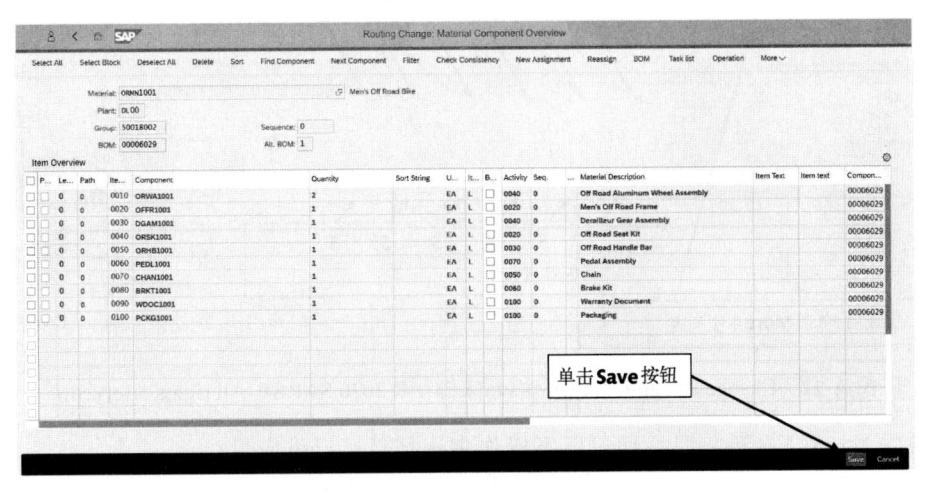

图 A-10　完成分配后的 Routing Change: Material Component Overview 窗口
（来源：© 2020 SAP SE. All rights reserved.）

3. 创建销售和生产计划

现在已经准备好了物料，Sally 可以开始处理计划订单了。在这个活动中，Sally 输入越野自行车的销售预测数据。然后将其转换为计划订单。

Logistics > Production > SOP > Planning > For Product Group > Change

如果使用的是 Fiori 磁贴，请选择 Create Sales And Operations Plan 磁贴。如图 A-11 所示，首先进入 Change Plan: Initial Screen 窗口。

Sally 稍后可以制作销售计划的多个版本，并最终选择一个版本转换为生产订单 (Production Order)。在本教程中，我们只制作这个销售计划的一个版本。

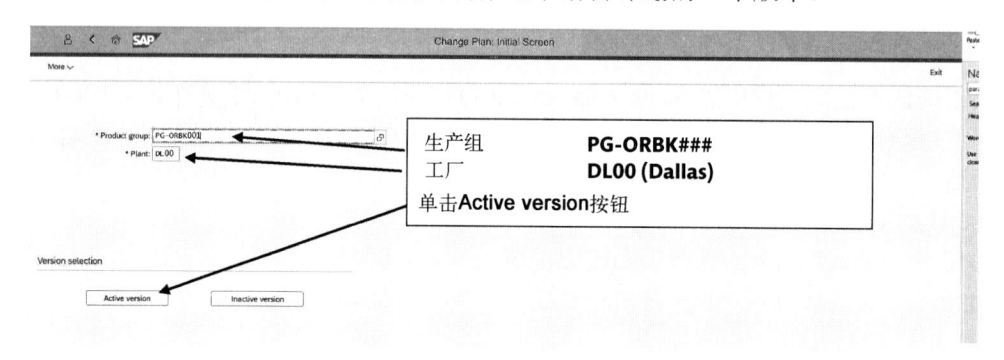

图 A-11 Change Plan: Initial Screen 窗口（来源：© 2020 SAP SE. All rights reserved.）

如图 A-12 所示，进入 Change Rough-Cut Plan 窗口。Sally 在第三列输入了两个月后的销售预测数据。目标日供应量 (Target Days' Supply) 是安全库存的一种衡量标准；选择更高的数量将改变生产方式，从而在需求开始之前尽早生产更多的自行车，并增加库存。

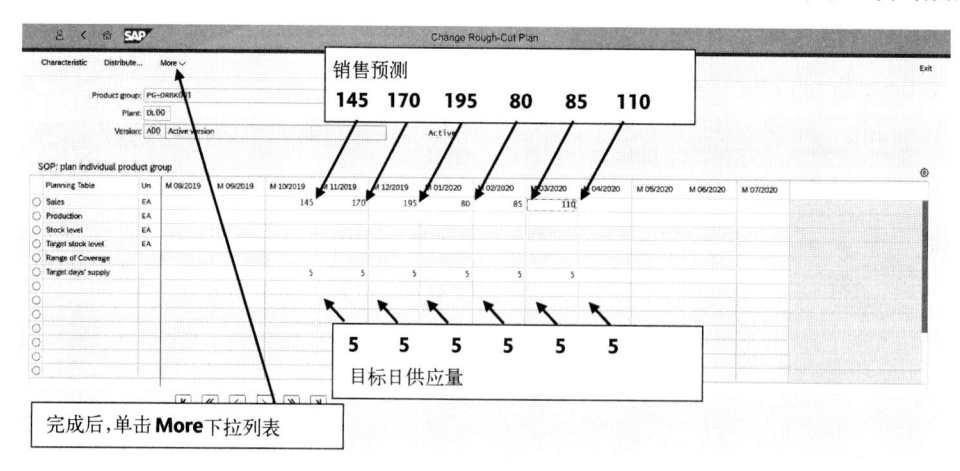

图 A-12 Change Rough-Cut Plan 窗口（来源：© 2020 SAP SE. All rights reserved.）

当单击 More 下拉列表时，通过以下操作来选择目标日供应量：

Edit > Create production plan > Target days' supply

SAP 将根据销售计划和目标日供应量的数据来创建生产计划。如图 A-13 所示，单击目标日供应量后，SAP 创建生产计划，然后可以在更新后的 Change Rough-Cut Plan 窗口中看到库存水平和生产数据。

图 A-13　更新后的 Change Rough-Cut Plan 窗口（来源：© 2020 SAP SE. All rights reserved.）

保存操作。然后点击"<"图标返回 SAP Easy Access 窗口。

4．将 SOP 传递给需求管理文档

在这个活动中，Sally 创建了一个需求管理（Demand Management）文档。这个文档是仓库用来组装自行车的。在整个流程中，此步骤是从计划订单（创建过程持续几个月）过渡到创建将在特定日期执行的生产订单的过程中的一项操作。

Logistics > Production > SOP > Disaggregation > Transfer Material to Demand Management

如果使用的是 Fiori 磁贴，请选择 Transfer Sop To Demand 磁贴。

如图 A-14 所示，该活动从 Transfer Planning Data to Demand Management 窗口开始。在 Version 文本框输入 A00，取消 Invisible transfer 的选择。

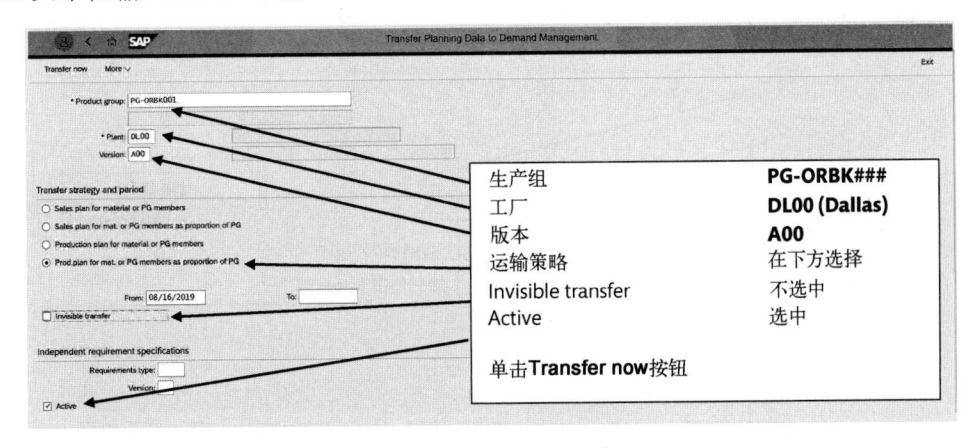

图 A-14　Transfer Planning Data to Demand Management 窗口（来源：© 2020 SAP SE. All rights reserved.）

如图 A-15 所示，SAP 将生成 Plnd Ind. Reqmts: Planning Table 窗口。如果 Sally 想编辑订单，她可以在该窗口实现。

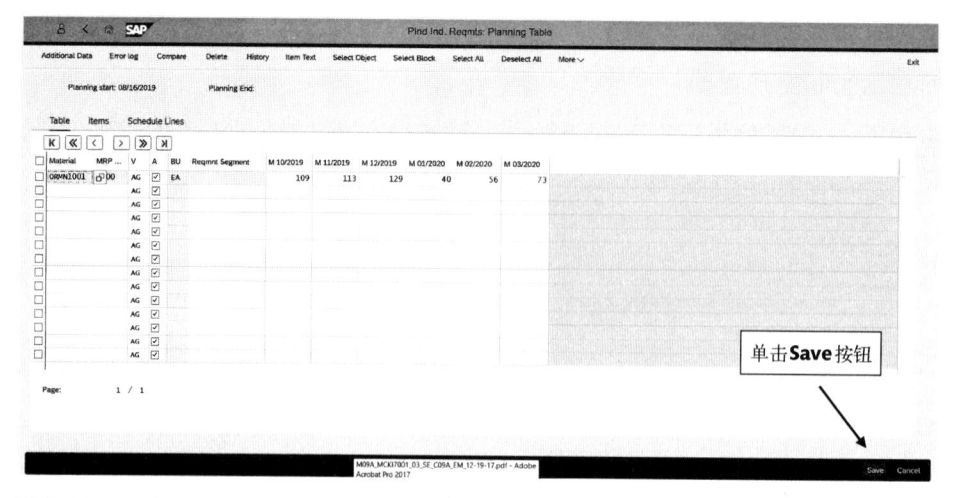

图 A-15 Plnd Ind. Reqmts: Planning Table 窗口（来源：© 2020 SAP SE. All rights preserved.）

单击 Save 按钮，这时出现一条与本活动无关的日志消息，可以直接忽略。单击"<"图标两次，返回 SAP Easy Access 窗口。

5. 利用 MRP 执行 MPS

此步骤继续从预测计划过渡到创建将在特定日期执行的生产订单。

Logistics > Production > Production Planning > MPS > MPS > Single Item, Multi-Level

如果使用的是 Fiori 磁贴，请选择 Schedule MRP Run 磁贴。

在这个活动中，Sally 执行 Master Production Schedule（MPS）。单项目（Single Item）是指生产一种产品——越野自行车。多阶段（Mati-Level）意味着自行车的 BOM 有多个阶段（级别）。在阶段 1 中，车座和车架被组装起来，然后在阶段 2 中，其他零件被添加到阶段 1 的成品中（为单项目创建两个阶段）。如图 A-16 所示，进入 Single-Item, Multi-Level 窗口。

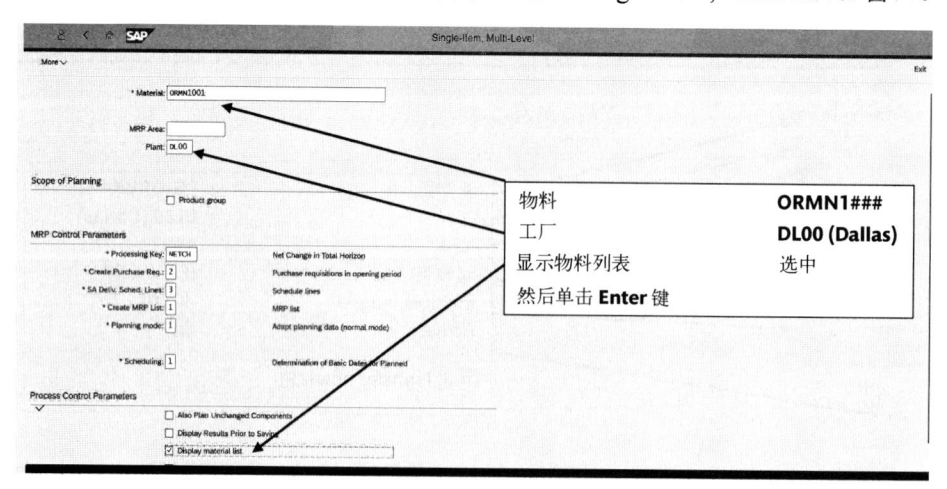

图 A-16 Single-Item, Multi-Level 窗口（来源：© 2020 SAP SE. All rights reserved.）

这时将出现一条警告消息，要求检查输入参数，确认之后单击 Enter 键。如图 A-17 所示，这时已创建了一个计划订单，不需要保存。

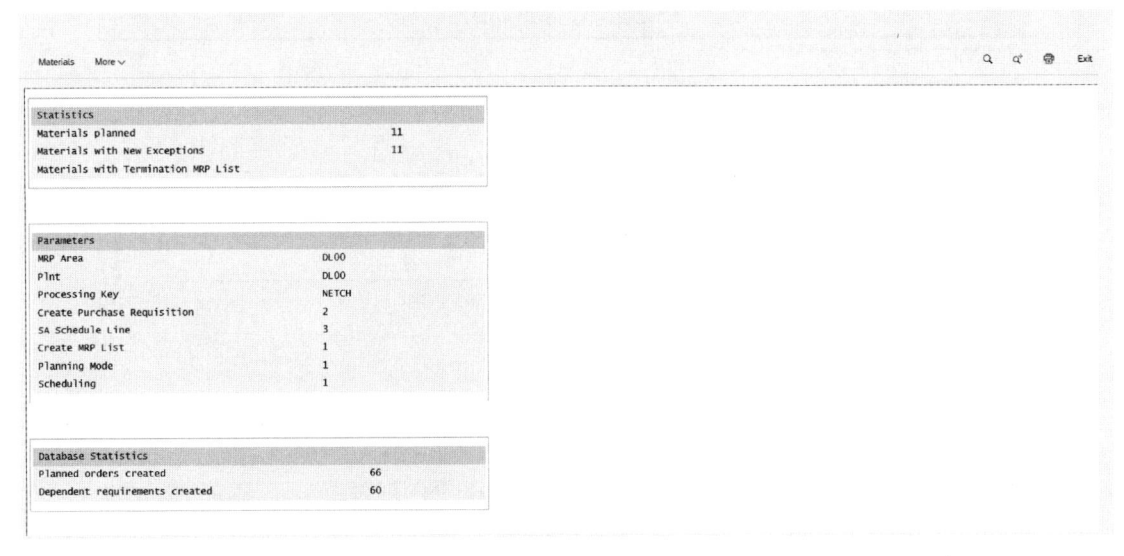

图 A-17 订单信息列表显示窗口（来源：© 2020 SAP SE. All rights reserved.）

Sally 确保这些细节是正确的，然后返回 SAP Easy Access 窗口。

6. 将计划订单转换为生产订单

到目前为止，Sally 已经生成了一个计划订单。在接下来的几个步骤中，活动由仓库经理完成。在我们的示例中，Wally 为仓库经理。在这一步中，她将未来六个月的计划订单转换为将在仓库中完成的一个生产订单。

Logistics>Production>MRP>Evaluations>Stock/Requirements List Monitor Stock/Requirements List

如果使用的是 Fiori 磁贴，请选择 Monitor Stock/Requirements List 磁贴。

然后进入 Stock/Requirements List: Initial Screen 窗口，如图 A-18 所示。

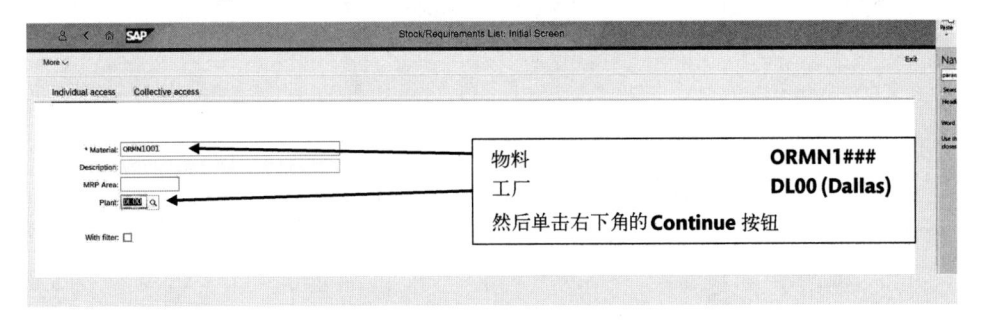

图 A-18 Stock/Requirements List: Initial Screen 窗口（来源：© 2020 SAP SE. All rights reserved.）

出现如图 A-19 所示的 Stock/Requirements List 窗口。Wally 将在 MRP element data 列中选择众多计划订单（PldOrd）中的一个。

随后如图 A-20 所示，弹出 Additional Data for MRP Element 窗口。Wally 想把这个计划订单（PldOrd）变成生产订单（Prod. Ord）。

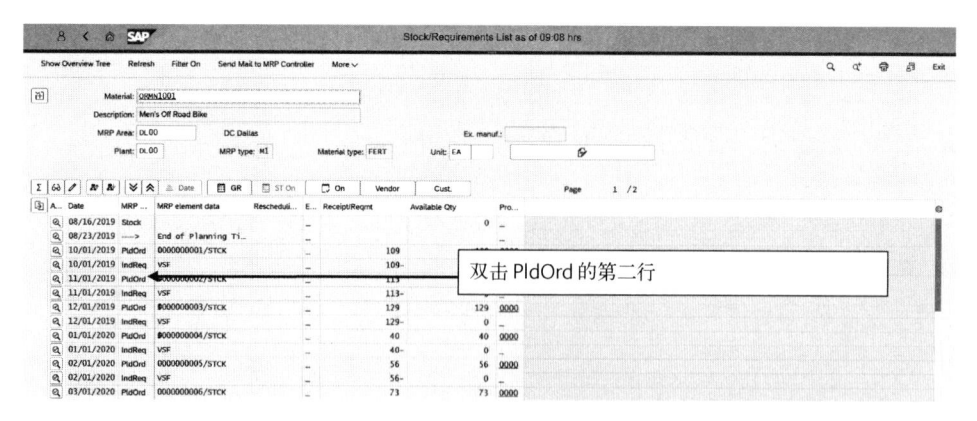

图 A-19　Stock/Requirements List 窗口（来源：© 2020 SAP SE. All rights reserved.）

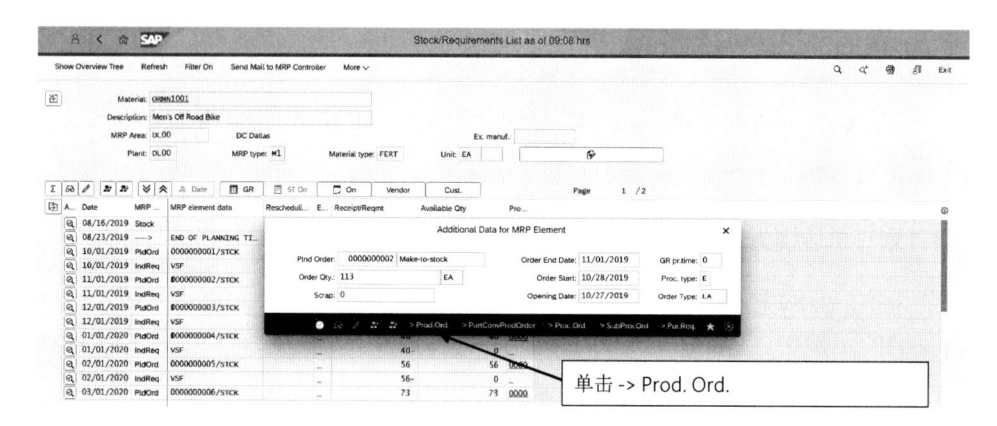

图 A-20　弹出的 Additional Data for MRP Element 窗口（来源：© 2020 SAP SE. All rights reserved.）

如图 A-21 所示，SAP 系统将出现 Production order Create: Header 窗口。

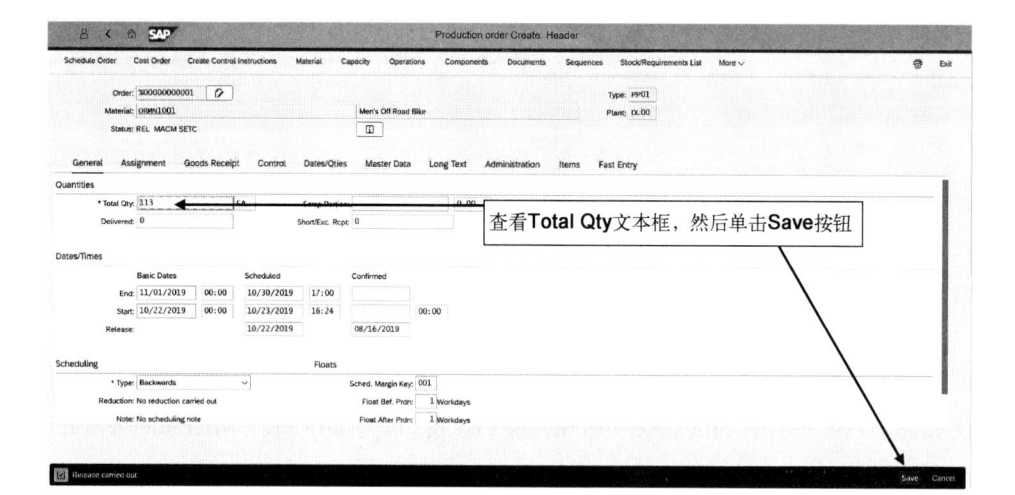

图 A-21　Production Order Create: Header 窗口（来源：© 2020 SAP SE. All rights reserved.）

对于后面的步骤，记住这个生产订单将创建的 Total Qty（总量）是很重要的。这是第一个生产订单将生产的自行车数量。

如图 A-22 所示，保存生产订单后，库存/需求列表会重新出现。这时已经创建了生产订单编号并显示在窗口的底部。

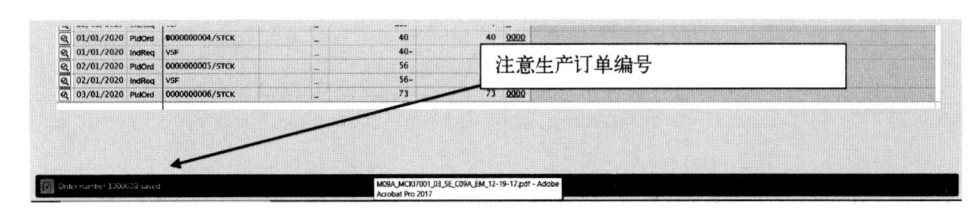

图 A-22　保存生产订单（来源：© 2020 SAP SE. All rights reserved.）

单击"<"图标两次，返回 SAP Easy Access 窗口。

7．接收库存中的物料

在 Wally 所在的部门开始组装自行车之前，她必须确认 Dallas 的仓库里有足够的物料库存，比如自行车车架和车座。刚刚有一批货物到达，正好提供了这个生产订单所需的所有物料。在这一步中，Wally 正在接收这些物料。

Logistics > Material Management > Inventory Management > Goods Movement > Goods Movement

如果使用的是 Fiori 磁贴，请选择 Post Goods Movement 磁贴。

如图 A-23 所示，将出现 Goods Receipt Other 窗口。单击下拉列表选择 Other 项。

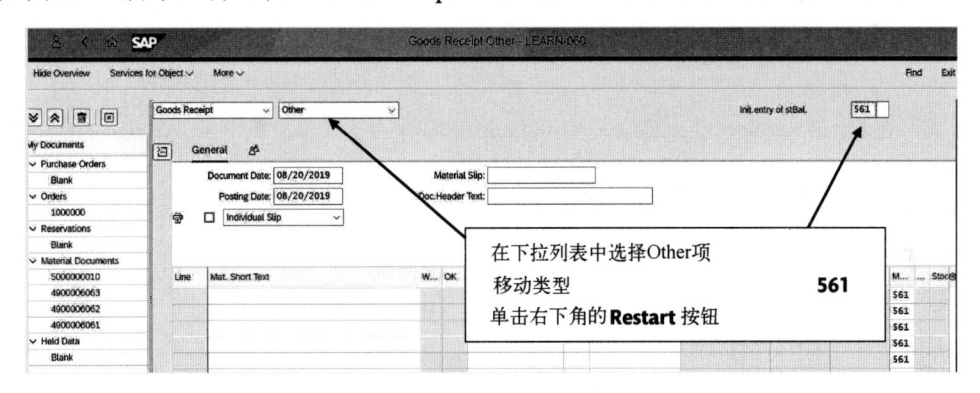

图 A-23　Goods Receipt Other 窗口（来源：© 2020 SAP SE. All rights reserved.）

Wally 在移动类型（Movement Type）列中输入了 561。这表示库存中收到的物料可用于生产。输入如图 A-24 所示的五种物料，并填写相应的物料数量和存储位置（SLoc）。所有项目将存储为原材料，除了第一项——车轮——这是一个半成品。

输入以下五种物料的数据：

物料缩写		数量	SLoc
越野铝制轮毂总成	ORWA1###	500	SF00
越野自行车架	OFFR1###	500	RM00
变速器齿轮总成	DGAM1###	500	RM00
越野车座套件	ORSK1###	500	RM00
越野自行车车把	ORHB1###	500	RM00

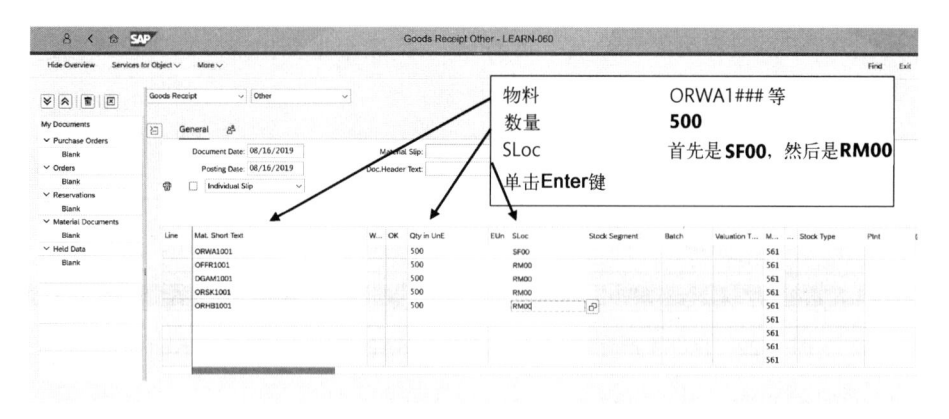

图 A-24　更新后的 Goods Receipt Other 窗口（来源：© 2020 SAP SE. All rights reserved.）

单击 Enter 键之后，弹出如图 A-25 所示的窗口。在弹出的窗口中双击工厂编号（Plant Dallas），告诉系统将在哪里接收物料。

图 A-25　在 Goods Receipt Other 窗口中弹出的工厂信息（来源：© 2020 SAP SE. All rights reserved.）

如图 A-26 所示，对接下来的五种物料重复发送货物（Post Goods）操作。

	物料缩写	数量	SLoc
踏板	PEDL1###	500	RM00
链条	CHAN1###	500	RM00
制动套件	BRKT1###	500	RM00
保修文档	WDOC1###	500	RM00
包装	PCKG1###	500	RM00

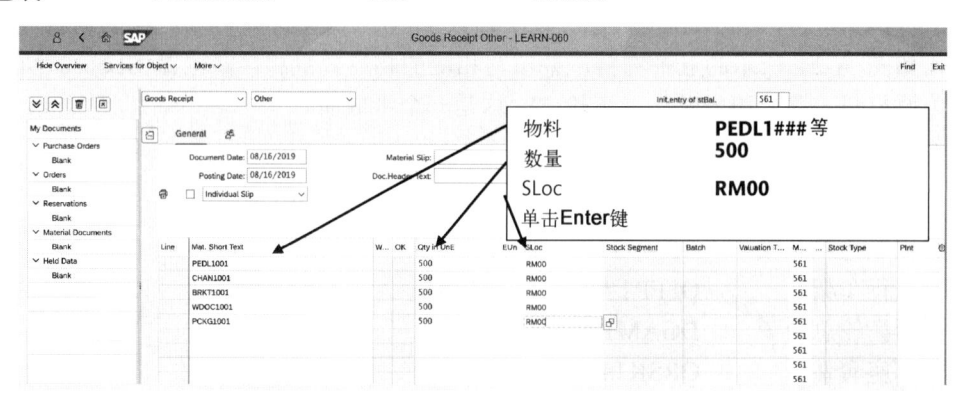

图 A-26　在 Goods Receipt Other 窗口进行发送货物操作（来源：© 2020 SAP SE. All rights reserved.）

同样，当看到弹出窗口时，为5个物料中的每一个都选择Plant Dallas。

再次单击Post按钮。

完成发送货物操作后，注意屏幕左下角的物料文档编号，确认这些货物已经收到（见图A-27）。返回SAP Easy Access窗口。

图A-27　显示物料文档编号的窗口（来源：© 2020 SAP SE. All rights reserved.）

8. 为生产订单分发物料

在此步骤中，Wally指示SAP，在前面的活动中接收到的特定物料将用于完成前面创建的生产订单。在这一步中，SAP将减少库存并将生产成本分配给该生产订单。

Logistics > Production> Shop Floor Control > Goods Movements > Goods Issue

如果使用的是Fiori磁贴，请选择Post Goods Movement磁贴。

然后出现Goods Receipt Other窗口。在左上角的下拉列表中将Goods Receipt（货物接收）更改为Goods Issue（货物分发），并在第二个下拉列表中选择Order，如图A-28所示。

如果没有步骤6给出的生产订单编号，可以使用搜索功能找到该订单。

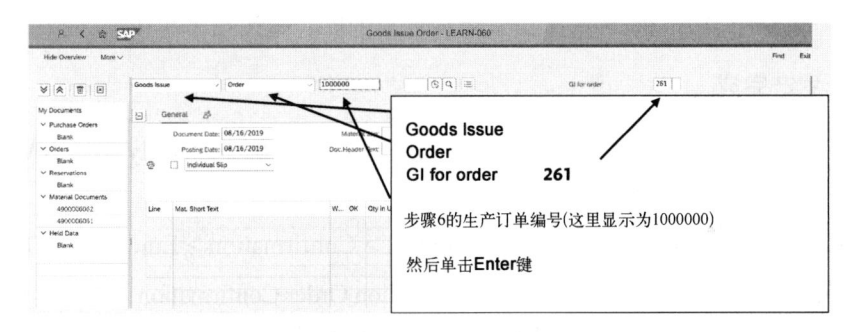

图A-28　Goods Issue Order窗口（来源：© 2020 SAP SE. All rights reserved.）

Wally在移动类型列中输入261。这将标识物料类型和库存中分配给特定生产订单的物料数量。

如图A-29所示，进入Goods Issue Order窗口。在这个窗口，我们需要确认生产所需的物料的当前库存地址。

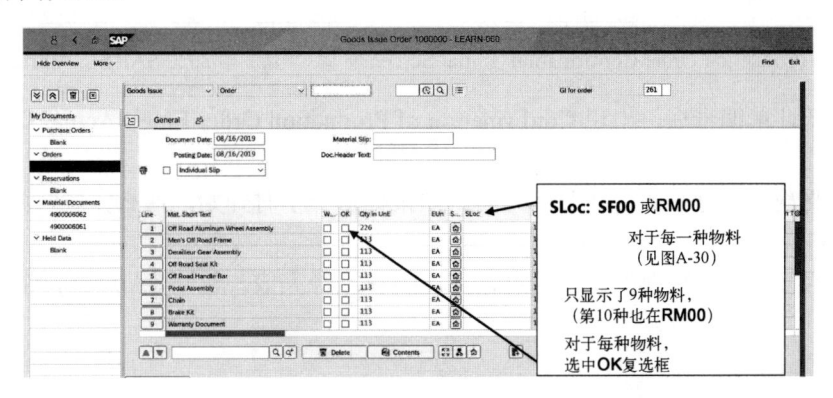

图A-29　确认库存地址后的Goods Issue Order窗口（来源：© 2020 SAP SE. All rights preserved.）

如图 A-30 所示，在 SLoc 列中输入 SF00/RM00。使用向下箭头输入第 10 种物料的库存地址。这样我们可以确定每种物料的数量，以及该生产订单中物料的来源。

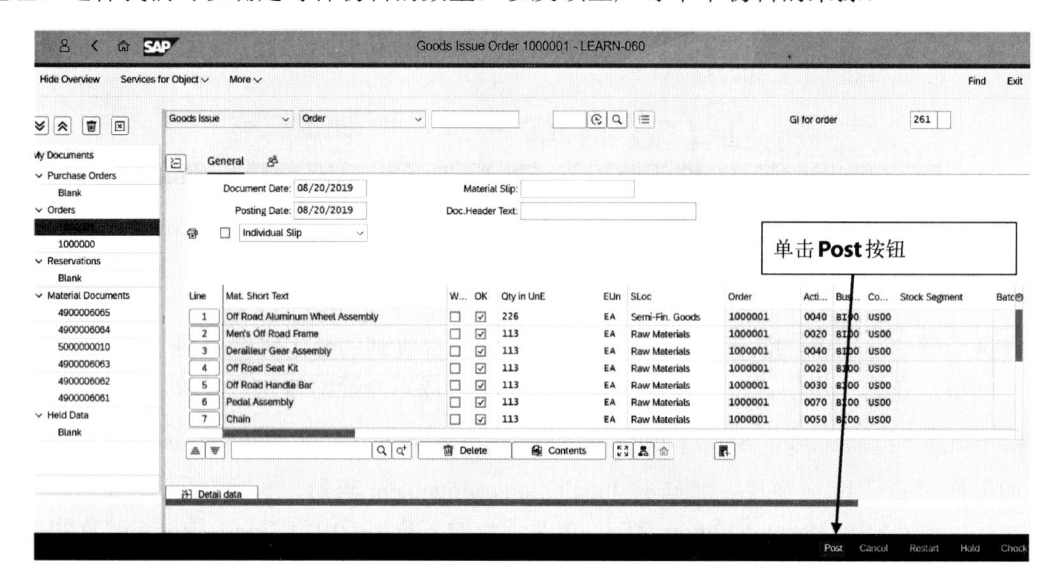

图 A-30　更新后的 Goods Issue Order 窗口（来源：© 2020 SAP SE. All rights preserved.）

在将每种物料标记为 OK 状态并指定每种物料的库存地址后，单击右下角的 Post 按钮。

9. 确认生产完成

之后，自行车的实际生产将在 Dallas 工厂进行。在此步骤中，Wally 更新 SAP 生产订单，以反映生产订单现在已经完成。

　　　Logistics > Production> Shop Floor Control > Confirmation > Enter > For Order

如果正在使用 Fiori 磁贴，请选择 Enter Production Order Confirmation 磁贴。

然后出现 Enter Production Order Confirmation: Initial Screen 窗口，如图 A-31 所示。

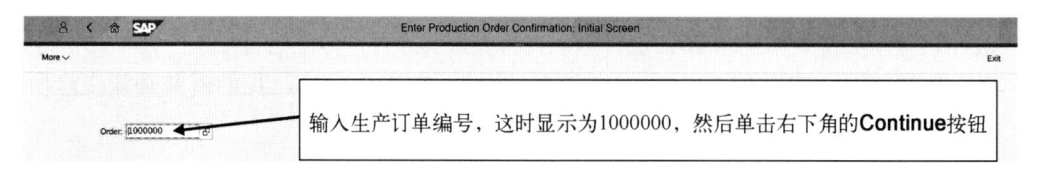

图 A-31　Enter Production Order Confirmation: Initial Screen 窗口（来源：© 2020 SAP SE. All rights reserved.）

输入生产订单编号后，出现 Confirmation of Production Order Enter: Actual Data 窗口，如图 A-32 所示。

这时需要输入自行车的生产开始时间，如果提前一小时开始，那么完成时间也要早一小时（见图 A-33）。

再次注意订单已经更改的确认消息，生产现在已经完成。返回 SAP Easy Access 窗口。

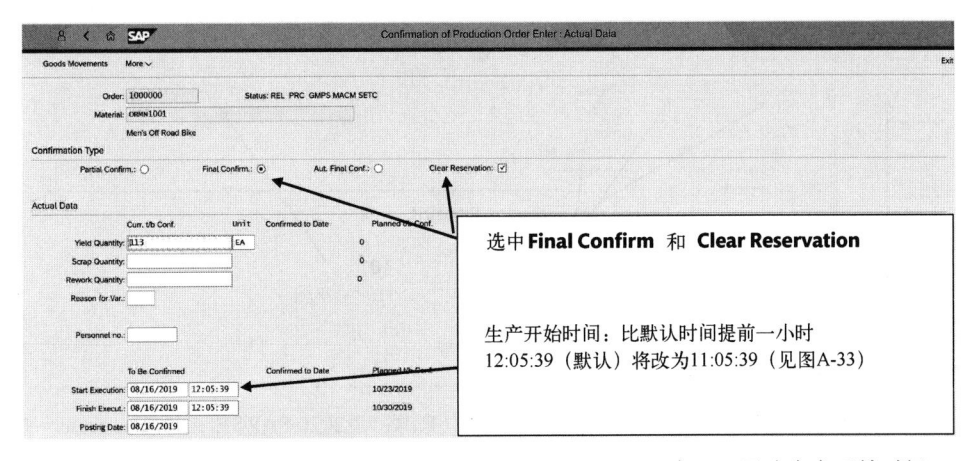

图 A-32　Confirmation of Production Order Enter: Actual Data 窗口：更改生产开始时间
（来源：© 2020 SAP SE. All rights reserved.）

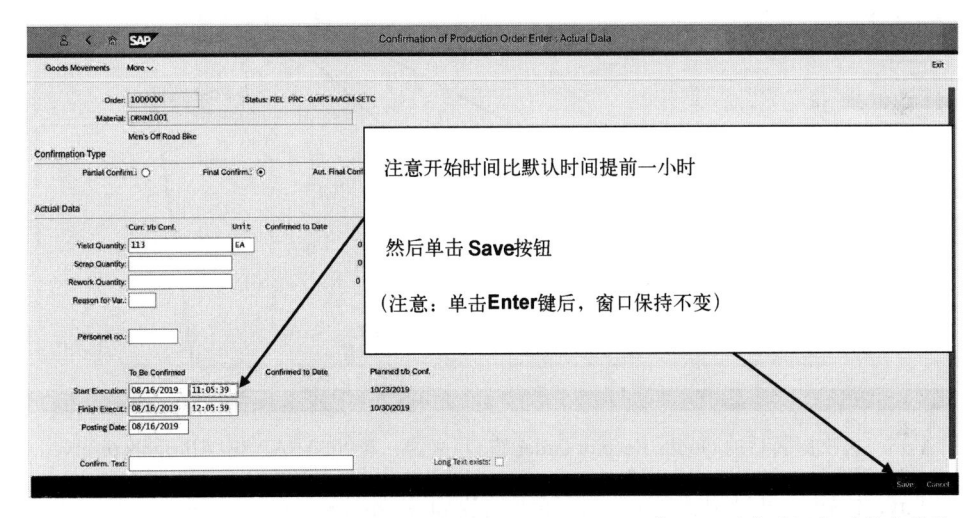

图 A-33　Confirmation of Production Order Enter: Actual Data 窗口：更改时间之后保存操作
（来源：© 2020 SAP SE. All rights preserved.）

10．接收成品

在最后一步中，Wally 将组装好的自行车移入成品库。Wally 更新 SAP，以反映成品自行车现在的存储位置。

Logistics > Production> Shop Floor Control > Goods Movements > Goods Receipt

如果正在使用 Fiori 磁贴，请选择 Post Goods Movement 磁贴。

如图 A-34 所示，将出现 Goods Receipt Order 窗口。

Wally 在移动类型列中输入 101，并输入生产订单号。这种类型的移动意味着组装好的自行车将从组装处移动到成品存储位置。

随后更新 Goods Receipt Order 窗口，如图 A-35 所示。确保订单数量正确（显示为 113）。

419

图 A-34 准备接收成品的 Goods Receipt Order 窗口（来源：© 2020 SAP SE. All rights preserved.）

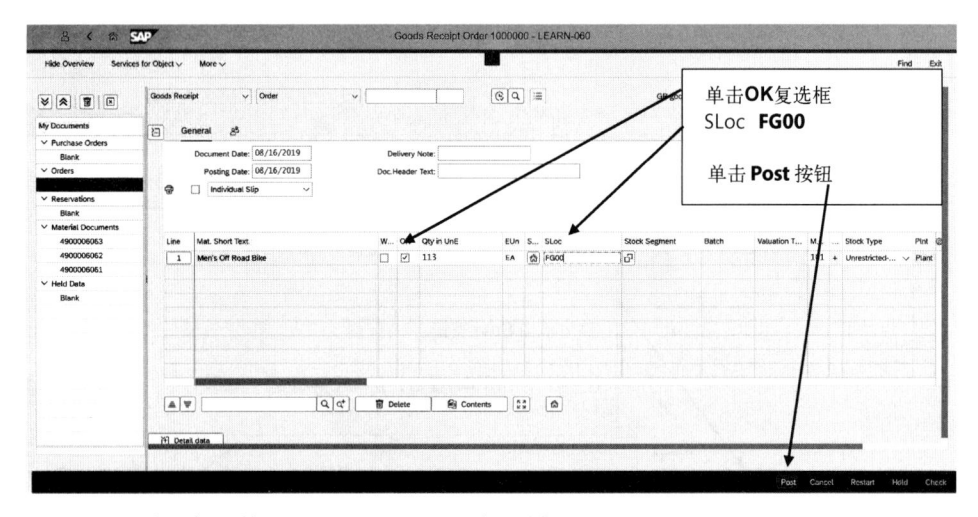

图 A-35 再次更新后的 Goods Receipt Order 窗口（来源：© 2020 SAP SE. All rights reserved.）

单击 Save 按钮。可以记下窗口下方显示的物料文档编号。

确认自行车现在已经转移到成品库中后，我们就完成了本教程的学习。

应用练习

第一部分

第 1 章

1-1. 图 AE-1 显示了第 1 章中讨论的度假村自行车租赁业务的 Excel 电子表格，该表格用于评估和分析其自行车库存。检查该图以理解数据的含义。现在使用 Excel 创建一个类似的电子表格。注意事项如下：

- 顶部标题为 20 号 Calibri 字体。它位于电子表格的中心，合并单元格 A1 到 H1。
- 第二个标题"Bicycle Inventory Valuation"（自行车库存估值）采用 18 号 Calibri 字体标注，呈斜体。它位于已合并的单元格 A2 到 H2 的中心。
- 将列标题设置为 11 号 Calibri 字体，呈粗体。它们在单元格中居中，并且文本在单元格中换行显示。

a. 使电子表格的前两行与图 AE-1 相似。可以选择自己喜欢的背景颜色和字体颜色。

b. 将当前日期置于合并的单元格 C3、C4 和 C5 的中心位置。

c. 勾选出图中所示的单元格。

d. 图 AE-1 采用如下公式：

当前库存成本 = 自行车成本×手头数量
每辆自行车的收益 = 总租赁收益/库存数量
收入占存货成本的百分比 = 总租赁收益/当前存货存本

请在电子表格中使用这些公式，结果如图 AE-1 所示。

e. 按如下格式设置列中的单元格。

f. 给出三个例子，说明自行车租赁机构的管理层可能根据这些数据做出决定。

g. 你还能从这些数据中得出哪些计算对自行车租赁管理有用？在包含此计算的工

作表文档中创建此电子表格的第二个版本。

Resort Bicycle Rental
Bicycle Inventory Valuation
Wednesday September 5, 2021

Make of Bike	Bike Cost	Number on Hand	Cost of Current Inventory	Number of Rentals	Total Rental Revenue	Revenue per Bike	Revenue as Percent of Cost of Inventory
Wonder Bike	325	12	$3,900	85	$6,375	$531	163.5%
Wonder Bike 2	385	4	$1,540	34	$4,570	$1,143	296.8%
Wonder Bike Supreme	475	8	$3,800	44	$5,200	$650	136.8%
LiteLift Pro	655	8	$5,240	25	$2,480	$310	47.3%
LiteLift Ladies	655	4	$2,620	40	$6,710	$1,678	256.1%
LiteLift Racer	795	3	$2,385	37	$5,900	$1,967	247.4%

图 AE-1

1-2. 在本练习中，你将学习如何基于用户所使用的数据创建查询输入，以及如何使用该查询来创建数据输入表单。

   a. 下载 Microsoft Access 文件 Ch01Ex02。打开文件，熟悉 Customer 表中的数据。

   b. 单击 Access 功能区中的 Create（创建）按钮，选择 Query Design（查询设计）。然后选择 Customer 表作为查询的基本表。将 CustomerName、CustomerEmail、DateOfLastRental、BikeLastRental、TotalNumberOfRentals 和 TotalRentalRevenue 拖到查询结果窗格（查询设计窗口底部的表）的列中。

   c. 在 CustomerName 列的 Criteria 行中，输入以下文本，包括方括号：

   [Enter Name of Customer:]

   这种表示法告诉 Access 要求你提供要查询的客户名称。

   d. 在功能区中，单击标有"Run"（运行）的红色感叹号。Access 将显示一个 Enter Name of Customer:（你在查询 Criteria 行中输入的文本）对话框。输入 Scott 和 Rex，然后单击 OK 按钮。

   e. 以名称 Parameter Query（参数查询）保存查询。

   f. 单击功能区上的 Home（主页）选项卡，然后单击 Design 视图图标（Home 功能区左上角的按钮）。将 CustomerName 列的 Criteria 行中的文本替换为以下文本：

   Like "*" & [Enter part of Customer Name to search by:] & "*"

   g. 单击功能区中的 Run 按钮来运行查询。当提示输入要搜索的客户名称的一部分时，请输入 Scott。注意，这里显示了两个名称为 Scott 的客户。如果有任何问题，请确保你已按照查询的 CustomerName 列的 Criteria 行中所示的方式准确输入上述短语。

   h. 以名称 Parameter Query 重新保存查询。关闭查询窗口。

   i. 单击 Access 功能区的 Create 按钮。在 Forms 组下，选择 Form Wizard（如果使用旧版本的 Access，则需要选择 More Forms 右侧的向下箭头）。在打开的对话框中，在 Tables/Queries（表/查询）框中，单击向下箭头。选择 Parameter Query（参数查询)。单击"＞＞"按钮，查询中的所有列将移动到 Selected Fields(选定字段)区域。

j. 单击 Next 按钮两到三次(取决于你的 Access 版本)，直到你进入含有 Finish(完成)选项的窗口。 在 What title do you want for your form?(你想为你的表单设置什么标题？)文本框中输入 Customer Query Form 并单击 Finish 按钮。

k. 在弹出的对话框中输入 Scott，单击 OK 按钮。Access 将打开一个表格，其中包含 Scott 和 Rex 的值。在表单底部，单击向右箭头，将显示 Scott、Bryan 的数据。

l. 关闭表单。在 Access Navigation Pane (访问导航窗格)选择 Object Type 和 Forms。双击 Customer Query Form 并输入值 James。Access 将显示姓名中含有 James 的所有 6 个客户的数据。

第 2 章

2-1. Microsoft Excel 文件 Ch02Ex01 中的电子表格包含员工特殊项目活动的记录。打开此工作簿并检查其中包含的 3 个电子表格中的数据。评估以下人员和问题关于这些数据的准确性、相关性和充分性。

   a. 你管理 Chicago 工厂，想知道员工在特殊项目上花费了多少时间。
   b. 你管理 Reno 工厂，想知道员工在特殊项目上花费了多少时间。
   c. 你管理 Denver 工厂的配额计算项目，想知道员工在该项目上花费了多少时间。
   d. 你管理所有三个工厂的配额计算项目，想知道员工在该项目上花费的总时间。
   e. 你管理所有三个工厂的配额计算项目，想知道该项目中所有员工的总人工成本。
   f. 你管理所有三个工厂的配额计算项目，想知道该项目总工时与其他特殊项目的总工时相比如何。
   g. 在 Denver 工厂，每个员工的平均工作小时数是多少？
   h. 按照部门对 Denver 工厂的电子表格进行排序。会计人员的总工作小时数是多少？

2-2. Microsoft Access 文件 Ch02Ex02 中的数据库包含与应用练习 2-1 中的员工特殊项目活动相同的记录。继续之前，请打开该数据库并查看 Employee Hours 表中的记录。

   a. 创建 7 个查询，以不同的方式处理这些数据。使用准确性、相关性和充分性标准，选择最适合应用练习 2-1 中 a～f 部分的信息需求的单个查询。
   b. 如果查询包含数据但需要修改以使数据有意义(排序、筛选、添加汇总行等)以使数据有意义，那么请描述你应该对当前查询采取的操作，以便轻松找到应用练习 2-1 中 a～f 部分所请求的信息。
   c. 如果当前没有查询满足找到应用练习 2-1 中 a～f 部分所请求的信息的要求，请解释原因。对于这些问题，设计一个能提供所需信息的查询。如果由于数据库中没有适当的数据而无法设计查询，则描述回答问题所需的数据。
   d. 从这个应用练习中你能得出什么结论？
   e. 比较你在这两个项目上的经验，电子表格和数据库的优点与缺点是什么？

第二部分

第 3 章

3-1. 有时，你会在一个 Office 应用程序中存储数据，并希望将其移动到另一个 Office 应用程序而无须重新键入。当数据是为一个目的而创建的但随后用于另一个目的时，常常会发生这种情况。例如，图 AE-2 展示了 Excel 电子表格的一部分，其中显示了向员工分配计算机的情况。CBI 的 Lucas 可能会使用这样的电子表格来跟踪谁拥有哪些设备。

假设你（或 Lucas）想要使用这些数据来帮助你评估如何升级计算机。例如，你想把所有计算机的操作系统升级到 Windows 10。此外，你想先升级最需要升级的计算机，但你的预算有限。为了解决这种问题，你需要查询图 AE-2 中的数据，以查找所有没有安装 Windows 10 的计算机，然后选择 CPU 较慢或内存较小的计算机作为候选用于升级。为此，你需要将数据从 Excel 移到 Access 中。

	A	B	C	D	E	F	G	H
1	EmpLastName	EmpFirstName	Plant	Computer Brand	CPU (GHz)	Memory (	Disk (GB)	OS
2	Ashley	Jane	Denver	Dell	3	4	400	Windows 10
3	Davidson	Kaye	Denver	Dell	2	3	120	Windows 7
4	Ching	Kam Hoong	Denver	HP	2	3	100	Windows 7
5	Collins	Giovanni	Denver	HP	1	1	80	Windows 8
6	Corning	Sandra	Denver	HP	1.2	1	120	Windows 7
7	Scott	Rex	Denver	HP	1.8	2	100	Windows 7
8	Corovic	Jose	Denver	Dell	3	2	250	Windows 10
9	Lane	Brandon	Denver	Lenova	2	1.512	250	Windows 7
10	Wei	Guang	Denver	IBM	2	1	120	Windows 10
11	Dixon	Eleanor	Denver	IBM	1	1.512	120	Windows 7
12	Lee	Brandon	Denver	Dell	0.5	2	80	Windows 7
13	Duong	Linda	Denver	Dell	0.5	2	40	Windows 7
14	Bosa	Victor	Denver	HP	1	2	30	Windows 7
15	Drew	Richard	Denver	HP	1	3	100	Windows 8
16	Adams	James	Denver	HP	1	1	80	Windows 7
17	Lunden	Haley	Denver	Lenova	2	0.512	80	Windows 10
18	Utran	Diem Thi	Denver	Dell	2	0.512	120	Windows 10
19								
20		Primary Contact:	Kaye Davidson					
21								

图 AE-2

一旦分析了数据并确定了要升级的计算机，就需要生成一份报告。在这种情况下，你可能希望将数据从 Access 移回 Excel 或 Word。在本练习中，你将学习如何执行这些任务。

a. 首先，将 Excel 文件 Ch03Ex01 下载到一个目录中。我们会将此文件中的数据导入 Access，但在此之前，请先在 Excel 中打开该数据文件并熟悉数据。请注意，本工作簿中有三个工作表。关闭 Excel 文件。

b. 创建空白的 Access 数据库。将数据库命名为 Ch03Ex01_Answer。将其放在某个目录中；它可能与你放置 Excel 文件的目录相同，但不必如此。关闭 Access 创建的默认表并将其删除。

c. 现在，我们将 Excel 文件 Ch03Ex01 中三个工作表的数据导入 Access 数据库的单个表中。在功能区的 Import and Link(导入和链接)组中选择 External Data 和 Excel。开始导入。对于第一个工作表(Denver),应该选择"Import the source data into a new table in the current database"。请确保在 Access 显示数据时选择 "First Row Contains Column Headings"(第一行包含列标题)。你可以使用默认的字段类型,并让 Access 添加主键。将表命名为 Employees,然后单击 Finish 按钮。无须保存导入脚本。

对于第二个和第三个工作表,再次单击 External Data 和 Excel,但这次选择 "Append a copy of the records to the table Employees"。导入所有数据。

d. 打开 Employee 表并检查数据。注意,Access 错误地将空白行和 Primary Contact 数据导入每个数据集末尾的行中。此数据不是员工记录的一部分,你应该将其删除(在 3 个位置——每个工作表各一次)。Employee 表总共应有 40 条记录。

e. 现在,对此数据创建参数化查询。将除 ID 外的所有列放入查询中。在 OS 列中设置条件以选择值非 Windows 10 的行。在 CPU(GHz)列中输入判断标准:<=[Enter cutoff value for CPU]。在 Memory(GB)列中输入判断标准:<=[Enter cutoff value for Memory]。测试你的查询。例如,运行查询并为 CPU 和 Memory 输入值 2。验证是否生成了正确的行。

f. 使用你的查询查找 CPU 和 Memory 的值,以得到尽可能接近最多 15 台要升级的计算机的结果。

g. 当你发现 CPU 和 Memory 的值可以让你升级 15 台或者接近 15 台计算机时,保留你的查询。现在,单击 External data、Export group、More down arrow 和 Word 创建一个包含查询结果的 Word 文档。调整所创建表格的列宽,使其适合页面。根据此表写一份备忘录,解释这些是你认为应该升级的计算机。

3-2. 假设你要创建一个电子表格,以帮助组织网络场中的服务器做出本地还是云决策(local-versus-cloud)。假设你考虑的是 5 年期的服务器,但你不知道具体需要多少台服务器。最初,你知道将需要 5 台服务器,但后续可能需要多达 50 台,具体取决于组织的电子商务活动的市场情况。

a. 对于备选的本地计算,设置电子表格,这样你就可以输入服务器硬件的基本价格、所有软件的价格,以及占硬件价格一定百分比的维护费用。假设你输入的百分比包括硬件和软件维护费用。还假设每台服务器的使用寿命为 3 年,超过 3 年就没有价值了。假设使用不到 3 年的计算机采用线性折旧计算价值,并且在 5 年结束时,你可以按折旧价值出售使用不到 3 年的计算机。同时假设你的组织支付 2%的资本支出利息。假设每台服务器的成本为 5000 美元,所需的软件成本为 750 美元。假设维护费用从 2%到 7%不等。

b. 对于备选的云计算,假设云供应商将租赁给你的与你可以购买的计算机硬件相同。租约包括你需要的所有软件及所有的维护费用。设置电子表格,以便可以输入各种云成本,这些成本根据租约的年数(1、2 或 3)而变化。假设 3 年的租赁成本为每台机器每月 285 美元,2 年的租赁成本为每台机器每月 335 美元,1 年的租赁成本为每台机器每月 415 美元。此外,如果租赁 20~30 台计算机,云供应商会提供 5%的折扣;如果租赁 31~50 台计算机,则会提供 10%的折扣。

c. 使用电子表格,比较在以下情况中本地计算和云计算的成本。(假设你只能使用本地或云选项。你不能在某些情况下使用云,而在其他情况下使用本地计算。)根据需要做出假设,并说明这些假设。

(1) 你的组织在 5 年内需要 20 台服务器。

(2) 你的组织前 2 年需要 20 台服务器,后 3 年需要 40 台服务器。

(3) 你的组织前 2 年需要 20 台服务器,后 2 年需要 40 台服务器,最后一年需要 50 台服务器。

(4) 你的组织第一年需要 10 台服务器,第二年需要 20 台服务器,第三年需要 30 台服务器,第四年需要 40 台服务器,最后一年需要 50 台服务器。

(5) 对于前一种情况,如果本地服务器的成本是 4000 美元,更便宜的替代方案是否会改变?如果是 8000 美元呢?

3-3. 有许多网站可以测试你的 Internet 数据的传输速度(可以在 Internet 上搜索)。

a. 连接到你的大学网络,运行 Speakeasy 并针对 Seattle、New York 和 Atlanta 的服务器测试你的速度。计算你的平均上传和下载速度。将你的速度与图 AE-3 中列出的速度进行比较。

b. 回到家或到公共无线站点再次运行 Speakeasy 测试。计算你的平均上传和下载速度。将你的速度与图 AE-3 中列出的速度进行比较。如果你在家里执行此测试,你是否获得了你所付费的性能?

c. 联系另一个地区的朋友或亲戚。让他在这三个城市进行 Speakeasy 测试。

d. 比较 a、b 和 c 部分的结果。你能从这些测试中得出什么结论(如果有的话)?

类型	拓扑结构	输电线路	传输速度	设备使用	常用协议	标注
局域网	局域网	UTP 或光纤	普通:10/100/1000 Mbps 可能:1 Gbps	交换机 网卡 UTP 或光纤卡	IEEE 802.3 (以太网)	交换机连接设备,除小型局域网外,所有局域网上都有多个交换机
	无线局域网	非无线连接的 UTP 或光纤	高达 600 Mbps	无线接入点 无线网卡	IEEE 802.11 n	接入点变换;有线局域网(802.3)到无线局域网(802.11)
连接 Internet	DSL 调制解调器到 ISP	DSL 电话	个人: 上行到 1 Mbps 下行至 40 Mbps (在大多数地区可能最多为 10 Mbps)	DSL 调制解调器支持 DSL 的电话线	DSL	可以同时使用计算机和电话;始终保持连接
	电缆调制解调器到 ISP	有线电视线路改为光缆	上行到 1 Mbps 下行为 300 kbps~ 10 Mbps	电缆调制解调器有线电视电缆	电缆	容量与其他站点共享;性能的变化取决于别人的使用情况
	无线广域网	无线连接到广域网	500 kbps 到 1 Mbps	无线广域网调制解调器	几种无线标准之一	复杂的协议;使多个设备使用相同的无线频率

图 AE-3

第 4 章

4-1. 商业中常见的场景是将 Microsoft Access 和 Excel 的处理结合起来。典型的场景是用户使用 Access 处理关系数据，将部分数据导入 Excel，并使用 Excel 工具创建专业的图表。在这个练习中，你将实践这类操作。

下载 Access 文件 Ch04Ex01。打开数据库，选择"Database Tools/Relationships"。可以看到有三个表：Product、Vendor Product Inventory 和 Vendor。分别打开每个表，熟悉相关数据。

对于这个问题，我们将库存成本定义为行业标准成本和库存数量的乘积。查询 Inventory Cost，计算每个供应商库存中每个项目的这些值。打开该查询并查看数据以确保你理解此计算。同时打开其他查询，以便你理解它们产生的数据。

a．按供应商汇总这些数据，并将其显示在如图 AE-4 所示的饼状图中。按如下步骤进行：

(1) 打开 Excel，创建一个新的电子表格。
(2) 单击功能区上的 Data 图标，在 Get External Data 组中选择 From Access。
(3) 导航到存放 Access 文件 Ch04Ex01 的位置。
(4) 选择包含此饼图所需数据的查询。
(5) 将数据导入表格中。
(6) 将适当的数据格式化为货币。
(7) 选择包含数据的范围，按下功能键，然后从那里开始创建饼状图。命名数据和饼状图工作表。

b．按照类似的步骤创建如图 AE-5 所示的条形图。将数据和图表放在单独的工作表中并命名。

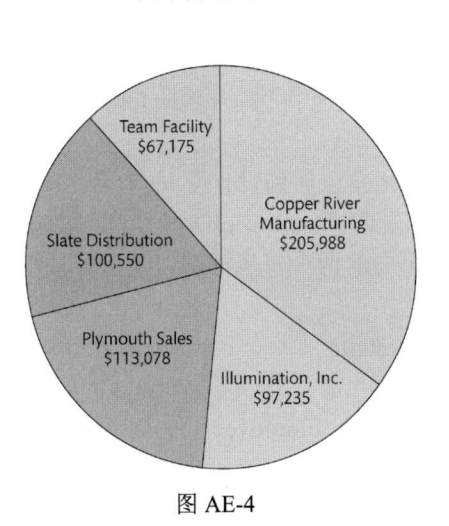

图 AE-4

图 AE-5

4-2. 假设你受雇于一家汽车经销商，你将创建客户及其感兴趣的数据库。销售人员一直将数据保存在电子表格中，并且要求你将这些数据转换成数据库。因为经销商的数据结构很差，所以这将是一个挑战。

a. 下载 Excel 文件 Ch04Ex02。打开电子表格，检查数据。

b. 下载同名的 Access 文件 Ch04Ex02。打开数据库，选择 Database Tools，单击 Relationships。检查这 4 个表及其关系。

c. 无论如何，你必须将电子表格中的数据转换成数据库中的表格结构。因为在创建电子表格时几乎没有约束，这将是一项劳动密集型的任务。首先，将电子表格数据导入数据库的新表中；称该表为 Sheet1 或其他名称。

d. 将 Sheet1 中的 Name 数据复制到剪贴板上。然后打开 Customer 表并将名称数据列粘贴到该表中。

e. 遗憾的是，此时任务变得混乱。你可以将 Car Interests 列复制到 Make 或 Model of Auto 中，但随后你需要手动理顺这些数值。电话号码则需要一个一个复制。

f. 打开客户表单，手动将电子表格中的任何剩余数据添加到每个客户记录中。将客户与他的汽车兴趣联系起来。

g. 完成的数据库中的数据比电子表格中的数据有更多的结构。解释为什么这既是优点又是缺点。在什么情况下使用数据库更合适？或更不合适？

4-3. 在本练习中，你将创建一个包含两个表的数据库，定义关系，创建表单和报告，并使用它们输入数据和查看结果。

a. 下载 Excel 文件 Ch04Ex03。打开电子表格并查看 Employee 和 Computer 工作表中的数据。

b. 创建一个名为 Ch04Ex03_Solution 的新 Access 数据库。关闭 Access 自动创建的表并删除。

c. 将 Excel 电子表格中的数据导入数据库。将 Employee 工作表导入名为 Employee 的表中。一定要勾选"First Row Contains Column Headings"（第一行包含列标题）。选择"Choose my own primary key"（选择我自己的主键），并使用 ID 字段作为主键。

d. 将 Computer 工作表导入名为 Computer 的表中。选中"First Row Contains Column Headings"，但让 Access 创建主键。

e. 打开关系窗口，将 Employee 表和 Computer 表添加到设计空间中。从 Employee 表中拖动 ID 并将其放在 Computer 表中的 EmployeeID 上。检查 Enforce Referential Integrity（强制引用完整性）和下面的两个复选标记。确保你知道这些操作的含义。

f. 打开 Form Wizard（表单向导）对话框（在 Create 选项卡中 Form 组的 Form Wizard 下），然后将每个表的所有列添加到表单中。选择"View your data by Employee"（按员工查看数据）。将表单命名为 Employee，并将子表单命名为 Computer。

g. 打开 Computer 子表单，删除 EmployeeID 和 ComputerID。这些值由 Access 维护的表单应该如图 AE-6 所示。

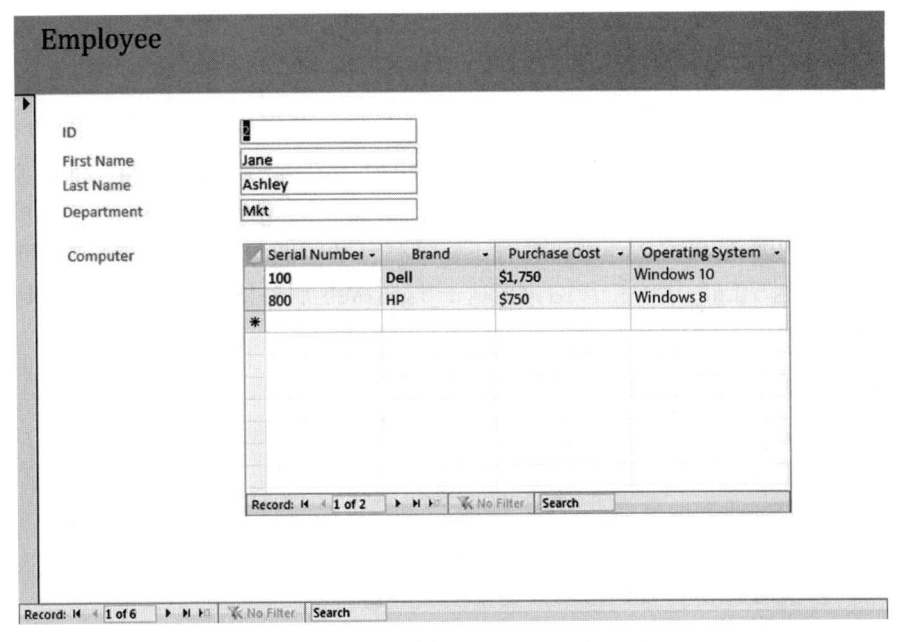

图 AE-6

h. 使用你的表单为 Jane Ashley 添加两台新计算机。两台计算机都是 Dell 品牌的，都使用 Windows 7 操作系统；一台售价为 750 美元，另一台售价为 1400 美元。
i. 删除 Lenovo 计算机，换成 Rex Everest。
j. 使用 Report Wizard（报告向导）（在 Create 选项卡下）创建一个包含 Employee 和 Computer 表中所有数据的报告。尝试进行报告设计，直到找到你喜欢的设计。如果需要的话，更正标签对齐方式。

第 5 章

5-1. CBI 计划利用 AI 对未来几年的订单进行预测。你需要分析 2020 年以后的订单数据。下载 Excel 文件 Ch05Ex01.xlsx，在现有数据的底部新建一段数据，显示汇总值、平均值、最大值和最小值。你的结果应该如图 AE-7 所示。

图 AE-7

5-2. 为机器人创建新的数据库。制作两个表并将其标记为 Attributes（属性）和 Activities（活动）。每个表的数据如第 5 章的图 5-14 和图 5-15 所示。每个表的字段名分别是 Attributes 表的 Nameofrobot、Autonomy、Lifelikeness 和 Physicalmotion，以及 Activities 表的 Nameofrobot、Activity、Process、Objectives 和 Role。使用 Nameofrobot 作为键连接表。

第 6 章

6-1. 在一个拥有三种类型计算机(用户工作站、数据服务器和 Web 服务器)的组织中，开发一个病毒攻击成本的电子表格模型。假设受病毒影响的计算机数量取决于病毒严重程度。为了设计模型，假设病毒严重程度分为三个级别：低严重性事件影响不到 30%的用户工作站，并且不影响任何数据或 Web 服务器；中等严重性事件影响多达 70%的用户工作站、多达一半的 Web 服务器，但不会影响任何数据服务器；高严重性事件可能会影响所有组织的计算机。

   a. 模型的假设包括：
   - 40%的事件是低严重性。
   - 35%的事件是中等严重性。
   - 25%的事件是高严重性。
   - 员工能够从自己的工作站中清除病毒。
   - 需要训练有素的技术人员修复服务器。
   - 从受感染的计算机中清除病毒的时间取决于计算机的类型。
   - 当员工自己清除病毒时，所需时间是病毒清除时间的两倍，因为这段时间他们无法正常工作。

   b. 模型的输入包括：
   - 严重性等级(低、中等、高)。
   - 受影响的计算机百分比。
   - 从每种类型的计算机中清除病毒所需的时间。
   - 员工平均每小时清除病毒的人工成本。
   - 技术人员从服务器上清除病毒的平均成本。
   - 受病毒影响的用户工作站、数据服务器和 Web 服务器的总数。

   c. 运行系统模拟 10 次攻击。每次运行使用相同的输入，但生成一个随机数(假设所有随机数为均匀分布) 以确定严重性等级。然后，使用前面详述的条件，抽取随机数来确定每种类型受影响的计算机的百分比。例如，如果攻击的严重性等级为中等，则抽取 0~70 之间的随机数来表示受感染的用户工作站的百分比，抽取 0~50 之间的随机数来表示受感染的 Web 服务器的百分比。

   d. 计算下列数据并显示每次运行的结果，然后计算 10 次运行的平均成本和工时数：
   - 员工总工时损失
   - 员工工时损失的总成本
   - 技术人员修复服务器的总工时数
   - 技术人员人工总成本
   - 全部成本

6-2. 假设你刚刚被任命为信息系统部门的经理。你刚在那里工作了一个星期，你惊讶地发现只有有限的信息可以帮助你管理员工。事实上，唯一可用的数据涉及特定问题的处理，称为"Tickets"。保存的数据如下：

Ticket#、Date_Submitted、Date_Opened、Date_Closed、Type（new or repeat）、Reporting_Employee_Name、Reporting_Employee_Division、Technician_Name、Problem_System 和 Problem_Description

你可以在 Excel 文件 Ch06Ex02 中找到 Ticket 的示例数据。

作为管理者，你需要更多的数据。这些数据可以帮助你了解谁是表现最好和最差的技术人员，不同系统在报告问题数量和解决这些问题所需时间方面的比较如何，不同部门在报告问题和解决这些问题所需的时间方面的比较如何，哪些技术人员在解决特定系统的问题方面表现得最好和最差，哪些技术人员在解决特定部门的问题方面表现得最好和最差。

a. 使用 Access 或 Excel 或两者的组合，从 Excel 文件 Ch06Ex02 的数据中生成上述信息。你可以使用查询、公式、报告、表单、图形、数据透视表、数据透视图或任何其他类型的 Access 或 Excel 功能显示。选择适合你要生成的数据类型的最佳显示方式。
b. 解释你将如何使用这些不同类型的数据来管理你的部门。
c. 指定你想记录的任何其他数据，以帮助你管理你的部门。
d. 使用 Access 或 Excel 或两者的组合来生成 c 部分中的数据。

第三部分

第 7 章

7-1. 假设你受聘为 CBI 健身设施的设施预订系统开发一个 Access 数据库。你已经获得了以下实施设计：

FACILITY（FacilityID, FacilityName, Description, StandardRentalFee）

RESERVATION（ReservationNumber, FacilityID, Date, StartTime, EndTime）

其中 FacilityID 和 ReservationNumber 是自动编号的键，RESERVATION FacilityID 是 FACILITY 的外键。对其他列使用合适的数据类型。

a. 在 Access 中创建这些表。
b. 在 Access 中创建相应的关系。
c. 将 Ch07Ex01.txt 文件中的数据导入 FACILITY 表中。
d. 创建预订表单，用于创建和查看特定的预订。
e. 创建一个参数化查询，用于根据 ReservationNumber 的值查找预订。
f. 创建一个报告，显示所有设施的所有预订。
g. 创建一个参数化报告，显示特定日期的所有预订。

7-2. 假设你是第 7 章中描述的比萨店的经理。最近，你为司机提供了显示实时交通数据的手持 GPS 设备。另一家加盟店的老板要求你向其他加盟店的老板介绍这些设备的用途。为了证明你的观点，你收集了 2018 年 6 月底安装设备之前的 50 次配送和安装设备后的 50 次配送的数据。该数据保存在 Ch07Ex02 文件中。

在这个电子表格中,你制作了两个主要部分。左侧为添加 GPS 设备前的数据,右侧为添加 GPS 设备后的数据。其中一共有 4 名司机,分别负责 A、B、C、D 这 4 个配送区域,A 区为学生宿舍;另外 3 个区分别位于小镇周边的不同地理区域。表格中还包括配送时间和配送价格。

a. 使用不同大小的字体和颜色、填充颜色及单元格合并来设置每个部分顶部标题的格式,使你的电子表格看起来更专业。
b. 将价格数据格式化为货币格式。
c. 计算 GPS 设备使用前后的平均配送时间和价格。
d. 计算 A 区(学生宿舍)使用 GPS 设备前后的平均配送时间和价格。
e. GPS 设备总共节省了多少时间(所有 4 个区累加)?
f. 对于非学生配送的订单,GPS 设备节省了多少时间?
g. 按驾驶员对 A 区的数据进行排序;司机 Green 配送的平均价格是多少?
h. 如果你是考虑采用 GPS 设备的经理之一,你的餐厅与本练习中的餐厅之间有哪些不同因素可能会影响你投资 GPS 设备的意愿?

第 8 章

8-1. 你的大学正在考虑将所有采购职能合并到一个中心办公室。为了评估此举所节省的成本,学校收集了 3 个部门的采购成本数据。这些数据保存在文件 Ch08Ex01 中。

该数据显示了 3 个部门各自的订单数量和订单总价。该文件还包括运营采购办公室每月的固定成本数据。固定成本包括当月采购代理的成本,办公场地的预估成本,以及其他固定的类似成本如保险和监管。之所以选择这 3 个部门进行数据收集,是因为它们代表了典型的小、中、大型采购办公室。

a. 如果每个采购代理每月花费 7500 美元,计算每个部门的总固定成本。
b. 计算 3 个部门每个订单的平均固定成本。
c. 创建一个带有适当标签和标题的条形图,显示 3 个部门每个订单的平均固定成本。
d. 该大学估计有 15 个小型院系、5 个中型院系和 3 个大型院系。假设这些院系中的每一个院系的订单数量和价格与文件中给出的 3 个部门的相同,计算整个大学的订单总数和总价格。
e. 该大学估计这些其他院系的固定成本数据将与文件中给出的 3 个部门的相同;也就是说,每个小型院系的数据将与体育部门的相同,每个中型院系就像学生服务部,每个大型院系就像书店。计算出整个大学的固定成本总额。
f. 该大学假设,当采购集中在一个办公室时,每笔订单的平均固定成本将与书店的平均固定成本大致相同。根据 d 部分的订单总数和 b 部分一个大型院系每个订单的平均固定成本,如果该大学将采购整合在一个地点,大学将节省多少费用?

8-2. 图 AE-8 是材料清单样本,这是一种显示用于构建产品的组件和零件的表格。在这个例子中,产品是一个儿童玩具马车。这些物料清单是制造部门应用程序及 ERP 应用程序的重要组成部分。

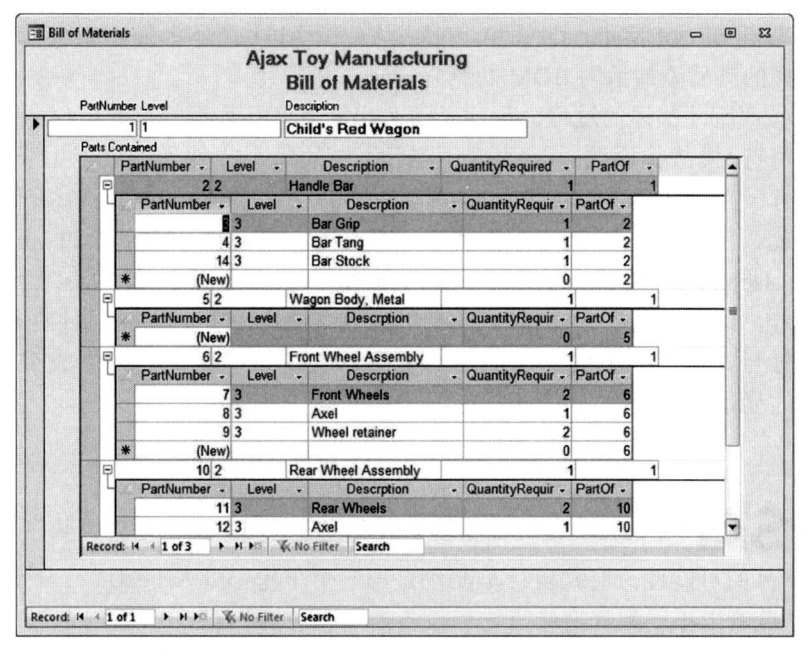

图 AE-8

这个特殊的例子是使用 Microsoft Access 生成的表单。制作这样的表单可能有点困难，因此本练习将指导你完成所需的步骤。然后你可以应用你学到的知识来制作类似的报告。你还可以使用 Access 对该表单进行扩展。

a. 创建名为 PART 的表，列为 PartNumber、Level、Description、QuantityRequired 和 PartOf。Description 和 Level 应为文本类型，PartNumber 为自动编号，QuantityRequired 和 PartOf 为数字类型。将图 AE-8 所示的 PART 数据添加到表中。
b. 创建一个包含 PART 所有列的查询。将视图限制为 Level 值为 1 的行。将查询命名为 qLevel1。
c. 再创建两个查询，限制为 Level 值为 2 或 3 的行。分别将查询命名为 qLevel2 和 qLevel3。
d. 创建一个包含 qLevel1 中的 PartNumber、Level 和 Description 字段的表单。如果需要，你可以使用向导来完成。将表格命名为 Bill of Materials。
e. 选择 Design（设计）选项卡的 Controls（控件）部分中的 Subform/Subreport（子表单/子报告）工具，并在 d 部分的表单中创建子表单。将此表单上的数据设置为 qLevel2 的所有列。子表单创建完成后，确保将 Link Child Fields 属性设置为 PartOf，并将 Link Master Fields 属性设置为 PartNumber。关闭 Bill of Materials 表单。
f. 打开在 e 部分创建的子表单，并在其上创建子表单。将此子表单上的数据设置为 qLevel3 的所有列。创建子表单之后，确保将 Link Child Fields 属性设置为 PartOf，并将 Link Master Fields 属性设置为 PartNumber。关闭 Bill of Materials 表单。

g. 打开 Bill of Materials 表单，它应该如图 AE-8 所示，使用此表单，为你自己选择的产品添加示例 BOM 数据。
h. 按照刚才描述的过程，创建一个列出所有产品数据的 Bill of Materials 报告。
i. （可选，挑战扩展题）图 AE-8 中 BOM 中的每个零件最多只能用于一种组装（只有一个 PartOf 值）。你可以按以下方式更改设计，允许一个零件用于多种组装。首先，从 PART 中删除 PartOf。接下来，创建第二个表，该表有两列：AssemblyPartNumber 和 ComponentPartNumber。第一个列包含组装的零件编号，第二列包含一个零件的零件编号。使用每个零件的组件将在此表中有一行与其对应。扩展先前描述的视图以使用第二个表，并生成类似于图 AE-8 的显示结果。

第 9 章

9-1. **SAP** 你的公司是一家小型自行车制造企业，正在考虑为其产品线增加一种新产品的可能性。这款自行车配件是第三个车轮（3rd Wheel），一种设计用于携带儿童或者以不同配置携带货物和设备的拖车（见图 AE-9）。

图 AE-9　（来源：Jim West/Alamy Zmages）

如果组装的劳动力成本明显低于采购已组装好的第 3 个车轮的成本，那么公司将在内部采购和组装第 3 个车轮。要求你估计生产这个新配件的劳动力成本。你已从 ERP 系统中将劳动力成本数据下载到 Excel 电子表格中。这个数据文件名为 Ch09Ex01。（要了解如何直接从 SAP 下载数据，请参阅本练习的结束部分。）

在东部工厂，针对组装工人有四种不同的小时工资标准，而且根据小时工资有两个可能的工会：U001 和 U002。为了组装第 3 个轮子，工程部门开发了几种选项。每一种选项需要不同的小时工资标准，如下图所示：

薪酬等级	小时工资		
	选项 A	选项 B	选项 C
0	5	3	7
1	3	4	2
2	2	2	1
3	2	1	2

a. 使用每个工资等级的最低工资标准，计算工会 001 和工会 002 的选项 A、B 和 C 的总劳动力成本。哪个选项的成本最低？
b. 使用每个薪酬等级中的最高工资标准，计算工会 001 和工会 002 的选项 A、B 和 C 的总劳动力成本。哪个选项的成本最低？
c. 创建一个带有适当标签和标题的图表，显示 a 和 b 部分的计算结果。
d. 你公司的另一个选择是外包薪酬等级为 0 的工作。如果最低工资标准的工作被移除，最低成本选项会发生变化吗？
e. d 部分的分析是常见的。这种交互式分析也被称为"假设"分析。在 d 部分中，有人问你："如果薪酬等级为 0 的工作被外包会怎么样？"如果你希望在电子表格上做"假设"分析，那么会如何改变你设置原始电子表格、数据、函数和公式的方式？

直接从 SAP 下载数据[①]：

(1) 登录 SAP。

(2) 在 SAP Easy Access 窗口，选择：

> Information Systems > General Report Selection > Human Resources > Personal Management > Compensation Management > Pay Structure > Display Pay Scale Structure

(3) 在 Country Grouping (for USA) 中输入 10，然后单击 Key date 上方的 Execute 图标，如图 AE-10 所示。

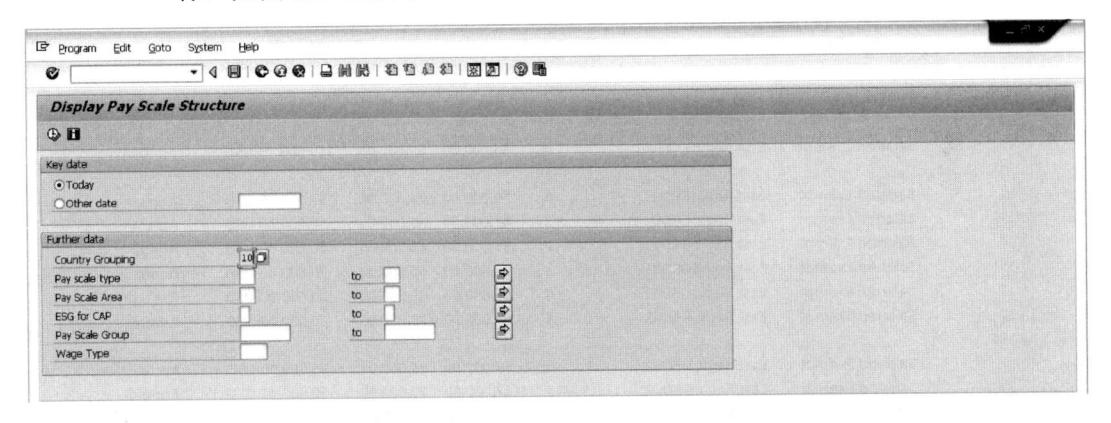

图 AE-10

(4) 在 Display Pay Scale Structure 窗口，单击 Local file 图标（左起第 9 个图标），指定文件保存到本地的文件名和位置，如图 AE-11 所示。

(5) 打开 Excel。导航到下载的 Excel 文件并打开。检查你的电子表格。如图 AE-12 所示。

---

① 本例使用 Global Bike Inc. 的 SAP 客户端数据集。

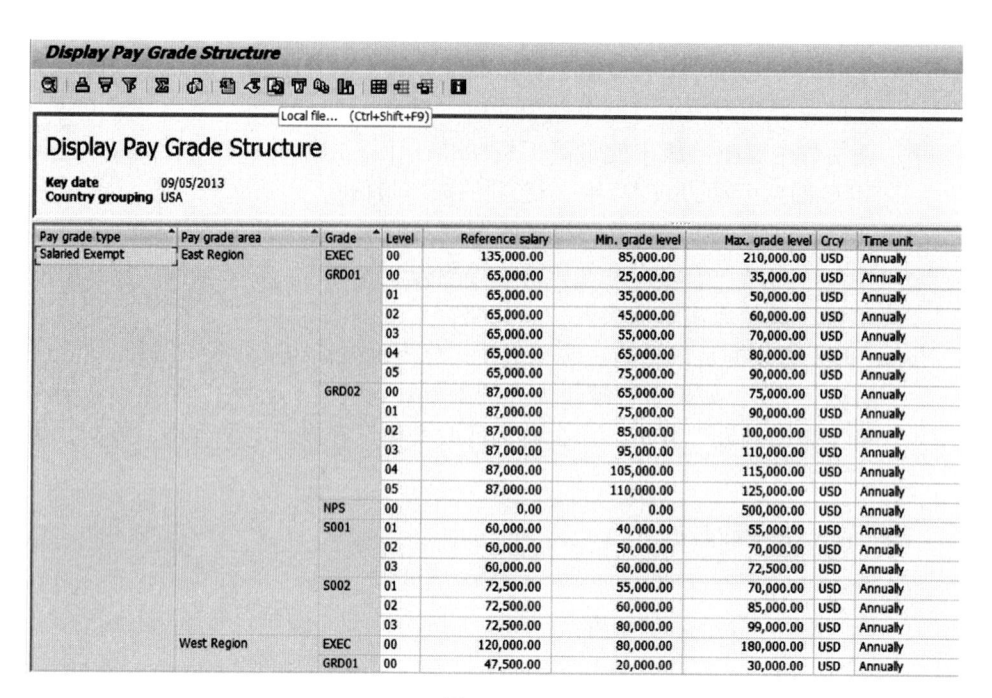

图 AE-11

图 AE-12

9-2. 假设你的任务是编写公司的采购代理对其电子商务供应商的评估。每个月，每个采购代理都会根据 3 个因素对他上个月所采购的所有供应商进行评估，即价格、质量和响应。假设评分为 1~5，5 是最好的。由于你的公司有数百个供应商和几十个采购代理，因此你决定使用 Access 处理数据。

a. 创建一个包含 3 个表的数据库：VENDOR（VendorNumber，Name，Contact），PURCHASER（EmpNumber，Name，Email），RATING（EmpNumber，VendorNumber，Month，Year，PriceRating，QualityRating，ResponsivenessRating）。假设 VendorNumber 和 EmpNumber 分别是 VENDOR 和 PURCHASER 的键。你认为 RATING 表的键是什么？
b. 建立适当的关系。
c. 导入 Excel 文件 Ch09Ex02 中的数据。请注意，供应商、采购代理和评分的数据存储在三个独立的工作表中。
d. 创建一个查询，显示所有供应商的名称和他们的评分。
e. 创建一个查询，显示所有员工的姓名和他们的评分。提示：在 e 和 f 部分，你需要在查询中使用 Group By 函数。
f. 创建一个参数化查询，你可以使用它来获取特定供应商的每个标准的最小、最大和平均评分。假设你将输入 VendorName 作为参数。
g. 根据通过查询得出的数据，可以得出关于供应商或采购代理的什么结论？

第 10 章

10-1. 假设经理要求你创建一个电子表格来计算生产进度。你的进度表应基于公司的 3 个销售区域的 3 名区域经理所做的销售预测，给出 7 个产品的生产量。

a. 为每个销售区域创建单独的工作表。使用 Word 文件 Ch10Ex01 中的数据。该文件包含过去一年每位经理的月度销售预测，同一月份的实际销售结果，以及未来季度每月的销售预测。
b. 为每位经理的数据创建一个单独的工作表。将 Word 中的数据导入 Excel。
c. 在每个工作表上，使用前 4 个季度的数据来计算实际销售额与销售预测之间的差异。这种差异可以通过几种方式计算：可以计算总体平均值，也可以计算每个季度或每个月的平均值，还可以使最近的差异比早期的权重更大。选择一种你认为最合适的方法。解释为什么选择这种方法。
d. 修改你的工作表，使用差异因素来计算下一季度的调整预测。因此，每个电子表格将显示下一季度每个月的原始预测和调整预测。
e. 创建第 4 个工作表，汇总所有地区的销售预测。显示每个地区和整个公司的原始预测和调整预测。显示每月和每季度的总数。
f. 创建一个条形图显示每月总产量。使用不同颜色的条形图显示原始预测和调整预测。

10-2. 首先分析应用练习 6-1。

a. 在 RESERVATION 表中添加 Status 列，其中 Status 可以有 Not Confirmed、Confirmed 或 Cancelled 的值。预订保证客户有储物柜和所有设备的使用权。解释 CBI 可能希望跟踪取消预订的原因。
b. 创建一个预订某个设施的数据输入表。
c. 创建一个确认设施预订的数据输入表。

d．创建一个每日设施使用报告。假设报告有一个带参数的查询，可以根据给定日期生成所有预订。

e．输入数据并测试数据库。使用 Windows 截图工具或其他工具来截取数据输入屏幕和报告的屏幕截图。

第四部分

第 11 章

11-1. 假设你要协助管理层确定下一年涨薪幅度。假设你获得了公司各部门的名单及行业主要公司员工的平均工资。你拿到了一份离职人员名单、公司职位，以及行业内大公司同类部门员工的平均工资。此外，你还获得了公司 3 个部门每个部门各 10 名员工的姓名和工资。

假设要求你创建一个电子表格，显示每个部门 10 名员工的姓名、他们目前的工资、他们的工资与该部门行业平均工资的差值，以及达到行业平均水平所需的工资增幅百分比。你的电子表还应该计算每个部门达到行业平均水平所需的平均增幅，以及全公司达到行业平均水平所需的平均增幅。

a．使用文件 Ch11Ex01 中的数据并创建电子表格。

b．你如何使用这个分析来为员工工资决策做出贡献？根据这些数据，你能得出什么结论？

c．假设其他团队成员想要使用你的电子表格。说出三种你可以与他们分享的方式，并描述每种方式的优缺点。

11-2. 假设你要协助管理层决定明年加薪多少。具体来说，你的任务是确定公司各部门之间是否存在显著的薪酬差异。

你将获得一个包含员工数据的 Access 数据库，其结构如下：

EMPLOYEE（Name, Department, Specialty, Salary）

其中 Name 是在部门工作的员工的姓名，Department 是部门名称，Specialty 是该员工的主要技能，Salary 是该员工目前的工资。假设没有两个员工的姓名相同。要求回答以下问题：

(1) 列出所有收入超过 10 万美元的员工的姓名、部门和工资。
(2) 列出市场部门所有员工的姓名、技能。
(3) 计算公司员工的平均、最高和最低工资。
(4) 计算市场部门员工的平均、最低和最高工资。
(5) 计算信息系统部门员工的平均、最低和最高工资。
(6) 额外学分：使用 Group By 函数计算每个部门员工的平均工资。

a．使用 Ch11Ex02 文件中的数据，设计并运行 Access 查询来获取这些问题的答案。

b．解释你答案中的数据是如何影响加薪决策的。

c．假设其他团队成员想要使用你的 Access 应用程序。说出三种你可以与他们分享的方式，并描述每种方式的优缺点。

11-3. 对于下面的练习，你可以通过各个社交媒体平台和搜索引擎获取教程和帮助。

  a. Facebook：为一家小型本地企业、学生组织或团队创建一个 Facebook 页面。使用搜索引擎查找说明。

  b. Twitter：创建一个账户，关注几位同学（并让他们关注你）。发推文并发送直接消息。用#标签发一条推文，然后使用 Twitter 的搜索功能找到这条推文。查找同学的标签推文。查找并关注你感兴趣的热门账户或个人或组织的账户。

  c. LinkedIn：创建一个账户并开始填写你的个人资料。创建或扩展你的个人资料中的数据（如果你已经有一个账户）。联系你的同学。添加照片。查找并关注公司，探索网站，了解在群组、职位和联系人中的新选项。

  d. 博客：创建一个关于社交媒体在小企业中的应用或其他你感兴趣的话题的博客。在你的博客中嵌入一个 YouTube 视频。关注其他博客。

11-4. 对于下面的练习，你可以通过各个社交媒体平台和搜索引擎获取教程和帮助。

  a. 维基百科（Wikipedia）：创建自己的用户账户并登录。转到你的用户讨论页，选择编辑源代码。你将创建一个名为 *User talk: Yourusername* 的页面。

  写一段关于社交媒体的文章。找一个同学的用户对话条目并编辑他的段落。返回你的对话页面，查看历史记录，了解你的页面被编辑的情况。最后，找到一个你可以编辑的维基百科条目。使用搜索引擎查找并了解参加 Wiki Races 的说明。

  b. Delicious、Digg 和 StumbleUpon：在这些网站上创建账户。与同学分享你在 Delicious 上的书签列表。

  c. Klout：登录 Klout 网站或其他社交媒体监控网站。用你的 Twitter 账号名登录，看看你的推文影响力。了解你的影响力是如何确定的。

  d. Google Drive：创建或使用现有的 Gmail 账户。了解如何制作 Google 文档，并与同学分享该文档。与同学同步编辑文档。

  e. Tumblr 和 Pinterest：在这些平台上创建账户，为三家发展良好的组织撰写博客文章。

第 12 章

12-1. OLAP 多维数据集与 Microsoft Excel 数据透视表非常相似。对于这个练习，假设组织的采购代理对供应商进行评分，情况类似于应用练习 9-2 中的描述。

  a. 打开 Excel 文件 Ch12Ex01。电子表格有以下列：VendorName，EmployeeName，Date，Year，Rating。

  b. 在 Excel 中的 Insert（插入）功能区下，单击 Pivot Table（数据透视表）。

  c. 当要求提供数据范围时，拖动鼠标选择你导入的所有数据。请确保包含列标题。Excel 将在打开的对话框中填充区域值。将数据透视表放在单独的电子表格中。

  d. Excel 将在电子表格的右侧创建一个字段列表。将名为 VendorName 的字段拖放到字段列表底部的单词 Rows 下方。将 EmployeeName 拖放到 Columns 下方。

现在，将名为 Rating 的字段拖放到 Values 下方。

e. 为了查看数据透视表的工作原理，需要将更多字段拖放到数据透视表的各个部分。例如，将 Year 拖放到 Employee 上方。然后将 Year 移动到 Employee 下方。现在将 Year 移动到 Vendor 下方。所有这些操作就像操作一个 OLAP 多维数据集。实际上，OLAP 多维数据集很容易在 Excel 数据透视表中显示，主要区别在于 OLAP 多维数据集通常基于数千行或更多行数据。

12-2. 使用 Access 中的表数据创建一个购物篮分析（MBA）报告。你需要在 Access 查询生成器中输入 SQL 表达式。这里，你可以复制 SQL 语句进行输入。如果你学习了数据库课程，就会了解如何编写类似的 SQL 语句。

a. 创建 Access 数据库，表名为 Order_Data，列为 Order-Number、ItemName 和 Quantity，数据类型分别为 Number、Short Text 和 Number。将键定义为组合（OrderNumber, ItemName）。

b. 将 Excel 文件 Ch12Ex02 中的数据导入 Order_Data 表中。

c. 现在，要执行 MBA 分析，你需要在 Access 中输入几条 SQL 语句。为此，单击 Query 选项卡并在 Design 视图中选择 Query Design。出现 Show Table dialog 对话框时，单击 Close 按钮。右键单击网格上方的灰色区域，选择 SQL View。输入下面的表达式：

```
SELECT    T1.ItemName as FirstItem,
          T2.ItemName as SecondItem
FROM      Order_Data T1, Order_Data T2
WHERE     T1.OrderNumber=
          T2.OrderNumber
AND       T1.ItemName<>
          T2.ItemName;
```

单击工具栏中的红色感叹号，即可运行查询。纠正任何输入错误，一旦运行成功，使用名称 TwoItemBasket 保存查询。

d. 现在输入第二条 SQL 语句。再次单击 Query 选项卡，并在 Design 视图中选择 Query Design。出现 Show Table dialog 对话框时，单击 Close 按钮。右键单击网格上方的灰色区域，选择 SQL View。输入下面的表达式：

```
SELECT      TwoItemBasket.FirstItem,
            TwoItemBasket.SecondItem,
            Count(*) AS SupportCount
FROM        TwoItemBasket
GROUP BY    TwoItemBasket.FirstItem,
            TwoItemBasket.SecondItem;
```

单击 Run 按钮并纠正任何输入错误，一旦运行成功，则使用名称 SupportCount 保存查询。

e. 检查第二个查询的结果,并验证两条查询语句是否正确地计算了两个项目一起出现的次数。进一步解释你需要做的计算及计算支持度(support)。
f. 解释计算提升度(lift)需要进行的计算。虽然你可以使用 SQL 进行这些计算,但是你需要更多的 SQL 知识。
g. 用你自己的话解释 c 部分的查询似乎在做什么。d 部分的查询似乎在做什么?同样,你需要参加数据库课程来学习如何编写这样的表达式,但这个练习应该会帮助你了解 SQL 可能实现的各种计算。

术语表

3D 打印(3D printing) 也称为"增材制造";一种用连续材料逐层制作固态物体的过程。就像目前的打印机在二维空间中沉积墨水一样,3D 打印在三维空间中沉积材料,逐层累积成立体物品。

A/B 测试(A/B testing) 也称为对比测试;通过这种分析技术,Web 站点开发人员构建两个相同的页面并在设计上稍加改变,以确定转化率较高的设计。

抽象推理(abstract reasoning) 制作和操作模型的能力。

Access Microsoft 的数据库管理系统(DBMS),常用于个人和小型工作组。

活动(activity) 业务流程中的任务。

参与者(actor) 在业务流程中执行部分活动的人或计算机。

高级持续威胁(Advanced Persistent Threat,APT) 一种复杂的、可能长时间运行的计算机黑客行为,它针对应用程序和服务进行攻击,其中许多都不需要人工输入。

敏捷式开发(agile development) 一个符合特定原则的系统开发过程,该原则欢迎更新和迭代并可以频繁交付新的软件版本。

算法(algorithm) 一系列计算机指令,就像菜谱。

环境智能(ambient AI) 一种可以通过语音、手势或其他自然感知方式无缝适应用户需求的系统环境。

分析(analysis) 一种分解事物以检查其细节去发现或揭示其基本特征的方法。

分析信息系统(analytics IS) 分析信息系统是支持获取、分析和发布数据分析活动的信息系统。

分析(analytics) 是一种获取、分析和发布数据的过程,目的是发现或揭示数据背后的模式以给人启示。

Android 由 Google 授权许可的移动客户端操作系统。

人工智能(artificial intelligence,AI) 开发信息系统用于模仿或模拟人类智能的软件。

当前状况图(as-is diagram) 表示当前情况和过程的图表。

非对称加密(asymmetric encryption) 一种使用不同的密钥对该消息进行编码和解码的加密方法;一个密钥对消息进行编码,另一个密钥对消息进行解码。对称加密比非对称加密更简单、更快。

异步沟通(asynchronous communication) 当工作团队的所有成员没有同时开会时发生的信息交换,例如在不同班次或不同地点工作的人。

属性(attribute) (1)一个为 HTML 标签提供属性的变量。每个属性都有一个标准名称。例如,超链接的属性是 href，它的值表示用户点击该链接时要显示哪个 Web 页面。(2)实体的特征。举例来说，Order 的属性包括 OrderNumber、OrderDate、SubTotal、Tax、Total 等；Salesperson 的属性包括 SalespersonName、Email、Phone 等。

拍卖(auction)　通过使用电子商务的标准竞价拍卖流程来匹配买家和卖家的应用程序。

审计流程(auditing process)　对组织财务账户的正式、公正的审查。

身份认证(authentication)　信息系统验证(确认)用户的过程。

自动化(automation)　一种系统，在此系统中，计算机执行一项曾经由人执行的活动或活动的一部分。

自治数据库(autonomous database)　获取非结构化数据、应用人工智能并从中创建数据库的系统。

自治(autonomy)　至少部分不需要人工直接干预即可操作的能力。

可用性检查(availability check)　确定是否可以在承诺的交货日期前满足承诺的交货数量。

进入壁垒(barriers to entry)　使新企业难以在某个行业开始经营的因素。

大数据(big data)　数据集合与关系数据库不同之处在于其大量化、快速化和多样化。

原材料(物料)清单(bill of material，BOM)　指定用以创建产品的原材料、数量和组件的结构或描述。

生物识别认证(biometric authentication)　使用个人身体特征(如指纹、面部和视网膜图像)来验证用户。

位(bit)　表示计算机系统中最小数据单位的二进制数，它只能有两个状态之一：0 或 1。

区块链(blockchain)　不依赖第三方，通过在公开且难以破解的分布式数据库上维护数据来验证记录。

蓝牙劫持(bluejacking)　通过蓝牙无线传输网络给别人的手机发送匿名信息。

蓝牙漏洞攻击(bluesnarfing)　采用蓝牙技术进行未经授权的访问来窃取数据。

蓝牙(bluetooth)　一种取代电缆并适用于短距离数据传输的通用无线协议。

布尔(boolean)　只有两种值的变量，通常为假(true)和真(false)。

瓶颈(bottleneck)　整体活动或流程中制约产出的限制因素。

"携带自己的设备"(bring your own device，BYOD)　指员工在工作场所使用自己设备的政策。

广义人工智能(broad AI)　一种可以应用于广泛任务的通用智能，如咨询、计划或目标设定。

暴力破解(brute force)　使用试错法获取密码或个人身份号码的攻击。通常由政府等资金雄厚的大型组织使用。

牛鞭效应(bullwhip effect)　当信息流从客户端到供应商时，供应链每个阶段的订单规模和时间等产品需求信息歪曲而逐级放大的现象。

商业分析师(business analyst)　精通 Porter 模型、组织战略和系统适配理论(如 cobit)并掌握一定技术的人。

业务流程管理(business process management，BPM)　包括建模、创建、实施和评估业务流程的系统过程。

业务流程建模符号(Business Process Model and Notation，BPMN)　用于记录业务流程的一组标准术语和图形符号。

业务流程(business process)　完成某一功能的一系列活动。

企业对企业(business-to-business，B2B)电子商务　企业间商品和服务的电子化销售。

企业对消费者(business-to-consumer，B2C)电子商务　企业将产品和服务直接面向消费者的电子化零售。

企业对政府(Business-to-government，B2G)电子商务　企业与政府机构之间的交易活动。

买进(buy-in)　指低于底价销售产品或系统的术语。

字节(byte)　(1)数据的一个字符。(2)通常为 8 位的字符串。

电缆线路(cable line)　一种使用有线电视线路提供高速数据传输的 WAN 连接。由于多达 500 个用户站点共享一条电缆线路，因此性能会因发送和接收数据的其他用户的数量而异。

资本(capital)　期望未来市场回报的资源投资。

验证码(CAPTCHA)　即"全自动区分计算机和人类的图灵测试"的缩写,是一种挑战-回应式的安全验证机制,用以确定用户是人还是计算机程序(如暴力攻击者)。

层叠样式表(Cascading Style Sheet,CSS)　定义 Web 页面上所有元素的字体和布局,使站点具有一致的外观和感觉。

绝对命令(categorical imperative)　由德国哲学家 Immanuel Kant 提出的一种伦理原则。绝对命令指出,只有你的行为能被普遍地作为行为准则的时候,你才能做这样的行为。

蜂窝网络(cellular network)　也称为移动网络或无线 WAN(WWAN),是一种使用无线电信号向移动用户发送和接收数据的通信网络。

中央处理单元(central processing unit,CPU)　CPU 选择指令,处理指令,执行算术和逻辑比较,并将操作结果存储在内存中。

认证证书(certification)　一种由个人获得的认证,以确保其可以执行特定的工作或任务。

首席信息官(chief information officer,CIO)　信息系统部门的高级主管。

首席信息安全官(chief information security officer,CISO)　主要负责设计并领导组织的信息安全计划,同时管理信息系统安全人员。

首席技术官(chief technology officer,CTO)　技术组负责人。首席技术官评估新技术。

票据交换所(clearinghouse)　以规定价格提供货物和服务并安排货物的交付,但从不拥有货物所有权的实体。

点击流数据(clickstream data)　描述客户点击行为的网站数据。这些数据包括客户在网站访问的所有轨迹。

点击率(click-through rate)　广告的点击次数除以广告的展示次数。

客户端(client)　一种提供文字处理、电子表格、数据库访问的计算机,通常连接服务器。

云(cloud)　网络上虚拟计算机资源共享池。

协作(collaboration)　一种动态的过程,与他人合作实现共同的目标。

协作消费(collaborative consumption)　可以相互访问产品和服务,而不是个人独有。

列(column)　也称为字段。数据库表有多个列,用于表示实体的属性。如部门代码、职员代码和销售数据。

竞争战略(competitive strategy)　组织选择作为其在行业中取得成功的方式的战略。Porter 提出,有四种基本的竞争战略:跨行业或在特定行业领域内的成本领先及跨行业或特定行业领域内的产品差异化。

计算机取证(computer forensics)　用来解决计算机灾难和事故。

计算机科学专业毕业生(computer science graduate)　参加过许多高级技术课程的熟练程序员。

基于计算机的信息系统(computer-based information system)　包含计算机的信息系统。

配置控制(configuration control)　确保对新系统的所有更改都得到管理员批准的一种方法。

配置(configuration)　在不更改程序代码的情况下调整 ERP 软件以符合客户要求的过程。

连接数据(connection data)　关于关系的数据。

内容数据(content data)　用户生成的内容及其他用户对该内容的回应。

内容管理系统(content management systems,CMS)　支持文档的管理和交付,包括报表、Web 页面和其他员工知识的表达。

持续改进流程(continuous improvement process,CIP)　流程改进的持续循环。

控制(control)　过程中用来限制行为的一种方法。

转化率(conversion rate)　一种衡量网站流量的方法,涉及最终购买的客户数量除以访问人数的比率。

cookie　个人访问某些网站时存放在计算机硬盘上的微小文件。

合作(cooperation)　一群人在一起工作的过程,所有人都在做本质上相同类型的工作,以完成一项任务。

成本可行性(cost feasibility) 确定新系统的好处是否值得开发它的成本。

交叉销售(cross-selling) 相关产品的销售；销售人员试图让购买产品 X 的客户也购买产品 Y。

跨站脚本(cross-site scripting，XSS)攻击 一种用于破坏数据库数据的技术，指恶意攻击者向 Web 页面里插入恶意 HTML 代码。

鱼尾纹模型(crow's feet) 实体关系图上的线条表示两个实体之间的 $1：N$ 关系。

鱼尾纹图(crow's-feet diagram) 一种使用鱼尾纹符号表示 $1：N$ 关系的实体关系图。

文化(culture) 员工认为理所当然的日常工作习惯和做法。

定制软件(custom-developed software) 量身定制的软件。

客户关系管理(customer relationship management，CRM) 协调围绕客户的所有业务流程并管理与客户所有交互的系统。

定制化(customization) 编写特定代码来增强 ERP 系统。

暗网(darknet) 有意隐藏且传统搜索引擎无法访问的 Internet 部分。

仪表板(dashboard) 易于阅读、简洁、实时的过程 KPI 显示。即为特定用户定制的可视化项。

数据代理(data broker) 也称为数据聚合器；公司从公共记录、零售商、网络 cookie 供应商、社交媒体跟踪器和其他来源获取和购买消费者数据和其他数据，并使用这些数据创建商业智能，随后出售给公司和政府。

数据驱动(data driven) 在做商业决策时依赖证据和数据，而不是凭借直觉或个人经验。

数据完整性问题(data integrity problem) 在数据库中，当数据项彼此不一致时存在的情况。例如，同一个客户有两个不同的名称。

数据集市(data mart) 数据仓库中的只读数据子集，打包后供公司内的特定客户进行后续分析。

数据挖掘(data mining) 一种通知过程，它使用复杂的统计分析来发现大型数据库中的模式以改进预测。

数据模型(data model) 数据库中数据的逻辑表示，它描述将存储在数据库中的数据和关系。类似于蓝图。

数据隐私(data privacy) 隐私是不能被他人观察的自由，而数据隐私是对个人资料的适当收集和处理。

数据共享(data sharing) 将相同数据分布到多个流程的做法。

数据仓库(data warehouse) 包含报告和数据挖掘的设施，用于存储和管理数据。

数据(data) 记录的事实或数字。信息系统的五个基本组件之一。

数据库管理员(database administrator，DBA) 涉及数据库的管理、开发、操作和维护，以实现组织的目标。DBA 需平衡相互冲突的目标：即在保护数据库的同时最大化其对授权使用的可用性。在较小的组织中，这一职位通常由一个人担任；在较大的组织中，则由数据库管理办公室的几名人员共同担任。

数据库应用系统(database application system) 具有标准的五个组件的应用程序，使数据库数据更易于访问和使用。用户使用由表单、格式化报告、查询和应用程序组成的数据库应用程序。每一部分逐一调用数据库管理系统(DBMS)来处理数据库表。

数据库应用程序(database application) 用于处理数据库的表单、报告、查询和应用程序。一个数据库可以由许多不同的数据库应用程序处理。

数据库管理系统(database management systems，DBMS) 用于创建、处理和管理数据库的程序。DBMS 是一个像操作系统一样得到许可的大型复杂程序。Microsoft Access 和 Oracle Database 都是典型的 DBMS 产品。

数据库(database) 一个自我描述的综合记录集合。

DB2(DB2) IBM 开发的常见的企业级数据库管理系统。

决策支持系统(decision support systems，DSS) 用于支持决策制定的信息系统。

深度学习(deep learning) 深度学习是一种可以调整不同层的权重的特殊类型机器学习。

深网/隐藏网(deep web) 地址不被搜索引擎索引的扩展的 Internet，如学术资源网站、会员制网站，用户访问网站时创建的动态页面，政府机构网站及企业内部网络。

深度伪造(deepfake) 以误导为目的，并未发生的故事或形象。

拒绝服务(denial of service，DOS) 用户无法访问信息系统的安全问题；可能由人为错误、自然灾难或恶意活动引起。

描述性分析(descriptive analytics) 描述性的报告或评估，意在了解当前的状况。

桌面虚拟化(desktop virtualization) 允许被授权的任何计算机访问的桌面操作系统。

数字制图(digital mapping) 将地图或图像编译并格式化成数字形式的过程。

数字孪生(digital twin) 数字孪生或阴影是使用实时数据对对象进行数字复制，是实际事物的数字副本。

维度(dimension) 数据的特征或属性。

脏数据(dirty data) 不良数据，例如，在进行数据挖掘时，客户性别的值为 B、客户年龄的值 213 这些值都是不规范的，即脏数据。

脱媒(disintermediation) 跳过供应链中的一个或多个中间层而直接在供需双方进行交易。

文档库(document library) SharePoint 中的命名文档集合。

域名(domain name) 与公共 IP 地址关联的全球唯一名称。将名称改为其 IP 地址的过程称为域名解析。

下钻(drill down) 使用 OLAP 报告，进一步将数据细分。

双核处理器(dual processor) 有两个 CPU 的计算机。

动态流程(dynamic process) 具有变化的和动态的结构的流程。与结构化流程形成对比，协作是一个动态流程；SAP 订单录入则是一个结构化流程。

电子商务(e-commerce) 通过 Internet 技术购买与出售商品和服务的过程。

规模经济(economies of scale) 平均生产成本随着生产规模的增加而降低的经济理论。

有效性(effectiveness) 帮助实现组织战略的流程目标。

高效性，效率(efficiency) 以资源为导向的流程目标；如果一个流程用相同的输入创造更多的输出，或者用较少的输入创造相同的输出，那么这个流程就是高效的。

弹性的(elastic) (1)可以在短时间内以编程方式动态增加或减少云中租用的资源；组织只为他们使用的资源付费。(2)服务器数量可以动态增减而不影响性能。

电子交换(electronic exchange) 促进买卖双方匹配的网站；类似于证券交易所的业务流程。卖方通过电子交易所以给定的价格提供商品，而买方通过同一交易所提出购买要约。价格匹配即促成交易，交易所从中收取佣金。

加密(encryption) 将明文转换为编码的、难以理解的文本进行安全存储或通信的过程。

企业数据库管理系统(enterprise DBMS) 处理大型组织和工作组数据库的产品。这些产品支持许多用户(可能有数千个)及许多不同的数据库应用程序。这种 DBMS 产品支持全天候操作，并且可以管理跨越数十个不同磁盘的数据库，其中包含数百 GB 或更多的数据。DB2、SQL Server 和 Oracle 都是企业数据库管理系统产品的例子。

实体(entity) 在 E-R 数据模型中，表示用户想要跟踪的某些事物。一些实体代表一个物理对象，其他则代表一个逻辑结构或事务。

实体-关系(E-R)数据模型[entity-relationship(E-R) data model] 一种用于创建数据模型的流行技术，开发人员通过该技术定义将要存储的事物并识别它们之间的关系。

实体-关系(E-R)图[entity-relationship(E-R) diagram] 数据库设计人员用来记录实体及其相互关系的一种图表。

ERP 系统(ERP system) 一套软件、一个数据库和一组固有流程，用于将商业运营整合到一个单一、一致的信息系统中。

ERP 升级(ERP upgrade) ERP 升级是旨在改进 IT 系统或改进功能的重复活动。

以太网(ethernet) 以太网是 IEEE 802.3 协议的另一个名称，它是在 TCP/IP-OSI 架构的第 1 层和第 2 层运行的网络协议。以太网是世界上最流行的局域网协议，也用于无线网络。

邪恶双子星(evil twin) 类似于合法接入点的欺骗性无线接入点；它被用于窃听毫无戒心的用户，该用户将欺骗性接入点误认为是合法的接入点。

异常(exception) 需要采取行动的过程会产生意想不到的或不受欢迎的结果——资源没有到位，员工表现不佳，预算超支。

主管支持系统(executive support systems，ESS) 组织战略层面的信息系统。

实验(experimentation) 对所有机会进行仔细而合理的分析，设想潜在的产品、解决方案或技术应用，然后根据所拥有的资源开发那些看起来最有前途的想法。

专家系统(expert system) 一个基于规则的系统，以 If/Then 规则的形式获取和存储人类专业知识。

反馈(feedback) 将过程的一部分输出返回给输入。

字段(field) 也称为列；数据库表中的字节组。数据库表有多个列，用于表示实体的属性，如 PartNumber、EmployeeName 和 SalesDate。

文件(file) 一组相似的行或记录。在数据库中有时称为表。

成品库存(finished goods inventory) 等待交付给客户的成品。

防火墙(firewall) 一种防止未经授权访问网络的计算设备。

五力模型(five forces model) Michael Porter 提出的模型，通过五种竞争力来评估行业特征和盈利能力。这五种竞争力分别是：供应商议价能力、替代威胁、客户议价能力、现有竞争对手和新进入者威胁。

五组件模型(five-component framework) 信息系统的五个基本组件——计算机硬件、软件、数据、程序和人员——存在于每个信息系统中，从最简单的到最复杂的。

大众分类法(folksonomy) 基于多用户标签处理的内容结构新兴分类。

外键(foreign keys) 用来表示关系的一列或一组列。外键的值匹配不同(外)表中主键的值。

表单(form) 数据输入表单用于读取、插入、修改和删除数据库数据。

功能测试(functional test) 功能测试评估为公司配置的系统是否满足公司的需求，即它是否按预期运行。

差异分析(gap analysis) 一项强调战略规划和 ERP 系统能力之间的业务需求差异的研究。

《通用数据保护条例》(General Data Protection Regulation，GDPR) 规范欧盟个人数据的商业使用。

地理信息系统(geographic IS，GIS) 一个获取、分析和显示基于位置的数据(LBD)的计算机系统。

地理标记(geotagging) 为地图和地图上的对象分配定量位置测量值(如经度和纬度)的过程。

老式人工智能(Good Old Fashioned AI，GOFAI) 使用逻辑的推理人工智能系统，以逻辑的形式获取、存储和应用知识，并且使用逻辑规则。

平稳退化(graceful degradation) 当系统的某些部分出现故障时还能保持有限功能的能力。

粒度(granularity) 数据的详细程度。客户名和账户余额是粗粒度数据。每个客户订单的客户名称、余额、订单详细信息和支付历史记录的粒度级较小。

黑客活动(hacking) 未经授权而对计算机系统进行访问和操作的行为。虽然有些人入侵系统纯粹是为了乐趣，但有些黑客入侵系统是为了窃取或修改数据的恶意目的。

分布式系统基础架构(Hadoop) 一个由 Apache 基金会支持的开源程序，它可在数千台计算机之间分布式并行处理大量数据。

切换(handover) 在蜂窝网络中，当用户离开原始蜂窝时，就完成了将终端用户自动切换到相邻蜂窝基站的切换或交接。

硬件(hardware)　计算机的物理部分，包括输入和输出设备及计算机处理单元和内部存储系统。

散列，哈希(hash)　由文本字符串生成的一串混乱的字符，在识别过程中使用的一种独特的数字指纹。

话题标签(hashtag)　添加前缀#的用户创建的标签；这使得搜索关键词变得更加容易。

横向市场应用软件(horizontal-market application)　提供跨所有组织和行业通用功能的软件，例如文字处理程序、图形程序、电子表格和演示程序。

超文本标记语言(hypertext markup language，HTML)　一种定义 Web 页面内容结构和布局的语言。HTML 标记用于定义数据元素的符号，用于显示或其他目的。

超文本传输协议(hypertext transport protocol，http)　浏览器和 Web 服务器之间使用的协议。

安全超文本传输协议(https)　http 的安全版本。

人力资源流程(human resource process)　评估员工动机和技能的组织性流程；创造工作岗位；调查员工投诉；招聘、培训和评估员工。

标识符(identifier)　一个属性(或一组属性)，其值与一个且仅与一个实体相关联。

IEEE 802.11 协议(IEEE 802.11 protocol)　用于无线局域网连接的协议标准。

IEEE 802.3 协议(IEEE 802.3 protocol)　用于有线局域网连接的协议标准，它指定硬件特性，例如哪条线路承载哪种信号，并描述如何打包和处理消息以便在局域网上进行有线传输。

If/Then 规则(If/Then rule)　指定是否存在特定条件，然后采取某些操作的规则。

入库物流流程(inbound logistics process)　接收、存储和分发产品投入的过程。

行业定制平台(industry-specific platform)　适合于特定行业(如零售、制造或医疗保健)的 ERP 系统配置。

推理引擎(inference engine)　将逻辑规则应用于知识库，以获得新的知识。

信息时代(information age)　在这个时代，信息的生产、分配和控制是经济的主要驱动力。

信息孤岛(information silo)　操作上彼此隔离的信息系统。

信息系统(information system，IS)　相互作用并产生信息的组件。

信息系统安全(information systems security)　通过创建适当的保障措施来保护信息系统漏洞免受威胁的过程。

信息(information)　(1)来源于数据的知识，其中将数据定义为记录的事实或数字；(2)在有意义的背景下呈现的数据；(3)通过求和、排序、平均、分组、比较或者其他类似操作处理的数据；(4)产生差异的差异。

基础设施即服务(infrastructure as a service，IaaS)　把 IT 基础设施作为一种服务通过网络对外提供的云计算服务模式。

基础设施流程(infrastructure process)　组织中支持日常运营的基础支持流程，如会计、管理、质量保证、法律和财务领域的流程。

固有流程(inherent process)　包含在 ERP 产品中的可由组织实施的流程设计。

注入式攻击(injection attack)　攻击者将不需要的输入插入程序中的行为。

智能(intelligence)　获取、储存和应用知识的能力。

内部控制(internal control)　系统地限制组织内员工、流程和系统的行动与行为，以保护资产和实现目标。

Internet 协议和标准(Internet protocols and standards)　对 TCP/IP 协议的补充，使云端供应商能够以灵活但标准化的方式提供处理能力。

Internet 服务供应商(Internet service provider，ISP)　ISP 为用户提供 Internet 接入服务。ISP 为用户提供合法的 Internet 地址；它是用户通往 Internet 的门户；它在用户和 Internet 之间来回传递信息。ISP 也为 Internet 付费。他们从客户那里收钱，并代表用户支付访问费用和其他费用。

Internet(因特网)　用于发送电子邮件或访问网站的网络集合。

跨组织信息系统(interorganizational IS)　支持跨两个或多个独立组织的流程和活动的信息系统。

内联网(intranet)　只在一个组织内使用的私有 Internet。

发票(invoice)　一个分项账单。

iOS　用于 iPhone、iPad 和 iPod Touch 的操作系统。

物联网(Internet of Things，IoT)　一个日常物品连接到 Internet，并与其他设备交互的场景。

Internet 协议地址(IP address)　表示计算机在 Internet 上唯一位置的数字标识。

IS 专业毕业生(IS graduate)　将协作技能和商业知识应用于技术挑战的商学院毕业生。

IT 分析师(IT analyst)　也称系统分析师；受过专门培训或教育，能够在系统实施后支持、维护和调整系统的人。

迭代控制(iteration control)　一种协作工具，可限制、有时甚至指导用户活动。

迭代管理(iteration management)　跟踪文档更改并提供特性和功能以适应并行工作的系统，例如 Google Drive 和 Microsoft SkyDrive。

越狱(jailbreaking)　"越狱"或"获取权限"是指移动设备用户更改制造商设计的移动设备安全限制。

准时交付(just in time，JIT)　一种使生产和供应同步的交付方法，以便物料在生产过程需要时准时到达。

关键性能指标(key performance indicator，KPI)　在流程改进中，管理者选择用来评估流程绩效的措施。

键，密钥(key)　(1)一列或一组列，表示数据库表任何行中所有信息的唯一标识符，也称为主键。(2)用于加密数据的数字。加密算法将密钥应用于原始消息以生成编码消息。解码(解密)消息是类似的，将密钥应用于编码消息以恢复原始文本。

知识库(knowledge base)　储存在专家系统的知识规则集合。

知识管理流程[knowledge management(KM)process]　在组织中利用智力资本创造价值并与员工、经理、供应商、客户和其他人共享知识的过程。

知识(knowledge)　被确认的信念。

订单交付时间(lead time)　供应商交付订单所需的时间。

线性规划(linear programming，LP)　一种数学建模技术，找到线性约束条件下的最佳方案。

联动(linkage)　跨价值链的流程交互。联动是效率的重要来源，并且很容易得到信息系统的支持。

Linux　UNIX 的一个版本，由开源社区开发。开源社区拥有 Linux 的所有权，使用它是免费的。Linux 是一种流行的 Web 服务器操作系统。

局域网(local area network，LAN)　在有限的地理范围内将大量计算机及各种设备连在一起实现数据传输和资源共享的计算机网络。联网计算机的数量从两台到数百台不等。

基于位置的数据(location-based data，LBD)　又称空间数据，即空间参考数据；它标识一个物体或人在地图或参考系统中的位置。

丢失更新问题(lost update problem)　多用户数据库处理中的一个问题，其中两个或多个用户试图对数据进行更改，但数据库无法进行所有这些更改，因为它不是为处理来自多个用户的更改而设计的。

机器代码(machine code)　由源代码编译而成且可由计算机处理的代码。

机器学习(machine learning)　所有使用算法来发现数据模式的技术。

macOS(Apple 操作系统)　一套由 Apple 开发的运行于Macintosh系列计算机上的操作系统，目前的版本是 Mac OS X Mountain Lion。Apple 计算机主要用于图形用户和艺术工作者。Mac OS 是为 PowerPC 开发的，在 2006 年使用的还是 Intel 处理器。

主存储器(main memory)　一组单元格，其中每个单元格保存一个字节的数据或指令；每个单元格都有一个地址，CPU 使用这些地址来识别特定的数据项。

维护(maintenance) 在信息系统的情境中，(1)修复系统以执行最初应该执行的操作，或者(2)使系统适应需求的变化。

恶意软件(malware) 用于描述损坏计算机或使计算机瘫痪的各种软件的术语。

中间人攻击(man in the middle) 在中间人攻击中，攻击者拦截并可能改变两个不知情方之间的通信。

(管理信息系统)管理[management(of MIS)] 流程、信息系统和信息的创建、监视与调整。

管理信息系统(management information systems,MIS) 帮助企业实现其目标和目的的信息系统。

管理流程(managerial process) 涉及资源使用的流程；包括计划、评估和分析公司在执行战略过程中所使用的资源。

制造资源计划(manufacturing resource planning,MRPII) 一种制造信息系统，用于安排设备和设施并提供活动的财务跟踪。

多对多关系(many-to-many relationship)(N:M) 涉及两种实体类型的关系，其中一种类型的实例可以关联第二种类型的多个实例，而第二种类型的实例可以关联第一种类型的多个实例。例如，Student 和 Class 的关系是 N:M。一个学生可以注册很多班级，一个班可以有很多学生。与一对多关系形成鲜明对照。

MapReduce 一种利用数千台计算机并行运算的技术。

利润(margin) 活动产生的价值与活动成本之间的差异。

购物篮分析(market basket analysis,MBA) 帮助确定销售模式的无监督数据挖掘分析。它显示了顾客倾向于一起购买的产品。

市场营销(marketing) 用于创造、沟通、传播和传递客户价值，为顾客、客户、合作伙伴及整个社会带来经济价值的活动、过程和体系。

标记语言(markup language) 定义 Web 页面结构和布局的最常用语言。

主数据(master data) 也称基准数据；在组织中使用的不随交易而更改的数据。

物料需求计划(material requirements planning,MRP) 有效管理库存、生产和劳动力的软件。

最大基数(maximum cardinality) 一个关系中可以涉及的最大实体数。最大基数的常见示例是 1:N、N:M 和 1:1。

度量(measure) (1)也称为指标或 KPI；分配给属性的量；度量有助于评估过程目标的实现。(2)可以求和、取平均值或以其他方式处理的感兴趣的数据项。

元数据(metadata) 描述数据的数据。

指标(metrics) 也称为度量或 KPI；分配给属性的量；度量有助于评估流程目标的实现。

Microsoft Dynamics Microsoft 授权的 ERP 产品。该套件由 4 个 ERP 产品组成，均通过收购获得，即 AX、Nav、GP 和 SL。AX 和 Nav 功能最强，GP 更小、更容易使用。尽管 Dynamics 已经被安装了超过 80 000 次，但 SL 的未来仍然非常不明朗；Microsoft 将代码的主要维护外包，以便为现有客户持续提供支持。

Microsoft SharePoint SharePoint 是一个文档管理和存储系统，使团队能够共享文档。

Microsoft Teams Microsoft 引入 Teams，以支持虚拟团队协作。Teams 被设计为专业品质的多合一工具，支持消息传递、文本发送、文件存储及与 Office 365 的集成。

Microsoft Windows 最流行的非移动客户端的计算机操作系统。

最小基数(minimum cardinality) 关系中必须涉及的最小实体数。

模块(module) 一套类似 ERP 系统的应用程序；例如用于制造业和金融业的系统。

摩尔定律(Moore's Law) 由 Gordon Moore 提出的一个定律，其核心内容为：集成电路上可以容纳的晶体管数目大约每经过 18 个月便会增加一倍。摩尔的预测自提出以来的 40 年中被证明是普遍准确的。有时摩尔定律是指计算机的性能每 18 个月翻一番。虽然这并不完全正确，但这个版本给出了这个想法的要点。

多个实例(multiple instance)　针对每个国家、业务单位或地区的单独 ERP 实施。
多用户处理(multi-user processing)　多个用户处理一个数据库。
叛乱运动(mutinous movement)　差评的延伸,消费者以破坏性的方式发展和使用组织的网站。
MySQL　一种流行的开源 DBMS 产品,对大多数应用程序是免费的。
狭义人工智能(narrow AI)　使用人工智能来完成一个狭义的智能任务,例如生成推荐、发现欺诈性金融交易、理解句子或驾驶汽车。
本地应用(native app)　只能在一个操作系统上运行的应用程序。
自然语言处理(natural language processing, NLP)。自然语言处理研究人工智能系统如何获取和应用自然语言数据,以及计算机如何理解人类语言。
网络中立性(net neutrality)　平等对待所有在 Internet 上移动的数据的原则,即"非歧视性的互联互通"。
网络(network)　通过传输线相互通信的计算机集合。
神经网络(neural net)　一个由可学习的连接单元和节点组成的自适应系统,也称为人工神经网络(ANN)。
近场通信(near field communication, NFC)　设备间短距离通信的标准,通常小于 4 厘米。
代理中间商(nonmerchant company)　电子商务公司在不拥有或者没有取得这些商品所有权的情况下安排商品的购买和销售。
范式(normal form)　根据表的特征和问题种类对表进行分类。
规范化(normalization)　将结构不佳的表转换为两个或多个结构良好的表的过程。
非关系数据库(noSQL database)　该数据库种类繁多,包括许多不同类型的 DBMS。这种数据库去掉了关系数据库的关系特性;"Not Only SQL"意味着 DBMS 会同时处理 SQL 和其他非标准的内容。
目标(objective)　组织中的人们选择追求的目标。在流程中,管理者为每个流程制定和衡量目标。目标分为两类:有效性和高效性。
对象-关系数据库(object-relational database)　一种存储面向对象的编程对象和关系数据的数据库类型。很少用于商业应用。
离岸外包(offshoring)　指货物或服务是从外国供应商处获得的。
现成软件(off-the-shelf software)　无须定制即可使用的通用应用软件。
有改动的现成软件(off-the-shelf with alterations software)　在使用前定制的通用应用软件。
独一无二的应用程序(one-of-a-kind application)　为特定的、独特的需求而开发的软件。
一对多(1:N)的关系(one-to-many relationship)　涉及两种实体类型的关系,其中一种类型的实例可以关联第二种类型的多个实例,但第二种类型的实例最多只能关联第一种类型的一个实例。例如,Department 与 Employee 之间的关系为 1:N。一个部门可以关联许多员工,但是一个员工最多关联一个部门。
在线分析处理(online analytical processing, OLAP)　一种交互式的报告分析,提供对数据组求和、计数、求平均和执行其他简单算术操作的能力。这些报告是交互式的,因为用户可以在查看报告时更改报告的形式。
在线事务处理(online transactional processing, OLTP)　使用信息系统处理和报告日常操作事件的操作性流程。订单处理是一个常见的 OLTP 示例。
操作系统(operating system, OS)　控制计算机资源的计算机程序。它管理主存的内容,处理击键和鼠标移动,向显示器发送信号,读写磁盘文件,并控制其他程序的处理。
操作性数据库(operational database)　包含由操作性流程产生和使用的数据的数据储存。
操作性流程(operational process)　常见的、常规的、日常的业务流程,如采购和销售。
Oracle Database　Oracle Corporation 开发的一款流行的企业级 DBMS 产品。

451

订单到现金(order to cash，O2C)　也称为销售过程或订单到现金周期。

组织性数据(organizational data)　有关组织的数据，如仓库的位置、建筑物的邮寄地址及财务账户的名称。

"应当"关系图(ought-to-be diagram)　对当前流程提出的改进建议的图。

出库物流流程(outbound logistics process)　收集、存储产品并配送给买家的过程。

外包(outsourcing)　从外部或外国供应商处获得商品或服务。

结对编程(paired programming)　两个小组成员共享同一台计算机并一起编写计算机程序。

平行安装(parallel installation)　一种系统转换，新系统与旧系统并行运行一段时间。并行安装是昂贵的，因为组织会产生运行两个系统的成本。

并行工作流(parallel workflow)　当两个或多个工作者同时执行一项任务时存在的条件。一个常见的例子是对文档的并行审查。

模式匹配的人工智能(pattern-matching AI)　寻求从感知出发，但不试图复制人类使用的推理方法。

电脑虚拟化(PC virtualization)　使用一台个人计算机来托管多个不同的操作系统。

对等(peering)　指定数据如何在一级网络提供商之间移动的协议。

人员(people)　信息系统的五个基本组件之一；包括操作和维护计算机的人员、维护数据的人员、维持网络的人员及使用系统的人员。

性能测试(performance test)　也称压力/负载测试,确保系统能够以有效的方式适应预期的工作负载和事务。

个人局域网(personal area network，PAN)　个人范围的数字设备组成的通信网络。

个人计算机(personal computer，PC)　个人使用的典型计算设备。

个人数据库管理系统(personal DBMS)　专为更小、更简单的数据库应用程序设计的 DBMS 产品。此类产品用于少于 100 个用户(通常少于 15 个)的个人或小型工作组应用程序。如今，Microsoft Access 是唯一流行的个人 DBMS 产品。

分阶段安装(phased installation)　一种系统转换类型，其中新系统在整个组织中分段安装。一旦给定的部分能够工作，组织就安装并测试系统的另一部分，直到整个系统安装完毕。

网络钓鱼(phishing)　一种通过电子邮件冒充其他身份获取未经授权数据的技术。网络钓鱼者伪装成合法企业并发送电子邮件请求机密数据，如账号、社会安全号码、账户密码等。

试点安装(pilot installation)　一种系统转换方式，其中组织在有限的业务部分上实施整个系统。试点实施的优势在于如果系统发生故障，则可以限定在有限范围内。这减少了商业信息的曝光，也保护了新系统免于在整个组织中产生负面影响。

工厂(plant)　在 ERP 系统中，工厂是进行生产、服务活动或货物储存的实际物理位置。

平台即服务(platform as a service，PaaS)。云计算服务模式之一，供应商提供托管计算机、操作系统和可能的 DBMS。

插入式安装(plunge installation)　组织关闭旧系统并启动新系统的一种系统转换方式。如果新系统出现故障，组织就会陷入困境：在修复新系统或重新安装旧系统之前，什么都做不了。由于存在风险，组织应尽可能避免这种转换方式。有时也称为直接安装。

共用设备(pooled)　由许多不同组织共享的物理硬件资源。

过账(posting)　当已售出材料的合法所有权从卖方转移到买方时。

预测性分析(predictive analytics)　预测性分析与描述性分析具有相同的活动。然而，在数据挖掘中使用的统计数据要复杂得多，目标是为了更好地进行预测。

规范性分析(prescriptive analytics)　帮助决策者了解正在发生的事情，最有可能发生的结果，然后做出最佳决策或采取最佳行动。

规范性程序(prescriptive procedure)　明确界定信息系统的用户可以做什么及在什么条件下可以做。

冒充(pretexting)　一种通过欺诈获得未授权信息的技术。骗局常涉及一个电话呼叫者，他假装来自信用卡公司并声称正在检查信用卡号码的有效性。网络钓鱼也是一种冒充。

主要活动(primary activity)　在Porter的价值链模型中，创造价值的基本活动包括：入库物流、操作、出库物流、销售和营销、客户服务。

主键(primary key)　也称为键；数据库表的任何行中所有信息的唯一标识符。

私有云(private cloud)　可动态配置的通过Web服务标准交付的内部托管。

程序(procedure)　对人类的指令。信息系统的五个基本组件之一。

流程蓝图(process blueprint)　在ERP应用程序中，所有组织性活动的一套固有流程的整体视图，每个流程都被表示为使用一组标准化符号的图表。

流程改进(process improvement)　一种用于帮助流程更好地基于其度量来实现目标的方法。

采购(procurement)　获得货物和服务。

采购到付款(procure-to-pay，P2P)　也称为采购流程或采购到付款周期。

项目数据(project data)　合作项目的一部分具体数据，例如设计文档。

项目管理(project management)　应用原则和技术来规划、组织和监控临时工作的流程。

项目元数据(project metadata)　用于管理项目的数据，例如计划、任务、预算和其他管理性数据。

促销，推广(promotion)　分享有关产品或服务的数据以提高知名度和销量的流程。

协议(protocol)　管理两个或多个实体之间活动的一套规则和程序。

原型(prototype)　用于演示和评估目标信息系统的初步工作版本。

公钥/私钥(public key/private key)　在Internet上流行的一种特殊的非对称加密版本。使用这种方法，每个站点都有一个用于编码消息的公钥和一个用于解码消息的私钥。

采购订单(purchase order，PO)　一种书面文件，要求提供一定数量的产品或服务以换取报酬。

采购申请(purchase requisition，PR)　发出采购请求的公司内部文件。接受后，采购申请中的数据将用于采购订单。

查询(query)　从数据库请求数据。

报价(quotation)　具有约束力的协议：在某个日期以某种价格向客户销售产品。

R/3　SAP最著名的版本之一。它是第一个真正的集成系统，能够支持大多数组织的主要业务流程。

射频识别(radio-frequency identification，RFID)　一种由芯片和天线组成的小型电子标签，可以通过射频与RFID阅读器交换数据。

随机访问存储器(random access memory，RAM)　主存储器由保存数据或指令的单元组成。每个单元格都有一个地址，CPU使用它来读写数据。内存位置可以按任意顺序读写，因此称为随机访问。RAM是易失性存储器。

勒索软件(ransomware)　阻止计算机访问，直到受害者向攻击者付款。

原材料(raw material)　用于商品制造或初级生产的基本材料。

原材料库存(raw materials inventory)　为了生产成品，从供应商处采购取得和持有的原材料、零件的库存。

实时价格折扣(real-time price discount)　根据当前市场和客户因素向特定客户提供的折扣，经常用于大规模订单或重要客户。

推理人工智能(reasoning AI)　使用逻辑的系统，以逻辑的形式获取、存储和应用知识，使用逻辑规则。

记录(record)　也称为行，是数据库表中的一组列。

Reddit　非常受欢迎的社会新闻网站，建立在群众投票和匿名发贴的基础上。

回归分析(regression analysis)　监督数据挖掘分析,可以估计线性方程中的参数值。用于确定变量对结果的相对影响及预测该结果的未来值。

关系(relation)　数据库表的更正式的名称。

关系数据库(relational database)　一种以表的形式承载数据并使用外键表示关系的数据库。

关系(relationship)　E-R 模型中实体或实体实例之间的关联,或关系数据库中表的行之间的关联。

遥感(remote sensing)　测量目标地面反射的能量。

报告(report)　在结构化或有意义的上下文中呈现数据。

存储库(repository)　记录的集合,通常作为数据库实现。

资源(resource)　资源是完成一项活动所必需的项目,例如人员、计算机、数据和文档集合。

退货管理流程(returns management process)　为企业管理缺陷产品退货的流程。

RFM 分析　根据顾客近期消费、消费频率和消费金额对顾客进行排名的报告分析。

风险(risk)　损失的机会;如果黑客攻击的可能性大于病毒感染的可能性,我们就说黑客攻击的风险大于病毒感染的风险。

机器人(robot)　一种自动的、仿生的机器,能代替人执行操作。

机器人科学(robotics)　模仿人类或动物行为的自动机器的设计、制造和使用。

角色(role)　业务流程中执行活动子集的特定参与者;资源被分配给角色。

上卷,汇总(roll up)　汇编、汇总和总结数据。例如,日销售额"汇总"为月销售额。在会计系统中,交易被"汇总"到常见的会计报告中,如资产负债表和损益表。

行(row)　也称为记录,是数据库表中的一组列。

安全保障(safeguard)　个人或组织采取措施阻止可获取资产的威胁。

销售(sale)　金钱交换:以金钱交换商品或服务。

销售流程(sales process)　一个操作性出库流程,用于记录销售订单、运送产品并向客户开具账单。

Salesforce　卓越的基于云的客户关系管理(CRM)软件服务提供商。

沙箱(sandbox)　一种测试环境,可以隔离新代码,同时复制足够多的代码以查看新代码如何与现有代码一起工作。

SAP AG　全球最成功的 ERP 供应商。SAP AG 是全球第三大软件公司。SAP AG 的核心业务是销售 SAP 软件解决方案和相关服务的许可。此外,SAP AG 还为其软件解决方案提供咨询、培训和其他服务。

SAP HANA　SAP 中的内存数据库,速度非常快。

Sarbanes-Oxley 法案(Sarbanes-Oxley Act,SOX)　一项联邦法律,要求公司对其财务流程实施更大的控制。

计划可行性(schedule feasibility)　评估项目是否可以在预计完工日期前完成。

安全审计(security audit)　通过评估安全保障措施与既定标准的符合程度来系统地评估安全性。

自我效能感(self-efficacy)　一个人相信他自己能在工作中取得成功。

自助服务分析(self-service analytics)　是一款易于使用的分析工具,可以排序、分组、筛选和计算。

自助式商业智能(self-service BI)　用户自己进行商业智能分析。

情绪分析(sentiment analysis)　对业务、产品或服务的意见进行分类,通常分为正面或负面。

顺序工作流(sequential workflow)　当两个或多个工作人员同时执行一项任务时存在的一种条件。一个常见的例子是对文档进行顺序审查。

服务器场(server farm)　协调服务器活动的大量服务器集合,通常用于商业目的。

服务器虚拟化(server virtualization)　服务器托管一台或多台其他服务器的系统。

服务器(server)　提供某种类型服务的计算机,如托管数据库、运行博客应用、发布网站或销售商品。服务器计算机比客户端计算机的运行速度更快、体积更大、性能更强大。

服务(service) 在 SOA 中，业务需要执行的可重复任务。

面向服务的结构(service-oriented architecture，SOA) 使用标准协议发布应用程序提供的服务菜单、应用程序期望接收的数据结构、将产生的数据结构及请求服务的方式。

签字(sign-off) 用户的签名，表示对所述要求的批准。

单一实例(single instance) 使用一个大型 ERP 来整合一个跨国公司的所有业务。

奇点(singularity) 人工智能将获得足够的智能来启动自我完善的失控循环，最终导致人工智能背叛我们。

站点许可(site license) 授权在公司的所有计算机或特定站点的所有计算机上安装产品(如操作系统或应用程序)的固定费用。

六西格玛(Six Sigma) 一种流行的过程改进策略，旨在通过消除缺陷原因和最小化过程中的可变性来改进过程输出。

闲置时间(slack) 活动空闲的时间。

交叉分析(slicing and dicing) 重复使用排序、分组、筛选和计算等基本分析操作。

居家办公(small office/home office，SOHO) 员工人数通常少于 10 人的办公场所；通常位于商业人士家中。

智能卡(smart card) 一种类似信用卡的塑料卡，装有识别数据的微芯片；需要 PIN 进行身份认证。

社交资本(social capital) 对社交关系的投资，期望获得市场未来回报。

社交 CRM(social CRM) 帮助公司从社交媒体收集客户数据并在面对客户的过程中共享的信息系统。

社交工程(social engineering) 一类涉及操纵个人或团体在不知情的情况下泄露机密信息的威胁。

社交地图(social graph) 社交媒体上的人际关系网络，如友谊、共同兴趣或亲属关系。

社交媒体信息系统(social media information system) 一个信息系统，支持社交媒体过程中的两种活动：创建和分享用户生成的内容。

社交媒体政策(social media policy) 描述员工出于商业目的使用社交媒体时的权利和责任的声明。

社交媒体(social media) 任何依赖于用户生成内容的 Web 应用程序。

软件即服务(software as a service，SaaS) 不仅提供硬件基础设施，并且在该硬件之上提供操作系统和应用程序。

软件(software) 信息系统的五个基本组件之一；包括用于记录和处理数据的计算机程序。

源代码(source code) 由人类编写的且可以被人类理解的计算机代码。在处理源代码之前必须将其翻译成机器代码。

来源列表(source list) 所有被批准的供应商名单。

空间分析(spatial analysis) 通过叠加和其他分析技术检查 LBD 中特征的位置、属性和关系。

欺骗性二维码(spoofed QR code) 执行欺骗性二维码攻击的攻击者可以创建自己的二维码欺骗合法的餐厅二维码，并将其放置在餐厅中；当顾客扫描代码时，设备浏览器就会打开攻击者的虚假餐厅网站。

SQL 注入攻击(SQL injection attack) 一种用于破坏数据库数据的技术，其中 Web 页面在不知情的情况下处理 SQL 代码。

SQL Server Microsoft 推出的企业级 DBMS 产品。

站立(例)会(stand-up) scrum 过程的一个组成部分；在 15 分钟的会议中，每个团队成员陈述他在过去一天做了什么，他在未来一天将做什么，以及任何阻碍其流程的因素。

STEM 科学、技术、工程和数学方面的学术课程。

战略性流程(strategic process) 解决对组织有长期影响的问题的业务流程。这些流程具有广泛的范围并影响到公司的大多数流程。

关系的强度(strength of a relationship)　在社交资本理论中,个人或其他组织在关系中会做一些有利于组织的事情的可能性。

结构化流程(structured process)　支持日常操作的正式定义的标准化流程(例如接受退货、下单、计算销售佣金等)。

结构化查询语言(structured query language,SQL)　一种用于处理数据库数据的国际标准语言。

替代品(substitute)　在五力模型中,以其他方式与行业产品具有相同或相似功能的竞争产品。

超级智能(superintelligence)　在任何学科上都能超过人类的智能系统——按照 Hawking 的说法,这种智能可能会导致人类的终结。

监督机器学习(supervised machine learning)　在监督机器学习中,我们在训练 AI 系统之前会考虑一个关系或模型。

供应商评估流程(supplier evaluation process)　确定供应商选择标准并在已批准的供应商列表中添加或删除供应商的战略过程。

供应商关系管理(supplier relationship management,SRM)流程　自动化、简化和加速各种供应链过程的流程。SRM 是一个管理性流程,帮助公司降低采购成本、建立合作供应商关系、更好地管理供应商选项并缩短上市时间。

供应链管理(supply chain management,SCM)　所有供应链流程的设计、计划、执行和集成。SCM 使用一系列工具、技术和管理活动来帮助企业开发支持组织战略的集成供应链。

供应链(supply chain)　是一个由人员、组织、资源和过程组成的网络,从供应商交付原材料到最终将产品交付给消费者,它创建并分销特定产品。

支持活动(support activity)　在 Porter 的价值链模型中,间接促成价值创造的活动,包括采购、技术、人力资源和组织的基础设施。

支持程序(supportive procedure)　允许终端用户决定如何最好地使用 IS。

泳道(swim lane)　BPMN 图中的长列;每一列包含特定角色的所有活动。

交换机(switch)　通过网络接收和传输数据的专用计算机。

对称加密(symmetric encryption)　一种加密方法,使用相同的密钥对消息进行编码和解码。

同步沟通(synchronous communication)　当工作团队的所有成员同时开会时发生的信息交换,例如面对面会议或电话会议。

系统转换(system conversion)　将业务活动从旧系统转换到新系统的过程。

系统(system)　一组交互以实现某种目的的组件。

系统开发生命周期(systems development life cycle,SDLC)　用于开发信息系统的经典过程。系统开发的基本任务被组合成以下阶段:系统定义、需求分析、组件设计、实施和系统维护(修复或增强)。

系统开发(systems development)　创建和维护信息系统的过程。有时将其称为系统分析和设计。

系统思维(systems thinking)　建立系统组件的一个或多个模型并将这些组件之间的输入和输出连接成一个可感知的整体心理过程,它可以解释所观察到的现象。

表(table)　也称为文件,数据库中一组类似的行或记录。

平板电脑(tablet)　也称为平板,通过触摸屏而不是键盘或鼠标接收输入的计算机。

目标(target)　想要获得的资产。

TCP/IP 架构[Transmission Control Protocol/Internet Protocol(TCP/IP)architecture]　四层的协议架构,构成了 Internet 使用的 TCP/IP-OSI 架构的基础。

技术可行性(technical feasibility)　确定计划的技术是否能够满足项目的需求,以及公司是否具有使用该技术的专业知识。

技术开发流程(technology development processes) 价值链中的支持活动；包括设计、测试和开发支持组织主要活动的技术。

测试计划(test plan) 对使用和误用场景的系统响应的正式描述。

文本挖掘(text mining) 从非结构化数据源(通常是文本文档)中提取见解的分析技术。

威胁(threat) 对信息系统安全的挑战。

三层架构(three-tier architecture) 大多数电子商务服务器应用程序使用的架构。这些层是指三种不同类别的计算机。用户层由具有请求和处理 Web 页面的浏览器的用户计算机组成。服务器层由运行 Web 服务器的计算机组成，这些计算机在处理过程中生成 Web 页面和其他数据以响应来自浏览器的请求。Web 服务器也处理应用程序。第三层是数据库层，运行处理数据库的 DBMS。

三方匹配(three-way match) 采购流程中确保发票数据与采购订单和收货数据相匹配的一种活动。

培训师的培训(train the trainer) 供应商培训组织的员工成为内部培训师的培训课程，以提高培训质量和减少培训费用。

事务处理系统(transaction processing system，TPS) 支持业务决策的信息系统。

事务性数据(transactional data) 与采购等事件相关的数据。

图灵测试(turing test) 如果一个人工智能能够欺骗人们，让他们认为自己是在与真人交谈，那么它就能通过图灵测试。

双因素身份认证(two-factor authentication) 在双因素身份认证(也称多因素身份认证)中,用户需要第二个身份认证步骤，以增强身份认证。

UNIX 20 世纪 70 年代贝尔实验室开发的操作系统。它一直是科学和工程界的主力。

无监督机器学习(unsupervised machine learning) 在无监督机器学习中，我们事先不知道数据的结构。

用户生成内容(user-generated content) 由最终用户创建的公开内容。

篡夺(usurpation) 对 IS 的某些部分进行未经授权的控制。当犯罪分子用自己的访问权限或非法软件取代合法用户或软件，使攻击者未经授权控制 IS 的某些部分时，就会发生这种情况。

功利主义(utilitarianism) 一种伦理学理论，其中行为的道德取决于结果；如果行为能为大多数人带来了最大的利益或者使幸福最大化并减少痛苦，那么这些行为就被认为是道德的；现代理论的奠基人是 Jeremy Bentham 和 John Stuart Mill。

实用软件(utility software) 帮助优化和配置计算机，并为操作系统提供额外的功能。

UTM 将世界划分为一系列区域并指定每个区域内的坐标的通用坐标系。

价值链(value chain) 价值创造活动的网络。

价值(value) 根据 Porter 的说法，顾客愿意为某种资源、产品或服务支付的金额。

车对车通信(vehicle-to-vehicle，V2V) 一个由车辆和路边设备组成的通信网络，可相互提供有关自身位置、事故、道路拥堵、改道机会和天气状况的数据。

版本锁定(version lock) 大量定制软件导致 ERP 厂商升级时无法将其系统升级到新版本。

垂直市场应用程序(vertical-market app) 满足特定行业需求的软件。这类程序的例子包括牙科诊所用来安排预约和给患者开账单的程序，汽车修理人员用于跟踪客户数据和客户汽车维修的程序，以及零件仓库用来跟踪库存、购买和销售的程序。

视频会议(videoconferencing) 一种将电话会议与摄像机相结合的技术。

虚拟机(virtual machine，VM) 在硬件虚拟化过程中运行的计算机操作系统。

虚拟会议(virtual meeting) 与会者不在同一地点，也可能不在同一时间开会的会议。

虚拟专用网络(virtual private network，VPN)　在公共 Internet 上创建专用网络的软件或专用计算机。

可视化(visualization)　使用图像或图表传递信息。简单的例子包括柱状图和信息图。

漏洞(vulnerability)　信息系统中的一个弱点，它为威胁者提供了访问个人和组织资产的机会。

可穿戴设备(wearables)　穿戴在身体上的小型电子设备。最常见的例子包括耳机、眼镜和腕带。

网络应用程序(Web app)　在许多不同操作系统的浏览器中运行。

网络场(Web farm)　运行多台 Web 服务器的设施。相关的工作分布在网络场的计算机之间，以最大限度地提高吞吐量。

Web 页面，网页(Web page)　用 HTML 编码的文档，通过万维网创建、传输和使用。

Web 服务器(Web server)　处理 http 协议并按需传输 Web 页面的程序。Web 服务器也处理应用程序。

网上商店(Web storefront)　在电子商务中，基于 Web 的应用程序使客户能够输入和管理他们的订单。

广域网(wide area network，WAN)　连接位于不同地理位置的计算机的网络。

无线网络(WiFi)　一种允许设备无线连接到局域网的技术。

Windows 10　Microsoft 试图在移动和非移动平台上统一操作系统的一个 OS 版本。

Windows Server　专门为服务器使用而设计和配置的 Windows 版本。

工作流(workflow)　创建、编辑、使用和销毁内容的过程或程序。

XML　一种类似 HTML 的标记语言，但它是机器可读的，旨在支持通过 Web 交换结构化数据。